袁州年鉴

(2022)

《袁州年鉴》编辑委员会　编

方志出版社
Publishing House of Local Records

图书在版编目（CIP）数据

袁州年鉴. 2022 /《袁州年鉴》编辑委员会编.—
北京：方志出版社，2022.12
ISBN 978-7-5144-5566-3

Ⅰ.①袁… Ⅱ.①袁… Ⅲ.①区(城市)–宜春–
2022–年鉴 Ⅳ.①Z525.64

中国版本图书馆CIP数据核字(2022)第256622号

袁州年鉴（2022）

责任编辑：王海荣
责任校对：刘玉霞
责任印制：梅中英
出 版 者：方志出版社
地　　址：北京市朝阳区潘家园东里 9 号（国家方志馆4层）
邮　　编：100021
网　　址：http://www.zgfzcb.cn
发　　行：方志出版社图书营销中心（010-67110500）
印　　刷：宜春市同茂印务有限公司
开　　本：889毫米×1194毫米 1/16
印　　张：23.75
字　　数：719千字
版　　次：2022年12月第1版
印　　次：2022年12月第1次印刷
定　　价：198.00元

中共宜春市袁州区第六次代表大会

8月31日至9月1日，中共宜春市袁州区第六次代表大会召开，出席会议代表407人。大会选举产生中共宜春市袁州区第六届委员会和纪律检查委员会，通过关于中共宜春市袁州区第五届委员会报告的决议、关于中共宜春市袁州区第五届纪律检查委员会报告的决议。大会号召，全区上下要更加紧密地团结在以习近平同志为核心的党中央周围，高举中国特色社会主义伟大旗帜，大力弘扬伟大建党精神，团结和带领全区党员干部群众，和衷共济，善谋实干，艰苦奋斗，奋力冲刺全国县区经济百强，在实现大宜春核心区高质量跨越式发展征程中谱写袁州现代化新篇章。

8月31日，中国共产党宜春市袁州区第六次代表大会开幕

与会代表认真讨论

宜春市袁州区六届人大一次会议

9月23—25日，宜春市袁州区第六届人民代表大会第一次会议召开。会议听取和审议区人民政府、区人大常委会、区人民法院、区人民检察院的工作报告，并通过相应决议；选举区六届人大常委会主任、副主任、委员，选举区人民政府区长、副区长，选举区监察委员会主任、区人民法院院长、区人民检察院检察长，选举出席宜春市第五届人民代表大会代表，表决通过区人大监察和司法委员会、财政经济委员会、社会建设委员会主任委员、副主任委员、委员人选名单。

9月23日，宜春市袁州区第六届人民代表大会第一次会议开幕

与会代表进行投票

政协宜春市袁州区六届一次会议

9月22—24日，政协宜春市袁州区第六届委员会第一次全体会议召开。会议听取、审议并通过了区政协主席熊爱国所作的政协宜春市袁州区第五届委员会常务委员会工作报告、区政协副主席袁宝贵所作的关于区政协第五届委员会提案工作情况的报告；听取并协商讨论政府工作报告及其他工作报告；选举区政协第六届委员会主席、副主席和常务委员。

9月22日，政协宜春市袁州区第六届委员会第一次会议开幕

委员认真聆听工作报告

庆祝中国共产党成立100周年

2021年是中国共产党成立100周年，是“十四五”规划开局之年，是胜利实现第一个百年奋斗目标、开启全面建设社会主义现代化国家新征程、向第二个百年奋斗目标进军的第一年。中共宜春市袁州区委举办“光荣在党50年”纪念章颁发仪式和“七一”表彰大会等系列活动，引导广大党员干部深刻感悟党的初心使命，传承红色基因，赓续红色血脉。

6月3日，袁州区举行“光荣在党50年”纪念章颁发仪式

6月30日，袁州区“七一”表彰大会举行

7月6日晚，“奋斗百年路 启航新征程 永远跟党走”——袁州区庆祝中国共产党成立100周年歌咏比赛举行

7月15日，袁州区举行“传颂红色经典　献礼建党百年”文艺会演

党史学习教育

“党的历史是最生动、最有说服力的教科书。”2021年，中共袁州区委贯彻党中央决策和习近平总书记重要讲话精神，在全区范围内开展党史学习教育，教育引导广大党员干部从百年党史中汲取高质量发展的磅礴力量，继续深入贯彻新时代党的建设总要求，保持赶考的清醒，不断自我净化、自我完善、自我革新、自我提高，在革故鼎新中不断增强党的生机与活力。

1月13日，湖田镇一寺村的群众参观袁州党史学习教育流动展览

5月31日，2021年袁州区党史学习教育“永远跟党走”大型知识竞赛

10月24日，中国好人谭良才和小学生们一起聆听91岁的抗美援朝老兵陈建友讲述自己的初心故事

文明创建我先行

袁州区是宜春市创建全国文明城市的主战场、主阵地。自创文工作开展以来，袁州区自觉树牢首府意识、主动扛起首府担当、注重打造首府形象、从严锻造首府队伍，在改善人民生活、提升人居环境、完善基础设施、倡导文明新风等方面取得了可喜成果。经过文明创建，昔日的袁州古郡已然发生华丽的蝶变。

10月25日，“袁州人民爱袁州　携手共创文明城”原创广场舞展演拉开序幕

新康府街道开展垃圾分类工作

广场舞展演

凤凰街道“网红”专建小区内开展外国留学生体验别样中国年活动

宜春邻距离公益服务中心灵泉街道灵泉社区服务队开展服务

农业发展　乡村振兴

2021年，袁州区农业农村工作以高质量发展为总要求，以实施乡村振兴战略为总抓手，深入推进农村各项改革，充分释放农业农村要素活力，夯实现代农业基础，调整优化农业结构，释放发展新动能，积极推进农业现代化。2021年，袁州区粮食播种面积94.14万亩，粮食总产量35.5万吨，肉类总产量7.89万吨，蔬菜播种面积18万亩，产量22万吨;完成新农村建设点274个，创建美丽村庄35个、美丽庭院5756个。

洪塘镇丰顶山风力发电项目

三阳镇一角

洪塘镇蓝莓种植基地

天台镇太蔚村油茶喜获丰收

新康府街道火龙果喜获丰收

水江镇畔龙村肉牛产业

水江镇小洞村假发产业

金秋时节，洪塘镇庄溪村金灿灿的稻子成熟了，部分村民在收割稻子

工业强区　产业提升

2021年，袁州区把工业摆在重中之重的位置，聚焦主导产业，在转型发展中提质增效。全年第二产业增加值183.99亿元，规模以上工业企业374家，营业收入428.91亿元，医药行业、建材行业、化工行业和装备制造业增加值增速分别为3.6%、12.5%、−2.6%和14.6%。医药产业集群被评为全省三星级产业集群。

9月16日，航宇新材培训学院揭牌暨首次工程师班开班仪式举行

航宇新材车间参观廊道

湖南晴溪集团投资的田小狗田园生活综合体已成为网红打卡地

大海龟生命科学有限公司生产区，6月19日，该公司获得江西省科学技术进步一等奖

润达国际购物中心

3月，宜春天联科技有限公司落户袁州机电产业基地

5月，江西正好锂电材料有限公司电池极耳项目落户袁州机电产业基地

教育发展　文化繁荣

2021年8月27日，文笔峰小学崇文校区正式投入使用。袁州区充分发挥优质学校的帮扶带动作用，打造4对深度联合办学共同体，创新“一校两区”模式，进行联合办学。将全民健身、“武术之乡”建设等工作列入政府工作报告和地方发展规划。大力实施文化惠民工程，推广“读书驿站”、文化长廊、“城市书角”进街道、社区，实现文化站点街区全覆盖，动员全社会参与共建“书香袁州”。

3月2日，袁州区文笔峰小学教师指导学生练习书法

8月27日，文笔峰小学崇文校区新生报到

11月7日，宜春市实验小学组织学生开展劳动实践

12月8日，宜春市实验小学课后服务教师指导学生学习传统戏曲

文笔峰小学崇文校区

省级非物质文化遗产宜春春锣传承人张文友在新坊镇路口村进行春锣表演

省级非物质文化遗产南庙武术传承人彭芳教外国留学生习武

袁州区老年人体育活动中心

三阳镇新时代文明实践站图书室

7月8日，2021年袁州区第四届中小学生体育艺术节闭幕式暨颁奖典礼在宜春市实验小学举行

新冠肺炎疫情防控

2021年，袁州区高位推进疫情防控各项工作，建立值班值守、每日会商、工作动态日报等制度，全面落实“网格化”管理，充分发挥交通场站、药店、医院等“哨卡”作用，建立灵敏高效的疫情监测预警网络，积极推进宜春市第二人民医院发热门诊建设，稳妥推进各年龄阶段新冠疫苗接种工作，科学设置大规模核酸检测采样点，储备集中隔离场所37个、房间2526间，组建流调小组50个，防控工作落地见效。

灵泉社区群众等待新冠疫苗接种

区卫监局党员先锋突击队

区卫健委党员先锋突击队

区人民医院志愿者

西村党员先锋突击队

编辑说明

一、《袁州年鉴》以马克思列宁主义、毛泽东思想、邓小平理论、“三个代表”重要思想、科学发展观、习近平新时代中国特色社会主义思想为指导，坚持辩证唯物主义和历史唯物主义的立场、观点和方法，实事求是，逐年记录袁州经济建设和社会发展的基本情况，每年出版一卷，为加快袁州发展服务。

二、《袁州年鉴(2022)》是宜春市袁州区人民政府主办的综合年鉴，由《袁州年鉴》编辑委员会组织实施，《袁州年鉴》编辑部负责编辑，稿件由区委各部门、区直各单位、各乡镇街道、中央和省市驻袁州单位提供。各撰稿单位撰稿人署名于条目之后“( )”内。

三、《袁州年鉴(2022)》着重记载袁州区 2021 年内容。设栏目、分目、条目，条目为年鉴内容的基本记述单位，其标题用黑体字加“【 】”标示。

四、《袁州年鉴(2022)》分为综合情况、动态信息和辅助资料三大部分。综合情况设特载、大事记、专记、袁州概览。动态信息设中国共产党宜春市袁州区委员会、宜春市袁州区人民代表大会常务委员会、宜春市袁州区人民政府、中国人民政治协商会议宜春市袁州区委员会、纪检监察、民主党派、群众团体、军事、法治、民生　保障、经济管理与监督、农业　林业　水利、工业　信息、商务、城乡建设　交通运输、财政　税收　金融、教育、科技　文化　体育、卫生健康、旅游、街道　乡镇、人物　荣誉。辅助资料设组织机构领导人员名录、附录、统计资料和索引。

五、《袁州年鉴(2022)》内容层次设置是为方便分类编辑和读者系统阅读，不反映严格的科学分类体系，机关、企业、事业单位等排序和层次并不表示其地位和规模。所载袁州区区级领导机构、区委各部门、区直各单位、街道乡镇及中央、省市驻袁州单位领导人信息截至 2021 年 12 月 31 日，并设专栏，便于系统查阅。

六、由于统计数据的来源、口径、方式、时间的不同，所载数据存在不一致，请读者以袁州区统计局公布的数据为准。

七、《袁州年鉴(2022)》数字用法、标点符号用法分别采用国家标准《出版物上数字用法》(GB/T 15835—2011)、《标点符号用法》(GB/T 15834—2011)，计量单位采用国家技术监督局 1993 年 12 月发布的《量和单位》系列国家标准。

《袁州年鉴(2022)》编辑委员会

《袁州年鉴(2022)》编辑人员

目　录

特　载

大事记

专　记

袁州概览

中国共产党宜春市袁州区委员会

宜春市袁州区人民代表大会常务委员会

宜春市袁州区人民政府

中国人民政治协商会议 宜春市袁州区委员会

纪检监察

民主党派

群众团体

军　事

法　治

民生　保障

经济管理与监督

农业 林业 水利

工业　信息

商　　务

城乡建设　交通运输

财政　税收　金融

教 育

科技　文化　体育

卫生健康

旅　游

街道　乡镇

人物　荣誉

组织机构领导人员名录

附　录

统计资料

索　引

特　　载

拉升标杆勇争先励精图治同奋斗
努力实现大宜春核心区高质量跨越式发展
——在中国共产党宜春市袁州区第六次代表大会上的报告

中共宜春市袁州区委书记　江伟斌

（2021 年 8 月 31 日）

一、过去五年的工作回顾和经验总结

“十三五”时期是袁州发展历史上极不平凡、极为不易的五年，面对经济下行压力、新冠肺炎疫情冲击和世界百年未有之大变局，区委在市委的坚强领导下，坚持以习近平新时代中国特色社会主义思想为指导，团结带领全区广大党员和干部群众，于危机中育先机，于变局中开新局，有力克服了经济社会发展中的重重困难，有效应对了新冠肺炎疫情，全面打赢了脱贫攻坚战，较好地完成了区第五次党代会和“十三五”规划确定的目标任务，为我区在高质量发展中展现更大作为奠定了坚实基础。

——回顾奋进的五年，我们一腔赤诚讲政治，思想建设全面加强。区委坚持以习近平新时代中国特色社会主义思想为指导，认真学习贯彻落实党的十九大和十九届二中、三中、四中、五中全会精神，深入领会贯彻习近平总书记七一重要讲话精神和视察江西重要讲话精神，自觉增强“四个意识”，坚定“四个自信”，坚决做到“两个维护”。认真开展“两学一做”学习教育、“三严三实”专题教育、“不忘初心、牢记使命”主题教育和党史学习教育。把习近平新时代中国特色社会主义思想作为干部教育必修课，转化为谋划工作的具体思路、狠抓落实的有力措施和推动袁州高质量跨越式发展的强大动力。

——回顾奋进的五年，我们一往无前谋发展，经济质效大幅提升。区委坚决贯彻“项目为王”理念，充分发挥我区区位优势，扎实推动全区经济不断朝着更高质量、更有效率、更可持续的方向发展。连续三年获得全市经济社会发展和党的建设巡查第一名，连续四年荣获全市决战工业综合先进县（市、区）。经济实力稳步增强。2020 年，全区生产总值达到 456.81 亿元，圆满完成“十三五”规划总量目标，年均增长 7.9%；财政总收入由 2015 年的 27.56 亿元增长、到 2020 年的 41.49 亿元，年均增长 8.5%；社会消费品零售总额年均增长 11.5%；500 万元以上固定资产投资年均增长 8.1%；城镇居民人均可支配收入达到 40935 元，年均增长 7.73%，农村居民人均可支配收入达到 17296 元，年均增长 9.12%，主要经济指标均位列全市第一方阵。产业结构不断优化。现代工业体系初见雏形，生物医药、锂电新能源、装备制造等重点产业快速发展。其中，生物医药产业营业收入超过400亿元，智能装备产业集群被列为省级重点工业产业集群，机电（新材料）产业基地被科技部授予“国家火炬宜春袁州锂电新能源特色产业基地”称号。现代农业蓬勃发展，充分发挥富硒土壤资源优势，新增市级以上农业产业龙头企业33家，总数达85家，其中省级13家、国家级1家。“宜春大米”“袁州茶油”等品牌效应不断扩大，荣获“全国经济林产业区域特色品牌建设试点单位”等称号。服务业提质扩容，因地制宜推进“秀美乡村＋旅游”工程，乡村旅游接待游客数和旅游总收入稳步增长，被农业农村部认定为“全国休闲农业和乡村旅游示范县”。电子商务、金融、保险等现代服务业欣欣向荣，全区第三产业规上企业数量达到420家。骨干规上企业持续壮大。深入实施招大引强，持续优化营商环境，切实加强重点项目建设。截至2020年，全区共有各类规上企业904家，年营业收入超60亿元企业1家，超5亿元企业4家，超亿元企业21家。济民可信纳税超10亿元，航宇新材、海尔思药业、新龙生物等6家企业在“新三板”挂牌，金思康药业被评为江西省瞪羚企业。

*——回顾奋进的五年，我们一如既往促改革，发展活力竞相迸发。*扎实推进“三去一降一补”，所有煤矿企业关停退出。大力实施“放管服”改革，在全市率先实行联合（预）审批制度，审批服务实现“就近办”“马上办”，深入开展“降成本、优环境”专项行动，累计为企业减负超过24亿元。党政机构改革、乡镇（街道）机构改革、事业单位改革顺利完成。宅基地管理改革稳步推进，少数民族服务试点工作荣获“全省民族团结进步示范先进单位”。“微改革”取得较好成效，“月光夜谈”“议事堂”“土地银行”“互联网＋监督”、街道社区管理体制改革等经验做法在央视《新闻联播》《人民日报》等主流媒体推介。科技创新能力显著增强，现有国家创新载体3个、国家高新技术企业61家。新增省级科学进步一等奖4个、二等奖4个，省级科技创新平台9个、市级科技创新平台16个，完成技术合同交易额超2亿元。

*——回顾奋进的五年，我们一张蓝图抓治理，城乡环境面貌一新。*区委积极践行“绿水青山就是金山银山”理念，全力构建秀美文明幸福新袁州。人居环境大幅改善。大力实施城市功能与品质提升三年行动，中心城区棚改签约6.15万套，拆除面积661万平方米；实施城市功能与品质提升项目103个，高标准完成40个老旧小区和114条背街小巷改造，生活垃圾收集亭实现中心城区全覆盖。持续推进农村人居环境整治，完成新农村（秀美乡村）点建设2585个，危房改造3554户。大力开展“厕所革命”，农村户用卫生厕所普及率大幅提升。“四好农村路”建设有序实施，“两通”目标任务顺利完成。生态文明建设成效显著。扎实推进三大污染防治攻坚战，空气、水质、土壤等阶段性防治目标顺利实现。2020年，PM2.5浓度均值为31微克/每立方米，空气质量优良率较2016年提高13.3%；监测断面水质达标率保持100%。在全省率先实现空气质量自动监测站乡镇园区全覆盖，先后荣获“中国百佳深呼吸小城”“中国候鸟旅居小城”等荣誉称号。中央和省级环保督察反馈的75个问题、280个信访件已全部完成整改或达时序进度。

——回顾奋进的五年，我们一心一意惠民生，群众幸福指数持续攀升。“十三五”期间全区民生累计支出255亿元，占公共财政预算支出的77%。脱贫攻坚取得全面胜利。全面解决了贫困群众“两不愁三保障”和饮水安全问题，现行标准下农村贫困人口10407户33279人实现全面脱贫，18个“十三五”省定贫困村全部退出，城镇脱贫解困通过省市验收评估。民生保障稳步提升。“十三五”期间，实现城镇新增就业4.9万人，新增农村劳动力转移6.7万人。教育水平再上台阶，投入资金超10亿元新改扩建学校56所，新增学位2.5万个，有效缓解中心城区“大班额”问题，2019年荣获“全省推进义务教育基本均衡发展积极贡献集体”称号。医疗卫生基础设施不断完善，医疗体制改革持续深入，全区门诊次均费用、住院次均费用低于全省平均水平。疫情防控有力有效。严格落实“外防输入、内防反弹”各项措施，夯实医疗物资储备，加强发热门诊和隔离点建设，有序推进疫苗接种。累计投入疫情防控资金近2.5亿元，应急动员1.2万人次，接种疫苗101万剂次。社会保持和谐稳定。严格履行“党政同责、一岗双责”安全生产责任制，深化重点行业领域专项整治，有效遏制安全生产事故发生。在全市率先成立信访联合调度指挥中心，实现全国“两会”等重大活动期间进京非访“零登

记”，四次荣获全省信访工作“三无区”荣誉称号。平安袁州建设、法治袁州建设、扫黑除恶专项斗争等工作扎实推进，探索建立的“三治融合”乡村治理新体系被评为新时代“枫桥经验”江西实践优秀成果。

——回顾奋进的五年，我们一以贯之强党建，党的领导坚强有力。区委坚持把党建工作贯穿始终，抓在日常。选人用人导向更加鲜明。从“六个一线”等中心工作中培养选拔干部256人。建立健全容错纠错机制，推动形成想作为、敢作为、善作为的良好风尚。党风廉政建设深入推进。认真履行党风廉政建设主体责任，科学运用监督执纪“四种形态”，五年来共立案1553件、给予党纪政务处分1514人、移送司法机关21人。狠抓中央和省委、市委巡视巡察反馈问题整改处置，实现第五届区委巡察全覆盖。全区政治生态总体向上向好发展。基层堡垒不断筑牢。扎实推进党建“三化”建设，全面完成546个基层党组织标准化和规范化建设，狠抓软弱涣散基层党组织整顿、党的基层阵地资源整合、红色名村建设等工作，全面推进村书记、主任“一肩挑”。探索“基层党建+和谐小区”建设新模式，形成共商共建共享的小区治理新格局。村集体经济不断发展壮大，全区所有行政村集体经济收入达5万元以上，湖田镇湖田村、西村镇国桥村突破100万元。宣传思想文化建设有声有色。扎实推进学习型党组织建设，五年来共组织开展常委会专题学习90次、区委理论学习中心组集中学习会57次。成功入选全国新时代文明实践第二批试点县。坚持和加强党对意识形态工作的全面领导，强化网络信息安全管理，牢牢把握正确的舆论导向。深入践行社会主义核心价值观，致力擦亮“袁州好人”名片，全区“中国好人”数达到39人，英模数位列全市第一、全国前列。

同时，大力推进民主法治建设，圆满完成“七五”普法任务。支持人大及其常委会履行宪法和法律赋予的职责，人民代表大会制度不断发展完善；支持人民政协发挥协商民主重要渠道和专门协商机构作用，推动协商民主广泛多层制度化发展。加强对人民法院、人民检察院的领导，密切与民主党派、工商联和无党派人士合作，充分发挥工会、共青团、妇联、残联、红十字会等团体的桥梁和纽带作用，爱国统一战线持续巩固，群团组织作用进一步强化，国防动员和后备力量建设得到加强。

各位代表、同志们，这些成绩的取得，是市委、市政府坚强领导、关心支持的结果，是区四套班子精诚团结、同心同德的结果，是全区各级党组织、广大党员和干部群众辛勤付出、积极贡献的结果，是驻袁州部队官兵、各民主党派、工商联、人民团体、社会各界人士鼎力支持、竭诚帮助的结果。在此，我代表中共宜春市袁州区第五届委员会，向所有为袁州改革发展稳定作出贡献的同志们、朋友们，致以崇高的敬意和衷心的感谢！

看似寻常最奇崛，成如容易却艰辛。回顾五年的奋斗历程，我们深刻体会到：

必须把党的政治建设摆在首位不动摇。坚持党对一切工作的领导，把强化理论武装、全面从严治党落实到经济社会发展的方方面面，让中央苏区、革命老区忠诚于党的红色基因代代相传，把袁州打造成为新时代最讲党性、最讲政治、最讲忠诚的地方。

必须把推动发展作为第一要务不动摇。坚决扛起改革发展的责任使命，站位全局、把握大势、抢抓机遇，着力固根基、扬优势、补短板、强弱项，统筹发展规模、速度、质量、结构、效益和安全。

必须把为民服务作为永恒追求不动摇。实现好、维护好、发展好最广大人民根本利益，把增进人民福祉、促进人的全面发展作为出发点和落脚点，促进社会全面进步，更好地满足袁州人民对美好生活的向往。

必须把干部队伍作风和能力建设作为关键支撑不动摇。树立正确选人用人导向，健全党管干部、选贤任能制度，激发广大党员干部干事创业热情。以学习提升能力，以事业凝聚人心，培养造就一支政治过硬、道德水平高、专业能力强、实践经验足、工作作风实的高素质干部队伍。

必须把全面从严治党作为坚强保证不动摇。坚定不移把“严”的主基调长期坚持下去，深入贯彻全面从严治党方针，推动正风肃纪反腐向纵深发展，不断增强党自我净化、自我完善、自我革新、自我提高的能力，永葆全区各级党组织生机活力。

五年来，我们虽然取得了一定的成绩，但与上级的要求和人民群众的期望相比，还有许多需要加强和改进的地方。比如：经济总量不大，人均水平偏低；工业短板明显，产业层次不高；农业产业聚焦不够精准，特色农业项目较少；财税来源比较单一，收入结构不够合理；信访稳定压力较大；部分党员干部精神状态不佳，进取意识不强，能力和作风跟不上高质量发展要求；对党员干部特别是“一把手”监督管理还不够到位，全面从严治党任重道远，等等。对此，区委将坚持问题导向，在今后的工作中努力加以解决。

二、今后五年的指导思想和奋斗目标

今后的五年，是开启全面建设社会主义现代化国家新征程、向第二个百年奋斗目标进军的第一个五年。面临世界百年未有之大变局深度演化与我国社会主义现代化建设新征程开局起步相互交融的复杂形势，我区发展的外部环境和内部条件将发生深刻变化，我们将进入具有许多新的历史特点的战略机遇期。从发展机遇来看，和平与发展仍然是时代主题，人类命运共同体理念深入人心，新一轮科技革命和产业变革深入发展；我国已进入新发展阶段，经济长期向好，发展韧性强劲，物质基础雄厚，人力资源丰富，市场空间广阔，制度优势显著，治理效能提升，社会大局稳定；我省“四面逢源”区位优势不断显现，美丽中国“江西样板”品牌效应持续释放，内陆开放型经济试验区建设全面推进；宜春市建设区域中心城市的步伐不断加快，开展“优环境、促发展”大讨论活动等一系列举措为我区改革发展提供了方向引领、注入了强劲动力；我区经济总量不断增大、发展动力活力不断增强，新兴产业发展取得新突破，工业基础得到加强，基础设施建设更加完善，生态优势转化成经济优势日益显现，跨越赶超新势能不断积蓄。

从面临的挑战看，世界正呈现竞争优势重塑、经贸规则重建、力量格局重构的叠加态势，不稳定不确定性因素明显增加，疫情影响波及广泛，国内结构性、体制性、周期性问题持续凸显，不同区域经济发展“分化”“极化”对欠发达地区要素资源“虹吸效应”持续增强，对我区经济平稳增长的影响不容忽视。同时，制约我区高质量发展的深层次矛盾尚未完全解决，发展不平衡不充分问题仍然突出，我区作为中心城区的主阵地，依然存在辐射力不强、创新能力不足、生产要素聚集水平不高等问题，加快转型升级和高质量发展任重道远。

综合判断，当前及今后一段时期，我区发展处在多重发展机遇的叠加期、改革创新的深水期、产业转型升级的攻坚期和经济蓄势跨越的突破期，可以大有作为。

今后五年全区工作总的指导思想是：始终高举习近平新时代中国特色社会主义思想伟大旗帜，深入学习贯彻党的十九大和十九届二中、三中、四中、五中全会精神，全面落实习近平总书记“七一”重要讲话精神和视察江西重要讲话精神，坚定不移立足新发展阶段、贯彻新发展理念、融入新发展格局，紧扣市委建设“综合实力强市、绿色发展大市、文明幸福城市”目标，秉持“1246”工作思路，以“四个赋能”为动力，实施“工业强区、科技兴区、文旅活区、依法治区、特色靓区”发展战略，不断丰富和拓展“六比六赛”内涵，感恩奋进，担当实干，勇创一流，奋力冲刺全国县区经济百强，在强起来、站前列的社会主义现代化建设新征程中谱写袁州高质量跨越式发展新篇章。

今后五年，全区工作的总体目标是：

1.区域综合实力显著增强。现代工业、现代农业与现代服务业全面发展，投资质量持续提高，消费贡献稳步上升，外贸出口不断增长，经济发展环境更加优化。主要经济指标增速高于全市平均水平，力争人均GDP跨越1万美元台阶，经济总量、经济发展态势和成效在全省处于一流水平。

2.绿色发展、城乡统筹稳步推进。新型城镇建设迈出新步伐，乡村振兴全面推进，生态环境质量持续改善，绿色发展水平不断提升。中心城区管理体制与机制进一步完善，全力担当区域中心城市建设主力军的历史责任，汇聚市、区联动发展合力，推动市、区竞合发展提速，城镇建管水平位列全省一流。

3. 人民文明幸福水平明显提高。社会就业更加充分，居民收入增长和经济增长保持同步，中等收入人口比例明显提高。教育服务支撑更加有力，医疗卫生体系更加完善，公共文化服务体系和文化产业体系更加健全。法治体系、社会保障体系更加完善，人民科学文化素质和身心健康明显提高，社会治理体系建设和治理能力水平位列全省一流。

4.改革创新能力大幅提升。创新引领发展能力明显增强，R&D经费投入达到2%。深化供给侧结构性改革，持续增强发展动力和活力，牢牢抓住建设区域中心城市重大机遇，依靠扩大开放拓展发展新空间、倒逼改革新突破，努力打造新时代全面深化改革开放新高地。坚持对标先进、改革创新，推动投资自由化便利化，打造市场化、法治化、国际化营商环境，建设更高水平开放型经济新体制。

5.党建示范引领全面加强。纵深推进全面从严治党和意识形态工作责任制，落实落细“一岗双责”，旗帜鲜明讲政治，政治判断力、政治领悟力、政治执行力不断提高，政治建设、思想建设、组织建设、作风建设、制度建设、纪律建设全面加强。

三、今后五年重点工作任务

围绕“十四五”规划既定的目标和要求，今后五年重点抓好以下工作：

（一）聚焦高质量发展，厚植经济发展新动能，让产业发展能级提起来

牢固树立“开放创新，强攻工业”发展理念，聚焦主导产业，强力推进项目建设，在转型发展中提质效，在融入新发展格局中展现新作为。

1.坚定不移强攻现代工业。坚持一手抓传统产业转型升级，一手抓新兴产业发展壮大。持续推进生物医药产业快速发展，立足济民可信集团等龙头企业的提取技术和经验，进一步扩大提取类药物的生产规模，丰富产品种类。培育和发展以地理标志为代表的中药品牌，着力发展中药饮片、中药制剂、保健饮品等生态中药特色产品，打造全省医药制造业核心区。依托宁德时代、国轩高科等一批龙头企业，做好延链、强链、补链工作，引导锂电新能源、电子信息产业向以市场需求为导向的产业运营模式转变，把锂电新能源、电子信息产业打造成全省一流、全国有影响力的优势产业。重点布局一批对袁州经济可持续发展具有长期支撑和重大带动作用的战略性新兴产业，着力打造若干个小而精、特而强的“专精特新”产业集群，逐步形成大项目顶天立地，中小项目铺天盖地的良好局面。力争到2025年，“5020”项目20个，规模以上工业企业超过300家，收入过100亿元企业1家、过10亿元企业20家，税收过亿元企业10家。生物医药产业集群营业收入突破600亿元，锂电新能源产业集群营业收入突破200亿元，电子信息和装备制造产业集群营业收入均突破100亿元，袁州工业主营业务收入突破1000亿元，顺利实现“千亿园区，百亿企业”目标。以国家级高新技术开发区为标杆，坚持以亩产论英雄，逐步完善工业园区基础设施和生产生活配套设施建设，持续推进“满园扩园”行动，不断提升园区承载能力和形象。深化湘赣边区域合作，加快锦源新区建设。通过高位推进现代工业发展各项举措，努力将袁州区发展成为自主创新产业化示范区、高端制造业集聚区、产城融合样板区。

2.持之以恒发展现代农业。进一步强化农业基础地位，落实永久基本农田特殊保护制度，严守耕地红线，坚决遏制耕地“非农化”，防止耕地“非粮化”。扎实推进高标准农田建设，确保到2025年高标准农田面积达到36万亩。全面提升农业综合生产能力，大力推进农业转型升级，以“质量兴农、科技助农、品牌强农”为导向，树立“硒+”理念，用好“中国油茶之乡”等品牌，不断培育壮大油茶、富硒农业等特色农业产业集群。力争到2025年，实现油茶产业总产值50亿元，全区100亩以上的种植大户达到500户。进一步健全农业发展支撑体系，加大国家级农业科技园创建力度，依托农业产业化龙头企业，推进一二三产融合发展，提升农业装备机械化和智能化水平，建设水平相对领先的现代农业发展平台。

3. 发挥优势做活现代服务业。充分挖掘袁州绿色、红色、古色、特色旅游资源，高起点规划城南旅游承接区，重点打造环中心城区40分钟车程精品乡村旅游点。加强文旅融合，推进“袁州好礼”旅游商品品牌创建，丰富旅游产品新业态。积极对接省市数字经济“一号工程”，着力构建具有袁州特色的数字经济生态体系。加快发展现代物流业，形成区乡村三级冷链体系，着力提升物流业标准化、信息化、智能化、集约化水平。推动润达国际小区城市综合体、大规模农产品集散市场等项目建设，加快培育新零售、城区夜经济等新兴消费业态，引导商贸业与旅游业、文化产业资源互补、融合发展。

（二）聚焦高质效改革，激发体制机制新活力，让创新氛围浓起来

面对复杂严峻的内外部环境，善于运用系统方法抓改革、谋创新、促发展，在关键点上发力见效，不断提升经济社会发展质效。

1.深化重点领域改革。改革既要勇于“破”，又要善于“立”。以供给侧结构性改革为主线，统筹推进重点领域和关键环节改革，切实打通经济社会发展的痛点堵点难点。持续深化“放管服”改革，推动乡镇便民服务中心全科受理落到实处，探索应用大数据、区块链等科技手段，全面实现“一网通办”。继续深入开展“降成本、优环境”专项行动，做实做细政企圆桌会，用好用活“互联网+营商环境”平台，严格落实“企业吹哨、部门报到”机制，大力推动社会信用体系建设，做到惠企政策、审批执法、司法程序透明，以优质政务服务让企业和群众办事更方便、更顺畅、更爽心，着力打造全省营商环境“一等区”。继续完善事业单位改革和基层执法体制改革，积极探索“微改革”，大力推广“基层党建+和谐小区”等改革经验做法，切实解决人民群众的操心事、烦心事、揪心事。

2.完善招商引资举措。统筹推进“引进来”和“走出去”战略，紧盯主导产业头部企业、世界500强、国内100强和细分行业排头兵企业招大引强，积极参加国家、省、市重大招商活动，重点对接长三角、粤港澳大湾区等先进区域，创新招商方式，大力开展以商招商、靶向招商、产业链招商和专业招商。打好感情牌、乡情牌，深入开展“三请三回”和“袁商回归”活动，积极发挥袁州商会和乡贤的桥梁纽带作用，吸引更多在外袁商返乡投资创业。大力发挥招商指挥中心统筹调配作用，集结最强作战精兵大抓招商，切实把懂大局趋势、懂专业知识、懂产业政策、懂审批流程、懂企业运营的干部人才充实到招商一线，着力打造一支“专业、专职、专人、专注”的招商队伍。逐步形成由四套班子领导牵头，乡镇街道、部门提供项目线索，专业队伍洽谈对接，工业园区等产业平台做好落地服务的招商安商新机制。

3.增强创新驱动能力。大力实施创新驱动战略，积极对接国家、省、市科技重大专项计划，依托国家、省级重大创新载体，鼓励建设一批科技成果对接转化的“孵化器”和“加速器”。探索推进“政企研金”合作新模式，开展增强全社会研发投入攻坚行动，加快构建政府引导、以市场为主体的多元化科技投入体系。加大人才引进和培养力度，鼓励袁州籍人才回乡发展。全力推进企业上市“映山红行动”，帮助企业实现裂变扩张。做大做优“科贷通”等融资服务，力争新增省级科技创新平台30个、市级科技创新平台60个，进一步提升企业核心竞争力，促进产业优化升级。

(三)聚焦高效能治理，打造城乡融合新样板，让人居环境美起来

大力弘扬伟大脱贫攻坚精神，加快打通“两山”转化通道，扎实做好巩固拓展脱贫攻坚成果同乡村振兴有效衔接，实现城乡融合互动发展，让城市更有风情，让乡村更富韵味。

1.全面提升城市功能品质。以提升中心城区首位度和辐射带动力为核心，坚定不移打造大宜春核心区。以成功创建全国文明城市为目标，实施新一轮城市功能和品质提升，深入开展城市更新行动，大力推动背街小巷、老旧小区和农贸市场改造提升，常态化抓好城乡环境综合整治，加快棚改安置房建设，完善城南片区地下管网建设，进一步补齐城市功能短板。加强城市网格精细化管理水平，着力打通社区服务治理“最后一公里”，推动资源、管理、服务向街道社区下沉，加快建设现代社区。

2.着力构建秀美和谐乡村。推进新时代“五美”乡村建设，坚持均衡发展，完善集镇规划。加大对偏远村和薄弱村项目、资金等方面扶持力度，因地制宜打造一批美丽乡村示范点，让村庄建设“有质量、提品位、显特色”。深化农村人居环境整治提升，推进农村厕所、垃圾和污水“三大革命”，实施净化、绿化、美化、亮化“四化”工程，大力开展农房整治，打好集镇环境综合整治攻坚战，大幅提升农村居民生活品质。积极推进“四好农村路”建设，力争县道三级路比例达到80%，建制村双车道比例达到80%。深入开展乡风文明建设，扎实开展新时代文明实践活动，推动形成文明乡风、良好家风、淳朴民风。

3.稳步推进生态文明建设。坚持绿色发展理念，全面落实“河湖长制”“林长制”，健全大气污染、水污染、土壤及固废污染等防治体系，加强袁河流域综合治理，力争全区空气质量优、良天数比例达到省定目标，省考以上断面水质100%达到或优于Ⅲ类。坚持山水林田湖草系统治理，加快矿山生态修复和绿色矿山建设，促进形成更具生命力的生态系统。锚定“双碳”目标，提前谋划能耗指标，适时调整优化不符合生态环境功能定位的产业布局、规模和结构，切实提升绿色低碳发展水平，协同推进经济高质量发展和生态环境高水平保护。

(四)聚焦高品质生活，形成共建共享新格局，让人民群众乐起来

站稳“江山就是人民，人民就是江山”根本立场，大力发展民生事业，建立健全多层次社会保障体系，在发展经济的基础上，逐步提高城乡居民收入，让老百姓发自内心地说“共产党好”。

1.提高民生事业水平。始终

把群众需不需要、满不满意作为工作的出发点和落脚点。坚持把就业作为最大的民生保障，实施更加全面、更有力度的就业创业政策，不断拓宽居民的劳动收入和财产性收入渠道，稳步提升城乡居民收入水平。坚持教育优先发展，落实立德树人方针，着力均衡教育资源，大力推动城乡义务教育一体化，全面加强教师队伍建设，全力化解“大班额”“大校额”问题，高水平发展公办教育，规范民办教育，普及普惠学前教育，推进职业教育融合创新发展。积极打造学习型机关、村镇、企业，带动全社会广泛参与共建“书香袁州”。深入推进健康袁州建设，深化医疗、医保、医药联动改革，加强公共卫生健康体系建设，完善智慧医疗平台建设，持续推进“互联网＋医疗健康”工程，提升整体卫生健康服务水平。

2.筑牢社会保障体系。坚持全覆盖、保基本、多层次、可持续的基本方针，全面推进社会保障体系建设。持续完善基本养老保险、基本医疗保险、社会救助制度，保障妇女儿童和老年人合法权益，做好残疾人基本公共服务，持续关注城乡困难群众生活保障问题，兜牢基本生活保障底线。积极应对人口老龄化等现象，大力推进社区综合服务中心建设，鼓励专业社会力量参与创办和发展各类养老机构，构建以社区养老为核心、居家养老为主体、机构养老为补充的养老服务体系。

3.切实优化社会治理格局。坚持统筹发展和安全，增强忧患意识，树立底线思维。全面开展风险隐患大排查、大整治行动，从源头上预防和减少突发事件和重大风险的发生，维护社会和谐稳定。强化金融领域风险防控，树牢过紧日子思想。扎实推进市域社会治理现代化试点，进一步完善“三治融合”乡村治理新体系。落实“乡镇吹哨、部门报到”“民呼我应、乡呼区应、企呼政应”、领导干部接访下访和信访包案等制度，加快推进社会治安防控体系建设，常态化开展扫黑除恶专项斗争，持续巩固政法队伍教育整顿成果。坚决贯彻习近平总书记对防灾救灾工作的重要指示精神，严格落实安全生产责任制，持续加大安全监管力度，坚决杜绝重特大安全事故发生。

4.严实疫情防控举措。坚决扛起“保一方平安、促一方发展”的政治责任，持续巩固来之不易的疫情防控战果。推动医防深度融合协作，加强传染病监测体系和慢性病综合防控制度建设，建立以重大传染病疫情为主的预警多点触发机制，提升疾病综合防控和预防接种服务能力，完善城镇传染病救治网络。加强卫生应急队伍管理，推进防控物资储备仓库建设，加快院前急救体系建设和发展，强化医疗卫生机构卫生应急责任。

四、全面加强党的建设

推进高质量发展，关键在党的坚强有力领导和全面从严治党。要毫不动摇坚持党的全面领导，坚决落实新时代党的建设总要求，持续涵养风清气正政治生态，为开启全面建设社会主义现代化新征程提供坚实保障。

1.深学细悟筑牢思想根基。把旗帜鲜明讲政治贯穿于党的建设始终，不断增强忠诚核心、拥护核心、跟随核心、捍卫核心的思想、政治和行动自觉。要始终胸怀“两个大局”、心系“国之大者”，善于从政治上观察处理问题、推动工作。坚决贯彻落实习近平总书记重要指示批示精神和党中央、省委、市委决策部署。严明政治纪律、严守政治规矩，认真贯彻民主集中制，严肃党内政治生活，切实把增强“四个意识”、坚定“四个自信”、做到“两个维护”落到具体行动上。推进学习型党组织建设，继续深入开展党史学习教育，从百年党史中汲取高质量发展的磅礴力量，持续加大“我为群众办实事”实践活动力度。加强传统与新兴宣传阵地建设，依托新时代文明实践中心（站、所）体系，扎实开展新时代文明实践活动，多形式多角度深入宣传我区高质量发展的好典型、好做法。牢牢掌握意识形态工作的领导权、主导权和话语权，大力弘扬社会主义核心价值观，广泛开展“中国好人”等道德模范推选工作。

2.严管厚爱建强干部队伍。要树立争先意识。坚持与时俱进、开拓创新，勇于突破传统路径的依赖，善于打破条条框框的限制，坚决破除一切制约高质量跨越式发展的思想观念和体制机制障碍。切实转变思维观念，坚决克服“自满”“等靠”“安逸”心态，时刻保持进取精神、拼抢精神、攻坚精神，勇于“向好的学、向强的比、向高的攀”，努力创造新时代“第一等的工作”。要强化责任担当。我们的领导干部要保持强烈的事业心和责任感，知责于心、担责于身、履责于行，敢于担当、主动作为，用心用力把党中央决策部署和省委、市委工作要求贯彻落实好，坚决顶起自己该顶的那片天，做到守土有责、守土负责、守土尽责，只要是对党的事业，对人民群众有利的事,就要大胆去做,不回避矛盾,不推诿责任。决不能只想当官不想干事，只想揽权不想担责,努力将发展面临的痛点、难点、堵点变成工作的亮点、特点、闪光点。要发扬艰苦奋斗作风。艰苦奋斗就是要求我们党员干部要具有不怕任何艰难险阻、吃苦耐劳、勤俭节约、自强不息的精神。学会低成本做事,把每一分钱都花在刀刃上,特别是在谋划项目上,要坚持精心谋划、规划先行,在充分论证的基础上科学决策,避免不必要的浪费。要树立正确政绩观。坚守为人民用权、为人民履职的正道,以“我将无我、不负人民”的境界和“功成不必在我,成功路上必定有我”的胸襟,主动把责任记在心上、扛在肩上,不图虚名、不骛虚声,守正笃实、久久为功,以钉钉子精神做好每件事,真正做到对历史和人民负责。要加强干部培训和能力建设。以加强思想政治教育、更新知识结构、提升综合能力、转变工作作风等为重点,切实加强干部对新发展理念、新知识、新技术的学习培训,着力打牢干部担当实干的基础。要树立正确选人用人导向。用人之要、重在导向。坚持“相马不如赛马”,更加注重从“六个一线”和边远艰苦地区考察识别干部,大力发现培养选拔优秀年轻干部,让他们在最好的年龄、最佳的时期工作在最适合的岗位上。全面推行“一线”工作法,确保各项工作的高效、严谨、细致、快速推进,形成“闭环”管理。建立健全容错纠错机制,及时容错免责、纠错防错,加大为受到不实举报对象澄清正名力度,从严打击诬告陷害行为，为担当作为的干部添锐气、增底气。

3.固本强基夯实基层堡垒。基层组织建设是党的全部工作和战斗力的基础。要牢固树立“党建+”理念,强化“最大政绩”意识,扎实开展基层党建“三化”建设工作,在进一步巩固、拓展、提升基层党建标准化、规范化建设成果基础上,全领域推进信息化建设。对照“支部过硬、红色突出、服务优质、村庄秀美、乡风文明”标准,全力打造一批红色名村。全面推进“基层党建+和谐小区”建设,实施在职党员“积分制”管理,推进城市基层治理体系和治理能力现代化。强化以财政投入为主的党建经费保障机制,完善村(居)干部报酬正常增长机制,积极拓宽优秀村(居)干部上升渠道。严把党员发展关口,提高发展党员质量,及时处置不合格党员。用好农村集体产权制度改革成果,全面开展清产核资,通过盘活资产、平台运作、优化服务等措施,因村施策发展壮大村级集体经济。

4.正风肃纪净化政治生态。全面从严治党永远在路上。各级党委(党组)要自觉担负起全面从严治党主体责任;党委(党组)书记要认真履行“第一责任人”职责,真抓真管、敢抓敢管、常抓常管;各级纪委要认真履行好监督责任,聚焦主业、监督执纪;各级领导干部要履行好“一岗双责”。大力开展“严守政治纪律严明政治规矩专项整治活动”,严格落实清廉袁州建设“1+6”文件精神。抓实抓细同级监督和“一把手”监督工作,全面落实政治谈话制度。持续推动作风建设,严格落实中央八项规定精神,坚决整治“怕慢假庸散”作风顽疾,深入开展严防吃喝送礼歪风变异回潮问题的专项治理,精准运用监督执纪“四种形态”,坚决防止“破窗效应”。持续深化政治巡察,充分发挥巡察综合监督作用和密切联系群众纽带功能,实现六届区委巡察全覆盖。统筹做好查办案件“前后半篇文章”,深化以案促改、以案促建、以案促治,努力把纪律规矩立起来,思想认识扭过来，党风政风正过来,一体推进“不敢腐、不能腐、不想腐”，推动风清气正的政治生态持续向上向好。

5.同心同德汇聚发展合力。坚持党委总揽全局、协调各方,健全完善区委领导体制机制,把加强党的领导落实到各领域、各方面、各环节。积极支持人大、政府、政协、纪委监委、法院、检察院依法依章履行职能、开展工作、发挥作用。巩固和发展最广泛的爱国统一战线,着力完善大统战工作格局,更加重视发挥各民主党派、工商联、无党派人士和党外知识分子的重要作用。坚持党管武装原则，抓好国防教育、征兵、退役军人等工作,推进军民融合深度发展。积极发挥工会、共青团、妇联、残联、红十字会、科协等群团组织作用,扎实做好民族宗教、外事、侨务、对台、党史、编制、档案、老干部和关心下一代等工作,进一步凝心聚力,汇聚磅礴伟力。

同志们,让我们更加紧密地团结在以习近平同志为核心的党中央周围,高举中国特色社会主义伟大旗帜,大力弘扬伟大建党精神,团结和带领全区党员干部群众,和衷共济,善谋实干,艰苦奋斗,奋力冲刺全国县区经济百强,在实现大宜春核心区高质量跨越式发展征程中谱写袁州现代化新篇章。

做知行合一、担当实干的袁州人民勤务员

——在全区科级干部学习习近平总书记七一重要讲话精神暨建设清廉袁州轮训班开班仪式上的讲话

中共宜春市袁州区委书记　江伟斌

（2021年10月8日）

同志们：

现在是一年中最美的时节，气候秋高气爽，人也神清气爽，正是学习、锻炼的好时光。今天，我很高兴来到区委党校和大家交流学习、探讨问题，共同进步、共同提高。

我来袁州区工作已经两个月了，这段时间以来，我对袁州区的整体情况进行了初步的调研、了解，每到一个乡镇、街道，我也都和班子成员进行了座谈交流。所以，这段时间我的主要任务就是熟悉区情、熟悉工作、熟悉干部、熟悉群众。从目前掌握的情况来看，我觉得袁州区有几个特点比较明显。一是身居首府，但首位度有待提高。作为宜春的政治、经济、文化中心，袁州区有着和其他兄弟县市区无可比拟的先天优势，是名副其实的“老大”，市委、市政府关于中心城区建设的决策部署，袁州区是最大的受益者。但是从经济社会发展情况来看，我们的首位度还不是很高，丰城、樟树、高安，甚至铜鼓的在外知名度都比袁州更高。二是文化底蕴深厚，但文化支撑有待加强。古袁州自汉高祖五年（前201年）设立筑城，是现江西境内保存建城最久的三个城市之一，至今已有2200多年历史，孕育出了状元文化、书院文化等深厚的文化底蕴，特别是状元文化，先后出现了卢肇（唐）、易重（唐）、姚勉（宋）、朱善（明）、刘子壮（清）等五位状元，最鼎盛时期，享有“袁州进士半江西”的美誉。但是这么深厚的文化内涵，却没有得到很好的传承和宣传，外界鲜为人知。三是干部能干，但工作能力有待提升。大部分的干部都有很强的事业心，精气神十足，能干事、也愿意干事，但是缺乏开拓创新精神和一抓到底、持之以恒的韧劲，尤其是在主动担当上，还存在一定的欠缺。当然，这只是我初步的了解，不够全面。而且，这既有历史遗留下来的因素，也有当前体制机制不畅等原因。下一步，我们还要多交流、多沟通，找出存在问题的根源，想办法去解决，推动袁州各项事业行稳致远。

今天的党课，是我在袁州区工作讲的第一堂党课，也是在三个大的背景下开讲的。第一个背景就是学习贯彻习近平总书记在庆祝中国共产党成立100周年大会上的重要讲话精神。今年7月1日，习近平总书记在庆祝中国共产党成立100周年大会上发表了重要讲话，全面回顾100年来我们党团结带领中国人民开辟的伟大道路、创造的伟大事业、取得的伟大成就，深刻总结伟大建党精神，系统阐述新征程上以史为鉴、开创未来的根本要求，向全体党员发出了努力为党和人民争取更大光荣的伟大号召。学习贯彻总书记的讲话精神，是当前和今后一个时期的一项重要政治任务，必须长期坚持、常学常新。第二个背景就是换届后的首次培训。县乡换届已经结束了，在座的都是换届后新上任的领导干部，特别是乡镇街道的同志，大多数都是刚刚步入领导岗位，进行集中培训是非常有必要的。第三个背景就是清廉袁州建设。风气正则事业兴。建设清廉袁州，就是要在全区营造风清气正的良好政治生态，这是我们做好各项工作的前提和保障，也是当前重要的一项工作。基于以上几点，我今天和大家交流的主题是“做知行合一、担当实干的袁州人民勤务员”。党的十八大以来，习近平总书记多次强调“知行合一”，要求党员干部

既要加强理论学习，走在前列；又要结合实践，干在实处。在今年的中央党校（国家行政学院）中青年干部培训班开班式上，总书记再次要求我们对党忠诚，必须一心一意、一以贯之，必须表里如一、知行合一，任何时候任何情况下都不改其心、不移其志、不毁其节。总书记之所以多次强调“知行合一”，我认为并不是要我们照搬王阳明“知行合一”的思想，而是强调理论和实践的辩证统一，号召我们以“知行合一”的精神践行社会主义核心价值观、践行党的群众路线、践行党史学习教育，投身中华民族伟大复兴中国梦的伟大实践。“空谈误国，实干兴邦”，何以兴邦，那就是“以知促行，以行促知，知行合一”。所以，做知行合一、担当实干的袁州人民勤务员，不仅是我对自己提出的目标，也是对在座各位的要求和希望。具体怎么做，就是要在“知”“行”“廉”“功”四个方面下功夫。“知”就是要深刻理解，有高度的思想自觉；“行”就是要努力践行，有坚定的落实行动；“廉”就是要清正廉洁，有优良的作风保障；“功”就是要建功立业，有一流的工作业绩。在这四个方面，“知”是前提，“行”是关键，“廉”是保障，“功”是目的。广大党员干部要始终坚持知行合一的工作方法，修炼共产党人的“心学”，练好共产党人的“心力”，知在深处、行在实处，通过实践的积累摸索，提炼出破解工作难题的理念和指导思想，让思想的自觉引导行动的自觉，并且通过行动的自觉不断深化思想的自觉，做到“深学、笃行、善成”。下面，就这四个方面的问题，与大家进行探讨。

一、解决“知”的问题，在学深悟透党的精神谱系中坚定理想信念

习近平总书记在党史学习教育动员大会上指出，在一百年的非凡奋斗历程中，一代又一代中国共产党人顽强拼搏、不懈奋斗，涌现了一大批视死如归的革命烈士、一大批顽强奋斗的英雄人物、一大批忘我奉献的先进模范，形成了井冈山精神、长征精神、遵义会议精神、延安精神、西柏坡精神、红岩精神、抗美援朝精神、“两弹一星”精神、特区精神、抗洪精神、抗震救灾精神、抗疫精神等伟大精神，构筑起了中国共产党人的精神谱系。这些伟大精神一脉相承、代代相传，深深融入我们党、国家、民族、人民的血脉之中，为实现民族独立、人民解放和国家富强、人民幸福提供了强大精神动力。毛主席讲，人是要有点精神的。作为一个地方，振兴的关键在精神。作为一名党员领导干部，要彻底解决“知”的问题，就必须学深悟透党的精神谱系，从党的精神谱系中汲取奋斗力量，以坚定的理想信念筑牢精神之基，坚定对马克思主义的信仰，对社会主义和共产主义的信念，对中国特色社会主义道路、理论、制度、文化自信。

*一是要深刻领会精神谱系的伟大力量。*精神的力量是无穷的。1929年，毛泽东提出星星之火可以燎原，说这个话的时候，身边没几个人，也没有几杆枪，没有多少力量，虽然实际的胜利是1949年，但在1929年毛泽东的内心已经胜了，信仰和精神激励他坚信一定能打破一个黑暗的旧世界，创造一个新中国。全世界无产阶级和劳动人民的伟大导师马克思，当年在英国大英图书馆看书的时候，他的脚把地下的地板都搓出印子了，为了写资本论，准备大量的资料，但是因为没有钱，三次被房东撵得搬家，最后创立的马克思主义学说，颠覆了世界。这就是信仰、精神的伟大。习近平总书记深刻指出：“我们党之所以历经百年而风华正茂、饱经磨难而生生不息，就是凭着那么一股革命加拼命的强大精神。”中国共产党从建党时的50多名党员，发展成为执政70多年、拥有9500多万名党员的世界上最大的马克思主义政党，团结带领全国各族人民取得了革命、建设和改革的伟大成就，靠的就是伟大的精神力量。最近电影《长津湖》正在热播，这部影片以抗美援朝中的长津湖战役为背景，讲述了中国人民志愿军的那段艰苦卓绝岁月，最让人震撼和感动的一幕是，为完成阻击美军的任务，有支连队全员冻死在阵地上，他们以战斗队形散开，卧倒在雪地中，人人都是手执武器的姿态，怒目注视前方，没有一个人向后，都是坚持到最后一刻，成为悲壮的“冰雕连”，是什么支撑着这些年轻的志愿军战士宁愿冻死也绝不暴露目标？毫无疑问，就是精神。人无精神不立，党无精神不兴，国无精神不强。在《论中国共产党历史》这本书中，伟大精神就像一条红线贯穿全书。据初步统计，书中收录的40篇文稿，直接涉及伟大精神的文稿有24篇之多，占总量的60%。特别是习近平总书记在庆祝中国共产党成立100周年大会上的讲话中，首次对伟大建党精神作出阐释，“中国共产党的先驱们创建了中国共产党，形成了坚持真理、坚守理想，践行初心、担当使命，不

怕牺牲、英勇斗争，对党忠诚、不负人民的伟大建党精神，这是中国共产党的精神之源。”这简短的32字，是以习近平同志为核心的党中央对中国共产党人精神谱系的系统凝练和深度概括，把对中国共产党精神的认识提高到新的境界，是我们学习传承中国共产党人的精神、研究赓续中国共产党精神谱系的重要依据，也是鼓舞和激励我们风雨无阻、勇敢前进的强大精神动力。

二是要准确把握精神谱系的基本属性。党的精神谱系集中体现着中国共产党人的政治觉悟、意志品质、思想道德和工作作风，是党的一系列优良传统和革命风范的集中概括，是一脉相承又动态延展的精神整体。精神谱系贯穿着共同的基本属性，我们一定要准确把握。比如政治属性，这是共产主义远大理想和服务人民不变的内核。2016年习近平总书记在谈到如何让井冈山精神放射出新的时代光芒时，强调的第一点就是“坚定执着追理想”。此外，红船精神的内涵中有“坚定理想”，长征精神的内涵中有“坚定革命的理想和信念”，在遵义会议精神、红岩精神、抗美援朝精神、抗疫精神等伟大精神中，理想信念无处不在。无论过去、现在和将来，理想信念都是中国共产党人的精神之“钙”，是党的精神谱系之“魂”，是党的伟大精神的核心内容和根本优势。再如实践属性，这是革命、建设和改革的伟大实践形成发展的动力。我们口口相传的井冈山精神、延安精神、西柏坡精神等以党史的标志性地点命名的精神，体现了党百年实践的划时代历程；张思德精神、雷锋精神、焦裕禄精神等以人物名字命名的精神，代表着党在百年实践中涌现的一批又一批英雄模范的牺牲奉献；长征精神、抗美援朝精神、抗震救灾精神等以党史中重大事件命名的精神，反映着党领导人民进行伟大实践取得的历史性成就，每一种精神都是从实践过程中抽象出来的。最后就是时代属性，这是与时俱进的鲜明特质。上世纪40年代，面对革命形势的发展，毛主席提出务必“继续地保持谦虚、谨慎、不骄、不躁的作风”，务必“继续地保持艰苦奋斗的作风”。“两个务必”里面，包含着对我们党永葆先进性和纯洁性、对即将诞生的人民政权实现长治久安的深刻忧思。新中国成立后，又及时提出要树立自力更生、艰苦奋斗的精神作风。今天，更是强调要培育和践行社会主义核心价值观，不断筑牢全党全国人民团结奋斗的思想基础，为实现中国梦凝聚伟大精神动力。可见，中国共产党精神谱系是开放的、不断丰富的架构体系，本身就是个动态的发展过程。全区广大党员干部要准确把握精神谱系的基本属性，切实从精神谱系中汲取精神养分，赓续红色血脉。

三是要充分运用精神谱系赋能干部。“谱系”原本是生物学和社会学中常用的一个概念。梳理物种谱系，是为发现生物性状遗传的规律；修续家族谱系，是为追踪家族渊源历史。我们探讨中国共产党人的精神谱系，同样是为了寻根求本，弄清楚中国共产党精神演化发展的历史进程，从共产党人的精神谱系中汲取不断前进的智慧和力量，以更加奋发有为的精神状态开拓光明未来。总的来说，我们袁州区的干部精神状况是不错的，但是也存在很多问题，比如，干事创业积极性不高、攻坚克难能力不足、遵规守纪意识不强、作风建设不硬，等等。之所以产生这些问题，根源就在于思想、精神，也就是我经常说的赋能不够。为此，必须先解决心的问题，解决思想、精神的问题。要坚持不懈地强化思想政治建设，持续学懂弄通做实习近平新时代中国特色社会主义思想，用好用活党的精神谱系，巩固拓展党史学习教育成果，进一步增强“四个意识”、坚定“四个自信”、做到“两个维护”，始终在思想上政治上行动上同以习近平同志为核心的党中央保持高度一致。

二、解决“行”的问题，努力走出具有袁州特色的高质量跨越式发展之路

思想上的问题解决了，下面就是抓落实。学习贯彻总书记在庆祝中国共产党成立100周年大会上的重要讲话精神，最终的落脚点要体现在发展上。党的十八大以来，习近平总书记根据新时代的新特点，提出要立足新发展阶段，完整准确全面贯彻新发展理念，构建新发展格局，推动高质量发展，为我们下一步的发展指明了方向、厘清了思路、提供了遵循。“三新一高”紧密关联，是内在统一的理论整体，必须深刻领会“三新一高”丰富内涵、内在逻辑、时代价值，并将之转化为推动高质量跨越式发展的强大动力。

一是要准确把握新发展阶段特征。1959年，毛泽东同志在读苏联《政治经济学教科书》时提出：“社会主义这个阶段，又可能分为两个阶段，第一个阶段是不发达的社会主义，第二个阶段

是比较发达的社会主义。后一阶段可能比前一阶段需要更长的时间。”1987年,邓小平同志指出:“社会主义本身是共产主义的初级阶段,而我们中国又处在社会主义的初级阶段,就是不发达的阶段。一切都要从这个实际出发,根据这个实际来制订规划。”习近平总书记在党的十九届五中全会提出,全面建成小康社会、实现第一个百年奋斗目标之后,我们要乘势而上开启全面建设社会主义现代化国家新征程、向第二个百年奋斗目标进军,这标志着我国进入了一个新发展阶段。今天,我们有幸所处的新发展阶段,就是社会主义初级阶段中的一个阶段,同时是其中经过几十年积累、站到了新的起点上的一个阶段。那么这个阶段新在哪里呢?一是发展基础“新”。经过新中国成立以来特别是改革开放40多年的不懈奋斗,我国经济实力、科技实力、综合国力和人民生活水平跃上了新的大台阶,国内生产总值超过100万亿元,人均国内生产总值超过1万美元。就现实依据来讲,我们已经拥有开启新征程、实现新的更高目标的雄厚物质基础。(改革开放以来,中国取得了举世瞩目的成就,人均GDP从155美元到2020年突破1万美元;中国GDP总值占全球比重从1.75%到2020年的17%;中美GDP差距从15.7倍到2020年的1.4倍,中国的变化不仅体现在经济数据层面,同时还体现在其他方面,比如高铁、高速公路、通讯、教育、国防科技等各个领域。)二是发展任务“新”。社会主义初级阶段不是一个静态、一成不变、停滞不前的阶段,而是一个动态、积极有为、始终洋溢着蓬勃生机活力的过程,是一个阶梯式递进、不断发展进步的过程。随着“十三五”的圆满收官,我们实现了全面建成小康社会的第一个百年奋斗目标,这也为我们开启全面建设社会主义现代化国家新征程、向第二个百年奋斗目标进军奠定了坚实基础。未来30年将是我们完成这个历史宏愿的新发展阶段,而且这一新阶段的时间表、路线图已经明确,就是用3个五年规划期,到2035年,基本实现社会主义现代化,然后再用3个五年规划期,到本世纪中叶,把我国建成人口规模巨大、全体人民共同富裕、物质文明和精神文明相协调、人与自然和谐共生、走和平发展道路的社会主义现代化强国。三是发展环境“新”。当今世界正经历百年未有之大变局。这次应对新冠肺炎疫情全球大流行,各国的领导力和制度优越性如何,高下立判,东升西降是大势所趋。在这个大环境下,我们面对的机遇和挑战都有了新的发展变化,机遇和挑战之大都前所未有。

袁州区既有全国普遍存在的共性特征,也有基于区情的特殊特点,要结合新发展阶段的新特征来找准袁州区的发展定位。从自身来看,经过这些年的积累,全区经济社会取得了长足的发展,2020年生产总值达到了456.81亿元,财政收入达到了41.49亿元,全面建成小康社会取得决定性成就,这为我们进入新发展阶段、朝着第二个百年目标奋斗奠定了坚实基础。但是也要看到,经济总量不大、工业短板明显、产业层次不高、财税来源比较单一等瓶颈还有待突破。在多重发展机遇的叠加期、改革创新的深水期、产业转型升级的攻坚期,我们必须精准把握新发展阶段特征,结合我区实际,奋力推动经济实现高质量发展。

*二是要完整准确全面贯彻新发展理念。*理念是行动的先导,一定的发展实践都是由一定的发展理念来引领的,发展理念是否对头,从根本上决定着发展成效乃至成败。新发展理念是一个系统的理论体系,回答了关于发展的目的、动力、方式、路径等一系列理论和实践问题,阐明了我们党关于发展的政治立场、价值导向、发展模式、发展道路等重大政治问题,是引领高质量发展的“指挥棒”。这些年,正因为我们不折不扣贯彻新发展理念,才牢牢把握住发展的“时”与“势”,推动袁州各项工作迈上了新台阶。步入新的赶考之路,我们必须进一步对照习近平总书记的最新要求,完整准确全面贯彻新发展理念,推动“十四五”时期实现高质量发展。要在整体上把握。在谋划高质量发展的“大棋盘”上,坚持创新、协调、绿色、开放、共享五个方面一起“落子”,统筹推进、一体贯彻,不能偏执一方、相互替代。比如,我们目前正在推进的创文、招商等工作,不是哪个部门单打独斗可以完成的,也不是单凭哪一方面工作突出就能做好的,在推动各项工作落实的“施工图”中,各地各部门既要按照自身职责抓好新发展理念涉及本部门的重点工作,也要综合考虑各项工作的整体协同,确保子系统与大系统有机衔接,不能顾此失彼、畸轻畸重。要从问题导向出发。从全国来看,当前面临着三个突出的堵点,一是国民经济循环仍存在一些梗阻,二是产业链供应链循环

面临堵滞风险，三是生产要素高效流动尚不够顺畅。这些问题，在我们这个中部欠发达地区表现得更为突出，我们在基础设施联通、商贸物流流通、产业合作畅通上都存在不少堵点，中心城区的辐射力、生产要素聚集水平、现代物流体系建设等方面与努力实现大宜春核心区高质量跨越式发展的目标还有较大差距。发展形势越严峻，经济下行压力越大，贯彻新发展理念的意志越不能动摇。要切实加强前瞻性思考、系统性谋划、针对性研究，通过精准地贯彻新发展理念，切实补齐短板弱项，有力推动我区发展更高质量、更有效率、更加公平、更可持续。要注重共同富裕问题。为人民谋幸福、为民族谋复兴，这既是我们党领导现代化建设的出发点和落脚点，也是新发展理念的“根”和“魂”。只有坚持以人民为中心的发展思想，坚持发展为了人民、发展依靠人民、发展成果由人民共享，才会有正确的发展观、现代化观。当前，我们发展不平衡的问题还比较突出，与人民群众对美好生活的新期待还有较大差距。贯彻新发展理念，就是要牢记宗旨意识，自觉主动解决地区差距、城乡差距、收入差距等问题，统筹做好就业、收入分配、教育、社保、医疗、住房、养老、扶幼等各方面工作坚持在发展中保障和改善民生，更加注重向农村、基层、欠发达地区倾斜，向困难群众倾斜，促进社会公平正义，让发展成果更多更公平惠及全体人民。

*三是要积极融入新发展格局。*构建以国内大循环为主体、国内国际双循环相互促进的新发展格局，是以习近平同志为核心的党中央根据我国发展变化审时度势作出的重大决策，是把握未来发展主动权的战略性布局和先手棋，深刻回答了“我们怎么样实现新阶段新目标”的路径问题。如何积极融入新发展格局，是摆在我们面前的现实问题。要着力稳固高质量内需市场这个“基本盘”。构建新发展格局是以“国内大循环”为主的新格局，重点在于立足自身。立足袁州实际实事求是地说，我们在交通、资源、要素等方面都有不少短板。但是进入新发展阶段，我们迎来了一个千载难逢的机遇，这就是新发展格局。武汉市委提出武汉就是新发展格局下的“新沿海”思维革新启示我们：第一，身在内陆不要紧。新发展格局拉近了我们与国内国际市场的距离，日新月异的数字经济抹平了山水阻隔的鸿沟，关键要摒弃传统“内陆意识”，敢于跳出自己的一亩三分地，善于在更大范围、更高层次去谋划工作，勇于以更大气魄、更大力度实施更高水平的对外开放；第二，身居内陆有优势。袁州区既不靠海也不靠边，在国际大循环中可能算是劣势，但在国内大循环中却可能成为优势，关键要找准自身优势，扬长避短、扬优成势，后发赶超、换道超车；第三，身处内陆重特色。国内大循环质优者胜，统一大市场物美者强，关键要结合好自身实际，不要贪大求全，而要求精求特，以自身定位之特、资源之特、产出之特有效融入新发展格局。善谋者胜，善作者成。这些启示，每一条都是一篇大文章，都是我们在新形势下推进改革开放必须回答好的时代课题。对于这些，大家都要认真研究、深入思考，共同以观念之变求发展之变、以思维革新促发展革新。要充分释放高水平对外开放这个“强动力”。当前，区域比拼发展日益激烈，全国各地都在抢夺政策、抢夺项目、抢夺人才，抢夺一切有利于发展的要素，力求营造优势、创造胜势。与沿海地区、发达地区相比，我们袁州区抢夺资源的优势不值一提，怎么办？营商环境是关键。好的营商环境就是生产力，哪里营商环境好，人才就会往哪走、资金就会往哪流、项目就会往哪建。政府会不会作为、善不善改革、能不能跟上市场主体需求的变化，是当前评价一个地方营商环境好不好的核心标准。去年以来，我们通过建立健全政企圆桌会议、政银企对接、驻企特派员、重大项目督查协调等一系列制度，推动营商环境持续优化，但仍然存在不少突出问题。比如，不少企业家反映，虽然经过这些年努力，门好进了，脸好看了，但事情依然难办，“阎王好见、小鬼难缠”的“中梗阻”现象仍然突出。又比如，有的项目验收需要几十个人签字，表面看是从严把关，实际上给企业设置了众多要拜的“菩萨”，增加了企业负担。再比如，有的部门事先不讲明要求，事后又来收费算账。这样下去，我们的营商环境怎么好得了，拿什么去和先进发达地区比拼，谈何跨越式发展？我们提出建设“四最”一流营商环境，打造全省营商环境一等区，决不能纸上谈兵，再也不能坐而论道了！要以过硬的营商环境为名片，积极融入“一带一路”、中部地区高质量发展、湘赣边区域合作示范区、区域中心城市建设等中央、省、市战略部署，进一步完善县域开放新布局，既持续深化商

品、服务、资金、人才等要素流动型开放,又稳步拓展规则、管理、标准等制度型开放,真正把袁州打造成全市对外开放的新高地。要紧紧抓住高效率经济循环这个“关键点”。牢固树立“开放创新,强攻工业”发展理念,紧紧围绕省、市产业发展规划布局,聚焦生物医药、锂电新能源、电子信息造等主导产业,持续深化供给侧结构性改革,强力推进项目建设,着力做优传统产业“固底板”,做强新兴产业“锻长板”,做大数字经济“补短板”,加快实现“千亿园区,百亿企业”步伐。要以宁德时代等市级重点项目为依托,全面落实产业链链长制,大力实施铸链、强链、补链、扩链工程,用有效供给穿透循环堵点、消除瓶颈制约,加快形成更高效率的投入产出关系,提升经济体系整体效能。特别是要大力实施创新驱动发展战略,积极对接国家“科技创新 2030”和省、市科技重大专项计划,探索推进“政企研金”合作新模式,着力构建全过程创新生态链,全面提升科技创新供给能力,让创新成为高质量跨越式发展的“关键变量”和“最大增量”。

三、解决“廉”的问题,为高质量跨越式发展提供坚强的作风保障

优良的作风是行动的保障,习近平总书记强调,廉洁自律是共产党人为官从政的底线。党教育培养一名领导干部不容易,一旦在廉政方面出了问题,党组织多年的培养和本人以前的努力就付之东流。美国《华盛顿邮报》曾评选出世界十大奢侈品,不是豪车豪宅,也不是珠宝名包,而是生命的觉醒和领悟,一颗自由、喜悦、充满爱的心,走遍天下的气魄,回归自然、安稳平和的睡眠,享受真正属于自己的时间和空间,彼此深爱的灵魂伴侣,任何时候都有真正懂你的人,身体健康,内心富有,能感染并点燃他人的希望,等等,这些都与物质无关,只关乎内心。《礼记·大学》提出“正心诚意修身齐家治国平天下”的修身治学次序,认为一个人只有纯洁内心,才能提高自身境界,进而才能经营好家庭,接下来才能建功立业、治国平天下。所以,“廉”的问题就是关乎我们每一个党员领导干部的内心,根本就是要内心纯净,要堂堂正正、清清白白,能始终保持高尚的情操、廉洁的本色。

一是正心,保持思想的干净。思想上一尘不染,行动上才能一身正气。一个人能否廉洁自律,最大的诱惑是自己,最难战胜的敌人也是自己。古人常讲,“破山中贼易,破心中贼难”,就是这个道理。管住和战胜自己,关键在于筑牢思想防线。要自觉在改造主观世界上下功夫,不断锤炼党性、磨炼心性,做到慎独、慎初、慎微,防止精神沦陷、“自己扳倒自己”。慎独,就是要有高度的自觉性、自制力和意志力,加强自我约束、自我克制、自我完善,做到人前人后一个样、台上台下一个样、上班下班一个样,始终表里如一、严守本分。很多干部出问题,首先就从内心失衡开始。这些人被查处之后又抱怨大环境不好,甚至抱怨组织上没有及时教育监督。为什么同样的环境下,别人没问题他们有问题?根本原因还是缺乏定力、缺乏自制力,不能把握好自己。慎初,就是要算清“人生账”,严防最初的那“一闪念”,把好第一个关口、守住第一道防线、避免第一次放纵,不使一时之快变成一生之灾,不使一时之利成终生之悔。慎微,就是要扣好人生的每一粒扣子,摒弃“小节无害”的想法,认真做好每件小事、管好每个小节、注意一言一行,防微杜渐、洁身自好,确保“大节”不偏、“小节”不失。这“三慎”归结到一点,就是要经常检视自己,经常对照先进典型反思自己,随时发现和清除思想上的灰尘和污渍,始终坚守共产党人的精神高地。

二是养性,保持生活的干净。对领导干部来说,个人的生活情趣绝不是小事,从中显示出一个人品行、志趣和境界。健康的生活情趣,如精神营养,汲取得越多,越有利于修心养性;不健康的嗜好,如精神鸦片,沉溺其中,就会销蚀意志,甚至引发贪污受贿等腐败问题。近年来出事的贪腐官员,不少是由于情趣不健康、爱好不节制,被人利用导致的。领导干部一定要培养高尚情趣,克制个人爱好,摒弃不良嗜好,远离低级趣味。宜春近两年被查处党员领导干部的警示教育片大家都认真学习了,部分领导干部就是因为不健康的嗜好被围猎,最终走上了违法犯罪的道路。宜春市人防办原主任程开琅,嗜酒如命,被“有心之人”利用,退休后依然被严肃查处。与克制个人爱好相关联的,就是要慎交友。领导干部不是不能交朋友,但我们所处的位置、担当的责任,决定了我们在社会交往中应有更加谨慎的态度。要善交益友、乐交净友、不交损友,不断净化自己的社交圈、生活圈、朋友圈,做好“物理隔离”。

三是齐家,保持家风的干净。领导干部的家风,不仅事关家庭幸福,而且影响党风政风和社会风气。好的家风不仅让家庭成员受益终身，对社会也是充满了正能量。2001年，习仲勋同志举办88岁寿宴，一家三代人及亲朋好友欢聚一堂为他祝寿，只有时任福建省省长的习近平因工作繁忙而缺席。他抱愧给父亲写了一封拜寿信，信中说，从父亲这里继承和吸取的高尚品质很多，一是学父亲做人，一辈子没有整过人，坚持真理不说假话，并一以贯之；二是学父亲做事，一生充满传奇色彩，为党和人民建功立业；三是学父亲对信仰的执着追求，心中始终有一盏明亮的灯，永远坚持正确的前进方向；四是学父亲的赤子情怀，热爱中国人民，热爱革命战友，热爱家乡父老，热爱父母、妻子、儿女；五是学父亲的俭朴生活，节俭几近苛刻，家教的严格，也是众所周知的。从这封信中，我们可以感受到老一辈无产阶级革命家的良好家风，这的确为所有领导干部树立了榜样！反之，一些领导干部就是因为家教不严、家风不正，家庭成员利用其职务上的影响和便利，谋取非法利益，导致“家族式”腐败。一个领导干部如果连自己的亲属子女都不能管住管好，又怎么能担负起管理一个单位、治理一个地方的重任呢？我们一定要从自身做起，吃透严是爱、宽是害的辩证法，带头端正家风、立好家训，管好家人、处好家事，使家庭成为自己拒腐防变、永葆本色的坚强阵地，以良好家风带党风、促政风、正民风。

四是做事，保持用权的干净。领导干部与老百姓的区别，就在一个“权”字。在长期执政条件下，我们面临“糖弹”的考验，绝不亚于“枪弹”的考验；面临名与利、得与失的考验，也不亚于生与死、血与火的考验。当你手中有了权力，奉承、追捧的人就会多起来。在这样的情况下，千万不要以为自己有多了不起、有多大魅力，实际上这些人是冲着你手中的权力来的，甚至暗藏玄机、设下陷阱，把你当作猎物进行围猎。要时刻谨记“当官就不要发财，发财就别来当官”的告诫，深刻认识权力姓公不姓私，决不能擅自滥用、被家人利用、给朋友借用、搞交易使用。特别是要切实增强法治意识，习惯于在法律约束下作决策，在制度笼子里办事情，公开透明地履行职责。尤其是涉及人财物的管理，涉及项目审批、工程建设等腐败易发多发领域，更要严格依法依规办事，决不能搞违规操作、徇私枉法。因此，新的区委班子到位之后，区委常委会第一时间研究出台了清廉袁州建设“1+6”文件，就是为了进一步强化对廉政风险点和薄弱环节的管控，一体推进“三不”体系建设，加强日常监督，让我们的干部习惯在监督下用权，在监督下工作和生活，真正做到一身正气、两袖清风，堂堂正正做人、干干净净用权。

最后，要特别强调的是要知敬畏、守规矩。朱熹说，“君子之心，常怀敬畏”。儒家的敬畏就是孔子说的，“君子有三畏：畏天命、畏大人，畏圣人之言。”当然，这些都是古人从修身角度来说的。我们共产党人的“敬畏之心”，很重要的一个方面就是对规矩的敬畏。这里包括两层含义，首先是崇敬，明白规矩是不可侵犯的；其次是畏惧，懂得越过红线一定会受到惩处。所以，敬畏之心应该是一种心怀敬意、战战兢兢、如履薄冰的心态。我们党的规矩，是党的各级组织和全体党员必须遵守的行为规范和规则。纪律是成文的规矩，一些未明文列入纪律的规矩是不成文的纪律。我们从加入共产党员那天起，就应该知道守纪律、讲规矩的严肃性，就应该明白在党内不守纪律、不讲规矩的危害性。现在，一些党员干部从政时间增长了，职务逐渐提升了，对规矩的敬畏之心却越来越小了。有的妄自尊大，视规定为无物，视制度为“稻草人”，为了一己之私什么都敢干；有的跟组织耍小聪明，对政策搞选择性执行，阳奉阴违，两面三刀；有的拉帮结派，以同学、战友以及出身、经历、“爱好”划界，编“关系网”，搞团团伙伙、亲亲疏疏。归结到一点，这些人都是心无敬畏、心存侥幸，自以为神不知、鬼不觉，出不了事，出了事也能摆平。常言道，“凡走过必有痕迹”。在全面从严治党的高压态势下，不敬畏规矩迟早是要付出代价的！我们一定要高度警醒起来，始终对党的纪律和规矩保持敬畏之心，始终把它作为不可逾越的红线和带电的“高压线”。

这里我们重温一下习近平总书记在中纪委十八届五次全会上对党的规矩的概括：其一，党章是全党必须遵循的总章程，也是总规矩；其二，党的纪律是刚性约束，政治纪律更是全党在政治方向、政治立场、政治言论、政治行动方面必须遵守的刚性约束；其三，国家法律是党员、干部必须遵守的规矩，法律是党领导人民制定的，全党必须模范执行；其四，党的规矩是党在长期实践中形成的优良传统和工作惯例。对这些规矩，我们要像和尚念经那样，常念常记，真正弄清楚哪些事能做、哪些事不能做,哪些事该这样做、哪些事该那样做,哪些事可以个人对组织或组织对个人、哪些事必须组织对组织,哪些事可以简化程序、哪些事只能按程序办,哪些事该发扬民主、哪些事该坚持集中,哪些事由自己决定、哪些事该请示报告。即使没有明文规定的规矩,也要弄得明明白白。纪律和规矩不仅是“紧箍咒”,更是“护身符”;不仅是对自己的约束,更是对我们的保护。就像孙悟空给唐僧画下的一个圈,你待在里面就是安全的;如果你要越线跳出来,妖魔鬼怪就很容易伤害到你。

四、解决“功”的问题,在建设江西综合实力强市征程上彰显首府担当

“看一个领导干部,很重要的是看有没有责任感,有没有担当精神”,正如习近平总书记指出的,敢于担当、奋勇争先是干部在新时代的时代责任和不懈追求。在其位谋其政,砥砺初心、无私奉献是功,面对困难挑战,勇挑重任、迎难而上是功,是非得失当前,抛开私利、恪尽职守是功。作为袁州经济社会发展和党的建设事业的中坚力量,在座的各位同志都必须牢记初心使命、勇于担当尽责,肩负起袁州改革发展稳定的艰巨任务,应对好经济社会发展的各种风险考验,在建设江西综合实力强市中贡献袁州力量。

一是在日常工作要有“操千曲而后晓声,观千剑而后识器”的追求,做到勤用功。“吾尝终日而思矣,不如须臾之所学也,吾尝跂而望矣,不如登高之博见也。”荀子在《劝学》中告诫我们,空想只会离目标越来越远,只有实践才能收获真知。“一勤天下无难事”“政如农功,不勤无以成事。”勤政是党的宗旨的具体体现,也是古往今来对“好官”不变的评价标准。习近平总书记提出20个字的好干部标准,勤政务实是其中一条。全区党员干部,尤其是党员领导干部要坚决克服“平平安安占位子,忙忙碌碌装样子,疲疲沓沓混日子,年年都是老样子”的“庸懒散”习气,用自己的辛苦指数换取人民群众的幸福指数。要有甘于平凡乐于奉献的坚守。一个地方的稳定和发展,离不开千千万万个“平凡的岗位”,我们绝大部分党员干部也都日夜坚守在这些平凡的岗位上,处理着群众最关心的、往往也是最复杂最难以解决的问题。在我们党的干部队伍里,涌现过许许多多甘于平凡乐于奉献的好同志,他们的生活平凡又简单,每天在自己的岗位上辛勤工作,默默无闻,但正是这一如既往的热情、真情、无私奉献,才让人民得以安居乐业,生活幸福安康。我们要常怀一颗为党为人民矢志奋斗的心,树立“把每一项平凡工作做好就是不平凡”的观念,坚持做到以良好的服务为人民群众办事,以务实的态度深入学习专业知识,用平凡生活里的点滴成果酿造出不平凡的人生意义和社会价值。要有持之以恒勤于钻研的韧劲。“干事业好比钉钉子,要一锤一锤接着敲,才能把钉子钉实钉牢。”对钉钉子精神,习近平总书记寄予了很大的期待。在二十国集团工商峰会开幕式上的主旨演讲中,习近平总书记总结中国改革开放的伟大进程时说:我们紧紧抓住经济建设这个中心不放松,与时俱进,开拓创新,靠着拼劲、闯劲、干劲,靠着钉钉子精神,把中国建成世界第二大经济体、最大货物贸易国、第三大对外直接投资国,人均国内生产总值接近8000美元。充分印证了钉钉子精神的伟大。要充分发扬钉钉子精神,明确目标久久为功、持之以恒,一张蓝图绘到底;不断加强学习,增长才干,练就过硬本领;用心总结提升,在干中学、在学中干。真正把口头上讲的、纸上写的、会上部署的东西付诸实施,落实落细。要有时不我待只争朝夕的紧迫。人生易逝,不过数十度春秋。毛泽东同志在《党委会的工作方法》中指出,“抓而不紧,等于不抓。”早在福州工作期间,习近平总书记就大力提倡“马上就办”的作风。这种作风,在今天仍然需要各级干部大力践行。和大家一起回顾两组数据,2020年,我们完成财政收入41.49亿,与高安(51.41亿)比,相差9.92个亿;与樟树(62.89亿)比,相差21.4个亿,超过50%;与丰城(80.86亿)比,相差将近39.37个亿,接近翻倍;而上高(33.58亿),只比我们少7.91亿。截至目前,我们共有规上工业企业234家,高安247家、樟树267家、丰城283家,差距还很明显。而上高204家、万载195家,大有后来居上之势。不难看出,如果我们不创新求变、不主动出击、不奋力冲刺,前面的标兵将会越来越远、后面的追兵将会越来越近,随时都有被反超的可能。在座的各位领导干部,肩负着人民的期盼、党的重托,面对艰巨繁重的改革发展任务,肩负着市委、市政府还有百万袁州人民的期待,必须在内心深处牢固树立时不我待的责任感,只争朝夕的紧迫感,以“马上

就办”的精神按下“快进键”，全身心地投入工作。

二是在关键时刻要有“苟利国家生死以，岂因祸福避趋之”的斗志，做到敢用功。领导干部在干事中敢不敢作为，体现的是胆识、气魄，展示的是责任、担当。正如习近平总书记强调的，“有多大担当才能干多大事业，尽多大责任才会有多大成就”。中华民族历来具有敢于担当的优良传统，诸葛亮“鞠躬尽瘁，死而后已”，范仲淹“先天下之忧而忧，后天下之乐而乐”，文天祥“人生自古谁无死，留取丹心照汗青”，生动地诠释了中华民族担当精神的深刻内涵。共产党人吸收了民族优良传统的精华，在实践中将担当精神不断发扬光大，历经诸多艰辛，才取得了从建党的开天辟地，到新中国成立的改天换地，到改革开放的翻天覆地，再到党的十八大以来党和国家事业取得历史性成就、发生历史性变革等傲人的成绩。作为党员领导干部，要敢于迈出“第一步”，面对工作生活中的“疑难杂症”，做到“望闻问切”，以“苟利国家生死以，岂因祸福避趋之”的昂扬斗志，直面危急关头、关键时刻。要打破发展瓶颈。发展依然是当前最紧要的任务。没有发展作基础，一个地方的综合竞争力、群众获得感、治理现代化就会成为水中月、镜中花。现在的发展不再是过去那样拼资源、拼环境、拼消耗，而是要走创新、协调、绿色、开放、共享发展的道路。要把担当精神转变为贯彻落实新发展理念的新招实招，面对困难敢于迎难而上，着力打破发展瓶颈，积极努力融入新发展格局。要突破改革藩篱。常言道“穷则生变，变则通，通则久。”改革开放四十多年，我们中国发生了翻天覆地的变化，经济上，实现了从封闭型经济弱国向开放型全球经济大国的转变；治国理政上，实现了从单极化传统管理向现代公共服务型治理的转变；城乡结构上，实现了从落后的乡村型社会向富足的城乡融合型社会转变；社会民生上，实现了从温饱向小康的整体性转变。而改革开放的前沿阵地深圳，边陲小镇发展成为现代化的国际大都市。我们宜春，地区生产总值是1978年的291倍，全市财政总收入是1978年的500余倍。进入新发展阶段，我们的改革已经进入了攻坚期和深水区，在改革的大势中是顺势而进还是退避三舍，直接考验各级干部敢干敢为的勇气和担当。近年来我们实施的行政审批制度改革、政府机构改革，都是在“啃硬骨头”中推进的。困难挑战越大，我们越要往深处改、向实处抓，继续按照全面深化改革的部署要求，统筹好顶层设计和基层探索，进一步在攻坚、抓实上下功夫，以改革之举展示担当之为。要破解稳定难题。袁州区地处中心城区，社会关系复杂，在平时的工作中，总是容易遇上一些如越级上访、违章搭建等一系列解决起来非常棘手的问题。今年，袁州区共化解信访积案80件，还剩162件，这些多年来想处理而因种种制约因素未处理“烫手山芋”，就像一个个“不定时炸弹”，随时可能爆发。更令人担忧的是，今年袁州区又出现了56批64人次越级进京赴省到市上访，信访量持续居高不下。类似于这样的事情，没有一种破釜沉舟的担当精神是干不好、干不成的。袁州区想在今后的发展中体现首府担当、展现更大作为，就必须以对组织、对人民高度负责的态度，敢于担当、勇于作为，义无反顾地将这些“烫手山芋”处理好。要办好民生实事。人民对美好生活的向往，就是我们的奋斗目标。在座的都是我们袁州区的中坚力量，其中不少是各个乡镇街道的党政主官，要时刻牢记改善民生不仅要做锦上添花的事，更要办雪中送炭的事，越是民生实事，越要敢作敢为。尤其是群众关心关注的“入学难”“就医难”“养老难”“住房难”等“急难愁盼”问题，更需要有一种舍我其谁的担当精神，用实际行动让广大人民群众的获得感成色更足、幸福感更可持续、安全感更有保障。

三是在得失面前要有“牢骚太盛防肠断，风物长宜放眼量”的心态，做到善用功。大家都听说过“塞翁失马，焉知非福”的故事，凡事有得必有失，得失其实是矛盾的统一体，关键看自己如何看待。投身党和人民的事业，个人失去一些东西是必然的，但任何时候，我们都要正确处理好得与失的关系，摆正心态、乐观向上，在新的岗位、新的环境中积极努力、善于作为，得到时做到谦卑而超然，失去时做到包容且淡然，把看似不好的一面推向好的、有利的方面。要认识到上级对袁州发展充满期待。当前，省委大力支持宜春建设区域性中心城市，推动赣西打造全国产业转型升级样板区，将陆续有资金项目政策等方面支持。刚刚闭幕的宜春市第五次党代会上指出，“袁州区作为中心城区的主体，要大力发展城市经济，做大做强主导产业，加快与三个功能区协同联动，争当中心城区强起

来的主力军、县市区跑起来的引领者、大宜春立起来的示范地。”这些年来,市委、市政府在土地、财政、规划、发展定位、城区管理体制调整、干部提拔使用等方面,给予了袁州区空前的关心和支持,为我们高质量跨越式发展提供了良好的外部条件。市委于秀明书记对袁州更是高看一眼、厚爱一分,在袁州区调研时,特别强调“袁州稳,则中心城区稳;袁州强,则中心城区强;袁州区不是一般的重要,而是极其重要;袁州区不仅要有作为,而且必须要有大作为”。市政府严允市长也深刻指出,袁州是宜春的“首府”,要有更大作为。有了市委、市政府的坚定支持、深情厚爱和殷切期盼,我们将会获得更多的政策资源,也将赢得更好的发展机遇。要正确看待袁州区与市本级的关系。作为宜春市的“长子”,“父母”期待袁州展现主城担当、多多分忧,是正常的。我们要充分认识到,市本级强大了,作为中心城区主战场的袁州区获得的发展机会能差到哪里去呢?必定会比其他县市区享有优先发展的机遇。

同志们,今天利用轮训班开班的机会,和大家交流一下思想,共同探讨一些问题,既是要求,也是勉励。希望大家通过这次培训,拓宽思路,自我加压,把学到的东西运用到实践中去,使自己思想上有新的提高,作风上有新的改进,能力上有新的提升,为实现大宜春核心区高质量跨越式发展作出新的更大贡献!

宜春市袁州区人民代表大会常务委员会工作报告

——在袁州区第六届人民代表大会第一次会议上

宜春市袁州区人大常委会主任 陈彬

(2021年9月23日)

2016年以来主要工作回顾

2016—2021年,是区人大常委会恪尽职守的五年,也是深入推进民主法治的五年。五年来组织开展的执法检查、视察调研、办理代表建议、修订规章制度等各项工作都记录了第五届人民代表大会常务委员会依法履职的坚实足迹。

2016年以来,在中共袁州区委的坚强领导下,常委会全面贯彻落实党的十九大和十九届二中、三中、四中、五中全会精神,深入学习贯彻习近平新时代中国特色社会主义思想,坚持党的领导、人民当家作主、依法治国有机统一,认真履行宪法和法律赋予的职责,充分发挥地方国家权力机关的重要作用,不断开创全区人大工作新局面。五年来,共召开了人民代表大会会议7次,人大常委会会议53次,主任会议71次,组织视察、调研37次,执法检查5次,听取审议“一府两院”专项工作报告68项,在推动袁州高质量跨越式发展上发挥了积极的促进作用。

一、坚持围绕服务大局,积极推动经济社会发展

抓好预算审查监督。重点抓好对政府全口径预决算的全过程审查和监督,对部门决算草案进行绩效重点审查,加强对财政资金使用效益的监督,防止财政资金被侵占和浪费。对全区经济运行情况开展调研,全面推进实施人大预算联网监督工作。完善落实预算审查前听取人大代表和社会各界意见机制,听取和审议审计发现问题整改情况报告,开展审计查出问题整改落实情况满意度测评。

紧扣经济发展监督。建立健全区政府向区人大常委会报告国有资产管理情况制度，听取和审议区人民政府关于国有资产管理情况、实体经济发展情况的报告。对我区防范金融风险工作情况开展调研。重视科技成果转化工作，对我区促进科技成果转化工作情况进行了视察。

开展优化发展环境评议。以提升行政效能为目标，推动政府部门进一步转变作风、优化政务服务，制定出台了《袁州区人大常委会关于在全区开展优化发展环境专题调研及工作评议的实施方案》，连续五年通过专题调研与工作评议，有效推动解决影响全区经济发展环境的突出问题。

二、坚持以人民为中心，聚焦关切重大民生实事

紧盯环境保护。每年听取区人民政府关于生态环境状况和生态环境保护目标完成情况的报告，听取区人民检察院关于生态检查工作情况的报告。深化“环保袁州行”活动，以“保护母亲河、让人民群众喝上干净水”“保护蓝天碧水、建设幸福袁州”为主题，突出饮用水源保护和空气质量改善为重点，督促解决重大环境问题。以“推进生活垃圾分类，保障城乡饮用水安全”为主题，进一步推动环保法律法规的贯彻实施。开展秀江河上游两岸禁养区内养猪场整治情况回访巡查，督查秀江上游河道采砂整治巩固情况，深入推进水库“人放天养”工作。围绕中心城区饮用水源保护区环境整治和大气污染防治、农村饮用水源保护、省环保督察和省人大环保赣江行反馈问题整改等重点进行监督检查。

聚焦社会事业。组织代表视察我区农村义务教育均衡发展工作情况，促进农村教育事业健康发展。开展妇女儿童权益保障工作和残疾人权益保障工作专项视察。听取和审议区人民政府关于我区医疗队伍建设情况、基本养老保障工作情况、敬老院工作情况的专项报告。对全区医疗卫生工作、健康扶贫工作、乡村旅游工作、教师队伍建设情况、居家和社区养老服务情况等开展专题调研。

围绕重点工作。聚焦打好精准脱贫攻坚战，两次听取和审议区人民政府关于我区脱贫攻坚推进情况相关报告。密切关注城市管理和社会和谐稳定，听取和审议区人民政府关于垃圾分类工作情况、棚户区改造情况、农贸市场建设和管理情况、依法管理宗教事务工作、扫黑除恶专项斗争开展情况、打击“两抢一盗”工作情况、应对新冠肺炎疫情防控情况的专项报告。以“聚焦产业兴旺”为主题，围绕农业提质增效、发展壮大农村集体经济、培育新型农民情况，听取和审议区人民政府关于我区农业供给侧结构性改革情况报告，对我区乡村振兴战略实施情况进行专题调研。

三、坚持依法行政，推进法治袁州建设进程

开展执法检查。开展对法律法规实施情况的检查监督，每年根据经济社会发展的需要，重点选择1~2部法律法规列为检查对象。五年来，常委会先后组织对森林法、禁毒法、档案法、野生动物保护法等法律开展了执法检查，进一步督促法律实施主管单位改进执法工作。

做好司法普法工作。督促“七五”普法规划实施，听取区人民政府“七五”普法规划实施情况专项报告，督促落实中央依法治国办公室法治政府建设实地督查反馈问题整改工作和“七五”普法自查工作。听取和审议区人民政府关于村（居）委会换届选举工作专项报告，促进全区农村基层民主建设更加制度化、法律化和规范化。组织区人大代表监督区法院执行工作，听取和审议区人民法院关于全区法院基层基础工作情况的报告。听取和审议区人民检察院公益诉讼工作情况的报告和关于刑事执行检察工作情况的报告。五年来，司法机关能够牢牢把握和行使好人民赋予的司法权，扎实推进社会公平正义，促进了全区社会的和谐稳定。

做好来信来访工作。常委会注重发挥人大信访在维护群众利益和化解社会矛盾中的积极作用，畅通民意表达及信访渠道，坚持常委会领导接访制度，不断加强对信访工作的领导和协调，加大对重要信访事项的督查督办力度，加快解决了群众反映的热点、难点问题，化解了不少矛盾与纠纷，促进了为全区社会和谐稳定。2016年以来，共受理上级及人大代表、人民群众信访件157件，接待群众来访510余人次。

规范做好人事任免工作。常委会始终坚持党管干部和依法行使人事任免权的有机统一，不断规范人事任免工作程序，对提请常委会任命的人员，认真酝酿，充分发扬民主，广泛征求意见。实行任前法律考试和任前表态发言制度，进一步强化拟任人员的法律意识和责任意识，不断推进人事任免工作的民主化、法治化和规范化。2016年以来,共任免国家机关工作人员202人,接受市、区代表和常委会委员辞职78人,确认了补选区代表的代表资格63人,补选市四届人大代表16人。

四、坚持服务代表,提高代表依法履职水平

*强化履职培训,提高代表的履职能力。*常委会采取邀请专家进行专题讲座,组织人大干部、人大代表参加南昌、瑞金、重庆、成都、北戴河等地培训和参加“省人大讲堂”等形式,强化代表的业务学习。同时,每年有计划地组织代表参加视察、调研、检查等活动,邀请代表列席常委会会议等,有效地提升了代表的履职水平。

*加强代表服务,完善代表履职平台建设。*始终把代表工作站作为服务代表和代表履职的重要阵地和活动平台,规范化、标准化推进人大代表联络工作站建设。全区31个乡镇街道全部建成标准化代表联络工作站,探索建成了51个村级代表工作室。完善工作机制,按照每年“8+1”(年初1次定盘子做计划,年终1次作总结述职,1次调研、1次视察,4次接待选民,加1个自选动作)的方式,常态化开展代表履职活动。五年来,各工作站结合当地工作实际,开展了抗击疫情、脱贫攻坚、环保袁州行、秀美乡村建设、国家扶贫日主题活动等一系列活动。落实市区人大代表进站接待选民,特别是推进区领导进站接待选民,面对面与代表和选民座谈解决问题。2016年以来,共开展集中接待选民活动252次,进站联系选民的代表673人次,联系选民3568人,收集选民建议、意见398条。

*注重办理质量,做好代表建议意见督办。*一是每年的人代会会议之后,及时召开代表意见建议交办会,对承办单位提出办理要求与办结期限。二是完善建议督办方式。成立两个督查组对办理情况进行督查,对事关人民群众切身利益的重点建议,由常委会领导亲自督办。三是开展代表建议意见办理满意度测评,实行场外测评和大会测评相结合,对承办单位办理满意度公开测评,并在大会上进行通报表彰,有力督促了承办单位对代表建议意见办理的工作,代表提出议案建议的积极性显著提高。五年以来共收到人代会的代表建议、批评和意见525件,全部办理完毕。

*加强联系指导,推动基层人大发展。*实行常委会领导和专工委分片联系乡镇街道制度,不定期对乡镇街道人大工作进行调研座谈。坚持邀请乡镇、街道人大主席(主任)列席常委会会议、参加执法检查和调研视察等活动。深入推进乡镇一年召开两次人民代表大会工作常态化制度化,全面推行各乡镇人代会上实行重大民生实事票决制。督促和指导各乡镇街道代表联络工作站发挥主阵地作用以及人大代表联络工作站(室)建设及运行工作。开展人大工作考核评比,促进基层人大依法履职,进一步调动基层人大工作的主动性、积极性和创造性。

五、坚持走深走实,打造“两个机关”建设

*坚持理论武装,加强政治建设。*贯彻落实党中央全面从严治党战略部署,切实加强常委会党组建设,发挥把方向、管大局、保落实作用。抓好意识形态工作,坚持把政治建设摆在首位。抓好人大机关政治理论学习,成立党组理论学习中心组,坚持党组至少每季度集中学习一次,常委会机关坚持每周集中学习或自学一次。

*开展主题教育,深化党性锻炼。*组织全区人大系统学习宣传贯彻党的十九大和十九届二中、三中、四中、五中全会精神各项活动。持续巩固拓展党的群众路线教育实践活动、“三严三实”专题教育和“两学一做”学习教育成果,扎实推进“不忘初心、牢记使命”主题教育。深入开展党史学习教育,紧紧围绕学懂弄通做实党的创新理论,坚持把学党史、悟思想、办实事、开新局贯穿始终。召开全面彻底肃清苏荣案余毒持续建设风清气正政治生态专题民主生活会,努力塑造风清气正的政治生态。持续强化作风建设,严控文件会议,持续整治“怕、慢、假、庸、散”作风顽疾。扎实开展“优环境、促发展”大讨论活动和在“中心城区强起来、县市区跑起来、大宜春立起来”中勇担当重实干作示范学习研讨活动。通过一系列主题教育的开展,常委会机关干部的服务意识、宗旨意识、大局意识得到有效加强。

*完善工作制度,强化作风建设。*坚持用制度管人管事,进一步健全了学习、会议、财务、内务等9项机关管理制度。加强组织建设,落实了人大机构改革任务,完成了有关专门委员会的组建,成立了人大机关党组,完善了基层党组织建设。大力开展“党员活动日”“双进双服务”等活动,与挂点社区结对共建,在职党员个人进居住地社区参加活动、发挥作用。坚持从严治党,

推进“一岗双责”，落实党风廉政建设责任制，加强干部廉政教育，把纪律挺在前面，坚持以案为鉴，及时学习和剖析研讨发生在身边的腐败典型案例，提高了干部自身拒腐防变能力。

主动担当作为，参与中心工作。紧紧围绕区委不同时期和各个阶段的工作重点，主动担当，积极作为。积极参与产业链招商、疫情防控、棚户区改造、脱贫攻坚、联创联建、包村挂点、信访维稳等工作。面对突如其来的新冠疫情，常委会快速反应，带头落实疫情防控要求，深入疫情防控第一线，组织开展“抗击疫情——人大代表在行动”活动，广泛动员全区人大干部和人大代表共同抗疫。积极参与联创联建创文护卫工作。常委会领导每人挂点一个社区，协调推动挂点社区的老旧小区、背街小巷改造，抓好了文明城市创建工作。脱贫攻坚勇于担当，主动为贫困群众精准施策，帮扶群众顺利脱贫。

各位代表，五年来，常委会的工作取得了一定的成绩，这是区委正确领导的结果，是全体人大代表和人大工作者团结协作、辛勤劳动的结果，是“一府一委两院”协同工作、积极配合的结果，是社会各界和广大人民群众大力支持的结果，同时，也是历届常委会打下了一个良好的基础，在此，我谨代表区五届人大常委会，向所有关心、支持人大工作的各级领导、各界人士和同志们表示衷心的感谢和崇高的敬意！

各位代表！五年的工作实践，让我们深切地体会到：

要做好人大工作，必须坚持党的领导。要把准人大工作的正确政治方向，最根本的是坚持党的领导、人民当家作主、依法治国三者的有机统一，最核心的是毫不动摇地坚持和依靠党的领导。

要做好人大工作，必须围绕服务大局。要坚持服从服务区委战略部署，主动融入中心工作，切实履行好宪法和法律赋予的各项职责，坚决做到重大问题和重要事项向区委请示报告，做到与区委思想同心、目标同向、工作同步，保证区委的决策部署得到贯彻落实。

要做好人大工作，必须善于依法监督。要找准人大工作的切入点，在选择监督议题上，立足选得好、选得准，把事关全区发展、法治建设、民生保障、项目建设等领域作为监督重点，努力做到凸显重点，精准实效。要依法运用好监督手段，做到坚持问题导向，使监督的压力转化为改进工作的动力。

要做好人大工作，必须发挥代表作用。人大代表来自群众，最能真实反映群众期盼和需求，我们要为代表搭建好履职平台、创造履职条件，切实加强代表学习培训。办理意见建议要尊重代表态度，激励代表想说敢说，使人大代表的知情权、表达权和监督权在经济社会建设的各个方面得到充分体现。

与此同时，我们也清醒地认识到，与人民的期望、代表的要求还有差距。主要是监督工作有待于进一步创新，与代表、与群众的联系有待于进一步加强，审议意见跟踪督办力度有待于进一步提升，对乡镇人大工作的联系指导有待于进一步提高，等等。

今后工作建议

各位代表、同志们：

本次代表大会将选举产生袁州区第六届人民代表大会常务委员会。未来五年，新形势和新任务对人大工作提出了更新更高的要求，新一届人大常委会将面临新的机遇和挑战。我们深信，新一届人大及其常委会将在区委的坚强领导下，坚持以习近平新时代中国特色社会主义思想为指导，全面贯彻落实党十九大和十九届二中、三中、四中、五中全会精神，全面落实习近平总书记“七一”重要讲话精神和视察江西重要讲话精神，认真落实区第六次党代会精神，为助推我区实施“工业强区、科技兴区、文旅活区、依法治区、特色靓区”发展战略，奋力冲刺全国县区经济百强，实现大宜春核心区高质量跨越发展、奋力开创新时代人大工作新局面做出新的贡献。在此，区五届人大常委会建议：

一、把牢正确政治方向，贯彻落实决策部署

坚持以习近平新时代中国特色社会主义思想为指导，认真学习贯彻中央和省、市、区委关于加强区乡人大工作和建设的决策部署，自觉把坚持党的领导贯穿于人大及其常委会依法履职的全过程，树牢“四个意识”，坚定“四个自信”，做到“两个维护”，带头遵守党的政治纪律和政治规矩。切实维护区委总揽全局、协调各方的领导权威，自觉在大局下把准方向，主动在大局中有所作为，在贯彻落实区委重大决策部署上凝神聚焦发力，及时将区委的重要主张转变为全区人民的共同意志，保证区委重大决策部署的有效落实。进一步统一思想认识，增强坚持党的领导、人民当家作主、依法治国有机统一的自觉性，增强坚持和完善人民代表大会制度的坚定性，增强人大及其常委会工作服务和保障全区工作大局的主动性。特别是要结合“十四五”规划的实施、保障和改善民生、促进经济社会健康发展、生态环境保护，全面部署和统筹安排监督、决定重大事项等各项工作，更好地发挥地方国家权力机关的作用。要充分发挥区人大常委会党组的领导作用，自觉服从服务于全区工作大局，积极承担区委确定的重点工作任务，深入一线调查研究，督促指导，协调解决有关问题，坚持在监督中参与，参与中监督，监督中支持，助推全区经济社会平稳健康发展。

二、围绕全区工作大局，切实增强监督实效

常委会要紧紧围绕全区工作大局，通过审议、视察、执法检查、调研、代表活动等多种形式，把区委推动发展的一系列重大决策部署的贯彻落实作为监督工作的重点，把群众的“急难愁盼”列入常委会的监督议题，把监督工作的重点放在推动经济发展、保障和改善民生、生态环境保护、项目建设上，加大监督力度，增强监督实效。发挥预算监督平台作用，加强对财政转移支付、重点支出、重大投资项目资金、政府性债务资金、结余结转资金等使用和绩效的审查监督，推进财政预决算、部门预决算、“三公”经费和重点专项资金公开。促进“一府一委两院”依法行政、公正司法。大力推进联创联建工作。主动参与街道社区开展的各项城市创建和复审迎检等活动。关注教育、文化、卫生、养老等社会事业。扎实做好乡村振兴、包村挂点、社会稳定、信访等工作。

三、依法决定重大事项，完善人事任免工作

进一步完善讨论决定重大事项的程序和规则，适时制订修改《关于讨论、决定重大事项的规定》，对我区具有全局性、根本性、长远性的事项以及与人民群众切身利益相关的重大事项，要深入基层、深入实际，开展调查研究，掌握实际情况，督促“一府一委两院”及时向人大常委会作出报告、进行备案或者提请人大常委会作出决议。把坚持党的领导、充分发扬民主、严格依法办事相统一，认真做好人事任免工作。积极探索和加强对常委会任命人员的监督，确保人民赋予的权力始终用来为人民服务。

四、改进代表工作，发挥代表作用

以坚持和完善人民代表大会制度为目标，尊重代表的主体地位，不断研究探索和推进代表工作的理论创新、实践创新和制度创新，充分发挥代表在管理国家事务中的作用。要进一步加强和改进代表工作，结合新一届代表结构特点，抓好代表学习培训，努力提高代表法律素养和履职能力。认真督办人大代表意见建议，切实提高办理质量。进一步加强代表联络工作，拓宽代表知情知政渠道，积极发挥代表联络工作站的平台作用，组织开展好代表闭会期间的活动，尽力为代表履职创造条件、提供服务。进一步扩大代表参与常委会活动范围，有计划地邀请代表列席人大常委会会议，参加执法检查、工作评议等活动，保障代表知情权、监督权、参与权、表达权。进一步加大代表履职宣传力度，通过媒体积极报道代表风采和代表先进事迹，努力提高代表在社会上的影响力和知名度，从而更好地发挥代表作用，推动人大各项工作不断进步。

五、抓好自身建设，提升工作水平

把坚持正确的政治方向贯穿于人大依法履职的全过程，按照建设“两个机关”的要求，切实抓好思想政治建设，牢固树立党的观念、政治观念、大局观念、群众观念和法治观念。进一步加强党性锻炼，促进机关工作作风改进。密切与人民群众的血肉联系，坚持深入群众、深入实际调查研究，充分听取人民群众的意见、要求和呼声，提高常委会民主化、科学化的决策水平。认真抓好常委会各项制度建设，充分发挥常委会各办事机构在监督工作中的职能作用，形成职责分明、分工负责、规范有序、务实高效的运行机制，不断提高人大机关的工作质量和效率。进一步加强组织建设，完善人员配置，加强人大干部交流或者挂职锻炼，使人大工作更具活力、更有成效。进一步加大人大制度宣传和理论研究力度，不断提高宣传和理论研究工作质量，更好地发挥人大信息的作用。进一步加强与兄弟县市人大的联系和沟通，学习交流经验。加强对乡镇街道人大工作的联系和指导，有效发挥乡镇街道人大的作用。

政府工作报告

——在袁州区第六届人民代表大会第一次会议上

宜春市袁州区人民政府区长　胡　勇

（2021 年9 月 23 日）

一、“十三五”时期经济社会发展回顾

“十三五”时期是袁州发展历程中极不平凡的五年。五年来，面对严峻复杂的国际形势、艰巨繁重的改革发展稳定任务，特别是面对新冠肺炎疫情严重冲击，我们在风险挑战中破难前行，在爬坡过坎中砥砺奋进，主要经济指标均列全市第一方阵。全区生产总值年均增长 7.9%，达 456.81 亿元；财政总收入年均增长 8.5%，达 41.49 亿元；一般公共预算收入年均增长 6.5%，达 23.62 亿元；社会消费品零售总额年均增长 11.5%；规上工业增加值年均增长 7.6%；500 万元以上固定资产投资年均增长 8.1%；城镇居民人均可支配收入年均增长 7.73%，达 40935 元；农村居民人均可支配收入年均增长 9.12%，达 17296 元。

——*五年来，我们合力共为，经济发展更加坚实。*工业发展争先进位。区本级规上工业营收首次突破 200 亿元；制造业年均增长 14.7%，占全市比重由 2.2%提高到 5.6%；规上工业企业达 234 家，增长两倍，营收超亿元企业 27 家。航宇新材、海尔思药业等 6 家企业在新三板挂牌。生物医药产业集群营收首次突破 400 亿元，智能装备被列为省级重点工业产业集群。机电产业基地荣获“国家火炬宜春袁州新能源特色产业基地”等三块国字号招牌，袁州产业园成功跨入全省第一梯队。两度获评全省工业高质量发展先进县(市、区)，连续三年荣获全市巡回看变化第一名，连续五年荣获全市决战工业综合先进县(市、区)。农业经济特色彰显。农业产业化进程加快，创建省级以上现代农业示范园 6 个，新增市级以上龙头企业 33 家，现代农业示范园产值达 50 亿元。建成高标准农田 14.26 万亩，粮食稳产 7 亿斤，荣获全省粮食生产先进县（市、区）。“宜春大米”荣获第十六届中国国际农交会产品金奖，“袁州茶油”成功注册中国地理标志商标，获评全国经济林产业区域特色品牌建设试点单位。富硒农业获评省级绿色有机农产品示范县(市、区)。服务业发展方兴未艾。2020 年社会消费品零售总额达 282.6 亿元，其中线上消费额突破 90 亿元。五年来，全区新增三产规上企业 98 家，总数达 420 家。成功引进兴业证券、光大银行等 5 家金融机构。成功打造润达国际、万达广场等城市商业综合体，形成润达秀江夜市、鼓楼夜市等夜间经济带。新增国家 AAA 级旅游景区 2 家，获评全国休闲农业与乡村旅游示范县(市、区)。

——*五年来，我们锐意进取，改革开放活力迸发。*科技创新成果丰硕。全区新增国家级研发机构 1 家，省级研发机构、重点实验室等 7 家，国家高新技术企业 52 家；省级“专精特新”①企业达 13 家；高新技术产业增加值占比达 55.1%，创历史新高，居全省前列。企业创新动力强劲，承担省级科技计划项目 29 项，科研成果获省级奖励 8 项；济民可信、新龙生物等企业荣获全省科学技术进步一等奖；百神药业建成全省首个中药配方颗粒项目，江特电机等 9 家工业企业获省级“两化融合②示范企业”称号，金思康药业被评为江西省瞪羚企业。制度改革焕发生机。在全国率先推行“互联网 + 市场监管执法与服务”机制，在全省率先实现政务审批网上办理延伸到社区，在全市率先实行联合(预)审批制度，赋予乡镇(街道)县级审批服务执法权限 91 项，实现"就近办""马上办"。开展"降成本、优环境"专项行动,累计为企业减负超24亿元。新增登记注册企业1.38万家,申请专利7400多件,社会活力进一步彰显。对外开放成效显著。引进宜春寺库跨境电商、银锂新能源等一批成长性好、发展潜力大的企业;京能热电、九鼎动力等一批重点招商项目建成投产;济民可信、科伦医药等多家企业实现裂变扩张。全区新签约亿元以上项目138个。实现外贸出口14.21亿元,实际利用外资3.75亿美元,列全市第一,获评全省利用外资先进县(市、区)。

——五年来,我们精雕细琢,城乡融合纵深推进。城市品质大幅提升。扎实推进城市功能与品质提升三年行动,完成96个老旧小区、114条背街小巷改造,以及明月路临街建筑立面改造、高铁沿线景观亮化、建材大市场提升等工程。补齐城市设施短板,改造城市雨污分流管网3.6万米,路面修复19万平方米;建设各类运动场1937块、游园广场13处。大力实施棚改攻坚,签约房屋6万套,面积661万平方米,建设安置房1.3万套,连续三年获住建部好评,荣获国家棚改工作激励城市奖励。生态环境向上向好。率先在全省实现空气质量自动监测站乡镇、园区全覆盖,全区空气质量优良率达96.7%,袁河等主要河流水质100%达标,完成矿山生态环境恢复治理2000多亩。万元国内生产总值能耗下降16.68%,获全省首批绿色低碳试点县(市、区)。成功护牌国家卫生城市,先后荣获"中国百佳深呼吸小城""中国候鸟旅居小城"称号。乡村风貌秀美文明。集中整治农村人居环境,全区农村面貌大为改善。累计投资11亿元,完成新农村建设点2530个,打造美丽示范村庄92个。除险加固水库68座、整治山塘498座。新改建农村公路2047公里,全面实现农村村组"四通两率"③。加强农村文化供给,实现乡镇综合性文化服务中心、农家书屋等全覆盖。

——五年来,我们倾情投入,民生福祉稳步提升。累计民生支出255亿元,占公共财政预算支出的77%。精准实施"十大扶贫工程"④,建档立卡贫困户人均收入增幅翻两番,全区33279名建档立卡贫困人口全部脱贫,21个省、市贫困村顺利摘帽。新增教育投入30多亿元,新改扩建学校56所,增加学位2.5万个,有效缓解中心城区大班额、大校额问题。收回城区12所小区幼儿园,乡镇实现公办幼儿园全覆盖。教育高质量发展实现大提升,跨入全省第一方阵。加强社会群体兜底保障,发放低保、残疾人补助等各项社会保障资金7.75亿元。新增城镇就业4.89万人、转移农村劳动力6.69万人。建成"幸福食堂"、社区养老服务中心等养老服务设施279个,形成居家养老服务"袁州模式"。大力推进绿色殡葬改革,完成247个农村公益性墓地建设,建管优良率超80%。建成"互联网+智慧医疗"云平台监管中心,高标准建成32家中医馆,获评全国基层中医药工作先进单位。推进城市公立医院改革,连续三年荣获全市深化医药卫生体制改革第一名。

——五年来,我们砥砺前行,平安袁州更聚人心。疫情防控经受考验。累计投入防疫资金2.5亿元,紧急动员1.2万人次,集中隔离557人次,实现疫情病例"零"死亡。形成区乡村三级干部带头、社会公益组织参与、全社会响应的疫情防控体系,社会动员能力通过疫情大考。社会稳控全面加强。在全市率先成立信访联合调度指挥中心,全力化解社会矛盾纠纷,四次荣获全省信访工作"三无"⑤区。防范和打击各类违法犯罪行为,开展"千警联千企""护校安园"等行动,治安警情逐年下降,公众安全感达98.71%。安全生产形势平稳。全面落实安全生产责任制,深入开展高危行业企业整治行动,全区23对煤矿全部清零,79家烟花爆竹企业、8个工区有序退出,安全事故发生率大幅下降。

——五年来,我们严谨求实,"五型政府"⑥建设持续深化。大力推行"一窗受理、集成服务"新模式,累计办理"一次办好""一次不跑"事项370项42.79万件。设立惠企政策兑现专窗,为企业节约成本7.8亿元。积极反馈群众意见建议,办理"12345"等群众诉求1.38万件,挽回经济损失近千万元。建立优化营商环境负面清单,首创"互联网+监督+营商环境"平台,对企业投诉举报实行"直通车"受理,处理率达100%。畅通政企沟通渠道,解决各类实际问题800多个,企业意见办结率达95.8%。大力开展"七五"普法宣传活动,提供法律援助2400多件(次)。打通行政复议代办通道,初步建成省级智慧社区矫正中心。自觉接受人大、政协监督,办结人大代表建议525件、政协委员提案591件,办复率为100%。

此外,人民武装、民族宗教、

外事侨务、消防、气象、电力、通讯、保险、防震减灾、史志、档案、统计、机关事务、工会、科协、红十字会、退役军人事务、妇女儿童权益保障等各项工作取得新进展。

各位代表，奋斗充满艰辛，成绩来之不易。这些成绩的取得，是市委、市政府和区委正确领导的结果，是区人大、区政协大力支持、有效监督的结果，是全区上下团结协作、奋力拼搏的结果。在此，我代表区人民政府，向所有关心、支持和参与袁州改革发展的同志们、朋友们表示衷心的感谢和崇高的敬意！

在取得成绩的同时，我们也清醒地认识到政府工作还存在许多不足和挑战。比如：全区经济总量偏小，人均水平偏低；工业短板明显，产业层级不高；农业产业聚焦不够精准，特色农业项目较少；财税来源比较单一，且政府债务过高，偿债能力较弱；信访矛盾交织，稳定压力较大，等等。对此，我们将坚持问题导向，采取有效措施，认真加以解决。

二、“十四五”时期工作安排

根据区第六次党代会总体部署，今后五年，政府工作的总体要求是：始终高举习近平新时代中国特色社会主义思想伟大旗帜，深入学习贯彻党的十九大和十九届二中、三中、四中、五中全会精神，全面落实习近平总书记“七一”重要讲话精神和视察江西重要讲话精神，坚定不移立足新发展阶段、贯彻新发展理念、融入新发展格局，紧扣市委建设“综合实力强市、绿色发展大市、文明幸福城市”目标，秉持“1246”工作思路，以“四个赋能”⑦为动力，实施“工业强区、科技兴区、文旅活区、依法治区、特色靓区”发展战略，不断丰富和拓展“六比六赛”内涵，感恩奋进，担当实干，勇创一流，奋力冲刺全国县区经济百强，在强起来、站前列的社会主义现代化建设新征程中谱写袁州高质量跨越式发展新篇章。

今后五年全区经济社会发展主要预期目标是：GDP年均增速7.3%，力争人均GDP跨越1万美元台阶，全区总量达680亿元；一般公共预算收入年均增长8%；500万元以上固定资产投资年均增长9.7%；规上工业增加值年均增长7.5%左右；实际利用外资年均增长5%；社会消费品零售总额年均增长8%左右；城镇、农村人均可支配收入年均分别增长7%和8%；城镇登记失业率控制在4.5%以内；居民消费价格指数涨幅每年控制在3%以内。完成节能减排降碳任务。

突出抓好以下五个方面的工作：

（一）加速产业升级，厚植经济发展新动能

持续培育工业优势。打造生物医药核心区。加快医药产业科创园、医疗器械产业城等重点项目建设，支持济民可信等龙头企业扩产扩能，加强中药材实验基地建设，年引进生物医药产业项目10个，产业集群营收突破600亿元。做大做强产业集群。发挥锂电资源优势，加快兴锂新能源等重点项目建成投产，加速锦朗新能源等项目落地，扶持九鼎动力、银锂新能源等重点企业做大做强，打通锂电产业“三大环节”⑧，产业集群营收突破200亿元。加快众联半导体、驰同达等电子信息产业项目建成投产，扶持航宇新材等重点企业裂变扩张，实现电子信息和装备制造产业集群营收分别突破100亿元。培育“专精特新”产业集群，瞄准细分领域、关键技术领域，培育国家级、省级专业化“小巨人”企业，新增“专精特新”企业40个，力争高新技术产业、战略性新兴产业增加值占规上工业比重分别达60%、53%。推进“映山红行动”，帮助创新型企业扩大投融资渠道，协助百神药业、航宇新材等在A股上市。到2025年，全区规上工业企业总数达320家，收入过百亿元企业1家，工业营收突破1000亿元，实现“千亿园区，百亿企业”目标。

持续夯实农业根基。保障粮食安全，坚决遏制耕地“非农化”、防止“非粮化”，抓好袁北灌区续建配套与现代化改造，加强病险水库除险加固，完成高标准农田建设36万亩，确保粮食作物播种面积达95万亩，粮食产量38.5万吨。做优富硒农业，加强“宜春大米”品牌建设，发展优质果品、中草药等高效经济作物生产，做好富硒农产品认证，新增富硒产业规模企业30家，富硒农产品基地面积达50万亩，综合产值达150亿元。大力实施油茶产业“四五工程”⑨，加快高产油茶育苗大区建设，依托星火农林、青龙高科等企业，推动油茶产业向化工、美容、医药等多领域发展。做实菜篮子工程，蔬菜种植面积达18万亩，生猪年出栏110万头，粮油优品率达95%以上。规划建设高标准农业产业加工园，力争市级以上农业产业化龙头企业突破100家，农业综合机械化率达82%。

持续挖掘服务业潜力。打造夜间经济商业街区，推进秀江夜市、万达广场、步步高广场夜经济示范点建设，做旺金悦湾等一批高品位特色街区，打造润达国际商业街区等一批夜经济网红打卡地。实施“产业＋旅游”融合发展战略，加快松鼠部落、有福生态农庄等重点旅游项目建设，推动田园综合体、精品民宿、工业旅游示范点发展，高起点规划城南旅游承接区，策划环中心城40分钟乡村旅游精品线路，力争完成“袁州园”国家级农旅示范点创建。加快“袁州三宝”等传统产品转化为旅游商品，打造“袁州好礼”品牌。大力发展新业态，加快发展外贸综合服务企业、跨境电商等新型贸易业态，扶优扶强光耀科技等服务型科技企业。发展无接触交易服务，鼓励电子商务、网络货运平台、智慧商圈和直播基地建设。争取民生银行等更多现代金融机构落户袁州。加快现代物流体系建设，推进物流示范园区建设，发展医药、冷链等专业物流，加强村邮站、快递站等终端设施建设，构建区乡村三级高效配送体系。

(二)深化改革创新，激发体制机制新活力

推进更深层次改革。大力推进改革创新，力争在重点领域、关键环节改革上取得突破。深化“放管服”改革，进一步简政放权，实现乡镇、街道便民服务中心全科受理。开展重点领域失信问题专项治理，实现区级社会信用平台数据与全国共享共用。建立健全民营企业救助纾困机制，严格落实负面清单制度，破解中小企业“融资难”“融资贵”问题。优化资源要素配置，完善“要素跟着项目走”保障制度，实施“标准地”供地改革。调整财税金融体制，引导政策资金流向实体经济。深化农村宅基地、山林权属等农村集体产权制度改革，增强农村经济活力。深化国资运营改革，推动国投集团战略性重组、专业化整合，提升资本运作和经营能力，支持发挥经济支撑作用，致力打造资产超500亿元、主体信用评级达到AA+级的现代化国有企业。

坚持更高水平创新。大力实施创新驱动战略，对接国家“科技创新2030”和省、市科技重大专项计划，建成科技成果“孵化器”和“加速器”2个以上，申报市级以上科技重大专项计划8个以上，新增规上工业高新技术企业80家、市级以上研发平台40家。加速科研成果落地转化，构建政府引导、企业主体的多元化科技投入体系，引导企业加大研发投入，力争科技投入年增长率10%以上。探索“揭榜挂帅”[10]方式，推进“政企研金”四方合作，实现科研成果转化项目100个以上，5年内R&D占比2%以上。打造人才聚集高地，鼓励袁州籍人才回乡发展，加快引进和培养领军人才、创新团队，推进“名师”“名医”“农村创新创业”等人才培养计划。加快数字经济基础发展，建设完成5G宏基站1400个，实现重点城镇、园区平台等5G网络全覆盖。谋划布局数字经济园区、软件园、电子商务园等项目建设，扶优扶强博理、天蝉科技等数字经济骨干企业，推进一二三产数字化转型升级，打造全省数字经济示范园区。

(三)秉承开明开放，凝聚区域竞争新优势

全力会战招商选资。瞄准新能源、新材料、中医药、数字“新基建”等战略新兴项目，紧盯国内外500强和国企上市公司、行业龙头企业，着重引进生物医药、装备制造等延链补链优质项目。重点围绕宁德时代、国轩高科等头部企业，规划项目布局和产业配套，引进一批科技含量高、发展前景好的关联项目。聚焦新型电子、智能制造等，承接沿海电子信息产业转移，吸引湖南装备制造产业东移。发挥乡贤和基层商会的信息渠道作用，加大“三请三回”和“袁商回归”活动举办频次，充分利用进博会、粤港澳大湾区等重大经贸活动平台，大力宣传推介袁州。充实招商队伍，形成四套班子牵头、乡镇街道部门提供项目线索、专业队伍洽谈对接、产业平台落地服务为一体的招商安商新机制。规划期内每年至少新引进亿元项目60个，实际投资不少于200亿元。

努力提升园区能级。创新园区运行机制，优化工业发展三大平台架构，巩固园区工业发展主阵地，赋予园区最大的权限、最优的政策、最强的力量，加快园区平台提档升级；建立和完善园区“8+N”[11]考核方案，抓好经济管理和投融资服务，全面提升园区运行效能。深化“亩产论英雄”改革，推动优质资源要素向亩产高效企业集中，提高资源要素利用效率和亩产效益。提升园区承载能力，深入开展“节地增效”“满园扩园”行动，推进中小企业集约发展，清理盘活闲置土地，“僵尸企业”清理率达90%。完成锂电新能源二期标准厂房等建设，年新增标准厂房10万平方米。加速产城发展融合，完善园区地下管网等基础设施建设，完成医药工业园、机电产业基地主干道品质提升工程，加快金融、物流、市场等对接，一体化推进基本公共服务，实现园区城市资源共享。增强锦源新区辐射能力，完成锦源新区主体建设，打造集生产、研发、居住、休闲等功能于一体的产城融合第三极。

大力优化营商环境。增强营商环境“优无止境”意识，加快建设营商环境一等区。提高政务效率，建设政务服务中心，推进政务服务“三集中、三到位”[12]，开展“六减一增”[13]工作，强化政务数据资源整合，推进“赣服通”版本应用升级。组建专业化服务队伍，设立“有求必应”专区，建立健全“帮代办”工作机制。加大帮扶力度，常态化实行领导干部挂点联企、政企圆桌会议、驻企特派员等制度，优化提升行政审批、行政执法、融资服务、要素保障水平，落实国家、省、市减税降费政策，力争为企业减负65亿元以上。加强指标考核，围绕省营商环境评价13项一级指标，建立“指标长”制，深入开展“好差评”“码上评”活动，力争好评率达98%以上。

（四）紧扣生态宜居，打造城乡融合新样板

建设现代宜居城市。以创建全国文明城市为抓手，提升城市功能品质，打造大宜春核心区。实施城市更新行动，大力开展道路、房屋立面、地下管网改造，全面改造城中村。完成背街小巷提升改造项目66个、老旧小区改造项目134个、农贸市场智能化改造项目8个。补齐城市功能短板，加快完成17个安置小区1.74万套安置房建设任务，完善停车场、充电桩、消防栓等基础设施建设，推进城乡污水治理一体化。加强城市精细化管理，提高市域社会治理现代化水平，推进资源、管理、服务向社区下沉，改造提升社区服务平台，优化社区网格化管理，加快建设现代化社区。加大智慧城市建设力度，实现智能化城市安全管理平台城区全覆盖。

全面推进乡村振兴。坚持农业农村优先发展，推进新时代“五美”[14]乡村建设，走出一条具有袁州特色的乡村振兴之路。开展美丽乡镇建设五年行动，推进“三大革命”[15]，实施“四化工程”[16]，全面改善农村人居环境；高质量开展全域美丽乡镇、美丽村庄、美丽庭院创建，完成新农村建设点1500个。完善农村基础设施，实施农村电网升级改造、数字乡村等工程，推进城乡供水一体化，新改建生态文明农村路、旅游公路等600公里以上，力争县道三级路、建制村双车道比例均达80%以上。提高乡村善治水平，以组织振兴为引领，扎实开展乡村治理体系建设；深化农村“法律明白人”培养工程，教育引导群众革除陈规陋习，培育文明乡风。壮大农村集体经济，力争基本消除年经营性收入15万元以下行政村。巩固拓展脱贫攻坚成果与乡村振兴有效衔接，落实“四个不摘”[17]要求，健全低收入人口帮扶机制，加强残疾、因病致贫等重点人群动态监测，确保不发生规模性返贫。推动中心镇做强做优，强化农产品加工、商贸服务等产业支撑，打造服务农民的区域中心。

打造生态文明样板。坚持绿色发展理念，稳步推进生态文明建设，实现生态环境质量持续提升。深入推进蓝天、碧水、净土保卫战，突出“三个治污”[18]，完善“六项举措”[19]，坚持PM2.5和臭氧协同控制，空气质量稳定在国家二级标准以内。推进袁河流域综合治理，实现全区省控以上断面水质达到100%或优于Ⅲ类水质，确保乡镇饮用水源地用水安全。开展农业用地土壤污染调查和整治，有序推进建设用地管控和修复，受污染耕地和地块安全利用率保持100%。打通“两山”[20]转换通道，锚定“双碳”目标[21]，编制碳达峰行动方案，严控高耗能、高污染企业，推动锂电、化工等重点行业企业开展减排增效行动。统筹山水林田湖草系统治理，全面落实“河湖长制”“林长制”，河湖水质管理达到新水平；完成人工造林、封山育林等45万亩，森林覆盖率提升3个百分点。加快历史遗留矿山生态恢复治理，推进绿色矿山建设。强化国土空间规划和用途管控，发挥森林、湿地、土壤的固碳作用。

（五）强化保障服务，共享改革发展新成果

多层次强化民生保障。实施积极就业政策，扎实开展线上线下招聘、赴外劳务协作、企业挂钩帮办等服务，新增就业3万人以上。筑牢社会保障网络，完善基本养老保险、基本医疗保险和社会救助等制度体系，促进基本公共服务均等化。完善养老服务体系，推进养老服务标准化建设，改造提升公办养老院，加快社区嵌入式养老服务中心建设，推进居家适老化改造。推进“尊崇工作法”，切实保障退役军人合法权益。加强征兵工作，努力提升征兵质量。加大公益性墓地建设，绿色殡葬入园率达100%。实施文化惠民工程，推广便捷式“读书驿站”、文化长廊、“城市书角”进街道社区，实现文化站点街区全覆盖；建成中心城区与周边乡镇15分钟、一般村镇20分钟的“公共文化服务圈”;鼓励全社会参与捐书赠书活动,抓好线上线下全民阅读推广服务,动员全社会参与共建“书香袁州”。

多举措推进教育均衡发展。普及普惠学前教育,加大公办幼儿园建设与回购,实现街道中心园全覆盖,规划建设重点乡镇第二中心幼儿园,确保普惠率达85%以上。加大教育基础投入,完成改扩建城区中小学校20所,增加学位2.1万个,全面消除50人以上大班额。统筹教育协调发展,完成特教学校改扩建,提升高中教育办学质量,支持赣西中等职业技术学校建成省级达标中专。全面落实“双减”[22]政策,完善教育评价体制改革,规范民办教育机构办学行为。

多渠道推进健康袁州建设。抓好常态化疫情防控,加强防疫物资“四类储备”[23],满足30天满负荷运转需求。建立和完善重大疫情、公共卫生、传染疾病预警多点触发机制和应对机制,全面提升疫情预防和医疗救治能力。推进“互联网+医疗健康”工程,探索高质量医疗健康服务新模式,新增中心城区医疗床位800个。广泛开展爱国卫生运动,实施“六大健康工程”[24],力争全区居民健康素养水平达25%以上。

多方位建设和谐平安袁州。提升综合治理能力,加强特殊人群服务管理,完成“雪亮工程”扩面升级,常态化推进扫黑除恶专项斗争,加强对非法吸收公众存款、新型网络电信诈骗违法犯罪等宣传和打击力度,防范群体性事件。加强极端天气、地质灾害等预警、防控体系建设,提高防汛抗旱、城市内涝、森林防火等综合防灾减灾救灾能力。落实安全生产责任制,防范重大安全生产责任事故。加大矛盾纠纷排查调处力度,发挥信访联合调度指挥中心作用,坚持领导干部接访、下访、包案等制度,力争越级访总量下降10%,创建全省信访系统“人民满意窗口”单位。

三、切实加强政府自身建设

习近平总书记反复强调:打铁还需自身硬。面对新时代新要求,践行新征程新使命,我们将坚持以人民满意为目标,以政务效能提升为突破口,持续深化“五型政府”建设,努力向百万袁州人民交出一份满意答卷。

坚持忠诚施政。始终用习近平新时代中国特色社会主义思想武装头脑,进一步坚定理想信念,补足精神之钙,切实增强“四个意识”,坚定“四个自信”,做到“两个维护”。善于用政治眼光观察和分析经济社会问题,坚决落实中央和省市区决策部署,确保令行禁止、政令畅通。严格执行重大事项请示报告制度,切实做到在党的全面领导下开展政府工作。加强干部思想作风建设,完善学习培训制度,不断提升思想境界、工作眼界和履职水平。

坚持依法行政。健全政府机构职责体系,完善重大决策风险评估机制。加强政府诚信建设,拓展参政议政渠道,强化重大行政决策执行,健全违约责任倒查机制。深入推进法治政府建设,规范跨领域跨部门综合执法。加快公共法律服务体系建设,推进公共法律服务“三大平台”[25]融合发展。自觉接受人大依法监督、政协民主监督、社会舆论监督、纪检监察机关监督,促进权力规范透明运行。

坚持高效勤政。持续推进“精文减会”工作,确保政府及部门会议活动、发文数量只减不增,让各级干部腾出更多时间,扑下身子抓工作。深入推行“一线工作法”,按照“问题清单化、清单项目化、项目责任化”要求,抓好各项工作落实。牢固树立政府过“紧日子”,群众过“好日子”的思想,建立健全厉行节约长效机制,压缩一般性支出,保障财政平稳运行。完善集中财力办大事的财政政策体系,按照“非必要,不新建”原则,持续优化项目建设。防范化解债务风险,严控增量、减少存量,确保全区债务控制在合理水平。

坚持廉洁从政。全面落实党风廉政建设主体责任和“一岗双责”,严格执行“三重一大”报告制度,深化重大项目建设、公共资金使用、国资国企运营等重点领域廉政监管,坚持用制度管人管权、管物管事。加强行政审批、工程建设、资源开发、公共资源交易等关键领域监管。强化政府部门行风政风建设,深入整治形式主义、官僚主义和“怕慢假庸散”作风顽疾,自觉维护风清气正的政治生态,塑造清正廉洁高效的政府形象。

各位代表,百年梦想启征程,创新实干谱新篇。让我们更加紧密地团结在以习近平同志为核心的党中央周围,在市委、市政府和区委的坚强领导下,以更加饱满的热情、更加昂扬的斗志、更加务实的作风,对标对表、奋勇争先,为实现袁州高质量跨越式发展而努力奋斗!

名词注释

①“专精特新”:指专业化、精细化、特色化、新颖化。

②“两化融合”:指信息化和工业化融合发展。

③“四通两率”:指通车、通

电、通宽带、通硬化路和生活垃圾处理率、村庄长效管护率。

④"十大扶贫工程":产业发展扶贫工程、就业扶贫工程、易地搬迁扶贫工程、危旧房改造工程、村庄整治工程、基础设施建设扶贫工程、生态保护扶贫工程、社会保障扶贫工程、健康扶贫工程和教育扶贫工程。

⑤"三无":无进京重复上访和集体上访,无来省重复集体上访和50人以上大规模集体上访,无因信访问题引发极端恶性事件和舆论负面炒作。

⑥"五型政府":指建设忠诚型、创新型、担当型、服务型、过硬型政府。

⑦"四个赋能":以学习教育赋能干部,以科学技术赋能新产业新经济,以优化营商环境赋能高质量发展,以苏区干部好作风赋能基层基础。

⑧"三大环节":指原材料开采、电芯制造、电池应用三个环节。

⑨"四五工程":指实现全区百亩以上油茶种植大户达500户、丰产油茶林面积达50万亩、茶油年产量增加5000吨、总产值突破50亿元。

⑩"揭榜挂帅":指科技悬赏制,以科研成果来兑现科研经费的投入体制,由政府组织面向社会开放的、专门收集科技创新成果的一种非周期性科研资助安排。

⑪"8+N":8指规上主营业务收入、工业固投目标、新增入规个数、税收入库、企业上市目标、盘活"僵尸企业"、园区品质提升、争先创优综合考核评价主要指标;N指项目引进、主导产业目标、营商环境建设、强化干部管理等。

⑫"三集中、三到位":"三集中"是指行政审批职能向一个股室集中、承担审批职能的股室向行政服务中心集中、行政审批事项向电子政务平台集中;"三到位"指做到事项进驻大厅到位,窗口审批授权到位,电子监察到位。

⑬"六减一增":指减环节、减材料、减证明、减跑动、减时限、减费用、增质效。

⑭"五美":指产业兴旺之美、文明淳朴之美、共建共享之美、自然生态之美、和谐有序之美。

⑮"三大革命":指农村厕所革命、垃圾革命和污水革命。

⑯"四化工程":指净化工程、绿化工程、美化工程、亮化工程。

⑰"四个不摘":摘帽不摘责任、摘帽不摘政策、摘帽不摘帮扶、摘帽不摘监管。

⑱"三个治污"指精准治污、科学治污、依法治污。

⑲"六项措施":指控煤、减排、管车、降尘、禁烧、治油烟。

⑳"两山":指金山银山和绿水青山。

㉑"双碳"目标:指实现2030年前碳达峰、2060年前碳中和目标。

㉒"双减":指减轻义务教育阶段学生过重作业负担、减轻校外培训负担。

㉓"四类储备":指核酸检测、应急物资、隔离场所、流调溯源四类物资储备。

㉔"六大健康工程":指健康环境、健康社会、健康服务、健康人群、健康文化、健康产业六大健康工程。

㉕"三大平台":指实体平台、网络平台、热线平台。

政协宜春市袁州区委员会常务委员会工作报告

——在政协袁州区第六届委员会第一次会议上

政协宜春市袁州区委员会主席 熊爱国

(2021 年 9 月 22 日)

过去五年工作回顾

区政协第五届委员会在区委的坚强领导、区政府的大力支持、上级政协精心指导和社会各界的关心关注下,团结带领全体委员,进一步解放思想,开拓创新,积极工作,务求实效,紧紧围绕全区中心工作和重点工作,积极履行政治协商、民主监督、参政议政三大职能,坚持发扬民主和增进团结相互贯通,建言资政和凝聚共识双向发力,圆满完成了届期工作任务。

一、党建引领,凝心聚力,彰显磅礴力量

1.突出夯实理论功底。五年来,以开展"两学一做"学习教育、"三严三实" 专题教育、"不忘初心、牢记使命"主题教育和党史学习教育等主题教育为契机,以学原文、读原著、悟原理、抓研讨、找差距、促转变为基本环节,通过全委会议辅导学习、主席会议集中学习、常委会会议专题学习、专门委员会全员学习、参加省市培训学习和"学习强国"线上学习等多种形式,带领全区政协委员认真学习习近平新时代中国特色社会主义思想和习近平总书记系列重要讲话精神,系统学习中共十九大和十九届二中、三中、四中、五中全会精神,深入学习贯彻中央和省委、市委政协工作会议精神,以理论学习深化思想认同,以思想武装促进工作提质增效,引导全体委员和区政协各参加单位不断提高运用党的创新理论指导应对挑战、抵御风险、化解矛盾、解决问题的能力,更好承担起新时代赋予政协工作的使命任务。

2.强化党建引领作用。充分发挥政协党组领导作用、机关党组带头作用和党员委员示范作用,切实肩负起实现党对政协工作领导的重大政治责任,自觉把意识形态、法纪教育等工作与政协工作同部署、同检查、同落实。深入贯彻落实中央和省、市、区委关于加强新时代政协党的建设工作的实施意见,全面推进政协党的政治建设、思想建设、组织建设、作风建设、纪律建设,以党建高质量引领履职高质量。创新设立四个党员委员工作站,建立中共党员委员联系党外委员、党员委员联系群众制度,实现了党的组织全覆盖、党的工作全覆盖,从而引导全体政协委员和政协各参加单位更加增强"四个意识"、坚定"四个自信"、做到"两个维护",时刻保持政协工作与党政目标同向、工作同频、节奏同步。

3.凝聚思想政治共识。始终把团结民主作为政协工作的"主旋律",把协调关系、凝聚共识贯穿于履行职能的各个环节,着力加强与各民主党派、工商联、人民团体和无党派人士的经常性联系,每年开展走访政协委员活动,召开专门座谈会,主动征求对政协工作的意见建议,不断增进与各界人士的团结联谊。始终致力于把区委区政府的决策部署和基层群众的现实需求凝聚在一起,在调研视察、协商讨论中促进不同思想观点交流交融,在走访座谈中与社会各界促膝交心,努力凝聚思想上的最大公约数。

二、担当作为,履职尽责,汇聚不竭动力

1.政治协商献智力。形成以全委会为龙头、常委会专题协商为重点、界别协商和对口协商为常态的协商议政格局。每次全委会均组织委员围绕政府工作报告和其他重要报告广泛协商提出意见建议,围绕优化营商环境、脱贫攻坚、助力乡村振兴等重点课题形成大会发言,为区委、区政府制定事关全区经济社会发展的重大决策提供了重要参考;每年组织召开常委会专题协商，五年来，在深入调查研究基础上，共报送调研协商报告38份，开展对口协商、界别协商16次，为区委、区政府科学决策提供智力支持。区委、区政府主要领导签批时高度评价，其中2篇调研报告在区委《工作参考》全文刊发，《推进三产融合加快袁州中医药产业高质量发展》《活金融兴实体——袁州区金融服务实体经济调研报告》分别获评全市2019年度县处级领导干部调研文章评比一等奖和三等奖。

2.*民主监督增助力*。坚持将重点议题纳入年度协商监督计划，寓监督于会议、视察、民主评议等工作之中，做到监督有计划、有主题、有载体、有成效。五年来，对6个单位开展了民主监督评议，对8个单位委派民主监督员，收集意见建议，提出改进措施，促进了有关部门对存在问题和短板的整改落实，有效推动工作效能提升。支持推荐200余人次委员受聘担任市、区金融、发改、卫生等窗口服务单位和公、检、法等执法部门的特约监督员、民主评议员和人民监督员开展日常监督。组织300余人次委员积极支持和参与干部作风建设评议、政风行风评议、优化营商环境测评、文明城市创建等工作，既反映群众呼声，又助推营造良好政风行风。

3.*参政议政聚合力*。不断强化参政为公、议政为民的履职理念，切实做到言为民建、利为民谋、事为民办。创新搭建基层协商新平台，设立3个委员协商室，帮助解决如棚改拆迁和老旧社区加压水泵维护运行费用过高等一批社区居民反映的热点问题，受到群众点赞；全面提升提案工作质效，五年来，立案交办提案591件，每年遴选7~8件重点提案由主席会议成员领衔督办，选择1~2件重点提案由区政府分管领导重点督办并开展常委会提案办理协商，引领和推动100余件惠及群众切身利益的提案得到办理落实，取得了提案办复率、满意和基本满意率“双百”的良好效果。

三、服务大局，积极有为，勇立发展潮头

1. *融入中心勇担当*。2020年，面对突如其来、极为严峻的疫情防控形势，区政协常委会第一时间发出倡议，广大政协委员迅速响应，全力配合区委、区政府落实城乡封控管理、返乡人员摸排、全民体温监测、物资商品供应、突发事件处置等重要措施，通过自愿捐赠款物、参加一线诊治、下沉社区值守、开展志愿服务、建言防控举措、凝聚抗疫共识、纾解群众情绪等多种形式，扛起责任担当，汇聚抗疫暖流，为坚决打赢疫情防控的人民战争、总体战、阻击战贡献了政协的智慧和力量。在疫情防控中，全体委员累计捐款捐物达200余万元，与全区上下一道凝聚起了同舟共济、共克时艰的强大合力，书写了国家点名、我一定行，为国履职、为民尽责的时代答卷。

2.*服务大局有作为*。区政协始终将围绕中心、服务大局作为履职重点，班子成员全力担当，积极作为。在服务全区重点工作中，班子成员分别在挂点街道负责片区棚户区改造工作；一位副主席担任区山林权属争议调处领导小组常务副组长，专门负责调处山林权属争议；一位副主席担任市教体新区项目袁州区服务小组副组长，圆满完成各项工作任务。在招商安商中，班子成员每年多批次外出开展产业招商，签约引进宜春寺库跨境电商智慧产业园、壹金新能源、金生源科技、嘉生药业二期等项目落户袁州，全力协调解决绿城?桃花源特色小镇等重点项目建设中的难题。在脱贫攻坚中，坚持时间、人力、资源向脱贫攻坚一线倾斜，努力为挂点村协调项目帮扶资金40余万元，帮助建设金楠柚种植基地、光伏发电、民宿旅游等三大扶贫产业项目，在精准扶贫主战场留下了政协人坚实足迹。在开展“优环境、促发展”大讨论和“六比六赛”活动中，做到以上率下，带头开展专题调研，努力帮助协调解决企业诉求，反映企业的实际困难和问题。

3. *加强引导聚人心*。印发《开展“精准扶贫　委员在行动”活动倡议书》《开展“尊老、敬老、爱老、助老”活动倡议书》并把全区省级、市级贫困村名单、所有贫困户名单、所有百岁老人名单附在倡议书后面，引导政协委员们特别是各民主党派委员把关注民生、为群众做好事、办实事当作政治责任，广泛开展扶贫济困、捐资助学、送医送药、文艺演出、法律援助、科技下乡等慈善惠民活动，化解民忧民困，汇聚民心民力。五年来，委员捐款捐物近千万元，他们的为民情怀和爱心行动受到了群众的热烈欢迎和一致好评。

四、端正作风，强筋健骨，提升服务效能

1.*深化党风廉政建设*。持续深化党风廉政建设，认真履行“一岗双责”，落实“三会一课”制度，形成了机关党组、党支部、党员委员工作站各司其职的党建工作网络,机关党支部连续多年荣获先进基层党组织。组织委员收听收看全省政协系统全面从严治党形势报告会,用正面典型激励和反面警示教育,增强全区政协系统党的意识、政治意识。注重发挥派驻纪检监察组的监督执纪作用,持之以恒狠抓党风廉政建设,确保政协机关风清气正。

2.规范委员队伍建设。牢固树立“委员强则政协强”的理念,扎实开展委员学习培训,召开专题学习性界别会议,举办各类学习辅导报告会,不断提升履职能力,委员履职实效更加突显。认真落实委员履职考核办法,对委员履职实行“一人一档一表”的量化考核,督促做好“委员作业”,答好“委员答卷”,强化了责任担当,委员履职热情更加饱满。注重发挥界别活动的独特优势,组织委员深入企业、社区、乡村等基层一线,开展丰富多彩的界别活动,扩大了委员履职活动影响力,界别活动更加活跃。大力开展《政协委员风采》系列宣传活动,在省、市、区相关媒体宣传56名政协委员典型事迹,发挥榜样的力量,展现委员风采和履职动态,委员干事创业激情更加高涨。

3.提升机关自身建设。致力打造“学习型、服务型、智慧型、实干型”政协机关和“书香政协”建设,完善机制,规范管理,加强政协机关效能建设,统筹推进各项工作,机关综合治理、文明创建、招商引资、包村挂点、脱贫攻坚等中心工作取得较好成效。建立和完善机关学习制度、考核评比办法、督查督导等工作制度,进一步提升政协机关的凝聚力、执行力,形成勤勉努力、创先争优、团结和谐的机关新风尚。五年来,在央视《新闻联播》《江西政协报》、“江西政协”微信公众号等省级以上联播频道、报纸杂志与新媒体发表稿件400余篇(条);在《宜春政协》等市级刊物新媒体上发表稿件1600余篇(条);在“袁州政协”微信公众号发布相关信息952期5100余条,2016年以来3次获得省政协授予的“反映社情民意信息工作先进单位”,连续5年被市政协评为“全市反映社情民意信息工作先进单位”和“全市政协宣传报道工作先进单位”。

各位委员,区政协第五届委员会所取得的成绩,是中共袁州区委正确领导的结果,是全体政协委员和全区各民主党派、人民团体、各族、各界人士共同努力的结果,是区几套班子和社会各界大力支持的结果。在此,我代表区政协常委会和全体政协委员,向所有重视、关心、支持人民政协工作的各位领导、各级组织和各界人士致以崇高的敬意和衷心的感谢!

回顾五年来的工作,虽然取得一定成绩,但对照新的使命、新的任务,政协工作还存在多方面的差距和不足:一是区政协机关基础、力量“两个薄弱”问题仍然存在;二是创新能力、履职能力、工作成效还有明显不足;三是协商议政成果转化率仍然不高;四是委员主体作用发挥不尽满意,界别活动不够经常等等。对于上述问题,我们将在今后工作中认真加以研究并切实改进。

五年来政协工作经验总结

回顾区政协第五届委员会的工作,我们深刻体会到:

一、必须坚持党的领导,坚定正确方向

坚持党对政协工作的领导,不断增强党的执政基础,自觉做到与区委同频共振,努力把党的主张转化为各界人士的共识,努力把区委的意图变成政协组织和委员的自觉行动,努力把强化理论武装、全面从严治党落实到政协各级组织,传承红色基因,赓续红色血脉,把政协打造成为新时代更讲党性、更讲政治、更讲忠诚的组织。

二、必须高举团结旗帜,凝聚奋进力量

坚决高举爱国主义和社会主义旗帜,按照“长期共存、互相监督、肝胆相照、荣辱与共”的方针,积极发挥团结协调功能,充分调动各方面的积极因素,立足全区改革发展稳定大局,促进我区经济社会和谐稳定发展。五年来我们有效开展专题调研和协商议政活动,积极主动作为,努力当好参谋助手,得到了区委、区政府和社会各界的认可和赞同。事实证明,政协工作大有可为。

三、必须充分发扬民主,展现无穷活力

“江山就是人民,人民就是江山”。人民民主就是人民当家做主,就是人民至上,就是国家的最终权力属于人民,我们必须主动接受人民的监督和制约。只有在大力发扬民主的基础上,不断探索民主监督形式,完善民主监督机制,丰富民主监督内容,加大民主监督力度,才能不断提升政协履职能力水平,才能不断焕发新的生机,永葆蓬勃活力。

四、必须坚持政协宗旨，竭诚履职为民

坚持履职为民是政协工作的根本宗旨。必须始终把实现好、维护好、发展好最广大人民的根本利益作为政协履职的出发点和落脚点，不断拓展社情民意信息渠道，为群众诚心诚意办实事，尽心竭力解难事，坚持不懈做好事，真正把“人民政协为人民”的理念体现在履职尽责之中。事实证明，人民政协只有始终坚持“参政为民着想、议政为民谋利、监督为民维权”，政协工作才能在全局中有作为、在实践中有价值、在社会上有影响。

五、必须加强自身建设，增强综合素养

坚持把政协委员和政协干部队伍作风建设、能力建设作为重中之重。以理论学习提升能力，以民主团结凝聚人心，激发广大政协委员履职尽责工作热情。打造一支有激情、有精力、有能力，善于服务、敢于发声、勇于作为的高素质政协委员和政协干部队伍。　实践证明，有联系广泛、人才聚集的政协委员队伍和政协干部队伍，政协工作才能不断取得新成绩、开创新局面。

今后五年工作展望

今后五年，是开启全面建设社会主义现代化国家新征程、向第二个百年奋斗目标进军的第一个五年。区政协将高举习近平新时代中国特色社会主义思想伟大旗帜，深入学习贯彻党的十九大和十九届二中、三中、四中、五中全会精神，全面落实习近平总书记“七一”重要讲话精神和视察江西重要讲话精神，坚定不移立足新发展阶段、贯彻新发展理念、融入新发展格局，紧扣区第六次党代会工作思路和目标任务，高举团结和民主两大旗帜，围绕中心，服务大局，聚焦改革发展稳定，切实履职尽责，建言献策，当好参谋助手，汇聚不竭动力，为全区拉升标杆勇争先，励精图治同奋斗，努力为实现大宜春核心区高质量跨越式发展贡献政协力量。

一、强化政治建设，扛起党建责任

发挥党组“主心骨”作用。纵深推进全面从严治党，按照把方向、管大局、抓落实的要求，在思想建设上抓学习、凝共识，在政协履职上抓大事、议大事，在自身建设上抓班子带队伍，全面落实管党治党责任，引导各参加单位和各族各界人士切实增进政治认同、思想认同、理论认同、情感认同，增强“四个意识”、坚定“四个自信”、做到“两个维护”，努力把人民政协建设成为听党话、跟党走的重要阵地、重要平台、重要渠道；发挥机关“主阵地”作用。结合贯彻落实中央和省、市、区委有关工作要求，组织修订完善政协党建、机关管理、履职工作、委员管理等规章制度，自觉接受党规党纪的规范和约束。从严压实党员领导干部“一岗双责”，从严落实各项党建制度，不断提升机关党组创造力、凝聚力和战斗力；发挥党员委员“领头羊”作用。把思想政治建设放在首位，在坚持每年组织委员培训、每次常委会会议安排专题学习的基础上，落实双重组织生活制度，定期组织党员委员参加区政协党组织活动，加强党性锻炼，促进党员委员做履职尽责的表率、做联系群众的表率，推动党的组织对党员委员全覆盖、党的工作对政协委员全覆盖，创新构建上下贯通、整体联动的党建工作格局。

二、强化履职尽责，激发干事动能

树立质量导向。把提质增效贯穿政协工作的全过程和各方面，从注重“做了什么”“做了多少”向“做好了什么”“做得有成效”转变，综合运用各种协商形式，紧扣全区工作重点和“十四五”规划等国之大者，主动担当作为，出谋划策，全力当好参谋助手，助推区委、区政府重大部署落实落地。健全完善考核、评议、激励、通报等机制，让委员提出更多更好的提案、社情民意，让部门强化协调办理，防止提案“回娘家”现象，不断提升成果转化率并抓好跟踪落实；深化履职为民。坚持以人民为中心的发展思想，主动面对新时代人民群众对美好生活的向往，通过专题视察、民情走访、社情民意信息、界别协商、提案督办等方式，协助区委、区政府把群众关心的事落实好、牵挂的事商量好、希望的事谋划好。按照协商于民、协商为民的要求，以党员委员工作站、政协委员协商室为抓手，探索“协商在一线”新模式，打通基层协商“最后一公里”，着力把基层政协优势转化为社会治理效能，推动协商履职郑重有序而又生动活泼地开展，在新征程中展现政协委员的新担当；强化制度落实。深入贯彻落实中央和省委、市委关于加强和改进政协工作的意见，严格执行重大问题请示报告制度，把坚持党的领导融入政协履职全过程。进一步健全协商成果领导批示和部门采纳落实情况反馈制度、委员知情明政制度、提案办理回访制度、委员意见建议跟踪办理及反馈制度,更好地激发全区政协组织和政协委员履职热情,进一步加强政协制度规范化、系统化,发挥政协制度整体优势。

三、强化民主团结,凝聚智慧力量

发扬民主汇聚正能量。充分发挥人民政协团结和民主两大主题优势,加强与各民主党派、人民团体和各族各界代表人士的联系,兼顾各界利益表达,兼听各种意见诉求,兼容各方智慧力量,大力营造既畅所欲言、各抒己见,又理性有度、合法依章的民主氛围,凝聚最大共识;团结各界画好同心圆。落实《中国共产党统一战线工作条例》,发挥新型政党制度优势,利用界别代表人士座谈会、委员读书线上线下交流会、界别谈心活动、乡镇街道政协工作活动平台、网络信息化平台等,不断增进与各界人士的团结联谊,把不同阶层、党派、团体、民族和宗教信仰者团结和凝聚在中国共产党的周围。支持和保障各民主党派、工商联、无党派人士通过政协平台履职,不断扩大爱国力量的同心圆;搭建平台扩大团结面。坚持走出去、请进来,加强与党外知识分子、非公经济人士、新的社会阶层人士、出国和归国留学人员的联系交流,广交有志之士、有识之士、有为之士,为他们实现有序政治参与搭建平台。大力宣传推介袁州,讲好袁州好人故事,把更多的创业人才、成功人士、行业领队动员起来,让更多优质企业和优秀人才了解袁州、热爱袁州、落户袁州,凝聚起发展袁州的磅礴力量。

四、强化队伍建设,锻造过硬本领

着力加强委员队伍建设。按照政协委员"有党性、有觉悟、有情怀、有能力、有作为"的要求,强化委员履职能力建设,深入开展"五个一"委员履职活动,引导委员珍惜荣誉和政治身份,当好人民政协制度的参与者实践者推动者。继续依托省、市、区专门平台,开展有重点、多层次的委员学习培训,深入学习党的创新理论、政协章程、政协理论、法规知识及时事政策,着力提升委员的"精气神"和履职的"精准度",打造一支"懂政协、会协商、善议政、守纪律、讲规矩、重品行"的委员队伍;着力强化政协界别建设。加强界别之间的联系互动,探索多个界别联合开展视察调研等活动,不断提高界别活动的实效性。建立界别活动站等双向互动平台,让委员与乡镇街道、部门单位、界别活动组互动起来,解决委员联系不畅、不会履职、难于履职的问题,让委员在政协谋事有条件、干事有舞台、成事有机会;着力提升机关服务效能。按照政协工作"有专人管事、有活动平台、有工作机制、有必要保障、有政协声音"的要求,深入推进清廉政协机关建设和机关作风专项整治工作,摒弃到政协来"正歇"、来政协养老的错误思想,不断提高机关干部的责任意识、服务意识、效率意识,营造机关人人争先进、事事争效能的良好干事创业氛围。

各位委员、同志们!新时代赋予新使命,新征程展现新作为。让我们更加紧密地团结在以习近平同志为核心的党中央周围,高举中国特色社会主义伟大旗帜,大力弘扬伟大建党精神,在中共袁州区委的坚强领导下,和衷共济,善谋实干,团结奋进,以更加务实的作风,更加有效的举措,为奋力冲刺全国县区经济百强、实现大宜春核心区高质量跨越式发展贡献政协力量。

宜春市袁州区人民代表大会常务委员会工作报告

——在袁州区第六届人民代表大会第二次会议上

宜春市袁州区人大常委会主任　陈　彬

（2022 年 3 月 1 日）

2021 年主要工作回顾

2021 年是中国共产党建党 100 周年，也是“十四五”规划开局之年。在中共袁州区委的坚强领导下，区人大常委会坚持以习近平新时代中国特色社会主义思想为指导，认真贯彻落实习近平总书记关于坚持和完善人民代表大会制度的重要思想和对地方人大及其常委会工作的重要指示批示精神，学习贯彻党的十九大和十九届历次全会以及中央人大工作会议精神，坚持党的领导、人民当家作主和依法治国有机统一，主动顺应新时代人大工作的新任务新要求，紧扣区委工作大局，坚持以人民为中心，发展全过程民主，依法行使宪法和法律赋予的各项职责，充分发挥地方国家权力机关作用，不断以法治思维和创新思维推动人大各项工作取得新进展新成效，有力促进了全区经济社会协调发展。2021 年召开区五届人大常委会主任会议 11 次，常委会会议 9 次，召开区六届人大常委会主任会议 5 次，常委会会议 1 次；听取和审议“一府两院”工作报告 19 项，组织代表视察、专题调研 8 次；办理代表建议 179 件，依法任免国家机关工作人员 74 人次。

一、坚持党的领导，在百年党史中汲取信仰和奋进力量

始终坚持党的全面领导。坚决做到旗帜鲜明讲政治，捍卫“两个确立”、增强“四个意识”、坚定“四个自信”、做到“两个维护”，自觉把党的领导贯穿人大工作全过程、落实到依法履职各方面，确保党中央决策部署和省、市、区委工作要求在人大工作中得到全面贯彻和有效执行。常委会坚持把学习贯彻党的十九届六中全会、中央人大工作会议精神与学习贯彻省、市、区党代会精神结合起来，紧紧围绕区委中心大局的决策部署、重点任务和工作举措，做到区委工作重心在哪里，人大工作就跟进到哪里，力量就汇聚到哪里，作用就发挥到哪里。常委会党组严格执行重大事项请示报告制度，确保人大工作始终在党的领导下进行，坚持“党有所指，我有所向”，切实将区委的决策部署通过人大法定程序成为全区人民的共同意志，做到人大工作与区委工作同向，与民同心，坚定人大工作正确政治方向。

扎实开展党史学习教育。常委会党组及机关党组坚持以上率下，进一步加强思想政治引领，认真抓好政治理论和党史学习教育，从百年党史中汲取信仰和奋进力量，着力推进人大常委会机关党史学习教育走深、走实。在学习研讨、征求意见、谈心谈话的基础上，召开党史学习教育专题组织生活会，常委会领导以普通党员的身份参加，带头开展批评与自我批评。组织机关党员赴彬江镇三星口开展“学党史、祭英烈、传承红色基因”党史学习教育主题党日活动，缅怀革命烈士，接受革命传统教育。邀请参加抗美援朝的退休老党员讲党课，举行了“光荣在党 50 年”纪念章颁发仪式等。深入开展“我为群众办实事”主题实践活动，围绕群众关心的重点、难点、热点问题，对重点民生实事项目实施情况开展专项督查，扎实推动民生实事落地见效，让群众实实在在地增强获得感、幸福感。

深入践行全过程人民民主。认真贯彻落实发展全过程人民民主的要求，切实担负起地方人大在发展全过程人民民主中的职责使命。常委会主动扛起区乡换届选举的责任，加强对乡镇换届选举工作的指导，统筹协调推进，严明换届纪律，确保人民选举权利依法行使、选举工作风清

气正,一批政治素质高、群众基础好的先进分子当选市、区、乡人大代表,一批适应高质量跨越式发展需要的优秀干部进入区乡领导班子,圆满完成区乡两级换届选举工作任务。不断健全区人大及其常委会会议制度、工作程序、运行机制,修订完善了区人大常委会议事规则等十项规范性文件,并在区六届人大常委会第一次会议上审议通过,为落实全过程人民民主要求提供了制度保障。

二、坚持服务大局,积极依法履职尽责

紧扣经济发展开展监督。一是有效落实区委深化改革任务。按照区委全面深化改革委员会工作计划,参照全国、省市人大的要求,审议通过了《袁州区人大常委会关于加强国有资产管理情况监督的决定》,建立健全全面规范的区人民政府向区人大常委会报告国有资产管理情况制度。二是深化经济工作监督。围绕落实区人代会确定的目标任务,听取和审议国民经济和社会发展计划执行情况的报告,就保持经济发展稳中有进、城乡协调发展、优化营商环境等方面提出意见建议。三是创新预算决算审查监督机制。落实好中央关于预算审查监督重点向支出预算和政策拓展的要求,抓好对政府全口径预决算的全过程审查和监督,对部门决算草案进行绩效重点审查,加强对财政资金使用效益的监督,成立预算审查专家库,推进人大预算联网监督,提高人大预算审查监督的针对性和有效性。四是推动审计发现问题整改落实。听取和审议审计工作报告和审计发现问题整改情况的报告,对审计查出问题整改进行督办,并开展整改工作满意度测评等工作,有效推动问题整改落实,涉及7个单位的22个问题全部整改到位。

聚焦社会关注和民生实事开展监督。一是紧盯环境保护。听取和审议区人民政府关于生态文明建设和生态环境保护目标完成情况的报告。继续深化“环保袁州行”活动,督促解决重大环境问题,推动环保法律法规的贯彻实施。二是聚焦社会事业。组织开展了优化中心城区义务教育网点布局、妇女儿童权益保障工作、农田水利排灌设施情况、安全生产工作、乡村旅游民宿建设等专项视察调研,开展了居家和社区养老服务工作“回头看”。三是围绕民生实事。落实在区乡两级人民代表大会上,票决重大民生实事项目制度,区人大常委会对区五届人大七次会议上票决确定的2021年十大民生实事项目开展常态化专项监督。

围绕依法治区开展监督。一是扎实开展执法检查。2021年重点开展了《医疗机构管理条例》执法检查,进一步督促法律实施主管单位改进执法工作,促进法律的有效实施。二是做好司法普法工作。开展了区人民法院一站式多元解纷和诉讼服务体系建设、区检察院适用认罪认罚从宽制度等专题调研,听取和审议了区人民法院一站式多元解纷和诉讼服务体系建设工作情况、区检察院关于适用认罪认罚从宽制度工作情况以及全区“七五”普法规划实施情况和“八五”普法工作安排情况的专项报告等。三是推进规范性文件备案审查工作。2021年备案审查工委首次向区人大常委会报告工作,规范性文件备案审查工作进一步规范化、常态化,开展了对法规和规范性文件中涉及计划生育内容的集中专项清理工作。四是做好来信来访工作。注重发挥人大信访在维护群众利益和化解社会矛盾中的积极作用,畅通民意表达及信访渠道,坚持常委会领导接访制度,加大对重要信访事项的督查督办力度,有效解决了一批群众反映的热点、难点问题,促进了全区社会和谐稳定,做好了建党100周年的信访保障工作。2021年,共接待来信来访群众90余人次,受理信访件30件。

依法做好区乡人大换届选举工作。常委会通过组织召开换届选举动员大会、成立指导组、举办培训班等形式,强化对乡镇人大换届选举工作业务指导和全程督导,全区178个选区共有81.9万选民参加投票选举,参选率达93%,共选出乡镇人大代表1538名、区代表368名;各乡镇顺利组织召开了新一届乡镇人民代表大会第一次会议,依法选举产生了乡镇人大主席、副主席44名和政府领导班子成员77名。依法组织召开了区六届人民代表大会第一次会议,选举产生了新一届区人大常委会领导班子及组成人员、区人民政府领导班子、区监察委员会主任、区人民法院院长、区人民检察院检察长和市代表70名,圆满地完成了区、乡两级人民代表大会换届选举工作任务。常委会还对全区村(居)委员会换届选举进行了全程督导,严肃换届纪律,落实选举程序,确保选举结果合法有效。

规范人事任免工作。常委会始终坚持党管干部和依法行使人事任免权的有机统一,不断规范人事任免工作程序，对提请常委会任命的人员，认真酝酿，充分发扬民主，广泛征求意见。实行任前宪法知识考试、表态发言和任后宪法宣誓制度，进一步强化拟任人员的法律意识和责任意识，不断推进人事任免工作的民主化、法治化和规范化。2021年，共任免国家机关工作人员74人次；补选市四届人大代表2人、区五届人大代表2人；接受市四届人大代表辞职1人，区六届人大代表辞职3人、常委会委员辞职1人。

三、优化代表工作，加强支持和服务代表依法履职

强化业务培训，提高代表的履职能力。常委会采取邀请专家进行专题讲座，组织代表参加“省人大讲堂”培训等形式，强化代表的业务培训。同时，还每年有计划地组织代表参加视察、调研、检查等活动，邀请代表列席常委会会议等，有效地提升了代表的履职水平。

*注重办理质量，做好代表意见建议督办。*人代会会议之后，及时召开代表意见建议交办会，对承办单位提出办理要求与办结期限。完善建议督办方式，对重点建议，由常委会领导亲自督办。开展代表意见建议办理满意度测评，有力督促了承办单位对代表意见建议办理工作。2021年，共办理代表建议179件，办复率、满意率均为100%。

*加强代表服务，完善代表履职平台建设。*始终把代表工作站作为服务代表和代表履职的重要阵地和活动平台，全力推进工作站规范化、标准化建设。全区31个乡镇街道全部建成标准化代表联络工作站，探索建成了51个村级代表工作室。完善工作机制，按照每年“8+1”（年初1次定盘子做计划，年终1次作总结述职，1次调研、1次视察，4次接待选民，加1个自选动作）的方式，常态化开展代表进站履职活动。2021年开展了集中接待选民活动1378人次，收集选民建议、意见1432条，集中组织代表视察调研活动256人次，推动当地政府解决群众问题1170个，其中转交区政府解决68个。

四、抓实自身建设，强化履职政治和组织保障

*坚持理论武装，加强思想政治建设。*贯彻落实党中央全面从严治党战略部署，切实加强常委会党组和机关党组建设，发挥把方向、管大局、保落实作用。抓好意识形态工作，坚持把政治建设摆在首位。抓好人大机关政治理论学习，成立党组理论学习中心组，坚持常委会党组至少每月集中学习一次，机关党组和机关干部每周集中学习一次，不断提高人大干部的政治判断力、政治领悟力、政治执行力。

*完善工作制度，强化纪律作风建设。*坚持用制度管人管事，进一步健全了学习、会议、财务、内务等11项机关工作和管理制度。坚持全面从严治党，推进“一岗双责”，落实党风廉政建设责任制，严格执行中央八项规定精神，加强干部廉政教育，坚持把纪律挺在前面，做到以案为鉴、以案促改，及时学习和剖析研讨发生在身边的腐败典型案例，提高干部自身拒腐防变能力。严格落实政治谈话要求，全力配合市人大常委会领导对区人大常委会县级党员领导干部进行政治谈话，抓实了区人大常委会领导与人大机关干部和乡镇（街道）人大主席（主任）、副主席（副主任）进行政治谈话。

*规范基层人大制度建设，加强业务工作指导。*认真贯彻省委、市委、区委关于加强新时代人大工作的意见，加强乡镇人大主席团和街道人大工委建设，配齐配强干部队伍。建立常委会领导班子成员联系乡镇、街道人大工作制度，对代表工作站规范化建设、代表作用发挥等情况进行调研指导。完善了《关于规范乡镇人民代表大会会议的指导意见》，指导乡镇人大依法规范一年召开两次人民代表大会。

*主动担当作为，积极参与中心工作。*紧紧围绕区委不同时期和各个阶段的工作重点，主动担当作为，积极参与产业链招商、疫情防控、棚改攻坚、创文、乡村振兴、包村挂点、信访维稳等中心工作。在推进全国文明创建工作中，常委会领导深入挂点网格实地督导，对标对表逐项检查，协调解决基础设施薄弱、环境卫生整治等一系列问题，挂点的第二网格状元洲社区、五六川社区接受首轮国检点位实地检查和上户问卷调查时，得到了国检组的肯定和好评。

各位代表，过去一年常委会工作取得了一定成绩，这是习近平新时代中国特色社会主义思想科学指引的结果，是区委坚强领导的结果，是全体人大代表、常委会组成人员和工作人员担当尽责、扎实工作的结果，是“一府一委两院”和乡镇（街道）人大密切协作、大力支持的结果，是社会各界和全区人民鼎力支持、积极参与的结果。在此，我代表区人大常委会向大家表示崇高的敬意和衷心的感谢！

在看到成绩的同时，我们也清醒认识到，与新时代人大工作的新要求还存在较大差距，主要是监督工作推动解决热点难点问题还不够有效，代表联络工作站管理运行还不够高效，人大代表发挥作用还需要加强，联系人大代表和密切联系群众还不够深入，常委会及机关工作效率还不能完全适应新时代新要求，等等。我们将虚心听取各位代表的意见建议，在今后的工作中，不断拉升履职标杆，出台过硬举措，自觉接受监督，主动改进工作。

2022年的工作安排

2022年是贯彻落实中央人大工作会议精神的开局之年，区人大常委会工作的总体要求是：坚持以习近平新时代中国特色社会主义思想统揽和指导人大工作，全面贯彻落实党十九大和十九届历次会全以及中央人大工作会议精神，深入落实习近平总书记视察江西重要讲话精神，认真落实区第六次党代会部署安排，以打造“四个机关”为目标，紧扣“工业强区、科技兴区、文旅活区、依法治区、特色靓区”发展战略，为袁州奋力冲刺全国县区经济百强，在建设江西综合实力强市中展现首府担当发挥人大作用，着力在推动人大工作创新发展上走前列，在强化干部队伍作风建设上走前列，奋力开创新时代人大工作新局面。

一、牢牢把准政治方向，在坚持党的全面领导上有新境界

把持续深入学习贯彻习近平新时代中国特色社会主义思想作为首要政治任务和长期政治任务，将学习贯彻中央人大工作会议精神特别是习近平总书记重要讲话精神，与学习贯彻习近平法治思想、习近平总书记关于坚持和完善人民代表大会制度的重要思想有机结合起来，列入人大系统干部业务培训和代表履职培训的重要内容，在全区人大系统深入全面抓好学习宣传和贯彻落实，筑牢依法履职的思想根基。毫不动摇坚持党的领导，把党的领导贯穿于人大工作各方面全过程。坚持服从服务区委战略部署，严格执行重大事项请示报告制度，做到人大工作与区委工作同频共振，确保人大工作正确的政治方向，不讲条件、不打折扣、不怕困难，坚决完成区委交办的各项工作任务。紧扣区第六次党代会精神，积极向人民群众宣传区委的决策部署，广泛凝聚全区人民的智慧和力量，确保党委的主张通过法定程序成为国家意志和全社会的自觉行动。

二、紧紧围绕中心大局，在增强监督刚性和实效上有新突破

坚持正确监督、有效监督、依法监督，紧扣区第六次党代会目标，围绕全区中心工作、重点任务和发展大局，综合运用多种监督方式，做到科学选题、深入调研、精准破题，不断提高审议质量、强化跟踪落实，务求在增强监督刚性和实效上有新突破。今年着重抓好四项工作：一是全力配合市人大常委会开展“做强中心城、提升首位度”专题询问，首次探索市、区两级人大联动监督，为展现袁州首府担当贡献人大智慧和力量。二是持续强化经济工作监督，听取和审议计划、预算和审计工作报告，进一步加强审计监督，加大对审计查出问题的整改督办力度；充分发挥预算联网监督作用，完善预算审查联系代表制度，建好、用好预算审查监督咨询专家库。三是持续关注区本级国有资产监管工作，深入开展国有资产管理情况调研，听取和审议国有自然资源资产管理情况的专项报告和国有资产管理情况的综合报告，推动政府有关部门摸清资产家底，压实监督管理责任。四是开展优化营商环境专题调研，听取和审议全区优化营商环境情况的报告，结合“我为选民说事”主题活动，抓实对政府工作部门的工作评议，每年选择部分部门单位开展工作评议，确保在本届任期内实现工作评议全覆盖。

三、坚持以人民为中心，在推进民生实事落地上有新成效

常委会将带头践行以人民为中心的发展思想，把群众满意作为人大工作的价值追求，进一步拓宽民主渠道、探索有效形式，发展更加广泛、更加充分、更加健全的全过程人民民主。持续聚焦民生实事、生态环保、乡村振兴、安全生产等重点工作开展监督，听取和审议全区生态环境状况和生态环境保护目标完成情况报告，聚焦影响群众生产生活的“三边”(身边、周边、路边)生态环境问题，继续开展“环保袁州行”活动；听取和审议全区关于巩固拓展脱贫攻坚成果同乡村振兴有效衔接情况的报告，围绕乡镇饮用水源地用水安全、深入推进新时代“五美”乡村建设等方面开展专题视察调研；开展全区安全生产工作情况“回头看”专项督查。继续抓好人代会上重大民生实事项目代表票决制工作，每季度开展一次专项督查，每半年听取一次报告，并在次年的区人代会上开展满意度测评，形成平时督查常态化、年中推进有力度、年底交账代表评的监督闭环。加强对卫健、科技、退役军人事务等方面的监督检查，听取和审议全区医疗保障工作情况的报告、全区科技成果转化工作情况专项报告和全区退役军人工作情况的报告等。

四、全力支持依法治区，在推进法治袁州建设上有新作为

常委会将以推进依法治区为己任，深入践行习近平法治思想，坚决维护宪法和法律法规权威，坚持监督与支持有机统一，积极构建联动协作机制，提升整体实效，推动区委决策部署、法律法规有效实施。全力支持配合平安袁州建设、依法治区、市域社会治理、“八五”普法宣传等工作，听取和审议区监察委员会2022年专项工作报告、区人民检察院关于未成年人检察专项工作报告等。加强对公共文化服务、宗教事务等方面的监督检查，重点开展《中华人民共和国公共文化服务保障法》《江西省公共文化服务保障条例》实施情况执法检查，开展全区依法管理宗教事务情况专题调研等。进一步加强和改进规范性文件备案审查工作，不让红头文件逾越法律“底线”。

五、持续改进代表工作，在服务保障代表履职上有新举措

常委会将持续改进代表工作，着力增强代表意识、优化服务保障、提升履职能力，充分发挥代表服务发展、联系群众、凝聚力量的作用。一是提升代表履职能力素质。抓实代表的政治理论和履职业务学习培训，重点组织代表学习习近平总书记关于坚持和完善人民代表大会制度的重要思想、宪法和有关法律法规等基本知识，强化代表审议工作报告、提出议案建议、开展视察调研等履职业务培训。二是丰富代表履职形式载体。在全区各级人大代表中组织开展“我为选民说事”主题活动，以“七个一”为抓手，围绕推动高质量跨越式发展、促进乡村振兴、推进全国文明城市创建等方面，充分发挥代表汇民智、集民意、促发展的积极作用。三是优化代表履职平台建设。稳步推进代表联络工作站常态化管理、规范化运行、信息化引领，不断完善日常管理运行工作机制，保障代表活动经费，常态化开展代表定期接待选民活动，更好地服务保障代表依法履职。四是完善代表建议重点督办机制。把好建议提出、交办、督办等重点关口，推进议案建议内容高质量、办理高质量，启动代表建议办理“回头看”活动，加强对代表建议办理工作的督促协调，着力提高办结率和满意度。

六、全面加强自身建设，在展现人大担当作为上有新形象

认真贯彻落实“四个机关”定位要求，坚持把政治建设摆在首位，全面加强新时代人大党的建设，深化巩固拓展党史学习教育成果，压实常委会党组、机关党组和党支部全面从严治党主体责任，深入贯彻落实中央八项规定精神，持续加强纪律作风建设。扎实开展抓落实活动年“三拼三促”活动，进一步加强人大机关制度建设，形成充满活力、务实高效的运行机制。加强机关干部队伍建设，落实习近平总书记提出的人大工作队伍“二十字”标准，切实提高干部能力素质和工作水平。健全落实常委会领导班子成员联系委员、常委会组成人员联系代表、代表联系选民的“三联”制度。规范完善人大各专工委联系工作办法，加强与“一府一委两院”的有效对接，增强监督的针对性和实效性。抓牢意识形态工作，进一步加强人大新闻宣传和舆论引导，统筹运用报纸杂志等传统媒体和微信公众号等新兴媒体，讲好中国民主故事、人大故事。加强对乡镇街道人大工作的指导，加大对外学习交流力度，吸纳借鉴外地成功经验，不断提升全区人大工作整体水平。

各位代表！新时代的号角催人奋进，新征程的道路前景光明。让我们更加紧密团结在以习近平同志为核心的党中央周围，在中共袁州区委的坚强领导下，践行初心使命、砥砺奋勇前行、依法履职担当，以“作示范、勇争先”的坚定决心和昂扬斗志，奋力开创新时代人大工作新局面，为实现袁州经济社会高质量跨越式发展作出新的更大贡献，以优异成绩迎接党的二十大胜利召开！

政府工作报告

——在袁州区第六届人民代表大会第二次会议上

宜春市袁州区人民政府区长 胡 勇

(2022年3月1日)

一、回望2021年,我们心潮澎湃,在夙兴夜寐中赓续前行

2021年是中国共产党成立一百周年,是“十四五”规划的开局之年,是奋力冲刺全国县区经济百强的起步之年。过去一年,在市委、市政府和区委的坚强领导下,在区人大、区政协的监督支持下,全区上下聚焦“作示范、勇争先”定位,围绕“冲刺全国县区经济百强”目标,统筹疫情防控和经济社会发展,迎难而上、乘势而为,实现了经济社会平稳发展,较好地完成了主要目标任务。全年实现地区生产总值520.36亿元,增长9.2%;财政总收入47.44亿元,增长14.4%,一般公共预算收入完成25.22亿元,增长6.8%,税占比69.8%;规模以上工业增加值增长12.1%;固定资产投资增长16.7%;社会消费品零售总额333.09亿元,增长17.9%;实际利用外资增长24.2%;城镇居民人均可支配收入44054元,农村居民人均可支配收入18647元,分别增长7.6%和7.8%。

一年来,我们励精图治谋跨越,充分展现了“首府风采”。全区地区生产总值、固定资产投资增速、规模以上工业增加值等主要经济指标继续保持全市前列。荣评国务院第七次全国人口普查国家级先进,农情基点县考评工作获评全国优秀,荣获全省工业高质量发展先进县(市、区)、全省粮食生产先进集体、全省征兵工作先进单位,袁州产业园获评全省A类产业园。新增省级科学技术进步奖一等奖2个、二等奖2个,获奖数量和质量均居全市第一。

一年来,我们凝心聚力克难关,真正体现了“首府担当”。举全区之力推动全国文明城市创建,国检测评首战告捷。全力支持推进宜春时代、国轩高科、袁州古城、宜井遂高速、绕城高速、四方井水库等一大批省市重大项目,完成征地1.2万亩。疫苗接种160.8万剂次,筑牢了疫情防控防线。累计化解政府隐性债务57亿元,债务率下降至248%,顺利完成“消红降级”任务。

一年来,我们全心全意办实事,全面彰显了“首府情怀”。着力解决人民群众“急难愁盼”问题,全年重点民生领域支出达57.2亿元,占一般公共预算支出的78%。42个老旧小区换上“新装”,专建小区变身“网红打卡地”,44条背街小巷焕然一新,8个农贸市场“大变样”,城市人居环境质量得到大幅提升,常住人口跃居全市第一。停车难、上学难、托幼难、养老难、就业难、看病难等系列问题得到有效缓解,千万流量的《袁州“创文”一起来》唱出了百万袁州人民的心声。

我们主要做了以下工作:

1. 全力以赴扩总量、提质量,产业实力稳步提升。做大做强工业经济。我们始终把工业摆在重中之重的位置,聚焦主导产业,在转型发展中提质增效。规上工业企业新增38家,实现营业收入200.24亿元,同比增长33.02%。技改投资同比增长80.27%,备案项目49个,创历史新高。战略性新兴产业工业增加值同比增长23.97%,锂电新能源、电子信息产业营业收入分别增长113.5%、81.9%,医药产业集群被评为全省三星级产业集群。“亩产效益”综合评定A类企业22家,入选省“映山红”企业①4家,新增省级两化融合示范企业9家,认定省级专精特新企业13家。济民可信蝉联江西省民营经济百强前10位。做精做特现代农业。新建高标准农田3.4万亩,粮食播种面积94.14万亩,总产量7.1亿斤,农业基础地位持续巩固。富硒农产品基地、高产油茶林分别达25万亩、28.6万亩,新增省、市级农业龙头企业2家，亿元以上农业龙头企业达9家。“宜春大米”品牌效益更加突显，订单面积突破45万亩、产值达7亿元；市级富硒龙头企业数、市级富硒示范基地、富硒认证产品数均居全市第一。油茶产业加速发展，茶油产量突破8000吨，全省首个国家级油茶科技小院落户袁州。做优做活第三产业。加快培育新零售、城区夜经济等新业态，引导商贸文旅资源互补、融合发展。城市商圈人气火爆，润达、万达商圈客流量分别突破1800万人次、1000万人次，年营业额分别达10.25亿元、5.2亿元。赣西农批市场交易额达106.7亿元，网络零售额31.73亿元，居全市第一。引入民生银行、兴业证券等金融机构，经济活力进一步提升。组建袁河锣鼓戏剧团，获评2021—2023年度省民间文化艺术版画之乡，区文化馆获评国家级一级馆。“隐逸轩”智热登山鞋系列获得2021年全国旅游商品大赛金奖，属全省唯一。

*2. 攻坚克难勇创新、增动能，发展后劲持续增强。*深化创新驱动发展。狠抓科技主体培育，加快科技成果转化。全年新认定高新技术企业14家，新增省级企业技术中心1家、市级4家，“政产学研”②合作项目36个，实现入选国家级人才工程“零”的突破。入围市“揭榜挂帅”榜单4个，获批省“揭榜挂帅”项目1个。获批2021—2025年度全国科普示范县（市、区）创建单位，为全市唯一。深入推进项目建设。紧盯主导产业头部企业招大引强，积极参加国家、省、市重大招商活动，率先成立招商指挥服务中心，从信息收集到项目落地实现“一站式”服务。全年新签约项目43个，总投资287.35亿元，其中亿元以上项目37个，50亿元以上项目1个，20亿元以上项目6个。强化重大项目建设调度督导，省市调度的86个重大项目累计完成投资238.3亿元。强力提升园区能级。深化园区体制机制改革，建立园区“8+N”③考核方案，强化“亩产论英雄”导向，清理盘活土地1131.94亩、闲置厂房19.66万平方米，平整土地648亩，新增标准厂房16.27万平方米。完成医药工业园湾里路等改造提升，锦源新区锦绣路等建成通车。医药工业园、机电产业基地总产值分别增长19.19%、55.1%，亩均税收分别增长7.6%、2.9%，医药工业园入选江西省第一批化工园区名单。

*3. 坚持不懈强建管、抓生态，城乡面貌新颜焕发。*着力补齐城市短板。完成棚改扫尾攻坚465户，开工棚改安置房项目12个，交房3963套。疏通地下管网425.5千米，有效解决中心城区下水道溢流、城市内涝等问题。拆除乱搭乱建、摊点整治6.6万处，施划停车位425个，新增路面硬化、复绿补绿、墙面修补等8.3万平方米。着力美化农村环境。完成274个新农村建设点和16个农村生活污水处理设施建设，行政村生活垃圾收集处理覆盖率达100%。获批国家级森林乡村5个、省级2个，省级生态乡镇5个，省级森林公园1个。完成“四好农村路”建设241公里，拆除农村破旧房21.4万平方米、改水1439户、改厕3600户，农村人居环境持续改善。着力提升生态质量。高标准打好“蓝天、碧水、净土”保卫战，整治机制砂企业56家，整改矿山问题229个，建成绿色矿山4个，修复废弃矿山15个。中央和省环保督察反馈问题及信访件销号稳步推进，污染防治攻坚考核获评市级优秀。全区空气优良天数比例为96.7%，空气质量优于国家二级标准，国省控、县界责任断面水质全面达标，受污染耕地、污染地块安全利用率100%。

*4. 真情实意增福祉、促和谐，幸福指数不断攀升。*增强人民群众幸福感。全面推进社会保障体系建设，发放社会救助资金1.87亿元，创业担保贷款3.48亿元，新增城镇就业人数6638人，新增转移农村劳动力12856人，城镇登记失业率控制在3.2%以内。全面保障劳动者合法权益，发放下岗职工“助保贷款”465.36万元，劳动仲裁结案率100%，解决拖欠农民工工资3249.88万元。提高人民群众获得感。持续巩固拓展脱贫攻坚成果同乡村振兴有效衔接，累计投入各类资金2亿元，顺利通过省级考核评估。全面完成8个社区嵌入式养老院、15个居家养老服务中心、300户困难对象家庭适老化改造。扶持民办幼儿园74所，提高普及普惠水平。新增教育用地669.9亩、投资12.6亿元，新改扩建学校10所，提供学位2.5万个，获评全市教育体育工作综合先进县（市、区）。深入开展“双减”工作，整治学科类校外培训机构63家，延时服务惠及学生96819人，实现农村中心小学及城区义务教育学校课后服务全覆盖。维护人民群众安全感。持续深化矛盾纠纷多元化解机制建设，积极探索基层治理新模式。建立区乡村三级人民调解委员会375个，化解矛盾纠纷2433件，调解率98%。强力打击

治理非法集资、电信网络诈骗，累计劝返滞留缅北涉诈高危人员 260 人，挽回群众损失 1.19 亿元。办结国家信访局交办件 180 件,化解率 98.36%。深入推进安全生产专项整治三年行动和“打非治违”百日行动,排查隐患 10697 条,整改率 98.6%。

5. *久久为功转职能、优服务,政府效能显著提高*。推动重点领域改革。实现工业用地办理时限从 106 天缩至 45 天，不动产登记、抵押登记分别缩至 3 个和 1 个工作日，免收 2552 家新开企业首套公章费。启动预算管理一体化改革,全面实行零基预算。推进公立医院改革,362 个医疗机构全部实施基本药物制度。加快农村土地承包改革,流转土地 32.1 万亩，流转率 53.01%。成立了重大项目法官工作室,在全省首推“涉拒执罪”预告知书制度,并成功入选最高人民法院典型案例。持续优化营商环境。深入推行“驻企特派员”等企业帮扶制度,创新开展“亲清”早餐会，常态化开展政企圆桌会,累计解决企业实际困难 200 余次。扎实推进“降成本、优环境”专项行动,为企业减税降费 11.2 亿元,发放“财园信贷通”贷款 4.65 亿元。办理“一次不跑”事项 3.9 万件,“一次办好”事项 8.1 万件,错时延时预约服务 1.1 万件。着力强化自身建设。扎实开展党史学习教育“我为群众办实事”实践活动,27 件重点民生实事全部按时按质完成,解决群众各类问题 2123 个，群众满意率 96%。严格把关财政资金,完成各类审计项目 94 个，核减金额 5.94 亿元。投入“三保”资金 34.74 亿元，占预算支出的 47.4%。大力整顿群众身边腐败和不正之风,全年查处 88 起,处理 116 人。主动接受政协民主监督和社会监督、舆论监督,全年办理各级人大代表建议 146 件、政协委员提案 81 件。

此外,民族宗教、外事侨务等工作取得新成效,消防、气象、防震减灾、史志、档案、统计、机关事务、工青妇、红十字会等工作取得新进展。

各位代表，以上成绩的取得，凝聚着全区人民的智慧汗水,是区委统揽全局、坚强领导的结果,是区人大、区政协大力支持、有效监督的结果。在此,我谨代表袁州区人民政府,向全区人民,向各民主党派、人民团体和社会各界人士、驻区武警部队官兵,致以崇高的敬意和衷心的感谢!

在肯定成绩的同时,我们也清醒地看到,袁州仍然面临不少挑战和问题：经济总量还有差距,人均水平偏低;工业短板突出,大项目、好项目少;能耗“双控”压力较大;信访矛盾错综复杂，社会稳定压力巨大;“怕慢假庸散”等作风顽疾仍然存在,对这些问题,我们将坚持问题导向,采取有效措施,全力加以解决。

二、展望 2022 年,我们豪情满怀,在奋楫争先中擘画蓝图

2022 年是党的二十大召开之年,是全面开启第二个百年奋斗目标新征程的重要之年,也是全面落实区第六次党代会决策部署的第一年。当前,我们面临的经济发展形势复杂多变,既面临着经济下行压力加大、实体经济发展困难、各类风险隐患叠加的挑战;也迎来我省获批内陆开放型经济试验区等中央及省市政策利好，特别是国轩高科、宁德时代落户中心城区带来的一波发展机遇，依托区位提升、产业底蕴、自然生态等自身优势条件,只要我们保持定力、增强信心、抢抓机遇、奋发有为,就一定能够实现既定目标。

今年政府工作的总体要求是:坚持以习近平新时代中国特色社会主义思想为指导,全面贯彻党的十九大和十九届历次全会以及中央经济工作会议精神，深入贯彻习近平总书记视察江西重要讲话精神，全面落实省、市党代会和经济工作会议精神，按照区第六次党代会部署要求，大力弘扬伟大建党精神,坚持稳字当头、稳中求进,完整、准确、全面贯彻新发展理念,加快融入新发展格局,以供给侧结构性改革为主线,统筹疫情防控和经济社会发展，统筹发展和安全,继续做好“六稳”“六保”工作,着力稳定经济发展基本盘,着力畅通经济循环,着力强化科技创新支撑，着力全面深化改革开放,着力保障和改善民生,着力保持社会大局稳定,以“作示范、勇争先”的昂扬斗志,坚定不移推进高质量跨越式发展,推动全区经济总量、经济发展态势和成效处于全市前列、力争全省一流水平，加快冲刺全国县区经济百强,以优异成绩迎接党的二十大胜利召开。

围绕上述要求,综合研判形势,今年全区的目标是:地区生产总值增长 7.6%以上，财政总收入增长 8.5%，一般公共预算收入增长 6.5%以上，区属固定资产投资增长 11%以上,规模以上工业增加值增长 8.9%，社会消费品零售总额增长 10.5%,外贸出口稳步提升,实际利用外资增长 7%,城镇、农村居民人均可支配收入分别增长 8%、9%,居民消费价格总水平涨幅控制在3%左右，城镇调查失业率控制在4.5%以内。完成节能减排降碳任务。重点是做好以下八个方面工作：

（一）持之以恒强攻工业，在加速产业壮大升级上奋勇争先

坚持“开放创新、强攻工业”不动摇，加快产业兴区、工业强区步伐，推进制造业转型升级。

壮大产业集群硬实力。打造生物医药核心区，发挥中药材种植、科创园、化工集中区等优势，深耕中医药、医疗器械等细分领域，加快丹康制药、麦迪康等项目建设，实现生物医药产业集群营收突破500亿元，争创省四星级产业集群。做大锂电产业，围绕宜春时代、国轩高科上下游发展配套企业，打通锂电产业“三大环节”④，力争产业营收突破80亿元。做强智能装备制造业，加快电子信息产业园建设，推动驰同达、元基机电等重点项目达产，力争产业集群营收达110亿元。推进“映山红行动”，加快百神药业、航宇新材等企业上市进程，推进大海龟、九鼎动力等企业股改。

打好招商引资扩张战。积极参加粤港澳大湾区经贸合作、进博会等重大经贸活动，根据主导产业关联上市公司动向编制产业招商图谱，完善招商引资考核方案，出台中介奖励办法。力争全年新引进工业项目39个，亿元以上项目58个，其中“5020”项目10个。继续强化项目落地跟踪问效，加快推进锦朗新能源、利快复等重点招商引资项目建设。

促进产业结构大优化。大力发展高新技术企业和战略性新兴产业，力争高新技术产业、战略性新兴产业增加值占规上工业比重分别达35%、40%。打造“专精特新”企业30家，培育小巨人企业5家，制造业单项冠军2个，新增规上工业企业50家。推动传统制造业升级改造，确保工业固投同比增长12%、技改投资占比不低于40%。

提升园区平台软实力。积极申报省级高新技术产业园，持续提升工业园区承载力。强化土地、资金、人才等要素集中，建设20万平方米标准厂房，清理盘活800亩园区“僵尸企业”。加快推进锂电新能源产业园二期、宜万同城快速路（园区段）、220千伏变电站等项目建设。加速产城融合，引导第三方中介、服务机构入驻，完善商超、银行、学校、医院、酒店等配套设施。深度参与赣湘边区域经济贸易合作，加快宜春产业园建设进程。

（二）持之以恒抢抓机遇，在激发经济发展潜能上奋勇争先

深入推进数字经济做优做强“一号发展工程”，坚持创新发展，着力培育高质量发展新增长极。

抢占数字经济新高地。积极对接省市数字经济建设，加快推进5G基站等数字基建。以数字产业化、产业数字化为主线，实施“上云用数赋智”⑤工程，推动企业两化融合，大力实施中小企业数字化转型促进行动。深入研究数字产业细分赛道，加快5G孵化和应用，推进“数字+”建设，启动新型智慧城市试点。加大与寺库、天蝉等电商平台合作，推进电子商务、带货直播、智慧物流等创新发展，拓展数字消费市场，着力创造美好数字生活。

激发创新驱动新动能。实施研发投入攻坚行动，全年财政预算1亿元支持科技创新，R&D超全市平均水平。加速科研成果落地转化，建成科技成果“孵化器”和“加速器”，积极申报市级以上科技重大专项计划项目，新认定高新技术企业10家以上，新增市级以上技术创新中心4家，实用技术和发明专利800个。强化和推进与“双一流”高校、中科院所属院所合作，共建新型高端研发机构。加快完成人才公寓建设，着力引进和培养领军人才、创新团队，打造人才聚集新高地，探索建立青年友好型城市。

开创“四争”工作新局面。科学分析和研判国家省市重点政策、项目资金动向，全力开展跑项争资，力争全年向上争资29亿元，同比增长8%。全面开展“四争”⑥大比拼活动，出台奖励办法，调动“四争”积极性。完善高质量考核评价方案，加大“四争”工作考核占比，将“四争”工作成效与单位考核、干部绩效等精准结合，形成你追我赶跑项争资的浓厚氛围。

（三）持之以恒深化改革，在持续优化营商环境上奋勇争先

深入推进营商环境优化升级“一号改革工程”，打通政务服务和体制机制的痛点堵点，释放更多便民惠企红利，努力建设全省营商环境一等区。

全力打造营商环境名片。制定出台“项目落地函告及帮代办制度”⑦，持续优化项目落地服务。完善领导干部挂点联企、政企圆桌会、“亲清”早餐会等制度，畅通政企线上线下沟通交流渠道。系统集成惠企信息和帮扶政策，提高惠企政策的完整率和满意率。实施包容审慎监管，探索建立“企业安静日”⑧制度，对诚信

经营者“无事不扰”[9]比例达80%。开展营商环境对标提升行动,组建营商专班,严格落实“指标长制”,力争营商环境评价综合排名迈入全省第一方阵。

推进政务服务便捷高效。深入推进“一件事一次办”[10]改革,优化审批流程,力争推出“一件事”不少于40项。赋予乡镇、街道97项县级审批服务执法权限,实现便民服务中心全科受理乡镇、街道全覆盖。拓展提升“赣服通”袁州掌上服务能力,掌上可办比例达50%。加强政务服务大厅“有求必应”服务专区建设,强化政务服务队伍建设,全面提升政务服务友好度、智能化水平。

深入开展重点领域改革。深化财税金融改革,加强财政资源统筹,提高财政资金使用效益,挤出更多资金到项目建设、企业发展当中。推进国有资本运营改革,提高资本运作和经营能力,推动国投集团信用等级提升至2A+。加快资源要素配置改革,实施“标准地”供地改革。深化农村宅基地、山林权属等农村集体产权制度改革,鼓励土地流转适度集中,发展新型农村集体经济。

(四)持之以恒提升品质,在做大做强中心城区上奋勇争先

坚定不移打造大宜春核心区,着力提升首府的颜值、气质、品位和活力,增强中心城区首位度和辐射力。

持续提升城市品位。以城市体检为抓手,以创建全国文明城市为目标,不断扩大群众参与度,补齐城市功能短板。启动城南片区规划设计,推进城南地下管网建设,打造中心城区文明新高地。统筹推进42个老旧小区、13条背街小巷建设,加快箭道、珠泉、丽湖等农贸市场建设。全面完成棚改扫尾任务,完成交付安置房3718套。完善体育健身、社区服务站等配套设施,打造15分钟社区生活服务圈。

打造书香袁州品牌。建设城市书角100个、城市阅读美空间1个,发挥农家书屋作用,开展群众性读书、经典诵读活动,致力于将袁州打造成一座没有围墙的图书馆。加强文教融合,组建民间文艺小分队,大力弘扬袁州争先文化、红色文化,传承发扬南庙武术、袁州版画等非遗品牌,开展国家科普示范区创建。打造城市文化创意产业园,推动文艺演出、体育活动等健康娱乐活动融入市民生活。

全面促进消费升级。围绕打造区域性消费中心城市,实施新一轮商贸消费升级三年行动计划。加快服务业聚集,建设万达新城商圈,提振鼓楼传统商圈,支持润达国际创建高品质商业街区,打造一批具有影响力的网红打卡地。组织重点商贸企业开展消费促销活动,鼓励实体零售企业转型升级。做精温泉养生、农业休闲、森林康养等文旅项目,打造环中心城30分钟乡村精品旅游圈、8个精品乡村旅游点。

(五)持之以恒协同发展,在加快推进乡村振兴上奋勇争先

坚持乡村振兴战略,巩固农业基础地位,大力发展现代农业产业,加强农村环境治理,建设新时代的美丽乡村。

巩固拓展脱贫攻坚成果。健全防止返贫致贫动态监测和帮扶机制,落实兜底性政策,优化发展类政策,确保不发生规模性返贫。坚持扶贫产业发展和就业并重,多渠道增加易致贫户收入。发挥财政资金引导作用,把有效资源配置到乡村振兴重点领域。

守住粮食安全底线。落实最严格的耕地保护制度,着力解决耕地抛荒问题,稳定粮食播种面积,完成高标准农田建设10万亩。加强粮食收购,保护粮农生产积极性,建设应急粮食储备仓库2万吨,改造低温储粮仓库3万吨。实施优质粮食、现代种业提升工程,实现粮食稳产7.1亿斤。

促进农业优质高效。挖掘资源禀赋,打造富硒品牌,新增富硒农产品基地面积7万亩。推进万亩富硒脐橙产业园建设,加快富硒竹笋产业发展。建设高产油茶育苗大区,新增高产油茶种植面积5000亩,推动油茶产业向多领域精深发展。加强“菜篮子”工程,蔬菜播种面积18万亩,保持生猪供应稳定。加快农业产业化市场主体建设,积极培育农业产业龙头企业、专业合作社、家庭农场和新型职业农民,力争新增市级以上农业产业龙头5家。完善农田水利基础设施,加快病险水库除险加固工程建设。加快现代农业园机制体制调整,推进农产品加工园区建设,打赢“国家农业科技园”护牌攻坚战,实现总产值40亿元以上。

建设美丽幸福乡村。完成18个“十四五”重点帮扶村规划编制,分层次打造5类乡村振兴样板,力争重点帮扶村集体收入不低于15万元。深入实施农村人居环境整治,科学有效落实“十个一、八个有”[11],巩固提升“三线六边”[12]环境整治成效,因地制宜推进乡镇污水管网建设,完善农村生活垃圾收运处置体系。加强集镇规划管理,加大危旧房拆除、改造力度,提升镇容镇貌、村容村貌。梯次推进秀美

乡村建设，支持彬江、金瑞、西村、三阳、柏木等乡镇先试先行，探索基层治理机制，引导乡风文明。

（六）持之以恒守护底线，在筑牢生态绿色屏障上奋勇争先

有序推进碳达峰碳中和，充分发挥绿色生态优势，严守生态保护红线，加快实现绿色转型。深化污染防治攻坚。狠抓“四个领域”[13]减排，大力推进“四尘三烟三气”[14]防治，确保重点时间节点“削峰保良”。加强饮用水源保护和入河排污口整治，确保国、省控断面水质达标。积极开展建设用地土壤污染地块风险管控和修复，强化受污染耕地安全利用。提升科技治污水平，完善大气、水质污染自动监测系统，建设工业园区一体化环境监测平台。

加强生态系统修复。坚持山水林田湖草沙一体化保护和系统治理，完善生态环境损害赔偿联席会议机制。持续推进河湖长制、林长制，抓实森林资源管护，完成造林绿化1万亩，完成2021年林业图斑整改466个。推进矿山生态修复，完成绿色矿山、废旧矿山修复46个，机制砂整改20家。提高土地资源效益，消化批而未供、批而未用和闲置用地8000亩。

推动绿色低碳发展。完成碳达峰方案编制，拓展能耗置换空间，开展林业、农业、工业碳汇开发，挖掘绿色信贷、绿色债券、绿色基金项目。拓宽“两山”转换通道，加快推进红狮水泥、京能集团等企业加入碳排放市场交易。严控“两高”企业无序发展，加快淘汰落后产能，推动企业转型升级。完善新能源车辆充电设施建设，推动工业园区清洁能源使用。

（七）持之以恒保障民生，在务实富民惠民举措上奋勇争先

深入贯彻以人民为中心的发展思想，着力解决人民群众关心的热点难点问题，不断增强群众获得感、幸福感、安全感。

提供更高质量的民生保障。抓好常态化疫情防控，建立健全多部门联防联控机制，提高疫情应急处置能力。加快健康袁州建设，普及卫生健康和应急救护知识，探索构建紧密型医共体[15]，突出基层卫生人员健康服务作用，启动卫健系统人才“归巢计划”。探索家庭养老床位试点建设，打造健康养老呼叫、运营中心为一体的智慧养老服务信息中心。推进学前教育普及普惠、义务教育优质均衡发展，实现普通高中和中等职业教育协调发展。深入落实“双减”工作，提升课后延时服务质量，规范校外学科类培训机构行为。关心关爱留守儿童、空巢老人、残障人士，推动乡镇街道未成年人保护站全面覆盖，创建2个市级示范点。

落实更为优质的民生服务。打造高质量就业示范点，新增城镇就业岗位6400个；增强社会经济活跃度，新增各类市场主体1.5万户；新增公办幼儿园4所，启动区第二幼儿园建设，增加托幼园位1700个；加快袁河小学等4所学校投入使用，新增义务教育学位5000个；加强城区、集镇停车管理，新增停车位3000个；加强公厕点位布局，新建和提质改造中心城区公厕14座；建立健全农村公路养护长效机制，完成“四好农村路”建设140公里、危桥5座，全面推进城乡公交一体化惠民工程。

打造更加和谐的稳定局面。全力防范债务风险，拓展开源渠道，盘活有效资产，强化土地化债，控增量、去存量，力争完成政府债务还本付息43亿元。持续加大对非法集资、电信网络诈骗等违法犯罪的打击力度，守护老百姓的钱袋子。全力化解房地产、棚改、非吸等重点领域信访积案，确保信访积案总量下降50%。强化应急管理能力体系建设，加快构建“大应急、大救援、大安全”格局。深入开展安全生产专项整治三年行动，强化源头治理，力争全区各类生产安全事故起数、死亡人数同比双下降20%。落实“乡镇吹哨、部门报到”的机制，建立基层全科受理网格，推广“六治”融合[16]，全力做好全国市域社会治理现代化试点工作考核验收。加强法律科普、道路交通安全、消防安全、防范电信网络诈骗等宣传教育。支持红十字会等群团组织开展工作，打造志愿者之城。支持国防和军队建设，加强征兵和民兵训练工作，完善退役军人服务保障体系建设，全面落实“尊崇工作法”，推动军民融合深度发展。

（八）持之以恒改进作风，在全力锻造勤廉袁州上奋勇争先

坚持与时俱进，强化宗旨意识，涵养风清气正的政治生态，持续深化“五型”政府建设。

旗帜鲜明讲政治。深刻认识“两个确立”的决定性意义，增强“四个意识”、坚定“四个自信”、做到“两个维护”，始终胸怀“两个大局”、心系“国之大者”，不断提高政治判断力、政治领悟力、政治执行力，坚定做政治上的明白人，切实把坚决捍卫“两个确立”贯穿政府工作各领域、全过程。

勇于担当抓落实。大力开展对标先进活动，推动各项工作在省市进位提升。深入开展抓落实

活动年“三拼三促”活动,大力弘扬马上就办、攻坚克难、一抓到底的作风,全面推行“一线工作法”“清单工作法”“闭环工作法”,坚持顶格标准抓落实,以“拼”的意识、“抢”的心态、“实”的作风,全力推动各项工作走在前列。

勤政为民强宗旨。坚持人民至上,把为民服务作为一切工作的出发点和落脚点。牢固树立政府过“紧日子”,群众过“好日子”的思想,压缩政府一般性支出,完善集中财力办大事的财政政策体系,不断提高民生保障投入,切实解决群众急难盼愁问题。坚持勤政务实,对群众关心的民生实事紧盯不放、压茬推进。

民主法治聚合力。认真履行“三重一大”等重大决策法定程序,推进公共法律服务“三大平台”⑰融合发展。拓展参政议政渠道,主动接受人大及其常委会、政协、监察、社会、舆论等各方面监督,办好办实人大建议、政协提案。做好政务公开,促进权力在阳光下运行。

廉洁自律扬正气。落实全面从严治党主体责任和党风廉政建设责任制,严格执行中央八项规定,持续整治形式主义、官僚主义和“怕慢假庸散”作风顽疾。加强重大工程、重点领域和关键岗位廉政监管,加强审计监督,坚决整治查处侵害群众利益的不正之风和腐败问题。深化标本兼治,在惩治震慑、制度约束、提高觉悟方面一体发力,保持反腐高压态势,推进风清气正的政治生态持续向上向好。

各位代表!锦绣画卷,总是在砥砺前行中绘就;精彩华章,总是在踔厉奋发中续写。让我们更加紧密地团结在以习近平同志为核心的党中央周围,在省委省政府、市委市政府和袁州区委的坚强领导下,用担当诠释初心,用实干践行使命,以“作示范、勇争先”的昂扬斗志,奋力冲刺全国县区经济百强,在助力宜春建设江西综合实力强市中展现首府担当,以优异成绩迎接党的二十大胜利召开。

名词注释

①“映山红”企业:江西省为加快推进企业上市实施“映山红行动”,纳入行动计划的企业为“映山红”企业。

②“政产学研”:指政府在开放创新平台搭建和政策引导中发挥作用,产业、学校、科研机构等相互配合,发挥各自优势,形成强大的研究、开发、生产一体化的先进系统。

③“8+N”:8 指规上主营业务收入、工业固投目标、新增入规个数、税收入库、企业上市目标、盘活“僵尸企业”、园区品质提升、争先创优综合考核评价主要指标;N 指项目引进、主导产业目标、营商环境建设、强化干部管理等。

④“三大环节”:指锂电产业上中下游三个环节,包括原材料生产、电池组装与生产、锂电应用。

⑤“上云用数赋智”:“上云”是指探索推行普惠型的云服务支持政策;“用数”是在更深层次推进大数据的融合运用;“赋智”,是要加大对企业智能化改造的支持力度,特别是要推进人工智能和实体经济的深度融合。

⑥“四争”:争政策、争项目、争资金、争荣誉。

⑦“项目落地函告及帮代办制度”:指在袁州区新引进项目落地过程中,以函告单的形式将项目基本信息、开工建设时间等函告相关职能部门,主动与服务单位取得联系并帮代企业办理相关服务事项的制度。

⑧“企业安静日”:在每月1—20 日期间,企业安心生产经营活动,除安全检查、税收征管、环境保护和纪检监察机关、政法机关查处案件等特殊原因,各职能部门原则上不得对企业开展检查、考核、调研等行政性活动,避免影响企业正常生产经营。

⑨“无事不扰”:根据市场主体信用状况,实施差异化监管,对信用状况好、风险小的主体,合理降低抽查检查比例。

⑩“一件事一次办”改革:企业、群众需办理的一个事项,通过梳理整合、流程再造、信息共享,在线上平台或线下窗口形成一窗受理、一次告知、一表申请、一套材料、一次告知的制度。

⑪“十个一、八个有”:一图、一网、一审、一管、一护、一文、一厕、一水、一治、一查;富有所产、老有所养、病有所医、幼有所托、娱有所乐、食有所供、出有所行、诉有所求。

⑫“三线六边”:公路沿线、铁路沿线、江河沿线;城市周边、城中村周边、院(学)校周边、工业园周边、景区周边、矿区周边。

⑬“四个领域”:工业领域、交通领域、农业领域和生活领域。

⑭“四尘三烟三气”:“四尘”指建筑工地扬尘、道路扬尘、运输扬尘、堆场扬尘,“三烟”指餐饮油烟、烧烤油烟、垃圾焚烧浓烟,“三气”指机动车尾气、工业废气及燃煤锅炉烟气。

⑮紧密型医共体:区乡村医疗服务一体化管理的新型医疗

卫生组织与服务实现形式，是以区级及以上医院为牵头单位，整合区乡村三级医疗卫生服务资源，实行区域集团化管理，医保基金实行按参保人头总额预算方式支付的一项综合改革。

⑯“六治”融合：发挥“政治”引领、“法治”保障、“德治”教化、“自治”强基、“智治”支撑、“心治”助推作用，把网格化做实做细，把网络织紧织密，让网格发挥应有的功能，做到上情下达、下情上达，打通服务群众“最后一公里”，甚至“最后一米”。

⑰“三大平台”：实体、热线、网络三大平台。

政协宜春市袁州区委员会常务委员会工作报告

——在政协袁州区第六届委员会第二次会议上

政协宜春市袁州区委员会主席　熊爱国

（2022 年 2 月 28 日）

一、换届以来工作回顾

2021 年是中国共产党成立 100 周年，是“十四五”开局之年，也是六届政协换届履职的起始之年。在市政协有力指导、中共袁州区委正确领导和区政府的大力支持下，区政协坚持以习近平新时代中国特色社会主义思想为指导，聚焦“作示范、勇争先”目标要求，弘扬团结民主，突出双向发力，丰富协商实践，发挥职能优势，推动政协工作创新发展、走在前列。

突出思想政治引领　加强履职能力建设

——*以学为先感悟思想伟力，筑牢履职思想政治基础。*始终把学习习近平新时代中国特色社会主义思想作为重中之重，进一步健全党组理论学习中心组引领学、主席会议集体学、常委会会议专题学、委员培训集中学、座谈会交流学、专委会和界别小组研讨学、网络平台线上学和“书香政协”读书活动深入学等学习制度体系，跟进学习习近平总书记“七一”重要讲话等最新重要讲话重要指示精神，持续学习习近平总书记关于加强和改进人民政协工作的重要思想、中共十九届六中全会精神。换届以来，召开区政协党组会议 10 次、理论学习中心组 3 次、主席会议 13 次、常委会 4 次、机关会议 10 次进行专题学习，主席会议成员带队到挂点乡镇街道开展“七一”专题基层宣讲 24 场，引领和带动全体政协委员、机关干部和群众进一步感悟思想伟力，深刻理解“两个确立”的决定性意义，坚定矢志不渝听党话、跟党走的信心决心。

——*以史为鉴激发奋进动力，充分彰显政协学习实效。*认真开展以中共党史为重点的“四史”教育，先后举办 3 期专题读书班、4 次专题党课辅导、7 次集体学习研讨，赴水江烈士陵园等红色教育基地开展沉浸式学习。以“我为群众办实事”实践活动为载体，开展“全国文明城市创建　政协委员在行动”主题活动 7 次，组织送科技、送教育、送医疗、送文化、送法律、送体育“六送”下乡服务 180 余场，帮扶困难群众 72 户，办实事 117 件。通过党史学习教育，引导广大党员委员和机关党员干部努力做到学史明理、学史增信、学史崇德、学史力行，不断凝聚赓续红色血脉、传承光荣传统、增加历史自信、践行“两个维护”的强大力量。

——*以严为基把牢政治定力，全面落实从严治党要求。*换届后，印发《关于开展机关作风专项整治、打造清廉政协机关活动实施方案》，对全体干部职工开展作风专项整治行动，增强严格教育、管理、监督的针对性和有效性,全面提振政协机关干部职工的精气神,政协机关纪律规矩意识不断强化。严格落实全面从严治党要求,开展基层党建“三化”党支部创建活动,深化党员固定活动日专题学习系列活动,全面完成省委第七巡视组巡视“回头看”反馈意见整改,改选机关党总支、机关支部和老干部支部,促使政治生态持续向上向好。全力支持区纪委监委派驻机构开展工作,持之以恒狠抓党风廉政建设,确保政协机关风清气正。

——*以制为尺完善保障机制,推动政协工作提质增效*。换届以来,完善了机关公文处理、财务管理、人员考核评比等7个管理制度,新出台《关于进一步做好协商成果办理反馈督查落实的工作制度》助推协商成果转化和工作落实落地,制定和坚持每半月工作调度机制,以更新更有效的规章制度管人管事,机关综合服务保障能力得到进一步提高;修订完善委员履行职责管理、履职考评、界别活动组考核等7项工作制度,制定和实施政协微信工作群管理办法,引导政协干部和委员做到言守其规、行不逾矩,更好地实现了以制度规范履职、以机制保障落实的目标。

——*以勤为径提升履职能力,更好发挥委员主体作用*。组织部分区政协常委和委员、机关干部参加市政协十九届六中全会和省党代会精神宣讲培训,厚植理论根基;组织全体政协委员和机关干部在分会场参加全市政协委员和干部培训班,举办区政协新一届政协委员培训班,学习有关政策、政协基本理论和业务知识,全面提升履职能力。开展“书香政协”委员读书活动,组建20个委员读书微信群,拓宽履职视野。加强与委员学习交流互动,坚持日常联系与集中走访相结合,走访委员380余人次,帮助委员深入知情明政,激发委员履职的积极性和主动性。

忠实履行政协职能　增强双向发力成效

聚焦全面履行职能,举办协商会议50多场,形成调研报告、提案、社情民意信息等履职成果300余件,质量水平持续提升,服务“十四五”开好局、起好步。

——*在助推经济社会发展方面*。重点围绕打造“赣菜”品牌让“赣菜”唱响全国、湘赣边区域合作促高质量发展广泛调研,两篇成果被吸纳为省政协十二届五次会议大会发言,得到省委主要领导点赞批示,转化为加大“赣菜”品牌打造和促进湘赣边区域合作高质量发展的重要举措。

着眼我市旅游产业高质量发展深化调研,针对瓶颈难题觅破解之策,研究成果在《江西民营经济内参》刊发,为全市旅游产业企业在危机中育先机、于变局中开新局提供参考。

开展助推袁州生物医药产业提质升级专题调研,探索推动医药全产业链转型升级更多路径,提出打造优秀产品、加强要素保障等11个方面对策建议,为推动袁州医药产业发展鼓与呼。

就打造“一流”营商环境开展专题协商,提交的调研报告,区政府主要领导批示“有关部门认真阅研,结合调研报告理清袁州营商环境优化工作思路,拿出具体工作举措”。

鉴于我区乡村振兴急需破解难题,组织开展专题调研,从基层干部“稳”得住、集体经济“强”起来、美丽乡愁“留”得住等方面提出对策建议,助推我区农业农村现代化步伐加快,农民既富口袋又富脑袋。

聚焦城乡环保基础设施建设课题,形成了污水管网建设不配套、运行管理不规范等6个方面问题和优化污水处理工艺、加强污水源头管控等9条建议的调研报告,助力我区打好污染防治攻坚战,提高绿色发展品位。

——*在服务中心大局方面*。迅速落实区委主要领导工作部署,深入开展民情大调查工作,召开专题座谈会27场,走访企业56家、城乡居民882户,收回调查问卷938份,收集意见建议1320条,梳理汇总后编制上报民情调查问卷8套,区委、区政府主要领导多次给予肯定,并作为《袁州区“入千企、访万家、暖民心”社情民意大调查活动方案》等专门文件出台的重要参考依据。

发展是第一要务,区政协班子成员主动投身袁州发展大局,挂点帮扶重点企业25家,助推重点项目建设20个;收集招商引资信息10条,拟投资5亿元的智能装备生产加工等3个项目正在洽谈落地;负责创文工作迎检点位11个,圆满完成各项工作任务,顺利通过国检抽查;帮扶巩固拓展脱贫攻坚成果重点村8个,联系专家人才18人,深入一线排忧解难,全力服务经济发展。

持续关注我区惠企实事落实和营商环境优化,先后组织走访70余家委员企业和20多家非委员企业,摸清企业所急所盼，积极梳理反映“办事难、招工难、贷款难”等问题，帮助企业解决园区交通出行不方便、职工子女入学难等实际困难26个。

——*在助推政策落实方面*。组织常委和部分委员就民生领域投资项目的实施情况和民生实事的落实情况进行视察监督，做到边调研、边协商、边监督、边推动问题解决。

针对农村幸福食堂可持续发展、规范政府投资项目管理等提案召开常委会提案办理协商1次、重点提案督办会7次，引领和推动一大批惠及群众切身利益的提案得到办理落实，取得了提案办复率、满意率“双百”的良好效果。

推荐和支持50多名政协委员担任政府职能部门、政法部门和“窗口”单位特约监督员、民主评议员和人民监督员，及时反映基层真实情况，勇于提出意见建议，推动惠民政策落实，促进行业作风转变，有效提升部门形象。

——*在搭建委员履职平台方面*。专门制定《关于建立区政协委员基层协商议事平台的实施意见》并召开专题部署会，成立8个工作指导小组，结合委员户籍和工作实际将全区338名政协委员全员下沉到基层，实现全区乡镇(街道)协商议事工作全覆盖。换届以来开展基层协商议事平台活动32场，委员参与率达90%，形成调研协商报告19篇、社情民意信息13条、提案2件等一批具有政协特点的履职成果，得到了市政协和区委主要领导的高度评价。

学鉴市政协和部分兄弟县市政协做法，着手建立提案工作信息化平台，推动提案办理从征集、撰写、提交、审查、立案、办理、督办、反馈、测评全流程信息化管理，拓宽委员履职渠道，提升服务效能。

支持和引导各界别、各阶层政协委员建立政协委员联络“微平台”25个，强化学习宣传功能，加强同委员的联系互动，推进各地、各阶层委员信息共享，掌握政协工作动态，切实提升履职工作水平。

二、感悟和启示

——*必须坚持党的领导，把牢政治方向，形成强大工作合力*。区政协严格执行重大事项请示报告制度，落实区委决策部署更加及时有力。区委高度重视和加强对政协工作的领导，召开会议专题学习中央《关于加强和改进新时代市县政协工作的意见》等重要文件，听取政协工作汇报，研究政协工作；规范和优化政协机构设置，增设区政协党外专职副秘书长、委员联络和协商议事服务中心，增加编制，选调年轻干部进入政协工作，真策实招解决政协“两个薄弱”问题。区委主要领导出席区政协基层协调议事平台动员部署会并讲话，为推行“协商在一线”工作定基调、赋职能、交任务、强保障；区政府主要领导多次交办重点课题和重要工作任务，其他领导带头领办督办政协提案，在政协常委会上专题报告办理落实情况，听取委员意见，回应社会关切；区委、区政府领导共32人次参加区政协调研视察和协商议政活动，发挥了带头示范作用，引领全区加强和改进人民政协工作的合力进一步形成。

——*必须坚持以人民为中心，积极建言资政，广泛凝聚共识*。区政协始终把履职实践与最广大人民的根本利益紧密联系起来，紧紧围绕教育、就业、养老、社会保障、医疗卫生等涉及群众切身利益的问题，深入调查研究，积极建言献策；建立完善政协组织、政协委员和界别联系群众的工作机制，积极协助党委、政府做好政策宣传、解疑释惑、理顺情绪等工作；坚持将反映社情民意作为建言资政的重要途径，向全国政协及省政协报送社情民意信息17件、向市政协报送社情民意信息26件，真实反映群众诉求，得到了省、市相关部门的重视和办理，助推民生问题有效解决。实践证明，人民政协为人民，必然赢得群众的欢迎、社会的尊重。

——*必须坚持发挥委员主体作用，加强同委员联系，助力委员履职*。注重充分调动委员的履职积极性，用事业凝聚委员，用实践锻炼委员，用机制激励委员。主席会议成员分8个片区分别召开政协工作征求意见座谈会，与委员互动交流，有商有量，有呼有应；创新建立委员联络平台、基层协商议事平台和界别委员活动平台，鼓励和支持委员深入实际、走向基层、贴近群众，在服务经济发展、促进社会和谐的实践中施展才华、建功立业。注重落实委员评优评先制度，评选出服务经济社会发展“十佳”委员10名、先进界别活动组8个、优秀界别召集人11名、优秀政协委员38名、优秀提案18件，在全会上进行表彰通报，展现风采、强化担当、激发热情。

——*必须加强宣传引领，展现政协新作为，发出政协好声音*。把强化履职宣传，作为增进各方面对政协工作的理解和支持，及时发现和总结工作经验、创新工作方法,调动委员履职积极性、主动性和创造性的重要抓手,《人民政协报》等中央级媒体报道我区政协特色亮点工作6次,省级媒体报道33次,市级报纸杂志刊出宣传信息稿件148篇(条),“袁州政协”微信公众号编发政协重要协商活动、履职成果等相关信息83期700余条,宣传工作在全市排名前列,展现了新时代委员新形象,彰显了新时代政协新作为,提升了袁州美誉度。

各位委员、同志们,这些工作成绩的取得,是习近平新时代中国特色社会主义思想科学指引的结果,是市政协有力指导的结果,是区委坚强领导、区政府大力支持的结果,是全区各级政协组织、政协各参加单位和全体委员团结奋斗的结果,是历届政协班子、各位老领导、老同志以及社会各界倾力帮助的结果。在此,我谨代表区政协常委会表示由衷的敬意和感谢!

同时,我们也清醒认识到,工作中还存在不少差距与不足:专门协商机构的协商能力和水平还需进一步提升;政协常委和政协委员的作用还需进一步发挥;民主监督的方式方法还需进一步探索;围绕中心服务大局的工作成效还需进一步突显。对此,我们将高度重视,认真解决。

三、2022年主要任务

坚持以习近平新时代中国特色社会主义思想为指导,深入贯彻中共十九大和十九届历次全会、中央政协工作会议精神,全面贯彻落实习近平总书记视察江西重要讲话精神,按照省第十五次党代会、市第五次党代会、区第六次党代会部署,坚持发扬民主和增进团结相互贯通、建言资政和凝聚共识双向发力,为袁州加快冲刺全国县区经济百强凝聚人心、凝聚智慧、凝聚力量,以优异成绩迎接党的二十大胜利召开。

(一)强化政治引领,在凝聚思想共识上取得新成效

坚持把加强思想政治建设摆在首位,综合运用多种学习形式,持续学习习近平新时代中国特色社会主义思想,跟进学习习近平总书记最新重要讲话,深入学习中共十九届六中全会精神,坚决捍卫“两个确立”,切实增强“四个意识”、坚定“四个自信”、做到“两个维护”,不断提高政治判断力、政治领悟力、政治执行力。深入学习贯彻中共中央办公厅《关于加强和改进新时代市县政协工作的意见》精神,协助制定我区实施意见,着力加强专门协商机构建设,提高建言资政水平,更好凝聚共识,推动工作提质增效。全面深入学习贯彻中共二十大精神,组织开展宣讲活动和“喜迎二十大 委员在行动”主题活动,把思想和行动统一到大会精神上来,把智慧和力量凝聚到大会确定的目标任务上来。

(二)倾力服务大局,在服务高质量发展上展现新作为

紧扣全省深化发展和改革双“一号工程”和市、区抓落实活动年“三拼三促”工作部署及全区工作重点、“十四五”规划等国之大者,主动担当作为,出谋划策,全力当好参谋助手,助推区委、区政府重大决策部署落实落地。围绕“推进慈化镇重点工作开展和重点项目建设”“推动养老产业健康发展”“推进职业教育工作,助力建设综合实力强区”“优化园区要素保障”“发展壮大村级集体经济”等课题开展常委会专题调研。围绕“全区重点项目建设推进情况”组织政协常委和部分政协委员专题视察。紧扣关注度高的课题,开展重点提案办理协商,推动区委、区政府主要领导领衔督办重点提案,充分发挥重点提案督办的示范带动作用。加大民主监督力度,对区司法局、区水利局、区农业园办、区融媒体中心委派民主监督员,对区发改委、区商务局开展民主监督评议工作,侧重于发现问题、找出差距、推动整改、促进落实。

(三)心系万家灯火,在增进民生福祉上彰显新担当

主动面对新时代人民群众对美好生活的向往,以袁州区“入千企、访万家、暖民心”社情民意大调查活动为契机,及时、准确、真实地反映群众所想、所需、所盼、所求及痛点、难点和堵点,协助区委、区政府把群众关心的事落实好、牵挂的事商量好、希望的事谋划好。加强领导挂点联系、委员结对帮扶等工作,加大扶贫帮困力度,做好“六送下乡”系列民生服务活动,让政协走进群众,把关爱送到群众心中。贯彻落实省政协关于推进“赣事好商量”协商平台建设的实施意见,打造“袁州区政协基层委员协商议事平台”品牌,完善协商选题、活动组织、成果反馈评价等机制,打通基层协商“最后一公里”,着力把基层政协优势转化为社会治理效能,推动发展成果惠及更多群众。

(四)发扬团结民主,在汇集同心合力上迈出新步伐

着重加强与委员联系,建实委员联络平台、基层协商议事平台、党员委员和界别委员活动平台、提案信息化管理平台“四个”

平台，不断增进与各界人士的团结联谊，以情感人、以理服众、以商求同；着重加强招商引资工作，充分发挥政协联系广泛、渠道畅通的优势，让更多优质企业和优秀人才了解袁州、热爱袁州、落户袁州；着重加强调研落实工作，扩大委员参加调研活动参与度，推动专题调研更加规范有序、扎实有效，促使更多调研成果“说得对、提得准、用得上”；着重加强凝聚人心工作，发挥新型政党制度优势，发动委员积极助力区委、区政府做好释疑解惑和协调关系工作，理顺情绪、化解矛盾、促进和谐；着重加强宣传引导，落实政协工作简报定期报送区委、区政府工作制度，用好政协大讲堂、委员讲坛、委员读书线上线下交流会、政协新媒体等平台阐释政策、传播共识、扩大影响。

（五）激发内生动力，在强化自身建设上实现新提升

突出政协党的建设，压实党员领导干部“一岗双责”，全面推动从严治党要求落实到政协工作的各方面和全过程。突出班子建设，强化大局意识和团队意识，形成既各司其职、各负其责，又胸怀全局、密切协作的良好格局。突出机关队伍建设，坚持从严教育、从严要求、从严管理、从严监督，努力打造一支适应新时代要求的高素质干部队伍。突出常委会自身建设，完善常委会运行机制，增强常委会的政治引领能力和示范带头作用。突出委员队伍建设，深入推进委员履职考核动态管理和结果运用，激励引导委员写好“作业”、做好“答卷”。突出履职能力建设，综合运用学习培训、调研视察、外出考察、政情通报会、“书香政协”建设、委员读书群等多种方式，不断提高政治素养和履职水平，推动政协各项工作真正体现时代性、把握规律性、富有创造性、更具实效性。

各位委员，奋斗新时代、启航新征程，站在新的历史起点上，人民政协未来可期、大有可为，政协委员责任重大、使命光荣。让我们更加紧密团结在以习近平同志为核心的中共中央周围，在中共袁州区委的领导下，以“作示范、勇争先”的昂扬斗志，以创“第一等工作”的坚强决心，推动我区奋力冲刺全国县区经济百强，在助力宜春建设江西综合实力强市展现“首府”担当作出政协新的更大贡献，以优异成绩迎接党的二十大胜利召开！

大事记

1月

5日　全区村（社区）“两委”换届选举工作会议召开。会议深入学习贯彻习近平总书记关于农村和城市基层党建的重要指示精神，认真落实中央和省委、市委要求，对全区村（社区）“两委”换届工作进行部署安排。区委书记李国兴出席会议并讲话，区委常委、组织部部长沈郅主持会议并布置全区村（社区）党组织换届选举工作。

6日　《袁州区在“中心城区强起来、县市区跑起来、大宜春立起来”中勇担当重实干作示范的实施意见》及配套文件集中研讨会召开。区委书记李国兴主持会议并讲话。区领导胡勇、刘克波、陈彬、孙智红等参加会议。

7日　袁州区党外知识分子联谊会第三届第一次理事会召开，总结五年来的工作，明确今后的目标和任务，选举产生新一届理事会领导班子，张艳玲当选为袁州区党外知识分子联谊会第三届理事会会长。

是日　市人大常委会组织部分省、市人大代表到袁州区集中视察“新经济、新产业、新动能”重大项目。市委书记于秀明，市委副书记、市长许南吉，市人大常委会主任张鉴武等省、市人大代表参加视察活动。李国兴、胡勇、刘克波、陈彬等区领导一同参加。

8日　区委、区政府印发《袁州区贯彻〈新时代公民道德建设实施纲要〉的行动方案》。方案明确了总体要求，对实施理想信念铸魂行动等4个方面24项活动内容进行了安排部署，进一步加强全区新时代公民道德建设。

是日　区委、区政府印发《袁州区贯彻〈新时代爱国主义教育实施纲要〉的工作方案》，通过对建立健全新时代爱国主义教育领导体制和工作机制等6个方面29项内容的安排部署，推动全区大力加强新时代爱国主义教育。

9—10日　中国国民党革命委员会袁州区第五次党员大会、中国民主同盟袁州区总支第五次盟员大会、中国民主建国会宜春市袁州区第五次代表大会、中国民主促进会袁州区第五次会员大会、中国农工民主党袁州区五届一次党员大会、九三学社袁州区第五次社员大会成功召开，圆满完成各项换届工作，全部顺利实现新老交接。

13日　区委五届十次全体（扩大）会议召开。全会听取和讨论了区委书记李国兴受区委常委会委托所作的工作报告，审议通过了《中共宜春市袁州区委关于制定全区国民经济和社会发展第十四个五年规划和二〇三五年远景目标的建议》《关于袁州区在“中心城区强起来、县市区跑起来、大宜春立起来”中勇担当重实干作示范的实施意见》及配套文件。

是日，区政府举行项目集中签约暨“六比六赛”活动启动仪式。此次签约引进项目22个，项目总金额160.25亿元，项目涵盖锂电新能源、医疗器械、新型建材、文创旅游等多个领域。随后，区委书记李国兴为区招商指挥服务中心授牌，并宣布“六比六赛”活动启动。区委副书记刘克波主持仪式。“六比六赛”活动内容：1. 比开放型经济意识，赛招商引资成效；2.比工业强区举措，赛工业发展速度；3.比乡村振兴办法，赛农业农村变化；4.比自然生态保护，赛宜居宜游环境；5.比营商环境打造，赛优质服务质量；6. 比比较优势发挥，赛工作特色亮点。

是日　区工商业联合会（总商会）第五次会员代表大会在区会议中心大会堂召开。会议听取了第四届执行委员会工作报告，选举产生了区工商业联合会（总商会）第五届执行委员会委员、常务委员、秘书长、副主席（副会长）、主席（会长），圆满完成各项换届工作。

19日　区委印发《袁州区开展"六比六赛"活动方案》。成立以区委书记李国兴为主任，区委副书记、区长胡勇为副主任、区四套班子领导为成员的"六比六赛"活动的组委会。组委会下设考评办公室，负责全区"六比六赛"活动协调工作。方案围绕"全力打造大宜春核心区，奋力迈进全省高质量发展第一方阵"目标，彰显袁州担当，在全区上下构建争先进位、奋力赶超的干事创业氛围。方案明确了参赛对象、比赛规则和比赛内容。

是日　区委、区政府印发《关于印发袁州区在"中心城区强起来、县市区跑起来、大宜春立起来"中勇担当重实干作示范的实施意见》。实施意见围绕全力打造大宜春核心区、确立奋力迈进全省高质量发展第一方阵的目标，要求当好中心城区强起来的主力军、大宜春立起来的示范地，下功夫打造一流的营商环境和一流的工作作风。

20日　2021年度区军事工作会议召开。区委书记、区人武部党委第一书记李国兴出席会议并讲话，区委副书记、区长胡勇，区委常委、常务副区长李云平，区委常委、区人武部部长刘逸飞，区人武部政治委员李玉成出席会议。

26日　受中宣部、中央文明办委托，省委宣传部副部长、省文明办主任龚建文一行到慈化镇石岭村全国道德模范王茂华家中，向他们致以诚挚问候和新年祝福，并送上慰问金和慰问品。

28日　全区政党协商会议召开。会议通报了2020年度全区经济社会发展情况、党风廉政建设及反腐败工作情况、法院工作情况、检察院工作情况。各民主党派、工商联、知联会和新联会代表参加会议，区领导李国兴、刘克波等出席会议。

2月

3日　市人大常委会主任张鉴武到区机电产业园走访慰问企业家和调研工业发展情况。

7日　区委召开2020年度基层党建工作述职评议会议。会上，47名党委（党工委）书记进行述职，并接受了与会人员的现场民主评议。区委书记李国兴对述职人员履职情况作了点评。会议强调，2021年是中国共产党成立100周年，是实现第一个百年奋斗目标向第二个百年奋斗目标进军的第一年，也是"十四五"规划的开局之年，做好党的建设工作责任重大、意义重大。

是日　区委书记李国兴主持召开全区2020年度项目建设述职评议会议。会上，31名党委（党工委）书记依次就经济社会发展和项目建设情况进行了述职，并接受了与会人员的现场评分。区委领导分别结合工作分工，对各述职单位经济社会发展情况和项目建设情况进行了点评。

23日　政协袁州区第五届委员会第六次会议开幕，会期2天，应到会委员292名，实到委员264名。大会完成常规议程后表彰了37个先进界别活动组、10名优秀界别召集人、12名抗击疫情重要贡献委员、10名服务社会发展"十佳"委员、45名优秀政协委员。此次大会共收到提案82件，立案81件。

24日　区第五届人大第七次会议开幕，会期3天，大会应到代表290名，实到代表283名。

是日　区政府规划编制《宜春市袁州区国民经济和社会发展第十四个五年规划和二□三五年远景目标纲要（草案）》。"十四五"规划纲要主要有12篇41章114节，由三部分构成，分别是"开启全面建设社会主义现代化新征程""围绕'十四五'发展目标进行战略布局""坚持党的领导，努力形成规划实施合力，确保'十四五'规划目标任务落到实处"。

3月

3日　省红十字会党组书记、常务副会长龚建辉，省红十字会秘书长陈建平到区红十字会调研基层组织、基层服务阵地建设情况，并听取了袁州区红十字会重点项目工作推进情况汇报。

是日　省委副书记叶建春一行到袁州区调研。

4日　省人大农业和农村委员会主任委员阎钢军，省林业局党组成员、副局长严成，省林科院党委副书记、院长杨杰芳等一行到西村镇江西星火农林科技有限公司调研油茶产业发展情况。

5日　区委办、区政府办印发《袁州区深化事业单位改革试点实施方案》。方案提出了深化事业单位改革的总体要求和主要任务，制定了工作程序，落实了责任单位。明确优化重组的事业单位共78个，其中正科级13个，副科级事业单位26个，股级及以下机构39个。

11日　省信访联席办主任、省委信访局副局长肖平学一行到袁州区调研督导信访工作。

12　日省妇联副主席吴艳玲一行到袁州区为微爱公益组织授"全省三八红旗集体"牌。

14日　袁州区举行"文明

创建、袁州先行”创建全国文明城市暨学雷锋、庆三八健步行活动。

16日 全区党史学习教育动员大会召开。区委书记李国兴出席会议并讲话，区委副书记、区长胡勇主持会议。区四套班子领导，区法院院长、区检察院检察长以及其他在职副县级以上领导干部参加会议。

22日 袁州区政法队伍教育整顿专题党课暨廉政报告会召开。

23日 关于加强棚户区改造扫尾攻坚力量的讨论部署会召开。

是月 袁州区创新打造“互联网＋监督＋营商环境”平台。该平台设置“报备公开”“政策文件”“我要投诉”等模块，企业可通过网站、App软件、微信公众号三种登录方式，随时随地查看惠企政策，公职人员参加涉企活动报备申请情况。

4月

1日 袁州区锂电产业推进座谈会召开，区领导李国兴、刘克波、黄文锋、江海滨出席。

是日 2021年产业招商项目攻坚大会战活动方案等开放型经济工作讨论会召开。

2日 区政府决定增加区现代医院、市仁德医院、三阳镇中心卫生院、新田卫生院等4家新冠病毒疫苗接种点。

8—9日 市扶贫办副主任喻智坚一行到洪塘镇、柏木乡暗访调研防返贫监测帮扶、产业就业帮扶、易地扶贫搬迁等脱贫攻坚重点工作。

9日 区老年人体育活动中心正式启用。市老年体协名誉主席周亚夫、主席舒建勋出席启用仪式，区委书记李国兴宣布活动中心正式启用，区委副书记刘克波代表区委、区政府致贺词。

11日 区领委书记李国兴陪同全国人大常委会副委员长吉炳轩到袁州区调研。

12日 利快复医疗科技（江西）有限公司项目签约仪式举行，区领导刘克波、江海滨、罗嗣佳妮出席。

13日 由省委宣传部组织开展的“优秀红色宣讲员进基层宣讲”活动在袁州区开讲。此次宣讲活动共精选了60名优秀红色宣讲员，深入全区各乡镇、街道基层文明站进行宣讲。

15日 党史学习教育宣讲报告会在区行政中心大会堂举行。市委党史学习教育宣讲成员李智勇作宣讲报告。区领导李国兴、胡兴、刘克波、孙智红等四套班子领导，区法院院长、区检察院检察长以及在职副科级以上干部等共700余人参加报告会。

18日 区委理论学习中心组集体学习暨党史学习教育专题读书班在革命老区水江镇开展红色召开研学活动，区委书记李国兴，区委副书记、区长胡勇，区委副书记刘克波及四套班子领导参加学习。

19—21日 区领导胡勇、刘克波到上海市参加江西·宜春对接长三角经济区暨“知名企业走进宜春”招商推介会，并开展招商引资。

22日 袁州区召开第七届全国文明城市创建工作推进会，区委书记李国兴在会上强调，全区上下要把当前各项重点工作抓在手上，放在心上，在行动中抓落实，在落实中见成效，奋力建设秀美文明幸福新袁州，以优异成绩迎接中国共产党成立100周年。区委副书记刘克波主持会议，区四套班子领导区法院院长、区检察院检察长以及其他在职副县级以上领导干部参加会议。

27日 区委办《每周汇要》8期刊登袁州区创新模式推进招商引资工作。袁州区理顺机制，确定标准，成立招商指挥服务中心，组建1个中心、6支重点产业招商小分队、32个招商信息搜集小组的“1+6+32”招商指挥作战架构，使招商工作从过去的“带着客商到处跑”变为现在的按图索骥、有章可循。

5月

6日 市纪委书记、市监委主任黄冬生一行到袁州区调研，区领导李国兴、赵云陪同。

11日 区总工会、区文联联合举办“百年礼赞‘□’向新征程”——喜迎中国共产党成立100周年诵读比赛活动。

13日 市第三督查组到袁州区督查重大项目建设、党史学习教育、清廉宜春建设等情况。

16日 袁州区残疾人辅助器具服务中心举行揭牌仪式。

21日 《袁州区制造业高质量发展“十四五”规划(2021—2025年)》专家评审会召开。

25日 袁州区扎实做好新冠疫苗接种工作。一是迅速提升接种能力。袁州区对接种人员和医疗救治人员开展业务培训12次，参训人员1822人，设置接种点32个、接种台101个，配备冷藏设备190台、冷链车辆2辆，全力做好疫苗储运保障各项工作，确保如期完成疫苗接种任务。

31日 2021年袁州区党史学习教育“永远跟党走”大型知

识竞赛决赛颁奖仪式举行。

6月

3日 “光荣在党50年”纪念章颁发仪式举行,区领导李国兴、胡勇、刘克波、易回香、熊厚胜、李云平、欧阳琨、罗毅、赵云、沈郅出席。

是日 区领导沈郅主持召开纪念章获得者代表、区党代表、优秀共产党员代表、基层党组织书记代表、新党员代表、入党积极分子代表座谈会。

16日 “全区庆祝建党100周年信访维稳、安全防范工作部署会”召开。

25日 南昌市人民政府副市长宋铀一行到湛郎街道磷肥厂宿舍调研生活垃圾分类和减量工作。

26日 省民宗局党组成员、副局长王希贤一行到灵泉街道少数民族服务中心调研。

30日 区委五届十一次全体会议召开。全会表决并通过了《关于召开中国共产党宜春市袁州区第六次代表大会的决议》,决定于8月召开中共宜春市袁州区第六次代表大会。

是日 全区七一表彰大会召开。

是月 区委办《每周汇要》17期刊登袁州区扎实推进教育补短板工作。教育补短板项目建设启动以来,共投入8.5亿元,筹措城市建设用地720余亩,启动10个教育项目建设,努力实现“幼儿园不出小区、小学不出社区、中学不出街道”的发展目标。通过城区优质学校与新建学校、薄弱学校开展联合办学,如明珠学校与文笔峰小学、凤凰小学与宜春三小、金桥小学与实验小学分别结成联合办学结对学校,实现优质资源和先进办学方式共享,让择校热有效降温。

7月

14日 袁州区“传颂红色经典 献礼建党百年”文艺演出举行。

是月 区委办《每周汇要》20期刊登袁州区扎实推进农业产业发展。重点扶持脐橙、中药材、设施农业、肉牛等优势特色产业,有力增强特色产业发展动力。截至7月,已安排第一批奖补资金1800余万元,惠及58个产业项目2283户。以中药材黄蜀葵种植为重点,将原有产业直补由每户3000元调整至每户5000元,截至7月,共安排399万元直补资金,惠及1334户和5家经营主体,有力激发农户种植热情。

8月

30日 袁州区生态环境保护委员会2021年度第二次会议暨生态环境突出问题整改工作部署会召开。

是日 全市新冠疫苗接种工作部署推进会召开,要求筑牢疫苗接种“免疫屏障”,深入排查摸底各督导点位疫苗接种情况,对行业从业人员下达“清零”目标,同时要求外卖、食品加工、冷链、药品、餐饮等行业人员应接尽接。

31日 中国共产党宜春市袁州区第六次代表大会开幕,会议时间2天,出席会议代表404人。

9月

1日 省科协副主席蔡震锋一行到江西星火生物科技有限公司举行江西袁州油茶科技小院挂牌仪式,并到西村镇调研油茶博览园、松鼠部落、生态农业旅游建设综合项目等文旅项目。

2日 修实生物医药创始人吴寅嵩博士一行到袁州洽谈投资事宜。

8日 山东水发集团董事长沈林栋一行到袁州洽谈投资事宜。

9日 区领导江伟斌、胡勇、傅鹏、梁福军、杨宜、袁春平、钟文锋等深入中心城区部分学校开展教师节走访慰问活动。

10日 庆祝第37个教师节暨全区教育工作表彰大会在区行政中心大会堂召开。

17日 区委书记江伟斌主持召开区委理论学习中心组专题学习(扩大)会,强调要深入学习贯彻习近平生态文明思想,牢固树立和践行绿水青山就是金山银山的理念,推动袁州区经济社会发展全面提升转型。会议邀请了中国富碳农业首席科学家、中国农业大学富碳等离子体技术研究中心首席科学家、农业农村部农业信息化标准化重点实验室首席科学家袁东来教授就“富碳农业”开展专题讲座。

22—24日 中国人民政治协商会议宜春市袁州区第六届委员会第一次会议在区行政中心大会堂开幕。应到委员339名,实到委员332名。区委书记江伟斌,区委副书记、区长胡勇,区委副书记李云平及区人大、离退休老同志,驻区省、市政协委员应邀出席大会。大会由区政协副主席袁春平主持。

23—25日 宜春市袁州区第六届人民代表大会第一次会议在区行政中心大会堂开幕。大会应到代表368人,实到358

人。陈彬当选区六届人大常委会主任,舒建设、李日耀、刘卫国、谌勇、邓琪、梁福军当选区六届人大常委会副主任。胡勇当选区人民政府区长,谢春松、江海滨、杨宜、蒋晓青、晏军、罗嗣佳妮、谢翠洪、甘辉华当选区人民政府副区长。赵云当选区监察委员会主任。吴子牛当选区人民法院院长。陈文强当选区人民检察院检察长。

24日　浙江江北制药董事长唐典利一行到袁州洽谈投资事宜。

25日　区政府六届一次全体(扩大)会议召开。区委副书记、区长胡勇出席会议并讲话,谢春松、江海滨、杨宜、蒋晓青、晏军、罗嗣佳妮、谢翠洪、甘辉华等区政府班子成员,锦源新区负责人,各乡镇、街道政府、区直有关单位主要负责人出席会议,区委有关部门等单位负责人受邀参加会议。全会由江海滨主持。

29日　袁州区第一届新媒体协会成立。

10月

8日　全区科级干部学习习近平总书记"七一"重要讲话精神暨建设清廉袁州专题轮训班开班仪式举行。

10日　"点亮城市文明创文你我同行"巾帼志愿服务活动启动仪式举行。

11日　全区巩固拓展脱贫攻坚成果工作推进会召开。

是日　分宜县委组织部到袁州区学习考察组织工作特色亮点和典型经验做法。

14日　北京寺库集团雷中辉、宋玉伟一行到袁州洽谈供应链建设等事宜。

19日　区领导江海滨、罗嗣佳妮陪同省生态环境厅赣西专员办一行到袁州督查。

28日　全区新冠病毒疫苗加强免疫(第三剂)接种工作会召开。

29日　全区巩固拓展脱贫攻坚成果同乡村振兴有效衔接工作领导小组(扩大)会召开。

是日　全区高质量发展综合绩效考评工作暨项目大会战部署会议召开。区委书记江伟斌出席会议并讲话。

是日　袁州区召开巩固拓展脱贫攻坚成果同乡村振兴有效衔接工作领导小组(扩大)会议。区委书记江伟斌出席会议并作讲话,区委副书记李云平主持会议。

是月　区委办《每周汇要》27期刊登袁州区大力推动中医药产业发展。一是打造以济民可信等龙头企业为核心的中医药产业体系,截至10月,引进项目14个,其中20亿元以上项目1个。全区共有中医药企业128家,其中规模以上企业15家。二是全力支持企业技改提升,企业共投资6.44亿元推动技改,其中亿元以上技改中医药类项目2个。全区共有科研平台20余个,其中国家级工程研究中心2个,省级工程技术中心7个。三是深入挖掘本地中药材资源,打造黄蜀葵花等特色中药材品类,全区生产经营品种规格达1400余个,拥有国家一类新药2个、国家中药保护品种7个、全国独家品种3个。

11月

2日　区委党史学习教育领导小组全体成员会议暨党史学习教育工作推进会召开。

8日　中科控股(江西)能源科技执行总经理刘平一行到袁州洽谈投资事宜。

是日　进贤县委书记徐强,县委常委、常务副县长杨志文率党政代表团一行到袁州区考察调研。

是日　区领导蒋晓青陪同省金管局、省公安厅开展非法集资存量案件风险攻坚调研督导暨《防范和处置非法集资条例实施细则》立法调研。

是日　区领导梁福军、杨宜陪同省疫情防控指挥部集中隔离场所专项核验工作组一行到宜居酒店隔离点、维也纳酒店隔离点检查,并召开座谈会。

12日　铜鼓县委书记李勇军率党政代表团到袁州区考察调研工业发展情况。

18日　全区宣布基层武装部政治教导员任职命令暨基层党管武装工作述职大会在区人武部召开,区委书记、区人武部党委第一书记江伟斌出席会议并讲话。区委常委、区人武部部长刘逸飞,区人武部政委李玉成参加会议。

是日　区领导李云平、李翔参加文笔峰侨胞之家授牌仪式。

19日　宜春学院与袁州区人民政府"校地合作"签约仪式在秀江宾馆举行。宜春学院党委书记李雪南,党委委员、副校长罗政、严青松,宜春市委常委、组织部部长徐云涌,部务委员杨文先,袁州区委书记江伟斌出席签约仪式。

22日　中国科协公布2021—2025年第二批全国科普示范县(市、区)创建单位名单,袁州区是宜春市首家获批的创建单位。

29日　区委书记江伟斌主持召开区委理论学习中心组专

题学习研讨(扩大)会,学习传达党的十九届六中全会精神、省第十五次党代会精神和全市领导干部会议精神。

30日　省委书记易炼红深入宜春调研并宣讲党的十九届六中全会精神。他强调,要深入学习宣传贯彻党的十九届六中全会精神,全面贯彻落实习近平总书记视察江西重要讲话精神,聚焦“作示范、勇争先”的目标定位,按照省第十五次党代会部署要求,以率人之先、敢为天下先的勇气魄力,高标准高质量建设区域性中心城市,奋力谱写全面建设社会主义现代化江西的宜春篇章。省委常委、省委秘书长史文斌,市委书记于秀明陪同调研。严允、李宁等市四套班子领导参加汇报会。

是月　区委办《每周汇要》30期刊登袁州区大力推进油茶产业高质量发展。一是整合涉农、企业治理资金促进新造高产油茶基地发展,截至11月,亩产油量从2.5公斤斤增至25公斤,亩均收入达3000元,农民人均增收350元。二是成立硒资源开发利用中心，重点围绕油茶产品加工重点领域开展新技术运用推广，鼓励企业建立产学研示范基地。截至11月,良种油茶育苗园面积达1651亩,年培育良种嫁接苗3000余万株。三是推广完善“企业+基地+合作社+农户”模式,探索与休闲旅游、农耕体验等产业深度融合，已培育油茶种植龙头企业3家，合作社89家,油茶种植面积达80.5万亩。

12月

9日　市委宣讲团到袁州区宣讲党的十九届六中全会精神。市委宣讲团成员、市委宣传部二级调研员、政教副教授易长福作专题宣讲报告。

10日　高安代表团到袁州区考察创文工作。

16日　省乡村振兴局衔接资金项目绩效检查组到袁州区检查,省委组织部到袁州区调研信息化和人事档案工作。

17日　湖南省常德市政法委考察组到袁州区考察市域社会化治理智治支撑建设工作。

21日　区森林督查图斑问题整改工作会召开。通报全区森林督查图斑整改情况,部署下一步整改工作。

28日　省疫情防控常态化督导组到医药工业园集中隔离点督查。

29日　区委党建工作领导小组全体(扩大)会议召开,传达学习中央、省、市有关会议精神,谋划部署当前及今后一段时期全区党建工作。区委书记、区委党建工作领导小组组长江伟斌出席会议并讲话。

是年　宜春市袁州区实现国内生产总值520.36亿元,同比增长9.2%，其中第一产业增加值43.12亿元,第二产业增加值183.99亿元，第三产业增加值293.25亿元，地方财政支出73.36亿元，全区城镇居民人均可支配收入为44054元,农村居民人均可支配收入为18647元。

专　　记

袁州区党史学习教育纪实

中共宜春市袁州区委党史学习教育领导小组办公室

2021年，在中央党史学习教育总结会议上，习近平总书记作出重要指示，深刻阐明开展党史学习教育的重大意义，充分肯定党史学习教育的显著成效和重大成果，对深入学习贯彻党的十九届六中全会精神、推动党史学习教育常态化长效化提出明确要求。

3月16日，中共袁州区委召开全区党史学习教育动员大会。区委书记李国兴出席会议并讲话，区委副书记、区长胡勇主持会议。区四套班子领导，区法院院长、区检察院检察长以及其他在职副县级以上领导干部参加会议。

一、党史学习教育是党的建设的必修课题，坚持求真务实、从严从实，交出满意答卷

中共袁州区委坚持把开展党史学习教育作为贯穿全年的一项重大政治任务，按照学史明理、学史增信、学史崇德、学史力行要求，聚焦学党史、悟思想、办实事、开新局，结合袁州实际制定实施方案，迅速成立领导小组和办公室，组建工作专班。区委先后17次组织召开党史学习教育领导小组会议、调度会议、推进会议等，听取汇报、发现问题、推动工作。区级领导干部率先垂范，带头参加党史专题学习，带头深入基层一线开展宣传宣讲、督促指导，带头参加所在支部专题组织生活会，为党员干部讲党课。各地各单位认真落实主体责任，“一把手”示范带头，全面统筹推进，严格督促指导，推动整个党史学习教育开展得有声有色、扎实深入、成果丰硕。

1.聚焦学深学透，理论学习有深度。坚持基础在学习、目的在教育，创新学习方法，丰富学习形式，重点围绕习近平总书记在党史学习教育动员大会上的重要讲话、在庆祝中国共产党成立100周年大会上的重要讲话精神和《论中国共产党历史》、党的十九届六中全会精神、“四史”等内容，坚持集中学习和自主学习、线上学习与线下学习相结合，做到理论课堂常态学、体验课堂拓展学、宣讲课堂集中学、竞赛课堂比拼学、“网络课堂”线上学，推动党员干部学有所思、学有所悟、学有所得。区委理论学习中心组带头示范，先后开展6次专题学习，召开全区七一表彰大会，举办专题读书班，先后邀请多位专家作辅导授课。新坊镇将老党员与年轻党员结成对子，组成“老少配”共同学党史。洪塘镇采取“邮寄一个红色快递、用好一个返乡课堂、做好一次到户家访、建好一个学习交流群”四个一的方式，确保流动党员“离乡不离党、务工不误学”。锦源新区通过成立学习小组、研讨活动等形式，确保流动党员“流动不流学”。宜春实验小学探索出“动口讲党史、动彩绘党史、动笔书党史、动情演党史、动身寻党史、动脑悟党史”等“六动”学党史模式。

2.聚焦求新求活，宣传教育有广度。举办系列主题演讲、朗诵、征文、歌咏等比赛，精心策划“文艺零距离”“亲情连线”“十送乡亲”等系列活动。在全省“四史”学习教育知识竞赛中获优秀组织奖，在全市“永远跟党走”大型知识竞赛中荣获团体赛一等奖，在全市红色故事宣讲员大赛中获志愿组一等奖。党史学习教育简报和新闻用稿均位居全市第一，尤其是袁州区报送的“水江镇邀请烈士后代讲好开学第一课”的素材在中央《党史学习教育简报》第158期刊发，为全市唯一。全区层面和28个乡镇街道，均拍摄制作了党史学习教育工作专题片，达到全覆盖。组建区委宣讲团、中国好人宣讲团、大学生专职村干宣讲团、红色故事宣讲团、志愿者服务宣讲团、“五老”宣讲团等，开展“七团七进”宣讲活动，构建大宣讲格局，累计宣讲2300余场。用好用活袁州红色资源，编辑了《袁州历史简明读本》《袁州红色故事》等红色书籍，创建了水江镇上洞村、小洞村、彬江镇社树村、楠木官溪村等4个红色名村，打造了水江镇红色教育基地、彬江镇三星口红军烈士纪念碑、新坊镇周赤萍将军故居等红色研学线路，其中水江红色之旅列为全市3条精品红色旅游线路之一。天台镇整理10余首红色童谣，组织传唱，做到“红色故事人人知晓、红色童谣人人传唱”。化成街道打造了红色文化巷，让广大群众在潜移默化中接受红色教育，传承红色基因。慈化镇设立“谭良才红色课堂”，中国好人谭良才发挥党员先锋模范作用，讲好红色故事。全区各级党组织和广大党员干部自觉追寻红色足迹，体悟初心使命，厚植信念信仰。

3.聚焦有力有效，为民办事有温度。袁州区将“我为群众办实事”实践活动，作为检验党史学习教育成效的重要标尺。以品牌为引领，打造以“一张民情家访卡，一支文艺队伍，一个退役军人志愿服务队，一场屋场会，一堂精品党史学习教育课，一个服务监督二维码”为主要内容的“六个一”为民品牌，架起党群干群连心桥。广泛开展“五进四问三服务”“万师访万家，万名干部下基层，万名小手拉大手”等主题实践活动，共收集梳理解决民生实事2123件。制定下发具有袁州特色的“我为群众办实事”实践活动“1+8”工作实施方案和重点民生项目清单，区四套班子成员聚焦“老旧小区改造”“增加教育体育优质供给”“棚改安置房建设”等27项区本级重点民生实事，多次召开推进会，确保抓到位、见成效，27项民生实事全部按时完成且进行“亮晒”。在全市“我为群众办实事”三十佳先进单位评选中，袁州区有区纪委监委、区委宣传部、区住建局、区商务局等4个单位入选，为全市最多。区法院设立重大项目法官工作室，全力保障项目早落地、早竣工、早投产。新康府街道采取“一网、一线、一单”模式，着力打造社区“微网格”，形成党建和基层治理工作“双建双促”新格局。凤凰街道的专建小区旧貌换新颜，成为网红“打卡地”。

4.聚焦指导督导，典型示范有亮度。组建10个巡回指导组，负责指导全区95个单位的党史学习教育情况，进行了4轮地毯式督导。创建区级“五个一”示范点，并加强日常指导督导。每个乡镇（街道）打造两个示范村（社区），指导组重点对其开展指导督导，通过以点带面形式，实现所有村、社区全覆盖。珠泉街道一机社区的老旧小区改造、南庙镇袁梅村的美丽乡村建设、寨下镇塘下村的乡村旅游等示范点多次接受省、市领导现场考察，得到高度肯定。在全市评估中，区财政局在区直单位排名第一，宜春市第三小学在学校领域排名第二。区纪委监委推进民生资金“码”上监督平台，做到一“码”可登录、一“键”可查询，一“点”可举报，在全市推广。区委政法委采取老旧小区“提级”、高端小区“提速”、新建小区“提标”“三提工作法”打造智能安防小区，受到群众好评。区行政服务中心开展　“帮代办”政务服务，让服务对象在政务大厅也能享受到全方位的“保姆式”服务，有力提升了营商环境。

5.聚焦“主责主业”，开创新局有高度。从百年党史中汲取智慧和力量，动员全区上下聚焦作示范、勇争先、抓落实，勇于把红旗插到山顶上，牢牢扛起“首府”担当，推动“十四五”开局之年迈好了第一步、见到了新气象。坚持以党史学习教育推动思想大解放，胜利召开区第六次党代会，明确提出“工业强区、科技兴区、文旅活区、依法治区、特色靓区”的发展战略和“奋力冲刺全国县区经济百强”的奋斗目标，人心思进、人心思干的氛围不断浓厚。坚持以党史学习教育推动发展大跨越，各地各单位勇于向好的学、向强的比、向高的攀，2021年，全区主要经济指标增幅继续保持在全市前列，全年入选第三批省“双千计划”项目10个，4家项目入围全市“揭榜挂帅”企业重大技术需求榜单。袁州产业园在全省开发区争先创优考评中评为A类，在江西省星级产业集群评定中评为三星级产业集群，科技赋能，创新驱动，获4项省级科技进步一等奖,全省领先,全市独有。坚持以党史学习教育推动民生大改善,毫不放松抓好常态化疫情防控,坚决打好污染防治攻坚战,抓实安全生产,持续深化平安袁州、法治袁州建设,常态化推进扫黑除恶专项斗争,百姓安宁、社会安定的环境持续巩固。坚持以党史学习教育推动作风大转变,坚决扛起管党治党政治责任,以党的政治建设为统领,推动全面从严治党向纵深发展,大力推进清廉袁州建设,党员干部纪律规矩意识明显增强,风清气正、心齐气顺的局面正在形成。

二、党史学习教育是党员干部的终身课题,坚持守正创新、出彩出新,收获宝贵启示

党的历史是最生动、最有说服力的教科书。党史学习教育以来,袁州区各级党组织高度重视、周密组织、扎实推进,广大党员干部深化了对新发展阶段开展党内集中学习教育的规律性认识,受到了全面深刻的政治教育、思想淬炼、精神洗礼,许多有益经验启示值得认真总结、长期坚持。

1.开展集中教育,坚持思想引领,是凝魂聚气推动广大党员虔诚至信的补钙良药。重视理论武装,强调思想建党,是马克思主义政党建设的基本原则,是党的优良传统和政治优势。改革开放以来,党中央通过开展整党、“三讲”教育、先进性教育活动、学习实践科学发展观活动等,有力推进了党的建设新的伟大工程。党的十八大以来,党中央着眼党的建设需要,先后组织开展党的群众路线教育实践活动、“三严三实”专题教育、“两学一做”学习教育、“不忘初心、牢记使命”主题教育,其中一个目的,就是通过集中性、持续化的理论武装、思想引领,来深化广大党员对党的创新理论的认识与理解,进而坚定理想信念,守住共产党人的精神高地。但思想认识问题不可能一劳永逸地解决,就像房间需要经常打扫一样,思想上的灰尘也要经常打扫。党史学习教育中,中共袁州区委坚持学习教育贯穿始终,集中自学规定书目、举办专题读书班学习研讨、到革命红色基地现场教学、邀请专家讲座、举办科级干部轮训班等等,向深里学,往实里做,使广大党员的思想再次接受深度洗礼,更加清晰了中国共产党为什么能,马克思主义为什么行,中国特色社会主义为什么好,进一步增强了历史定力。党史学习教育再一次启示我们:筑牢信念之基,补足精神之钙,必须建立在对习近平新时代中国特色社会主义思想的学思践悟上,不断筑牢共产党人的政治灵魂和精神支柱,在感悟精神伟力中强志气、壮骨气、厚底气,在传承红色基因中做到信仰如山、信念如铁、信心如磐。

2.突出上下联动,坚持以上率下,是功在不舍确保党的事业取得成功的关键所在。“坚持领导带头、以上率下,层层立标杆、作示范”,是党内教育取得成效的重要经验。这次党史学习教育,领导干部这个“关键少数”的作用依然十分关键,直接影响着学习教育的开展与成效。当头的更要带头,就是要通过领导干部的示范表率,来带动形成了一级做给一级看、一级带着一级干的良好局面,使党的事业始终保持蓬勃兴盛的发展势头。这次党史学习教育恰逢县乡集中换届,加上袁州区棚改拆迁、创文迎检等多项重点工作,时间紧、任务重,给组织实施工作提出了更大难度和更高要求。针对这些新情况新特点,袁州区各级党员领导干部以严肃认真的态度、真学实做的行动,带头学习、带头宣讲,带头讲专题党课和撰写调研文章。尤其是换届后,新一届班子接过党史学习教育“接力棒”,主动作为、不等不靠,让换届不换挡、工作不断线,每项措施的规定动作都做得扎实、精准、到位,为广大党员干部树立了旗帜,做出了榜样,“头雁”效应发挥明显。领导干部站前列、作示范,才有感召力带动力,不仅要做工作的组织者、指挥者,更应成为工作的直接参与者和践行者,通过带头实干真干,传递以身作则的正能量,以行胜于言的高度自觉,引领带动广大党员干部群众树牢首府意识、扛牢首府担当、打造首府形象,不断开拓袁州各项事业发展新局面。

3.深化宗旨意识,坚持为民情怀,是根深蒂固夯实党的执政根基地位的制胜法宝。江山就是人民,人民就是江山。回顾我党发展壮大的历程,其中最为宝贵的一条经验,就是始终坚持人民群众的主体地位,时刻保持同人民群众的血肉联系,这是我党的力量之源和胜利之本。袁州区身处县一级及以下的基层一线,离群众最近,了解群众的诉求最多,需要解决事关群众切身利益的问题也最多,这次党史学习教育,袁州区把“我为群众办实事”同总结经验、观照现实、推动工作结合起来,创新开展“五进四问三服务”实践活动,用心用情用力解决群众困难事、烦心事,不断增强人民群众的获得感幸福感安全感。心中有民才能不负人民，人民是党执政的最大底气，坚持以人民为中心，是中国共产党特有的执政智慧和一切工作的制胜法宝。任何时候任何情况下，都要念好“根、心、魂、神”四字诀，做到培根、凝心、铸魂、聚神，胸怀为民之心，牢记党的宗旨，把实现人民群众的利益作为一切工作的出发点和落脚点。

*4.传承红色基因，坚持初心使命，是勇于担当推动袁州发展砥砺前行的不竭动能。*袁州是一片充满红色记忆的红土地，有着深厚的红色基因，无数革命先烈用鲜血和生命，书写了中国革命史上光辉的篇章。1927年2月，这里就开始有了党的活动，1933年达到鼎盛时，境内已先后建立了宜春县委、宜萍县委、万宜上县委以及10个区苏维埃政府和68个乡苏维埃政府，苏区面积占全县总面积的五分之三，苏区人口占全县总人口的三分之一，有4390余人参加红军，为革命牺牲的在册烈士就有3600多人，涌现出飞夺泸定桥勇士刘梓华、革命英雄黄开泰、共和国开国将军周赤萍等先烈人物，毛泽东、朱德、彭德怀、黄公略等老一辈无产阶级革命家也在袁州留下了光辉的战斗足迹。这一个个可圈可点的英雄人物、一篇篇可歌可泣的斗争历史，既是宝贵的精神财富，也是激励一代代袁州人奉献作为的动力源泉。党史学习教育中，区委坚持用好红用活红色资源，开展了革命传统和革命精神教育，从革命先烈的精神品质中践悟初心使命，汇聚起共襄袁州伟业的强大力量。从红色教育中吸取前行动力，就能有效唤醒党员干部的出发初心，激发责任在肩的使命召唤，必将推动袁州经济社会发展一往无前、一路凯歌，刻印每一名袁州党员干部的奉献与担当。

在肯定成效的同时，也存在很多不足。主要是：有的党员干部理论学习不深不透，学习贯彻习近平新时代中国特色社会主义思想入脑入心践行不够；有的党组织学习方式比较单一，学习效果不够明显，党史学习教育在农村与机关之间开展得还不平衡；为群众办实事的质量和成效有待进一步提高，长效机制还需进一步建立健全；把握历史规律、增强各项工作的系统性、预见性、创造性还有差距，等等。对于这些问题，各级党组织一定要高度重视，拿出坚定决心和有效举措，认真加以解决。

三、党史学习教育是接续奋斗的时代课题，坚持融入日常、抓在经常，书写崭新篇章

学习历史，是为了更好地走向未来。区委要加快建立常态化长效化制度机制，使党史学习教育融入日常、抓在经常，努力把党史学习教育成果转化为谱写袁州高质量跨越式发展新篇章的生动实践。

*一要把牢政治建设“方向盘”。*政治建设是党的根本性建设，政治属性是党的根本属性。要旗帜鲜明讲政治。深刻领悟“两个确立”的决定性意义，切实增强“四个意识”、坚定“四个自信”、做到“两个维护”，始终胸怀“两个大局”、心系“国之大者”，不断增强忠诚核心、拥护核心、跟随核心、捍卫核心的思想、政治和行动自觉。要坚贞不渝讲忠诚。锤炼对党绝对忠诚的政治品格，严格遵守党的政治纪律和政治规矩，坚持正确政治方向，做到党中央提倡的坚决响应、党中央决定的坚决执行、党中央禁止的坚决不做，始终在政治立场、政治方向、政治原则、政治道路上同以习近平同志为核心的党中央保持高度一致。要坚定不移讲党性。始终把党的百年奋斗重大成就和历史经验作为力量之源，不断提高政治判断力、政治领悟力、政治执行力，把政治建设铭记在心、力践于行，做到政治立场更加坚定、政治品格更加纯粹、政治能力更加过硬，确保习近平总书记重要指示批示精神和党中央、省委、市委决策部署在袁州不折不扣落实落地。

*二要拧紧理想信念“总开关”。*理想信念不可能凭空产生，必须用科学的理论武装头脑。中国共产党自成立之日起，历经艰难险阻，始终走在时代前列，靠的就是科学理论引领。要在学深悟透上下功夫。掌握好马克思主义这个看家本领，加强马克思主义理论武装，深入学习习近平新时代中国特色社会主义思想，全面系统学，及时跟进学，深入思考学，联系实际学，强读强记，常学常新，推动学习教育往深里走、往心里走、往实里走，真正做到学深悟透、融会贯通、真信笃行。要在用好红色资源上下功夫。袁州区红色资源丰富，革命先烈为我们树立起了一座座精神丰碑。我们要以革命先烈模范为“教师”，以革命旧址遗址为“教室”，以文物史料为“教材”，通过保护红色资源、开辟红色线路、打造红色名村等形式，讲好党的故事、革命的故事、英雄的故事，切实当好红色基因的传承者、宣传者、践行者。要在创新方式上下功夫。既要在学理论上深耕，又要在大众化上着力，通过全媒体传播、数字化呈现、艺术

化再现,努力构建接地气、有生气的大众话语体系,把理论讲透彻,把思想讲鲜活,推动习近平新时代中国特色社会主义思想“飞入寻常百姓家”。

三要提升人民群众“获得感”。要牢记习近平总书记“民之所忧,我必念之;民之所盼,我必行之”的谆谆教导,深入践行以人民为中心的发展思想,始终保持同人民群众的血肉联系,让老百姓发自内心地说“共产党好”。要牢记为了谁、依靠谁、我是谁。始终站稳人民立场,坚持人民主体地位,当好人民的勤务员,把人民拥护不拥护、赞成不赞成、高兴不高兴作为衡量一切工作得失的根本标准,把人民至上的理念付诸改革发展的全部实践。要坚持从群众中来、到群众中去。民生问题无小事,民生问题也无易事。政策举措接不接地气,是不是真惠民真利民,群众感受最真切。要坚持全过程人民民主,落实“乡镇吹哨、部门报到”和党员干部直接联系群众制度,扑下身子、沉下心来、扎下根去,坚持开门问策,做到问政于民、问计于民、问需于民,真正把群众意见充分收集上来、反映上来,使党委的决策和工作合民意、暖人心、见实效。要坚持尽力而为、量力而行。健全完善“我为群众办实事”长效机制,从问题出发、从小事入手、从实处着力,解决好群众关心的“岗位、园位、学位、床位、车位、厕位”等急难愁盼问题,既不降低标准,也不吊高胃口,多雪中送炭,少锦上添花,不断增强群众的获得感幸福感安全感。当前正值岁末年初、春节将至,要统筹推进常态化疫情防控和经济社会发展,妥善安排好群众生产生活,全力保障市场供应充足、价格稳定,扎实做好安全生产工作,切实消除各种风险隐患,确保群众度过欢乐祥和安全节日。

四要练就担当实干“硬本领”。滚石上山、爬坡过坎,要的就是实干,要的就是担当。担当靠的不只是满腔热情,更需要真本领、硬本领,才能抵达事业的“诗和远方”。俗话说,“没有金刚钻,别揽瓷器活儿”。面临新机遇、新挑战,如果干部没有“几把刷子”,就会陷入“老办法不管用、新办法不会用”的本领恐慌。唯有强化学习,学以致用,才能使主观世界更好地符合客观实际,从而将事业推进到新高度。袁州区要争当中心城区强起来的主力军、县市区跑起来的引领者、大宜春立起来的示范地,我们就务必拿出首府担当,务必从伟大建党精神中汲取奋进力量,练就善作善成的本领,不断增强思想的敏锐性、工作的前瞻性、落实的穿透性,拿出“逢山开路、遇水架桥”的勇气,敢于向棘手的难题下手、敢于向难啃的骨头下口、敢于向难拔的钉子下钳,奋力冲刺全国县区经济百强。

五要用好自我革命“正衣镜”。勇于自我革命,是中国共产党最鲜明的品格,也是中国共产党最大的优势。党的十八大以来,以习近平同志为核心的党中央以巨大政治勇气推进正风肃纪反腐,使党风政风焕然一新。习近平总书记反复告诫我们,全面从严治党永远在路上,决不能滋生已经严到位、严到底的情绪!袁州区反腐败斗争形势依然严峻复杂,高压之下仍有个别党员领导干部不收敛、不收手,顶风作案。我们要始终保持赶考的清醒,切实把管党治党政治责任扛在肩上、抓在手上,以铁心硬手纵深推进党风廉政建设和反腐败斗争,切实把严的主基调长期坚持下去。要坚持标本兼治,一体推进不敢腐、不能腐、不想腐体制机制建设,持续巩固反腐败斗争压倒性胜利,真正使党员干部因敬畏而“不敢”、因制度而“不能”、因觉悟而“不想”,推动全区政治生态更加风清气正、健康向上。中央下发了开好党史学习教育专题民主生活会的通知,各级党委(党组)要高度重视、认真准备,充分展示党史学习教育的成果、体现自我革命的要求,确保专题民主生活会开出高质量、好效果。

袁州区创文带来的变化

宜春市袁州区创建全国文明城市指挥部办公室

袁州区作为宜春市创建全国文明城市的主战场、主阵地，自创文工作开展以来，始终与市委、市政府思想同心、目标同向、行动同力，自觉树牢首府意识、主动扛起首府担当、注重打造首府形象、从严锻造首府队伍，在改善人民生活、提升人居环境、完善基础设施、倡导文明新风等方面取得了可喜成果，让群众连连点赞、幸福感满满。

环境变美了。干净整洁的卫生环境，不仅能衡量一座城市的文明程度，也是市民舒适温馨家园的要求。袁州区始终将“创文”作为一项倒逼经济发展、城市功能修复、环境面貌改善的系统工程来具体抓、细致抓。2021 年，全区共投入 6.4 亿元用于改造提升老旧小区 202 个、背街小巷 64 条；针对道路破损、墙面污损、绿化缺失、线路凌乱等问题，安排 1.4 亿元资金用于各地进行常态化“小修小补”；投入近 2 亿元用于乡镇主次干道修复，农贸市场改造等配套项目建设。积极和市交警协调车辆执法放权赋能事宜，集中整治“八乱”现象，全面改善中心城区市容市貌。自 2021 年以来，累计旧改硬化路面 35.8 万平方米、清理楼道 2.49 万个、复绿补绿 13.1 万平方米、规整线路 1.6 万处、填补坑洼 9.2 万平方米、粉刷墙面 100.8 万平方米、施划非机动车停车位 3.3 万个、施划机动车停车位 2.3 万个、拆除乱搭乱建 3.3 万余处、整治流动摊点 5.5 万余处、出店占道经营 3.6 万余处，乱停乱放 12.2 万余处。(2021 年新增旧改硬化路面 25.5 万平方米、清理楼道 8339 个、复绿补绿 44159 平方米、规整线路 860 处、填补坑洼 64719 平方米、粉刷墙面 860757.5 平方米、施划非机动车停车位 10747 个、施划机动车停车位 4067 个、拆除乱搭乱建 1200 余处、整治流动摊点 10149 处、出店占道经营 10669 处，乱停乱放 89423 处)。

现在，原本小区里破烂的路面重新铺设了沥青，破旧的楼宇外墙被粉刷一新，多个老旧小区面貌焕然一新；非机动车停车位、机动车泊位、行人等候区、非机动车左转导流线等一批交通标志标线清晰可见，老百姓出行更加便利，居住环境更加优美，生活条件明显改善，群众满意度进一步提升。

素养提升了。市民文明素质是一个城市文明形象、精神风貌的综合反映，提高市民文明素质，是城市现代化的内在需要和遵循城市发展规律的具体体现。袁州区全面规范新时代文明实践站所建设，2022 年建成标准化实践中心(所、站)380 个，现有文艺队、文明劝导队等 454 支志愿服务队、17 万名志愿者，常态参与文明实践活动，完成点评单近 5000 次，服务群众超百万人次。实现了“群众在哪里，文明实践就延伸到哪里”，不断提升了市民道德素质，为创建文明城市提供强大的精神动力和道德滋养。

2021 年，全区共开展志愿服务活动 1.4 万余场次，参与人群达 36 万人次。尤其是 2021 年，各地各相关部门紧扣“雷锋月”“三八妇女节”“清明节文明祭扫”“国家安全日”等主题，组织开展了各种各样、各具特色的文明实践活动。如区委宣传部、区妇联、区文联联合主办了“巾帼喜迎二十大·文明袁州舞起来”为主题的广场舞比赛；区教体局组织师生开展“万师访万家”“小手拉大手”、国旗下讲话、主题班会等活动；由区文联组织开展了创建文明城市摄影展；区红十字会开展了“袁州一起红·聚人心·共善举”红十字文化传播设计征集活动；各联创联建单位协助社区深入开展“抗疫有我爱卫同行”“留守儿童、老人关爱工程”“公益教”等等活动 2000 多场。通过活动的开展，既丰富了老百姓的精神生活，也在潜移默化中起到了创文宣传教育中的作用。

现在，市民乱扔垃圾、随地吐痰、随意穿行、损害花木的不文明现象日益减少，大声喧哗、污言秽语的行为也逐渐销声匿迹，文明出行、文明驾车、文明秩序、文明购物、文明社交、文明赏景，市民的文明素质得到了有效提升，城市“主人翁”意识明显增强。

干群融洽了。网格是深入推动基层治理的有效手段，也是“创文”工作中了解群众诉求，解决群众“急难愁盼”问题，促进干群关系的桥梁。自创文开展以来，袁州区一直致力于探索创文网格化管理，通过精划细化创文网格，形成“处处有人管、事事有人办”的精细化基层治理模式，打通创文网格化管理“最后一公里”。当前，袁州区共划出一级网格30个、二级网格65个、三级网格434个、四级网格3394个，打造了集“创文、防疫、综治”于一体的基层治理体系。四级网格体系建立后，区四套班子领导坚持下沉挂点网格，督促街道、社区落实创文任务，解决网格创建日常问题；各联创联建单位积极协助街道社区开展各类创文工作，组织发动市民群众广泛参与各类志愿活动，并力所能及地提供人、财、物等方面支持，推动了部门单位与街道社区联创联建新格局的形成。截至2021年，全区共有志愿者（微网格长）5660名党员干部、志愿者对74511户居民进行了上户宣传，收集问题3500余个，解决问题3456个，同时线上线下问卷调查累计参与人数达10万人次，做到了“小事不出村（社区），大事不出区”，群众矛盾及反映的问题在基层就能化解，提高群众的满意度。

针对当前全区无物业小区管理难题，印发了《关于加强全区无物业小区自治管理的倡议书》，旨在通过干群合作、自治自管，逐步让无物业小区管理规范起来、环境卫生好起来、市民素养提升起来、文化活动丰富起来，让群众在自治中感受创文带来的变化。

同时，严格对照最新《实地考察场所工作标准》，在全区实行“主要领导重点督查，区级领导包片督查，创文办专项督查，纪委作风督查”的四级全程督查机制与“日常督查、问题通报、跟踪问效、成效反馈”的督查闭环管理，确保能在网格内解决的及时解决，需要市、区领导协调解决的，及时呈送《工作提示函》和《问题报告》，全面提升全区的“创文”工作效率。全年呈送《工作提示函》87期和《问题报告》11期。市、区创文办督查发现并反馈问题4115个，已整改4092个，整改率99.44%；市创文点位督导系统共指派问题2734个，已整改2691个，整改率98.4%。

现在，老百姓主动参加志愿活动，劝导不文明行为；志愿者自觉为城市奉献付出，帮忙整治环境卫生；社区“五老”等热心人士主动参与基层治理，小区实现自治自管……老百姓身边“急难愁盼”的问题得到有效解决，干群关系进一步融洽，“全民参与、共建共享”的良好风尚逐渐形成。

家乡美名了。紧紧围绕“袁州人民爱袁州　携手共创文明城”创文主题，结合袁州特色，凸显袁州元素，策划制作了一批接地气、聚人气、有生气的创文视频，在新华社、人民网等主流媒体发表多篇有影响力的文章报道，让袁州的创文的好声音、好做法在全国各地美名远扬，各兄弟县市争相来取经交流。

制作精品作品。围绕群众“身边的‘人’、眼前的‘事’、脑中的‘想’、心中的‘情’”，创作推出了文艺类、工作类、内涵类创文短视频360个，利用电视广播、网页头条、快手抖音、手机彩铃、交通广播、微信朋友圈等线上渠道，坚持党员干部带头转发，引导亲属、朋友、群众参与转发，在全区范围内掀起铺天盖地、地毯轰炸的宣传氛围。视频累计总浏览量超过4.2亿次，点赞量突破3500万次，分享量突破2000多万次，《袁州创文一起来》《病毒走开》《你缓回》《袁份之州最清明》等多个短视频播放量超1000万，《爱你袁州》《共建共享文明城》两首创文歌曲通过香港卫视文旅台向157个国家播放，成为“创文”短视频中的爆款作品。《文明之花绚烂绽放　袁州大地蓬勃万象》《“绣”出文明新画卷　提升群众幸福感》等新闻稿先后被新华社、新浪网、江西新闻等主流媒体刊登报道，一天之内浏览率就突破百万。同时，结合袁州历史人文和地方特色，拍摄了《袁州故事》系列短剧。

宣传无处不在。充分启用应急广播、流动宣传车、小喇叭，积极发动政务机关、沿街店面、大型商超的电子横幅、LED显示屏等线下载体，循环播放“创文”歌曲，宣传“创文”内容，推动创文入脑入心。为全区所有科级干部、中心城区所有教师开通袁州创文视频彩铃；创新运用交通广播频道FM101.1、FM87.9错时播放袁州创文歌曲；编排了以《袁州“创文”一起来》为背景音乐的工间操；组织全区11万余名学生开展了“文明小卫士”评选活动，制作创文横幅、标语2.4万余条、广告栏3万余处，发放倡议书、宣传单100万余份，赠送印有“袁州”元素的创文小礼品30余万份，多渠道、多角度扩大创文知识普及范围。

开辟创文专栏。一是在秀江

微语设立了“创文我先行”专栏，鼓励各地各部门、党员干部、教师医生、志愿者结合本职工作，谈心得、谈体会、谈感受，在全区上下形成强大的“袁州人民爱袁州携手共创文明城”的声势。截至2021年年底，已在“创文我先行”专栏推送创文心得体会26篇。二是在秀江微语设立了“创文红黑板”专栏，印发了《关于鼓励文明创建随手拍的倡议书》，在全区范围内开展“文明创建”随手拍网络宣传活动。截至2021年年底，已发出“红黑榜”9期，上榜情况将作为各单位年终考核依据，达到以监促改的目的。三是打造“进士之地”“红色文化”“好人文化”袁州名片，编印《州郡流变至“袁州”》《吾心安处即为家——袁京与袁州千年情缘》等11篇袁州创文文化研究专刊。

2021年袁州区推进实施乡村振兴战略纪实

袁州区农业农村局　袁州区乡村振兴局

袁州区共有脱贫户10313户32912人，共有“三类人员”174户617人、已消除风险109户400人。共有“十三五”省定脱贫村18个，“十四五”省定乡村振兴重点帮扶村17个、市定重点帮扶村1个。

2021年，袁州区立足新发展阶段，贯彻新发展理念，构建新发展格局，按照“产业兴旺、生态宜居、乡风文明、治理有效、生活富裕”的总要求，有效促进了农业高质高效、乡村宜居宜业、农民富裕富足，打造彰显产业兴旺之美、自然生态之美、文明淳朴之美、共建共享之美、和谐有序之美的新时代“五美”乡村取得明显进展。

一、全面推进巩固拓展脱贫攻坚成果同乡村振兴有效衔接

1.*把责任牢牢扛在肩上。*成立袁州区巩固拓展脱贫攻坚成果同乡村振兴有效衔接工作领导小组，建立健全联席会议等工作协调机制。出台《关于实现巩固拓展脱贫攻坚成果同乡村振兴有效衔接的实施意见》。进一步加强驻村帮扶措施，向45个“五类村”选派驻村第一书记45人，选派驻村工作队队员120人，向其他有巩固脱贫攻坚任务的村选派乡村振兴工作组546人，对174名监测对象均安排干部一对一结对帮扶。

2.*把政策精准落到实处。*持续稳固脱贫群众义务教育、基本医疗、住房和饮水安全保障，确保继续全部达标。义务教育方面，发放脱贫和易致贫家庭学生义务教育补助4824人200.8万元。基本医疗方面，全区建档立卡脱贫人口累计报销8067.5万元，报销比例达到90%。住房安全方面，完成房屋安全排查154259户，发现并整改安全隐患69户。饮水安全方面，开展12处集镇集中供水工程标准化管理，对415处农村集中供水工程进行全面排查，脱贫群众饮水安全继续得到全面保障。

3.*把工作紧紧抓在手中。*通过继续发展产业、稳定就业、强化搬迁人口后续扶持和扶贫扶志感恩教育，全面提升脱贫群众动能。产业帮扶方面，安排产业帮扶资金4126万元，占衔接资金总额的51.45%，安排产业帮扶项目112个。就业帮扶方面，共有脱贫劳动力19044人，实现务工就业15282人，占2020年底外出务工总数的104%；开展脱贫人口就业技能培训和农业生产技术培训1550人；发放外出务工交通补贴4377人206.73万元；发放“雨露计划”补助945人141.75万元。易地搬迁方面，完成112户易地搬迁户《不动产权证》登记办理。110户有劳动能力家庭的搬迁户均实现至少1人就业的目标。扶贫扶志方面，开展各类宣讲500余场，文艺活动2000余场；继续安排补助116.208万元，设立“爱心超市”77家。社会保障方面，共发放脱贫人口低保金11664人4994.32万元、特困供养金706人547.97万元、孤儿补助39人55.25万元、临时救助937人47.67万元，发放脱贫残疾人“两项”补贴475.8万元，发放重度失能残疾人照护和托养补助231.06万元。监测帮扶方面，出台《关于健全防止返贫动态监测和帮扶机制的实施方案》，大力宣传推广申报二维码，采取农户自主申报、部门筛查预警、乡村干部排查三线并行方式，对符合条件的“三类人员”做到应纳尽纳。2021年共纳入“三类人员”32户124人，全区累计“三类人员”174户617人。为“三类人员”一对一安排帮扶联系人，投保“防贫保”185.78万元，办理保险理赔7例19.37万元。

4. 把资金充分保障到位。2021年度各级财政安排袁州区衔接资金8166.36万元，其中：中央财政下达衔接资金 3263万元，省级财政下达衔接资金3578万元，市级财政下达衔接资金575.36万元，本级财政投入衔接资金750万元。区本级财政衔接资金投入占中央和省投入本级资金总量的10.96%。

二、农业现代化水平提升

1.农业基础设施不断提升。投资1.0248亿元，高质量完成2020年3.4万亩高标准农田建设任务，并通过区级自验自评、市级全面验收和省级抽查。2021年10万亩高标准农田正在快速建设中。建设施蔬菜钢架连栋大棚、钢架简易大棚、喷滴灌等5750余亩，修缮大棚2000余亩。补贴农机具1140台，补贴机具总功率达15720.26千瓦，拉动农民投入资金1960.408万元，农业机械化水平明显提高。

2.重要农产品稳定增长。粮食播种面积达94.14万亩，超任务面积1.1万亩，粮食总产量35.5万吨，超任务数5.12万吨。全年生猪存栏52.15万头，能繁母猪存栏5.51万头。家禽出笼333.28万羽、存笼265.02万羽；牛出栏3.03万头，存栏6.43万头；羊出栏3.73万头、存栏2.94万头。肉类总产量7.89万吨，同比增长34.28%，禽蛋产量7650.8吨，同比增长41.29%。蔬菜播种面积达18万亩，预计产量34万吨。

3. 富硒绿色有机农业快速发展。2021年全区富硒农产品基地面积超25万亩，综合产值达60亿元；备案在册涉硒经营主体135家，其中国家级龙头企业2家、省级龙头企业10家，市级富硒龙头企业7家，市级富硒示范基地32家，千亩以上基地26个，万亩以上基地2个：产品主要以富硒稻米、油茶、蔬菜、水果、中药材为主，获得富硒产品认证证书23个。创建中药材种植基地162个，新增中药材种植面积达1万亩，新增果业面积5000亩，水果总面积达5.6万亩。

4. 绿色农业和品牌农业不断壮大。全区新增绿色认证农产品 8个，绿色有机农产品总数达 95个，绿色有机认证总面积 30万亩。“宜春大米”通过品牌策划、宣传和各类活动，品牌效应不断提升，在彬江镇大浦村高架桥下种植的“硒宜春大米”油菜花字样进入《央视频》传媒。“袁州油茶”名片不断打响，2021年全区新增高产油茶种植面积0.97万亩，全区油茶达80.5万亩，预计林农因油茶种植人均增收850元，茶油产量超8000吨、年产值突破20亿元，接连受到央视、人民网、江西卫视等媒体关注采拍。新型农业经营主体不断壮大，新增超亿元农业龙头企业8家，有国家级龙头企业1家，省级龙头企业13家，其中省级扶贫龙头企业6家，市级龙头企业50家。农民专业合作社1702家，其中，国家级农民合作社示范社5家，省级农民合作社示范社17家，市级农民合作社示范社70家；家庭农场275家，其中省级示范性家庭农场14家，市级示范性家庭农场13家；农村专业种植大户452户。

三、乡村建设行动不断深入

1. 农村人居环境进一步提升。进一步建立健全城乡生活垃圾一体化收集转运体系和经费筹措机制，农村生活垃圾治理实现所有行政村全覆盖，95%以上的村庄生活垃圾得到有效治理。全面完成农村问题户厕摸排工作，新改造农村户用卫生厕所5362户，超额完成年初目标任务。不断加强农村生活污水治理，完成16个村庄生活污水处理设施建设。大力推进新农村建设，完成274个新农村点建设，创建35个美丽村庄、5756个美丽庭院，拆除破旧房21.4万平方米，完成改水1439户，改厕3361户，新修村内主干道80千米，便道70千米，改沟135千米，安装路灯2117盏。完成县道升级改造30公里，新建旅游路、产业路20公里，县乡道路面改造36公里，乡道双车道改造40公里，建制村优先通达路线窄路面拓宽80公里，改造危桥6座，创建美丽生态文明农村路35公里，完成农村公路安全生命防护工程50公里。

2. 农村生态文明建设不断加强。治理受污染耕地安全利用128924亩，严格管控面积2216亩，占总任务数的100%。畜禽粪污资源化利用率达98.66%，同比提高6.13%，规模化养殖场禽粪污处理设施装备配套率为100%，加强畜禽无害化处理监管力度，处理病死畜禽34672头。大力推进农药化肥“零增长”行动，测土配方施肥技术累计覆盖率达到90%以上，绿肥高产种植面积达4.3万亩，辐射带动全区绿肥种植面积9.2万亩，示范片土壤有机质含量提升5.19%。

水稻病虫害专业化防治服务面积105.5万亩次，专业化防治覆盖率为45.5%，同比提高2%；水稻绿色防控技术应用面积27.28万亩，绿色防控覆盖率为35.3%。严厉打击非法捕捞行为，有效保护袁河水生生物资源和水域生态环境。积极开展造林绿化，2021年完成人工造林1.59万亩，占任务的101.3%。完成封山育林1.765万亩，占任务的100.9%。完成森林抚育5.9万亩，占任务的101.7%。

3. 乡村公共服务水平不断提升。利用“全国中小学学籍管理系统”平台，强化学籍管理，全区6~15岁适龄儿童4809人全部在校就读。资助各学段学生22924人次，发放教育帮扶资金887.6万元。积极扶持81所普惠性民办幼儿园，提高普惠园办园水平。引进农村教师297人，保障农村教师待遇，乡镇工作补贴和边远山区津贴共发放2154.1422万元。进一步扩大农村“党建+乐龄中心（幸福食堂）”覆盖率，新建站点8个。开展农村留守儿童和困境儿童关爱保护“政策宣讲进村（居）”活动累计65场次。加大村卫生计生服务室建设力度，全区共有产权公有的村卫生室124所，其中新建或改扩建村卫生计生服务室100所。开展健康教育，发放健康教育印刷资料171909本；举办健康教育讲座1660次，参加人数26109人；举办健康教育咨询活动361次，参加人数28977人。不断扩大城乡居保参保覆盖，2021年全区城乡居民基本养老保险参保人数375008人，完成民生工程任务的101.81%。

4. 乡村治理工作体系不断健全。圆满完成第十一届村（居）民委员会换届选举工作，依法选举出村（居）民委员会成员1782人。健全完善村（居）务监督委员会制度，保障群众合法权益和集体利益，全区342个村（社区），共有村（居）务监督员1478名。开展“法律明白人”培育工程，全区培养“法律明白人”87496人，“法律明白人”骨干16990人，化解矛盾纠纷1126件次，参与社会事务管理1739件次，引导法律服务862件次。不断充实村级人民调解委员会队伍，全区建立各级人民调解委员会375个，其中乡镇（街道）调委会28个，村（社区）委会调委会345个；共有人民调解员1269人，其中专职人民调解员215人。各级人民调解委员会共排查各类较大矛盾纠纷2433件，调解成功2390件，调处率达98%以上；排查纠纷7363人次，预防纠纷843件。全面开展“平安乡村”建设，农村“平安乡村”监控点位3526路。推进网格管理规范化建设，做优网格化综合管理信息平台，努力提升全区社会治理体系和治理能力现代化水平，全区1224个网格均已配备达到“一格一员”要求，1223个网格建立了党支部（党小组），共有专兼职网格员1224名，网格事项流转率达到100%。

5. 新时代农村精神文明建设不断提升。广泛开展“听党话、感党恩、跟党走”宣讲活动，开展特色志愿服务活动达2000余场次。深化新时代文明实践中心（所、站）建设，298个乡镇、村新时代文明实践所（站）均已建立标准化志愿服务站，实现阵地全覆盖，开展文明实践活动8500余场次，参与村民达10余万人次。充分发挥村民理事会、红白理事会作用，修订村规民约（居民公约），不断推动移风易俗，全区农村公益性公墓建成366个，遗体火化率保持100%。全面整治“三沿六区”散埋乱葬，共整治坟墓15600余穴。

四、农业农村改革取得突破

1. 农村集体产权制度改革深入推进。完成清产核资工作，系统更新上报率达100%，已确认集体经济组织成员745973人；全区286个村级集体经济组织已完成折股量化工作，下发农村集体组织登记证，并在银行开设好基本账户，村级集体经济“空壳村”已全面消除，全区286个村集体收入都在5万元以上，223个村实现集体经济10万元以上。

2. 农村宅基地管理和改革有序推进。2021年拆破旧房3450宗，拆除面积323198平方米。大力整治违规收取农民建房保证金等行为，全区共排查并退还农民建房违规收取保证金1582.87万元。对全区20个乡镇的现有建房现状进行全面调查摸底，农民建房已办理审批164988宗，未审批1290宗，一户一宅147384宗，一户多宅15238宗，超面积建房19611宗，乱搭乱建324宗。

3. 集体林权制度改革继续深化。进一步建立健全林地经营权规范流转与登记发证相衔接的协同机制，实现林权类不动产登记正常化。全区林地流转达30万亩，林权抵押贷款存量2200万元。

袁州概览

政区沿革

【袁州地名】 袁州区旧称宜春县，始建于西汉高祖六年（前201年），时为豫章郡所辖的18个县之一，迄今已有2200多年的历史。据《太平寰宇记》记载："县侧有暖泉,从地涌出,夏冷冬暖,清澄若镜,莹媚如春,饮之宜人,故名宜春县。"西汉元光六年（前129年),汉武帝封长沙王刘发之子刘成为宜春侯,宜春县改立宜春侯国。元鼎五年(前112年),刘成"坐失酎金",废宜春侯国,复立宜春县。王莽代汉,改宜春县为修晓县。东汉建武元年(25年),复改修晓为宜春。西晋太康元年(280年),为避晋武帝祖母张春华名讳,改宜春县为宜阳县。隋开皇十八年(598年),改宜阳县为宜春县。

宜春县的地名使用至1985年。1979年10月,析宜春县部分地区成立县级宜春市。1985年3月，并宜春县入宜春市。2000年6月,撤销宜春地区,设地级宜春市，宜春市设立袁州区,以原县级宜春市行政区域为袁州区行政区域。

【袁州境域】 宜春县的境域历代多有调整。宜春建县之初，境域相当于整个袁河流域。清道光《宜春县志》载:"其地西至插岭,即今醴陵县界;东至百华台,即今临江镇东一里。"东汉中平二年(185年),析东境(今樟树市西部)置汉平县(三国吴改汉平县为吴平县)。三国吴宝鼎二年(267年),宜春县一分为三,即析西境之地设萍乡县,析东境钟山以东之地设新渝县。南朝梁太平年间(556—557年),废平都县,其地分别划入安复、庐陵、宜阳三县,宜阳县"遂得东南一线之地"。隋开皇九年(589年)并新渝县入吴平县,开皇十一年(591年)并吴平县入宜阳县。开皇十八年(598年)复析东境置新渝县。北宋雍熙元年(984年)析东境置分宜县。之后宜春县的行政区划大致保持稳定。

【袁州隶属】 宜春县成为州、郡、府、路治所驻地,始于隋初。隋开皇十一年（591年），设袁州,治所设在宜阳县。大业三年(607年),改袁州为宜春郡,治所设在宜春县,领宜春、萍乡、新渝三县。唐朝时,袁州时而名袁州,时而名宜春郡。五代十国至两宋时期,宜春县均隶属袁州,为袁州治所。元至元十四年(1277年),设湖南行省袁州总管府,至元十九年(1282年),改为江西行省袁州路。元至正二十四年(1364年),朱元璋据袁州,改袁州路为袁州府,直到清末。明清时,袁州府下辖宜春、萍乡、分宜、万载四县。

1914年,裁袁州府,宜春县隶属于庐陵道。1926年,全省取消道制,宜春县直隶于省。1931年,宜春县属第二行政督察区。

中华人民共和国成立之初,宜春县隶属于江西省袁州分区,分区驻宜春县。1952年9月,袁州专区并入南昌专区。1958年12月20日,南昌专员公署迁宜春县城,翌年元旦更名为宜春专区。2000年6月,撤销宜春地区和县级宜春市，设立地级宜春市,8月16日,袁州区人民政府正式挂牌成立。此后,袁州区作为宜春市的一个区延续至今。

自然环境

【区域位置】 袁州区位于宜春市境西南部，地处赣江支流袁河上游。北部及东北部分别与万载县、上高县接壤,东部与新余市的分宜县毗邻，南部与吉安市的安福县相连，西部及西南部分别与萍乡市的上栗县、芦溪县交界,西北部与湖南省浏阳市相接。全区地跨北纬27° 33′ ~28° 05′ 、东经113° 54′ ~114° 37′ ,东西最大横距68千米，南北最大纵距58千米。袁州区是宜春市委、市政府驻地，是宜春市的政治、经济、文化中心。袁州区下辖乡镇、街道32个(其中街道10个,镇19个,乡3个),其中官园街道由宜春市宜阳新区代管,金园街道由宜春市经济技术开发区代管,温汤镇、洪江镇由宜春市明月山温泉风景名胜区代管。区域总面积2538平方千米,其中建成区面积89.4平方千米,农作物总播种面积104209公顷,农田有效灌溉面积53.91万亩,森林覆盖率63.1%,城区绿化率44.96%。2021年,袁州区总人口112.85万人,其中城镇人口75.39万人,乡村人口37.46万人。区人民政府驻下浦街道。

袁州区所处地理位置处于长沙、南昌、武汉等周边各大中心城市的外围和中间,是长三角、珠三角、闽东南三角、长株潭区域的共同腹地,素有“赣西门户、吴楚咽喉”之称。袁州是赣西地区唯一有“铁公机”(高铁、高速公路、机场)的市辖区,拥有全省唯一一个集高铁站、普铁站、长途汽车站、公交车站、出租车站“五站一体”的客货运枢纽站。

【地形地貌】 境内属低山丘陵地形。境内总体地貌情况为:南、西、北三面地势较高,边缘多山环抱;中东部较低,丘陵广布,间有狭窄河谷平原。按照全区海拔高度与相对高度,可划分为山地、丘陵、平原三种地貌。

山地包括中山(海拔1000~2000米,相对高度500米以上)和低山(海拔500~1000米,相对高度300~500米),主要分布在南边与安福接壤的明月山一带。主峰太平山海拔1735.6米,是境内最高山峰。低山主要集中分布在区域北部边缘与中山接壤处,主峰丰顶山海拔959.9米。境内山地面积约510平方千米,占总面积的20%,是用材林和毛竹的主要产地。

丘陵包括高丘(海拔300~500米,相对高度200~300米)和低丘(海拔100~300米,相对高度50~200米)。高丘主要分布于水江、天台、慈化、天台山、洪塘、楠木、温汤和南庙等乡镇;低丘分布集中在区域中部各乡。全区丘陵面积约1429平方千米,占总面积的56.30%。其中高丘占20.35%,低丘占35.69%。系粮油、苎麻和辣椒等经济作物的主要产区。

平原包括海拔100米以下、相对高度50米以下的阶地。主要分布在东部和袁河两岸。此外,丘陵地貌中也夹杂分布着小块冲积平原。境内平原面积611平方千米,占总面积的24.07%,系境内工农业生产和水利资源的重要地带,也是粮食生产的高产稳产区。

袁河(源头在萍乡,流归赣江)由西向东在宜春市境中部蜿蜒流淌,境内流程全长52千米,将全市自然地划分为南北两大片。土地革命时期,袁河又成了两块革命根据地的分界线,袁河以南为湘赣苏区,袁河以北为湘鄂赣苏区,境内流入袁河的支流有10条,流程390千米。控制流域面积占支流总面积的86.27%,能满足域内工农业生产和人民生活用水需要。

自然资源

【土地资源】 根据第三次全国国土调查数据,袁州区境内土地资源丰富,境内土地面积253705.74公顷,其中农用地207031.39公顷、城镇及工矿用地28365.93公顷、交通运输用地3499.13公顷、水域及水利设施用地9537.23公顷、其他土地5272.06公顷。土壤类型有山地草甸土、山地黄棕壤、山地黄壤、山地红壤、石灰岩土、潮土、水稻土等。

【矿产资源】 袁州区拥有独特的矿产资源优势,列入省矿产资源储量目录的矿产多达23种、矿产地72处,其中金属矿产有13种、19处,尤其是钽铌、锂、铯、铍等资源异常丰富,其中钽铌矿为江西有色金属“五朵金花”之一。

【水资源】 袁州区地表水多年平均径流总量为22.6亿立方米。地下水多年平均日渗水量为115万立方米,年渗水量为4.2亿立方米。

袁州区拥有丰富的地下热水资源,主要分布于温汤、洪江、三阳、洪塘、金瑞、水江、新田、湖田八个点。其中温汤温泉是世界仅有两处的“高硒低硫”泉水之一,日取水量8000多吨,水温常年保持在68℃~72℃,已有800多年的利用历史。明正德《袁州府志》载:“气温如汤,冬可浴。以生鸡卵投入即熟。水中犹有鱼。”

【森林资源】 袁州区属中亚热带季风气候区,四季分明,春秋季短而夏冬季长，冬季冷而夏季热，春季湿而秋季干，热量丰富，降水充沛，日照充足，霜期短，气候资源丰富，有利于农作物和林木生长。境内森林植被属中亚热带常绿阔叶林，林业资源颇具特色，树种资源繁多，据调查统计，境内有植物种类 62 科 1100 多种，其中乔木树种 300 多种，有国家一级保护树种南方红豆杉、水杉，二级保护树种有银杏、杜仲、竹柏、鹅掌楸，三级保护树种有花榈木、青线柳、天竺桂、穗花杉、山牡荆、沉水樟、银鹊。主要优势科目有杉科、松科、樟科、山茶科、壳斗科、禾本科，此外还有全缘红花油茶和华木莲两个系国内首次发现的新种。现存植被主要有常绿阔叶林、常绿针叶林、毛竹林、灌木林等四个类型。

境内林业用地面积 160308 公顷，占土地总面积的 63.18%。有林地面积 115712 公顷，占林业用地面积的 72.18%；疏林地面积 377 公顷，占林业用地面积的 0.24%；灌木林面积 39466 公顷，占林业用地面积的 24.62%；未成林地面积 1802 公顷，占林业用地面积的 1.12%；无立木林地面积 2183 公顷，占林业用地面积的 1.36%；宜林地面积 196 公顷，占林业用地面积的 0.12%；苗圃地面积 572 公顷，占林业用地面积的 0.36%。按林种划分：生态公益林面积 46238 公顷，占林业用地面积的 28.84%；商品林面积 114070 公顷，占林业用地面积的 71.16%。按树种划分：经济树种面积 39941 公顷，占林业用地面积的 24.92%；毛竹面积 34294 公顷，占林业用地面积的 21.39%，毛竹株数 11297.96 万株；乔木用材树种面积 82720 公顷，占林地用地面积的 51.60%，森林蓄积 667.59 万立方米。

【动物资源】 袁州区境内共有野生动物 104 种，其中兽类 26 种、鸟类 53 种、两栖类和爬行类 25 种。据外业调查和内业测算，全区野生动物数量均值 25 万只，其中兽类 2 万只、鸟类 10 万只、两栖类和爬行类 13 万只。

历史文化

【袁州文化】 历代名家王安石、朱熹、汤显祖、施闰章、慧寂、郑谷、黄庭坚、范成大、辛弃疾等，或讲学，或执政，或会友，或旅游，都在袁州留下了诗篇和逸闻佳话。晚唐政治家李德裕曾任袁州长史，化成岩公园至今仍保存有“李卫公读书处”的摩崖石刻。城中心的鼓楼，为全国现存最古老的地方天文台。城南仰山，为佛教沩仰宗发祥地，包括沩仰宗创始人慧寂禅师灵塔在内的佛塔群至今犹存。慈化寺被誉为“天下第一禅林”，其开山鼻祖普庵，至今仍被中国东南沿海、台湾地区及东南亚等地广大信徒崇拜。

【袁州人物】 汉代袁京，高风亮节，隐居宜春，被誉为高士，故州以之名为袁州，河以之名为袁河，山以之名为大小袁山，路亦有以之名为高士路。唐代蔺道人，结庐仙巩，传有《仙授理伤续断秘方》，世称骨伤科一代祖师。唐会昌三年（843 年）和会昌五年（845 年），卢肇、易中两科状元，开江西状元及第之先河。宋代侯世昭，累世行医，“探囊发药，应手而愈”，名噪江西。元至元四年（1338 年），农民起义军领袖彭莹玉与其徒周子旺发动袁州起义。明末袁继咸，持忠守节，坚不降清，为后人所敬仰。自唐至清，宜春拔进士 128 名。近代水江刘梓华，长征途中，冒死飞夺泸定桥；辽市易安华，英勇抗日，血溅南京光华门；新坊周赤萍驰骋土地革命战争、抗日战争、解放战争沙场，被授予中国人民解放军中将军衔。当代农业劳动模范黄承义，艰苦奋战丝茅窝；林业劳动模范吴云八，率先绿化剥皮山；科学家江元生专攻物理化学，成为中科院院士；还涌现出为抢救落水儿童而牺牲的潘云娟、袁晓霞，在追捕罪犯中与歹徒搏斗而牺牲的汤海标、易小芳、晏文华，为保卫国家财产安全而牺牲的晏斌。2010 年，火海英勇救人的王茂华、谭良才入选“中国好人榜”，成为中央电视台“感动中国”年度获奖人物。2014 年，勇斗歹徒的高中学生柳艳兵、易政勇获江西“希望之星”见义勇为好青年荣誉称号，柳艳兵还被评为全国首个“中华见义勇为楷模”。

【袁州苏区】 在袁州这块红色的土地上，留下过毛泽东、朱德、彭德怀、黄公略等老一辈无产阶级革命家光辉战斗的足迹，播下了革命斗争的火种，著名的“袁州会议”在这里召开，推动了苏维埃运动的兴起。无数革命先辈用鲜血和生命铸就的以坚定信念、求真务实、一心为民、清正廉洁、艰苦奋斗、争创一流、无私奉献等为主要内涵的红色苏区精神在袁州生根发芽，代代相传。经省政府核定的革命烈士多达 3665 人。2013 年，袁州区成建制被纳入《赣闽粤原中央苏区振兴发展规划》，也是新中国成立后首次被纳入国家层面的大规划。

国民经济和社会发展统计公报

【概况】 2021年，全区上下坚持以习近平新时代中国特色社会主义思想为指导，全面贯彻党的十九大和十九届二中、三中、四中、五中、六中全会精神，聚焦“作示范、勇争先”定位，围绕“冲刺全国县区经济百强”目标，统筹疫情防控和经济社会发展，迎难而上、乘势而为，实现了经济社会平稳发展，较好地完成了全年主要目标任务。

【综合】 初步核算，全年实现地区生产总值5203619万元，比上年增长9.2%。其中，第一产业增加值431250万元，增长7.4%；第二产业增加值1839890万元，增长9.1%；第三产业增加值2932479万元，增长9.6%。三次产业结构调整为8.3：35.4：56.3，对GDP增长的贡献率分别为7.4%、33.4%和59.2%。

年末全区常住人口112.86万人，城镇常住人口75.39万人，常住人口城镇化率为66.8%，全年出生人口9100人，出生率8.09‰，死亡人口7651人，死亡率6.80‰，自然增长率1.29‰。

全年城镇新增就业6638人，比上年减少862人；新增转移农村劳动力12856人；城镇登记失业率控制在3.2%以内。

全年一般公共预算收入581070万元，增长1.4%；其中区本级一般公共预算收入252247万元，增长6.8%。全年区本级公共财政预算支出733627万元，下降13.8%。其中，教育支出104169万元，增长3.3%；社会保障和就业支出106082万元，增长5.8%；医疗卫生支出57334万元，下降34.3%。

全年居民消费价格比上年上涨1.1%。其中，食品烟酒类价格上涨0.2%，衣着类价格下降2.5%，居住类价格上涨1.6%。

【农业】 全年农业（现价）增加值438099万元，比上年增长7.4%。

全年粮食种植面积62753公顷，增长0.01%，其中，稻谷种植面积53507公顷，增长3.8%。油料种植面积13340公顷，增长7.0%。生苎麻种植面积28公顷，

表1 2021年袁州区居民消费价格指数表

（上年同期=100）

指标名称	指数
居民消费价格总指数	101.1%
其中：服务价格指数	101.3%
食品烟酒	100.2%
粮食	101.1%
鲜菜	107.9%
畜肉	82.6%
水产品	119.8%
蛋	101.7%
鲜果	102.0%
衣着	97.5%
居住	101.6%
生活用品及服务	100.1%
交通和通信	104.7%
教育文化和娱乐	101.3%
医疗保健	100.7%
其他用品和服务	99.1%

下降96.0%。蔬菜类及食用菌种植面积13362公顷，增长3.1%。瓜果类种植面积1409公顷，增长3.0%。

全年粮食总产量355500吨，比上年增长0.8%。其中，早稻124012吨，下降3.4%；中稻及一季晚稻73334吨，增长17.0%；双季晚稻120033吨，下降10.8%。

全年油料产量20319吨，比上年增长0.9%，其中，油菜籽产量16419吨，增长0.4%。生苎麻产量45吨，下降95.8%。蔬菜类及食用菌产量227994吨，增长3.1%。瓜果类产量31912吨，增长5.1%。

年末实有茶园面积1120公顷，比上年减少0.8%；果园面积2766公顷，减少9.8%。全年茶叶产量21吨，减少56.3%；园林水果5680吨，增长4.0%。

全年肉类总产量78921吨。其中，猪肉产量67585吨，牛肉产量3375吨；羊肉产量657吨。禽蛋产量7647吨。水产品产量38511吨，增长7.9%。年末生猪存栏521500头，生猪出栏810137头。

新发展中药材种植面积达1万亩，其中黄蜀葵5000亩；艾草2000亩；鹿茸草1000亩；其他中药材2000余亩。

通过重点发展富硒稻米、富硒油茶、富硒中药材、富硒蔬菜、富硒水果、富硒畜禽六大特色产业，截至2021年年底，袁州区富硒基地面积达25.03万亩，富硒产业综合产值达48.6亿元；现有富硒农产品经营主体131家。富硒基地面积、综合产值居全市前列，市级富硒龙头企业、市级富硒示范基地、富硒产品认证均居全市前列。

表2　2021年袁州区主要农产品产量及其增长速度表

产品名称	单位	2021年	比上年增长	产品名称	单位	2021年	比上年增长
粮食作物	吨	355500	0.8%	芝麻	吨	146	–0.7%
稻谷	吨	317379	–2.5%	生苎麻	吨	45	–95.8%
#早稻	吨	124012	–3.4%	甘蔗	吨	834	–68.6%
中稻及一季晚稻	吨	73334	17.0%	烟叶	吨	30	–91.5%
双季晚稻	吨	120033	–10.8%	瓜果类	吨	31912	5.1%
油料作物	吨	20319	0.9%	茶叶	吨	21	–56.3%
#花生	吨	3745	3.4%	园林水果	吨	5680	4.0 %
油菜籽	吨	16419	0.4%	水产品	吨	38511	7.9%

新增设施蔬菜基地建设5750亩。全区蔬菜播种面积达18万亩，预计产量34万吨。

2021年新增超亿元农业龙头企业8家，新增市级龙头企业2家，全区共有市级以上农业产业化龙头企业87家，其中，国家级龙头企业1家，省级龙头企业13家，市级龙头企业73家。农民专业合作社1702家，其中，国家级农民合作社示范社5家，省级农民合作社示范社17家，市级农民合作社示范社95家；家庭农场275家，其中，省级示范性家庭农场14家，市级示范性家庭农场13家；社会化服务组织67家。农村专业种植大户452户。

【工业和建筑业】　年末全区规模以上工业企业374个，全年规模以上工业增加值比上年增长12.1%。分轻重工业看，轻工业增加值增长4.1%；重工业增加值增长15.4%。分经济类型看，股份制企业增加值增长11.1%；外商及港澳台商投资企业增加值增长23.1%。六大高耗能行业实现工业增加值增长14.0%，高于全区平均增速1.9个百分点。区本级规模以上工业企业251个，全年规模以上工业增加值增长12.1%。四大支柱行业增加值增长10.0%。其中，医药行业增加值增长4.3%；建材行业增加值增长11.6%；化工行业增加值增长6.8%；装备制造行业增加值增长12.3%。

全年全区规模以上工业企业实现营业收入4289115万元，比上年增长39.8%；利润总额362406万元，增长117.9%。营业收入过10亿元的行业有9个，与上年持平；营业收入超过5亿元的企业有18家，比上年增加7户。33个行业中有27个实现盈利，其中，增长20%以上的行业有15个。区本级规模以上工

表3 2021年袁州区规模以上工业主要产品产量及增长速度表

产品名称	单位	产量	比上年增长
石灰石	吨	3995038	840%
建筑用天然石料	立方米	3486605	5.1%
高岭土(瓷土)	吨	3138211.7	-2.7%
大米	吨	36150	7.9%
饲料	吨	182397.6	105.9%
精制食用植物油	吨	5547	21.1%
鲜、冷藏肉	吨	15838	103.8%
熟肉制品	吨	1412	-71.1%
饲料添加剂	吨	416	0%
饮料	吨	78568	-30.9%
纱	吨	7245.4	78.6%
布	万米	815.7	3.6%
口罩	万个	932	90.2%
服装	万件	567.6	-2.6%
鞋	万双	208.6	-14%
家具	件	139571	14.5%
纸制品	吨	19605.3	1.6%
单色印刷品	令	1390	-3.3%
多色印刷品	对开色令	43191	-3.7%
农用氮、磷、钾化学肥料(折纯)	吨	4236	24.1%
涂料	吨	2110	-12.1%
初级形态塑料	吨	17899	153.9%
化学试剂	吨	28207	14.2%
合成洗涤剂	吨	6895	33.2%
化学药品原药	吨	2122.3	-55.2%
中成药	吨	10357.1	-6%
塑料制品	吨	28191.1	8.1%
硅酸盐水泥熟料	吨	1819997.5	4.9%
水泥	吨	2444795.1	108.8%
商品混凝土	立方米	4629088.6	21.5%
水泥混凝土排水管	千米	42.9	6.2%
水泥混凝土电杆	根	141216	-12.3%
预应力混凝土桩	米	14123	42.1%
砖	万块	10755	91.7%
天然花岗石建筑板材	平方米	32608	72.4%
沥青和改性沥青防水卷材	平方米	357156	1394.5%
隔热、隔音人造矿物材料及其制品	吨	7168.2	339.8%
夹层玻璃	平方米	300000	40.8%
中空玻璃	平方米	528000	35.9%
日用玻璃制品	吨	34393.3	12.7%
石墨及碳素制品	吨	7863	31.2%
钢材	吨	1897	43.6%
铝材	吨	159727.1	7.4%
金属门窗及类似制品	吨	39015.1	1.7%
金属切削工具	万件	1072	-8.6%
金属包装容器	吨	9276	49%
铸铁件	吨	20961.5	-1.3%
铸钢件	吨	4161	28.1%
铸造机械	台	44	-18.5%

续表 3

产品名称	单位	产量	比上年增长
起重机	吨	21387	-36.4%
电梯、自动扶梯及升降机	台	1644	13.8%
液压元件	件	39687758	3.6%
金属紧固件	吨	10882	2.3%
炼油、化工生产专用设备	吨	1289	25.7%
电动机	千瓦	2905439	-13.4%
变压器	千伏安	8453725	4741%
锂离子电池	个	300516603	10.2%
铅酸蓄电池	千伏安时	330172.5	15.4%
家用洗衣机	台	116269	-43.2%
3D 打印设备	台	134	32.7%
电子元件	万个	127395	17.6%
印制电路板	平方米	9633850	204.7%
自来水生产量	万立方米	9951.4	11.9%

业企业实现营业收入 2002440 万元，增长 33.0%；利润总额 184031 万元，增长 76.0%。

年末工业园区实际开发面积 7.34 平方千米，投产企业 359 个，比上年年末减少 2 个；从业人员 4.3 万人，增长 5.1%。全年园区工业增加值增长 12.5%；实现营业收入 3889044 万元，增长 42.5%，利润总额 344544 万元，增长 129.8%。年末袁州工业园区实际开发面积 3.34 平方千米，投产企业 178 家，比上年年末增加 22 个；从业人员 1.6 万人，增长 2.9%。全年袁州工业园区工业增

表 4　2021 年袁州区规模以上工业分行业营业收入及利润总额表

指标名称	单位数（个）	主营业务收入		利润总额	
		2021 年（万元）	同比增速	2021 年（万元）	同比增速
总计	374	4289115	39.8%	362406	117.9%
有色金属矿采选业	2	89348	67.8%	27191	209.0%
非金属矿采选业	30	161694	35.4%	6096	11.1%
农副食品加工业	16	172596	50.1%	3594	-1004.6%
食品制造业	1	5226	-0.8%	434	15.0%
酒、饮料和精制茶制造业	1	8665	-27.8%	1459	-45.4%
纺织业	10	43169	11.5%	195	-47.5%
纺织服装、服饰业	12	31414	19.5%	879	2262.1%
皮革、毛皮、羽毛及其制品和制鞋业	4	40129	32.7%	1795	34.4%
木材加工和木、竹、藤、棕、草制品业	16	83944	3.9%	10141	2.7%
家具制造业	5	49845	21.1%	1520	-35.2%
造纸和纸制品业	8	32406	6.9%	666	13.8%
印刷和记录媒介复制业	4	11358	10.3%	410	-31.3%
文教、工美、体育和娱乐用品制造业	7	42313	4.3%	1643	6.1%
石油、煤炭及其他燃料加工业	2	5276	-8.7%	101	-44.9%
化学原料和化学制品制造业	33	211337	13.1%	11258	47.4%
医药制造业	10	206248	24.7%	65957	15.0%

续表 4

指标名称	单位数（个）	主营业务收入		利润总额	
		2021 年（万元）	同比增速	2021 年（万元）	同比增速
橡胶和塑料制品业	8	56726	8.2%	–543	–126.3%
非金属矿物制品业	71	530414	25.1%	34847	110.0%
有色金属冶炼和压延加工业	13	866277	109.4%	115452	728.6%
金属制品业	23	99419	8.9%	9454	771.4%
通用设备制造业	9	209156	6.0%	15625	–15.1%
专用设备制造业	11	83058	–16.5%	2730	–63.3%
汽车制造业	9	36033	–7.3%	–4020	22.7%
铁路、船舶、航空航天和其他运输设备制造业	1	6125	24.5%	347	240.1%
电气机械和器材制造业	35	673127	30.8%	17914	202.3%
计算机、通信和其他电子设备制造业	18	343650	140.4%	30890	1081.1%
仪器仪表制造业	1	2248	9.7%	–519	–15.5%
其他制造业	1	2215	–5.0%	–232	–156.9%
废弃资源综合利用业	2	82235	62.4%	5038	713.4%
金属制品、机械和设备修理业	1	5282	119.6%	10	–6.4%
电力、热力生产和供应业	4	23430	198.8%	–3854	159.5%
燃气生产和供应业	2	55455	20.6%	4217	38.9%
水的生产和供应业	4	19300	14.7%	1713	148.6%

加值增长 12.3%；实现营业收入 1510938 万元，增长 38.37%；利润总额 162836 万元，增长 87.37%。

全年全社会建筑业增加值 357640 万元，比上年增长 7.5%。有资质的建筑业企业 188 个，完成建筑业总产值 1149486 万元，增长 27.0%。房屋施工面积 558.3 万平方米，增长 19.6%。房屋竣工面积 253.3 万平方米，增长 54.1%，其中，住宅房屋竣工面积 130.1 万平方米，增长 51.3%。房屋竣工价值 353391 万元，增长 61.7%，其中，住宅房屋竣工价值 148161 万元，增长 5.6%。

【固定资产投资】 全年固定资产投资增长 12.2%。分产业看，第一产业投资下降 29.2%；第二产业投资增长 25.5%，其中工业投资增长 25.5%；第三产业投资增长 8.2%。分投资主体看，国有投资增长 18.6%；非国有投资增长 10.3%，其中民间投资增长 7.2%。

全年房地产开发投资比上年增长 15.0%。其中，住宅投资增长 22.7%；办公楼投资增长 67.6%；商业营业用房投资下降 37.4%。商品房竣工面积 26.7 万平方米，下降 78.3%，其中住宅竣工面积 20.9 万平方米，下降 81.1%。商品房销售面积 217.9 万平方米，增长 2.1%，其中住宅销售面积 205.6 万平方米，增长 8.9%。商品房销售额 157.8 亿元，增长 2.6%，其中住宅销售额 146.4 亿元，增长 10.3%。

【国内贸易】 全年社会消费品零售总额 3330905.8 万元，比上年增长 17.9%。限额以上消费品零售额 1355588.4 万元，增长 13.3%。在限额以上批发和零售业企业中，粮油、食品、饮料、烟酒类零售额 172516.1 万元，增长 19.4%；服装、鞋帽、针纺织品类零售额 50282.7 万元，增长 23.9%；建筑及装潢材料类零售额 24689.8 元，增长 135.9%；汽车类零售额 506877.6 万元，增长 8.6%；家用电器和音像器材类零售额 41723 万元，下降 6.5%；石油及制品类 354541.5 万元，下降 0.5%。

【对外经济】 全年区级实际使用外商直接投资 12109 万美元，同比增长 24.48%；外贸出口 51229 万美元，同比增长 30.5%。

【邮政电信和旅游】 全年完成

表5 2021年袁州区各行业固定资产投资增长速度表

国民经济行业	比上年增长
总 计	12.2%
第一产业	-29.2%
第二产业	25.5%
工业	25.5%
采矿业	-68.4%
制造业	36.1%
#化学原料及化学制品制造业	7.3%
橡胶和塑料制品业	20.5%
专用设备制造业	26.6%
电气机械及器材制造业	41.3%
计算机、通信和其他电子设备制造业	43.1%
仪器仪表制造业	-100%
电力、热力、燃气及水生产和供应业	-2%
第三产业	8.2%
批发和零售业	195.4%
交通运输、仓储和邮政业	-7.8%
住宿和餐饮业	-35.6%
房地产业	21.5%
租赁和商务服务业	-20.8%
科学研究和技术服务业	-9.9%
水利、环境和公共设施管理业	-26.7%
居民服务、修理和其他服务业	-37.6%
教育	45.1%
卫生和社会工作	12.2%
文化、体育和娱乐业	17.4%
公共管理、社会保障和社会组织	-24.9%

邮政业务量12590万元,比上年下降29.7%。电信业务量9.0亿元,增长13.0%。固定电话用户12.7万户,增长33.4%;移动电话用户151.1万户,增长17.4%。互联网宽带接入用户51.0万户,增长23.5%。

全年区本级接待游客616.9万人次,增长45.9%;旅游综合收入77.1亿元,增长55.7%。

【金融和保险业】 全年末金融机构人民币各项存款余额11821627万元，增长2.7%。其中，住户存款余额5663809万元；非金融企业存款余额3803268万元。年末金融机构人民币各项贷款余额11148220万元,增长14.0%。其中,住户贷款余额4814517万元;企(事)业单位贷款余额6333567万元。扎实推进“降成本、优环境”专项行动，为企业减税降费11.2亿元，发放“财园信贷通”贷款4.65亿元。

全年保险公司保费收入471079万元,比上年增长29.3%。其中,财产险保费收入119190万元,增长17.1%,人寿保险保费收入351889万元,增长34.0%。支付各类赔款89420万元，增长43.2%。其中,财产险赔款68272万元,增长58.7%;人寿保险给付21148万元,增长8.8%。

【教育和科学技术】 全年普通

高校在校生53248人(含宜春电大市本部2977人)。普通高中、初中、小学在校生分别为27506人、57139人和112136人。特殊教育学校在校生348人。幼儿园287所,在园幼儿43236人。初中适龄人口入学率和小学适龄儿童入学率均为100%。

年末全区共有国家级创新载体2个,国家火炬宜春袁州锂电新能源特色产业基地1个,国家宜春(西村)农业科技园区1个;国家地方联合工程研究中心2家;省级创新平台共9家(其中省级工程技术研究中心7家,省级重点实验室2家);省级生物医药高新技术产业化基地1个(医药工业园);市级创新平台30家;国家高新技术企业57家;科技型中小企业入库数76家。

【文化、卫生和体育】 公共图书馆1个,博物馆1个。广播电视台1座。广播覆盖率99.4%;电视覆盖率99.7%。图书馆藏书36.00万册。其中,图书33.89万册,报刊7.19万册,古籍2.11万册,其他1.02万册。

年末共有各类医疗卫生机构612个(含村卫生室)。其中,医院21个,卫生院25个,妇幼保健院(所、站)2个,专科疾病防治院(所、站)2个,疾病预防控制中心2个,卫生监督所(中心)1个。卫生技术人员8893人,比上年末增加228人。其中,执业医师和执业助理医师3160人,注册护士4236人。医疗卫生机构实有床位9360张,增加334张,其中,乡镇卫生院床位数1771张。

全年举办体育系统运动会1次,参赛运动员2000余人次。

表6 2021年袁州区各类学校招生、在校生和毕业生人数表

单位:人

指　标	招生数	在校生数	毕业生数
普通高校	17125	53248	13247
普通高中	9677	27506	8736
普通初中	18159	57139	18562
普通小学	17450	112136	17939
特殊教育	51	348	71
学前教育	15148	43236	17423

【人民生活和社会保障】 城镇居民人均可支配收入44054元,比上年增长7.6%;农村居民人均可支配收入18647元,增长7.8%。城镇居民人均生活消费支出26626元,增长11.9%;农村居民人均生活消费支出18084元,增长12.3%。年末城镇居民人均住房建筑面积61.93平方米,比上年年末减少2.71平方米,下降4.2%;农村居民人均住房建筑面积74.08平方米,比上年年末减少14.68平方米,下降16.54%。

全年“40”“50”人员再就业419人。发放企业贷款和个人贷款共计34785万元。各类技能培训14516人。年末参加城乡居民基本养老保险人数371156人,参加企业职工基本养老保险人数165913人,参加机关事业职工基本养老保险人数19521人。全区参加医疗保险人数987556人,其中城镇职工参保人数51595人,城乡居民参保人数935961人。参加失业保险人数25919人,参加工伤保险人数42904人。

【环境改善】 全区优良天数比例96.7%;PM2.5浓度每立方米31微克,PM10浓度每立方米56微克;二氧化氮浓度每立方米22微克;二氧化硫浓度每立方米11微克,比上年同期改善15.4%;一氧化碳浓度每立方米1.3毫克,比上年同期改善7.1%;臭氧浓度每立方米127微克,比上年同期改善5.9%。

气候特征与影响评价

【概况】 2021年,袁州区平均气温度19.2℃,较常年偏高1.7℃,年降水总量1279.0毫米,较常年平均偏少352.4毫米。阶段性、局地性气象灾害多发频发,汛期(4—6月)雨量646.5毫米,较常年同期偏少4.7%,伏秋期旱情有一定发展。

表7 2021年袁州区居民人均可支配收入及其构成情况表

	城镇居民		农村居民	
	绝对值	比重	绝对值	比重
可支配收入	44054元	100 %	18647元	100%
工资性收入	21923元	49.8%	12164元	65.2%
经营净收入	9239元	20.9%	3822元	20.5%
财产净收入	3557元	8.1%	114元	0.6%
转移净收入	9334元	21.2%	2547元	13.7%

【主要气象灾害及影响】 暴雨洪涝:2021年袁州区暴雨天气过程主要出现在5月、6月、8月,主要为对流性暴雨。国家站最大日降水量为76.2毫米,出现时间为5月29日,区域站日最大降水量为柏木乡101.1毫米,出现时间为8月14日。

强对流:2021年强雷电、短时强降水和雷雨大风对流性天气也时有出现,降水集中期更是多发对流性天气。最大风速为三阳站16.4米/秒,出现在4月,最大小时雨强为芦村站66.7毫米,出现时间为8月14日。

寒潮:2021年主要有3次寒潮天气过程,出现时间分别为1月、11月、12月。最低气温降至-4.3℃,并出现冷空气大风天气,极端性明显。

高温:2021年5月袁州区开始出现35℃以上高温天气,持续到10月上旬。影响最明显的时段在7—9月,国家站极端最高气温是38.0℃,出现在9月26日。7—9月全区平均最高气温为28.9℃,较常年同期偏高2.0℃。

【农业气候概况】 2021年全区平均气温19.1℃,较历年平均气温17.6℃偏高1.5℃;全区年降水量1284.5毫米,较历年平均降水量1630.0毫米,偏少2成,年日照1471.4小时,较历年平均日照1502.7小时日照时数偏少31.3小时。

冬季(2020年12月至2021年2月)平均气温9.1℃,历年平均7.0℃,总体偏高。降水量150.1毫米,历年平均降水量241.6毫米,显著偏少。日照264.0小时,历年平均241.1小时,略偏高。

春季(2021年3—5月)平均气温17.9℃,历年平均17.2℃,总体略偏高。降水量689.0毫米,历年平均降水量593.8毫米,略偏高。日照226.2小时,历年平均301.6小时,略偏少。

夏季(2021年6—8月)平均气温28.6℃,历年平均27.3℃,偏高明显。降水量259.2毫米,历年平均降水量546.8毫米,显著偏少。日照503.2小时,历年平均545.2小时,略偏少。

秋季(2021年9—11月)平均气温20.6℃,历年平均18.6℃,偏高明显。降水量186.2毫米,历年平均降水量248.4毫米,略偏少。日照478.0小时,历年平均414.8小时,略偏多。

从不同季节气候特征来看,气温整体偏高,降水春季偏多,其他季节偏少,日照春冬季节偏多,夏秋季节偏少。

中国共产党宜春市袁州区委员会

综　述

【概况】 2021年，是中国共产党的百年华诞，是“十四五”规划开始实施之年。一年来，中共宜春市袁州区委高举习近平新时代中国特色社会主义思想伟大旗帜，深入学习贯彻党的十九大和十九届历次全会精神，立足新发展阶段，贯彻新发展理念，按照区第六次党代会决定的发展目标、思路和举措，团结带领全区广大干部群众，聚焦“作示范、勇争先”目标定位，围绕“冲刺全国县区经济百强”目标，统筹疫情防控和经济社会发展，统筹发展和安全，顺利实现了“十四五”开局良好、起步稳健。

【高标准狠抓落实】 区委始终把政治建设摆在首位，坚持以习近平新时代中国特色社会主义思想为指导，引导全区广大党员干部进一步增强“四个意识”、坚定“四个自信”、做到“两个维护”，坚决拥护和捍卫“两个确立”，始终在思想上政治上行动上同以习近平同志为核心的党中央保持高度一致，确保党中央决策部署在袁州高标准落地落实。

*学习研讨入脑入心。*把牢思想认识“总开关”，坚持区委常委会“第一议题”制度，召开35次常委会会议，及时跟进学习习近平总书记重要讲话、重要指示批示精神，领会精神实质，把握精髓要义，自觉做到真学真懂真信真用。围绕习近平总书记在庆祝中国共产党成立100周年大会上的重要讲话精神、党的十九届六中全会精神等内容，组织开展区委理论学习中心组集体学习研讨11次、互动式学习研讨5次。党的十九届六中全会召开后，及时召开区委常委会扩大会议、区委理论学习中心组集体学习会传达学习，专门下发学习宣传贯彻的通知，推动学习宣传贯彻工作落地落实。举办全区科级干部学习习近平总书记在庆祝中国共产党成立100周年大会上的重要讲话精神暨建设清廉袁州轮训班，开办各类主体班4期，“袁州大讲堂”3期，引导全区上下在学懂弄通做实上下功夫，切实提高政治判断力、政治领悟力、政治执行力，确保学出绝对忠诚、学出使命担当。

*党史学习教育走深走实。*准确把握党的历史发展主题主线、主流本质，引导广大党员、干部群众从党的百年奋斗历程中汲取智慧和力量，做到学史明理、学史增信、学史崇德、学史力行。创新学习方式，探索“老少配”“屋场会”等特色做法，推动党史学习教育有活力、有实效。在中央、省级主流新闻媒体用稿量、简报信息采用量均居全市第一，“水江中学邀请飞夺泸定桥勇士刘梓华侄孙刘家荣当好义务宣讲员”素材，在中央简报刊发，实现全市中央简报用稿零的突破。扎实开展“我为群众办实事”实践活动，27件重点民生实事全部按时按质完成，群众测评满意率超过96%。

*贯彻落实坚定坚决。*牢记习近平总书记视察江西重要讲话精神，聚焦“作示范，勇争先”目标定位，紧扣市委建设区域中心城市和江西综合实力强市目标，把袁州放在全市、全省乃至全国的大格局当中去审视，提出奋力冲刺全国县区经济百强思路。围绕省第十五次党代会和市第五次党代会精神，细化制定了贯彻落实方案和举措，明确责任单位和责任人，确保省、市党代会精神不折不扣落实到位。强化大局意识，全力融入市委工作全局，积极主动服务保障宜春时代、国轩高科等重大项目建设，在最短的时间内，完成3300余亩项目用地征收工作，拆除用地内建筑4.2万平方米，为项目顺利开工建设打下坚实基础。

【高质量经济发展】 区委始终坚持高质量跨越式发展首要战

略不动摇，积极适应经济发展新常态，推动经济社会不断朝着更高质量、更高效率、更可持续的方向发展。地区生产总值同比增长9.2%；完成财政总收入47.44亿元，同比增长14.4%；一般公共预算收入25.22亿元，同比增长6.8%；区属固定资产投资同比增长16.7%；社会消费品零售总额同比增长17%，主要经济指标增速继续走在全市前列。

三次产业协调发展。坚持“开放创新、强攻工业”战略，大抓项目、大抓产业，工业经济破浪前行、跑出高质量发展加速度。区属规上工业增加值同比增长12.1%；实现营业收入同比增长33%；实现利润总额同比增长76%；完成工业用电量同比增长36.9%，居全市前列。加快延链补链强链，推动生物医药、锂电新能源等主导产业集群提档升级，锂电新能源产业规上营收实现翻番；生物医药产业规上营收同比增长16.9%；战略性新兴产业增加值占规上工业比重达38.82%。新增规上工业企业38家。4家企业入选省企业上市“映山红行动”，占全市总数的三分之一；济民可信位列2021年中国医药企业百强第9位；百神药业连续两年入选“中国中药企业百强榜”。在全省上半年争先创优综合评价中，袁州产业园获评A类产业园。以农业供给侧结构性改革为主线，大力发展油茶、中药材、富硒、绿色有机等现代农业产业，全区油茶林种植面积超过80万亩，油茶产量超8000吨，年产值突破20亿元；新增中药材种植面积3万亩；富硒基地面积超过25万亩，综合产值达60亿元，富硒基地面积和综合产值、市级富硒龙头企业、示范基地、认证产品均居全市前列，富硒品牌效应初步显现。积极培育壮大金融、电子商务、商贸物流、乡村旅游等现代服务业，规上服务业营收同比增长21.6%；网络零售额同比增长36%。宜春市同城电商科技有限公司获评江西省电子商务示范企业；旅游商品隐逸轩智热登山鞋系列产品摘得2021年中国旅游商品大赛江西省唯一金奖；获评2021—2023年度“江西省民间文化艺术之乡——袁州区版画之乡”。

开放水平不断提升。深入开展“产业招商项目攻坚大会战”，积极参与2021年中国锂电大会、进博会、第三届赣商大会、粤港澳经贸合作等重大经贸活动，新成立招商指挥服务中心，完善优化项目信息收集、研判、评审、签约等招商流程，招商引资机制更加成熟，“天天来客商，周周签合同”的招商局面初步形成。全区新签约项目43个，总投资287.35亿元，其中亿元以上项目37个，50亿元以上项目1个，20亿元以上项目6个。加快推进重大项目建设，86个列入省市大中型调度重大建设项目完成投资238.3亿元，占年计划投资和时序进度任务的148%，居全市前列。

创新活力持续释放。坚持把创新作为引领发展的第一动力，持续加大创新投入，科技创新“战略支撑”作用不断强化。新增省级科技进步奖一等奖2个、二等奖2个，获奖数量和质量均居全市第一；济民可信等4个项目入围市“揭榜挂帅”榜单，居全市第一；入选省“双千计划”项目10个，获得资金1410万元，入选数量和奖补资金均居全市第一；成功入选国家级人才工程，实现了“零”的突破；36名高端人才与36家企业实现“政产学研”深度合作，占全市“政产学研”项目20%，居全市第一。全区现有国家级创新载体3个、省级技术创新中心9家、市级技术创新中心30家；国家高新技术企业57家、认定科技型中小企业76家，创新活力持续迸发。

【高效能基层治理】　区委坚持用好改革“关键一招”，保持战略定力，坚持底线思维，不断深化重点领域关键环节改革，切实破除体制机制障碍，着力防范化解前进道路上的各类风险隐患，以高水平改革推动高效能治理。

扎实推进改革攻坚。积极谋划实施经济体制、生态文明、农业农村、民主法治等8大领域181项改革任务。从小切口入手探索推出一批“微改革”项目，在全省率先成立新业态经济工会联合会、创新构建兵役服务联合协作机制等9项改革经验做法在省、市改革专栏上刊登推广。区法院创新打造重大项目法官工作室得到了市委主要领导批示肯定；“互联网+监督”平台、宅基地改革“两票制”经验做法在宜春市庆祝建党百年系列新闻发布会上进行了专门推广。

全力守住生态底线。深入打好污染防治攻坚战，空气、水质、土壤等阶段性防治目标顺利实现。全年空气优良率达96.7%，空气质量优于国家二级标准；7个国考、省考、县界责任断面水质稳定在Ⅲ类水体以上，水质优良率达100%；受污染耕地和污染地块安全利用率保持100%，以生态环境监测站为中心，自动监测站乡镇园区全覆盖的“水陆空”一体化监测体系基本建立。中央和省级环保督察反馈的75个问题、280个信访件已全部完成整改或达时序进度。深入开展机制砂行业整治,依法关闭取缔企业9家、停产整改企业24家、整改提升企业23家;全面打响森林资源保护战,加大森林违法图斑处理力度,行政案件处罚率达100%;完成矿山生态环境整治及修复治理2000多亩,建成绿色矿山4家,生态文明建设成效初显,绿色发展理念深入人心。

积极防范风险隐患。紧盯信访积案化解关键重点,化解各类信访积案265件,化解率超81%,群众满意度大幅提升,全区进京赴省上访及网上信访量均呈明显下降趋势,庆祝建党100周年、十九届六中全会等重要敏感时期,均实现“一个零登记、三个不发生”工作目标。深入开展风险隐患大排查、大整治行动,排查整治较大风险隐患1500余件,整治率达94.7%,从源头上消除一批风险隐患,全区未发生较大以上或有重大社会影响的安全生产事故。着力防范化解政府债务风险,偿还政府债务本金约57亿元,政府隐性债务规模降至249亿元左右,债务率由317%降至248%左右,顺利实现“消红降级”。扎实开展政法队伍教育整顿,筑牢了政治忠诚、净化了政治生态、提升了执法司法公信力。依法打击突出违法犯罪,强力整治电信网络诈骗,累计劝返“滞留缅北涉诈高危人员”260人,社会大局整体保持和谐稳定。

【高品质人民生活】 区委始终牢记“全心全意为人民服务”的根本宗旨,把人民对美好生活的向往作为奋斗目标,坚持在发展中保障和改善民生。

城乡建管稳步推进。深入开展城市功能和品质提升行动,累计高标准改造153个老旧小区、158条背街小巷和8个农贸市场;扎实推进棚改扫尾攻坚,未签未拆户降至个位数;开工建设12个棚改安置项目,竣工4个,交房3963套,城市功能短板弱项逐步补齐。全年消化批而未用土地5647亩,总量在全市遥遥领先,消化周期由5.7年缩短至3.3年。扎实推进秀美乡村建设,完成274个新农村建设点和16个农村生活污水处理设施建设,行政村农村生活垃圾收集处理覆盖率达100%,95%以上的村庄生活垃圾得到有效治理。扎实推进“四好农村路”建设,完成农村公路建设241公里,农村出行条件有效改善。树牢主人翁意识,全员上线投入全国文明城市创建,“万师访万家”“万名党员上户”“万名志愿者服务”“万名文明卫士在行动”等“四万”活动取得明显成效,制作各类创文短视频106个,累计播放量达4800万次,点赞量超710万个,分享量达900万次,被新华社、《江西日报》等中央、省级主流媒体争相报道,营造了手机霸屏、广播贯耳、满城创文浓厚氛围。国检期间,31个测评点位代表宜春接受测评,占全市测评点位的一半,效果良好。

民生福祉持续增进。坚持尽力而为、量力而行,全面推进十大民生实事。聚焦粮食安全,完成3万吨绿色储粮仓库的改造提升。聚焦“看病难”,扎实开展健康袁州行动,深入推进公立医院改革,362个医疗机构全部实施基本药物制度。常态化抓实抓细疫情防控,累计接种新冠疫苗160.8万剂次。聚焦“上学难”,全面落实“双减”政策,投入资金12.6亿元,新改扩建学校10所,提供学位2.5万个,有效缓解中心城区大校额、大班额问题。聚焦“养老难”,建成运营区级智慧养老服务平台和192个“党建+乐龄中心(幸福食堂)”站点,养老服务体系不断完善。严格落实“四个不摘”要求,继续实施产业、就业、医疗等专项帮扶,脱贫攻坚成果持续巩固。探索建设“书香袁州”,致力于把袁州打造成一座没有围墙的图书城,区文化馆被文化和旅游部评为国家一级馆。

营商环境更加优化。聚焦建设“全省营商环境一等区”目标,坚持把优化营商环境作为“一号改革工程”来抓,创新开展“亲清”早餐会,常态化开展政企圆桌会议,着力解决企业生产经营难题,构建“亲清”政商关系。深化企业挂点帮扶,构建区领导、引资单位、服务部门、驻企特派员“四合一”帮扶机制,切实为企业的发展出实招、办实事、解难题,全年收集企业反映问题229个,已落实或阶段性解决187个。持续深化“放管服”改革,整合“一次不跑”“一次办好”事项370项,网上可办率达到87%,在全省营商环境便利度测评中,袁州区政务服务排名全市第一、全省第四。

中共宜春市袁州区第六次党代会

【概况】 中国共产党宜春市袁州区第六次代表大会，于2021年8月30日至9月1日在袁州区行政中心召开。肩负着全区党员的重托，带着110余万名袁州人民的期望，来自全区各条战线上的407名党代表满怀豪情出席大会。

【大会内容】 大会听取和审查了区委书记江伟斌代表中共袁州区委第五届委员会所作的题为《拉升标杆勇争先　励精图治同奋斗　努力实现大宜春核心区高质量跨越式发展》的工作报告。

大会审查了区委常委、区纪委书记、区监委主任赵云代表中共袁州区第五届纪律检查委员会作所作的题为《强化使命担当　忠诚履行职责　为推动袁州高质量发展提供坚强保障》的工作报告。

大会表决通过了《中国共产党宜春市袁州区第六次代表大会关于中共宜春市袁州区第五届委员会工作报告的决议》《中国共产党宜春市袁州区第六次代表大会关于中共宜春市袁州区第五届纪律检查委员会工作报告的决议》《党费收缴、使用和管理情况报告》。

大会选举产生了中共宜春市袁州区第六届委员会委员39名，分别是王平、王永江、王宇斌、尹珊、邓琪、甘辉华、刘勇、刘逸飞、江伟斌、江海滨、严子文、李翔、李云平、杨卫勇、吴子牛、沈郅、张家清、陈彬、陈文强、林小明、易绍连、罗嗣佳妮、赵云、胡勇、钟文锋、钟学锋、袁新宇、袁德明、晏军、徐海、谌卫锋、蒋晓青、傅鹏、曾宪、谢春松、谢翠洪、蔡玉芳、熊爱国、潘少锋（以姓氏笔画为序）；候补委员7名，分别是：吴德义、宋小海、陈石玉、施学明、袁庆、袁立军、黄琼

大会选举产生了中共宜春市袁州区第六届纪律检查委员会委员29名，分别是王平、王萌、叶海、刘玉萍、江蓝、李莉、李勇平、邹汝明、张斌、陈世恩、易引辉、易临军、周小燕、周绍辉、赵云、柳水根、钟少平、钟林福、钟宪斌、袁安、袁光辉、袁会明、袁树华、唐仕林、黄晨希、黄德华、彭浩宇、谢娇、潘世宏。

大会选举产生了袁州区出席中共宜春市第五次代表大会的代表42名，分别是：习彪、王安、叶春连、刘荣、刘文云、刘方明、刘志彬、江丽、江伟斌、李云平、杨英桂、吴乃华、辛忱峘、沈郅、张耀亮、欧阳晓红、易辉、京洪、孟游、赵云、胡勇、钟芳、姚绍军、袁露、袁立军、袁新宇、徐海、徐勇良、高素丽、郭涛、唐科、黄皓、黄剑雄、黄章涛、彭洁、彭娜、彭祖忠、曾宪、谢剑飞、蔡良、蔡玉芳、魏国华。

【大会意义】 大会认为，江伟斌同志代表中共宜春市袁州区第五届委员会所作的工作报告紧扣主题，全面总结了区第五次党代会以来的工作，科学地分析了袁州发展面临的机遇和挑战，明确提出了今后一个时期袁州经济社会发展的指导思想、奋斗目标和主要任务，是全区各级党组织团结和带领全区人民，感恩奋进，担当实干，勇创一流，奋力冲刺全国县区经济百强的行动纲领。

大会充分肯定了中共宜春市袁州区第五届委员会的工作。大会认为，区第五次党代会召开以来，在中共宜春市委的坚强领导下，区委坚持以习近平新时代中国特色社会主义思想为指导，团结带领全区广大党员和干部群众，于危机中育先机，于变局中开新局，有力克服了经济社会发展中的重重困难，有效应对了新冠肺炎疫情，全面打赢了脱贫攻坚战，较好地完成了区第五次党代会和“十三五”规划确定的目标任务，为袁州区在高质量发展中展现更大作为奠定了坚实基础。

大会同意报告提出的今后五年工作的指导思想和奋斗目标。大会认为，要始终高举习近平新时代中国特色社会主义思想伟大旗帜，深入学习贯彻党的十九大和十九届二中、三中、四中、五中全会精神，全面落实习近平总书记“七一”重要讲话精神和视察江西重要讲话精神，坚定不移立足新发展阶段、贯彻新发展理念、融入新发展格局，紧扣市委建设“综合实力强市、绿色发展大市、文明幸福城市”目标，秉持“1246”工作思路，以“四个赋能”为动力，实施“工业强区、科技兴区、文旅活区、依法治区、特色靓区”发展战略，不断丰富和拓展“六比六赛”内涵，感恩奋进，担当实干，勇创一流，奋力冲刺全国县区经济百强，在强起来、站前列的社会主义现代化建设新征程中谱写袁州高质量跨越式发展新篇章。

大会同意报告关于袁州今后五年重点工作的部署，大会要求，要聚焦高质量发展，厚植经济发展新动能，让产业发展能级

提起来；要聚焦高质效改革，激发体制机制新活力，让创新氛围浓起来；要聚焦高效能治理，打造城乡融合新样板，让人居环境美起来；要聚焦高品质生活，形成共建共享新格局，让人民群众乐起来。

大会强调，要全面加强党的建设。毫不动摇坚持党的全面领导，坚决落实新时代党的建设总要求，深学细悟筑牢思想根基，严管厚爱建强干部队伍，固本强基夯实基层堡垒，正风肃纪净化政治生态，同心同德汇聚发展合力，为开启全面建设社会主义现代化新征程提供坚实保障。

大会号召，全区上下要更加紧密地团结在以习近平同志为核心的党中央周围，高举中国特色社会主义伟大旗帜，大力弘扬伟大建党精神，团结和带领全区党员干部群众，和衷共济，善谋实干，艰苦奋斗，奋力冲刺全国县区经济百强，在实现大宜春核心区高质量跨越式发展征程中谱写袁州现代化新篇章。

区委全体会议

【中共宜春市袁州区委五届十次全体会议】 1月13日，中共宜春市袁州区委五届十次全体（扩大）会议在区会议中心召开。全会听取和讨论了李国兴受区委常委会委托作的工作报告，审议通过了《中共宜春市袁州区委关于制定全区国民经济和社会发展第十四个五年规划和二〇三五年远景目标的建议》《关于在“中心城区强起来、县市区跑起来、大宜春立起来”中勇担当重实干作示范的实施意见》及配套文件，区委书记李国兴就建议（讨论稿）向全会作了说明。

全会充分肯定了一年来区委常委会的工作；一致认为，一年来，区委常委会坚持以习近平新时代中国特色社会主义思想为指导，全面贯彻落实习近平总书记视察江西重要讲话精神，坚持稳中求进工作总基调，认真践行新发展理念，团结带领全区干部群众攻坚克难、砥砺前行，统筹推进疫情防控和经济社会发展，扎实做好“六稳”工作，全面落实“六保”任务，改革发展各项事业取得新成效。

全会提出了到2035年袁州与全国全省全市同步基本实现社会主义现代化的远景目标，这就是综合实力大幅跃升，经济总量和城乡居民人均收入迈上新台阶，自主创新能力明显增强，基本实现新型工业化、信息化、城镇化、农业现代化，建成现代化经济体系；文化、教育、人才、体育、健康事业取得新进展，居民素质和社会文明程度达到新高度，文化软实力显著增强；广泛形成绿色生产生活方式，秀美袁州目标基本实现；形成高水平开放新格局，参与国际国内经济合作和竞争新优势明显增强；人均地区生产总值实现翻番，中等收入群体显著扩大，基本公共服务实现均等化，城乡区域发展差距和居民生活水平差距显著缩小；社会治理体系和治理能力显著提升，共建共治共享的社会发展新局面基本形成，社会充满活力又和谐有序；人民生活更加美好，袁州人民共同富裕取得更为明显的实质性进展。

全会提出了“十四五”时期全区经济社会发展主要目标，这就是：经济综合实力实现新突破，主要经济指标增速高于全市平均水平，力争人均地区生产总值跨越1万美元台阶，全区发展态势和成效在全市处于一流水平。发展质量实现新跨越，打响袁州医药名片、袁州锂电名片、袁州油茶名片，围绕产业链布局创新链，实施培育计划，打造创新主体，增强发展动力，营造全市一流营商环境。城乡融合发展达到新高度，深入推进城市更新行动，全力担当打造市本级百万人口区域中心城市的历史责任，凝聚市、区联动发展合力，推动市、区竞合发展提速，增强区域经济发展动力，城镇建设水平位列全市一流。民生福祉改善迈上新台阶，人民对美好生活的需要得到更好满足，社会就业更加充分，基本公共服务水平明显提升，社会保障体系更加完善，民生保障能力和服务水平进入全市一流。生态文明建设取得新进展，资源能源利用效率大幅提高，优质生态产品供给持续增加，初步建立生态产品价值实现机制，促进人与自然和谐共处，加快形成绿色生产生活方式，不断提升绿色发展水平。社会文明程度得到新提高，社会主义核心价值观深入人心，强化网络文明建设，传承红色基因，唱响好人文化，打响袁州好人名片，社会文明程度和人民素养位列全市一流。社会治理水平得到新提升，法治体系更加完善，“五型”政府建设取得更大成效，公共安全管理体制机制不断健全，社会安全体系保障更加有力，社会治理体系建设和治理能力水平位列全市一流。

全会提出了“十四五”时期全市经济社会发展的重点任务，主要是“八个求突破、三个走前列”：深入实施创新驱动发展战略,在强化科技创新引领上求突破;深入推进“产业兴区、工业强区”战略,在培育经济发展新动能上求突破;聚焦中心城区城市建设,在推进新型城镇化建设上求突破;统筹实施扩大内需与扩大开放战略,在构建内外双循环格局上求突破;全面深化重点领域改革,在增强发展内生动力上求突破;构建现代化基础设施体系,在基础设施强化升级上求突破;优先发展农业农村,在全面推进乡村振兴上求突破;高标准打造生态文明“袁州样板”,在培育绿色发展优势上求突破。繁荣发展文化事业和产业,在提升袁州文化软实力上走前列;持续改善和提升民生保障水平,在增强人民福祉上走前列;推进社会治理体系和治理能力现代化建设,在共建共享共治上走前列。全会强调,实现“十四五”规划和2035年远景目标,必须坚持党的全面领导,充分调动一切积极因素,广泛团结一切可以团结的力量,形成推动发展的强大合力。要全面加强党对经济社会发展的领导,坚持党对一切工作的领导,坚决维护党中央权威,确保党中央、省委、市委决策部署在袁州区有效落实。要不断提高党的执政能力和领导水平,完善担当作为和容错纠错机制,健全奖惩制度,促进全区领导干部增强“八项本领”,奋力创造新时代“第一等的工作”。要坚持全面从严治党,坚决落实新时代党的建设总要求,一体推进不敢腐、不能腐、不想腐制度建设,深入整治“怕、慢、假、庸、散”作风顽疾,以作风攻坚助力项目攻坚、改革攻坚,以作风一流争创服务一流、形象一流、业绩一流。

【中共宜春市袁州区委六届一次全体(扩大)会议】 9月1日,中国共产党宜春市袁州区第六次代表大会闭幕后,中国共产党宜春市袁州区第六届委员会召开第一次全体会议,选举产生了新一届区委常委和书记、副书记。江伟斌受大会主席团委托主持会议。全会应到区委委员39名、候补委员7名,实到区委委员39名、候补委员7名,符合规定人数。

会议选举江伟斌、胡勇、李云平、谢春松、赵云、刘逸飞、沈郅、李翔、江海滨、杨卫勇、傅鹏、谌卫锋12人为中共宜春市袁州区第六届委员会常务委员会委员;选举江伟斌为中共宜春市袁州区第六届委员会书记;胡勇、李云平为中共宜春市袁州区第六届委员会副书记;通过了中国共产党宜春市袁州区第六届纪律检查委员会第一次全体会议选举结果的报告。

江伟斌对新一届区委班子提出四点希望和要求。他强调:要保持“万年太久、只争朝夕”的效率意识;要发扬“埋头苦干、勤政务实”的工作作风;要追求“不干则已、干则极致”的工作标准;要凝聚“和衷共济、协力同心”的磅礴力量。

全会号召,新一届区委班子要更加紧密地团结在以习近平同志为核心的党中央周围,在中央、省委、市委的坚强领导下,团结带领全区广大党员干部群众,在推动高质量跨越式发展的历史舞台上,埋头苦干、艰苦奋斗,展现新风采、创造新业绩、续写新辉煌,奋力冲刺全国县区经济百强,在实现大宜春核心区高质量跨越式发展征程中谱写袁州现代化新篇章。

区委常委会会议

【区委五届第105次常委会会议】 1月11日,区委常委会会议审议了《中共宜春市袁州区委常委会2020年工作报告(审议稿)》《袁州区在“中心城区强起来、县市区跑起来、大宜春立起来”中勇担当重实干做示范的实施意见(审议稿)》及配套文件,《2021年区领导及特派员挂点帮扶工业企业安排表(送审稿)》《关于加强新时代地方人大工作的实施意见(代拟稿)》《袁州区重大民生实事项目人大代表票决制工作实施意见(代拟稿)》;研究了召开区委五届十次全体(扩大)会议的有关问题。

【区委五届第106次常委会会议】 1月31日,区委常委会会议听取了人大、政府、政协、法院、检察院党组关于2020年度工作总结及2021年度工作计划的汇报;审议了《袁州区委关于贯彻〈党委(党组)意识形态工作责任制实施办法〉的若干意见(审议稿)》《袁州区四套班子领导关于加强领导班子建设的整改方案(审议稿)》《政府工作报告(审议稿)》《十大民生实事(审议稿)》。会议还研究了人事问题。

【区委五届第107次常委会会议】 2月8日,区委常委会会议书面传达学习了十九届中央纪委五次全会、省纪委十四届六次全会、市纪委四届六次全会精神,省委、市委政法工作会议精神;传达学习了《中国共产党统一战线工作条例》;听取了《袁州区乡镇国土空间规划(2021—2035年)编制工作方案》有关情况的汇报;审议了《关于调整袁州区创建全国文明城市指挥部成员的通知(审议稿)》《袁州区2021年创建全国文明城市工作方案(审议稿)》《袁州区国民经济和社会发展第十四个五年规划和二〇三五年远景目标纲要(审议稿)》《袁州区2021年区本级财政收支预算草案(审议稿)》《袁州区产业引导母基金设立和运行方案(审议稿)》;研究了关于召开区纪委五届六次全会、区五届人大七次会议、政协宜春市袁州区五届六次会议的有关事项;研究了关于袁州区2020年高质量跨越式发展考核结果的有关事项。会议还研究了人事问题。

【区委五届第108次常委会会议】 3月4日,区委常委会会议审议了《“大爱袁州 好人之城”活动实施方案(审议稿)》《袁州区深化事业单位改革试点实施方案(审议稿)》;研究了关于袁州区教育补短板项目推进情况汇报。会议还研究了人事问题。

【区委五届第109次常委会会议】 3月6日,区委常委会会议书面传达学习了全国、全省、全市宣传部长会议精神,省委第七巡视组组长刘立松在《中共宜春市袁州区委关于认真做好省委第七巡视组巡视“回头看”反馈意见整改工作的通知(送审稿)》送审时提出的要求;审议了《中央第五巡视组巡视反馈江西省委意见整改任务清单(审议稿)》《省委第七巡视组对宜春市委巡视“回头看”反馈意见整改任务清单(审议稿)》《关于认真做好省委第七巡视组巡视“回头看”反馈意见整改工作的通知(审议稿)》。

【区委五届第110次常委会会议】 3月18日,区委常委会会议书面传达学习了全国、全省、全市统战部长会议精神;审议了《关于开展区委党史学习教育筹备工作的建议》《关于在全区开展党史学习教育的实施方案(审议稿)》《袁州区政法队伍教育整顿实施方案(审议稿)》《关于进一步做好区政协协商成果办理反馈督查落实工作的通知(审议稿)》《关于区委组织部增挂牌子和调整核定领导职数有关情况的报告(审议稿)》;研究了有关人员违纪问题的处理意见。

【区委五届第111次常委会会议】 3月29日,区委常委会会议传达学习了十九届五中全会精神和中央纪委五次全会精神,习近平总书记关于全面从严治党和严明党的政治纪律、政治规矩重要论述,视察江西重要讲话精神,习近平生态文明思想和习近平总书记关于推动长江经济带发展重要讲话精神,关于秦岭生态环境保护和违建别墅政治重要指示批示精神,关于安全生产重要论述;听取了袁州区开展政法队伍教育整顿前阶段工作情况汇报,袁州区落实中央巡视省委、省委巡视“回头看”反馈意见整改工作进展情况的汇报,关于《五届区委第八轮、第九轮巡察反馈意见整改落实情况及移交问题线索处置情况》和《五届区委第十轮巡察总体情况》的报告;审议了《区委关于推进清廉袁州建设的意见(审议稿)》《中共宜春市袁州区委常委班子2020年度暨省委巡视“回头看”整改专题民主生活会对照检查材料(审议稿)》《2021年度袁州区委巡察工作计划(审议稿)》。

【区委五届第112次常委会会议】 4月7日,区委常委会会议传达学习了省、市中央第四生态环境保护督察组对江西开展生态环境保护督察工作动员部署会议精神,中央、省委、市委关于严肃换届纪律加强换届风气监督通知精神,全市组织部长会议讲话精神,并研究贯彻落实意见;审议了《关于落实〈袁州区有关部门生态环境保护责任清单〉的实施细则(审议稿)》《关于成立袁州区迎接中央第二轮生态环保督察工作领导小组的通知(审议稿)》《关于推荐上报2020年度“共产党员示范乡镇(街道)”名单的报告(审议稿)》《关于成立袁州区乡镇街道班子换届工作领导小组的方案(审议稿)》。

【区委五届第113次常委会会议】 4月13日,区委常委会会议讨论了有关违纪人员问题。

【区委五届第114次常委会会议】 4月22日,区委常委会会议传达学习了省纪委省监委典型案例警示教育材料(汇编);听取了关于推荐全市优秀共产党员、优秀党务工作者、先进基层党组织有关事项的报告,关于《袁州区贯彻〈宜春市贯彻《江西省维护社会稳定领导责任制规定》的实施意见〉的实施意见(审议稿)》的报告;审议了《关于规范政商交往行为推动构建亲清政商关系的意见(审议稿)》《袁州区乡镇领导班子换届工作方案（审议稿）》《宜春市袁州区招商引资管理办法（审议稿）》《袁州区政府隐性债务风险化解工作方案》的有关事项报告,《关于加强村(社区)党组织纪检委员队伍建设的实施意见(试行)(审议稿)》;研究了有关人员违纪问题的处理意见。

【区委五届第115次常委会会议】 4月27日,区委常委会会议传达学习了习近平总书记关于统计工作的重要讲话和指示批示精神、中央有关统计工作的重要文件精神、有关统计工作法律法规主要精神;传达学习了省领导对中央生态环境保护督察曝光典型案例有关指示批示精神;审议了《乡镇领导班子换届工作考察暨2020年度考核工作方案(审议稿)》。

【区委五届第116次常委会会议】 5月20日,区委常委会会议传达了全市河湖长、林长制会议精神;审议了《关于在全区开展"五进四问三服务"主题实践活动的实施方案(审议稿)》。会议还研究了人事问题。

【区委五届第117次常委会会议】 5月27日,区委常委会会议研究了人事问题。

【区委五届第118次常委会会议】 5月31日,区委常委会会议传达学习了习近平总书记听取三轮中央巡视汇报时重要讲话摘要精神;传达学习了2021年全国巡视工作会议暨十九届中央第七轮巡视动员部署会精神,中央保密委员会《关于2020年全国窃密泄密案件情况的通报》精神和《中国共产党机要密码工作条例》,中央第八督导组组长蒋卓庆下沉宜春督导讲话精神和全市政法队伍教育整顿办公室会议精神;审议了《2021年袁州区加快推进工业经济高质量发展的若干政策措施(审议稿)》;研究了有关人员违纪问题的处理意见。会议还研究了人事问题。

【区委五届第119次常委会会议】 6月9日,区委常委会会议传达学习了市委统一战线工作领导小组2021年第一次全体会议精神;审议了《"我为群众办实事"实践活动工作实施方案（审议稿)》《袁州区庆祝中国共产党成立100周年活动总体方案（审议稿)》《中共宜春市袁州区委2021年度政党协商计划(审议稿)》《关于实现巩固拓展脱贫攻坚成果同乡村振兴有效衔接的实施意见（审议稿)》《关于全面推进乡村振兴加快农业农村现代化的实施意见（审议稿)》《袁州区推进油茶产业高质量发展实施意见（审议稿)》《2021年袁州区污染防治攻坚战工作要点（审议稿)》《袁州区政府投资项目决策管理暂行办法（审议稿)》《袁州区优化营商环境2021年工作要点（审议稿)》《袁州区建设全市营商环境一等区实施方案(审议稿)》。会议还研究了人事问题。

【区委五届第120次常委会会议】 6月22日,区委常委会会议传达学习了《中共中央关于加强对"一把手"和领导班子监督的意见》,省安委会第三专项巡察组巡查宜春市安全生产工作动员视频会议精神,省委第七巡视组组长刘立松在听取袁州区巡视整改进展情况专题汇报时的讲话精神;审议了《关于做好全区区乡两级人民代表大会换届选举有关工作的意见（审议稿)》《关于省委第七巡视组巡视"回头看"反馈意见整改进展情况的报告（审议稿)》《关于落实省委书记专题会议点评事项的整改情况报告（审议稿)》《关于巡视整改进展情况的通报(向社会公开稿)(审议稿)》;研究了关于召开中国共产党袁州区第六次代表大会的有关事项,关于全区"两优一先"拟推荐表彰对象及有关工作事项;研究了有关人员违纪问题的处理意见。会议还研究了人事问题。

【区委五届第121次常委会会议】 7月6日,区委常委会会议传达学习了习近平总书记在庆祝中国共产党成立100周年大会上的重要讲话精神和全省庆祝中国共产党成立100周年大会会议精神;书面传达学习了中央、省扫黑除恶专项斗争有关会议精神;审议了《袁州区落实中央第八督导组、省第八驻点指导组反馈意见整改工作方案(审议稿)》《关于区扶贫工作机构调整的工作方案(审议稿)》;研究了有关人员违纪问题的处理意见。会议还研究了人事问题。

【区委五届第122次常委会会议】 7月17日,区委常委会会议审议了《袁州区"我为群众办实事"重点民生项目清单(审议稿)》。会议还研究了人事问题。

【区委五届第123次常委会会议】 8月16日,区委常委会会议传达学习了习近平总书记在西藏考察期间重要讲话精神；传达学习了省纪委办公厅《关于督促加强对招商引资项目和并购上市公司股份审核把关的工作提示》精神，省纪委办公厅《关于深化专项治理严防吃喝送礼歪风变异回潮的通知》；听取了巡视整改工作进展情况汇报，中央、省环保督察反馈问题整改情况汇报；审议了《关于进一步净化政治生态激励干部担当实干的十条举措（审议稿）》《关于开展严守政治纪律严明政治规矩专项整治的工作方案（审议稿）》《关于加强对“一把手”监督和领导班子监督的实施意见（试行）（审议稿）》《关于加强对“三重一大”事项监督的实施办法（审议稿）》《袁州区委总督察实施办法（审议稿）》《关于加强政府投资工程建设领域廉政风险防控的若干举措（审议稿）》《关于规范村级财务、项目管理的若干举措(试行)（审议稿）》《关于袁州区在“我为群众办实事”期间开展风险隐患大排查、大整治行动实施方案（审议稿）》《关于2020年度乡镇（街道）、区直单位脱贫攻坚工作成效考核结果和先进个人的通报（审议稿）》《政协宜春市袁州区委员会换届工作实施方案（送审稿）》。研究了常委同志分工的有关事项，关于区部分事业单位更名及挂牌的有关事项。研究了区政协机关增核领导职数的有关事项，关于中国（宜春）锂电新能源产业园标准厂房建设项目（二期）有关事项。会议还研究了人事问题。

【区委五届第124次常委会会议】 8月23日，区委常委会会议审议了袁州区出席中国共产党宜春市第五次代表大会候选人初步人选。

【区委五届第125次常委会会议】 8月24日，区委常委会会议讨论了有关违纪人员的问题。

【区委五届第126次常委会会议】 8月24日，区委常委会会议传达学习了习近平总书记在中共中央政治局第32次集体学习上的重要讲话精神、在第16期《求是》杂志发表的重要文章；听取了中国共产党宜春市袁州区第六次代表大会筹备工作情况的报告；审议了中国共产党宜春市袁州区第六次代表大会日程安排，以及大会秘书长、主席团常委、执行主席分组等名单，袁州区出席中国共产党宜春市第五次代表大会代表候选人预备人选圈选办法，全区党费收缴、使用和管理情况报告，在中国共产党宜春市袁州区第六次代表大会上的区委工作报告和区纪委工作报告；审议了中共袁州区第六次代表大会选举办法，区委委员、候补委员、纪委委员候选人建议名单，区六届人大代表候选人名单、区六届人大常委会委员名单和市五届人大代表候选人建议名单，区四套班子、法检“两长”及监委主任换届候选人名单。会议还研究了人事问题。

【区委五届第127次常委会会议】 8月28日，区委常委会会议传达学习了《关于江西在新时代推动中部地区高质量发展中加快崛起的实施意见》《刘奇、易炼红同志在县（市、区）委书记座谈会上的讲话》《刘奇同志在第四批中央单位挂职干部座谈会上的讲话》精神；听取了关于落实袁州区区级储备粮规模及建立粮食加工企业社会责任储备有关事项的汇报，关于推进义务教育阶段“双减”工作——校外培训机构专项整治行动有关事项的汇报，关于《袁州区2021年政府性债务风险化解工作方案》有关事项的汇报；审议了中共宜春市袁州区第六次代表大会代表分团建议及代表团正副团长建议名单（草案），中共宜春市袁州区第六次代表大会主席团成员建议名单（草案），中共宜春市袁州区第六次代表大会副秘书长建议名单（草案），中共宜春市袁州区第六次代表大会列席人员建议名单（草案），中共宜春市袁州区第六次代表大会代表资格审查委员会成员建议名单（草案），中共宜春市袁州区第六次代表大会预选总监票人、各代表团监票人建议名单（草案），中共宜春市袁州区第六次代表大会正式选举总监票人、监票人建议名单（草案）；审议了袁州区出席中国共产党江西省第十五次代表大会代表候选人推荐人选名单。研究部署了疫情防控和疫苗接种工作。会议还研究了人事问题。

【区委六届第1次常委会会议】 9月9日，区委常委会会议传达学习了习近平总书记在河北承德考察时的重要讲话精神，在中央民族工作会议上的重要讲话精神，在中央党校（国家行政学院）中青年干部培训班开班式上的重要讲话精神；传达学习了关于全省抓党建促乡村振兴电视电话会议主要精神，于秀明同志在巩固拓展脱贫攻坚成果同乡村振兴有效衔接工作座谈会上的讲话精神；审议了《袁州区信访工作联席会议制度等四个制度(审议稿)》《袁州区2021年重点信访事项化解稳定责任台账(审议稿)》；研究了有关人员违纪问题的处理意见。会议还研究了人事问题。

【区委六届第2次常委会会议】9月17日，区委常委会会议传达学习了习近平总书记在陕西榆林考察时的重要讲话精神、在《求是》杂志发表的《毫不动摇坚持和加强党的全面领导》重要文章精神；研究了关于召开宜春市袁州区六届人大一次会议、政协宜春市袁州区六届一次会议的有关事项；审议了《区人大常委会工作报告(审议稿)》研究了关于召开的有关事项，《区政协第五届委员会常务委员会工作报告和提案工作情况的报告(审议稿)》《政府工作报告(审议稿)》《区法院工作报告(审议稿)》《区检察院工作报告(审议稿)》。会议还研究了人事问题。

【区委六届第3次常委会会议】9月30日，区委常委会会议传达学习了习近平总书记在七十六届联合国大会一般性辩论上的重要讲话精神，在上海合作组织成员国元首理事会第二十一次会议上的重要讲话精神，在中央人才工作会议上的讲话精神；传达学习了刘奇、易炼红同志在全省工业强省推进大会上的讲话精神，刘奇同志在全省开发区主要负责同志座谈会上的讲话精神，中共宜春市第五次党代会精神；听取了关于宜春市第二人民医院(袁州区人民医院)新院延期建设的有关事项汇报；审议了《袁州区健全落实社会治理和平安建设领导责任制实施办法(审议稿)》《袁州区开展美丽乡镇建设五年行动工作方案(审议稿)》《关于建设高质量交通强区的实施意见(审议稿)》。

【区委六届第4次常委会会议】10月18日，区委常委会会议传达学习了习近平总书记近期重要讲话精神；听取了在“我为群众办实事”活动期间开展风险隐患大排查、大整治行动的情况汇报，创建全国文明城市工作开展情况汇报，党史学习教育情况汇报，中心城区农贸市场提档升级情况汇报，2021年“消红降级”化债工作阶段性进展情况汇报，前三季度经济运行情况汇报；审议了《袁州区巩固拓展脱贫攻坚成果同乡村振兴有效衔接工作联席会议制度(审议稿)》《袁州区巩固拓展脱贫攻坚成果同乡村振兴有效衔接领导小组及18个专项工作组(审议稿)》《关于区委常委会落实“三重一大”事项集体决策制度的实施办法(审议稿)》《关于认真贯彻省委有关文件和市第五次党代会精神、做好下一步经济工作的实施意见(审议稿)》；研究了棚改扫尾攻坚工作有关事项，关于组建宜春市袁州区产业发展投资有限公司有关事项，袁州区2021年重大建设项目挂点推进工作有关事项。研究了有关人员违纪问题的处理意见。

【区委六届第5次常委会会议】11月2日，区委常委会会议传达学习了习近平总书记在全军装备工作会议上的重要讲话精神；分析了党管武装工作形势，听取了区委书记、区人武部党委第一书记江伟斌发言。

【区委六届第6次常委会会议】11月2日，区委常委会会议传达学习了习近平总书记近期重要讲话精神，并研究贯彻落实意见；传达学习了省委书记易炼红在省委常委会(扩大)会议上的讲话精神，全省基层党建信息化建设现场推进会精神；审议了《袁州区全面排查整顿农村发展党员违规违纪问题工作实施方案(审议稿)》；书面传达了全国、全省、全市常态化开展扫黑除恶斗争和全市市域社会治理现代化试点工作推进会精神；听取了关于处置资产偿还债务有关事项的汇报，《袁州区工业企业“亩产效益”综合评价办法》有关事项的汇报，《袁州区批而未用土地消化攻坚行动工作方案(2021—2023年)和袁州区矿山生态环境整治攻坚行动实施方案》有关事项的汇报。

【区委六届第7次常委会会议】11月12日，区委常委会会议传达学习了习近平总书记近期重要讲话精神，中国共产党第十九届中央委员会第六次全体会议精神，《陈希同志在全国加强换届风气监督工作电视电话会议上的讲话》精神和中央组织部《关于查处四川省自贡市自流井区严重违反换届纪律问题的通报》精神，《中共江西省委统一战线工作领导小组关于贯彻〈中国共产党统一战线工作条例〉的实施意见》主要精神；听取了粮食购销领域工作情况汇报。研究了有关人员违纪问题的处理意见。会议还研究了人事问题。

【区委六届第8次常委会会议】11月19日，区委常委会议传达学习了习近平总书记近期重要讲话精神。会议还研究了人事问题。

【区委六届第 9 次常委会会议】 11 月 29 日,区委常委会会议传达学习了省第十五次党代会和全市领导干部会议精神;审议了《袁州区学习宣传贯彻党的十九届六中全会精神、省第十五次党代会精神工作方案(审议稿)》。

【区委六届第 10 次常委会会议】 12 月 3 日,区委常委会会议传达学习了中共中央政治局会议精神,中央全面深化改革委员会第二十二次会议精神,习近平总书记在第三次“一带一路”建设座谈会上的重要讲话精神,在主持中国—东盟建立对话关系 30 周年纪念峰会时的重要讲话精神,在中非合作论坛第八届部长级会议上的主旨讲话精神;传达学习了省委书记易炼红在省委十五届一次全会上的讲话精神,在宜春调研时的讲话精神;传达学习了中央全面依法治国、省委全面依法治省、市委全面依法治市有关会议精神;书面传达学习了《中华人民共和国安全生产法》《江西省党政领导干部安全生产责任制实施细则》《宜春市落实党政领导干部安全生产责任制实施办法》;听取了第一轮中央、省环保督察及“回头看”反馈问题、交办信访件整改销号情况及第二轮中央生态环境督察交办信访件整改情况汇报;审议了《区委全面依法治区工作会议重点任务分工方案(审议稿)》《2021 年度全区党委(党工委、党组、总支、支部)意识形态工作责任制考核方案(审议稿)》《2021 年袁州区委意识形态工作责任制落实情况报告(审议稿)》《关于改革完善社会救助制度的实施方案(审议稿)》。研究了有关人员违纪问题的处理意见。

【区委六届第 11 次常委会会议】 12 月 13 日,区委常委会会议传达学习了中央经济工作会议精神,习近平总书记在主持中共中央政治局第三十五次集体学习时的重要讲话精神、向 2021 年“读懂中国”国际会议(广州)开幕式发表的视频致辞精神、致中国人民对外广播事业创建 80 周年的贺信精神、向中国—拉共体论坛第三届部长会议发表的视频致辞精神、向“2021 年从都国际论坛”开幕式发表的视频致辞精神、致 2021·南南人权论坛的贺信精神、致 2021 年大湾区科学论坛的贺信精神;传达学习了全国宗教工作会议和党外人士座谈会精神,省委书记易炼红《关于抓工作落实的调研与思考》精神;书面传达学习了《易炼红同志在第二批政法队伍教育整顿“回头看”和中央督导反馈意见整改工作推进会上的讲话》《省委常委、政法委书记张鸿星在宜春市调研政法工作的主要讲话精神》。

【区委六届第 12 次常委会会议】 12 月 29 日,区委常委会会议传达学习了中央全面深化改革委员会第二十三次会议精神,习近平总书记在中国文学艺术界联合会第十一次全国代表大会、中国作家协会第十次全国代表大会上的讲话精神,在《求是》杂志发表的《深入实施新时代人才强国战略　加快建设世界重要人才中心和创新高地》重要文章精神,对党内法规制度建设、老干部工作、巩固拓展党史学习教育成果作出的重要指示精神;传达学习了全省领导干部“学习贯彻党的十九届六中全会精神,提高政治判断力政治领悟力政治执行力”专题研讨班和省委经济工作会议精神,省委办公厅、省政府办公厅《印发〈关于习近平总书记视察江西重要讲话精神贯彻落实情况的综合督查报告〉的通知》精神,《易炼红、叶建春在全省发展非公有制经济表彰电视电话会议上的讲话》精神;审议了《2018—2020 年度连续三年考核为优秀公务员(参照公务员法管理工作人员)拟记三等功人员名单(审议稿)》《关于贯彻落实〈中国共产党政法工作条例〉的实施办法(审议稿)》。研究了有关人员违纪问题的处理意见。会议还研究了人事问题。

区委重要决策

【村(居)选举】 2021 年 1 月 6 日,区委办、区政府办印发《袁州区村(社区)党组织和第十一届村(居)民委员会选举工作实施方案》,部署安排全区村(居)民委员会选举工作。

【人大工作】 2021 年 1 月 16 日,区委印发《关于加强新时代地方人大工作的实施意见》,对在新时代充分发挥区乡两级国家权力机关和人大代表作用提出了具体要求和工作遵循。

【勇担当重实干作示范】 2021 年 1 月 19 日区委、区政府印发《关于在“中心城区强起来、县市区跑起来、大宜春立起来”中勇担当重实干作示范的实施意见》。实施意见围绕全力打造大宜春核心区,确立奋力迈进全省高质量发展第一方阵的目标,当好中心城区强起来的主力军,大宜春立起来的示范地;打造一流的营商环境和一流的工作作风。统筹三大板块,即以“江南多胜游、寻梦到袁州”为愿景的中心城区板块;以“大项目顶天立地,中小项目铺天盖地”为目标的工业园区板块;以“农业高质高效、乡村宜居宜业、农民富裕富足”为主题的乡村振兴板块。擦亮四张名片:“袁州医药”“袁州锂电”“袁州茶油”“袁州好人”;做到五个坚持:1.坚持工业强区、产业兴区,在转型发展中提质效;2.坚持创新创业、开明开放,在改革创新中激活力;3. 坚持绿色发展、生态优先,在城乡融合中展新貌;4.坚持人民至上、和谐为本,在急难愁盼上见实效;5.坚持从严治党、锤炼作风,在真抓实干中作表率。

【教育体制改革】 2021 年 2月 4 日,区委办、区政府办印发《袁州区关于深化新时代教育督导体制机制改革的实施办法》,从完善教育督导管理体制、优化教育督导运行机制、强化教育督导结果运用、落实教育督导条件保障方面对新时代教育督导体制机制改革作出部署。

【事业单位改革】 2021 年 3 月 5 日,区委办、区政府印发《袁州区深化事业单位改革试点实施方案》。方案提出了深化事业单位改革的总体要求和主要任务,制定了工作程序,落实了责任单位。明确优化重组的事业单位共 78 个,其中正科级 13 个:1.区委区政府接待处,为区委区政府直属正科级事业单位;2.区委党校(区行政学校),为区委直属正科级事业单位;3. 区硒资源开发利用中心,为区政府正科级事业单位,委托区农业农村局管理;4.区网络应急指挥中心,正科级,由区委宣传部管理;5.区财政公共服务中心,正科级,由区财政局管理;6.区党史地方志工作办公室,挂区档案馆牌子,为区委区政府正科级直属事业单位;7.区新城建设服务中心,为区政府正科级直属事业单位;8.区政策研究中心,为区委直属正科级事业单位,委托区委办公室管理;9.区政府金融服务中心,为区政府正科级直属事业单位,委托区政府办公室管理;10. 区党建和人才服务中心,正科级,由区委组织部管理;11. 区原中央苏区振兴发展服务中心,为区政府正科级事业单位,委托区发展和改革委员会管理;12. 区机关事务管理中心,为区政府直属正科级事业单位;13.区融媒体中心(袁州广播电视站),为区委、区政府正科级事业单位,归口区委宣传部管理。副科级事业单位 26 个,股级及以下机构 39 个。

【清廉袁州】 2021 年 4 月 2 日,区委印发《关于推进清廉袁州建设的意见》,提出了建设清廉袁州的指导思想、目标任务和基本原则,并从强化党的政治建设、压实管党治党政治责任、推进权力规范运行、践行忠诚干净担当、大力培育清廉理念方面,全面部署清廉袁州建设工作。

【村级纪检】 2021 年 4 月 27 日,区委办印发《关于加强村(社区)党组织纪检委员队伍建设的实施意见(试行)》,从配齐配强村级纪检委员、充分发挥村级纪检委员职能作用、健全村级纪检委员工作保障机制方面,对村(社区)党组织纪检委员的任务标准、职责权限、工作要求和保障措施进行明确。

【招商引资】 2021 年 4 月 30 日,区委办、区政府办印发《宜春市袁州区招商引资管理办法》,从工业项目准入、项目用地管理、财税扶持政策、固定资产投资扶持政策和其他补充要求,对全区招商引资制定了标准和要求。

【社会稳定】 2021 年 5 月 7 日,区委办、区政府办印发《袁州区贯彻〈宜春市贯彻《江西省维护社会稳定领导责任制规定》的实施意见〉的实施意见》,明确了各乡镇(街道)、各部门各单位党政领导班子及其成员维护社会稳定的原则、职责分工、工作机制和管理考核办法。

【高质量发展】 2021 年 6 月 7 日,区委办、区政府印发《2021 年袁州区加快推进工业经济高质量发展的若干政策措施》,明确了 2021 年加快推进工业经济高质量发展若干政策的适用范围、具体扶持政策和申报流程,并对相关问题进行了说明。

【巩固脱贫攻坚】 2021 年 6 月 17 日,区委、区政府印发《关于实现巩固拓展脱贫攻坚成果同乡村振兴有效衔接的实施意见》,明确了巩固拓展脱贫攻坚成果同乡村振兴有效衔接的总体要求,就建立健全巩固拓展长效机制、全力做好有效衔接重点工作、稳妥推进政策体系有效衔接、全面强化有效衔接工作举措作出了部署安排。

【乡村振兴】 2021年6月21日，区委、区政府印发《关于全面推进乡村振兴加快农业农村现代化的实施意见》，明确了解决好“三农”问题，全面推进乡村振兴加快农业农村现代化总体要求、重点工作、保障措施。

【油茶产业发展】 2021年7月1日，区委办、区政府印发《袁州区推进油茶产业高质量发展实施意见》，就以新发展理念引领全区油茶产业高质量发展，进一步擦亮“袁州油茶”名片，努力把“袁州油茶”打造成促进全区乡村振兴的支柱产业，打通“两山”转换通道的示范产业，明确了推进油茶产业高质量发展的总体要求、主要内容和保障措施。

【国企改革】 2021年7月12日，区委办、区政府办印发《袁州区国资国企改革创新三年行动实施方案(2020—2022年)》，就进一步深化袁州区国资国企改革创新，做强做优做大国有资本和国有企业明确了总体要求、重点任务和保障措施。

【我为群众办实事】 2021年8月18日，区委办、区政府办印发《袁州区在“我为群众办实事”活动期间开展风险隐患大排查大整治行动实施方案》，从指导思想、排查内容、组织实施等方面，明确在全区各领域、各层次、各环节深入开展风险隐患大排查。

【交通强区】 2021年10月12日，区委、区政府印发《关于建设高质量交通强区的实施意见》，明确了建设高质量交通强区的总体要求、主要任务、保障措施及重点工程。

【脱贫同乡村振兴衔接】 2021年10月21日，区委办、区政府办印发《袁州区巩固拓展脱贫攻坚成果同乡村振兴有效衔接工作联席会议制度》，明确了巩固拓展脱贫攻坚成果同乡村振兴有效衔接工作联席会议的组成、主要职责、成员单位工作职责和议事制度及工作要求。

【区委党校】 2021年12月21日，区委印发《关于提高区委党校(行政学校)办学水平的若干措施》，制定11条措施以进一步提升区委党校办学水平，并明确建立乡镇(街道)党校的重要意义、目标任务、主要内容和总体要求。

【社会救助】 2021年12月25日，区委办、区政府办印发《关于改革完善社会救助制度的实施方案》，明确了改革完善社会救助制度的总体要求、主要任务和保障措施，建立了《袁州区困难群众基本生活保障工作协调机制》。

【政法工作】 2021年12月31日，区委印发《关于贯彻落实〈中国共产党政法工作条例〉的实施办法》，从坚持党的绝对领导、强化决策和执行、深入推进平安法治建设、严格执行请示报告制度、抓好政法队伍建设、健全完善监督机制和责任落实体系、加强乡镇(街道)政法委员队伍建设方面对贯彻落实《中国共产党政法工作条例》作出了明确要求。

【法治袁州】 2021年12月31日，区委印发《法治袁州建设规划(2021—2025年)》，对2021—2025年法治袁州建设进行了总体规划和部署，明确了规范的总体要求、重点任务和保障机制。

(赵世祥)

党委综合事务

【概况】 2021年，区委综合事务围绕中心、服务大局、履职尽责，深入学习习近平新时代中国特色社会主义思想和党的十九大及十九届历次全会精神，“三服务”(为上级党委服务、为同级党委服务、为基层群众服务)工作扎实推进。

【党史学习教育】 高站位深谋划，做到组织领导到位、动员部署到位、宣传发动到位，党史学习教育要求及时传达部署到每位干部，活动开展做到高效有序；严要求强学习，严格按照党史学习教育实施方案和活动计划，精心组织开展各类学习活动，共举办区委办理论学习中心组集中学习暨党史学习教育研讨班、读书班9次，真正做到学有所思、学有所悟、学有所获；高质量召开区委办党史学习教育专题组织生活会，查摆出8个问题并已全部整改到位，同时，结合“我为群众办实事”等活动，广泛开展“五进四问三服务”主题实践活动，帮助群众解决民生实事25件，协调解决企业问题4件。

【参谋助手】 深入开展调查研究，按照“深、实、细、准、效”的原则,紧紧围绕招大引强、产业发展、环境保护等全区发展所需、改革所急、群众所盼开展调查研究,做到底数清、情况明、信息准。牢固树立精品意识,以提高文稿思想性、针对性和指导性为目标,认真领会领导意图,以刻苦钻研、精益求精的工作态度提高以文辅政能力,全年共撰写《在中国共产党宜春市袁州区第六次代表大会上的报告》等各类材料200余篇。全力确保政令畅通,积极发挥"中枢神经"作用,加强与区人大办、区政府办、区政协办沟通协调,通过文件、电话、会议等形式,及时将区委各项决策部署传达到相关乡镇街道、部门单位,有效保障各项工作部署从"纸上"落到"地上"。

【基层减负】 持续强化调度推进,坚持每季度对各发文单位文件发放情况进行调度,及时遏制反弹回潮现象,2021年,全区重点精简类文件减少148个,同比减少16.32%;持续强化会议统筹,将内容相近、参会人员相近的会议实行应并尽并、能套则套,2021年,共进行会议套开、合并9次;持续规范督查检查考核,严格按照中央、省、市关于整治形式主义为基层减负要求,制定《2021年督查检查考核计划》,做到连续3年只减不增。

【党内法规】 前置审核有序开展。严格按照关于认真学习《贯彻〈中国共产党党内法规制定条例〉等三部党内法规的通知》要求,对党内规范性文件开展前置审核,2021年共计审核文件27件。备案审查及时准确。坚持有件必备的原则,认真准备党内规范性文件备案审核材料和制定说明,严格按照时间节点向市委备案,2021年以来,共备案28件。下备一级有序开展。及时下发工作提醒,要求各单位按照《关于开展全区党内规范性文件备案工作的通知》进行党内规范性文件备案,2021年,收到下级上报备案审核材料2份,经审核,予以备案。

【深化改革】 提前谋划抓推进。年初牵头拟定了《区委全面深化改革委员会2021年工作要点及八个改革专项小组2021工作计划》等系列文件,做好了省、市改革办调研督查工作3次,圆满完成全区改革任务和年度改革试点工作,为经济社会发展添动力、增活力。大胆探索勇创新。大胆探索"微改革",深入挖掘改革特色亮点,向省市改革专栏信报送改革经验做法55篇,其中在江西改革动态简讯、《宜春改革动态》、《宜春日报》微改革专栏刊登推广10篇,在宜春市庆祝建党百年系列新闻发布会之全面深化改革专题新闻发布会上专题推介2项。紧盯目标勤汇报。及时向省委改革办、市委改革办汇报改革工作,争取指导和支持;严格按照省委、市委考评要求,整理上报考评资料,确保继续获得全市全面深化改革先进单位,力争全省先进单位。

【信息工作】 建章立制,信息报送渠道逐步规范。建立"干部人人写、股长篇篇改、领导日日审"的工作机制,不断完善信息采集、编写、报送等制度,切实加强了信息队伍建设,形成了信息服务整体合力。把握规律,报送质量明显提高。主动向上了解信息需求,抓住上报信息的着重点,坚持从"四个围绕"着手,力求思路能超前、决策会追踪、经验常总结、问题善分析,信息工作与决策思维的贴近度有效提升。团结协作,目标任务稳步推进。2021年编印区级刊物《每周汇要》39期,向省、市报送日常信息480条,调研信息42篇,完成上级约稿192篇,其中省委信息处单篇采用袁州区信息7篇,综合采用105篇,突破性获得170分;市委办信息科单篇采用60篇,综合采用192篇,《袁州区老旧小区改造工作存在问题与工作建议》等多篇调研信息获市委书记于秀明批示,信息工作在全市排名第四。

【督查工作】 扎实跟进省市交办事项。先后跟踪督办市委督查室转交的督办件13件,督促落实市委主要领导多个涉袁州批示指示,牵头顺利对接全市2021年重要工作综合督查及其他专项督查检查工作,对反馈的问题均督促相关部门整改到位。大力推进区委重大决策部署落实。制定《2021年督查检查考核计划》,做到连续三年只减不增,并采取督查检查考核事项反向调度、设立直报点等方式进一步监督部门规范督查检查考核,共计反向调度3次;督办常委会议定事项26项、书记批示238条,开展重大项目建设、基层挂牌情况、清廉袁州建设、营商环境、全区风险隐患大排查工作等明察暗访11次,对区委综合性会议和省市重要视频会议开展会风会纪督查10次。切实推动人民网和民声通道办理工作。以民声通道反映件、人民网书记留言板留言为抓手,通过整合人员力量、规范办件流程、紧盯承办单位、注重办理质效，做到“件件有着落，事事有回音”，及时化解了一批事关群众切身利益问题，累计受理民声通道平台转办件40件，办结40件，现场复核5件；受理核办件6件，办结5件，现场复核2件，办理中1件；受理人民网网友留言43条，办结43条，现场复核5条。

【保密机要】 加强宣传教育；先后组织保密知识专题业务培训、发放保密警示宣传资料、组织保密法专场竞赛等，共计发放警示教育片120块，播放保密公益广告500余次，发放资料3000余份，覆盖人数达8000余人次。加强保密检查。全面核查区直单位和各乡镇街道2000余台互联网计算机，实行拉网式巡察，全年共发出整改通知书36份，建立健全月检查制度，进一步加强了全区各单位保密工作的督促指导；畅通文件运转；进一步规范文件运转要求，全年共传输办理明码电报1557份，传输办理密码电报1489份，机要密码电报传输办理做到了安全畅通。做好涉密保障。全年保障涉密会议50余场，机要电话畅通，完成两办涉密专用计算机9台，非涉密桌面终端89台，打印机48台的安全可靠替换。国家安全工作稳步推进。认真组织一系列丰富多彩宣教活动，发放宣传读本1000多本，在行政大楼等多处投放国家安全知识广告，有效提升全民国家安全意识。

【对台工作】 深化袁州区与台湾交流，促进两岸同胞心灵契合。充分利用袁州区红色、绿色、古色文化资源，向台胞宣传袁州，增进两岸同胞认同感；走访慰问重点和困难台胞台属65人次，接待来信来访45人次，协助办理台湾居民大陆居住证和社保、中考高考加分共15起。优化营商环境，切实维护台商合法权益。持续贯彻落实中央和省市各项惠台政策，主动关心台商台胞工作生活，为台企台胞台属排忧解难、化解矛盾纠纷办实事好事38件。讲好袁州故事，提升袁州在台影响力。全年在海内外报刊电台网络等媒体用稿25篇，向台湾《江西文献》输送稿件8篇，向台胞台属赠送《江右宜春》30余册，助力提升宜春在台影响力，征订2021年《台湾工作通讯》41份、《两岸关系》41份，获2021年中央台办“两刊”对台宣传先进单位称号。引导台胞捐资助学传递大爱。协助做好台湾慈济慈善事业基金会在袁州区扶贫助学活动；2021年慈济扶助袁州贫困大学生、高中生共计187人，帮扶特困家庭23户160人，捐赠助学款总额达102.79万元，袁州区社会各界爱心人士800人全年向慈济总部捐赠爱心款总额约21.6万元。

【档案监督】 扎实开展入企服务。2021年以来，共计到江西海量动力新能源有限公司等4家企业指导档案工作，进一步提升企业档案人员的业务技能，提高企业档案规范化、标准化工作水平；深入开展档案宣传；通过“6·9”国际档案日和“12·4”法治宣传日活动，引导广大干部群众学史明理、学史增信、学史崇德、学史力行，进一步增强广大市民对档案重要性的认识和对档案法律法规的重视。持续推进政务服务。制定区档案政务服务网事项及行政权力清单，并在江西省权责清单管理系统进一步完善档案行政管理权责清单的梳理和录入工作。加大执法检查力度。11月15—24日，区委办与区档案馆成立了联合检查组，对全区28个乡镇街道和部分机构改革涉改单位的档案室软硬件设施和档案整理情况进行了检查，就检查中发现的问题进行了一对一的指导，并要求限期整改到位。

组织工作

【概况】 2021年，中共宜春市袁州区委下设基层党（工）委116个（其中社区党委67个），党组35个，党总支48个，党支部1069个，至年末共有党员34649名，其中：正式党员33549名，预备党员1100名；男性党员27619名，占党员总数的79.71%，女性党员7030名，占党员总数的20.23%；汉族党员34634名，占党员总数的99.96%，少数民族党员15名，占党员总数的0.04%；农村党员18332名，占党员总数的52.91%。具有研究生学历的257名，大学本科4714名，大学专科5177名，中专学历3574名，高中学历6812名，初中及以下学历14115名。有在岗职工（干部）党员9122名（公有制单位党员7822名，其中党政干部机关党员3128名，“两新”组织党员1300名），农牧渔民党员14683名，离退休（退职）职工（干部）党员4644名，其他党员6200名。

【党员发展】 2021年，全区发展党员1100名，并实行“两新”

组织发展党员计划单列,“两新”领域完成发展党员144名;采取集中授课、远程视频授课等方式,开展发展党员专题业务培训3次,培训人数达800余人。

【干部公务员管理】 2021年,围绕“打造营商环境一等区”“疫情防控”“文明城创建”“棚户区改造”等中心工作,选派120余名业务骨干、退出领导岗位人员、换届待安排领导干部赴一线参与工作。把政治标准作为衡量干部的第一标准,大力完善区管干部政治素质档案,对政治上不合格的“一票否决”。严格执行《党政领导干部选拔任用工作条例》相关规定,结合袁州区工作实际,制订《关于进一步规范干部选拔任用工作和加强对选人用人权同级监督的若干意见》等细化文件,进一步提升全区科级干部选拔任用工作规范化水平。2021年计划招录公务员(参公人员)36人,经笔试、面试、政审,录用32人。制定《2021年袁州区主体班次培训计划》《2021年度区直有关单位干部教育培训办班计划》,举办政治理论培训主体班次和业务能力专题培训班7期,集中轮训科级以上领导干部1100余人次,培训各层级干部2100余人次。

【干部监督】 通过组织填报对象集中学习工作会议、领导讲话精神、有关文件及观看培训视频等形式,切实提高个人有关事项报告填报质量,做到了报告对象不漏人、报告内容不漏项。全面规范干部档案“建、管、用”各个环节,对干部选任各个环节以及重要情况全过程监督,严防干部“带病提拔”,2021年,先后对拟提拔、进一步使用、职级晋升的247名领导干部人选相关信息进行了重点核实,全区应审副高以上职称人数为1159人,已全部完成初审和复审。

【乡村振兴】 拓展脱贫攻坚成果同乡村振兴有效衔接,全区选派第一书记25人、驻村工作队队员48人,实现乡村振兴重点帮扶村、“十三五”脱贫村第一书记和驻村工作队全覆盖。大力发展壮大村级集体经济,推行“1+N+1”强村带弱村发展模式,促进村级集体经济发展壮大。截至2021年年底,全区265个村实现了集体经济10万元以上,占比97.79%。全力推进红色名村建设,严格落实“441”规范要求,对照“支部过硬、红色突出、服务优质、村庄秀美、乡风文明”的标准,扎实推进4个红色名村建设。严格落实“四个一”工作措施,持续整顿软弱涣散基层党组织,排查整顿了10个软弱涣散村党组织。

【基层党支部建设】 推动基层党建“三化”建设提质增效,严格对标“4+6+1”总体框架要求,全区546个基层党组织全面完成标准化规范化建设,完成新坊镇和新康府街道信息化建设试点工作。顺利完成村(社区)“两委”换届。申报成功省级红色名村1个、市级红色名村3个,按照“441”工作要求,扎实推进红色名村建设。对党组织进行重新整合归并,全区共有非公企业党组织130个,其中单建79个、联建51个;社会组织党组织67个,其中单建39个、联建28个,对工作变动及履职不力的56名党建指导员进行更换,选取江特公司党委等8个非公企业党组织和希望之家志愿者协会党支部等6个社会组织党组织作为“两新”党建示范点。管好责任田,抓好中小学校基层党建,树立典型,评选表彰一批“两优一先”代表,打造宜春五中“五颗星”、黄颇小学智慧党建学校党建特色;带强队伍,坚持从优秀的一线老师、学校中层人员中发展党员,全年发展党员94人。探索开展“党建+和谐小区”建设,将我党组织链条由社区延伸到小区,实现党的领导“末端覆盖”,推动形成“支部+联创联建单位、物业、业委会(或物业管理委员会)”的小区共治共建组织体系,提升了辖区治理能力水平。

【机关党建】 2021年,袁州区进一步巩固“三化”建设成果;对照《袁州区推进基层党建标准化规范化建设工作实施方案》的10个方面内容,全面启动信息化建设工作。深化“双进双服务”,推行在职党员“积分制”管理,在全区各级机关推进“共产党员示范机关”建设,编印《组织生活工作手册》1500册;规范做好机关党组织换届选举,选优配齐党务班子。2021年以来,共计16个党支部按期进行了换届,新调整、撤换党支部书记5人。着力提高党员队伍质量,严把党员发展关口,2021年共发展党员26名,本科及以上学历党员24人,占比92%,35岁以下24人,占比92%,党员队伍结构得到进一步优化。

【党管人才】 党管人才全面加强。研究兑现2018—2021年人才政策资金259.2万元;修订全区人才引进办法,成立区党建和人才服务中心，进一步强化人才工作队伍。人才创新创业平台载体取得新成效，新增省级两化融合示范企业2家、新增省级专精特新中小企业6家、新增省级企业技术中心2家、新获批省工程研究中心1家、新增省级大健康产业第一批试点示范企业1家。全年新获得发明专利和实用新型专利663件，其中发明专利71件，排名全市第三，万人专利拥有量指标排名全市第二。

【人才引培】 全年引进研究生以上学历人才72人，公开引进急需紧缺高层次专业技术人才29人，引进培养省部级以上人才28人，教体系统引进一线教师345人，卫生系统引进卫生专业技术人才60人，发展硕士研究生等高层次人才党员15人；选派驻企特派员113人。与宜春学院建立“校地合作”伙伴关系，确定首批合作项目21个，全方位实施人才培育计划。推广“田教授”“土专家”等做法，组织各类农村实用人才开展创新创业培训2万余人次。建立并完善县级领导挂点专家人才、特派员驻企帮扶等服务机制，帮助企业解决人才、融资、用地等方面的困难与问题；精细化提供项目申报、融资担保、子女入学等服务，妥善安排高层次人才子女就学30余人；加大人才典型选树力度，2名企业家分别获“江西省优秀中国特色社会主义事业建设者”(全省共5名)、“江西省优秀创业者”(全省共77名)称号，推荐12人入选市重大人才工程评审专家库。

【老干部工作】 严格落实老干部政治生活待遇。2021年，全区共走访慰问老干部及遗属3300多人次，春节期间走访离休干部和副县级以上退休干部200多人次，走访离休干部遗孀72人。重阳节期间，对所有离休干部进行了全面走访，组织正县级老干部就近参观工农业生产和考察经济社会发展6次。加强老干部党支部建设，建立领导班子成员联系老干部党支部和老干部党支部班子成员联系老干部制度，在全区积极开展创建“示范老干部党支部”活动，推进老干部党支部建设制度化、规范化，增强老干部党支部的凝聚力和向心力。举办副县级以上老干部和离退休干部党支部书记培训班一期，培训人数100多名。加强老干部学习活动阵地建设，区老年大学坚持质量兴校，不断提高教师素质，全力提升老年教育水平。设有静艺、声艺、动艺三个系共15个专业28个班，外加1个艺术团，共有学员1206人。举办了“庆建党百年华诞”文艺会演、庆元旦文艺会演等系列活动，得到了区委领导高度赞扬和广大群众的一致好评；老干部活动中心于6月在区行政中心大会堂举办“奋斗百年路　启航新征程——袁州区老干部庆祝中国共产党成立100周年文艺会演”。

【关心下一代】 袁州区在化成街道建立“袁州区青少年活动中心”，采用“政府搭台、市场参与、公益为主”的管理方式，保持了活动中心的经常开放和正常运转，2021年开展了居民一家亲共同庆元宵、社区伦理讲座等活动。2021年，与水江镇关工委在刘梓华烈士广场打造了“袁州区青少年革命传统教育基地”，共接待了110多个单位共4700余人参观学习和开展活动。组织区关工委“五老”关爱报告团，深入全区24所中小学校开展党史学习教育活动24场次，请市关工委办公室领导、“五老”人员到袁州学校、洪塘小学等19所中小学校，开展党史学习教育宣讲19场次，受教育学生共10800多人次。

【乡镇班子换届圆满完成】 2021年，圆满完成乡镇班子换届，全区20个乡镇，做到应配尽配，无空缺岗位，乡镇领导班子平均年龄37.16岁，相比2016年换届平均年龄37.23岁，减少0.07岁；全日制大学以上学历135人，相比2016年换届增加70人。从“五方面人员”择优选拔乡镇领导班子成员工作，选拔32人担任乡镇领导班子成员，其中，从优秀乡镇事业编制人员中选拔23人，从优秀村党组织书记选拔1人，从第一书记中选拔1人，从驻村工作队队员中选拔6人。从严从实加强换届风气监督，向全区各级党组织累计发放换届纪律宣传卡1100余份、换届纪律教育警示专题片《警钟长鸣》光盘32张，签订严守换届纪律承诺书1100余份，宣传教育、承诺书签订、警示专题片观看均实现“全覆盖”。4月27日，由区换届办派出督查组，对各乡镇贯彻落实中央、省委和市委关于做好加强换届风气监督有关要求等情况进行第一轮监督检查，成立了由区挂点领导为组长的乡镇换届选举督导组，进一步严肃换届纪律，从严从实指导督促工作，确保换届过程不出现纰漏。做好县乡党代会代表换届选举工作；注重在代表产生的“推”“察”“选”“督”全过程发力，准确把握推荐人选的资格条件,组织所辖基层党组织从党支部开始提名,采取自下而上、上下结合、反复酝酿、逐级遴选的办法推荐人选;开展考察过程中,充分征求了纪检监察、政法、审计和信访等方面的意见,把好代表"入口关",严密选举程序,坚持做到一个步骤不少、一个程序不落,及时向社会公布网络、信箱、电话等各类举报平台,从严从实加强县乡党代表换届风气监督。

【村(社区)"两委"换届】 2021年,袁州区严密程序,从严把关,稳妥有序完成了村(社区)"两委"换届,实现了"两升一降"目标,村(社区)党组织书记平均年龄47.29岁,降低1.2岁;大专以上学历人选比例提升20.18%,达57.31%;村党组织书记致富能手比例提升50%,达92.39%,完善村(社区)党组织书记档案343份;开展新任村(社区)"两委"成员视频培训1期,培训515人,组织全区村(社区)"两委"成员参加市委组织部视频培训1期,培训2100余人。2020年选聘的123名大学生专职村干在2021年1月全部到村任职,实行分片管理,每季度至少组织开展片区活动1次。持续深化基层党建"三化"建设,完成全区546个基层党组织标准化和规范化建设。

【人才工作取得新进展新成效】 2021年,全区人才工作取得七个全市第一的好成绩:10个项目成功入选第三批省"双千计划",获得资金1410万元,入选数量和资助资金均列全市第一;4项科技成果获省科学技术进步奖,其中一等奖2项、二等奖2项,获奖数量和质量均列全市第一;4家企业入选江西省企业上市"映山红"计划,入选数量列全市第一;4个项目入围2021年宜春市"揭榜挂帅"企业重大技术需求榜单,入围项目列全市第一;4家企业获批市级企业技术中心,列全市第一;36家企业与国内知名高等院校(所)高端人才推进"政产学研"深度合作项目36个,列全市第一;14家企业被新认定为高新技术企业,其中首次认定的6家,首次认定数列全市第一。此外,培育本土人才1人,成功入选国家级人才工程,实现全区"零"突破;引进人才1人,成功入选国家级人才计划,实现全市"零"的突破。

【共建共治共享社区治理新格局】 2021年,袁州区探索开展"党建+和谐小区"建设,将党组织链条由社区延伸到小区,实现党的领导"末端覆盖",推动形成"支部+联创联建单位、物业、业委会(或物业管理委员会)"的小区共治共建组织体系,提升了小区治理能力水平。90个区直机关和企事业单位与社区党组织结对共建,区直机关1652名党员及干部下沉到社区共包户16520户,实行在职党员进社区服务"积分制"管理,对积分情况每季通报,推动在职党员"进社区、入小区、亮身份、做表率",认领社区志愿服务岗位,积极参与创文、社会治理、反电诈宣传等中心工作,2021年,2200余名在职党员进社区、入小区开展志愿服务5万余人次。该经验做法在"学习强国"平台和《江西改革工作简讯》刊出。

宣传工作

【概况】 2021年,袁州区委宣传部先后获江西"四史"学习教育知识竞赛"优秀组织奖",江西省第十六届文明单位称号,第九届宜春市文明单位称号,全市"我为群众办实事"三十佳先进单位,全市庆祝中国共产党成立100周年"同唱一首歌"网络拉歌二等奖和优秀组织奖,全市党史学习教育"永远跟党走"大型知识竞赛团体赛一等奖。

【理论武装】 全区宣传思想文教战线坚持把学习宣传贯彻习近平新时代中国特色社会主义思想作为首要政治任务,在学懂弄通做实上持续用力,自觉把学习习近平总书记最新讲话精神及指示批示精神列入区委理论学习中心组第一议题,开办了3期袁州大讲堂,开展了11次区委理论学习中心组集体学习研讨,邀请中国富碳农业首席科学家袁东来、北京大学城市规划发展研究所所长、博士高志等多名国家级专家学者,为袁州区党员领导干部讲授前沿思想和专业知识。组织了全区在编在岗的县处级领导干部参加全市在线理论考试,科级干部参加党史学习教育和创文"应知应会知识"专题考试,以考促训,使习近平新时代中国特色社会主义思想成为广大党员干部群众政治上的"主心骨"、思想上的"定盘星"、行动上的"指南针"。

【党史学习教育】 2021年,按照学史明理、学史增信、学史崇德、学史力行的要求，牵头组织开展党史学习教育，广大党员、干部受到了一次全面深刻的政治教育、思想淬炼、精神洗礼。举办了“奋斗百年路 启航新征程 永远跟党走”——袁州区庆祝中国共产党成立100周年歌咏比赛和党史学习教育“永远跟党走”知识竞赛两项大型活动，激荡了爱党深情，汇聚了磅礴力量。精心策划了“十送乡亲”“亲情连线”等系列文明实践活动，让党员受教育、群众得实惠。同时，围绕学习宣传贯彻党的十九届六中全会精神，省、市、区党代会精神，开展了接地气、冒热气、聚人气的“七团七进”宣讲活动2300余场次，用“乡言乡语”“网言网语”把党的声音送进群众心间。党史学习教育在中央、省级主流媒体新闻报道用稿量和简报信息采用量全市排名第一。报送的水江烈士刘梓华后代自发讲党史，在中央简报第158期刊发，为全市唯一。

【意识形态工作】 按照区委的要求，印发出台了《全区党委(党工委、党组、总支、支部)意识形态工作责任制考核方案》，细化意识形态工作举措，明确各党组织第一责任人的责任。从政治表现、学习态度、工作作风、思想政治工作水平、宣传阵地管理能力5个领域入手，考察各地、各单位落实意识形态工作表现，实行建档管理，为区委鉴别使用干部提供意识形态表现事实依据。牵头组织全区意识形态工作日常督查，通过民主测评、查阅资料、个别访谈、公告举报信箱、实地督查，有效掌握了全区各地各单位的意识形态责任制的基本情况。

【厚植道德沃土，打造文明品牌】 2021年，袁州区开展了“大爱袁州，好人之城”创建活动，评选了10名事迹突出、群众认可、示范性强的“最美袁州人”，成功推送3位好人荣登“中国好人榜”。截至2021年年底，袁州区在中国好人榜上榜人数39人，位居全市第一，全省县(市、区)之首。围绕“全国新时代文明实践中心试点县(市、区)建设”，整合资金2375万元用于全区新时代文明实践中心(所、站)场地提档升级；对全区113名党建宣传员进行了培训；开展了“十送乡亲”活动12000余场，为全区2391名留守儿童、887名空巢老人共计3278人开通了全覆盖式“亲情连线”，打造了“文艺零距离”“好人故事汇”“好婆媳互夸”3个袁州本土文明实践活动品牌；开展新时代文明实践志愿服务点单服务，实行群众点单、中心派单、志愿服务组织接单、百姓评单工作闭环管理。截至2021年年底，已入库点单项目1512个，完成点单评单8500余次，其中最受群众喜爱的“文艺文化生活”类项目点单量达1300余次，“医疗健身”类项目点单量达2200余次，“理论政策宣讲”类项目点单量达3400余次。《宜春改革动态》头条刊发《袁州区“三大实招”扎实推进新时代文明实践中心试点工作成效显著》，介绍了袁州区新时代文明实践中心试点工作经验。

【策应“文旅活区”，促进文旅融合】 2021年，袁州区设立了文学艺术奖励基金20万元，奖励本土文学艺术创作。设立了文化产业发展基金200万元，奖补兑现新入规文化企业发展。邀请了在京的袁州籍导演易寒拍摄了本土题材电影《不期而遇的夏天》，2021年9月在全国上线公映。2021年新入规文化企业4家，使全区入规文化企业数达38家，主营业务收入约6.67亿元，占地区地区生产总值的3.4%。建成了区、乡、村三级应急广播339个。打造了城区30分钟旅游圈，建设精品民宿点5家。其中田小狗康养综合体已经完成第一期建设，并已对外接待游客。绿城桃花源小镇已完成一期工程。松鼠部落乡村旅游综合体已完成基础设施建设。隐逸轩智热登山鞋系列产品摘得2021年中国旅游商品大赛江西省唯一金奖。书香袁州建设已铺开试点，在东湖公园、机关楼道建设阅读书角7处，通过以点带面的形式，着力建设一座没有围墙的图书城。

【凝聚创文合力，彰显首府担当】 2021年，根据区委要求，高起点谋划，将创文工作作为提升群众获得感、安全感、幸福感的民生工程来推进。通过宣传发动造势，小修小补同步，党员干部上户，摸准群众诉求，推进问题整改一整套组合拳，创文工作取得了阶段性成效。尤其是在创文宣传上，紧紧围绕“袁州人民爱袁州，携手共创文明城”创文主题，开展了袁州文明大使、文明小卫士评选活动，创作推出文艺类、工作类、内涵类等一系列创文短视频，形成了“万师访万家”“万名党员上户”“万名志愿者服务”“万名文明卫士在行动”的创文热潮，引发了广大群众的共情共鸣和广泛转发，截至年底，累计各类创作创文短视频120个，累计播放量达5120万次，点赞量超210万次，分享量达892万次。其中,《袁州是我家,文明靠大家》和《袁州“创文”一起来》歌曲短视频(舞协版)播放量突破千万次。袁州区创文工作做法被新华社、《江西日报》等中央、省级主流媒体争相报道。

【围绕中心工作,营造良好氛围】 始终坚持内强素质、外树形象,坚持团结稳定鼓劲、正面宣传为主的工作方针，聚焦“创文”、六比六赛、乡村振兴、疫情防控等重大主题,着力打好新闻外宣工作主动仗,致力讲好袁州新故事,唱响袁州好声音,为全区高质量跨越式发展提供强大精神动力和舆论支持。在中央“大报大台”用稿91条,省级主流媒体用稿405条,居全市前列。其中,10月17日,央视《新闻联播》聚焦巩固脱贫攻坚成果,在近6分钟的节目中一半时长播放了袁州区脱贫攻坚成效画面;11月4日,央视《新闻直播间》聚焦乡村振兴工作，用时4分39秒播放了袁州区大力发展油茶产业、为乡村振兴加“油”画面。积极落实全市新闻外宣工作会议精神,大力推进外宣“三重”(重塑外宣业务、重整外宣流程、重构外宣格局)工作机制,新华社全球连线推送的《带着“无声世界”的孩子们舞动人生》《Dancing in Silence》新闻稿，浏览量累计超1000万次，在海外传播了袁州好声音，开启了面向国际用英文宣传袁州的尝试，推出了短视频《最美袁州》,播放量近500万次，很好地塑造了袁州的对外形象。

统战工作

【概况】 2021年，袁州区统战工作充分发挥统一战线优势,打造统战品牌,以学习贯彻《中国共产党统一战线工作条例》(以下简称《条例》)为主线,围绕百年党史学习教育和党的十九届六中全会精神、省市区党代会精神,强化思想政治基础,主动融入区委、区政府工作大局,推动统战工作在统战宣传、民主建设、非公经济统战、民族宗教、海外联谊及队伍建设等方面取得新成绩。

【统战宣传】 组织学习《条例》;提请区委常委会会议专题学习新修订的《条例》;集中组织统战成员、统战领导小组成员单位及乡镇(街道)党(工)委,开展《条例》学习与知识竞赛答题活动;开展党史学习教育;召开党史学习教育动员大会和统战系统党史学习教育专题党课暨座谈会,号召统战成员学习“四史”和统一战线史;组织学习贯彻习近平总书记在庆祝中国共产党成立100周年大会上的重要讲话精神,组织统战系统集中收看当天盛大活动,会后将宣讲活动带到挂点村及服务社区,召开统战系统座谈会;举办“同心向党 筑梦中华”袁州区统一战线庆祝建党100周年主题书画展,展出作品100幅,开展当日吸引200多人参观；开展红色文化教育活动,组织部机关干部集中观看电影《三湾改编》;开展迎国庆“弘扬爱国精神 传承红色基因”主题活动,在新康府学校,特邀请有55年党龄任圣根老党员讲述党的峥嵘岁月历史,勉励青少年要发扬革命传统，传承红色基因;学习贯彻党的十九届六中全会精神;部长李翔主持召开学习贯彻党的十九届六中全会精神专题会，结合百年党史谈感想;精心组织全区统一战线成员专题学习贯彻党的十九届六中全会精神座谈会;邀请市政协副主席、民建市委会主委谢慧,赴黄冈实验学校给民建会员及学校老师宣讲中共十九届六中全会精神。

【民主协商】 召开民主协商会;通报了全区经济社会发展、党风廉政建设及反腐败工作、法院工作和检察院工作情况,收集党外代表人士意见建议12条，引导党外人士围绕《政府工作报告》《“十四五”规划纲要》和全区经济工作会议精神集中力量进行调研,积极建言;协助完成人大、政协换届;积极举荐优秀党外人士担任人大代表、政协委员,其中区人大代表党外84人，占比22.83%；政协委员党外224人，占比66.08%;建言献策有成效;引导党外人士围绕全区社会经济发展、脱贫攻坚、疫情防控等,认真撰写提案，积极建言献策;市、区“两会”期间,提交提案63个,社情民意34条;社会服务进村组、进社区;开展民主党派“五进一通”服务社会服务群众活动,把文化艺术、健康医疗、法律政策、情暖爱心送到群众中去;民盟袁州总支开展“送法进企业”活动,帮助企业解答法律问题，引导企业规范经营管理;农工党组织党员组成健康扶贫志愿者服务队，赴基层卫生院、村级卫生所及乡镇敬老院开展医疗义诊活动5次，惠及群众2000余人次；九三学社袁州支社组织社员到新田镇开展帮扶脱贫户活动，筹措8吨复合肥赠送给种植旱稻的脱贫户；区知联会在柏木乡酌江村开展“爱在知联　暖心行动”活动，走访慰问群众44户，其中贫困户38户，共送出暖心春联60副，米和油、面等生活用品44份；赴彬江敬老院、天台山敬老院开展献爱心志愿服务活动，送去慰问金与营养品；提升参政议政能力；各民主党派选送班子成员以及新成员30余人参加省、市能力素质培训班学习；区新联会组织会员中的人大代表和政协委员以及党员和入党积极分子等，进行参政议政能力提升培训，邀请人大相关负责人进行授课；组织新联会骨干会员20余人参加商务口才培训班。

【非公经济统战】 召开“春雨润苗”扶持专精特新企业座谈会，建立企业融资问题定期调度机制，摸底园区企业用工情况，协助解决企业在融资、用工、科研等方面问题；成立维权服务中心，联合N个职能部门的“1+N模式”全力护航企业发展；区法院、区检察院分别联合下发了保护民营企业合法权益的文件，区纪委打造了“互联网+”监督平台为企业反映问题快车道；建立统战联络员制度；由商会党组织书记或秘书长担任统战工作联络员，负责在商会中宣传贯彻关于统一战线工作的方针政策及统战工作落实，定期向统战部门汇报，推动统战工作向商会全覆盖；加强民营企业家队伍建设；持续实施民营企业家素质培训工程，举办培训班和座谈会各1次，订阅民间智库《安邦信息》，每天推送风险金融、经济类信息到微信群，使广大民营企业家及时掌握金融经济最新动态；注重政治安排和社会事务参与，把优秀人才按程序推荐为各级人大代表、政协委员，聘请担任纪委特约监察员、检察院特邀听证员。

【党外知识分子统战】 1月7日，袁州区党外知识分子联谊会三届一次理事会召开，区知联会第二届理事会会长、区政府副区长杨宜作二届理事会工作报告，大会选举产生了区知联会第三届理事会班子成员，张艳玲当选为第三届理事会会长。2月3日，袁州区党外知识分子联谊会在柏木乡酌江村开展“爱在知联暖心行动”活动，为全村贫困户送去喜庆的春联和米油等生活慰问品，走访慰问群众44户，其中贫困户38户。4月30日，开展“百年礼赞　‘犇’向新征程”——喜迎中国共产党建党100周年诵读比赛活动。联合袁州区总工会、袁州区文联举办“百年礼赞‘犇’向新征程”——喜迎中国共产党建党100周年诵读比赛。6月30日，举行党史学习教育暨“红色走读”系列活动，组织袁州区知联会班子成员及常务理事30余人来到天台镇革命烈士陵园举行祭奠英烈仪式，仪式结束后，前往天台镇江东村集体参观了原宜五区苏维埃政府旧址。11月18日，召开传达学习党的十九届六中全会精神专题会。

【新的社会阶层人士统战】 根据2020年省委统战部提出的打造新阶层人士“百城百点”实践创新基地要求，袁州区发挥新阶层人士优势，在袁州电商基地创建了“袁创V空间”新阶层人士实践创新基地，在基地内与袁州区团委共建了一个会员交流工作室，并在电商基地发展了一些在电商行业有代表性的企业加入新联会，全力打造袁州新的社会阶层人士统战新品牌。2021年，袁州区新联会先后组织人员参加全市党外知识分子、新的社会阶层人士培训班、举办了商务口才培训班，为新联会会员及各类社会人员200余人传授了商务口才等专业知识。组织会员中的人大代表、政协委员、中共党员和入党积极分子等参加参政议政能力提升培训班。新联会共有20名市、区人大代表和政协委员，其中《建议加强未成年人身份证管理》这一社情民意被省政协采用。

【民族宗教事务】 借助创文明城促进民族团结；开展“民族团结一家亲　同心共创文明城”为主题的民族团结进步教育宣传活动，外来流动少数民族群众主动融入“创文”工作；袁州区少数民族群众自发成立“邻距离”少数民族服务队，组织人员在大街小巷宣传创文知识，帮助社区开展环境整治；开展宗教界“爱祖国·感党恩”主题教育活动，引导宗教界人士自觉开展党史学习教育，组织信教群众收听收看习近平总书记在庆祝中国共产党成立100周年大会上的重要讲话，召开中国共产党成立100周年座谈会，参观学习红色教育基地；在重大节假日期间组织群众唱国歌、升国旗等爱国教育活动，多形式推进宗教中国化；开展非法宗教活动和宗教渗透蔓延专项治理；根据省、市统一部署，从4月份启动整治非法宗教活动遏制宗教渗透蔓延专项工作。

【海外联谊】 打造文笔峰"侨胞之家"品牌,创新融入"侨跑工作法"。组建为侨服务"医疗小分队、法治小分队、跑腿小分队",开展为侨服务12起,帮助归侨侨眷、侨资企业等解决困难7个;开展多项为侨服务活动,举办文笔峰社区侨胞之家庆祝中国共产党成立100周年主题活动暨授牌仪式和"亲情中华·为你讲故事"网上夏令营活动。组织加拿大侨社团参与"情系中华,爱我江西"——海外华裔青少年摄影大赛。协调联系江西省侨联专家团到袁州区开展"富硒农业"专题调研。协调法律顾问委员会和袁州区法院入驻中国侨联调解平台,切实开展好涉侨信访办理、侨法宣传等工作。

巡察工作

【概况】 2021年,袁州区委巡察工作深入贯彻落实中央、省委和市委关于巡视巡察工作的新部署新要求,始终坚持政治巡察方向不动摇,始终聚焦全面从严治党不放松,始终紧盯问题整改不手软,着力构建横向到边、纵向到底的巡察监督格局,巡察利剑作用持续彰显。

【政治体检】 坚持问题导向,聚焦基层贯彻落实党的路线方针政策和党中央决策部署、聚焦群众身边的腐败问题和不正之风、聚焦基层党组织领导班子和干部队伍建设情况,将发现问题作为第一要务,形成震慑,进一步深化政治巡察的内涵,以"两个维护"为根本任务,坚守政治巡察定位。2021年以来,发现"三个聚焦"问题555个,移交问题线索25件;压紧压实主体责任,将巡视巡察有关内容纳入区委常委会年度工作要点和区委理论学习中心组学习重点,将巡视巡察整改落实情况纳入领导班子干部年度考核、全面从严治党考核、党风廉政建设考核等指标体系,纳入被巡察党组织主要负责人党建述职重要内容,把巡察工作作为履行全面从严治党主体责任的重要抓手。2021年以来,组织召开1次动员部署会、3次领导小组会议,书记专题会议听取巡察情况汇报2次,理论学习中心组安排学习关于巡视巡察工作文件精神2次,区委常委会会议学习研讨巡视巡察工作相关文件精神10次,统筹谋划部署巡察工作,持续传导了全面从严治党压力,释放了正风肃纪的强烈信号。

【巡察联动】 以常规巡察为基础,采取"回头看""专项巡""联动巡"等多种形式,深化拓展"1+N"巡察模式;2021年5月,选择信访量大、问题突出、软弱涣散的基层党组织,采取"下沉一级"的方式,对4个村(社区)、2个基层卫生院和2个基层中小学开展了民生领域专项巡察,发现教育、医疗等涉及民生领域的突出问题170个,问题线索7条,巡察利剑插得更深更准。根据市委巡察工作领导小组统筹,积极配合联动开展涉粮问题专项巡察和监督检查,袁州区赴高安专项巡察监督检查组发现倾向性问题22个,移交干部问题线索19条,立案7人,效果较为显著;11月16日启动了六届区委首轮常规巡察工作,对区市场监督管理局、区林业局、区司法局、区水利局、区科技局、区妇联、区文联、区科协等8个单位党组织开展为期2个月的常规巡察,为六届区委巡察工作开好局、起好步。

【巡察规范化建设】 严格落实中期督导和"后评估"机制,巡察期间派出督导组对巡察组进行现场指导,及时帮助巡察组答疑解惑。截至2021年,对巡察组进行了3次督导,帮助解决巡察过程中遇到的19个问题。巡察结束后巡察干部进行自评,同时派员前往被巡察党组织进行现场测评,实地了解巡察组巡察期间的有关纪律执行情况,2021年已对65人完成评估。以信息化推动规范化,根据省委巡视办和市委巡察办对巡察系统和网络平台启用工作的具体安排,提前谋划系统数据录入工作。截至2022年年底,区委巡察机构已实现人手一台纪检监察内网电脑,巡察工作网络平台已完成所有必填项目以及涉粮领域专项巡察监督检查和六届区委第二轮巡察相关数据录入。及时总结复盘,将五届区委巡察工作报告、问题线索、问题底稿、重点突出问题、经典案例以及制度规范等分别汇编成册,修订完善《巡察工作手册汇编》,印制40余本,让巡察工作人员边学边巡,学以致用。

【巡察整改】 聚力"后半篇文章",彰显利剑锋芒。压实整改责任,向被巡察党组织及其主要负责人反馈巡察意见,挂点或分管区领导带头参加巡察反馈;同时向区分管领导呈送巡察反馈意见告知书，由其督促抓好整改落实，推动提升整改成效。对被巡察单位整改落实情况进行督查，切实加强巡察整改日常监督。2021年以来，对24个被巡察党组织的巡察整改方案、进展情况报告等进行了审核把关，对整改不力的12个单位发出工作提示，督促被巡察单位党组织严格把好整改质量关，推动建立整改工作长效机制，扎实做好巡察“后半篇文章”。将巡察成效作为干部评先评优和提拔任用的重要参考，区委每次提拔任用、年度考核干部，均会征求区委巡察办意见。2021年以来，结合乡镇换届工作，对245名拟提拔对象提出意见或建议。积极做好省委巡视协调联络及反馈问题整改工作。

（唐亚运）

机构编制管理

【概况】 2021年，袁州区机构编制管理工作围绕中心、服务大局，为奋力冲刺全国县区经济百强，努力实现大宜春核心区高质量跨越式发展提供强有力的机构编制保障。

截至2021年年底，袁州区共有党委行政机构9个：中共宜春市袁州区纪会监委机关、区委办公室、区委组织部、区委宣传部、区委统一战线工作部、区委政法委、区委机构编制委员会办公室、区委巡察工作领导小组办公室、区委信访局。议事协调机构8个：区委全面深化改革委员会办公室、区委全面依法治区委员会办公室、区委国家安全委员会办公室、区委网络安全和信息化委员会办公室、区委财经委员会办公室、区委审计委员会办公室、区委教育工作领导小组秘书组、区委农村工作领导小组办公室。

人大机构4个：宜春市袁州区人民代表大会常务委员会办公室、宜春市袁州区人民代表大会选举任免联络工作委员会、教育科学文化卫生外事侨务民族宗教工作委员会、农业农村和城乡建设环境资源保护工作委员会。

政协机构1个：中国人民政治协商会议江西省宜春市袁州区委员会办公室。

政府机构27个：宜春市袁州区人民政府办公室、发展和改革委员会、教育体育局、科学技术局、工业和信息化局、民政局、司法局、财政局、人力资源和社会保障局、住房和城乡建设局、交通运输局、水利局、农业农村局、商务局、文化广电新闻出版旅游局、卫生健康委员会、退役军人事务局、应急管理局、审计局、国有资产监督管理办公室、林业局、市场监督管理局、统计局、乡村振兴局、医疗保障局、粮食局、综合行政执法局。

市政府部门派出机构1个(不占限额)：宜春市自然资源局袁州分局。

市委、市政府派出机构1个：宜春市中心城区管理委员会。区委、区政府派出机构5个：宜春市袁州区政府行政服务中心管理委员会、江西省袁州医药工业园管理委员会、宜春市袁州区现代农业示范园区管理委员会、宜春市袁州区机电产业基地管理委员会、宜春市锦源新区管理委员会。

民主党派6个：中国国民党革命委员会宜春市袁州区总支部委员会、中国民主同盟袁州区总支部委员会、中国民主建国会宜春市袁州区总支部委员会、中国民主促进会宜春市袁州区总支部委员会、中国农工民主党宜春市袁州区总支部委员会、九三学社宜春市袁州区总支部委员会。

群团组织13个：宜春市袁州区总工会、中国共产主义青年团宜春市袁州区委员会、宜春市袁州区妇女联合会、宜春市袁州区工商业联合会、宜春市袁州区法学会、宜春市袁州区计划生育协会、宜春市袁州区科学技术协会、宜春市袁州区文学艺术界联合会、宜春市袁州区哲学社会科学学会联合会、宜春市袁州区残疾人联合会、宜春市袁州区归国华侨联合会、宜春市袁州区红十字会、中国国际贸易促进委员会袁州区委员会。

【事业单位改革试点工作圆满完成】 2021年，袁州区印发全区78家涉改事业单位机构职能编制有关事项的批复，其中保留的有18个，需要挂牌的机构为60个，全部完成了统一挂牌。改革后，区本级共设置78个事业单位，其中正科级事业单位有区委区政府接待处、区委党校（区行政学校）、区融媒体中心（袁州广播电视站）、区机关事务管理中心、区党史地方志工作办公室（区档案馆）、区政策研究中心、区硒资源开发利用中心（区农业发展中心）、区新城建设服务中心、区营商环境服务中心（区政府金融服务中心）、区原中央苏区振兴发展服务中心、区党建和人才服务中心、区网络应急指挥中心、区财政公共服务中心等

13个,副科级26个,股级39个。相比改革前,科级机构精简了31个,股级机构精简了111个,共精简142个,精简比例为64.55%。涉改在编人员1416人,按照“编随事走、人随编走”的原则已基本完成人员转隶安置工作。

【机构编制问题整改】 5月,为进一步巩固党政机构改革成果,增强机构编制刚性约束,按照内设机构编制数(行政编制)不得少于2名的要求,区委编办积极做好区委宣传部、区财政局、区市自然资源局袁州分局、区水利局、区农业农村局、区商务局、区林业局、区扶贫办、区粮食局和综合行政执法局10个党政机关内设机构设置整改工作。

【事业单位社会信用代码赋码】 2021年,区委编办配合市信建办做好统一社会信用代码存量重错码纠错规范工作,为及时解决部分市场主体因统一社会信用代码有误,影响正常办事及各城市信用监测指数的问题,进一步提升宜春市城市信用监测排名,袁州区委编办对照《宜春市统一社会信用代码重错码表》坚持源头治理,杜绝增量,严格规范各类市场主体登记,确保新设立单位统一社会信用代码信息准确有效。目前,袁州区统一社会信用代码有效赋码共计513家,其中党政机关有效登记赋码84家、事业单位418家、群团7家、垂管机关3家(宜春市袁州区人民法院、宜春市袁州区人民检察院、国家税务总局宜春市袁州区税务局)、特殊情形1家(宜春市锦源新区管理委员会)。

【事业单位登记管理】 2021年,袁州区现存登记赋码事业单位418家,办理事业单位设立登记总计20家,法人变更登记总计57家,办理注销登记38家。一年来,区委编办以提升服务为宗旨,研究制定了事业单位设立登记操作手册、变更登记操作手册、年度报告公示操作手册和统一社会信用代码赋码(行政、群团)操作手册,全力打造事业单位登记管理工作网上办理流程,基本实现登记管理业务、年度报告公示、咨询查询“全事项”“全流程”网上办理,全面优化服务提升事业单位登记管理效率。

信访工作

【概况】 2021年全区共接待群众来访685批2369人次,办理群众来信325件,共受理网上信访件1340件,其中办理国家信访局转交信访件580件,省政府信箱28件、省网上信访622件、市委书记信箱21件、市网上信访81件、区网上信访8件。重复网上信访727件。

【信访源头治理】 坚持矛盾纠纷周排查制度,重要时期全面大排查、每日滚动排查,做到不留空白、不留死角;对排查出的问题建立台账,落实好责任单位和人员及时化解。高度重视初信初访,落实首接首办责任,及时就地解决群众合理诉求,避免小问题拖大,初次信访拖成重复访、越级访,实现信访事项及时受理率、信访事项按期办结率100%,初信初访一次性化解率达88.46%。

【积案化解】 集中治理重复信访、化解信访积案专项工作。在区主要领导高度重视和亲自推动下,全区上下共同发力、竭尽全力,形成你追我赶、竞相化解信访事项的良好氛围,一大批信访积案得到有效化解。至12月底,国家信访局第一批交办袁州区的183件重复信访事项,已化解180件,化解率达98.36%;整合国家信访局交办的第二批重复信访事项、市级挂牌督办信访事项、区信联办集中排查重点信访事项以及新增突出信访事项等共302件,已化解193件,化解率为63.9%。

【信访机制】 健全完善《袁州区信访工作联席会议制度》《袁州区重大信访事项处置工作机制》《袁州区信访事项挂牌督办销号制度》《袁州区信访工作奖惩实施细则》四个机制,进一步压实责任,推动信访事项及时有效化解;全区28个乡镇街道均相应设立了信访工作联席会议,进一步夯实基层基础;同时,积极推行“乡镇(街道)吹哨、部门报到”调处信访问题工作模式,形成“群众诉求及时响应、部门联动高效处置”的工作格局。

(甘　勇)

史志工作

【概况】 2021年,袁州区党史、地方志工作贯彻落实中央、省委、市委、区委关于开展党史学习教育的部署要求,紧扣史志“存史、资政、育人”功能,牢牢把握正确政治方向,以“庆祝建党百年,助推党史学习教育”为主线，传承红色基因，赓续红色血脉，做好史志基本著作编纂、开展史志宣传教育，推进党史地方志工作不断深入开展，取得优异的成绩，袁州首部党史通史读本出版，旧志整理出版实现零的突破，《袁州年鉴（2020）》获“江西省第六届年鉴质量评比活动”提名奖。

【为党立言】 2021年，区史志办积极主动作为，充分发挥史志部门优势，助力党史学习教育深入开展；积极扩展袁州党史宣传模式；充分利用群众喜闻乐见的“讲故事”形式，征集袁州红色故事线索，编纂出版《红色记忆——袁州经典红色故事选编》一书，通过在官方新媒体“秀江微语”上刊发“袁州红色故事汇”专栏，宣传袁州红色故事中的红色历史，充分发挥新时代文明实践中心（所、站）的重要宣传阵地作用，将书籍免费发放至各基层社区（村委），供群众免费阅览，不断强化党史、新中国史、社会主义发展史和改革开放史的社会宣传和学习教育；提供学习教育素材资料；积极为区委办、区纪委、区委宣传部、区委组织部等多个部门提供袁州党史资料，助力袁州区党史学习教育“永远跟党走”大型知识竞赛活动，精心编制袁州地方特色题库100道，协办全区党史学习教育“永远跟党走”大型知识竞赛、全区党史学习教育暨庆祝建党100周年理论征文、全市第二季度社会科学普及等大型活动，积极做到“党有所需，我有所应”；做好“红色名村”的建设指导；收集整理袁州区“红色名村”情况，梳理袁州区具有红色历史的行政村26个，为水江镇小洞村、上洞村、彬江镇社树村、楠木乡官溪村申报各级“红色名村”提供史料支持和资料收集整理的指导意见，做好历史史料方面的完善。

【为国存史】 继续开展基本著作编纂。史志办始终把地方党史基本著作编纂作为史志业务工作的重要内容之一，不断构建完整的袁州党史著作体系；继续开展《中国共产党宜春市袁州区历史》第三卷（1978—2012年）的编纂。加强史志资源保护利用。2021年，区史志办积极加强同各相关部门、各乡镇街道的沟通协调，指导史志业务工作开展，为《江西省地名志》（袁州区卷）、《袁州区地名文化遗产保护名录》初稿进行审核，提出修改意见；积极开展红色文化保护工作调研，对水江镇、彬江镇、慈化镇等地开展红色文化资源的保护利用、编写红色书籍进行指导审核；对袁州区医药工业园道路命名、袁州区第二批县级文物保护单位名单征求意见提出修改意见；深入开展史志宣传；将史志宣传宣讲和党史学习教育相结合，充分发挥党史部门的史志专家优势，不断提升宣讲质量，制作党史展板28块，深入基层开展红色故事宣讲活动20余场，向群众发放地方志法规和红色宣传手册2000余册，不断推进“四史”宣传，积极营造浓厚的党史学习教育社会氛围。

【为民修志】 开展《袁州年鉴》编纂工作。组织开展《袁州年鉴（2021）》编纂工作，印发《〈袁州年鉴（2021卷）〉组稿计划与撰稿单位分工方案》，根据部门和机构变化情况收集了110余家部门单位和乡镇街道材料稿件，设立32个栏目，将抗击新冠肺炎疫情、全面建成小康社会、脱贫攻坚等作为重要编写内容。完成省市方志供稿任务。2021年，史志办严格按照省市上级部门要求，积极向上级主管部门提供袁州区上一年度的自然、政治、经济、社会等各方面的情况，为《江西年鉴》《宜春年鉴（2021）》提供稿件，高质量高标准地完成了江西省、宜春市的年鉴供稿任务。史志资料库建设有序。继续强化党史地方志资料的日常收集利用工作，建立健全史志资料库，2021年组织开展了《袁州党史资料》系列第四辑的编纂工作，完成了编纂任务。

【袁州首部党史通史读本编纂出版】 2021年，区史志办充分利用袁州红色资源，编写党史书籍，积极献礼建党100周年，编纂出版了袁州首部党史通史读本——《中国共产党江西省宜春市袁州区历史简明读本》，用简明通俗的语言梳理中国共产党在袁州的百年历史脉络，展示百年历史征程。

【袁州旧志整理出版实现“零”的突破】 2021年，史志办充分打造袁州地域特色文化，叫响“袁州首府”名片。加强对袁州古籍旧志的整理保护，让“古籍里的文字活起来”，摸清袁州旧志古籍遗存和版本情况，组织开展了清道光版、清同治版《宜春县志》的整理出版工作，填补了袁州区旧志尚未整理出版的空白。

（廖依雪）

档案服务

【概况】 2021年，袁州区档案保管服务工作深入贯彻落实中央、省、市档案工作会议精神，充分发挥档案存凭、留史、育人的作用，主动融入和服务全区经济社会发展。截至2021年年底，馆藏档案227029卷，580900件，已接收精准扶贫档案185卷、棚户区改造档案36450件、新冠疫情档案906件，“不忘初心、牢记使命”主题教育档案336件，婚姻档案35848件，袁州版画87幅、第二次全国地名普查档案9611卷、光盘10张、成果图15张及部分区直单位文书档案入馆。

【档案法治建设】 2021年，袁州区档案馆继续深入学习宣传以《中华人民共和国档案法》为核心的档案法规标准体系，通过档案业务指导、档案接收进馆等工作对档案从业人员进行精准化宣传。6月，开展以“档案话百年 红色风云展”为主题的“6·9国际档案日”宣传活动;12月，开展“宪法宣传周”活动，进一步增强广大市民对档案重要性的认识和档案法律法规意识。

【档案利用服务】 袁州区档案馆接待档案利用者13254人次，出具有效证明7985份，主要关联着人民群众生活方方面面的婚姻、增补工龄、核实年龄、退役军人、房屋拆迁、独生子女、干部分配等内容的档案。区档案馆不定期开展内部培训，加强党员干部自身专业素养，以简化办事流程，推进服务亲民化、便民化、惠民化，不断提升服务质量，解群众急事，解群众烦心事，窗口服务经常获群众点赞。

【档案信息化建设】 2021年，袁州区档案馆档案数字化建设正式启用，已投入使用210万份档案资料，年底开展全区33万对婚姻档案扫描，提高档案查阅效率，保护档案资料的实体安全，为开展民生档案“一站式”服务打好基础。

【档案安全】 档案安全是档案工作的生命线。2021年，袁州区档案馆按照档案库房“十防”和消防安全“八不准”的要求，对干部职工开展经常性的安全教育，强化安全防范意识和责任意识，对库房定期巡查，保证库房消防设施、馆内电路齐全。同时，根据上级档案、保密部门的要求，档案馆对到期开放的档案进行开放鉴定工作，对涉密、涉及敏感信息的档案均划入不开放范围，确保档案信息安全。

【档案编研】 分利用档案馆拥有丰富红色档案的优势，组织全体党员干部翻阅、整理、修复红色档案，既提高了大家的业务水平，又汲取了前进动力。切实让党员在参与体验中强化学史行为自觉。进一步对袁州党史上的重要事件和代表人物、红色故事进行系统收集、整理和编研，让红色故事家喻户晓，让红色基因代代相传。2021年编撰《袁州区红色故事及文艺资料汇编与整理》《档案里红色故事》《袁州区红色故事及文艺资料汇编与整理》。

【档案信息宣传】 袁州区档案馆信息宣传工作紧紧围绕袁州区委、区政府中心工作，精心策划，做优选题，大力宣传各项档案工作的新亮点、新成效。2021年，袁州区档案馆在中国档案网、《中国档案报》、江西档案网、《江西日报》、袁州党建、秀江微语等媒体平台发表宣传稿件共8篇，内容主要以袁州区档案馆开展的重要活动、特色工作动态、重大决策部署等相关信息为主，增进公众对袁州区档案馆工作的了解。

（赵 莉）

干部培训

【概况】 2021年，袁州区干部培训工作认真贯彻落实习近平总书记在全国党校工作会议上的讲话精神和《中国共产党党校（行政学院）工作条例》等要求，紧紧围绕党政工作大局，牢牢扭住党校主业主责，充分发挥干部培训、思想引领、理论建设、决策咨询作用，推动党校工作迈上新台阶。

【举办各类培训】 分类别举办培训班6期，分别为全区入党积极分子示范培训班93人、全区普通党员示范培训班150人、区直机关党组织书记暨“两新”党组织书记培训班159人、袁州区科级干部学习习近平总书记七一重要讲话精神暨清廉袁州建设轮训班1211人，共计1613人次;其中袁州区科级干部学习习近平总书记七一重要讲话精神暨清廉袁州建设轮训班实现全区科级干部全覆盖，区委书记江伟斌出席开班仪式并带头讲了开班第一课，区委副书记、区长胡勇出席结业仪式并讲授专题党课，区委副书记、党校校长李云平在每期都就学习省市全委会及区党代会精神作专题辅导。另外，与区委组织部联合开展线上培训，通过远程培训系统，对全区2000多名村(社区)两委干部进行系统培训。

【教学科研】 根据年初上级文件要求，聚焦"三大重点"搞教研；以案例课程讲好"袁州故事"，根据上级党校课改要求，积极尝试开发案例式教学课程，甄选袁州区亮点工作，打造4门案例式教学课程，前后8次开展试讲及教学研讨活动，全校2021年新增教学专题13个；以"精彩现场"展示"袁州特色"，在南庙袁枚、西村现代农业示范园(星火农林)、水江镇上洞村打造3个现场教学点；紧扣时政大局锤炼科研能力；2021年有7个市级课题立项，2个顺利结项，公开发表论文8篇，多篇文章在市、区征文比赛中获奖或在《宜春论坛》《宜春日报》刊发，在全市党校系统庆祝中国共产党成立100周年理论研讨会中，区委党校因投稿数量最多、获奖文章最多，获"优秀组织奖"(连续3年获此殊荣)。

【基层宣讲】 结合党史学习教育，区委党校创新开展"学党史、悟初心，我讲故事给您听"实践活动，多次组织党校教师深入田间地头，深入基层群众，用群众爱听的语言讲党史故事，从小切口展现时代发展大主题，用乡村俚语讲述党领导人民群众创造美好生活的大智慧，"学习强国"、《江西日报》、人民日报客户端先后对此项活动进行了报道；在2021年的学习习近平总书记在党史学习教育动员大会上的讲话、在庆祝中国共产党成立100周年大会上的重要讲话以及即将开展的党的十九届六中全会精神宣讲活动中，区委党校主动作为，及时组织教师认真备课，区委党校9名教学骨干已成为区委宣讲团的中坚力量，全年累计完成专题宣讲100余场；另外，区委党校还组建"线上宣讲团"，组织青年教师录制12堂短小精悍的微党课，通过微信公众号展播的方式，将党的理论和党史故事推送到每一名党员干部手中。

【流动党校】 为最大限度缓解乡镇街道基层党员干部工学矛盾，在"将学员请上来"集中系统培训的基础上，充分利用各单位集中学习时间，创新开展"将党课送下去"的流动党校，师资力量以区委党校教师为主，广泛吸纳优秀乡贤、先模人物、优秀党员、退休老干部等参与，按照"专兼结合、内培外引、资源共享"原则，构建多元化、专业化、动态化的"流动党校"师资库；通过"最后一公里"理论武装，把党的最新理论、政策送到每个村(社区)基层党组织、每名党员干部身边，充分以党的理论赋能全区党员干部，有力提振全区党员干部精神面貌、干事创业热情，进而推动上级精神和区委、区政府决策有效落实；截至年底已开展210余场，惠及基层党员干部群众1.6万余人次。

【校园改造】 针对现校区基础设施老旧的情况，区委书记江伟斌，区委副书记、区长胡勇，区委副书记、党校校长李云平，区委常委、组织部部长沈郅，副区长谢翠洪以及相关部门单位负责人于2021年10月8日莅临党校召开现场办公会，为区委党校基础设施建设把脉问诊、把关定向，当即确定由区财政出资对党校进行装修改造。2021年10月14日区政府第二次常务会议议定原则同意实施党校维修改造工程，资金来源列入财政预算，总投资额不超过1960万元，工程主体由区国投代建、设备采购由区委党校实施；之后，袁州区委党校积极对接区国投、区设计院等部门单位，迅速启动校园改造规划设计与项目招标工作，截至12月底完成了项目设计与招标的前期准备工作。

(黄成林)

融媒体工作

【概况】 2021年，袁州区秀江微语(微信公众号)、袁州发布(App)、袁州发布(抖音号)、央视频、袁州新闻、《袁州通讯》(报纸)、袁州政府网站政务信息、袁州发布(微博)、袁州区融媒体中心(视频号)等九大平台共计播出或发布新闻近15000条次，总访问量达7000万次，粉丝量300万人，获赞6000万个。

【官方宣传】 秀江微语充分发挥官方媒体平台优势，第一时间发布疫苗接种通知、各地防疫举措等疫情相关信息，其中3月9日刊发的《致袁州区广大群众的一封信》阅读量达3万多次；聚焦"六比六赛"，在秀江微语开通

“六比六赛”专栏,全面报道各地各部门争先进位、奋力赶超、勇立潮头的干事创业氛围,共发布26条稿件。聚焦“创全国文明城”,开通“袁州人民爱袁州 携手共创文明城”“文明曝光台”等专栏,宣传各地文明创建举措和文明行为,发布198条稿件;聚焦防范网络电信诈骗和非法集资,1月4日刊发的《关于罗某等人涉嫌经济犯罪案件审计工作的情况通报》阅读量近4万次;2月6日刊发的《关于“2·19”罗氏金行案第一批挽损资金发放公告》阅读量超4万次。

【宣传工作】 2021年,央视用稿总量57条,省台用稿107条,《宜春新闻联播》用稿28条,“学习强国”学习平台用稿5条,央广网用稿6条。聚焦生态文明,3月12日,央视新闻频道《新闻直播间》单条播出《今天是第43个植树节 助推植树造林健康发展》,采用书记、区长落实林长制、带头植树画面,成为全市唯一一个书记、区长(县长)齐亮相央视的县市区。聚焦“六比六赛”、脱贫攻坚、乡村振兴,5月20日,央视新闻频道《朝闻天下》单条播出《江西宜春 政府高校联手 巩固脱贫致富成果》,进一步巩固了脱贫致富成果,助推乡村振兴,同期采用了书记采访,成为全市唯一一个在央视单条播出油茶产业并采用书记采访的县市区。11月4日,央视《新闻直播间》播出《江西袁州 乡村振兴之星 擦亮油茶金字招牌 为乡村振兴加“油”》,时长4分39秒。

【媒体融合】 2021年9月27日融创中心正式成立,创建视频号“袁州区融媒体中心”,主攻创文系列短视频,先后制作创文短视频80余个,其他20余个。截至2021年年底,创文视频累计阅读量超3540万次,点赞次数58.7万个,分享次数超113.4万次;上线应急广播平台;经与区文广新旅局沟通协商,将袁州区应急广播平台设立在区融媒体中心,全区共370个点位,于10月13日正式开播,累计播放时间超120个小时;为丰富市民业余生活,做好“融媒+”文章,区融媒体中心克服技术、人才、经费不足等困难,开通网络直播,截至2021年年底,共举办了27场网络直播,观看人次破150万人次;开展“1+1”联创共建,2021年,区融媒体中心与“全国样板”分宜县融媒体中心进行联创共建,双方已进行2次会晤,在内容生产、管理经验、运营方法、人才培养等方面达成合作共识,并建立了工作机制,制定了实施规划和相关工作制度。

(黄　昕)

宜春市袁州区
人民代表大会常务委员会

综　述

【概况】 2021年是中国共产党成立100周年,也是"十四五"规划开局之年。在中共袁州区委的领导下,区人大常委会坚持以习近平新时代中国特色社会主义思想为指导,认真贯彻落实习近平总书记关于坚持和完善人民代表大会制度的重要思想和对地方人大及其常委会工作的重要指示批示精神,学习贯彻党的十九大和十九届历次全会以及中央人大工作会议精神,坚持党的领导、人民当家作主和依法治国有机统一,主动顺应新时代人大工作的新任务新要求,紧扣区委工作大局,坚持以人民为中心,发展全过程民主,依法行使宪法和法律赋予的各项职责,充分发挥地方国家权力机关作用,不断以法治思维和创新思维推动人大各项工作取得新进展,有力促进全区经济社会协调发展。2021年召开区五届人大常委会主任会议11次、常委会会议9次,召开区六届人大常委会主任会议5次、常委会会议1次;听取和审议"一府两院"工作报告19项,组织代表视察、专题调研8次;办理代表建议146件,依法任免国家机关工作人员74人次。

【服务大局依法履职】 按照区委全面深化改革委员会工作计划,审议通过了《袁州区人大常委会关于加强国有资产管理情况监督的决定》,建立健全全面规范的区人民政府向区人大常委会报告国有资产管理情况制度。听取和审议2020年国民经济和社会发展计划执行情况与2021年国民经济和社会发展计划草案的报告。听取和审议区级预算草案、预算执行、预算调整等报告。成立预算审查专家库,推进人大预算联网监督,提高人大预算审查监督的针对性和有效性。推动审计发现问题整改落实。听取和审议审计工作报告和审计发现问题整改情况的报告,对审计查出问题整改进行督办,并开展整改工作满意度测评等工作,有效推动问题整改落实,涉及7个单位的22个问题全部整改到位。紧盯环境保护,听取和审议区人民政府关于生态文明建设和生态环境保护目标完成情况的报告。聚焦社会事业,组织开展了优化中心城区义务教育网点布局、妇女儿童权益保障工作、农田水利排灌设施情况、安全生产工作、乡村旅游民宿建设等专项视察调研,开展了居家和社区养老服务工作"回头看"专项督查。围绕民生实事,落实在区乡两级人民代表大会上票决重大民生实事项目制度,区人大常委会对区五届七次会议上票决确定的2021年十大民生实事项目开展常态化专项监督。围绕依法治区开展监督,开展了《医疗机构管理条例》执法检查,区人民法院一站式多元解纷和诉讼服务体系建设、区检察院适用认罪认罚从宽制度等专题调研,听取和审议了区人民法院一站式多元解纷和诉讼服务体系建设工作情况、区检察院关于适用认罪认罚从宽制度工作情况以及全区"七五"普法规划实施情况和"八五"普法工作安排情况的专项报告等。推进规范性文件备案审查工作。2021年备案审查工委首次向区人大常委会报告工作,开展了对法规和规范性文件中涉及计划生育内容的集中专项清理工作。做好来信来访工作。2021年,共接待来信来访群众90余人次,受理信访件30件。

【区乡人大换届选举】 强化对乡镇人大换届选举工作业务指导和全程督导,全区178个选区共有81.9万名选民参加投票选举,参选率达93%,共选出乡镇人大代表1538名、区人大代表368名;各乡镇顺利组织召开了新一届乡镇人民代表大会第一次会议,依法选举产生了乡镇人大主席、副主席44名和政府领导班子成员77名。依法组织召开了区六届人民代表大会第一次会议,选举产生了新一届区人大常委会领导班子及组成人员、区人民政府领导班子、区监察委员会主任、区人民法院院长、区人民检察院检察长和市人大代表70名,圆满地完成了区、乡两级人民代表大会换届选举工作任务。同时,常委会还对全区村(居)委员会换届选举进行了全程督导,严肃换届纪律,落实选举程序,确保选举结果合法有效。

【规范人事任免】 常委会始终坚持党管干部和依法行使人事任免权的有机统一,不断规范人事任免工作程序。实行任前宪法知识考试、表态发言和任后宪法宣誓制度,进一步强化拟任人员的法律意识和责任意识,不断推进人事任免工作的民主化、法治化和规范化。2021年,共任免国家机关工作人员74人次;补选市四届人大代表2人、区五届人大代表2人;接受市四届人大代表辞职1人,区六届人大代表辞职3人。区人大常委会委员辞职1人。

【支持和服务代表依法履职】 强化业务培训,提高代表的履职能力。常委会采取邀请专家进行专题讲座,组织代表参加"省人大讲堂"培训等形式,强化代表的业务培训。同时,有计划地组织代表参加视察、调研、检查等活动,邀请代表列席常委会会议等,有效地提升代表履职水平。注重办理质量,做好代表意见建议督办。人代会之后,及时召开代表意见建议交办会,对承办单位提出办理要求与办结期限。完善建议督办方式,对重点建议,由常委会领导督办。开展代表意见建议办理满意度测评,有力督促了承办单位对代表意见建议办理工作。2021年,共办理代表建议146件,办复率、满意率均为100%。加强代表服务,完善代表履职平台建设。始终把代表工作站作为服务代表和代表履职的重要阵地和活动平台,全力推进工作站规范化、标准化建设。全区31个乡镇街道全部建成标准化代表联络工作站,探索建成了51个村级代表工作室。完善工作机制,按照每年"8+1"(年初1次定盘子做计划,年终1次作总结述职,1次调研、1次视察,4次接待选民,加1个自选动作)的方式,常态化开展代表进站履职活动。2021年开展了集中接待选民活动1378人次,收集选民建议、意见1432条,集中组织代表视察调研活动256人次,推动当地政府解决群众问题1170个,其中转交区政府解决68个。

【规范基层人大制度建设】 认真贯彻省委、市委、区委关于加强新时代人大工作的意见,加强乡镇人大主席团和街道人大工委建设,配齐配强干部队伍。建立常委会领导班子成员联系乡镇、街道人大工作制度,对代表工作站规范化建设、代表作用发挥等情况进行调研指导。完善了区人大常委会《关于规范乡镇人民代表大会会议的指导意见》,指导乡镇人大依法规范一年召开两次人民代表大会。

宜春市袁州区第五届人民代表大会第七次会议

【会议召开】 2021年2月23—25日,宜春市袁州区第五届人民代表大会第七次会议在袁州召开,会期三天。应到代表290名,会议的主要议程:听取和审议袁州区人民政府工作报告;审查和批准袁州区国民经济和社会发展第十四个五年规划和二〇三五年远景目标纲要(草案)(书面),审查和批准袁州区2020年国民经济和社会发展计划执行情况与2021年国民经济和社会发展计划草案的报告(书面);审查袁州区2020年全区和区级预算执行情况及2021年全区和区级预算草案的报告(书面),批准袁州区2020年区级预算执行情况的报告和2021年区级预算;听取和审议袁州区人大常委会工作报告;听取和审议袁州区人民法院工作报告;听取和审议袁州区人民检察院工作报告;审议袁州区生态文明建设情况的报告(书面);选举事项;票决袁州区2021年度重大民生实事项目。补选梁福军为区五届人大常务委员会副主任。票决出袁州区棚改安置房、锦源新区基础设施提升、医药(锂电)产业园标准厂房及配套建设、"四好农村路"工程、袁州区中心城区老旧农贸市场提升项目、优化中心城区义务教育网点布局、大力发展职业教育、产业园基础设施提升改造、老旧小区改造、背街小巷提升改造10项重大民生实事项目。会议分别作出了关于政府工作报告、国民经济和社会发展第十四个五年规划和二〇三五年远景目标纲要、计划报告、预算报告、人大常委会报告、法院工作报告、检察院报告、生态文明建设报告等八个决议。

【会议意义】 会议强调,区人民政府要坚持以习近平新时代中国特色社会主义思想为指导,深入贯彻落实习近平总书记视察江西重要讲话精神,全面贯彻中央、省委有关会议和市委四届十一次全体(扩大)会议暨市委经济工作会议精神,坚持稳中求进工作总基调,立足新发展阶段,贯彻新发展理念,构建新发展格局,以推动高质量跨越式发展为主题,以深化供给侧结构性改革为主线,以改革创新为根本动力,以满足人民日益增长的美好生活需要为根本目的,坚持系统观念,巩固拓展疫情防控和经济社会发展成果,扎实做好"六稳"工作、全面落实"六保"任务,以"全力打造大宜春核心区、奋力迈进全省高质量发展第一方阵"为目标,擦亮"医药、锂电、油茶、好人"四张名片,以"六比六赛"为抓手,坚决当好"中心城区强起来的主力军、县市区跑起来的引领者、大宜春立起来的示范地",确保"十四五"开好局、起好步。

宜春市袁州区第六届人民代表大会第一次会议

【概况】 2021 年 9 月 22—25 日,宜春市袁州区第六届人民代表大会第一次会议在袁州召开,会期四天。应到代表 368 名,会议的主要议程:听取和审议袁州区人民政府工作报告;听取和审议袁州区人大常委会工作报告;听取和审议袁州区人民法院工作报告;听取和审议袁州区人民检察院工作报告;选举区六届人大常委会主任、副主任、委员;选举区人民政府区长、副区长;选举区监察委员会主任、区人民法院院长、区人民检察院检察长;选举出席宜春市第五届人民代表大会代表;表决区人大监察和司法委员会、财政经济委员会、社会建设委员会主任委员、副主任委员、委员人选名单。会议选举产生了,区六届人大常委会主任陈彬,副主任:舒建设、李日耀、刘卫国、谌勇、邓琪、梁福军,委员 31 名;区人民政府区长胡勇,副区长:谢春松、江海滨、杨宜(女)、蒋晓青、晏军、罗嗣佳妮(女)、谢翠洪、甘辉华;区监察委员会主任赵云,区人民法院院长吴子牛,区人民检察院检察长陈文强(报宜春市人民检察院检察长提请宜春市人民代表大会常务委员会批准)。表决通过了区人大监察和司法委员会、财政经济委员会、社会建设委员会主任委员、副主任委员、委员人选名单。会议分别作出了关于政府工作报告、人大常委会报告、法院工作报告、检察院报告等 4 个决议。

【会议意义】 会议强调,区人民政府要始终高举习近平新时代中国特色社会主义思想伟大旗帜,深入学习贯彻党的十九大和十九届二中、三中、四中、五中全会精神,全面落实习近平总书记在庆祝中国共产党成立 100 周年大会上的重要讲话精神和视察江西重要讲话精神,坚定不移立足新发展阶段、贯彻新发展理念、融入新发展格局,紧扣市委建设"综合实力强市、绿色发展大市、文明幸福城市"目标,秉持"1246"工作思路,以"四个赋能"为动力,实施"工业强区、科技兴区、文旅活区、依法治区、特色靓区"发展战略,不断丰富和拓展"六比六赛"内涵,感恩奋进,担当实干,勇创一流,奋力冲刺全国县区经济百强,在强起来、站前列的社会主义现代化建设新征程中谱写袁州高质量跨越式发展新篇章。

常务委员会会议

【区五届人大常委会第四十五次会议】 1 月 6 日召开了区五届人大常委会第四十五次会议。会议主要议题是:听取和审议区人民政府关于 2020 年区级预算调整方案(草案)以及 2020 年地方政府债务限额的说明;听取和审议区人民政府关于居家和社区养老服务专题报告;听取和审议区人民政府关于国有资产管理情况的报告;听取和审议区人民政府关于打击"两抢一盗"工作情况的报告;听取和审议区人大常委会执法检查组关于开展野生动物保护法执行检查情况的报告;宣读辞呈和接受市代表辞职的决定草案。

【区五届人大常委会第四十六次会议】 2 月 9 日召开了区五届人大常委会第四十六次会议,会议主要议题是:听取和审议区人民政府关于袁州区 2020 年全区和区级预算执行情况及 2021 年全区和区级预算草案的报告;听取和审议区人民政府 2020 年度重大民生实事项目完成情况的报告;听取和审议区人民政府2019年度区级预算执行和其他财政收支审计查出问题整改情况的报告;审议代表资格审查委员会关于补选代表的代表资格审查报告;提请审议关于接受区代表辞职的决定(草案);提请审议常委会工作报告(草案);听取和审议常委会关于召开宜春市袁州区第五届人民代表大会第七次会议的决定(草案);提请审议宜春市袁州区第五届人民代表大会第七次会议议程(草案);提请审议宜春市袁州区第五届人民代表大会第七次会议主席团和秘书长名单(草案);提请审议宜春市袁州区第五届人民代表大会第七次会议列席人员范围(草案);提请审议人事任免议案。

【区五届人大常委会第四十七次会议】 2月20日召开了区五届人大常委会第四十七次会议。会议主要议题是:审议关于接受市代表辞职的决定草案;补选市四届人大代表。

【区五届人大常委会第四十八次会议】 2月24日召开了区五届人大常委会第四十八次会议,会议主要议题是:听取和审议关于袁州区2020年全区和区级预算执行情况及2021年全区和区级预算草案的审查报告(草案)。

【区五届人大常委会第四十九次会议】 5月11日召开了区五届人大常委会第四十九次会议。会议主要议题是:听取和审议常委会2021年工作要点(草案);审议区人大常委会关于乡镇人民代表大会代表名额的决定(草案)。

【区五届人大常委会第五十次会议】 7月15日召开了区五届人大常委会第五十次会议。会议主要议题是:提请审议关于设定袁州区区、乡(镇)选举委员会和街道选举指导组的议案;审议关于许可对区人大代表吴丽采取取保候审强制措施的决定(草案);提请人事任免议案。

【区五届人大常委会第五十一次会议】 8月23日召开了区五届人大常委会第五十一次会议。会议主要议题是:提请审议关于区乡两级人民代表大会换届选举有关问题的决定(草案);提请宜春市袁州区人民代表大会常务委员会关于袁州区第六届人民代表大会代表名额分配的决定(草案)。

【区五届人大常委会第五十二次会议】 9月8日召开了区五届人大常委会第五十二次会议。会议主要议题是:提请人事任免议案;提请审议关于调整区、乡(镇)选举委员会和街道选举指导组的议案;提请审议关于调整区代表资格审查委员会议案;听取和审议区人民政府关于2021年上半年国民经济和社会发展计划执行情况的报告;听取和审议区人民政府关于2020年财政决算和2021年上半年财政预算执行情况的报告;听取和审议区人民政府关于2020年度区级预算执行情况和其他财政收支的审计工作报告;听取和审议区人民政府关于环境质量状况和环境保护目标完成情况报告;听取和审议关于妇女儿童权益保障工作的报告。

【区五届人大常委会第五十三次会议】 9月18日召开了区五届人大常委会第五十三次会议。会议主要议题是:提请审议区六届人大代表资格审查报告(草案);提请审议区五届人大常委会工作报告(草案);听取和审议关于召开区六届人大一次会议的决定(草案);提请审议区六届人大一次会议议程(草案);提请审议区六届人大一次会议主席团和秘书长名单(草案);提请审议区六届人大一次会议列席人员范围(草案)。

【区六届人大常委会第一次会议】 11月24日召开了区六届人大常委会第一次会议。会议主要议题是:宣讲党的十九届六中全会精神和中央人大工作会议精神;提请人事任免议案;审议区人大常委会主任会议关于提请审议修订《宜春市袁州区人民代表大会常务委员会议规则》等十项规章制度(草案)的议案;提请审议关于区六届人大常委会代表资格审查委员会组成人员的议案;提请审议关于接受区人大常委会委员和区人大代表辞职的决定(草案);听取和审议区人民法院一站式多元解纷和诉讼服务体系建设工作情况报告;听取和审议区人民检察院关于适用认罪认罚从宽制度情况的报告;听取和审议区人民政府关于袁州区“七五”普法规划实施情况和“八五”普法工作安排情况报告;听取和审议区人民政府关于乡村旅游民宿建设工作报告;听取和审议区人民政府关于优化中心城区义务教育网点布局工作报告;听取和审议区人民政府关于企业国有资产管理情况的报告;听取和审议区人大常委会关于开展第八个五年法治宣传教育的决议(草案)。

监督工作

【人大调研】 5月中旬,区人大常委会对全区文物保护工作情况进行调研。提出了“进一步做好一批革命文物的保护、加强文化遗产保护宣传教育、积极协助市文广新旅局实施袁州古城文化复兴工程、加强历史文化遗产保护传承利用”等建议。10月中旬,区人大常委会对加强和改进妇女儿童保障工作进行调研,提出审议意见,交由区政府研究落实,并进行跟踪问效。12月份,区人大常委会对全区安全生产工作开展专项视察,提出意见建议。区人大常委会对饮用水水源、水质问题开展视察调研,组成检查组对袁河沿岸环境卫生、河面保洁、河道清淤、企业污水处理情况进行了大范围摸排,针对发现问题,要求各职能部门和单位根据自身职责及时整改到位,确保整改效果。区人大常委会开展居家和社区养老服务工作情况“回头看”督查工作,组织开展了优化中心城区义务教育网点布局、农田水利排灌设施情况、乡村旅游民宿建设等专项视察调研。区人大常委会对区五届七次会议上票决确定的2021年十大民生实事项目开展常态化专项监督。

【执法检查】 11月中旬,区人大常委会组织开展《医疗机构管理条例》执法检查。检查的主要内容包括以下三个方面:(一)学习、宣传《医疗机构管理条例》情况。(二)贯彻执行《医疗机构管理条例》及对医疗机构监督管理的主要情况。(三)当前医疗机构监管工作难点及对策。

代表工作

【概况】 2021年,袁州区有省人大代表6名,市五届人大代表70名(其中寄选代表12名),区六届人大应有代表374名,当年实有代表368名,乡镇人大代表1538名。为了更好地开展代表履职活动,发挥代表与选民之间的桥梁作用,区人大常委会把创新工作平台和改进工作作风作为做好代表工作主要抓手,充分发挥好代表的履职作用,为推动全区的经济发展作出积极贡献。

【代表活动平台】 根据《宜春市人大常委会关于标准化建设人大代表联络工作站的实施意见》的要求,找准定位、规范机制,2021年袁州区共设立31个乡镇人大代表联络站、51个村人大代表联络工作室,实现了代表履职平台全覆盖。工作站每年至少开展8次活动,组织2次集中学习交流活动(3月下旬和11月下旬),开展4次集中接待选民活动(每个季度第一个月下旬),围绕党委政府中心工作开展1次视察调研和1次监督检查活动,作为全区联络工作站的规定动作,在接待选民收集民意中,转变工作方式,变群众上门反映情况为代表下访,零距离收集民情,面对面听取民意,从群众中知真情、得实况,推动人大工作和人大代表在群众中的积极作用。据统计,全区31个代表联络工作站和51个人大代表联络工作室,开展了1378人次集中接待选民活动,收集选民建议、意见1432条,集中组织代表视察调研活动256人次,下村走访选民1990人次,实际推动当地人民政府解决群众问题1170个,其中转交区人民政府解决68个,转交乡镇人民政府解决820个,转交街道办事处273个。同时,各工作站在完成8次常规活动后,各联络工作站结合自身工作实际创特色出亮点。逐步让代表联络工作站(室)成为代表履职的阵地、选民议事的“驿站”、群众办事的“娘家”。

【闭会期间履职活动】 新冠肺炎疫情发生以来,区人大常委会认真贯彻落实中央、省、市、区委疫情防控工作决策部署,全区各级人大代表充分发挥自身优势,积极参加到“抗击疫情·人大代表在行动”中,用实际行动诠释了人大代表的责任和担当,为全区打赢疫情防控阻击战贡献人大力量,展现了人大代表风采。各级人大代表在超市、药店、广场、小区入口、交通道路卡点向居民宣传新冠肺炎防控知识,协助村委会、社区干部进行摸排工作,加强对重点人员管控,把疫情防控各项政策落到实处。

【代表培训】 建立了区人大代表联络工作站微信群和代表履职宣传微信公众号“袁州人大微讯”。开辟了“代表风采”专栏,及时发布袁州人大相关新闻资讯,宣传人大相关政策和代表履职好做法。各乡镇街道相继建立了代表微信交流群,逐步完善了网络履职平台建设。常委会重视代表的理论学习,举办人大代表履职培训班,为每名人大代表征订《中国人大》《时代主人》等学习刊物,要求各乡镇、街道组织代表采取多种形式的学习交流,制定代表的培训计划和学习内容。组织人大代表参加省、市人大举办的学习培训,组织收听收看省人大举办的"人大讲堂",及时为代表寄送学习资料等。

选举和任免

【概况】 2021年,袁州区人大常委会严格按照有关法律和人事任免办法,认真审核人事任免议案,组织好拟任人员的任前宪法知识考试、任前见面、任前表态发言、宪法宣誓、颁发任命书等相关工作。一年来,共组织98人进行了宪法宣誓。

完善了人事任免流程,对人事任免工作把好了任职前的材料(真实性)关、任中的程序(法律程序)关和任后的问效(履职情况)关。2021年,共任免国家机关工作人员74人次,其中任命49人次,免职25人次。

2021年1月6日补选:徐勇军、陈彬为市四届人大代表;接受:魏松林、郭皎辞去市四届人大代表职务。

2021年2月9日任命:苏章为袁州区人大常委会新康府街道人大工委主任;陈泽宇为袁州区检察院检察员。免去:钟文清的袁州区人大常委会新康府街道人大工委主任。补选:沈郅、梁福军为区五届人大代表。

2021年2月20日补选:严允、赖如宜为市四届人大代表。接受:鲁旭东辞去市四届人大代表职务。

2021年7月15日任命:周红艳为袁州区人大常委会灵泉街道工作委员会主任;陈玲为袁州区人大常委会湛郎街道工作委员会主任;钟绍建为袁州区人大常委会下浦街道工作委员会主任;张广禾为袁州区人大常委会新康府街道工作委员会副主任。免去:唐宜娇的袁州区人大常委会灵泉街道工作委员会主任职务;钟涛的袁州区人大常委会湛郎街道工作委员会主任职务;易自文的袁州区人大常委会下浦街道工作委员会主任职务;彭俊波的袁州区人大常委会新康永街道工作委员会副主任职务;黄盼的袁州区人大常委会办公室副主任职务;丁黎清的袁州区副区长职务。

2021年9月8日任命:吴子牛为袁州区人民法院副院长、审判委员会委员、审判员;陈文强为袁州区人民检察院副检察长、检察委员会委员、检察员;龙鸣为袁州区人大常委会办公室主任;张绍勇为袁州区人大常委会选任联工委主任;彭园华为袁州区人大常委会预算审查工委主任;李丹为袁州区人大常委会办公室副主任;刘绍华为袁州区人大财经委副主任委员;黄伟忠为袁州区应急管理局局长;袁德明为袁州区人民政府办公室主任;王永江为袁州区财政局局长;钟少平为袁州区审计局局长;黄德平为袁州区林业局局长;张家清为袁州区市场监督管理局局长;邹清云为袁州区司法局局长;刘汉清为袁州区乡村振兴局局长。免去:张绍勇的袁州区人大常委会办公室主任职务;吴建平的袁州区人大常委会选任联工委主任职务;廖文丙的袁州区人大常委会预算审查工委主任职务;卢建兵的袁州区人大财经委副主任委员职务;李吉江的袁州区人大常委会教科文卫工委副主任;宋小海的袁州区应急管理局局长职务;梁福军的袁州区卫健委主任职务;谢翠洪的袁州区财政局局长职务;王永江的袁州区人民政府办公室主任职务;袁德明的袁州区审计局局长职务;陈永梅的袁州区发展委主任职务;胡爱良的袁州区林业局局长职务;周文军的袁州区市场监督局局长职务;刘美美的袁州区司法局局长职务;钟少平的袁州区扶贫办公室主任职务。

2021年11月24日任命:袁德明为袁州区政府办公室主任;易绍连为袁州区教体局局长;江戈军为袁州区科技局局长;袁立军为袁州区工业和信息化局局长;施学明为袁州区民政局局长;邹清云为袁州区司法局局长;王永江为袁州区财政局局长;袁庆为袁州区住建局局长;袁新宇为袁州区交通局局长;刘泉忠为袁州区水利局局长;欧阳琨为袁州区农业农村局局长;翟旭平为袁州区商务局局长;丁晓薇为袁州区文广新旅局局长;袁露为袁州区退役军人事务局局长;黄伟忠为袁州区应急管理局局长;钟少平为袁州区审计局局长;卢伟为袁州区国资委办公室主任;黄德平为袁州区林业局局长;张家清为袁州区市场监督管理局局长;曹日红为区统计局局长;刘汉青为区乡村振兴局局长;黄德圣为袁州区粮食局局长;彭家伟为袁州区综合行政执法局局长;袁会明为袁州区监委副主任;周绍辉为袁州区监委委员;李勇平为袁州区监委委员。免去:袁发亚的袁州区监委副主任职务;袁会明的袁州区监委委员职务；周琪的区监委委员职务。接受：彭海明辞去区六届人大常委会委员职务；彭海明、卢冬明辞去区六届人大代表职务。任命：邓琪为区六届人大代表资格审查委员会主任委员；谌勇为区六届人大代表资格审查委员会副主任委员；龙鸣、张绍勇、刘文蔚、张耀平、杜丹波、彭园华、王琴、万启云、江春莉、刘建庚、周红艳为区六届人大代表资格审查委员会委员。

【区乡人大换届选举】 严格程序，依法做好区乡人大换届选举工作。2021年5月开始，到2021年9月完成了新一届区、乡人民代表大会代表的选举工作，于2021年9月15日以前依法召开了新一届乡镇人民代表大会第一次会议，选举了乡镇人大主席、副主席44名；乡镇长77名。于9月22—25日依法召开了区六届人民代表大会第一次会议，圆满地完成了区、乡两级人民代表大会换届选举工作任务。

【代表补选和代表资格审查工作】 为保证区人大代表依法调整，对补选的2名区五届人大代表的代表资格进行审查并报常委会确认。接受了1名市四届人大代表的辞职，补选了2名市四届人大代表。对368名区六届人大代表进行了资格审查并确认。接受了1名区六届人大常委会委员辞职，2名区六人大代表辞职。

宜春市袁州区人民政府

综　述

【概况】 2021年是中国共产党成立100周年,是"十四五"规划的开局之年,是奋力冲刺全国县区经济百强的起步之年。过去的一年,在市委、市政府和区委的坚强领导下,在区人大、区政协的监督支持下,全区上下聚焦"作示范、勇争先"定位,围绕"冲刺全国县区经济百强"目标,统筹疫情防控和经济社会发展,迎难而上、乘势而为,实现了经济社会平稳发展,较好地完成了主要目标任务。全年实现地区生产总值520.36亿元,增长9.2%;财政总收入47.44亿元,增长14.4%,一般公共预算收入完成25.22亿元,增长6.8%,税收占比69.8%;规模以上工业增加值增长12.1%;固定资产投资增长16.7%;社会消费品零售总额333.09亿元,增长17.9%;实际利用外资增长24.2%;城镇居民人均可支配收入44054元,农村居民人均可支配收入18647元,分别增长7.6%和7.8%。

【产业实力稳步提升】 做大做强工业经济。始终把工业摆在重中之重的位置,聚焦主导产业,在转型发展中提质增效。规上工业企业新增38家,实现营业收入200.24亿元,同比增长33.02%。技改投资同比增长80.27%,备案项目49个,创历史新高。战略性新兴产业工业增加值同比增长23.97%,锂电新能源、电子信息产业营业收入分别增长113.5%、81.9%,医药产业集群被评为全省三星级产业集群。"亩产效益"综合评定A类企业22家,入选省"映山红"企业4家,新增省级两化融合示范企业9家,认定省级专精特新企业13家。济民可信蝉联江西省民营经济百强前10位。做精做特现代农业。新建高标准农田3.4万亩,粮食播种面积94.14万亩,总产量3.55亿公斤,农业基础地位持续巩固。富硒农产品基地、高产油茶林分别达25万亩、28.6万亩,新增省、市级农业龙头企业2家,亿元以上农业龙头企业达9家。"宜春大米"品牌效益更加突显,订单面积突破45万亩、产值达7亿元;市级富硒龙头企业数、市级富硒示范基地、富硒认证产品数均居全市第一。油茶产业加速发展,茶油产量突破8000吨,全省首个国家级油茶科技小院落户袁州。做优做活第三产业。加快培育新零售、城区夜经济等新业态,引导商贸文旅资源互补、融合发展。城市商圈人气火爆,润达、万达商圈客流量分别突破1800万人次、1000万人次,年营业额分别达10.25亿元、5.2亿元。赣西农批市场交易额达106.7亿元,网络零售额31.73亿元,居全市第一。引入民生银行、兴业证券等金融机构,经济活力进一步提升。组建袁河锣鼓戏剧团,获评2021—2023年度省民间文化艺术版画之乡,区文化馆获评国家级一级馆。"隐逸轩"智热登山鞋系列获2021年全国旅游商品大赛金奖,属全省唯一。

【发展后劲持续增强】 深化创新驱动发展。狠抓科技主体培育,加快科技成果转化。全年新认定高新技术企业14家,新增省级企业技术中心1家、市级4家,"政产学研"合作项目36个,入选第三批省"双千计划"项目10个,实现入选国家级人才工程"零"的突破。入围市"揭榜挂帅"榜单4个,获批省"揭榜挂帅"项目1个。获批2021—2025年度全国科普示范县(市、区)创建单位,为全市唯一。深入推进项目建设。紧盯主导产业头部企业招大引强,积极参加国家、省、市重大招商活动,率先成立招商指挥服务中心,从信息收集到项目落地实现"一站式"服务。全年新签约项目43个,总投资287.35亿元,其中亿元以上项目

37个,50亿元以上项目1个,20亿元以上项目6个。强化重大项目建设调度督导，省市调度的86个重大项目累计完成投资238.3亿元。强力提升园区能级。深化园区体制机制改革,建立园区“8+N”考核方案,强化“亩产论英雄”导向，清理盘活土地1131.94亩、闲置厂房19.66万平方米,平整土地648亩,新增标准厂房16.27万平方米。完成医药工业园湾里路等改造提升,锦源新区锦绣路等建成通车。医药工业园、机电产业基地总产值分别增长19.19%、55.1%，亩均税收分别增长7.6%、2.9%,医药工业园入选江西省第一批化工园区名单。

【城乡面貌焕发新颜】 着力补齐城市短板。完成棚改扫尾攻坚465户,开工棚改安置房项目12个,交房3963套。疏通地下管网425.5千米，有效解决中心城区下水道溢流、城市内涝等问题。拆除乱搭乱建、摊点整治6.6万处,施划停车位4万个,新增路面硬化、复绿补绿、墙面修补等8.3万平方米。着力美化农村环境。完成274个新农村建设点和16个农村生活污水处理设施建设,行政村生活垃圾收集处理覆盖率达100%。获批国家级森林乡村5个、省级2个,省级生态乡镇5个，省级森林公园1个。完成“四好农村路”建设291千米，拆除农村破旧房21.4万平方米、改水1439户、改厕3600户,农村人居环境持续改善。着力提升生态质量。高标准打好“蓝天、碧水、净土”保卫战,整治机制砂企业56家，整改矿山问题229个，建成绿色矿山4个，修复废弃矿山15个。中央和省环保督察反馈问题及信访件销号稳步推进,污染防治攻坚考核获评市级优秀。全区空气优良天数比例为96.7%,空气质量优于国家二级标准,国省控、县界责任断面水质全面达标,受污染耕地、污染地块安全利用率100%。真情实意增福祉、促和谐,幸福指数不断攀升。增强人民群众幸福感。全面推进社会保障体系建设，发放社会救助资金1.87亿元,创业担保贷款3.48亿元,新增城镇就业人数6638人，新增转移农村劳动力12856人,城镇登记失业率控制在3.2%以内。全面保障劳动者合法权益,发放下岗职工“助保贷款”465.36万元,劳动仲裁结案率100%,解决拖欠农民工工资3249.88万元。提高人民群众获得感。持续巩固拓展脱贫攻坚成果同乡村振兴有效衔接,累计投入各类资金2亿元，顺利通过省级考核评估。全面完成8个社区嵌入式养老院、15个居家养老服务中心、300户困难对象家庭适老化改造。扶持民办幼儿园74所,提高普及普惠水平。新增教育用地669.9亩、投资12.6亿元,新改扩建学校10所，提供学位2.5万个,获评全市教育体育工作综合先进县(市、区)。深入开展“双减”工作,整治学科类校外培训机构63家，延时服务惠及学生96819人,实现农村中心小学及城区义务教育学校课后服务全覆盖。维护人民群众安全感。持续深化矛盾纠纷多元化解机制建设，积极探索基层治理新模式。建立区乡村三级人民调解委员会375个，化解矛盾纠纷2433件,调解率98%。强力打击治理非法集资、电信网络诈骗，累计劝返滞留缅北涉诈高危人员260人，挽回群众损失1.19亿元。办结国家信访局交办件180件,化解率98.36%。深入推进安全生产专项整治三年行动和“打非治违”百日行动,排查隐患10697条,整改率98.6%。

【政府效能提高】 推动重点领域改革。实现工业用地办理时限从106天缩至45天，不动产登记、抵押登记分别缩至3个和1个工作日，免收2552家新开企业首套公章费。启动预算管理一体化改革，全面实行零基预算。推进公立医院改革,362个医疗机构全部实施基本药物制度。加快农村土地承包改革,流转土地32.1万亩,流转率53.01%。成立了重大项目法官工作室,在全省首推“涉拒执罪”预告知书制度,并成功入选最高人民法院典型案例。持续优化营商环境。深入推行“驻企特派员”等企业帮扶制度,创新开展“亲清”早餐会,常态化开展政企圆桌会,累计解决企业实际困难200余次。扎实推进“降成本、优环境”专项行动,为企业减税降费11.2亿元,发放“财园信贷通”贷款4.65亿元。办理“一次不跑”事项3.9万件,“一次办好”事项8.1万件,错时延时预约服务1.1万件。着力强化自身建设。扎实开展党史学习教育“我为群众办实事”实践活动,27件重点民生实事全部按时按质完成,解决群众各类问题2123个,群众满意率96%。严格把关财政资金,完成各类审计项目94个，核减金额5.94亿元。投入“三保”资金34.74亿元,占预算支出的47.4%。大力整顿群众身边腐败和不正之风,全年查处88起,处理116人。主动接受政协民主监督和社会监督、舆论监督,全年办理各级人大代表建议146件、政协委员提案81件。

(钟 行)

区政府常务会议

【区政府五届六十九次常务会议】 1月12日,区政府五届第六十九次常务会议讨论并原则同意了《袁州区2020年高质量跨越式发展考核实施意见》。讨论了关于2021年中心城区生活垃圾分类和减量工作费用、2021年中心城区环卫、园林、市政预算费用及新增面积和管护费用、关于解决下浦街道安置小区物业费及下浦社区安置房完善基础设施费用等有关问题。

【区政府五届七十次常务会议】 1月20日,区政府五届第七十次常务会议讨论并原则同意了《2021年政府工作报告(讨论稿)》《2021年度重大民生实事候选项目(讨论稿)》。讨论了关于西村镇三宗、三阳镇一宗国有土地使用权公开出让方案、落实《“和悦财富中心”财政奖励资金的补充协议》等有关问题。

【区政府五届七十一次常务会议】 2月8日区政府五届第七十一次常务会议讨论并原则同意了《袁州区乡镇国土空间规划(2021—2035年)编制工作方案》《袁州区“招大引强大干项目决战园区”实施方案》《袁州区国民经济和社会发展第十四个五年规划和二〇三五年远景目标纲要》《袁州区产业引导母基金设立和运行方案》《震山片区(金桥社区)棚户区改造项目房屋征收与补偿安置实施方案》《袁州区2021年区本级财政收支预算草案》。讨论了关于袁州区2020年高质量跨越式发展考核结果的有关问题。

【区政府五届七十二次常务会议】 3月17日区政府五届第七十二次常务会议讨论并原则同意了《袁州区2021年稳定粮食生产实施意见》。讨论了关于芦村等六宗国有建设用地使用权公开出让方案的有关问题。

【区政府五届七十三次常务会议】 4月15日区政府五届第七十三次常务会议讨论并原则同意了《宜春市第二人民医院(袁州区人民医院)新院建设方案》《袁州区政府隐性债务风险化解工作方案》《2021年袁州区产业招商项目攻坚大会战活动方案》《关于水库移民项目工程结算管理继续沿用之前规定的有关事项》。

【区政府五届七十四次常务会议】 4月17日区政府五届第七十四次常务会议专题学习了统计相关知识。

【区政府五届七十五次常务会议】 5月18日区政府五届第七十五次常务会议讨论并原则同意了《全面推进乡村振兴加快农业农村现代化的实施意见》《袁州区2021年营商环境突出问题整治行动方案(讨论稿)》《2021年袁州区污染防治攻坚战工作要点》《袁州区推进油茶产业高质量发展实施意见》《袁州区“项目大会战”(2021—2023年)工作方案》。讨论了关于中国工商银行宜春市分行原宜春地区工商银行干部学校和中山中路134号原东门支行公产异地还建等有关问题。

【区政府五届七十六次常务会议】 6月4日区政府五届第七十六次常务会议讨论并原则同意了《袁州区优化营商环境2021年工作要点(讨论稿)》。讨论了关于医药工业园九宗工业“标准地”国有建设用地使用权公开出让方案等有关问题。传达学习了市委书记于秀明考察袁州区地质灾害点、督导安全生产工作的指示要求及全市安全生产暨防汛工作视频会议精神。

【区政府五届七十七次常务会议】 6月23日区政府五届第七十七次常务会议讨论并原则同意了《关于进一步加强区本级公务用车更新购置审批管理的补充规定》《袁州区居家和社区养老服务政府购买服务实施方案》。讨论了关于袁州医药工业园17条道路命(更)名的有关问题、袁州区慈化镇集中开采区区块3建筑用灰岩矿采矿权公开出让等有关问题。传达学习了省安委会第三专项巡察组巡察宜春市安全生产工作动员视频会议精神。

【区政府五届七十八次常务会议】 7月24日区政府五届第七十八次常务会议讨论并原则同意了《袁州区财园信贷通政策支持重点行业重点企业实施办法》。讨论了关于中国(宜春)锂电新能源产业园标准厂房建设项目(二期)、收储江西省六和隆投资发展有限公司65.5亩国有建设用地使用权等有关问题。

【区政府五届七十九次常务会议】 8月16日区政府五届第七十九次常务会议讨论了关于万松湖等职务任免的有关问题。

【区政府五届八十次常务会议】 8月27日区政府五届第八十次常务会议讨论并原则同意了《2021年袁州区农村环境综合整治(农村生活污水处理)项目实施工作方案》。讨论了关于《袁州区公共资源交易管理暂行办法(试行)》和《袁州区公共资源招标代理机构管理暂行办法》进行废止等有关问题。

【区政府五届八十一次常务会议】 9月15日区政府五届第八十一次常务会议讨论并原则同意了《政府工作报告(讨论稿)》《袁州区开展美丽乡镇建设五年行动工作方案》《宜春市袁州区城乡居民最低生活保障实施细则》。讨论了关于基层林业专业技术定向培养生的分配、百神药业上市工作等有关问题。

【区政府六届一次常务会议】 9月29日区政府六届第一次常务会议讨论了关于宜春市第二人民医院(袁州区人民医院)新院延期建设等有关问题。传达学习了习近平总书记在中央人才工作会议上的重要讲话精神等。

【区政府六届二次常务会议】 10月14日区政府六届第二次常务会议讨论并原则同意了《关于认真贯彻省委有关文件和市第五次党代会精神、做好下一步经济工作的实施意见(讨论稿)》《袁州区巩固拓展脱贫攻坚成果同乡村振兴有效衔接工作联席会议制度》《袁州区巩固拓展脱贫攻坚成果领导小组及十八个专项工作组》。讨论了关于支持金桥物流商贸中心配套基础设施建设等有关问题。传达学习了《省纪委省监委关于刘奇同志赴抚州市开展政治谈话情况的报告》等。

【区政府六届三次常务会议】 10月28日区政府六届第三次常务会议讨论并原则同意了《袁州区工业企业“亩产效益”综合评价办法》《袁州区批而未用土地消化攻坚行动工作方案(2021—2023年)和袁州区矿山生态环境整治攻坚行动实施方案》。讨论了关于专业技术定向培养学生的分配等有关问题。传达学习了习近平总书记重要讲话精神、省委常委会(扩大)会议精神、省政府党组(扩大)会议精神、于秀明在中国共产党宜春市第五届委员会第一次全体会议上的讲话精神等。

【区政府六届四次常务会议】 11月16日区政府六届第四次常务会议讨论并原则同意了《宜春市袁州区招商引资管理办法(讨论稿)》。讨论了关于科学优化生活垃圾分类志愿者督导员工资支付方案节约财政支出和辽市、慈化道班建设用地事项等有关问题。传达学习了中国共产党第十九届中央委员会第六次全体会议精神和省、市领导干部会议精神,《法治政府建设实施纲要》《江西省消防安全责任制实施办法》和纪委有关通报等。

【区政府六届五次常务会议】 12月1日区政府六届第五次常务会议讨论并原则同意了《改革完善社会救助制度的实施方案(讨论稿)》。讨论了关于第二批县级文物保护单位名单、将《袁州苏区民谣》等项目列入第六批袁州区非物质文化遗产代表性项目名录等有关问题。会议还听取了关于增加国投集团注册资本20亿元的有关事项的情况汇报。

【区政府六届六次常务会议】 12月30日区政府六届第六次常务会议讨论并原则同意了《袁州区生态环境保护“十四五”规划》。讨论了关于审定袁州区中小学课后服务收费标准工作等有关问题。传达学习了《中华人民共和国审计法》、中央经济工作会议精神、中央农村工作会议精神、全国宗教工作会议和党外人士座谈会议精神、江西省委经济工作会议精神、易炼红在全省领导干部专题研讨班开班式上的讲话精神和在宜春市委工作汇报会上的讲话精神等。

(潘若宸)

重要施政

【规划编制】 2月24日,区政府规划编制《宜春市袁州区国民经济和社会发展第十四个五年规划和二〇三五年远景目标纲要(草案)》。《“十四五”规划纲要》主要有12篇41章114节,由三部分构成:一、开启全面建设社会主义现代化新征程,包括发展基础、发展环境、总体要求和发展目标,概括总结“十三五”时期全区经济社会各项事业取得的成绩以及主要经济指标完成情况,提出到二〇三五年的远景目标,“十四五”期主要目标及总体要求;二、围绕“十四五”发展目标进行战略布局:1.实施创新驱动战略，推进人才强区战略;2.建立现代产业新体系,推进工业强区，服务业提质扩容,数字经济创新发展,产业发展;3.推进以人为核心的新型城镇化,促进城乡协调融合发展;4. 坚持扩大内需融入双循环,扩大有效投资，构筑高水平开放合作新优势;5.推进政府治理能力现代化,建设高标准市场经济体系;6.全面推进乡村振兴发展,实现脱贫攻坚成果同乡村振兴有效衔接;7. 全面加强生态保护与修复,提升绿色低碳发展水平;8. 全面提升社会文明程度,加快文化事业和文化产业协调发展;9. 推进教育现代化，推进健康袁州建设,筑牢社会保障网、推进人口均衡发展;10. 全面推进法治袁州建设,发展社会主义民主政治。三、坚持党的领导,努力形成规划实施合力,确保“十四五”规划目标任务落到实处。

【现代农业】 2021年，袁州区新建高标准农田3.4万亩,粮食播种面积94.14万亩，总产量3.55亿公斤,农业基础地位持续巩固。富硒农产品基地、高产油茶林分别达25万亩、28.6万亩,新增省、市级农业龙头企业2家,亿元以上农业龙头企业达9家。“宜春大米”品牌效益更加突显,订单面积突破45万亩、产值达7亿元；市级富硒龙头企业数、市级富硒示范基地、富硒认证产品数均居全市第一。油茶产业加速发展，茶油产量突破8000吨，全省首个国家级油茶科技小院落户袁州。

【商务工作】 2021年袁州区将招商引资工作放到突出位置,将“比开放型经济意识，赛招商引资成效”列为全区“六比六赛”活动的第一条赛道，各乡镇街道、园区同台竞技。通过比拼活动,赛出工作业绩、赛出工作作风、赛出能力水平,形成了你追我赶的工作局面,切实增强了做好工业招商引资工作的紧迫感和使命感。一是组织保障显成效。组建了由区主要领导担任组长的研判小组、由区委副书记担任组长的项目评审小组,设立“招商指挥服务中心”，设专职联络员对接医药、锂电、电子信息(智能制造)三大方向项目,为项目落地提供“一站式”招商服务。2021年,全区共签约项目43个,总投资287.35亿元，其中亿元以上38个项目,总投资285.05亿元;百亿元以上项目1个,20亿元以上项目6个,招大引强成效明显。二是机制保障优服务。出台了《2021年袁州区产业招商项目攻坚大会战活动方案》《袁州区“招大引强、大干项目、决战园区”实施方案》和《关于推动重点产业亿元以上签约项目加快落地的通知》,优化了《宜春市袁州区招商引资管理办法》等,通过不断完善和优化项目信息收集、科学研判、实地考察、评审、签约、督查通报等一整套项目招商服务流程,推进了招商引资工作标准化、规范化、顺畅化,进一步压缩了项目从谈判到签约的时间,提高了招商引资效率。三是人才保障夯基础。组织乡镇街道招商办干部进行培训“提能”,编印招商引资工作指导手册,让基层招商干部“一图读懂”招商流程,“一表掌握”招商政策,“一目了然”开展工作。实施跟班“选才”，通过招商指挥服务中心跟班学习,发现和培养一批招商干部,切实夯实招商基础。

【生态环境】 2021年，袁州区持续加力推进生态环保工作。一是执法力度持续加大。全面推行“双随机、一公开”和执法正面清单制度,切实落实差异化监管措施,做到无事不扰;实行行政执法公示制度、执法全过程记录制度、重大执法决定法制审核制度三项制度；实施“例会学习”制度;积极运用无人机、在线监控等设施，探索推行非现场监管。全年共处理行政处罚案件15起,处罚金额415.7万元,移送公安机关行政拘留13人，办理宜春袁州区宏泰采石场侵占林地等5起生态损害赔偿案,磋商赔偿款达200余万元。二是监测体系持续完善。建立了以生态环境监测站为中心，覆盖72个重点监管企业监测点、30个空气自动监测站点、工业园挥发性有机物自动监测站点、9个铁塔高空瞭望系统、袁河流域干流和9条支流水质自动测站点的水陆空一体化监测体系。三是生态环境持续向好。空气质量持续向好,PM2.5均值为31微克/立方米,PM10均值为56微克/立方米,空气优良率达96.7%,优于国家二级标准;各国控、省控和县界监测断面水质持续稳定在Ⅲ类及以上水体,水质优良率为100%，中心城区集中式饮用水水源地水质达标率均为100%,全区地表水断面未出现劣Ⅴ类、Ⅴ类水质;土壤环境质量持续可控,受污染耕地安全利用率保持在100%，污染地块安全利用率保持100%，未发生重大环境污染事件,全区污染防治攻坚战考核取得优秀成绩。

【民政事业】 养老设施日益完善，全力做好8个社区嵌入式养老院、15个居家养老服务中心、25个公办养老院消防改造项目，300户困难家庭适老化改造。殡葬改革扎实推进，全区公墓设施建设覆盖率达100%，公墓管理优良率达100%，遗体火化后节地生态安葬率保持在100%。新建区级智慧健康养老服务信息平台1个。通过购买服务、公建民营、民办公助等方式，鼓励社会力量管理运营居家和社区养老服务设施。农村“党建+乐龄中心(幸福食堂)”养老服务设施覆盖率达到70%以上。全力推进社会救助工作，继续提高保障标准，不断扩大保障覆盖面。审批增加低保对象1253人，全年共发放城乡低保、临时救助、精减退职救济金1.3亿元，发放孤儿基本生活保障资金202.55万元。

【市场监管】 筑牢“四大”安全底线，特别是食品安全工作，全区106家学校、幼儿园已全部安装摄像头完成“明厨亮灶”并接入监管系统，覆盖率达到100%。集中整治“六小行业”，重点检查小餐饮、小食杂等经营户食品经营许可证等证照齐全，查处无证经营行为，共出动执法人员2066人次，检查经营户2452户次，责令整改不符合创建要求的395处。营商环境指标优化提升，全区新设立公司5250家，新增个体工商户62601家，受理“一次不跑”业务1637项，完成“一次办好”业务5656项，注销各类型企业1694家，知识产权授权专利697件。受理全国“12315”平台、“12345”政府服务热线、来人来信等投诉举报案件10710件，办结率达100%。

【教育发展】 坚持教育优先发展，聚焦教育资源扩充，推动教育取得新成效。学前教育扩普惠。在实现乡镇公办园全覆盖的基础上，先后投入资金1.1亿元，高标准升级改造14所回收民办园，改善改建7所公办幼儿园，新增园位2185个。义务教育促优质。投入各类资金6.18亿元，新改扩建城区义务教育学校8所，新增教育用地约330亩，新增学位1.3万余个，有效化解了城区大班额。投入专项资金4192万元，维修改造30所农村学校，添置教学一体机883套，实现农村学校班班通设备全覆盖。其他教育补空白。统筹各类资金3亿元，新建宜春十中和赣西中职学校，新增教育用地430余亩，新增高中学位4800个、中职学位4500个，填补了无公办中职学校和市级重点高中的空白。

【疫情防控】 强化组织领导，调整成立区委应对新冠肺炎疫情工作领导小组和区新冠肺炎疫情防控应急指挥部，高位推进疫情防控各项工作。建立值班值守、每日会商、工作动态日报等制度，加强疫情防控风险研判，会商疫情防控具体工作，确保指挥体系高效稳定运转。全面落实“网格化”管理，加强境外、中高风险地区、省外低风险地区来(返)袁州等重点人员排查，分级分类科学精准落实管控措施，强化多点预警，充分发挥交通场站、药店、医院等“哨卡”作用，建立灵敏高效的疫情监测预警网络。积极推进宜春市第二人民医院发热门诊建设。加大旅游景区场所、交通运输场所、人员聚集场所及其他重点场所、重点岗位人员核酸检测力度，落细落实公共场所、重点场所戴口罩、测温扫码、一米线、错峰限流、消杀等防控措施。稳妥推进各年龄阶段新冠疫苗接种工作。积极做好各项准备储备工作，科学设置大规模核酸检测采样点，储备集中隔离场所37个、房间2526间，组建流调小组50个，备齐备足各类防控物资和生活物资，有效提高应急处置能力。注重加强宣传引导，引导居民加强个人防护、积极配合落实疫情防控措施。充分发挥区疫情防控指挥部督查组、区纪委、行业主管部门督查作用，倒逼防控工作落地见效。

【人居环境】 “破难题”，借助全国文明城市创建契机，改善中心城区面貌。通过拆除乱搭乱建，整治流动摊贩，合理规划车位、推动农贸市场改造等方式，解决停车难、买菜难等一大批急难愁盼问题，2021年，累计拆除乱搭乱建、摊点整治6.6万处、建成2104个生活垃圾收集亭、施划停车位4万个，完成农贸市场改造8个；“补短板”，大力实施城市更新行动，补齐道路破损、城市外观不佳等短板，2021年全年新增路面硬化、复绿补绿、墙面修补等8.3万平方米，完成老旧小区改造项目42个，背街小巷改造44条，棚改安置房交房3963套，惠及中心城区群众15万人。“解民忧”，依托乡村振兴政策东风，大力推进新农村建设点建设，全力解决农村居民“用水、用厕、用路”等忧心问题，全年改水1439户、改厕3600户，建设“四好农村路”241千米。

【点单式普法】 组建普法讲师团,建立“订单普法”“210”工作制度,聚焦市场主体法治化建设,引导各部门单位,围绕工业园区建设、招商引资、利企惠民政策,开展“你选题、我来讲”的点单式普法活动40余场,推出“线上直播+线下讲课”的普法模式,利用直播平台扩大法治宣讲的受众面,进一步深化法治园区、法治企业创建活动,提高各类市场主体的法治化建设水平。

【公共法律服务】 坚持便民理念,充分发挥司法所扎根基层、贴近群众的优势,持续推进公共法律服务前移,打通全区行政复议代办通道、畅通全区法律援助快速受理渠道、开辟特殊群体公证服务“绿色通道”,举办“公证进社区”“公证进乡镇”等活动,方便群众就近在当地的公共法律服务工作站享受公共法律服务。利用省司法厅“乡乡通”工程,完成28个乡镇街道“乡乡通”设施全覆盖,通过信息化手段与乡镇、街道公共法律服务工作站实现远程双向可视对话,提供远程公共法律服务。2021年,袁州区公共法律服务中心及公共法律服务工作站通过“乡乡通”提供远程法律服务39人次,开展家属与服刑人员远程视频会见1215人次。

【“智慧社矫”】 在建成“省级智慧矫正中心”的基础上,将传统的定期摸底排查等管控手段与信息化技术相结合,将VR技术引入社区矫正教育工作模块,通过高度仿真的违法犯罪场景和违法犯罪后果,达到冲击感官、震撼心灵的目的,提升教育实效。2021年4月,区司法局被江西省司法厅列为全国“智慧矫正中心”重点创建单位之一。

(钟行 刘健 秦辉 黎自德 付政昊 胡丹丹)

办理人大代表建议和政协委员提案

【概况】 2021年,区政府共承办的代表建议146件、政协提案81件,涉及道路交通建设、农业农村发展、城市建设管理和文旅发展、教育教学等领域,区政府按照对口负责的原则,交由47 个单位具体承办。自4月28日区政府召开交办会以来,在区人大、区政协的监督、支持和指导下,经各承办单位的共同努力,所有代表建议和政协提案均已办结,办复率为100%,其中得到解决或基本解决的(A类)分别有39件、28件;正在解决或列入规划逐步解决的(B类)分别有73件、44件;因条件限制暂时无法解决、留待以后研究的(C类)分别有26件、7件;留作参考的(D类)分别有8件、2件。从代表和委员反馈的意见看,代表、委员对办理结果均表示满意。

【完善交通网络,助力经济发展】 在2021年146件人大代表建议中,关于道路交通建设的有26件,占比最高,充分体现了代表们对完善袁州区交通网络的高度关注和殷切期望。例如鲁毅等10名代表提出的《关于对金瑞镇芦塘寨生态旅游项目基础设施进行提升的议案》,区交通运输局根据农村公路现有政策,向省、市行业主管部门申请了150万元/千米的旅游项目计划,目前已纳入省级旅游路项目库。例如严子文提出的《关于尽快立项拓宽改造山背—河北526县道的建议》,建议对山背—河北526县道西村段进行拓宽改造升级,区交通运输局计划向上争取“十四五”期间县乡道路面大中修项目,上级补助70万元/千米。

【加快农村建设,推动乡村振兴】 农村建设、农业发展一直是代表们关注的焦点,会议期间,代表们围绕农业农村工作提出了许多建议。例如何发庚等5名代表提出的《关于持续新农村建设政策和加大新农村布点力度的建议》,建议对基础薄弱乡镇及乡村基础设施建设加大投入力度。区农业农村局根据省、市有关新农村建设工作要求,提出了“十四五”期间村庄整治建设、整洁庭院整治等新农村建设的总目标,并逐步推进。这一目标的实现,将有效改善基础薄弱乡镇和乡村基础设施建设,助力乡村振兴。比如袁柏友提出的《关于加强秀美乡村管护的建议》,建议加大秀美乡村建设点后期长效管护力度。区农业农村局对全区村庄进行了分类,确定了村庄环境长效管护模式,并拨付了长效管护经费,下一步将建立“5G+”村庄环境长效管护平台,进一步强化秀美乡村建设后的管护。

【细化建设管理,提升城市品质】 袁州区扎实推进城市建设,强化城市管理,有效改善了城市形象,提高了群众的获得感、幸福感,但随着城市扩展与翻新,也带来了一些新的问题,代表们对此提出了许多意见建议。如邹清云等10名代表提出的《关于解决社区服务平台的议案》,反映目前秀江街道社区的办公用房普遍狭小、简陋，难以满足社区居民服务需求和创建全国文明城市要求。为此，市中心城管委拟通过无偿提供国有资产或配套等途径解决社区服务平台办公场所，将进一步改善社区办公条件，提高服务群众水平。如陈波代表提出的《关于对低于路面的井盖进行整顿的建议》，反映中心城区背街小巷改造完成后，部分路上检查井井盖比路面低，车辆轧过时产生了噪声，增加安全隐患。市中心城管委严格按标准改造背街小巷，将“检查井井盖破损、沉降、与路不平”的问题纳入了整治，由其负责建设且已竣工验收的背街小巷路面未发现存在安全隐患的检查井井盖，个别比路面低或松动产生噪声的已要求施工单位及时整改到位。例如曹生兰代表提出的《关于在明月华府门口马路安装红绿灯的建议》，易浩珍代表提出的《关于加快整治车辆乱停乱放，占用消防通道，挤占人行通道的建议》，易平代表提出的《关于解决鼓楼广场地下排污管网堵塞的建议》等，相关单位均认真研究，结合实际落实。通过办理代表建议，进一步细化了城市的建设管理，提升了城市品质，提高了服务水平。

【挖掘文化内涵，提升城市品位】 2021年81件政协提案中，关于文化及旅游发展的建议较多，充分体现了委员们对挖掘文化底蕴的高度关注和发展旅游产业的充足信心。例如王琴委员提出的《关于充分挖掘整理利用袁州区红色档案资源的建议》，建议对袁州党史上的重要事件和代表人物、红色故事进行系统收集、整理和编研。为此，区文广新旅局与区档案馆进行了专题讨论，与宜春学院对接，聘请教授整理、编纂《袁州区红色文献资料汇编与整理》与《袁州区红色故事及文艺资料汇编与整理》等一批主题出版物，有效加强了红色文化档案的保护和利用。例如温敬睿委员提出的《关于推进明月山和袁州区“生态+红色”旅游模式的提案》，建议依托现有红色旅游资源，推动明月山和袁州区旅游转型发展。区政府高度重视红色资源开发利用，区文广新旅部门通过媒体强化宣传推广，借助明月山的客源平台，为明月山景区旅游发展引流提质，丰富两地旅游项目，有力推进了两地“红色+绿色”联动发展。

【优化城市管理，提升服务水平】 近年来，随着城市的发展以及创建全国文明城市的推进，中心城区环境更美、形象更优，但也还存在一些薄弱环节、短板弱项，委员们围绕城市建设和管理提出了许多有建设性的建议。例如习安宜委员提出了《关于城镇老旧小区改造的建议》，针对中心城区老旧小区改造，制订了2019—2021年三年改造行动计划，着力完善老旧小区基础设施，解决管道不通、管线杂乱、车辆难停、消防安全等事关老百姓日常居家生活突出问题。通过老旧小区改造，有效改善了居民生活环境，提高了生活品质。例如刘喜、周蓉委员提出的《关于以文明城创建为契机，推进城市建设快速发展的建议》，对城市公共游园建设及管理提出了建议。把公园广场纳入市场化管理，对老旧和基础设施薄弱公园提升改造，加强爱护公园的宣传，确保公园良好稳定运行，为群众提供了舒适休闲场所。例如彭琅委员提出的《关于在袁州新城开展“清杆”行动的再次建议》，周蓉委员提出的《关于规范中心城区共享单车管理的建议》等，城市管理等部门均结合工作实际抓好落实。

【加强学校管理，提高教育质量】 一直以来，始终把教育作为最大的民生工程，摆在优先发展的战略地位，在发展规划上优先安排，在财政投入上优先保障，在教育改革上优先推进，对此，政协委员提出了很多涉及学校和教学管理的建议。例如彭清生、吴兆鸣委员提出的《关于加强我区中小学校园欺凌综合治理的建议》，反映了校园欺凌行为的危害性。区政府高度重视，要求各学校严格落实校园欺凌防治“十个一”，压实工作责任，通过加强排查监管、学生教育、动态监测预警、部门与家长沟通联系，切实共建平安校园。例如柳阳萍、余贵生委员提出的《关于农村中小学生音乐课合理安排的提案》，反映农村小学音乐课少等问题。区教体部门紧紧围绕学生美育发展的主线，配齐配好美育老师，配备教学所需器材，开齐开足美育课程，并在政府网站公布学校课表，接受社会监督，帮助学生熟悉掌握艺术特长。易铁凤、潘美玲委员提出的《关于农村中心小学探索建立留守儿童集中寄宿的提案》，建议整合农村教育资源，探索留守儿童集中寄宿。制定了乡村小规模学校和乡镇寄宿制学校建设规划，全区已有的25所农村寄宿制中学，4所农村寄宿制小学的办学条件将进一步得到改善。委员们提出的有关教育方面的意见建议,教体部门认真研究、积极采纳,并落实到相关的教育工作中,对加强教育管理、提高教育质量,发挥了良好的促进作用。

（钟　行）

区政府综合事务

【概况】 2021,袁州区政府综合事务紧紧围绕全区改革、发展、稳定大局，充分发挥承上启下、综合协调、参谋服务等职能,发扬团结奋斗、无私奉献的精神,全力推动落实,较好地完成了各项目标任务,为全区经济和社会事业发展做出了积极贡献。

【信息调研】 始终把信息调研工作放在首要位置,紧紧围绕全区中心工作，不断强化措施,创新工作方法,从贴近中心、贴近群众、贴近实际出发,努力发掘、提供有价值的政务信息和调研信息,为领导掌握情况、指导工作、科学决策提供了较好的信息服务,较好地发挥了参谋助手作用。全年累计撰稿974条,上稿市每日要情41条、省每日要情2条、国办约稿15条。

【督促检查】 紧紧围绕全区工作大局抓好督促检查,坚持突出重点,注重工作实效,提高督查服务质量。开展为基层减负挂牌专项清理和重点会议会风会纪督查;联合相关部门开展重大项目、环保、农民建房违规收费、林业图斑整改等问题实地督查;对区政府主要领导交办事项实行"提示—督办—问责" 三步法开展督查;积极办理国务院"互联网+督查""问政江西"等监督平台留言线索,及时协调解决群众关注关心、反映强烈的问题;加强对省市区《政府工作报告》重点工作、重大民生实事项目以及市、区领导交办的重大事项落实情况的督查，确保政令畅通、政策落实到位。迎接市委、市政府综合督查1次,开展区委、区政府综合督查1次;全力督查督办市、区人大代表建议及政协委员提案，办理市人大代表建议17件、政协委员提案19件,区人大代表建议146件、政协委员提案81件。着力提升督查工作成效,下发《政务督查》7期,区"两办"联合下发《督查通报》2期,较好地完成了全年的督查工作计划。

【文稿服务】 制定每周一、二、四晚上学习制度,结合党史学习教育,常态化开展好"两学一做"学习教育,不断提高办公室干部的政治理论水平和业务知识,同时强化文秘人员之间的交流学习和"传帮带",切实增强文秘人员的综合文字水平。积极打造精品文稿,不求"过得去",只求"过得硬",针对《政府工作报告》和区政府主要负责人讲话稿等重要文稿开展集体研讨打磨,确保文字精练、表达清晰,着力提升文稿的思想性、指导性和操作性。一年来,区政府办文秘人员起草区政府领导讲话稿、汇报材料、工作报告等文稿600余篇,高质量完成了文稿服务工作。

【外事管理】 2021年，袁州区全力做好外事及涉外疫情防控工作。积极服务企业,严格管理因公出国(境)。因疫情原因,暂缓办理企业邀请外国人等工作,耐心与企业沟通;全年未办理因公出国(境)工作,无申报外事活动情况。积极服务17家外商投资企业,复工复产率100%。持续做好防范境外疫情输入工作。积极发挥涉外疫情防控工作组牵头单位作用，继续强化底数摸排。靠前掌握境外人赣返赣信息,做好驻南昌转运工作。设立境外入袁州人员24小时咨询求助电话和瞒报、私自接运境外人袁举报电话，发动群众对瞒报、私自接运境外入袁州人员等行为进行举报。加大对涉外疫情防控政策、外籍在袁州人员新冠疫苗接种宣传力度，做到社区、单位、家庭、个人责任压实压紧,有效筑牢涉疫情防控防线。

营商环境持续优化

【概况】 2021年，袁州区响应市委、市政府提出的建设全省营商环境一等市和政务服务满意度一等市目标,树立建设全省营商环境一等区目标,召开袁州区建设全省营商环境一等区工作推进会,并制定印发《袁州区贯彻执行〈江西省优化营商环境条例〉实施方案》《袁州区优化营商环境2021年工作要点》《袁州区建设全省营商环境一等区实施方案》，为全区营商环境建设工作提供了指引和遵循。

【政务服务】 推进"赣服通"升级建设，按照应上尽上的原则，上线100项高频服务事项,新增特色服务专区、无证办理专区、一链办理专区、企业服务专区、用户专属空间、政务服务网改版和运营监测平台等7个内容部署至"赣服通"袁州分厅,实现注册用户数达到287555户，访问量达到5793820次,大大方便群众办事;积极开展政务服务“好差评”工作,收到群众各类评价数74.13万条,对差评进行了及时整改,差评整改率和满意率均达100%;加大“12345”政府服务热线平台使用力度,共处理工单32842件，按期办结率为97.01%,满意率为98.51%;办理“一次不跑”事项39490件,办理“一次办好”事项81239件;优化延时错时预约服务,办理错时延时预约服务10595件;设立惠企政策兑现专窗2个，已为18.55万家(次)企业办理235677件惠企事项，共为企业减少金额87795.39万元，免除金额11818.55万元，补贴金额10934.43万元，扶持贷款金额55170万元。

【企业帮扶】 常态化落实政企圆桌会议,认真倾听市场主体意见建议，帮助企业排忧解难,共召开8次政企圆桌会议,解决企业提出的问题32个；强化驻企帮扶工作,印发《关于区领导及特派员挂点帮扶企业的通知》,向123家规上工业企业派驻113名驻企特派员，汇聚区领导、引资单位、服务部门、驻企特派员四股力量,构建“四合一”帮扶机制,切实为企业的发展出实招、办实事、解难题。全年共收集企业反映问题182个,已落实或阶段性解决118个,正在对接推进的64个；扎实推进重点企业“一牌两卡”制度，帮助江特电机、百神药业等企业申报了18张宜春市投资者绿卡，海量动力、博安检测等企业办理了12张袁州区投资者绿卡，为企业家、企业高管在子女入学、升学等方面提供便利和服务。

（刘劼洋 袁玉婷）

金融服务

【概况】 2021年，袁州区金融工作紧紧围绕区委、区政府决策部署，认真把握宏观经济形势，持续提高金融服务质量，扎实开展助推企业上市、助力企业融资、防范化解金融风险等中心工作，为袁州区提供坚实的金融保障。

【培育企业上市】 一是梯度培育。针对已纳入省“映山红计划”的4家企业(百神、大海龟、航宇新材、新龙生物)精准帮扶、定期走访,积极协助解决企业上市过程中的堵点、难点;针对省拟上市后备库的9家企业,鼓励技改扩产,增加利润,规范财务。二是精细辅导。积极走访调研,掌握企业情况,了解上市意愿。针对专精特新等发展前景好、潜力大、实力强的企业,开展股改上市等政策宣讲,引导企业主动对接多层次资本市场。三是做优服务。建立区拟上市后备库企业台账,实行“一对一”帮扶机制,定期跟踪进度，组织纾难解困,并积极联合券商、股交中心等机构开展上市培训会等活动。

截至2021年年底，袁州区纳入省“映山红计划”企业数量排名列全市第一;A股上市企业1家;在新三板挂牌企业4家(2家企业已摘牌)；列入省重点拟上市企业后备库企业9家,5家已完成股改(其中百神药业已向江西省证监局申请辅导备案待验收)。

【信贷支持企业融资】 一是政银企对接出实效。召开政银企圆桌会袁州专场,组织中心城区银行现场为袁州区10余家企业解决融资难题;组织100余家企业参加全市银企对接活动,签约金额超40亿元。二是双向互通有创新。收集汇总医药工业园和机电产业基地规上企业信息表,发至各银行进行融资对接;梳理银行在企业生产经营各阶段的贷款产品及业务,找共性、列节点,制作企业经营信贷产品流程图发至企业，消除银企信息壁垒，打通银企对接“最后一公里”。三是政策融资强保障。充分发挥区财投、区融担等政府融资平台的中介服务作用，为企业提供委贷、担保、保理、助贷等更多融资通道。截至2021年年底,全区开展“四贷一保”业务共计8.7亿元,惠及中小微企业209户。

【防范金融风险】 一是深化重大风险宣传。要求中心城区各金融机构定期在官网官微、掌上银行等平台推送相关宣传文章;在全区范围组织开展2次非法集资集中宣传及3次非法集资风险隐患专项排查活动,有效提高群众防范非法集资意识。二是加强重点线索排查。层层压实属地及行业责任,要求辖内各乡镇街道、金融机构及类金融机构每月20日前以表格形式报送非法集资线索，并及时汇总反馈至公安、市监等部门,上报市金融办,形成市区乡三级联动,确保能够第一时间对非法集资行为精准打击。三是强化行业知识培训。定期邀请市金融办、市银保监等防范金融风险领域专家为区处非领导小组成员单位开展相关业务培训,积极组织乡镇街道参加市、区两级各类讲座，提高基础人员专业水平，织牢基层“防非网”。

（刘玉青　叶兆曦）

退役军人事务

【概况】 2021年，袁州区退役军人事务工作坚持以退役军人及其他优抚对象为中心的尊崇工作理念，结合党史学习教育，邀请抗美援朝老兵郭财瑞和吴启华开展“老兵宣讲团”活动，组织参加退役军人事务部“老兵永远跟党走”知识竞赛活动的袁州区选手谢刚获二等奖，江瑜、袁卫兵获三等奖。灵泉街道鹧鸪社区党委书记周相友获江西省退役军人服务工作“尊崇之星”称号。

【服务保障】 组织召开了区委退役军人事务工作领导小组会议和区退役军人事务工作推进会，提出了在乡镇（街道）成立退役军人党支部，高质量开展全区退役军人事务服务保障工作。根据《江西省退役军人服务保障设施建设标准》和《宜春市退役军人服务中心（站）工作手册》要求，28个乡镇（街道）及343个村（社区）退役军人服务站专干、场所、设施等全部按标准落实，2020年政府统一购买服务资金已落实到位。秀江街道的秀江社区、官山社区、下水关社区，凤凰街道的凤凰社区、黄颇社区、滩下社区、柒家岭社区和湛郎街道状元洲社区等8个村（社区）完成示范型退役军人服务站建设省检达标。全区共组建374支“新长征”退役军人志愿服务队，开展走访慰问、政策宣传、社区理发、无偿献血、文明创建、圆梦微心愿等活动1000多次，为袁州区“新长征”退役军人志愿服务大队和袁州区退役军人突击队组织了授旗仪式。

【优待抚恤】 根据《江西省光荣院管理实施办法（试行）》要求，推进袁州区光荣院规划建设，完成消防工程维修改造、院内电路改造、院民娱乐室改造、会议室和办公室装修等任务。核对部分退役士兵社保接续工作信息数据及核算应缴费用，符合要求的全部办结。拟定了《袁州区退役军人事务局移交安置和就业创业工作计划》。完成军转干部安排区直部门行政编制、转业士官安排在乡镇全额拨款事业编制和转业士官志愿申请安置进央企任务。组织优抚对象年检，重点优抚对象年检率达100%，优抚对象年检核查工作得到了省厅优抚处“核查组”的充分肯定。审核上报60岁以上农村籍退役士兵生活补助，办理伤残、病退、三属待遇审批手续。为全区重点优抚对象发放抚恤定补款，为农村籍退役士兵及老烈子发放生活补助，为义务兵家庭发放优待金，为春季入伍大学生发放一次性奖励金。

【退役士兵就业创业】 根据《关于做好退役士兵全员适应性培训有关事项的通知》（宜退役军人发〔2021〕37号）文件要求，组织退役士兵分两期参加适应性培训，报名参加省厅组织的网络适应性培训，发放培训期间生活补助金。组织转业士官进行了一周的岗前培训。举办7场退役军人专场招聘会，共计213家（次）企业参加，提供岗位2842个（次），在微信公众号、微信群发布和转发招聘信息235条次。选派宜春市硒艾生物科技有限公司的“硒艾科技—健康生活”项目参与第二届江西“尊崇军创”退役军人创业创新大赛，获全省传统产业及生活服务业项目组类三等奖。

【纪念英烈】 通过进学校、进社区、进农村等方式发放文明祭扫宣传单2200多页，开展文明祭扫烈士活动130余场，组织开展2021年网上祭英烈活动。9月30日，与市政府一道在市烈士公园举行烈士公祭活动。彬江镇新建三星口红军烈士纪念碑、纪念馆、停车场，占地约6亩，已投资230余万元。为烈属寻亲，将西村镇吴小朝烈士遗骸从福建武夷山迁葬回宜春市烈士陵园，并组织了安葬仪式。按照“应迁尽迁、集中管护”的原则，启动县级以下纪念设施和散葬烈士墓整修工作。

【权益维护】 制定印发了《深入开展学习宣传贯彻〈中华人民共和国退役军人保障法〉活动的实施方案》，开展学习宣传活动61场，发放救助困难退役军人资金。

【双拥工作】 春节、“八一”期间，区四套班子领导及社会各界走访慰问驻区部队，送去慰问金（品）共计20余万元。广泛开展“满怀忠诚讲尊崇，千行百业共拥军”活动，引进5家涉及教育、医疗、金融、家电、餐饮等贴近民生行业大型企业参与活动。积极开展“替烈士回家看看娘”及春节、“八一”等走访慰问活动，悬挂横幅32条，发放“两封”慰问信 3.8 万份，发放年画 23148 张，发放走访慰问金(品)460 多万元，召开 87 场军属专题座谈会。大力开展送喜报上家门活动，共收到喜报 219 份，发送 219 份，发放慰问资金 83800 元，其中二等功 3 人(杨晓林、刘发根、徐强)。“七一”开展“老兵永远跟党走”活动，对“最美退役军人”、健在的烈士父母、困难退役军人党员和退役军人老党员共 1558 人进行了走访慰问，发放慰问金 155.8 万元。会同区委宣传部组织开展了袁州区 2020 年度 6 名“最美退役军人”和 2 名“最美军嫂”的表彰活动。

（孙文新）

应急管理

【概况】 2021 年，袁州区应急管理工作认真贯彻落实国家、省、市、区关于安全生产、防灾减灾、应急管理等一系列决策部署，狠抓风险管控和隐患排查治理，全区未发生较大以上安全生产事故。

【安全生产形势】 以“安全生产专项整治三年行动”为重要抓手，坚持问题导向，在隐患排查、日常监管、综合整治等方面打主动战，共排查出隐患 10697 条，完成整改 10549 条，开展反“三违”行动企业 1545 家次，约谈企业 49 家次，责令停产整顿企业 11 家，实施经济处罚 756 万元，淘汰高危化工行业领域落后产能企业 3 家，完成企业技术改造升级企业 35 家。在打非治违百日行动中检查企业 633 家次，发现隐患 1030 条，关停企业 10 家，责令停产停业企业 33 家，查处典型案例 12 件，打击犯罪人员 15 人。连续 61 个月未发生较大及以上生产安全事故，安全生产形势持续稳定向好。

【重点行业领域整治】 2021 年，袁州区推进非煤矿山资源整合，企业数量总量只减不增，整合关闭矿山 27 家，进一步优化了城乡环境。2021 年，袁州区继续推进工贸行业粉尘防爆专项整治，对全区 7 家粉尘涉爆企业进行了一轮全面排查，共计排查隐患 34 条，已全部整改到位。对两个园区内“厂中厂”的现象进行大力整治，经过一年多的持续跟进整治，宜春市雪岭木业有限公司厂区内的企业从 8 家减少为 2 家，彻底改变了原来“脏乱差”的面貌。

【安全生产标准化建设】 2020 年开始的袁州区安全生产专项整治三年行动方案中提出工业制造类规模以上企业标准化达标率 2021 年年底达到 70%以上，截至 2021 年年底，已有 101 家规上企业取得三级标准化证书，完成率 82%，超额完成任务。

【救灾物资储备】 袁州区共计采购生活类救灾物资棉被 3000 床、床单 3000 件、棉大衣 2000 件、保暖鞋 1000 双、保暖衣 1000 件、应急照明灯 500 台、家庭生活应急包 5000 个、大米 12000 包、食用油 8000 瓶；防汛救灾装备物资救生衣 50 件、橡皮艇 2 台、冲锋舟 1 台、防汛编织袋 10 万条、防汛排涝移动泵车 1 辆、天通一号卫星电话 39 台，防汛已储备了 141.8 万元物资设备，含空气动力搜救船 1 艘、橡皮艇 4 艘、冲锋舟 1 艘，大功率抽水泵 3 台，编织袋 15 万条及其他照明通信设备，各水库储备了数量不一的沙石、编织袋。及时下拨 2020 年中央和省级自然灾害救灾资金共计 736 万元，过渡期生活救助 8385 人，冬春救助 17698 人。汛期共计下拨大米 2516 包、食用油 7192 瓶、家庭生活应急包 4000 个、天通一号卫星电话 37 台。

【防汛责任制】 袁州区严格落实防汛责任制，全区 250 座大中小型水库都按要求落实水库安全管理行政责任人、主管责任人、管理责任人、技术责任人和巡察责任人等“五个责任人”并在政府网站进行公示，其中 1 座大型飞剑潭水库和 5 座中型水库落实了区政府领导为水库安全管理行政责任人，小型水库落实了乡镇副科级及以上领导担任水库行政责任人；袁州区山洪灾害危险区涉及 21 个乡镇、街道，126 个村(居)委会，3462 户 19173 人，已要求各地落实了山洪灾害防御县、乡、村、组、户五级转移责任人。

【应急预案演练】 2 月 25 日在宜春市远大化工工程有限公司开展了安全、消防、环境综合应急演练，6 月 2 日在新坊镇开展了非煤矿山边坡坍塌事故应急演练，6 月 3 日组织在新坊镇花桥村开展了地质灾害应急演练，8 月 25 日在江西心诚药业有限公司开展了安全、消防应急演练，10 月 22 日在彬江镇参与开展了宜春市综合性应急演练，另督促乡镇街道开展了消防专项应急演练。演练过程中应急直升机、无人机、应急救援车辆等齐上阵,从接警、应急响应、监测调查、救援转移等全流程进行全面展现。在演练过程中,各单位按照各自分工开展相关工作,整个过程分工具体、组织严密、配合密切、紧张有序。

【烟花爆竹企业整顿退出】 2021年,袁州区积极开展落后烟花爆竹生产企业的整顿退出工作,对关闭退出的烟花爆竹生产企业、停产企业生产线上以及企业废弃工房内的危险性废弃物,逐一排查清理,按照三级排查程序,确保不漏企业、不漏工房、不留死角,全区124家烟花爆竹生产企业整顿退出79家和8个工区,在全省率先完成攻坚任务。

【危化品专项整治】 2021年,袁州区通过采取专家会诊、搬迁改造等办法消除企业隐患13件;积极助力化工园区整治提升,按照省市要求,组织专业技术力量,制定完善"一园一策"整治提升工作方案,全面梳理化工园区存在的问题并逐一对照整改落实,江西省袁州医药工业园化工集中区于2021年4月公示评定为全省第一批化工园区。

【基层救灾救援站所建设完成】 2021年,袁州区应急管理工作夯实基层基础,全区28个乡镇(街道)、2个园区应急管理站建设全部完成,专兼职工作人员457人,应急救援队伍30支,储备应急救灾物资20000余件,开展培训演练119次,投入经费628万元。

【应急救援社会联动】 2021年,袁州区应急救援工作加强社会联动。邀请蓝天救援队、宜春赣西救援队伍中救援经验丰富的队员传授实用救援经验。实际开展应急救援时,提供装备支持,与之实行装备共享,合力提升应急救援效能,有效弥补了专业应急救援力量的不足。宜春赣西救援队募资40余万元资金前往河南周口援灾,袁州消防应急救援大队多次参与完成宜阳和周边县市区应急救援。

机关事务

【概况】 2021年,袁州区委、区政府机关事务把握新形势下机关事务工作的发展脉搏,努力打造"小事不小、小事大为,难事不难、难事敢为"的机关事务管理精神,健全规范机关事务管理体制,提升后勤保障服务综合水平。

【行政中心广场设施建设】 一是在袁州大厦后侧开辟了专门的区域,新建了电动车地面停车棚,并安装30多台电动车充电装置,以满足干部和群众的电动车停放及应急充电需求。二是为方便群众来访行政中心,在公交站下车点至行政大楼间铺设了石板便道,解决自公交车站至行政大楼需步行绕路的问题。三是在行政中心东侧停车棚安装了20多根新能源汽车充电桩,解决了新能源汽车充电问题。四是由于行政中心周边建设初期没有规划停车泊位,缺少交通标识,机动车乱停乱放现象严重,影响车辆正常通行,并经常出现交通事故。根据宜春市创建文明城市行动要求,同时为消除行政中心开泰路中段(袁州区行政大楼与袁州大厦中间道路东、西出入口处)安全隐患,请交警支队直属二大队对该路段东、西方向两侧规划停车泊位,安装相关的交通设施及标识,并对违规停放车辆进行相关处罚,目前行政中心周边停车秩序得到有效的改善。五是对行政大楼与袁州大厦之间的路面进行硬化,行政中心因常年有大量来访车辆通行,碾压路面导致地砖经常松动破损,为保证行政中心的美观有序及来访车辆的行车安全,投资48万余元对该路段的地面进行沥青硬化,从根本上解决地砖破损需长期修补替换的问题,且极大地方便来访车辆通行。六是对行政中心绿化带及袁州公园进行了树苗补种,累计补种树苗2000余株,播撒草籽4公斤,并对袁州公园各项设施进行了全面检修养护。

【行政中心疫情防控】 新冠肺炎疫情期间,全力做好"门禁防控安全、设备消毒清理、卫生检疫消杀、餐饮供应保障"等服务保障工作,坚决有效遏制疫情在行政中心发生和扩散,保障行政中心3000多人安全有序的工作环境。一是部署物业公司对行政中心做好疫情防控工作,组织物业、食堂、警务中心开会,制定了行政中心疫情防控方案,对行政中心办公场所及周边环境每日多次进行消杀,特别是电梯、楼梯扶手、门把手等,并在各楼层卫生间配备洗手液,电梯厅放置抽纸等防控措施。二是在行政中心办公大楼各常用出入口安装红外摄像测温设备,对进入大楼人员要求佩戴口罩,进行扫描"健康码"、测量体温后才予以放行。三是对物业公司、食堂所有员工进行排查,建立了员工健康管理制度及个人健康信息表，每日对员工进行体温测量和健康监测。四是利用电子显示屏，每天循环播放防疫标语和视频，多种形式让防疫工作入脑入心，使干部群众齐心协力，共同抗疫，有效遏制疫情在行政中心发生。

【公共机构节能】 对行政中心加装电表，进行绿色改造，实现电梯、开水设备、IT设备、空调及附属设备用电分项计量等节能改造；将办公大楼内公共区域的照明设施全部更换为LED灯具；对楼梯、走廊、卫生间等公共场所的照明安装声控开关等智能化控制装置，办公照明灯也安装了分路式开关，公共过道等区域白天关闭利用自然采光，晚上分时、分区控制开启值班照明，消防楼梯内采用声光感应控制；地下停车场全部改造为雷达感应灯，减少能源损耗；对行政大楼、袁州大厦建立能源监测平台；制止餐饮浪费，宣传引导“光盘行动”。

（苏　超）

行政服务

【概况】 2021年，区行政服务工作全面落实“放管服”改革要求，秉承“打服务牌、全力提升政务服务质量”原则，持续窗口管理制度建设，规范、加强服务平台建设。全年中心大厅共办理各类审批服务项目1.6万余件，收取各类行政事业性费用1405.7万元；6个专业办事大厅共办理各类服务事项24.6万余件，收取各类税费基金186720万元；乡镇、街道便民服务中心办理各类服务事项35.4万件。区热线平台共接受市“12345”热线中心下派处理工单32851件，同比增长60.02%。日均工单量为90余件。按诉求分为求助类2260件，投诉类20689件，举报类8691件，建议咨询类1211件。按期办结率为96.96%，满意率为98.53%。

【政务服务】 提高政务服务满意度、便利度。一是政务服务“好差评”的办理事项网上全覆盖，企业及群众可通过公开公示的好差评平台，对线上服务质量进行评价。多次线上线下发放群众满意度问卷调查表，根据群众提意见，制定措施解群众所需。二是在“赣服通”袁州分厅设立无证办理专区，将无需提供证照材料的办理事项发布至专区，打造办事服务新体验。并依托全省政务服务数据共享平台，实现电子证照信息获取，并分别与萍乡市安源区、芦溪县签订了政务服务“省内通办”合作协议。并按省、市部署，推进湘赣边区域政务服务“跨省通办”，实现“一窗式”受理系统、业务办理系统的互通互认，实现异地办理。

【“12345”热线服务】 一是做好“12345”政府服务热线平台工单的接收、转办、督办工作，提升热线办结率和满意率，提高工单办理质量，及时、准确回应群众诉求。二是通过联席会议，市区联动、督办考核等形式，加强对工单的办件速度，对月报“快速办结率”、“延期占比率”和“满意率”主要指标进行优化调整，以进一步提高快速办结和整体成绩。三是打响为中、高考“静音护航”品牌。

【“一件事一次办”改革】 2021年，袁州区推进“一件事一次办”改革工作，已公布了“一次办好”“一次不跑”事项共370项，网上可办率达到87%。2021年全区共办理“一次不跑”事项39490件，办理“一次办好”事项81239件。

【惠企政策兑现】 2021年，袁州区搞好惠企政策兑现服务。一是设立惠企政策兑现专窗，编印了《袁州区惠企政策兑现办事指南(二)》发放到企业。2021年为企业减少金额8000.48万元，免除金额10597.7元，补贴金额10027.57万元，扶持贷款金额44498万元。二是将梳理后的惠企政策、办事指南、政策文件等相关信息集中部署至“赣服通”袁州分厅。三是已统计区级企业数据信息，将与软件公司技术对接，并将开通短信服务，通过“一对一”短信对惠企政策实现精准化推送。

（李　云）

接待工作

【概况】 2021年，袁州区政府做好区委、区政府到袁州客人的接待工作，向来袁的客人介绍袁州、宣传袁州，提高袁州知名度，为袁州经济建设和社会发展牵线搭桥。2021年共完成接待任务实际餐饮接待批次238次。

【公务接待】 深入贯彻落实中央八项规定及其实施细则精神，严格执行省财政厅《江西省财政厅关于从严规范公务活动经费管理的通知》及《袁州区关于贯彻落实“严把财政支出关口坚持过紧日子”要求的十项措施》文件要求，加强对接待工作厉行勤俭节约、反对铺张浪费的组织领导，贯彻落实中央重要指示批示精神作为从严治党主体责任和“一岗双责”的重要内容，带头严格落实各项节约措施，发挥好“关键少数”作用，以上率下，层层带动广大党员干部狠刹浪费之风。完善接待审批控制制度，严格财务审核审批，强化公务接待全过程、全方位管控。以刚性的制度约束、严格的制度执行、强有力的监督检查、严厉的惩罚机制，切实遏制公务接待中的各种餐饮浪费现象。

【理论学习】 一是认真组织全体干部学习中央、省、市、区领导在有关会议上的讲话精神等，通过学习，进一步提高了思想意识。二是加强业务学习，积极学习《中国礼宾与公务接待》《江西省党政机关国内公务接待管理办法》《商务接待》等，互相交流、互相探讨，进而提高新时期的接待水平，提升专业素养。三是制定“读书会”学习方案，每周例会过后，利用30~60分钟集中阅读，并摘抄笔记，分享读书心得，交流学习经验。

（黄译文）

中国人民政治协商会议宜春市袁州区委员会

综　述

【概况】 2021年，区政协在中共宜春市袁州区委的正确领导和区政府的重视支持下，在市政协的关心指导下，坚持以习近平新时代中国特色社会主义思想及习近平总书记一系列重要讲话精神为指导，认真学习贯彻中共十九大、十九届历次全会精神，按照年初确定的目标要求和工作重点，以深入开展党史学习教育为动力，紧紧围绕区委、区政府中心工作，把握团结民主两大主题，认真履行政协职能，为促进全区经济社会平稳较快发展、推动富裕文明秀美新袁州做出了积极贡献。

【扎牢理论功底】 以党史学习教育为契机，认真学习“四史”等必读书目、习近平总书记系列重要讲话精神和十九届历次全会精神，不断加深对习近平新时代中国特色社会主义思想和中央大政方针的理解。党史学习教育期间，开展了4次专题学习和交流发言，召开了2次高质量专题组织生活会，做到学史明理、学史增信、学史崇德、学史力行，切实用党的创新理论武装头脑、指导实践、推动政协各项工作。

【树牢执政基础】 开展区政协4个党员委员工作站和3个“有事好商量”政协委员协商室工作，领导班子成员带队，开展形式多样的履职活动。认真开展“我为群众办实事”实践活动，针对群众的“急难愁盼”问题，以“五进四问三服务”主题实践活动为契机，领导班子成员累计下基层127次，到挂点镇村街道社区40余次，结对帮扶群众32户，协调解决问题117件，接待信访群众139批468人(件)次，化解信访问题95件，与干部群众谈心谈话648人次，七一专题基层宣讲24场次，受众人数1976人。坚持组织委员培训和专题学习，定期组织界别委员开展活动。推动党的组织对党员委员全覆盖、党的工作对政协委员全覆盖，创新构建上下贯通、整体联动的党建工作格局，夯实党的执政基础。

【建言资政献智力】 着力提升提案整体质量。五届六次会议期间共收到委员提案84件，经审查立案81件，不予立案3件。六届一次会议期间征集提案157件。通过协助区政府召开提案交办会，对提案进行了任务分解和责任落实，对7个重点提案实行区政协主席会议成员领衔督办，对1个重点提案开展区政协常委会会议提案办理协商，促进重点提案带动一般提案高效办理，有力促进提案及时办复。着力开展调研工作。向区委、区政府呈送了《打造“一流”营商环境　推动经济高质量跨越式发展——袁州区优化营商环境情况调研报告》《用“硒”点燃袁州现代农业发展新“引爆点”——袁州区富硒产业情况调研报告》《推进三产融合发展　擦亮袁州油茶名片——关于推进袁州油茶产业发展的调研报告》《精准定位剖析短板　助推袁州生物医药产业提质升级——关于我区生物医药产业发展的调研报告》《完善环保基础设施建设　提高袁州绿色发展品位——关于袁州区污水处理厂运行情况调研报告》等多篇调研报告，为区委、区政府决策提供了参考。着力反映社情民意信息。积极组织政协委员和党派成员反映社情民意信息，通过“江西省政协委员履职服务平台(提案、社情民意管理)”向全国政协及省委、省政协报送社情民意信息19件，向市政协报送社情民意信息29件，务实献计献策，贡献政协智慧。

【民主监督促转化】 强化民主监督工作，形成了对区国资办、区行政服务中心管委会、区交通局的民主评议监督工作报告3

份，助推3个部门改进工作;启动了对市自然资源局袁州分局、区住建局委派民主监督员工作。委员们认真履行民主监督职责，积极为行业树新风建诤言，部门工作透明度逐步提高。

【宣传报道重引导】 在《人民政协报》、《江西政协报》、“江西政协”微信公众号、《宜春日报》、《宜春政协》、“宜春政协”微信公众号、宜春论坛、五星党建、秀江微语、袁州政协、袁州党建等媒体上发表新闻消息、理论文章、工作典型280余篇条，其中省级50余篇条，市级100余篇条，有力有效推介了袁州和袁州政协工作，获得全市政协反映社情民意信息工作先进单位和全市政协反映宣传报道工作先进单位。经济委负责人易战个人获评全省、全市政协反映社情民意工作和宣传报道工作先进，获评全区宣传思想文教工作先进。

【增进民生福祉担当作为】 各委办充分发挥政协委员联系广泛优势，积极开展界别活动，展现政协担当作为，增进民生福祉。本年内组织开展了为居民书写春联、福字，传授书法心得、线上艺术辅导培训、群众文艺和民俗展演、送文化下基层、“读好书”、送医送药、专家义诊、健康讲座，送示范课、送文体用品、送科技服务等系列文化志愿服务40余场。认真开展惠民活动，送戏下乡活动140余场。重阳节集中走访慰问天台山敬老院、南庙镇敬老院、寨下镇敬老院老人，送上大米、食用油、牛奶等慰问物资等。

【加强党派团体联系联谊】 主动加强与各党派团体的沟通联系和省内外政协的学习考察工作。通过参加区政协常委会、主席会议、座谈会、专题协商会等形式，使各民主党派、工商联、无党派认真参与重大问题的讨论。民主党派、工商联积极与界别开展联合调研。各调研课题组成员结合重点提案的督办工作和课题调研工作，开展调研视察。接待省内外政协到区考察学习多批，走出去学习考察3批次，借鉴经验，取长补短。

【活动开展转作风】 一是开展“全国文明城市创建　政协委员在行动”主题活动，通过六项活动，宣讲了《中华人民共和国民法典》，发放了法律法规宣传资料1000余份，走访了社区困难群众10余户。组织70余名社区党员干部群众参加宣传活动，为200余名居民进行了现场健康咨询和义诊，发放防暑物品2000余元。邀请心理咨询专家讲授了如何处理家族关系，区红十字会志愿者医师演示了应急救护措施，南丁格尔志愿者的护士们进行了现场健康咨询和义诊。发动企业家委员杨军、曾曜龙等区政协委员捐赠日常保健用药、洗衣液等日常洗护用品，价值2000余元。二是开展“书香政协”建设，打造“书香政协”。开展了“红色走读”“同唱一首歌”，义诊讲专题党课、撰写心得体会等系列活动，组建了20个委员读书微信群，全面提升履职能力和工作质效。

政协宜春市袁州区第五届委员会第六次全体会议

【大会召开】 2021年2月23—24日，中国人民政治协商会议宜春市袁州区第五届委员会第六次全体会议在宜春市袁州区行政中心大会堂召开。会议应到委员292名，实到委员264名，符合政协章程规定。

2月23日，上午10时，大会在雄壮的国歌声中开幕。会议听取、审议并通过了区政协主席孙智红所作的政协宜春市袁州区第五届委员会常务委员会工作报告、区政协副主席李小华所作的政协宜春市袁州区第五届委员会常务委员会关于区政协五届五次会议以来提案工作情况报告；举行了委员大会发言，此次大会共收到大会发言材料24篇，区政协常委张运东、吴妮、辛红海3人分别代表工商联界、医卫界、民革民进界，区政协委员易建东、丁磊、付九洲3人分别代表经济界、特邀界、民盟农工党界先后作大会发言。其他如科技科协界《关于着力保障“两病”门诊用药的建议》、经济界《着力打造袁州数字经济分阵地　构建大宜春核心区竞争新优势》、共青团青联界《擦亮袁州区青年志愿者品牌》等18篇以书面大会发言材料分发;会议听取并讨论了中共宜春市袁州区委书记李国兴在开幕大会上的讲话。开幕大会前还组织观看了专题警示片、袁州经济社会发展宣传片，召开了临时党支部书记和召集人会议。14:30进行分组讨论，学习讨论区委书记李国兴的讲话，审议区政协常委会工作报告和提案工作情况的报告 16:00 召开提案委员会会议，审查区政协五届六次会议提案。

【大会闭幕】 2月24日8时30分，全体委员列席了宜春市袁州区五届人大七次会议开幕大会，听取政府工作报告及其他有关报告，10:00 进行分组讨论，协商讨论区政府工作报告及其他有关工作报告。16:00 召开了提案委员会第2次会议，18:30 召开了区政协五届十五次常委会会议；14:30 召开区政协五届二十四次常委会会议；17:00 举行闭幕大会。会议表彰了先进单位和个人，通过了区政协五届六次会议提案初步审查情况报告以及区政协五届六次会议决议，区政协主席孙智红致了闭幕词。

会议号召，全区政协组织和广大政协委员，要更加紧密团结在以习近平同志为核心的中共中央周围，在中共袁州区委的坚强领导下，始终保持新时代奋斗者的姿态和干劲，万众一心，锐意进取，勇立潮头，奋力把美好蓝图变成美好现实，以优异成绩迎接伟大的中国共产党成立100周年。

政协宜春市袁州区第六届委员会第一次全体会议

【大会召开】 2021年9月22—24日，中国人民政治协商会议宜春市袁州区第六届委员会第一次全体会议在宜春市袁州区行政中心大会堂召开。会议应到委员339名，实到委员332名，符合政协章程规定。

9月22日10时，大会在雄壮的国歌声中开幕。会议听取、审议并通过了区政协党组书记、主席提名人选熊爱国受区政协第五届委员会主席孙智红委托所作的政协宜春市袁州区第五届委员会常务委员会工作报告、袁宝贵受区政协第五届委员会常务委员会委托所作的区政协第五届委员会提案工作情况的报告；听取和讨论了中共宜春市袁州区委书记江伟斌在开幕大会上的讲话；开幕大会前还看望了全体委员，召开了区政协六届一次会议临时党支部中共党员会议、预备会议和主席团第一次会议。

【大会闭幕】 9月23日8时30分，全体委员列席了区六届人大一次会议开幕大会，听取政府工作报告及其他有关报告，10:00，进行委员分组讨论，协商讨论政府工作报告及其他有关报告。10:20 分召开提案审查委员会会议。14:30 召开主席团第二次会议，15:00 进行委员分组讨论，17:30 召开主席团第三次会议。

9月24日8时30分，召开选举大会。10:30 举行闭幕大会。宣布选举熊爱国为区政协第六届委员会主席，袁春平、敖志海、易清松、钟文锋、袁宝贵、张艳玲（女）、曹少鹏为副主席，黄德平为秘书长，易战、刘科元、何烈浪等40人为常务委员。会议通过了区政协六届一次会议关于提案初步审查情况的报告和会议决议。

会议号召，全区政协组织和广大政协委员，要更加紧密团结在以习近平同志为核心的党中央周围，在中共袁州区委领导下，同心同德、群策群力，开拓创新、锐意进取，为奋力冲刺全国县区经济百强，实现大宜春核心区高质量跨越式发展作出新的更大贡献。

常务委员会会议

【区政协五届二十三次常委会会议】 2021年1月14日，政协宜春市袁州区五届二十三次常委会会议在宜春袁州召开。会议就中国共产党第十九届中央委员会第五次全体会议精神、习近平总书记在中央全面依法治国工作会议上的重要讲话精神，省委十四届十二次全会精神进行了集体学习；会议协商讨论了政府工作报告；会议听取了区政府关于区政协五届五次会议以来提案办理情况通报并进行协商；会议对区政协五届五次会议第1号提案“建议整合多方力量共同推进乡村旅游发展”开展了重点提案办理协商；会议对区行政服务中心管委会、区国资办、区交通局工作开展民主监督评议情况进行了协商；审议通过《政协宜春市袁州区第五届委员会常务委员会工作报告》《关于区政协五届五次会议以来提案工作情况的报告》《2020年度政协工作先进单位（个人）表彰通报》，以及关于召开区政协五届六次会议的决定和建议议程、日程、各次全体会议执行主席和主持人名单、提案审查委员会名单、委员讨论分组及召集人名单等事项；会议针对提案委关于我区富硒产业发展情况专题调研、社会法制和港澳台侨外事委关于推进新型智慧社区建设的专题调研进行了协商。

【区政协五届二十四次常委会会议】 2021年2月24日，政协宜春市袁州区五届二十四次常委会会议在宜春袁州召开。会议听取了委员分组审议、酝酿情况汇报；审议通过了区政协五届六次会议提案初步审查情况报告、区政协五届六次会议决议、政协宜春市袁州区委员会2021年工作要点以及有关人事事项。

【区政协五届二十五次常委会会议】 2021年9月8日，政协宜春市袁州区五届二十五次常委会会议在宜春袁州召开。会议通报了袁州区监察委员会有关函件、袁州区人民法院有关刑事判决书；审议通过了《关于免去胡少容政协袁州区第五届委员会常委职务、撤销其委员资格的决定》《关于撤销宋国林政协袁州区第五届委员会委员资格的决定》。

【区政协五届二十六次常委会会议】 2021年9月16日，政协宜春市袁州区五届二十六次常委会会议在宜春袁州召开。会议协商讨论了区政府工作报告；协商通过了区政协第六届委员会委员名单；协商通过了关于召开区政协六届一次会议的决定；协商通过了区政协六届一次会议议程、日程；协商通过了区政协六届一次会议主席团、主席团会议主持人、秘书长名单；协商区政协六届一次会议提案审查委员会名单；审议了区政协第五届委员会常委会工作报告并确定报告人、区政协第五届委员会提案工作情况报告并确定报告人。

【区政协六届一次常委会会议】 2021年10月29日，政协宜春市袁州区六届一次常委会会议在宜春袁州召开。会议就习近平总书记在陕西榆林考察时的重要讲话精神、习近平总书记在中央人才工作会议上的重要讲话精神、习近平总书记在中共中央政治局第三十三次集中学习时的重要讲话精神、毫不动摇坚持和加强党的全面领导、宜春市第五次党代会精神、政协宜春市五届一次会议精神进行了集体学习；听取了区政府关于区政协五届六次会议以来提案办理情况并专题协商；会议对区政协五届六次会议第15号提案《关于进一步做大做强袁州油茶产业的建议》开展了办理协商，对提案委《关于袁州区污水处理厂运行情况调研报告》、教科卫体和文化文史学习委《关于打造“一流”营商环境　推动经济高质量跨越式发展调研报告》、社会法制和港澳台侨外事委《关于我区生物医药产业发展的专题协商报告》进行了协商；审议通过了区政协微信工作群管理制度、关于加强和改进专题调研工作的意见、委员视察工作制度、委员履行职责与管理工作暂行办法、委员履职考评办法、界别活动组考核办法、民主监督员管理办法(试行)等相关规章制度；审议通过关于建立区政协委员基层协商议事平台的实施意见、区政协六届委员会各界别召集人兼职专委会副主任名单。

【区政协六届二次常委会会议】 2021年11月12日，政协宜春市袁州区六届二次常委会会议在宜春袁州召开。会议就党的十九届六中全会精神、习近平总书记在中共中央政治局第三十四次集体学习时的重要讲话精神、习近平总书记在深入推动黄河流域生态保护和高质量发展座谈会上的重要讲话精神、省委书记易炼红在第一次省委常委会(扩大)会议的讲话精神、省委十四届十三次全会精神进行了传达学习；通报了袁州区监察委员会关于移交有关材料的函；审议通过了《关于免去钱鑫政协袁州区第六届委员会常委职务、撤销其委员资格的决定》。

提案工作

【概况】 2021年，区政协提案委员会紧紧围绕全区大局，结合区政协工作要点，全面贯彻提案工作方针，认真做好提案工作，扎实推进中心工作，圆满地完成了年度各项工作任务。

【提升提案整体质量】 一是加强提案征集引导。在两次全会召开前，通过文件通知、密集微信群发、手机短信提醒等多种方式，发出《提案征集通知》、提案选题参考目录和提案撰写要求，引导委员围绕党委政府工作重心，提出有价值、有深度、操作性强的提案。五届六次会议期间共收到委员提案84件，经审查立案81件，不予立案3件。六届一次会议期间征集提案157件，提案数量相比上届同期增长30%、与上次会议相比增长90%；二是促进成果转化落实。认真梳理专题调研视察报告、委员大会发言材料等履职成果转化为高质量提案，通过提案形式使成果得到应用落实；三是从严审查立案。坚持会中初审、会后复审的“二审”

制度，对内容不够具体的提案指导修改，对不符合《提案工作条例》规定不能立案的做好解释说明工作,保证了提案整体质量。

【增强提案办理质效】 一是认真做好提案交办工作。协助区政府召开提案交办会,印发了《关于认真做好2021年政协委员提案办理工作的通知》，区政府就提案办理工作进行了专题研究部署,并进行了任务分解和责任落实;二是扎实开展重点提案督办。提请主席会议研究确定了8件年度重点提案,下发了《袁州区政协2021年重点提案督办工作方案》，对7个重点提案实行区政协主席会议成员领衔督办，对1个重点提案开展常委会会议提案办理协商,促进重点提案的办理落实取得实效,带动了一般提案的高效办理;三是联合开展提案跟踪督办。完善提案办理调度督办制度,加强与区政府督查室沟通联系,并于7月份联合区政府办对提案办理情况进行督查,向尚未办复的提案办理单位下发督办工作提示,有力促进提案及时办复。

专门委员会

【概况】 2021年，区政协各专门委员会全面落实区政协党组决策部署,按照《区政协2021年工作要点》《区政协2021年协商监督工作计划》安排,牢牢把握“专门中的专门”性质定位,坚持发扬民主和增进团结相互贯通、建言资政和凝聚共识双向发力，聚焦社会关切主动担当作为,奋力推动“十四五”发展强势开局积极贡献智慧和力量。

【提案委员会】 一是深入开展调查研究。围绕袁州区污水处理厂运行情况到相关单位、乡镇实地走访调研，认真研究分析,撰写了《完善环保基础设施建设 提高袁州绿色发展品位——关于袁州区污水处理厂运行情况调研报告》,提交区委、区政府决策参考;二是广泛联系界别开展党史学习教育。5月联系九三学社界别委员到金瑞镇开展“学党史、为民办实事”活动,为村民发放学习材料;6月联系无党派界别到天台镇举行祭奠革命英烈仪式、参观学习原宜五区苏维埃政府旧址,并到天台山敬老院开展“我为群众办实事”活动,集中走访慰问32名老人;9月围绕习近平总书记在庆祝中国共产党成立100周年大会上的重要讲话精神,由分管领导带队对社区党员、群众进行宣讲报告。

【经济委员会】 一是做好专题调研。3—5月,经济委员会与市政协经济委联合开展“做大做强锂电新能源产业集群 积极融入新发展格局”专题调研,市区政协联合调研组先后与市区两级11个单位沟通和收集相关工作情况，由市政协副主席蔡劲松、区政协副主席黄蓉率领,先后赴山东烟台市宝雅新能源汽车股份有限公司,青岛市即墨区汽车产业新城一汽—大众汽车有限公司青岛分公司新能源车项目基地,江苏常州市溧阳卓越新材料科技有限公司、溧阳月泉电能源有限公司、江苏卓高新材料科技有限公司等璞泰来膜事业部（股票代码603659.SH)等地企业考察学习,并聚焦制约市区锂电新能源产业集群高质量发展的突出问题，深入市经开区、机电产业园区开展“深调研”,考察锂电产业实体,组织调研工作座谈会,形成了《擦亮“亚洲锂都”名片 昂起首位产业龙头——关于“做大做强新能源(锂电)产业集群,积极融入新发展格局”专题协商建议案》,上报市委、市政府,送达区委、区政府。二是配合市政协调研组到袁州开展“发挥宜春独特优势持续推进生物医药产业壮大发展情况”专题调研。7月14日,陪同市政协副主席甘本新率人资环委调研组一行到袁州区医药工业园区企业江西好实沃生物技术有限公司、江西英大生物技术有限公司(江西金思康药业有限公司)、宜春大海龟生命科学有限公司、江西百神药业股份有限公司、宜春市康冠致新医疗科技有限公司等开展“发挥宜春独特优势持续推进生物医药产业壮大发展”专题协商调研。

【农业和农村委员会】 4月,区政协农业和农村委员配合市政协农业和农村委员会开展全市粮食生产工作调研,针对袁州区长期早稻生产的工作特点和粮食收储存在的问题,专委会组织部分界别委员和市政协调研组会同区政府和区农业农村局、区粮食局进行座谈协商,并及时把收集的意见建议进行反馈,有效地促进了部门工作开展。5月份,专委会积极参与“棚改”攻坚工作,历时一个月圆满完成两户“钉子户”签约任务。

【教科卫体和文化文史学习委员会】 一是文艺体育新闻界委员

联合袁州府书画院、区书法家协会的书画家走进湛郎新时代文明实践所，开展为居民书写春联、福字，传授书法心得等活动，向市民朋友送上新春的祝福。二是医卫界、教育界和文艺体育新闻界多次组织委员赴基层开展艺术辅导培训、群众文艺和民俗展演，送文化下基层、“读好书”、送医送药、专家义诊、健康讲座、送示范课、送文体用品，开展了系列文化志愿服务40余场。由于新冠肺炎疫情，袁州区政协委员深入农村、学校、社区给广大群众分享了“疫情期间，我们该如何拥有幸福的家庭生活”心理公益课，为大家答疑解惑，增强抗疫信心，指导家庭更好地应对疫情带来的影响。三是以界别为单位，医卫界、教育界和文艺体育新闻界组织所联系的委员集中学习党的十九届六中全会精神，开展了习近平总书记关于加强和改进人民政协工作重要思想的专题学习讨论。四是组织所联系的委员建言献策，撰写了多件提案和社情民意。

【社会法制和港澳台侨外事委员会】 一是配合市政协港澳台侨外事和民族宗教委员会开展“大力推进交通强市建设，助力经济社会高质量发展”专题调研视察；陪同市政协调研组开展“关爱农村留守儿童教育成长”专题协商进基层调研活动；陪同市政协副主席孙国琴一行调研组开展“防范化解网络金融风险　维护人民群众切身利益”对口协商活动；陪同市政协副主席孙国琴一行调研组开展关于“加快全市智慧安防小区建设，不断深化平安宜春建设”对口协商调研活动。二是认真开展专题调研工作。按照区政协2021年度协商监督计划要求，组织专题调研组就袁州区生物医药产业开展了专题调研，并征集了相关部门和有关人士的意见建议，形成了《精准定位　剖析短板　助推袁州生物医药产业提质升级——关于我区生物医药产业发展》的专题协商报告报送区委、区政府。带领区政协调研第二组、第三组开展了创新政协工作专题调研，组织相关乡镇、街道召开了“袁州区政协工作征求意见座谈会”，与会人员对政协工作提出了很多好的意见建议。三是重点开展提案督办工作。根据重点提案督办工作安排，由分管领导带队对五届六次全会的11、19号重点提案进行了督办。组织民主监督员和提案承办单位对区政协五届六次会议委员提出的重点提案《关于解决企业招工难、用工难的建议》的办理落实情况进行现场调研督办，承办单位对提案人提出的建议给予了采纳，提案人对承办单位的答复也表示满意，促进了提案办理的效果。四是扎实开展平安法治工作。认真贯彻落实省市区各级依法治理工作要求，健全全面依法治国新理念新思想新战略常态化学习，把它纳入了政协党组理论学习中心组集体学习内容之一；把学习宣传《中华人民共和国宪法》和《中华人民共和国民法典》作为2021年法治宣传教育工作的核心内容。制订宪法学习宣传贯彻计划，开展领导干部宪法宣誓活动。切实加强对推进依法治区工作的组织领导，健全了法治建设领导机构，成立了2021年区政协综治工作（平安建设）领导小组，积极组织机关干部参加百万网民《中华人民共和国保守国家秘密法》《中华人民共和国密码法》网上法律知识学习和考试等活动，实现在职干部的参与全覆盖。组织机关干部参加了宜春中心城区综治(平安建设)集中宣传活动。

【提案督办“回头看”】 开展重点提案督办和提案“回头看”。一是抓好区政协2021年年初第70号重点提案督办。为推动区金融办、区公安分局等部门单位加快落实该提案办理工作，及时与主办单位进行情况沟通。11月18日，召开区政协五届六次会议重点提案《关于加强非法集资监测预警的建议》(第70号)督办座谈会。组织委员听取了主要承办单位区政府办（金融办）负责人关于该提案办理及落实情况汇报，以及协办单位区委政法委、区公安分局、区委宣传部、区市场监管局的就加强非法集资监测预警作的补充发言。其间，两次组织召开协商会，对重点提案办理进展情况及存在问题、建议措施、答复意见进行面对面的探讨分析和协商。二是开展调研成果转化和重点提案“回头看”工作。5月份组织部分委员，对2020年《进一步改善营商环境，推动宜春高质量跨越式发展之政务环境建议案》的调研成果转化工作开展“回头看”督查，发现问题，提出意见建议。对区属部门袁州区行动政服务中心营商环境工作提案落实开展“回头看”等。

（易　战）

纪检监察

综　述

【概况】 2021年是中国共产党成立100周年,也是“十四五”开局之年。一年来,在市纪委市监委和区委的坚强领导下,区纪委常委会和全区各级纪检监察组织强化政治担当,忠诚履行职责,推动全区纪检监察工作在高质量发展上取得新成效,全区全面从严治党不断向纵深推进,新增留置数同比上升57.1%,检举控告信访件同比下降21.08%,“一升一降”反映出严的氛围越来越浓,人民群众满意度越来越高,政治生态越来越好。

【纪委机构】 截至2021年年底,区纪委区监委共有干部107人(其中行政编制96人、事业编9人,工勤编2人),下设办公室、组织部、党风政风监督室、信访室、案件监督管理室、第一纪检监察室、第二纪检监察室、第三纪检监察室、第四纪检监察室、第五纪检监察室、第六纪检监察室、第七纪检监察室、第八纪检监察室、第九纪检监察室、第十纪检监察室、第十一纪检监察室、第十二纪检监察室、案件审理室、纪检监察干部监督室、机关党总支、纪检监察智慧监督保障中心和十个派驻纪检监察组。

【纪委荣誉】 2021年11月,区纪委区监委被中央纪委国家监委新闻传播中心评为“宣传工作先进单位”,重点对运用智慧监督平台发挥监督作用、推动营造更优营商环境、村级纪检委员队伍配备、清廉袁州建设等特色亮点工作开展情况进行报道,在中央和省、市纪委监委报刊或网站上稿90篇,其中,在中央级媒体上稿10篇。

重要会议

【中共宜春市袁州区纪委五届六次全体会议】 2月9日,中国共产党宜春市袁州区第五届纪律检查委员会第六次全体会议召开。区委书记李国兴出席全会并讲话,他强调,全区各级党组织和广大党员干部要深入学习贯彻十九届中央纪委五次全会精神特别是习近平总书记重要讲话精神,认真落实省纪委十四届六次全会、市纪委四届六次全会精神,按照中央、省委、市委决策部署,坚定不移纵深推进全面从严治党,切实把严的主基调长期坚持下去,推动全区政治生态持续向上向好,引领保障“十四五”开好局起好步,以优异成绩庆祝建党100周年。

【区纪委常委会会议】 区纪委常委会始终把学习贯彻习近平新时代中国特色社会主义思想作为首要政治任务,完善常态化学习制度,坚持班子成员领学,示范带动全区纪检监察组织深化理论学习,不断提高政治判断力、政治领悟力、政治执行力,推动全区纪检监察工作始终沿着正确的方向前进。把党史学习教育作为贯穿全年的重大政治任务,与深入学习贯彻党的十九届六中全会精神结合起来,引导全区纪检监察干部深刻领悟“两个确立”的决定性意义,从党的百年奋斗史中汲取智慧和力量,并将学习成果转化为忠诚履职尽责的实际行动,有关工作被市委党史学习教育办评为全市“我为群众办实事”三十佳典型事例之一。监督推动各级党组织和党员领导干部加强政治理论学习,增强“四个意识”、坚定“四个自信”、做到“两个维护”。

2021年,区纪委共召开51次常委会会议,就上级精神贯彻落实、理论知识学习、中心工作、纪检监察体制改革、纪委班子建设、纪检监察队伍建设、立案、解除处分及廉政教育中心建设等进行了学习、讨论和研究。全年共研究立案件517件,给予党纪政务处分490人,移送司法机关9人。

党风政风建设

【概况】 协助区委高质量完成两轮政治谈话,创新运用监督直报、“廉情抄告”等举措压实监督责任,联合区妇联组织全区100余名党政“一把手”配偶参加“家庭助廉”活动,切实加强“一把手”和领导班子监督。严肃换届纪律,严把党风廉政意见回复关,回复意见8990人次,提出否决性意见12人次,影响性意见203人次。

【政治巡察】 区纪委采取“常规巡”“回头看”“专项巡”等多种形式开展巡察,完成五届区委巡察全覆盖。认真研究制定六届区委巡察工作规划,精心谋划首轮常规巡察,已巡察党组织8个。2021年巡察共发现倾向性问题555个,移交问题线索25件。积极协调对接涉粮问题专项巡察监督检查工作,抽调13人赴高安开展巡察,发现倾向性问题22个,移交问题线索19件,涉及金额2000余万元。深化巡视巡察整改和成果运用,对24个党组织整改情况进行监督检查,对12个单位整改不力问题发出警示性提示,压实整改主体责任,确保件件有回音、事事有着落。加强巡察工作规范化信息化建设,强化业务培训,为推动巡察工作高质量发展提供有力保障。

【清廉袁州建设】 在湖田镇、新田镇打造清廉村居示范点,相关做法在中央纪委国家监委网站刊登;协助区委出台清廉建设“1+6”文件并推动落实,完善“关键少数”、村级财务项目、政府投资工程建设等方面监督机制。

执纪监督

【概况】 2021年,区纪委把习近平总书记和党中央关心关注的问题作为监督重点,紧扣乡村振兴、生态环保、疫情防控、教育“双减”、意识形态工作等党中央重大决策部署,强化监督检查,推动各级党组织把做到“两个维护”体现在具体行动上、落实在实际工作中。做实做细疫情防控监督,督促整改问题466个,查处责任落实不力问题13件,组织处理13人。跟进监督生态环保,严肃查处破坏生态环境行为,对矿山复绿整改不力的3个乡镇党政“一把手”进行约谈,并跟踪督促整改到位。聚焦“双减”政策落实,深入开展暗访督查,压紧压实职能部门监管责任。围绕创建全国文明城市开展常态督查,加强“回头看”,推动32个顽固问题整改到位。严明政治纪律和政治规矩,查处违反政治纪律案件3件,处分3人。

“互联网+监督”平台

【概况】 坚持问题导向,把监督挺在前面,协助袁州区委于2019年探索建立了“互联网+监督”平台,以互联网、大数据技术为支撑,将群众监督与信息技术有机融合,做到民生资金流向全程留痕、时时可查、人人监督,形成以监督促规范、以规范保公正的良性循环,为民生领域项目资金真正用于民生、服务民生提供有力保障。此项工作得到中央纪委调研组的肯定,相关做法在《人民日报》、中央电视台新闻频道《新闻直播间》、《中国纪检监察报》等媒体刊登报道。2021年6月,宜春市纪委市监委正式在全市推广,并升级改版为“码”上监督平台。

【“互联网+监督”平台建设】 坚持智慧监督理念,构建集信息公开、数据分析、问题预警、举报受理于一体的监督平台。一是内容贴近民生。将与群众密切相关的民生信息、项目资金以及信访举报的热点领域作为重点,在平台上设置民生项目、到户资金、村级“三资”等板块,让群众一目了然。二是操作简单方便。平台具有公示公开、查询、投诉处理、数据分析等功能,群众可通过网站、软件App、微信公众号3种登录方式,随时随地查阅数据,操作简单、方便、快捷。发现问题一键向纪检监察机关举报,变群众“跑腿”为数据“跑腿”,有力提升群众“获得感”。三是信息公开透明。将全区28个乡镇(街道)338个村(社区)的每一笔收支,大到工程项目建设情况,小到办公耗材等日常支出都进行公开,对存在不公开、假公开、选择性公开等问题的部门及相关责任人,进行严肃问责,确保信息公开及时、全面、真实。

【“互联网 + 监督”平台规范化保障机制】 信息公开的及时、准确、全面，是支持广大群众行使监督权、建议权的关键。区纪委从三个方面构建了日常管理机制，确保平台规范运行。一是日常工作专责化。专门成立以区委领导挂帅的工作机构，设立副科级办公室，区财政每年保障工作经费，配备专职人员，负责管理维护、信息数据收集、投诉举报和问题线索处置等工作。各相关单位成立专门协调领导小组，由主要领导牵头负责，配备专职数据录入员、数据审核员。二是信息公开标准化。编制信息公开目录清单，严格信息采集录入标准，职能部门按民生资金下拨进度每月更新数据，各乡镇(街道)每月录入收支明细及附件发票图片，做到全区步调一致、标准统一。已累计录入数据 179.58 万条，公开民生项目 3148 项、到户资金信息 163.49 万条，公开村级收入 4.38 万笔，支出 10.01 万笔。三是督查评估常态化。每季度开展督查评估，对数据公开不及时、数据录入不精准等问题及时督促整改并在一定范围内通报，确保数据公开及时、真实、全面。

【“互联网 + 监督”平台多元化监督体系】 2021 年通过平台发现问题线索 206 件，经核查立案 65 件，给予党纪政务处分 77 人、组织处理 86 人、问责党组织 21 个，形成强有力的震慑。一是汇聚群众监督力量。“码”上监督工作为了人民，也依靠人民。充分运用宣传栏、微信推介等方式进行推广，引导基层工作的知情人、当事人参与监督，提升日常监督质效。平台月均访问量已达 1.5 万人次。比如，一群众发现其工作单位向村委会支付了土地租金 4 万元，但村委会只公布 1 万元，便通过平台举报。经过核实，发现另外 3 万元被村主任挪作他用，该村主任被严肃处理。二是实现科技助力监督。平台通过大数据自动比对、自动分析、自动提示等功能，及时发现问题，变被动接访为主动“出击”。比如，2021 年对城乡低保、医疗救助、耕地补贴等十五类民生保障项目资金人员进行信息比对，发现疑似虚报冒领、违规领取、侵占挪用问题 600 余人，已给予党纪政务处分 9 人，组织处理 12 人。三是压实日常监督责任。高质高效的监督机制，精准有力的追责问责，有效推动全面从严治党“两个责任”落实，倒逼各级党委和纪检监察组织不断完善和从严落实党员干部日常监督管理机制，促使基层党员干部谨慎用权、规范用权。袁州区反映基层干部的信访总数明显下降，2021 年上半年受理反映村级“微腐败”信访举报 92 件，同比下降 20%，基层政治生态稳步向好发展。四是密切党群干群关系。守江山，守的是人民的心。平台的建立让基层公权力运行更加公开透明，监督渠道更加方便快捷，有效提升群众获得感、幸福感、安全感，增进了党群干群关系，夯实了党的执政基础。袁州区近年来公众安全感指数持续上升。

监察调查

【概况】 压实信访工作责任，组织区纪委区监委班子成员带队下基层解决信访难题，约谈检举控告量排名靠前的 8 个乡镇党委书记、纪委书记，增强化解群众信访问题工作合力。深化扶贫领域腐败和作风问题专项治理，推进惩治涉黑涉恶腐败和“打伞破网”常态化，持续开展群众身边腐败和作风问题专项治理，不断提升群众获得感、幸福感、安全感。认真落实“三个区分开来”要求，及时为 5 名受到不实举报的党员干部澄清正名。促使 39 人主动投案、主动交代问题，其中棚改领域 24 人、粮食领域 9 人。

【惩治腐败高压态势】 全区共处置问题线索 834 件、立案 517 件、给予党纪政务处分 490 人、移送检察机关 9 人，同比分别增长 5.2%、27%、16.9%、28.6%，其中科级干部立案 76 人，同比增长 171.4%。运用“四种形态”批评教育帮助和处理 1022 人次，其中第一、二种形态处理 915 人次，占比 89.5%，充分体现惩前毖后、治病救人方针。全区查处群众身边腐败和作风问题 88 起，处理 116 人。协同开展政法队伍教育整顿，受理政法干警问题线索 25 件，立案 15 人。从严查处棚改领域腐败问题，立案 18 件，给予党纪政务处分 14 人、组织处理 27 人。扎实开展粮食购销领域专项整治，立案 7 件，采取留置措施 4 人，移送检察机关 2 人，严查快办钱某案做法在中央纪委《粮食购销领域腐败问题专项整治工作简报》上刊登。从政治高度审视和整治“四风”问题，锲而不舍落实中央八项规定精神，深化违规吃喝送礼歪风专项整治，开展“吃公函”问题专项监督，监督推动“小金库”清查工作。全区共查处形式主义官僚主义问题69起，处理88人；查处违反中央八项规定精神问题49起，处理68人，通报曝光典型案例13期27起。狠刹党员、干部酒驾醉驾之风，查处酒驾醉驾问题271起，严查其背后“四风”问题，持续释放越往后越严的强烈信号。

制度建设

【概况】 坚持把党的领导落实到反腐败工作的全过程，严格执行请示报告制度，主动及时向市纪委和区委报告工作，既报告结果，也报告过程。优化问题线索处置程序，对问题线索进行集体合议、集体研究、精准处置，进一步提升问题线索处置质量和效率。强化对乡镇纪委问题线索及案件办理的监督管理，对转交办件统一建立台账、定期追踪督办、严审处置情况，2021年乡镇纪委共处置问题线索311件，立案281件。深化派驻机构改革，加大轮岗交流力度，提高派驻监督质效。加强村级纪检委员队伍建设，制定《关于加强村（社区）党组织纪检委员队伍建设的实施意见（试行）》，明确和规范选任程序、入选条件、职能职责、工作机制等，343名村级纪检委员上岗履职，全年化解群众矛盾320余次，提出意见建议100余条。进一步完善审查调查措施运用和“走读式”谈话审批制度，加快推进廉政教育中心改扩建工程，不断筑牢办案安全防线，安全稳妥办理留置案件11件。

【纪检队伍自身建设】 始终将队伍建设作为“一把手工程”来抓，既抓“医德”，又抓“医术”，把队伍建强、让干部过硬，得到了市纪委和区委的关心和支持，多名优秀纪检监察干部获提拔重用。扎实开展纪检监察系统内部政治谈话，凝聚起队伍建设强大合力。严把纪检监察干部入口关，选优配强干部队伍。推动党建工作与业务工作深度融合，组织开展形式多样的主题党日活动，提升队伍向心力、战斗力。深化拓展全员培训，实现换届后基础业务培训“全覆盖”，抽调参与实战化锻炼61批249人次，其中3人到中央纪委专案组跟班学习，不断提升专业能力和履职水平。坚持开展“精品案件”和“办案能手”评选活动，营造比学赶超浓厚氛围。结合当地典型案例，扎实做好案件警示教育，组织全区纪检监察干部逐项对照查摆、逐条抓好整改，严格落实工作日禁酒令，出台《加强内部约束监督　防止纪检监察干部违规违纪违法行为实施办法(试行)》，把内部规矩立起来、严起来。自觉接受各方面监督，依法有序推进区监委向区人大常委会报告专项工作。坚持刀刃向内，全区共处置纪检监察干部问题线索15件，处理10人，坚决纠治“灯下黑”。

民主党派

中国国民党革命委员会袁州区总支委员会

【概况】 2021年，民革袁州区总支有支部5个、党员73名。其中市政协委员3名，区人大代表1名，区政协委员14名。

【党员发展】 民革区总支坚持以领导班子建设和党员发展、人才队伍建设为重点，扎实开展工作，全面提升履职能力和水平。注重发挥担任各级政协委员、人大代表党员的社会影响力，2021年新发展民革党员1名，切实改善党员的年龄层次、行业领域和知识结构。在做好党员发展工作的同时，加大党员的教育培训力度。12月23—24日，组织班子成员和党员骨干参加民革宜春市委会履职能力提升培训班，全面提升党员素质和能力。

【学习宣传】 民革区总支广泛宣传，彰显党派风采。及时总结党派活动，向市委会报送并刊登党内信息、社情民意、金点子共计20件。提高了工作效率，增强了党员素质，促进了基层组织、党员之间的学习交流和工作联系。加强学习，强化政治担当。通过召开袁州区总支委员会和支部会议，先后传达、学习了《中国共产党统一战线工作条例》、习近平总书记在与民主党派人士共迎新春会上的重要讲话精神、中共十九届六中全会精神、习近平总书记在庆祝中国共产党成立100周年大会上的重要讲话精神、习近平总书记在纪念辛亥革命110周年大会上的讲话精神，将党员思想、行动统一到全区发展的中心工作上来，为袁州区高质量跨越式发展贡献智慧和力量。

【参政议政】 民革党员代表、委员自觉把履行职责、参政议政、建言献策作为己任。在区政协五届六次会议上，民革党员提交大会发言材料1篇，提案9篇，社情民意3条；向市政协提交提案、社情民意3篇，区政协上交提案、社情民意14篇。辛红海党员撰写的《关于农村幸福食堂可持续发展的建议》被评为优秀提案。区政协六届新任政协委员民革界别14名，委员们在社区建设、人才管理、农村农业、城镇建设等多个领域提出了许多建设性意见，同时积极参加区政协第六届委员专题培训班和市政协视频培训会，全面提升参政议政能力。

【社会服务】 为更好地发挥党派作用，扩大民革社会影响力，充分展现民革组织和党员的风采，民革党员为群众提供了一系列务实、有益的特色服务。1月7日，民革党员卢珊到宜春三小，以刑法修正案（十一）等相关内容为主线，结合青少年的生理、心理发展特点，翔实的案例为同学们上了一堂生动的法治教育课，进一步增强同学们的法治意识，自觉遵纪守法，学会利用法律维护自身合法权益，做一个知法、守法的合格学生。4月13日，结合“我为群众办实事”，民革党员俞水绿到袁州区新田镇开展“你点题我来讲”普法精品课宣讲，以“民法典之自甘风险原则”为主题进行授课，切实提高群众法治素养，提升基层依法行政能力和水平。

【民革袁州区第五次党员大会召开】 2021年1月9日，中国国民党革命委员会袁州区总支第五次党员大会成功召开，大会听取了上届总支委员会所作的工作报告，民主选举产生民革袁州区总支第五届委员会，顺利完成政治和组织交接。

（俞水绿）

中国民主同盟袁州区总支委员会

【概况】 2021年，中国民主同盟袁州区总支下设5个支部,即综合一支部,综合二支部,综合三支部,二中支部,四中支部。截至2021年年底，总支共有盟员82人,盟员主要分布在教育、文化、科技、卫生、金融、法律等界别。其中,正科级领导2名,市人大代表1名，市政协委员1名，区政协常委2名，区政协委员15名。

【组织建设】 民盟区总支深入学习贯彻中共十九届六中全会精神、习近平总书记在庆祝中国共产党成立100周年大会上的重要讲话精神和民盟十二届四中全会精神,组织学习《中国共产党统一战线工作条例》，组织全体盟员到天台镇江东村开展“学党史盟史　守初心使命”专题学习活动,邀请民盟宜春市委会张春华秘书长到总支传经送宝，专门就如何写社情民意,如何提金点子进行专题讲座,区总支每月定期开展组织生活会的时候,大家一起交流思想、探讨问题,把议政与学习有机结合起来,促进学习制度得到有效落实。要求盟员自觉浏览中央民盟网站、江西民盟网站、宜春民盟网站等民盟各级网站上的时事政治盟讯等文章，各支部利用过组织生活的机会交流思想、探讨问题,把议政与学习有机结合起来。

【参政议政】 民盟区总支依托“两会”平台、参政议政。在市区“两会”上,总支切实履行参政议政的职能,积极反映社会关注的热点和难点问题。民盟政协、人大代表积极撰写提案、议案18个，付九洲委员做大会发言1次。并有多个在区政协会议上获得优秀提案奖。盟市委等部门提供社情民意、金点子40个。通过《宜春民生通道》《袁州新闻》及省、市区统战、民盟网站发布盟区委学习活动的报道,全年发布宣传报道24篇。

【社会服务】 民盟区总支充分利用盟员优势,积极开展法律义务咨询,冬季送温暖等社会服务活动，并不断拓宽社会服务领域。“3·15”国际消费者权益日，民盟袁州区总支在宜春市鼓楼广场举办了法律义务咨询活动，向广大市民发放了法律知识手册60余册。春节前后及重阳节前夕,各支部组织开展了节前慰问活动,登门看望慰问了部分离退休盟员,表达了总支对老盟员的关怀。11月,为宜春四中的女生送去一堂法律保护的宣传课，保护校园学子的健康成长。12月民盟总支一行15人走进芦村敬老院给那里的老人们送去冬日的祝福，彰显了民盟的温暖。积极参加市民盟及区委统战部组织的一系列活动,扩展民主党派的影响力,为社会的发展和稳定贡献力量。

【民盟袁州区第五次盟员大会召开】 2021年1月9日召开第五次盟员大会,选举张世冬为主委,梁正芬、付九洲、张文俊为副主委，同时任命梁正芬为秘书长。按照“人才强盟、人才兴盟”的原则,2021吸纳了解芳、彭柳萍等6名年轻人士加入了总支。

（付九洲）

中国民主建国会袁州区总支委员会

【概况】 2021年，中国民主建国会袁州区总支委员会下设3个支部,即机关支部、企业支部、教育支部,共有会员63人。其中副县级领导1人,副科级干部3人,市人大代表1人,市政协委员3人，区人大常委会委员1人,区政协委员16人。具有中级以上职称占50.5%，博士研究生1名,硕士研究生5人。

【组织建设】 2021年，总支召开了1次全体会议,3次总支委员会,结合部署工作,组织全体会员学习习近平总书记系列重要讲话精神、新时期统战政策、中共十九届六中全会精神以及民建中央、省、市有关精神,教育广大会员更加自觉地接受中国共产党的领导,进一步提升参政议政的能力和水平。民建袁州区总支召开专题会议传达学习中共十九届六中全会精神,并多次到支部进行学习交流,号召广大会员要切实把思想和行动统一到中共十九届六中全会精神上来,立足本职工作,积极建言献策,为袁州区的经济社会发展做出积极贡献。

【参政议政】 民建区总支针对经济社会发展中存在的热点、难点问题,积极组织会员开展调查研究,以提案、社情民意等多种形式建言献策,参政议政工作成效显著,在市、区政协全会上共撰写提交提案10篇。在区政协五届四次全会上提交集体提案3件,大会发言材料1件。宜春市五届人大一次会议、政协宜春市五届一次会议召开期间，民建袁州区总支会员认真履职，积极参政议政，在经济发展、教育、社会管理等方面提交个人建议、提案3件。

【社会服务】 民建会员黄传美减免学费、住宿费，共计143人，3.14万元；会员张兵生，组织了一场公益篮球比赛，一场公益摄影活动，联系微爱公益捐赠一批价格2000元的物资；会员陈平宜，向宜春学院贫困学生捐资助学3万元，向新坊林场贫困户捐资4000元及米油，向万载县双桥镇山溪村贫困户及贫困学生捐资2万元及米油书包；会员李铁明，全年开展油茶技术培训6期，培训人员360余人次，免费发放技术资料400余份，为区扶贫移民办授课培训农民工100余人次；袁州总支民建会员到袁州区竹亭镇开展捐资助学暨音乐响起公益活动及“重阳节”敬老捐赠活动；袁州总支民建会员联合会员企业宜春市城南医院赴宜春市袁州区渥江镇开展帮扶乡镇平安建设暨义诊活动；参加了在宜春开放大学举行的“同心思源”助学捐赠活动，民建袁州区的两名企业家同时也是区政协委员向宜春开放大学的困难学子捐赠了助学金0.6万元。

【会员风采】 会员陈平宜，作为宜春市政府法律顾问参加市政府常务会议26次，审查66件行政复议案件并出具法律意见书，审查修改协议，及规范性法律文件并出具法律意见书45份，参加市政府组织的协调会及陪同市政府领导就重大事项（罗氏金店案、百乐养老案等）接访23次，被评为“全市信访工作先进个人”；会员李铁明，被省林业局评为“全省首届最美林业科技推广员”，并被江西新闻广播进行专访宣传报道；会员宋瑾继续担任宜春市社会新阶层联谊会常务理事，参加解读中央财经工作会议精神“在第三次社会财富分配中慈善公益组织的作用”的公益培训2次；争取袁州区政府的支持在新田镇龙源村修安全饮水工程一处并通过验收，解决三百多人安全饮水的问题；组织筹建公益组织“宜春罕见病患者康复中心”。

（李　晨）

中国民主促进会袁州区总支委员会

【概况】 2021年，民进袁州总支有会员39人，其中副县级领导1人，副科级干部1人，省人大代表1人，市政协常委1人，区人大常委会委员1人，区政协委员14人。

【组织建设】 2021年1月10日召开换届大会，顺利完成换届政治交接。先后开展线上、线下集中学习讨论10余次，学习《中国共产党统一战线工作条例》、习近平总书记在庆祝中华人民共和国成立100周年大会的重要讲话精神、中共十九届六中全会精神、省市区三会精神、民进省委会和市委会相关会议。

【参政议政】 2021年度，民进区总支向民进江西省委会提交社情民意信息8件，被采用1件；会内省人大代表向江西省十三届人大会议提交建议2件，会内市政协委员提交提案1件，区政协委员提交提案7件。组织会员到天立学校开展教育调研，参与民进宜春市委会《关于在乡村振兴文化建设中建立乡土文化自信》大调研活动并主笔撰写调研报告，积极听取全区各项工作情况汇报并提出合理建议。

【社会服务】 一是开展“1%工程　寻访抗美援朝老兵活动”，组织会内作家、教师、护士积极参与此项活动，为老兵写报道、做义诊，陪护老兵看电影《长津湖》；二是开展送教下乡活动，组织会内音协会员、美协会员、舞协会员、作协会员进入三阳镇中小学校，开展“音体美教师送教下乡”活动；三是积极组织会员参与民进江西省委会“1%工程我参与我快乐”捐赠足球助力农村中小学生成长活动，总支会员共捐赠足球39个。此外，会员高喆参与“江西好人故事会”义务演出活动和袁州区红十字会南丁格尔志愿服务队的义诊活动；钟昇参与宜春市“百姓大舞台”义务演出活动；周炼、喻虹等人积极参与市区两级文艺志愿服务活动；何娟、黎珍珍等人积极参与“暑托班”教育托管活动；杨晓玲参与中小学校急救知识指导活动。

【会员风采】 喻虹获民进中央颁发的“民进全国反映社情民意信息工作先进个人”称号，获民进江西省委颁发的“1%工程年度特别贡献奖”，获得第八届“井冈山文学奖”，出版长篇童话《胡桃的七个夜晚》和儿童小说《飞舞吧，白鹤》，其中《胡桃的七个夜晚》入选民进中央“开明儿童文学书系”；漆奕的视频课《祈使句》获第二十七届江西省中小学、幼儿园教师优秀教学资源展示活动三等奖,其撰写的论文及教学活动多次获得市、区教育教学展示成果奖;黎珍珍撰写的论文获《百科论坛》一等奖,主持课题的报告《情景教学模式在小学课堂中的运用研究》获教育科学研究成果一等奖,并多次指导学生征文、绘画等作品获奖。

(喻 虹)

中国农工民主党袁州区总支委员会

【概况】 截至2021年年底,中国农工民主党袁州区总支部委员会共有党员46名,分别来自医药卫生、教育等部门,另有13名非公经济人员。其中,具有高级专业技术职称的11名,具有中级专业技术职称的16名;市人大代表1名,市政协委员1名,区人大代表1名,区政协常委1名,区政协委员10名。下设3个支部:直属支部、宜春市第二医院支部和宜春市四中支部。

【组织建设】 农工党区总支组织党员认真学习中共十九大精神,学习新时期统一战线和多党合作理论政策,深刻认识多党合作的理论基础,准确把握多党合作的政治准则,引导全体党员正确认识社会主义阶段的基本国情,继承多党合作的优良传统,认真学习农工党章程,深入了解多党合作和农工党历史,引导全体党员自觉遵守农工党章程,继承和弘扬老一辈领导人与中国共产党风雨同舟、团结合作的优良传统,树立大局意识,紧密围绕中共袁州区委和区政府中心任务发挥作用。加大了后备干部队伍建设力度,积极做好发现、选拔、培养工作,2021年发展新党员5名。

【参政议政】 农工党区总支在参政议政方面,做了以下工作:1.完成农工党江西省委会、市委会课题招标。2.2021年2月农工党界别共8名政协委员参加了区政协五届六次会议,9月共有10名政协委员参加了区政协六届一次会议,提交政协会议发言稿1篇、提案15篇、社情民意13篇;积极参加政协组织的各项活动。3.组织党员参加市委会举办的党史知识竞赛等活动。4.组织党员参加全市统战系统庆祝中国共产党成立100周年主题演讲比赛,刘青伦获第二名。

【社会服务】 农工党区总支注重发挥农工党医药卫生和教育界别特色,积极探索社会服务工作新思路。一是充分发挥自身界别优势,参加区委统战部在新康府社区开展的义诊、咨询和宣传活动。二是“疫”不容辞,农工党人在行动。疫情防控以来,按照疫情防控的要求,20多名医卫界农工党员奋战在最前线。不少党员还利用休息时间,自愿参与当地的疫情防控工作,党员志愿者们用爱心传递温暖,用奉献点亮希望,用行动助力防疫。三是结合区委、区政府中心工作,广泛开展形式多样的社会服务活动,充分展示农工党坚持服务基层的良好形象。组织党员组成健康扶贫志愿者服务队,赴基层卫生院、村级卫生所及乡镇敬老院开展医疗义诊活动10次,惠及群众1000余人次。向社会各界推介,利用手机和网络,通过网易江西直播App,收听收看农工党江西省委会举办的“健康江西大讲堂”网络直播。成立志愿者服务队就“垃圾分类”“交通安全”开展宣传、劝导、督查等活动,为宜春创建全国文明城市工作贡献一份力量。

【中国农工民主党袁州区第五次党员大会召开】 2021年1月9日,成功召开中国农工民主党袁州区第五次党员大会,大会听取上届总支委员会工作报告,民主选举产生农工党袁州区总支第五届委员会,顺利完成政治和组织交接。

(晏 萍)

九三学社袁州区支社

【概况】 截至2021年年底,九三学社袁州区支社共有社员39名,其中,高级技术职称10人、中级技术职称14人。社员中任市人大代表的2人、任市政协委员5人,任区人大代表1人、政协委员16人。

【理论学习】 2021年11月22日和12月1日,九三学社区支社召开专题会议,传达学习中共十九届六中全会精神,传达省第十五次党代会精神。动员社员参加袁州区委统战部组织的《中国共产党统一战线工作条例》知识竞赛;组织社员参加省委会主办的庆祝中国共产党成立100周年党史知识竞赛活动;安排骨干社员对社中央党史学习教育知识竞赛题目答案进行复核,共复核题目862道，提出120项勘误建议，多数被采用，受到上级领导肯定；7月1日，组织社员收听收看庆祝中国共产党成立100周年大会盛典，学习习近平总书记在庆祝中国共产党成立100周年大会上的重要讲话；9名社员参加区统一战线庆祝中国共产党成立100周年“同心向党　筑梦中华”主题书画展；9—10月，社员积极参与九三学社全国党史知识竞赛活动，参与率89.74%，杨发云、黄芳、宋文、邹林根、刘丹5名社员获社中央表彰，为全市最多；12月，支社全体班子成员4人参加了区委统战部组织的党外代表人士培训班，系统学习中共十九届六中全会精神和统战条例。

【参政议政】 九三学社区支社组织社员中的人大代表和政协委员积极参政议政，市、区两级人大代表共提交建议5件；市、区两级政协委员提交提案（含联名、集体提案）17件，集体提案《关于完善村（社区）法律顾问制度的建议》被列为区政协重点督办提案。提交社情民意26件，其中，社员杨发云提交的《我省春耕备耕中的几个问题亟待解决》《尽早启动托市价收购，解决中晚稻卖粮难问题》分别被中共江西省委办公厅和省政协采用；社员黄芳提交的社情民意《建议完善新冠疫苗接种不良反应报告途径》和社员易安娜提交的《建议加强未成年人身份证管理》被省政协采用；社员刘丹提交的《改革职称评聘制度　提升教师幸福感》被社中央采用。向九三学社省委申报调研课题立项B类课题3个，社员杨发云、黄芳、陈黎各主持立项课题1个，均已顺利完成并报社省委。支社代表参加政党协商会、情况通报会、征求意见座谈会6次，积极建言献策，传递社情民意。

【社会服务】 九三学社区支社组织开展社会活动8次。2月，走进珠泉街道长青社区，慰问家长因疫情不能回家共度春节的留守儿童；4月，组织社员利用双休日时间，筹措了价值近20000元的复合肥，赠送给新田村从事早稻种植的脱贫户；6月，组织社员到金瑞镇下苑村开展“学党史、为民办实事”送科技活动，赠送科技书籍100余册，为80多名村民宣讲农业科技知识；9月，支社社员将购置的词典、工具书、文具免费发放给南庙镇袁梅村的留守儿童并指导孩子们为建党100周年献上了画作；9月4日支社组织社员赴南庙镇袁梅村开展“学党史，办实事”实践活动，参观了袁梅的富硒农业及新农村建设项目，重点考察了玫瑰种植产业和甲鱼养殖项目生产情况；11月18日，支社受邀参与区法院“我为群众办实事——执行案款集中发放日”活动；12月，组织骨干社员到洪塘镇布上村开展宪法进农村主题宣传活动，赠送宪法资料200余份，回答村民法律咨询20多人次；在洪塘集镇开展“共创文明城市　建设美丽家园”主题宣传活动，组织社员，沿集镇主干道向商户发放创文宣传册、捡拾垃圾、纠正不文明行为。彰显了支社在解决社会热点难点问题上的责任担当，为袁州各项工作贡献了一份民主党派基层组织的力量。

【自身建设】 九三学社区支社规范社员管理，全面完成社中央组织系统内所有社员的信息填报、完善、修改和汇总；完成支社“社员之家”规范化、标准化建设；按照社中央规定，向社员收取社费，除失联1人外，其他38名社员共缴费7860元，社费实行专账管理，全年实现收支基本平衡。5月25日，全国政协副主席、社中央常务副主席邵鸿一行参观了袁州区支社社员之家，肯定了征集社员入社初心并公布的好做法；邵鸿还在社员之家与社员代表亲切座谈，并合影留念。社员立足本职、建功立业。社员杨发云、易安娜被九三学社江西省委会评为2020年度参政议政工作先进个人，社员黄芳被九三学社宜春市委会评为2019—2020年度参政议政工作先进个人，社员柳海林被袁州区人大评为2020年度“代表履职”先进个人，社员宋文、黄芳被九三学社江西省委会评为党史知识竞赛活动先进个人。

（黄　芳）

群众团体

袁州区总工会

【概况】 2021年，区总工会在区委和市总工会领导下，开拓进取、奋发有为、取得突出成效。下辖职工权益保障中心、工人文化宫两个事业单位，28个乡镇、街道工会联合会，4个工会工作委员会，8个系统工会以及800多个基层工会，会员达10万余人。

【政治建设】 围绕工会工作全局，开展如“四史”知识竞赛、“袁州职工心向党”知识竞赛、“建党百年路·工运相伴随·奋进新征程”文艺下基层、“诵读红色经典 传承百年精神”朗诵比赛、“百年礼赞 ‘犇’向新征程”——喜迎中国共产党成立100周年诵读比赛等具有鲜明主题的文体活动，寓教于具体活动，推进党史学习教育往深里走、往心里走、往实里走，见行见事见实效，锤炼了党员的党性和忠诚；3月份，省委第七巡视组向袁州区反馈了巡视“回头看”意见，区总工会举一反三，自我查找摸排出两个类别四个问题，逐项落实、切实整改到位。

【工会表彰】 2021年，区总工会积极推荐评选各级劳模，推荐的百神药业股份有限公司获得了省级“五一劳动奖状”，选树了市级劳模和先进工作者共10名；在全区工会干部中开展“争做最美娘家人”等活动，并评选出10名第二届“袁州工匠”、30名2020年度“最美职工”以及37名2020年度“最美娘家人”，表彰30个单位为“互助保障先进单位”、50人为“职工互助保障先进个人”。

“五一”系列活动，开展劳模先进事迹展，展出2020—2021年获评全国、省、市劳动模范、先进工作者、巾帼标兵的个人先进事迹；举办“献礼百年·再创辉煌”劳模座谈会；向各基层工会发放劳模风采录195册；组建党史学习教育劳模宣讲团，向一线职工传达习近平总书记在庆祝中国共产党成立100周年大会上的重要讲话精神，引领职工群众听党话、感党恩、跟党走；深化“中国梦·劳动美”主题宣传教育系列活动，向全国总工会文工团推荐原创歌曲，《工人老大哥》《大国工匠》入围优秀作品，组织全区职工参与第三届全省职工网上艺术节活动，共推荐作品56个。

【职工帮扶】 元旦春节送温暖活动支出41.31万元，帮扶户数911户；筹措20多万元资金购买生活日用品赠送给220户困难职工家庭，帮助他们实现梦寐以求的“微心愿”；端午慰问困难职工活动支出9.73万元，帮扶户数124户；夏季开展“致敬劳动 情系职工 夏送清凉”活动，走访慰问坚守在高温一线岗位的职工，给他们送上清凉消暑的物品；秋季在全区范围内开展金秋助学活动和阳光就业行动，帮助41名寒门学子解决上学难问题和就业难问题；举办技能培训班，为54名待业在家的妇女提供家政（月嫂）培训，邀请国家级烹饪大师为60名困难（下岗）职工进行培训，给下岗职工插上技能的翅膀；与区人社局、锦途职业培训学校联合举办了3期电子商务培训，共90人参与；开设“假日课堂”，招募宜春籍大学生作为实习老师，在全区新时代文明实践站建立了7个办学点，为200多名职工的子女提供免费暑期课堂培训，并荣获了“全省爱心托管班”专项补助单位；助力农民工“求学圆梦”学历提升246人；职工互保覆盖面不断扩大，职工理赔不断增加，至10月底共完成保费210.8万元，与同期相比增长了10%，赔付金额237.7万元，赔付达306人次，在全省排名前十。

【技能比武】 2021年，袁州区总工会开展岗位大比拼，为人才提供更多的赋能服务和更加广阔的成长空间。区总工会联合区文广新局旅举办袁州区“乡村振兴杯”网络直播带货劳动技能竞赛活动，各代表队累计带动销售产品 36.27 万元，全网近 100 万人次观看。参加“建功‘十四五’、奋进新征程——宜春市扶贫产业劳动和技能竞赛”活动并获三等奖；组织企业参加省总工会举办的砌筑行业“天工杯”技能竞赛，宜春市第二建筑公司获省集体三等奖。截至 2021 年，袁州区已成立 5 个劳模创新工作室，激发劳模开展业务技能创新的工作热情与活力。以济民可信、航宇新材等为重点，推动开展岗位练兵、技能培训及小发明、小创造、小革新、小设计、小建议等活动。重点调研由宜春学院与航宇新材联合举办成立的“大学生实习就业基地”“航宇新材培训学院”，支持企业深化产教融合育人方式，全力打造人才聚集高地。

【普法宣传】 组织全区干部参加了“百万网民学法律”知识竞赛，市总工会授予袁州区总工会“百万网民学法律‘尊法守法职工践行’”职工权益维护专场优秀组织单位称号；携“三师团队”在三个园区开展“普法宣传　服务职工”活动，分发了 300 多套法律法规，包括《中华人民共和国工会法》《中国工会章程》《中华人民共和国劳动法》《中华人民共和国安全生产法》《中华人民共和国合同法》等，增强职工守法、学法、用法意识，提高职工维权能力。

【全省首家新业态经济工会联合会成立】 2021 年，袁州区总工会成立全省首个新业态经济工会联合会，吸纳 500 余名工会会员，会员涵盖网络直播从业者、网约车司机、网络送餐员、共享电动车运维、社区电商运维等多个新业态经济就业群体，也是我省工会首次覆盖社区电商运维群体。该项工作被《江西日报》《江西工人报》、“江西改革”公众号等媒体刊登；出资 5 万余元建设“爱心驿站”，给网约车司机、外卖员等户外劳动者提供避暑取暖、餐食加热、饮水供给、电瓶车充电、应急药箱等服务。

【袁州区总工会“三联三促”转作风强基层活动】 2021 年，袁州区总工会继续深入开展“三联三促”转作风强基层活动，出台“六有”优秀示范点建设规范，在全区新建基层工会“六有”优秀示范点 3 家；截至 2021 年，共建工会 27 家，发展会员 751 人，其中：全省首家新业态工会联合会 1 家、社会组织工会 1 家。

（李　雯）

共青团袁州区委

【概况】 2021 年间，共青团袁州区委服务青年成长育新人，强化自身建设探新路，团结带领全区广大团员青年为建设秀美文明幸福新袁州贡献青春智慧和力量。截至 2021 年年底，下辖 10 个团工委，42 个团委，20 个团总支和 764 个团支部，共有团员 1.92 万名。

【思想引领】 依托“学党史、强信念、跟党走”党史学习教育青年讲师团到学校开展学习宣讲活动 20 余次，覆盖学生 1000 余名。在全区各学校团队组织开展“向国旗敬礼——请党放心，强国有我”主题团队日活动；在五四、国庆等重要时间节点组织开展“青春心向党　奋斗新征程”五四晚会和“百年追梦路时代圆梦人”喜迎建党 100 周年主题演讲比赛等活动 30 余场，团员青年参与人数达 2000 余人；开展“两红两优”“青年五四奖章”等评选表彰活动，袁州区少先队总辅导员获 2020 年度“全国优秀少先队辅导员”称号，另有一批青年、团队干部和团队组织受到省市表彰。

【志愿服务阵地建设】 新建化成街道化成社区、湖田镇湖田村、南庙镇袁梅村等 16 个“青年之家”，通过搭平台、办活动的方式实现被动到主动的转化，形成活动由青年自己设计、平台由青年自己管理的局面，推进共青团事业专业化、精细化、可持续发展；2021 年全区共有 21 个“青年之家”，全年开展志愿活动 390 场，有 6856 人次参与活动。

【志愿服务】 2021 年，团区委联合袁州区水利局等单位开展“志愿同心　创城同行——我是河小青”巡河护河环保活动 40 余次，吸纳社会各界“河小青”青年志愿者 1000 余名，用实际行动为母亲河净滩；组织城区小学开展“红领巾助力创城　争当文明小使者”活动 5 次，覆盖学校师生 500 多人。2021 年团区委累计评选“新时代赣鄱乡村好青年”人数 318 名，打造金瑞中心小学、南庙镇白马小学、湖田中心小学 3 所青联“希望小屋”，动员区青联委员通过才艺学习、科学实践、体育训练、捐款捐物等方式进行定点服务。不断擦亮“冬日暖阳”“圆梦微心愿”“宝贝出村”等青年志愿服务品牌,累计帮助223名留守儿童完成微心愿,金额达4.4万余元。“幼苗扶助工程”2021年收到全区187个单位合计捐款19.2万元,资助贫困学生达359名。

【维护权益】 联合区教育团工委、蓝天救援队、希望之家志愿者协会在全区开展2021年“珍爱生命 预防溺水”安全自护教育活动100余场;配合区检察院、区法院、袁州公安分局做好未成年犯罪嫌疑人法定代理人工作,累计陪审8次,切实维护未成年人合法权益;打造化成街道化成社区、下浦街道金桥社区、金瑞镇由木村、湖田镇湖田村4个市级第三批“青少年零犯罪零受害社区(村)”示范点,重点开展青少年群体心理辅导、感化教育、法律宣讲等一系列帮扶服务。

【服务青年】 2021年团区委线上发布相关岗位信息2期,共有9家企业参与招聘,累计帮助100余名待业青年解决就业难题。深入推进“归雁思袁”高校学子暑期返乡社会实践服务活动,推荐43所学校的48名大学生赴27个机关单位及企事业单位实习。成功举办“袁州区企业青年直播带货”专题培训班,来自工业园区的50余名企业青年参加活动。在“双十一”期间,启动3天CP恋爱体验脱单派对,为全区各领域、各行业的338名单身男女青年提供了交友平台,展现了新时代袁州青年的良好精神风貌。

【少先队活动】 2021年团区委建立袁州区消防大队等校外少先队组织,常态化组织开展活动10余次。2021年“六一”期间和“十一·三”建队日期间在全区46所小学中开展了分批入队仪式,大力推动了少先队组织文化建设。组建了红领巾巡讲团,走进黄颇小学、化成小学和四中为440名少先队员宣讲党史故事,让共产主义理想信念从小根植在少先队员心中。

(彭晟琦)

袁州区妇女联合会

【概况】 2021年,在区委、区政府的正确领导和上级妇联的精心指导下,区妇联充分发挥自身优势,自觉服务大局、服务发展、服务社会、服务群众,积极参与区中心工作,各方面都取得了新的成绩。

【政治引领】 牢牢把握“巾帼心向党”主基调,提高政治站位,学深悟透习近平总书记重要讲话精神,确保习近平总书记重要批示精神和党中央决策部署在妇联系统落地生根;组织各级赣鄱红色娘子军宣讲团面向妇女和家庭开展党史学习教育活动20场,听讲人数1000余人。认真开展“我为妇女群众办实事”实践活动,全年共落实10项为民办实事项目,践行为民服务的初心和使命;11月,举办全区正科级领导干部配偶廉政教育培训班,百余位乡镇(街道)、区直单位党政“一把手”配偶集中接受廉政教育和红色文化熏陶。

【组织建设】 按照省、市妇联关于开展基层妇联换届的工作要求,2021年4月底,袁州区全区村(社区)妇联换届工作圆满完成,2021年11月,全区乡镇(街道)妇联换届工作圆满完成;在应配尽配的基础上,切实发挥妇女小组长在乡村治理中的作用,确保配备的妇女小组长围绕中心有行动,服务大局有作为,联系妇女有成效。3月,举办“迎建党百年 展巾帼风采”趣味运动会;5月,举办基层妇联党史学习教育暨农村妇女小组长培训班,各乡镇基层妇联干部及妇女小组长代表共600余人参加,进一步增强基层妇联干部身份意识,培养妇联工作情怀。

【妇女就业培训】 6月,开展下沉式家政技能培训,共有130名妇女参加培训,培训内容包括孕期的护理和产褥期护理、营养月子餐的制作、新生儿的特殊生理状况和常见疾病护理等知识。9月,承办2021年江西省第十七期困难母亲技能培训班,培训对象为袁州区农村低收入妇女和留守妇女;开展袁州区巾帼就业创业“一县一品”下沉式培训班,对30名女学员开展溺水、食物药物中毒、心脏病等突发事件的救护培训,以增加农村妇女的职业技能,提高就业率和就业质量。

【妇女儿童权益维护】 2021年袁州区妇联普法宣传更加具体,3月,推出“三八维权周”线上普法栏目,在微信公众号“袁州女性”上开设“线上娘家婚姻家事课堂”“维权普法小测试”等法律知识版块,搭建法律维权知识平台。维权网络更加健全。6月,袁州区妇女儿童维权法律服务站在江西同茂律师事务所正式挂牌成立，为妇女儿童维权构建专业化、实体化服务平台。信访接待更加高效。2021 年，共接待来信来电来访 63 起，深入实际搞好调查，认真妥善做好调解工作，确保件件有落实、事事有回音。

【关爱困境妇女儿童】 2021 年袁州区妇联积极开展“春蕾计划”系列活动。2021 年，发动全区干部职工为贫困女童、留守儿童募集帮扶资金 8 万余元，帮扶贫困儿童 136 余人次。开展留守儿童管理保护工作。10 月，联合江西省妇女儿童发展基金会携手江西省农商银行开展“爱的传递——儿童安全书包”公益项目，为 200 名儿童发放“儿童安全书包”。开展“关爱儿童·预防溺水”儿童安全教育主题宣讲活动。6 月，联合区教体局在画眉小学、化成小学、黄颇小学等 9 所学校开展“关爱儿童·预防溺水”儿童安全教育主题宣讲活动，号召携手筑牢孩子生命安全防线。大力实施“两癌”项目。联合各医疗机构开展贫困农村妇女“两癌”免费筛查，受益人数 200 余人，发放“两癌”贫困妇女救助金，共计 23 万元，受助人数 23 人。

【巾帼助力创文工作】 为做好创建第七届全国文明城市工作，大力弘扬巾帼志愿服务精神，2021 年 3 月，承办“文明创建、袁州先行”创建全国文明城市暨学雷锋、庆三八健步行活动；6 月，协办 2021“爱心护考　共创文明”大型公益活动；10 月，主办“点亮城市文明　创文你我同行”巾帼志愿服务活动、创建全国文明城市万人签名暨“国家网络安全宣传周”启动仪式活动；广泛开展“绿色生活·清洁家庭”创建活动，通过在线上开展“美丽宜春晒出来”清洁家庭迎新春活动，线下开展“美家美户总动员　干干净净过大年”活动，全区共表彰“清洁家庭”示范户 25 户，共推荐 11 户获全市“绿色家庭（清洁家庭）”称号；继续创新线上线下相结合打造“好婆媳互夸　弘扬好家风”品牌活动，通过讲述婆媳相处过程中的点点滴滴，为进一步建设文明家庭、促进家庭和睦、推进社会和谐增添一份力量；2021 年，共开展线下婆媳互夸活动 3 场，超过 20 余对好婆媳积极参与，辐射观众超过 1200 人次。

袁州区科学技术协会

【概况】 2021 年，袁州区科学技术协会以习近平新时代中国特色社会主义思想为指导，全面贯彻党的十九大和十九届历次全会精神，深入贯彻落实习近平总书记在中国科协第十次全国代表大会上的重要讲话精神，进一步拓展新发展阶段“四服务”职责使命，努力为科技工作者坚持“四个面向”提供新服务，大力弘扬伟大建党精神，团结引领广大科技工作者勇于创新，开拓进取，扎实工作，积极进军科技创新和经济建设主战场，为推进袁州区高质量跨越式发展作出新贡献。

【科普教育基地申报】 区科协积极申报省市级科普教育基地，截至 2021 年，全区已有 3 家省级科普教育基地（包括明月花溪谷基地、文笔峰小学和三阳镇文化活动工作站）和 8 家市级科普教育基地（包括画眉小学、宜春四中等）；并积极组织绿龙现代农业、星火农林等 2 家单位申报中国农技协科普教育基地。通过打造科普教育示范样板，将科普教育基地作为提供科普服务的重要平台，更广泛地面向公众普及科学知识。

【科普宣传】 区科协依托新时代文明实践中心（站、所），2021 年累计开展了“全国科技工作者日”“全国科普日”等 13 场科普宣传活动，发放科普知识手册 1200 余册，制作宣传展板 35 块，宣传与群众生活密切相关的防灾减灾、防溺水、节能环保、创文明城、民法典等内容和其他科技知识，不断提升科普活动品牌影响力，传播科学思想，弘扬科学精神，营造良好的科学氛围，促进公民科学素质提高。

【青少年科技创新大赛成果丰硕】 2021 年 3 月 16 日，科协联合袁州区教体局举办了第 36 届宜春市袁州区青少年科技创新大赛，此次大赛共有文笔峰小学等 7 所中小学校踊跃申报参赛作品，累计申报科幻画作品 76 幅，推荐至市里参加评比，共有 17 幅作品在第 36 届宜春市青少年科技创新大赛少儿科幻画项目获奖。3 月 27 日，由市科协主办，袁州区科协和宜春四中承办的 2021 年第七届全国青少年科普创新实验暨作品大赛风能利用项目宜春赛区初赛开展，市本级和袁州区共有 26 支来自各个中学的队伍参加此次风能利用大赛。通过比赛，有力推动了宜春市青少年科技活动的发展,激发了青少年的创新活力和动手实践能力,提高了青少年的科技素质,营造宜春市浓厚的科技氛围。

【科技助力乡村振兴】 2021年6月,区科协邀请江西省农科院林防所研究员喻爱林到西村镇蚕塘村开展农技指导和服务,专家深入田间地头,协助解决3000亩油茶树连片“开花多、结果少”问题,专家组经过实地勘察,决定从省农科院引进5大箱马蜂,分别放在3000亩油茶连片的五个点,加大油茶树蜜蜂传播授粉,并进一步加强肥水管理,提高油茶树结果率。立足袁州油茶、蔬菜等产业,聘请各方面专家人才,在袁州区组织开展了3次农业技术培训,在寨下镇带塘村承办宜春市科协2021年农村党员创业致富带头人油茶培训活动,在湖田镇王华村举办乡村振兴产业升级培训蔬菜培训班,在西村镇举办江西袁州油茶科技小院特色产业示范培训班;通过理论授课+实地参观考察的形式,力求真正使学员听得懂、学得会、用得来,把务实管用的农作物生产栽培技术推广延伸到“最后一公里”。

【院士专家工作站建设】 在推动袁州区已建院士工作站(包括天稻粮安种业1家省级院士工作站及百神药业1家市级院士工作站)继续保留的基础上,区科协已推动新龙生物1家企业申报省级专家工作站及大海龟生命科学、莱茵德尔菲电梯、金海新能源等3家企业申报市级专家工作站。推动企业技术创新和科技成果转化,加快人才培养,不断提高核心竞争力,助力袁州区经济社会高质量跨越式发展。

【袁州区获批全国科普示范县(市、区)创建单位】 2021年11月,中国科协公布2021—2025年度第二批全国科普示范县(市、区)创建单位名单,袁州区是宜春市首家获批的创建示范单位。袁州区科协一贯将科学普及、提升全民科学素质作为工作的重点,积极开展各类形式的科普活动,营造良好的科学氛围,不断提升公民科学素质。

【江西袁州油茶科技小院成立】 2021年7月,中国农技协正式批复江西袁州油茶科技小院成立,江西省科学技术协会、江西省农村专业技术协会、江西农业大学、宜春市科协、袁州区科协,为科技小院的共建单位。借助袁州油茶种植历史悠久、品质优良、政策扶持等优势,江西星火农林科技发展有限公司与江西农业大学油茶专家团队合力,进驻专家7人,研究生10人,“高校+企业+合作社的产、学、研”模式,能够进一步强化科技支撑,向袁州油茶产业发展中亟须解决的关键问题精准发力,推动技术创新和科技成果转化,推动袁州油茶资源优势转化为经济优势,擦亮“袁州油茶”名片,促进农业产业发展。通过企业和合作社的示范辐射作用,带动周边11个村组2900多户农户投身油茶林建设,带动农村劳动力就业和农民增收,助推乡村振兴。

(刘玉婷)

袁州区台胞台属联谊会

【概况】 2021年,袁州区台胞台属联谊会认真贯彻落实中央和省市各项惠台政策,热情为台商在袁州发展排忧解难,为深化袁州与台湾各项交流工作,助推袁州经济社会事业发展发挥了积极的作用。年末,全区台胞台属有5人当选袁州区第六届政协委员。其中,卢志云被评为袁州区优秀政协委员,并当选袁州区第六届政协常委、宜春市第五届政协委员。

【台胞交流】 2021年,受新冠疫情影响,区台联与台胞的交流交往大多采取电话、微信等线上方式开展。春节、中秋等传统佳节协助市委办、市台联以及区委办走访慰问重点和困难台胞台属65人次,为台胞台属排忧解难、化解矛盾纠纷办实事好事38件。台联理事捐款1000元走访慰问困难台胞陈岚家庭。

【服务台企】 2021年,在袁台企有4家,正常生产经营的有超越电子和宜扬电子两家。区台联通过深入台企走访、邀请台胞台属召开征求意见座谈会以及电话、微信等多种方式收集意见建议,聚焦问题,梳理解决企业难题。继续开展“精准服务台企月”活动,做好涉台纠纷化解工作,维护台胞台企的合法权益;督促企业做好疫情防控,帮助超越电子解决“用工荒、用工难”问题。

【台胞扶贫助学】 2021年是台湾慈济慈善事业基金会在袁州

区扶贫助学的第26年，全年扶助贫困大学生、高中生共计187人，帮扶特困家庭23户160人，捐赠助学款总额达102.79万元。全年有袁州区社会各界爱心人士近千人向慈济总部捐赠爱心款总额21.6万元。原宜春市台联会会长、台属江小莹坚持第21年走访楠木敬老院，捐赠价值万元的棉衣棉袜100套。

【台胞台属庆祝中国共产党成立100周年活动】 组织台胞台属积极参与庆祝中国共产党成立100周年主题征文、演讲、知识竞赛等系列活动。是年6月，台胞潘雅莲代表宜春航道事务中心参加江西省高航“喜迎百年华诞，共话薪火初心”党史故事分享竞演活动荣获二等奖，参加宜春市台联举办的建党百年演讲比赛荣获优秀奖；参加市委办、市台联组织的台胞台属座谈会，聚焦宜春创建全国文明城市和高质量发展建言献策；组织台胞台属参加市委办、市台联举办的看变化谋发展活动，深入铜鼓、宜丰、上高等地参观走访，追寻红色历史遗迹，体验绿色文化古迹，喜看台企发展足迹，感受多彩宜春魅力。

袁州区归国华侨联合会

【概况】 袁州区侨联按照“服务经济发展，依法维护侨益、拓展海外联谊、积极参政议政、弘扬中华文化、参与社会建设”六大工作职能，努力工作。

【政治引领】 一是通过多种形式抓好党史学习教育。在文笔峰社区侨胞之家开展丰富多彩的党史学习教育及为群众办实事调研活动；二是侨联干部积极参加市委统战部市侨联举办的侨务党史学习教育及履职能力提升培训班；三是组织侨联干部及侨界群众集中收看庆祝中国共产党成立100周年大会。

【组织建设】 为提升基层“侨胞之家”服务水平，将湛郎街道文笔峰社区侨胞之家进行再提升改造。创新融入“侨跑”工作法，组建为侨服务“医疗小分队、法治小分队、跑腿小分队”，开展为侨服务12起，服务归侨侨眷200余人次。

【凝心聚力】 一是组织开展第五届世界华侨华人摄影展参展，“侨心聚情浓.端午粽飘香”迎端午包粽子活动。二是组织侨界干部群众参与全省统一战线庆祝中国共产党成立100周年党史知识竞赛。三是真情为侨服务，切实帮助归侨侨眷、侨资企业等解决实际困难。四是组织区两所高中学生参与第22届世界华人学生作文大赛，共选出134篇美文上报参赛。

【服务社会】 一是积极参政议政，为人大政协贡献侨界力量。二是协调联系江西省侨联专家团到袁州区开展“富硒农业”专题调研；三是引导侨联委员参与宜春市第七届全国文明城市创建工作及开展多场为群众办实事、侨法宣传进社区活动。

【维护侨益】 发挥法律顾问委员会维权服务、法律咨询作用，与袁州区法院协商入驻中国侨联调解平台，切实开展好涉侨信访办理、侨法宣传等工作，多措并举为侨界群众办好事办实事。

【弘扬文化】 积极组织2021年“亲情中华·为你讲故事”网上夏令营第一期江西宜春营袁州站活动；协助加拿大温哥华侨社团举办“春之色”摄影比赛、组织海外侨胞观看“侨联四海、情满赣鄱”2021云端元宵晚会、“亲情中华·云端观影”中秋国庆请侨胞看电影活动、观看主题纪录片“追梦中华·百年赤子心”。

袁州区工商业联合会（袁州区总商会）

【概况】 袁州区工商联以服务非公经济为主线，以激发商会活力为重点，发挥优势、主动作为、精心履职，为实现袁州区高质量跨越式发展做出了积极贡献。全区共有54名非公经济人士成为区党代表；76名非公经济人士成为区人大代表；169名非公经济人士成为政协委员，其中工商联界别48名，较上届34名有较大增长。

【政治引导】 通过开展党史学习教育、观看红色影片等形式进一步引导非公经济人士听党话、感党恩、跟党走；重点在民营企业家中深入学习贯彻习近平总书记关于促进“两个健康”的重要指示精神和党的十九届六中全会精神。全年举办非公经济人士理想信念教育培训班1期，商会统战联络员培训班1期，秘书长培训班1期。2021年，袁州区锂电新能源产业园商会、袁州区金瑞商会被评为2019—2020年度全省“四好”商会。

【参政议政】 紧紧围绕区委、区政府中心工作,结合企业发展实际,在“两会”召开期间,区工商联积极组织动员工商联界48名政协委员参政议政,撰写议案、提案42件,反映社情民意30条,内容涉及营商环境的改善和提升、税收优惠、工业园改造及企业用工等诸多方面。

【政企和谐共建】 通过召开清廉企业座谈会,向全区广大民营企业、商会印发《中共宜春市袁州区工商联推进清廉企业建设的实施方案》,并组织各会员企业及商会签订企业廉洁从业承诺书、清廉商会承诺书200余份;倡议广大党员企业家佩戴党徽,主动亮明“党员经营户”身份,接受社会群众监督,诚信、守法、廉洁经营,自觉抵制商业贿赂,形成“以廉为荣、以贪为耻,风清气正、和谐向上”的良好社会风尚,共同发力构建“亲”“清”新型政商关系。联合区纪委共同举办“智慧监督平台进商会”座谈会,通过从各基层商会中聘请特约监察员的方式,实现日常监督。结合“互联网+监督”平台,进一步增强工作透明度。

【服务经济】 通过与区税务局联合推出《2021年助力小微企业发展“春雨润苗”专项行动方案》,充分落实和优化小微企业减税降费政策;与司法局、律师事务所建立“万所联万会”机制,为中小微企业提供全方位、高质效的专业法律服务;与区农业农村局、区乡村振兴局、中国农业银行宜春市分行袁州支行、宜春农村商业银行4家单位联合印发《袁州区“万企兴万村”行动实施方案》并发出倡议;深入联动,开展银企互动“白名单”推荐工作,将信贷等金融服务精准送到各基层商(协)会,与中国农业银行宜春市分行袁州支行、宜春农村商业银行签订了《金融服务“万企兴万村”行动战略合作协议》,通过部门间紧密协作发挥合力,让各项税费支持政策和金融支持举措及时惠及小微企业,为民营企业高质量发展营造宽松有序的优良环境;开展专题调研;组织开展了“2020年度民营企业社会责任调研”“2020年度上规模民营企业调研”“2021年第一、二、三次民营企业运行状况调查”“支持民营企业发展相关政策落实情况调查”。2021年,袁州区金瑞、水江、西村、下浦、芦村等多家商会均开展了不同类型的公益活动;其中,下浦商会开展了会员帮扶、法律知识讲座、联合诊所为社区居民义诊等活动;金瑞商会组织开展了“爱心送考”及走访慰问老党员、走访贫困家庭等活动;袁州区多个基层商会均举办了“金秋助学”活动,奖励大学生405人次,共发放助学金100余万元。

【区工商联第五次会员代表大会召开】 2021年1月13日,在市委统战部、市工商联的指导下,区工商联(总商会)第五次会员代表大会召开,会议选举了新一届的执委会班子,吸纳了一批符合要求的具有代表性的非公经济人士。

【袁州区基层商会基本实现两个“全覆盖”】 2021年,袁州区各基层商会基本实现了两个“全覆盖”即党的组织覆盖和工作覆盖,40个商会已经有27个成立了党支部,通过设立党支部书记、商会会长(中共党员)或秘书长(中共党员)兼任统战联络员,进一步推动基层商会党建标准化、规范化、信息化。

(邓志斌)

袁州区文学艺术界联合会

【概况】 截至2021年年底,袁州区文艺界拥有国家级会员16人,省级会员107人,市级会员265人,区级会员763人。

【文艺精品塑造品牌】 区文联团结引领全区文艺工作者以“十年磨一剑”的匠心精神,推出更多与新时代相匹配、与袁州发展相呼应、与人民所需相契合的优秀作品。围绕党史学习教育、文娱领域综合治理、袁州红色历史等内容广泛开展调研,形成调研报告、文艺评论10余篇;编创《袁州创文一起来》《共建共享爱袁州》等一系列深受群众喜爱、脍炙人口的歌曲及广场舞,线上点击量超200万次;创作创文主题文章、楹联、诗词等20余篇;版画、夏布画10余幅;情景剧、小品等微视频3条;书法作品10余幅。同时多名文艺家作品获得省级以上荣誉:袁州府书画院欧阳荷庚作品入选兰亭奖;音乐家协会周兵作品入选中国当代歌曲创作精品工程;作家协会喻虹、刘义作品入选《新世纪江西文学精品选2000—2019》大型丛书;喻虹作品获第八届“井冈山文学奖”;刘义为江西省唯一人选《诗刊》社第37届青春诗会的青年诗人，并出版诗集《孤雁》；美术家协会余东方作品入展“壮丽百年——全国工业版画研究院第八回年展”，曹春红等5人作品入选江西省第十八届版画作品展览并获奖；书法家协会张帆作品入展省政协“风华正茂”建党百年书法展，刘如琴等6人作品获江西省建党百年百名书法家作品征集优秀奖；舞蹈家协会易欢作品入围江西省第四届“赣鄱群星奖”决赛；摄影家协会钱友光、邹忠作品获江西省第25届摄影作品展金奖、铜奖，颜卫民作品入选首届全国非物质文化遗产摄影大展，孙琦作品入选第九届“美丽中国”全国风光摄影艺术展等。

【文艺活动精彩纷呈】 区文联紧紧围绕建党百年、乡村振兴、党史学习教育、我为群众办实事、文明创建等重点工作，组织策划了“传颂红色经典献礼建党百年’文艺汇演比赛”、“‘逐梦寻景到西村’摄影作品征集活动”、“‘传承红色基因献礼建党百年’主题书画展”、“百年礼赞‘犇’向新征程诵读比赛”、“学党史祭英烈传承红色基因”主题教育活动、“袁州人民爱袁州携手共创文明城”文艺作品征集等20余场活动，充分展现袁州区文艺界的使命担当，着力讲好袁州故事、传好袁州声音。

【文艺惠民深入基层】 区文联持续深入开展文艺家协会进驻新时代文明实践中心品牌志愿活动，旨在根据群众的生产生活和文化需求，为各乡镇街道量身打造“一街一镇一精品”文化项目，市区两级23个文艺家协会志愿服务队，千余名文艺志愿者入驻全区60个新时代文明实践示范点，为基层群众带来千余场“面对面指导、零距离交流”的文艺辅导，帮助群众自主挖掘、培养自身文艺特长，共同演绎新生活。同时，还为新坊、寨下、水江等乡镇街道建立了专业舞蹈团，设立了版画文化站，拍摄了招商引资微视频等，持续推动“我为群众办实事”实践活动做实功、见实效，激活乡村振兴的潜在动能。

（郭娟龄）

袁州区哲学社会科学学会联合会

【概况】 2021年，区社联围绕“学史明理　学史增信　学史崇德　学史力行”总要求，以党史学习教育为引领，坚持学以致用、学以促行，谋在实处、干在实处，奋力开创袁州区哲学社会科学事业发展新局面。

【社科活动】 6月5日，在十运会广场举办以《十旬伟业旌旗灿百米长卷翰墨香》为主题的庆祝建党百年系列社科普及宣传活动，通过“袁州发布”抖音号全程在线直播，同步秀江微语公众号、“袁州发布”App进行宣传，线上线下齐发力，广泛宣传党史和法律知识等，受益群众超5万人次。11月上中旬，在全省社科普及宣传活动周期间精心策划和组织开展了19场别开生面的社科普及宣传活动，内容丰富，形式多样，接地气、冒热气，群众喜闻乐见，受众人数超过5000人次。11月6日组织爱心企业家到芦村镇双江小学，开展爱心捐赠活动，为双江小学送去价值4000余元的文具等；11月10日，组织传统文化学会会员到渥江镇信和小学宣讲红色故事。

【党史宣讲】 区社联深入乡镇、社区、村组、学校，扎实开展党史知识、习近平总书记在庆祝中国共产党成立100周年大会上的重要讲话精神和党的十九届六中全会精神宣讲，使党史、党的创新理论、中央、省、市、区全会精神飞入寻常百姓家，受益群众超过5000人次。经广泛动员，袁州区有6.9万人次参加了省社联主办的“庆祝建党100周年党史知识网上有奖竞答活动”“‘学习贯彻党的十九届六中全会精神’网上有奖竞答活动”，答题人次位列全省各县市区排名第五名、全市排名第一，袁州区社联获省社联颁发的“最佳组织单位奖”。

【理论征文】 区社联配合全市搞好庆祝中国共产党成立100周年理论征文活动，积极组织撰稿、投稿，袁州区获得了一等奖1名、二等奖1名、三等奖6名。联合区委党史学习教育领导小组办公室、区委宣传部、区党史办等联合开展袁州区党史学习教育暨庆祝中国共产党成立100周年理论征文活动，宣扬学史明理、学史增信、学史崇德、学史力行，受到社会各界的广泛关注，全区广大党员干部群众踊跃参与，积极投稿，最终评选获奖文章40余篇。区委书记李国兴《百年党史，望中犹记，峥嵘奋斗路》文章在《宜春社科》刊物上刊载发表，发出了袁州最强声音，展现了袁州风采与担当。袁州区社科工作者彭家贵《高质量发展宜春油茶产业》文章也在《宜春社科》刊物上发表,为全区经济社会发展积极建言献策。2021年全区的社科工作在全市社科系统继续位居前列,连续多年保持了好的名次。

(肖奕桐)

袁州区残疾人联合会

【概况】 袁州区残疾人联合会下设残疾人辅助器具服务中心,肢残人协会、盲人协会、聋人协会、智力残疾人及亲友协会、精神残疾人及亲友协会五个残疾人专门协会。2021年,区残联认真履行"服务、代表、管理"职能,落实各项惠残政策,圆满完成全年各项工作任务。

【扶残助残】 2021年,开展扶残助残走访慰问活动,为500多户贫困残疾人家庭发放慰问金共计23万余元;为285名购置了机动轮椅车的肢残人发放燃油补贴资金共计7.41万元;聘用残疾人专职委员105名,农家书屋残疾人管理员260名,发放岗位补贴共计180万元;投资59.18万元为200户农村贫困残疾人家庭进行无障碍改造;为符合条件的残疾人新增办理困难残疾人生活补贴和重度残疾人护理补贴业务1227人次,累计向15725名残疾人发放补贴资金1558万余元;拨付231万余元为392名贫困重度失能残疾人享受照护和托养服务;为130名新办理残疾人证的贫困精神、智力重度残疾人发放残疾评定补贴1.95万元。

【残疾人办证服务】 2021年共受理残疾人申请新办证、到期换证、变更、注销共1247人次;10—11月,组织评残专家,聚焦群众"急难愁盼"问题,上门入户为不方便出门的重度残疾人现场评残、现场办理,此次下乡共为350多名重度残疾人办理了残疾人证。

【残疾康复】 9月,由区残联牵头,联合区民政局、区财政局、区卫健委制定了《袁州区残疾人适配基本型辅助器具补贴实施细则(试行)》,该《细则》包括总则、补贴对象、补贴目录和补贴标准、申请和审批流程、机构组织与管理、资金保障与监管、附则七个章节,共22项条款;适用对象为袁州区户籍或持袁州区有效居住证的残疾人,同时将残疾评定指定医院、县及县以上具备医疗诊断资质的专业机构出具的诊断证明的0~14岁残疾儿童列为补贴对象,实行重点保障,落实排忧解难的特惠举措;针对肢体、视力、听力、智力、精神五大残疾类别,提供轮椅、假肢、矫形器等多种基本型辅具;2021年,累计投入资金520万多元,新建14个村(社区)残疾人康复站,为有需求的残疾人发放轮椅、拐杖、助听器等辅助器具450余件,装配假肢30条,为296名0~6岁残疾儿童提供抢救性康复救助,为4名残疾儿童提供人工耳蜗服务救助,为6名残疾儿童提供助听器服务救助,为100多名精神障碍患者提供免费服药服务。

【残疾就业培训】 2021年,安排培训资金17.2万元免费向120名残疾人开展计算机职业技能培训;安排6.4万培训资金向128名贫困残疾人开展禽畜养殖农村实用技术培训;拨付资金81万元扶持阳光助残创业就业基地19个、拨付资金22.8万元扶持残疾人辅助性就业基地3个;为11名新考入高等院校的残疾新生申报了省级就学补助,共发放助学金4.5万元;同时,配合教育部门完成6名普通高中残疾学生学杂费减免及971户家庭经济困难残疾学生的认定工作。

【残保金征收】 2021年全区各党政机关、企业、事业单位共安排残疾人就业120名;同时,依据《残疾人保障法》和《残疾人就业条例》,对未安排残疾人就业的用人单位依法征收残疾人就业保障金共600万元。

【持证残疾人基本状况调查启动】 2021年9月28日,区残联启动2021年全区持证残疾人基本状况调查工作,完成全区34700多名调查对象所涉及的住房、教育、就业、社会保障、基本医疗与康复、文化体育、无障碍等27项调查指标和村(社区)的11项基本公共服务指标的信息采集、数据审核和数据录入工作。

【残疾人文化创意产业示范点】 2021年,残联认真贯彻落实中国残联办公厅《关于申报首批残疾人文化创意产业基地的通知》精神,结合本地实际,深入调研,不断摸索,全年累计安排帮扶资金36.8万元,成功培育打造出一个"袁州样板"的残疾人文化创意产业基地"江西省宜春市残疾人文化创意产业基地"。该项目以特殊艺术作为文化定位,以励志教育作为文化支点和杠杆，着力建立“点亮未来”青少年励志教育基地，成立点亮生命残疾人艺术团，塑造残疾人现代化文化创意基地“励志、艺术、教育”三位一体的文化名片。

（赖　钒）

袁州区红十字会

【概况】 2021年，袁州区红十字会大力弘扬“人道、博爱、奉献”的红十字精神，坚持以人为本、依法建会，认真履行红十字工作职责，主动融入中心工作，不断攻坚克难，从零基础的红会“新军”成长为全省优秀县级红十字会、全市红十字高质量发展第一名的“新领军”，发挥了党和人民群众之间的桥梁纽带作用，推动袁州区红十字事业长足发展。

【红会项目】 2021年，区红十字会争取省红十字会资金40万元，在珠泉街道一机社区打造健康促进项目，内设有老年介护室、心理咨询室、博爱广场、红十字爱心超市、青少年活动中心等功能室。经省红十字会的审批考察，获得中国红基会资金10万元用于打造珠泉小学红十字博爱校医室，该项目已于2021年3月同步交付使用，并以此为载体在该校内开展10期“应急救护普及课堂”。自筹资金43万元打造“2+2”红十字阵地示范点，均在建设完善中。

【志愿服务】 袁州区红十字会志愿服务队伍不断规范壮大，通过3支志愿服务队推动志愿服务专业化，积极向社会招募医护、老年介护等专业人员，同时将志愿服务列入日常工作计划，积极组织红十字工作人员、志愿工作者开展志愿服务工作。通过“敲门行动”开展公益讲座、知识普及等服务，共开展志愿服务活动200余次，服务覆盖人数高达9万余人，稳步扩大志愿服务活动影响力，让红十字志愿花开满袁州，助力袁州区打造“志愿之城”。

【应急救护】 为普及并提高应急救护知识与技能，增强广大党员干部、学生、群众的防灾避险和自救互救能力，袁州区红十字会自筹资金联合区教体局举办全省首期面向教师团体的红十字应急救护师资初训班，为“应急救护进校园”提供专业保障。全面启动应急救护“五进”行动，已举办了60场红十字救护员培训班，培训持证救护员近3000人，普及培训达3万余人次，在提升全民急救能力建设、着力营造“人人学急救　急救为人人”良好氛围上取得了卓越成效。

【人道救助】 袁州区红十字会开展博爱助学计划，为学生发放爱心助学金，资助学校完善教学设备，助学学校30余所，受益学生上万人；认领并帮助30名身处偏远山区的孩子实现微心愿；继续开展“天使阳光”资金救助项目（救助先天性心脏病患儿）和“小天使”资金救助项目（救助白血病患儿）。

【筹资募捐】 袁州区红十字会依法依规开展社会筹资，已接收社会各界捐赠款物共计1130余万元，全部用于红十字博爱送万家和爱心助学活动。紧盯疫情防控，第一时间筹集疫情专项款物539.6万元。2021年“99公益日”期间上线“红十字博爱助学”“爱聚袁州久久传”两个募捐项目，共有1.8万人次参与，募集善款53.2万元。

【“三献”服务】 袁州区红十字会积极开展献血捐髓宣传活动，带动更多志愿者和社会爱心人士加入“献血捐髓”的行列。线上线下完成人体器官捐献志愿登记近2000人，至2021年成功实现器官捐献7例，挽救数十人生命，为十几个家庭带去了希望与曙光。“三献”志愿登记人数稳步增长。

【养老健康服务】 袁州区红十字会组织宜春市二人民医院、宜春现代医院、宜春学院医学院等专业医护力量组成袁州区红十字南丁格尔志愿服务队，定期走进医院、社区、敬老院开展健康养老、爱老、助老志愿服务，为老年人送去关爱、送去温暖。精心筹划养老介护普及培训、红十字养老护理员培训班，培训持证护理员。

【基层红十字会创建】 袁州区红十字会紧盯基层组织建设，以点带面，以先建带动后建，逐步成片。截至2021年，已成立基层红十字会67个，实现中心城区28所学校全覆盖。

（曹海花）

军　事

人民武装部

【概况】 2021年，中国人民解放军江西省宜春市袁州区人民武装部深入贯彻党的十九届五中、六中全会精神和习近平新时代中国特色社会主义思想，坚决落实上级党委决策部署，继续坚持“稳中求进”总基调，围绕实现“全面建设硬起来、特色品牌亮起来、窗口形象立起来”目标持续用劲，奋力拼搏，各项工作顺利推进，练兵备战进一步深化，基层建设科学发展，国防动员准备更加扎实有效，国防后备力量建设质效明显提升。

【党的建设】 一是持续加强了党委班子建设。认真学习习近平关于加强党的政治建设具体要求、中央军委关于加强军队党的建设会议精神，不断深化军委主席负责制学习教育，认真制定了《关于进一步深化党的创新理论武装工作的措施》，落实理论轮训、专题党课等制度，把党委班子这个“龙头”搞坚强。二是持续加大了正风肃纪反腐力度。坚持严明政治纪律政治规矩，扎实开展党纪党规学习教育，先后两次组织全员观看《铁纪强军》警示教育片，从思想上筑牢防线。紧盯交叉地带敏感易发问题防范，以及重大节日等敏感时期、基层“微腐败”现象，加大了违规违纪问题督办和巡察力度。三是持续推动了党管武装制度创新落实。继承发扬和创新落实党管武装根本制度，坚持落实常委“议军”、“过军事日”、现场办公、第一书记和基层武装部政治教导员述职等制度，加快推进人武部营院搬迁建设，切实解决战备训练经费保障、基层建设等重点难点问题。袁州区把武装工作纳入基层党委“一把手”党建述职、由军事常委现场进行点评的做法被《中国国防报》头版头条报道。

【政治教育】 区人武部认真落实全军思想政治工作会议精神，持续深化“不忘初心、牢记使命”主题教育和“传承红色基因、担当强军重任”教育，推开经常性“微课堂”教育模式，推动战斗精神教育、使命任务教育、革命传统教育和经常性思想政治教育有机融合，在各项训练演练、战备执勤、遂行任务行动中常态融入。全年发表新闻稿件165篇，在《中国国防报》头版头条用稿3篇，扩大了袁州武装影响力。

【党史学习教育】 区人武部把党史学习教育作为政治任务、铸魂工程，认真制定实施方案和教育计划，研究确定可办好13件实事和“我为群众办实事解难事”责任清单，挖掘红色资源，开辟“党史学习教育宣传栏”和“中国精神”系列楼道党史文化长廊学党史，利用专题党课学党史、通过“学习强国”和“军职在线”等多媒体新载体云端学党史，推动党史学习教育不断深化。在军分区和省军区组织的“学习百年党史、奋进强军实践”讲红色故事比赛中，袁州区民兵选手分别荣获二、三等奖。

【练兵备战】 聚焦练兵备战中心任务，聚力国防动援援战准备主责主业。把学习贯彻中央军委训令和全军军事训练会议精神作为年度开新开局的头等大事，训练演练成效显著，动态战备演训不断深化，深入推进首长机关训练，落实军事职业教育常态。单位练兵备战质量效益成绩明显，年度训练任务落实率达到100%，单位年度训练成绩总评优秀。

【国防动员援战准备】 紧紧围绕新时代国防动员主责主业使实劲出实招，畅通动员链路，提高动员能力。一是抓好国防动员体系建设。按照“平时服务、急时应急、战时应战”要求，完善国防动员体系，健全国防动员组织机构,落实战时指挥机构预建和人员预编。二是抓好国防潜力调查。认真部署全区国防动员潜力调查工作，突出抓好重点潜力、重点领域专项核查。三是抓好民兵整组工作。坚持以“抓民兵整组就是为战斗力打基础”为出发点,全面创新方法提升民兵整组质效。四是抓实民兵基层建设。围绕“备战、救灾、维稳”需求,扎实推进乡镇街道、村(社区)两级战备设施规范化建设配套升级。

【征兵工作】 积极适应征兵工作实际,全力推进征兵改革落地见效,搞好征兵和直招士官的征集任务，兵员综合素质持续提升。全区各级党委、政府和兵役机关自觉地把征兵工作作为严肃的政治任务,严格实行“一把手”负责制;征兵准备充分,春秋两季召开征兵准备推进会,研究征兵具体措施，明确目标任务。大力改进征兵宣传方式方法;政策激励到位,将大学毕业生义务兵一次性奖励经费纳入区政府年度财政预算；严把征兵体检关,春季征兵实现了“零身体原因退兵”的历史性突破。

【后装保障】 认真修订了后装保障方案计划,补充备齐了应急指挥装备器材,提升了部机关和辖区民兵遂行任务能力。协助军分区着力推进民兵训练基地建设，全力推动营区整体置换搬迁。抓好武器装备管理。认真抓常态化疫情防控，提高政治站位，细化落实各项防控措施,动态修订防控预案,建立联防联控机制,全体干部职工和文职人员都完成了疫苗接种，确保实现“零感染零发病”目标。

（肖 琦）

法　　治

平安建设和政法

【概况】 2021年以来，袁州区政法综治工作紧盯“保稳定、促发展、树品牌、站前列”目标，突出“筑牢防线、化解积案、夯实基层、创新治理、队伍建设”五大关键词，重点抓好抓实“维护社会大局和谐稳定、护航经济社会发展大局、提升基层社会治理水平、强化矛盾纠纷多元化解、树立政法队伍新形象”五大领域工作，有效防范化解重大风险，政法队伍建设得到进一步加强，全区社会大局持续平稳、治安秩序持续好转。

【社会稳定】 平安建设工作目标管理实行“全覆盖”，与全区各乡镇(街道)、区各平安成员单位的党政主官共同签订责任状。信访干部坚持提前分析研判，及时解决重大问题。扎实做好中国共产党成立100周年、党的十九届六中全会、“两会”等重要时段的安保工作，在敏感时期，坚持每日分析研判社会稳定形势，重大政治活动期间、敏感节点时段启动专项情报信息联合会商机制。一年来，全区共收集各类情报信息663条，重大紧急情况预警率达到100%；对房地产、办公楼、厂区建设等31个重点项目进行了风险稳定评估。全力抓好不稳定因素预警工作，抽调有关部门工作人员组成“联合调度指挥中心”，每天24小时对全区内的涉稳信息向28个乡镇街道和有关部门单位进行预警。2021年共收集各类情报信息400余条，其中网络舆情情报290余条，文字材料情报100余条。

【专项整治】 建立矛盾纠纷排查调处例会制度长效机制，严格落实《江西省维护社会稳定领导责任制规定》，实行区、乡、村、组四级联动，全区共排查各类矛盾纠纷747件，成功化解745件，成功率99.7%。深入开展了风险隐患大排查、大整治行动，对各乡镇(街道)、各职能部门隐患排查工作实行一周一调度一通报，并将调度情况及时报领导小组。共排查出各类风险隐患1582件，已整治1498件，整治率达94.7%。组织开展“清风”专项整治行动，强力整治涉黄、涉赌等违法犯罪及其他问题，努力净化全区社会治安环境。共受理涉黄、涉赌案件512起，其中办理刑事案件3起，行政案件509起，行政罚款280人。加强对电信网络诈骗犯罪的打击整治，依托区反诈中心不断健全落实一体化、全覆盖的预警劝阻工作机制，持续加大国家反诈中心App安装推广力度，深入推进“断卡”行动，经常性开展集中抓捕，严厉打击惩治行业“内鬼”。加大对公安部下发的108名滞缅人员劝返管控力度。

【基层社会治理】 打造红色治理工作亮点。出台《推进“红色治理·平安管家”五大工程　打造“袁州之治”样板工作要点》，推进“红色治理·平安管家”五大工程，以化成街道为样板，抓好城市小区党支部建设，把支部建在小区上，先后成立了17个小区党支部，“红色网格”渐越明显。“1+3+X+N”的小区治理新模式，得到群众的一致好评；在湛郎街道创新建立了“1+7+N”的社区“网格点单式服务”工作模式，为辖区内所有单位和群众提供一个全方位、360°无死角的服务圈；区法院多元化解矛盾纠纷机制等一大批特色品牌工作，均得到了上级有关部门的充分肯定。

【政法队伍教育整顿】 2021年，全区政法综治工作把政法队伍教育整顿工作与推进基层社会治理现代化和政法业务工作一起统筹谋划，细化出台政治轮训、司法为民、机关管理、服务企业等制度机制13个192项举措。认真贯彻落实《中国共产党政法工作条例》和江西省关于贯彻《中国共产党政法工作条例》实施细则要求，制定出台了《袁州区政法干警政治轮训实施办法（试行）》，并组织引导全区政法干警学习宣传贯彻落实好，铸就绝对忠诚的政治品格。组织全区政法干警认真学习了《中国共产党廉洁自律准则》和《中国共产党纪律处分条例》，多次召开警示教育学习会，通过组织观看警示教育片、参观廉政教育基地、撰写心得体会等方式形成示范效应，切实把纪律规矩挺在前，努力打造一支纪律严明的政法队伍。

【扫黑除恶常态化】 2021年，袁州区推进扫黑除恶常态化工作，制定《袁州区关于建立健全常态化开展扫黑除恶督导督办机制的实施办法》等工作机制，保持打击黑恶势力的高压态势。公安机关破获九类刑事案件数34起，刑拘九类刑事案件犯罪嫌疑人数53人；检察机关起诉涉恶案件2件2人；法院判决涉恶一审案件1件1人。2021年袁州区纪委区监委受理涉黑涉恶腐败问题线索1条，处理处分涉黑涉恶腐败和"保护伞"案件2件2人。成立了六大行业领域扫黑除恶整治工作领导小组，公检法纪机关发送"四书一函"23份，组织开展了打击非法采砂、违法占地用地、矿产资源越界开采、机制砂行业整治、农村乱占耕地建房、强揽工程、矿山整治等专项行动。

【网格管理规范化】 下发了《关于印发〈袁州区网格员管理考核办法（试行）〉的通知》（袁平安字〔2021〕20号）文件，加强了网格员的考核。依托江西省社会治理大数据平台，融合网格化服务管理个性需求，构建"网上综治中心"，确保做到网格员培训全覆盖。做优网格化综合管理信息平台，努力提升全区社会治理体系和治理能力现代化水平，全区1224个网格均已配备达到"一格一员"要求，所有网格建立了党支部（党小组），网格事项流转率达到100%。

【社会治安防控体系】 按照全区"一盘棋""一张网"的统一规划原则，持续推进"雪亮工程"建设联网应用工作，全面开展"平安乡村"建设，加快二类、三类社会资源的视频监控点位接入。袁州城区共安装监控点位2350路，农村"平安乡村"监控点位3526路，袁州区农村"雪亮工程"建设前端监控点位2920路，袁州公安分局专网视频共享平台1个，预算总投入7000万元，全面完成了全区"每个行政村至少5个监控点、自然村主要路口2个监控点"的任务目标，完成了35个智能安防小区前端建设，完成了5个智慧小区建设。

【执法规范化建设】 出台《袁州区委政法系统顽瘴痼疾专项整治实施方案》《宜春市袁州区人民法院关于印发切实加强院庭长审判监督管理责任若干意见的通知》《宜春市袁州区人民法院关于印发〈落实防止干预司法案件"三个规定"的实施细则（试行）〉的通知》《区应急管理综合行政执法大队机构、职能和编制规定》《袁州区人民检察院聘用制人员管理办法》《宜春市袁州区人民法院从严管党治警管理办法》《宜春市袁州区人民法院关于规范法官与律师交往的正负面清单》等多个方案和细则出台助推改革项目实施落地。袁州区检察院联合设立4家侦查监督与协作配合办公室，保障检警信息共享、促进检警监督协作，共同构建规范、高效的执法司法制约监督体系。

【涉法涉诉信访】 2021年共接待涉法涉诉来访群众65件次，其中联合接访办公室共接待来访群众200余人次。转办、督办涉法涉诉信访案件18件。坚持重点难点案件，由政法单位按照严格的请示报告制度，提请区委政法委启动联调机制。2021年，先后牵头组织召开了20个案子的案件协调会，解决了一批事关群众利益的现实问题，同时也增强了群众的信任，密切了党群干群的关系。扎实做好司法救助工作。制定了《宜春市袁州区国家司法救助工作实施细则》，建立了区级涉法涉诉专项资金。2021年上半年司法救助总金额53万元用于救助案件14件，下半年救助总金额62万元用于司法救助案件25件。

【综治中心实体化】 2021年，袁州区深入推进综治中心实体化运转。出台《袁州区2021年综治中心实体化运行每月调度考核办法（试行）》，加强对各级综治中心综治信息化运行和网格化服务管理日常考核，并每月进行排名通报。对考核排名靠后的乡镇街道进行约谈，考核成绩纳入《袁州区政法工作"一对一"对标竞赛》和平安建设（综治）考核中。制定了《袁州区基层综治中心等级化评定实施办法（试行）》（袁政法字〔2021〕84号），推进乡镇(街道)、村(社区)综治中心规范化信息化智能化建设,推动综治中心事项一站式办理、闭环式解决,全面提高基层综治中心实体化建设运行水平,打造共建共治共享的社会治理格局。

【法治袁州建设】 2021年,袁州区深入开展法治袁州建设。开展"送法上门·服务群众"平安志愿者活动、"我为群众办实事"法治宣传活动以及防范非法集资、防范邪教和电信网络诈骗宣传教育活动,共组织开展宣传实践活动共600余次,送法下乡活动400余场,发放各种宣传资料7万余份,解答法律咨询40000余人次,提供法律援助2000余件。不断拓展法治文化阵地。截至2021年年底,全区已建成法治公园1个、法治广场2个,成立法治长廊28个、法治文化园1个、青少年法治教育基地4个。

公 安

【概况】 截至2021年年底,袁州区实有公安民警417人,职工38人,共455人,其中男性390人(民警358人,职工32人),女性65人(民警59人,职工6人),男女比例为6∶1。2021年,共破获刑事案件1537起,查处治安案件6791起,共抓获各类违法嫌疑人3854人。其中治安拘留1143人,刑拘908人,逮捕813人,起诉950人,捣毁违法犯罪团伙35个。

【命案攻坚】 以贯彻落实命案侦破工作机制为重点,做到对严重暴力犯罪"零容忍",从严从快侦办命案。全区共发命案现案7起,侦破6起,未破1起,破案率85.71%。

【追逃工作】 将追逃工作与日常工作相结合,进一步落实全警追逃岗位责任制,积极与外地警方联动,充分发挥警种、部门职能优势,采取技术监控、政策感召、家属规劝、网上核查比对等多种手段,全力缉捕在逃人员。2021年共抓获网上逃犯673人,其中外省逃犯133人,江西省逃犯36人,袁州逃犯504人。

【黄赌整治】 针对辖区内涉黄涉赌警情高发,受案率低下的问题,专门成立专项行动领导小组,第一时间制定打击涉黄赌工作方案,同时9月,举全区之力,开展"清风"专项整治行动。共受理涉赌案件989起。其中刑事案件14起,刑拘15人;治安案件975起,行政拘留271人,行政罚款849人。共受理涉黄案件86起,其中刑事案件5起,刑拘5人;治安案件81起,行政拘留88人,行政罚款64人。

【扫黑除恶常态化】 积极开展"三打三治三追"专项行动,即要把打击锋芒始终对准群众反映最强烈、最深恶痛绝的各类黑恶势力违法犯罪。分局共侦破九类典型案件38起,刑拘犯罪嫌疑人51人,其中寻衅滋事22人、开设赌场14人、非法拘禁2人、故意毁坏财物4人、聚众斗殴2人、强迫交易1人、敲诈勒索4人、组织卖淫2人。抓获外地警方上网追逃的涉及九类典型案件嫌疑人7人。

【传统侵财性案件】 继续发挥刑侦"重刀"、合成"尖刀"、派出所"快刀"三刀打击模式,持续抓牢"盗抢骗"等传统型侵财性犯罪。全区"盗抢骗"案件共发案1024起,破案568起,破案率55.4%,其中盗窃破案459起、抢夺破案3起、抢劫破案8起、接触性诈骗破案96起、掩饰隐瞒犯罪所得破案2起;共抓获"盗抢骗"犯罪嫌疑人259人,其中盗窃197人、抢夺1人、抢劫11人、接触性诈骗49人、掩饰隐瞒犯罪所得1人;共打掉"盗抢骗"犯罪团伙34个。

【电信网络诈骗】 将反电诈工作作为区委、区政府的一项民生工程、民心工程来抓,实行"一把手"工程、"一揽子"统筹推进。扎实做好打击治理工作。全区共立电信网络诈骗案件1707起,破获电诈案件348起,采取强制措施302人,打掉犯罪团伙32个,缴获涉案银行卡478张、电话卡3026张、电脑17台,猫池、洛漫宝、多卡宝等GOIP设备43台。被电诈损失100万元以上案件共8起,已全部侦破。断卡行动,分局共接收公安部下发线索1536条,其中银行卡1433条、电话卡103条;共刑拘270人、惩戒729人、训诫85人。2021年公安部下发袁州区缅北回流人员365人,已管控355人,管控率97.2%。2021年袁州区缅北边境拦截涉诈重点人员43人。"断流"行动,公安部共下发线索125条,核查率100%,破案9起,刑拘18人。

【涉毒违法犯罪】 围绕"禁毒2021两打两控"专项行动的总要求,积极开展缉毒执法、毒品预防教育、易制毒化学品监管、吸毒人员管控等各项业务工作，坚决遏制辖区毒品问题发展蔓延，取得了一定的成效。累计破获涉毒刑事案件 42 起，刑拘 56 人，行政拘留 263 人，强戒 32 人，缴获毒品冰毒 6904.57 克，硫酸 40.69 吨，打掉涉毒团伙 5 个，抓获涉毒逃犯 22 名。尤其是在 2021 年赣鄱百日缉毒专项行动开展以来，分局“四措并举”，力推专项行动的开展，暂位列全省 25 个市辖区第 9 位。

【经济违法犯罪】 2021 年共受立各类经济犯罪案件 28 起，涉案金额 9.05 亿元；成功破获经济犯罪案件 12 起，抓获各类经济犯罪嫌疑人 56 人，其中刑事拘留 41 人、逮捕 33 人、移送起诉 48 人、取保候审 27 人，抓获网逃 19 人，挽回经济损失 1.19 余亿元。

【非法集资犯罪】 遵循“政府主导、警银联动、多方协作、内外同防”的原则，扎实推进打击非法集资专项行动。涉众领域共计对 56 人采取强制措施，追赃挽损 7000 余万元，辖区内非法集资现象得到有效的遏制。其中百乐专案对 41 人采取强制措施，追赃挽损 1081 万元，查封车辆 7 辆，查封不动产 80 处，各类工艺品 357 件。其他涉众案件追逃 1 人，挽回损失 6000 余万元。

【涉食药环知领域违法犯罪】 2021 年，共立食药环知刑事案件 6 起，包括生产销售假冒伪劣产品案 1 起，非法经营案件 2 起，销售有毒有害食品案件 2 起，侵犯商业秘密案件 1 起。其中侦破的 1 起生产销售假冒伪劣产品案为省督办案件，受到市公安局表扬。

【“三非”治理工作】 查处“三非”行政案件共 8 起，查处“三非”人员 8 人(国籍越南 4 人，柬埔寨 3 人，缅甸 1 人)，与 2020 年同期相比，查处案件数与 2020 年同期相比，持平。

【出入境中管业务工作】 从严审发出入境证件，劝导居民减少非紧急、非必要出国境活动，出入境业务办证量增长暂缓。共受理公民因私出国普通护照 66 个，港澳通行证首申及续签 871 个，往来台湾通行证及单签 4 个，批准赴港澳定居人数 1 人，台胞证 4 个，境外人员临时住宿登记 191 人次，与 2020 年同期相比，办证量同比下降 18%。

【虚假办理户口整治】 运用户籍业务电子档案监管系统对各派出所业务办理情况开展定期和不定期的巡查，出生业务收集材料每件查，杜绝虚假上户，督促各窗口严格遵守《江西省常住人口登记管理规定》办理业务。检查纸质档案 7347 份，网上巡查 3584 条，发现 4 个虚假出生证，这 4 个户口已注销了，派出所已对上户当事人进行了行政处罚。

【刑侦大队特色三室打造】 2021 年，在区公安分局刑事科学技术室连续四届被评为“全国示范刑事科学技术室”的基础上，投入 120 余万元升级改造。打造“杨志强电子物证实验室”，探索刑事技术在电诈案件中的深层次运用，全年勘验新型涉网案件 1685 起,勘查率 100%，提取语音 346 条，解析 APK535 条，分析数据 3600 余条，研发“基于分布式架构的手机多路取证系统”，已上报公安部“双十”计划；打造“徐鑫声像实验室”，采集分析声纹、虹膜数据 13000 余条，为打击新型犯罪提供技术支持和技术性防范指引；打造“刘明锁痕实验室”，研发“锁痕发现提取仪”，上报省公安厅“双十”计划，同时已申请“技术开锁痕迹勘查比对仪系统”国家专利。

【金瑞派出所重点人员帮教室】 2021 年，袁州区金瑞派出所吸纳司法所和综治办成员，通过建档立卡、无缝衔接，实时管控、动态研判，风险评估、四级预警，扶贫扶志、温馨服务等措施，强化重点人员管理帮教力度。建立一人一档，切实掌握相关人员思想动态和实际情况。金瑞镇未发生进京非访、个人极端暴力及“民转刑”案事件。

【新坊派出所“村委会＋警务工作站”模式】 2021 年，袁州区以社区警务室建设为契机，以新坊镇合浦村为示范点，打造“村委会＋警务室”模式，挖掘基层村委力量。创建“1+2+N”警务模式，即“村组先期排查化解、多元力量跟进排查化解、党委政府协调彻底化解”矛盾纠纷化解机制，将社区警务与乡村治理深度融合。

【西村派出所李威威警务室】 宜春市第十五中学是全市唯一一所“青少年专门学校”。为此，在中学设立警务室，通过建档立档、谈心谈话、及时矫正、长期回访“四步”工作法，健全挽救工程机制，全力提升教育转化效果。该校学生 115 名，已成功转化 14 人回归普通校园。

【南庙派出所“党建+N”模式】 2021年，袁州区选定南庙派出所，以队伍作风大转变，业务能力大提升为目标，推出“党建+”模式。该所在原“警车喊话”工作基础上，创建“党员流动警务室”，融入各项重点工作，建立“党建+护校安园”“党建+流动宣传”“党建+巡逻防控”“党建+综合执法”“党建+打击防范”工作新模式，发挥“党建引领、队建发展”火车头作用，提升队伍凝聚力。

【“反诈宣传+无诈社区、村组”模式】 2021年3月1日起，开展“无诈社区(村组)”创建活动，制定出台考核办法，各派出所依托警务室建设开展创建。通过评定，已上报的27个无诈社区(村组)，其中15个社区全年未发生电诈案件，初步达成创建目标。现提炼经验做法，谋划建立系统性反诈机制。

【“社戒社康管控+吸毒人员核查百分之百”模式】 2021年，袁州区以“6·26”服务中心建设为抓手，全力开展“清零”行动，进行量化考核。对“一般吸毒人员”划分低、中、高三类风险等级，落实分类管控，提升见面核查力度，实现社戒社康管控，一般吸毒人员核查100%目标。一般社会面吸毒人员2666人，见面核查率高于省禁毒委90%的要求。社区戒毒社区康复人员362人，管控率达98%。

【公安行政管理服务改进】 2021年，袁州区全面梳理论证公安行政审批服务事项的实施层级和管理权限，编制和公布公安机关“马上办、网上办、就近办、一次办”审批服务事项目录，简化优化办事流程，在法律框架内最大限度将公安行政权力和服务触角向基层公安机关延伸，用最短的时间、最快的速度、最好的服务，把服务企业和群众的事项办好。截至年底，网上申办新生儿落户，通过“赣服通”里的“婚育户一链办”模块，可网上申请办理新生儿落户。2021年已通过网上办理新生儿落户178件；网上申办居民身份证，全程“无证办理”，以江西公安为民服务系统、赣服通等载体功能，充分依托身份证自助拍照机、身份证自助受理机等设备功能，实现网上网下一体化服务，截至11月20日，已通过网上办理居民身份证3715张；5月1日起，分局正式开通临时身份证办理“全城通”，改变了原有的只能在户口所在地办理的现状。

【户籍制度改革持续深入】 2021年，袁州区全面放开放宽城镇落户条件，以具有合法稳定住所（含租赁）或合法稳定就业为户口迁移的基本条件，取消参保、居住年限、就业年限等落户限制，全面推进农业转移人口和其他常住人口在城镇落户。2021年全区实现2万名左右农业转移人口和其他常住人口落户城镇，户籍人口城镇化率达到42%左右。2021年以来，办件量246375件，身份证总办件量69322件，异地办件量850件，居民临时身份证8653个，补录户口239个，办理户口变更更正472人，办理城镇户口迁往农村落户181人，办理居住证651人，注销重户人员216人，列管重点人口286人，编制门楼号牌8031块，为群众提供人口信息查询5364次，16周岁以上新增人口相片采集率为100%。

【公安服务范围拓宽】 2月底，简单高频交管业务由原来3类15项提升为3类18项，办理交管业务309件。5月1日起，分局正式开通临时身份证办理“全城通”，改变了原有的只能在户口所在地办理的现状，并且从6月1日起，简化和调整全区户口姓名变更登记流程和手续，将变更姓名审批权限下放到派出所。为缩短居民身份证在公安机关内部的流转时间，减少市、县（区）域内偏远派出所到户政部门领证的时间，节约往返费用，打通便民服务“最后一公里”，直接邮寄居民身份证到派出所。

【户籍窗口服务质量提升】 2021年，袁州区前置服务举措，落实“六个一”标准，积极推进规范户籍窗口建设工作，将收费标准、办理流程、所需材料，统一标准悬挂在公安户籍服务窗口，并设置户籍窗口办证引导员，及时听取群众对窗口的意见和建议，用实际行动细化、优化窗口服务。同时，开展户籍窗口满意度测评，将评价情况每周进行通报，对不满意的评价进行追踪回访，进行改进。严格落实首问负责制、首接负责、一次性告知和承诺服务制度，坚决杜绝因窗口告知不到位导致让群众“往返跑”的现象发生。

【警民联系“双提升”】 2021年，袁州区全力推动警民联系微信群创建，构建以“微宣传”“微互动”“微服务”的“微警务”新模式。建立警民联系微信群共2656个，362300人。开展“我为群众办实事”暨“六进六联”、千警联千企等系列活动，深入企业群众座谈走访，切实解决实际问题。推行窗口“六个一”服务措施、建立“三级回访”机制等系列举措，提升公安服务效能。

检 察

【概况】 2021年，袁州区人民检察院突出打击影响群众安全感的违法犯罪，着力维护社会稳定。严惩故意杀人、绑架、强奸等严重暴力犯罪和危害公共安全犯罪，打击盗抢类等多发性侵财犯罪和毒品犯罪，批准逮捕372件467人，提起公诉593件729人。常态化开展扫黑除恶斗争，认真贯彻落实省检察院制定的7项机制，建立提前介入、分工协作联动配合机制，积极通过制发检察建议推动社会综合治理。共批准逮捕2件2人，提起公诉2件2人。

【纠纷化解】 着力化解重复信访积案，4件重复信访案已全部办结，省院在开展第二批政法队伍教育整顿期间，先后下发的30件信访案件，实行了院领导包案制度，已全部办结；切实落实“群众来信件件有回复”制度，共受理来信来访53件，均按要求做到7日内程序回复、3个月内办理答复。推行申诉人首访由检察长接待制度，检察长接待5件11人。加大司法救助力度，办理司法救助案件16件，累计发放司法救助27.1万元。如首次对刘某某危害珍贵、濒危野生动物一案中不起诉人刘某某发放司法救助金5000元。

【刑事诉讼监督】 依法批准逮捕各类刑事案件528件697人；提起公诉1292件1728人，其中危险驾驶类案件520件521人、传销拘禁类案件3件17人、涉毒类案件39件58人。切实落实认罪认罚从宽、精准量刑制度，适用认罪认罚案件1510件1852人，认罪认罚适用率为88.57%，提出量刑建议1338人，适用确定型量刑建议1326人，确定型适用率为99.1%。案件比为1.08，与上年度同比降低了44.48%，案件质效明显增强。

【民事、行政案件检察监督】 2021年共办理民事、行政监督案件32件，其中生效裁判监督6件、民事执行监督案件15件、民事支持起诉案件5件、行政监督案件6件，发送检察建议18份，全部被区法院采纳；对审查无误的案件，通过释疑解惑，促使当事人服判息诉，维护裁判权威。开展土地执法领域非诉执行监督专项行动；受理行政争议实质性化解案件2件。通过切实加强“行政执法与刑事司法”衔接形成合力打击大量假冒生产、销售乳制品品牌伊利等，有力维护了公平正义的营商环境。

【两项监督】 强化和规范刑事立案监督和侦查活动监督“两项监督”，受理监督立案12件，监督立案2件，监督撤案1件，纠正漏捕8人，纠正漏诉8人。定期向同级公安机关通报补充侦查工作报告。对辖区强制医疗场所、社区矫正场所、指定居所监视居住执行及剥夺政治权利执行进行巡回检察，办理收监执行提请审查案件5件，均建议提请收监；督促3名判处实刑未交付执行罪犯依法收监执行；纠正社区矫正人员脱管2人、被剥夺政治权利人员漏管40人。对5件重大案件进行讯问合法性核查。

【公益诉讼检察】 办理行政公益诉讼案件38件，其中生态环境和资源保护16件，食品药品安全4件，英烈领域1件，消防安全17件。针对重点区域学校食堂开展食品安全专项检查，保障群众“舌尖上的安全”，向相关职能部门发送诉前检察建议4件；针对辖区商场存在违规使用不可降解塑料制品等情况，发送公益诉讼诉前检察建议10件，确保“限塑令”快速落地；同时，积极探索公益诉讼检察“等外”案件，对全区农贸市场开展安全生产公益诉讼监督，排查发现消防安全隐患并发送诉前检察建议17件，相关行政部门已整改到位。

【未成年人案件】 向区教体局制发社会治理类检察建议，督促相关职能部门落实教职员工准入查询制度，共排查9700余名教职员工。积极探索对罪错未成年人的教育矫治，与社会工作服务中心签署了未成年人检察社工服务合作协议，已开展社会调查、帮教、亲职教育等活动共计157人次，为2名被害人提供心理疏导。落实强制报告制度，联合区级八家单位制定了《袁州区落实侵害未成年人案件强制报告制度》；结合社会调查情况，适时启动“一站式”救助机制，联合多个部门落实好法律援助、司法救助、医疗绿色通道、民政救助、教育救助等综合救助措施。已提前介入疑难复杂性侵案件14件，为2名被害人提供心理疏导和心理测评，提供法律援助2人，为6名被害人申请司法救助。

【检察助力改善营商环境】 检察工作助力改善营商环境，依法惩治侵犯民营企业经营者人身权、财产权及企业商标权的犯罪行为，积极营造诚信公正的市场环境，认真落实“少捕慎诉慎押”理念，加大涉企案件审查力度，精准提出量刑建议，2021年不批准逮捕、不诉涉企业案件共22件30人。推行检察“一站式”服务，在“12309”检察服务大厅开通民营企业法律服务绿色通道，通过走访调研、召开检企座谈会等方式受理企业诉求18件并妥善处理。建立两个规上企业法律服务微信群及院领导对接乡镇商会联络制度，院领导班子带队走访各乡镇、街道商会及企业44次，积极开展送法进企业、以案释法等活动。常态化开展涉民营企业刑事诉讼“挂案”清理工作，监督公安机关撤案1件，降低司法案件对企业经营的影响。

【阳光检察多方位监督体系构建】 落实落细最高检总体要求，加快推进检察官业绩考评工作，不断调整完善考评指标体系，加快推进机制完善与运用，每月开展一次检察官业绩考评，通过考核检验检察官办案质效，发挥业绩考评“指挥棒”作用促检察履职。坚持“应听证尽听证”，全面推开检察听证，建立《袁州区人民检察院听证员选任管理办法(试行)》，主动面向全区公开聘任44名人大代表、政协委员、商会代表等作为听证员，成立听证员库，提高司法决策的透明度。已召开公开听证会26次、不公开听证1件。依法接受人大、政协监督，向区人大常委会专题汇报了认罪认罚从宽制度落实情况，抓好审议意见落实；邀请人大代表、政协委员、人民监督员及社会各界人士参加工作座谈会、公开听证会、视察调研、“检察开放日”活动等，主动通报检察工作情况，诚恳听取意见建议。主动接受社会各界监督，规范、完善重要案件信息发布程序，除法律规定不得公开的情形外，所有的案件信息、法律文书一律予以公开，在案件信息公开网上发布案件程序性信息1428条，公开法律文书940份。

【检察服务“三大攻坚战”】 2021年，袁州区人民检察工作服务防范化解重大风险、精准脱贫、污染防治“三大攻坚战”。依法严惩非法吸收公众存款、集资诈骗等严重危害金融安全犯罪16件76人；深入开展反电诈“断卡”行动，受理审查逮捕帮助信息网络犯罪案件158件239人，受理审查起诉128件212人，做到宽严相济，无社会危险性不批捕162人，相对不起诉346人；积极打击洗钱犯罪，批准逮捕6件6人，提起公诉12件12人，追回涉案财物逾2000万元。把司法温情融入困难群体，积极对农民工、贫困户等人群开展民事支持起诉工作，为4名农民工催讨工资4万元，为贫困户追讨交通事故赔偿款1件，防止因案致贫返贫。与区河长办联合印发了《关于建立“河长湖长+检察长”协作配合工作机制的意见》，积极构建“专业化法律监督+恢复性司法实践+社会化综合治理”三位一体模式，袁河水质明显改善。

法 院

【概况】 2021年，袁州区人民法院新收各类案件21359件，结案20402件，同比分别增长31.96%和20.32%，员额法官人均结案364.9件，收案数、结案数和人均结案数均创历史新高。在全省法院高质量发展考核排名中，区法院排名全省基层法院第十六，全市法院第一。

【刑事审判】 审结刑事案件1484件。推进扫黑除恶常态化，审结涉黑恶案件2件，对黑恶势力给予持续打击。依法严惩故意杀人、故意伤害、抢劫、毒品等严重暴力犯罪，审结案件109件，维护人民群众生命健康权益。严厉打击电信网络诈骗、非法吸收公众存款等涉众型经济犯罪，审结案件75件，守护群众“钱袋子”安全。聚焦棚改、粮食等领域职务犯罪，审结案件9件，保持反腐败高压态势。继续深化以审判为中心的刑事诉讼制度改革，落实认罪认罚从宽制度，完成“醉驾案件快速办理试点”。

【民商事审判】 审结民商事案件10114件。坚持平等保护原则，审结各类合同案件7483件，促进市场经济持续健康发展。妥善审理房地产、建筑工程等案件569件，助力维护房地产市场稳定。坚持调判结合，大力弘扬社会主义核心价值观，审结婚姻、赡养等家事案件1220件。首次适用民法典依法保护离婚纠纷中对家庭付出较多一方的家务劳动补偿权，助推家风建设。深入践行“两山”理念，推进环境资源案件归口审理及“三审合一”机制，审结环资案件29件，助力生态文明建设。

【行政审判】 审结行政案件157件。落实行政案件相对集中管辖改革，发挥好行政争议化解桥梁作用，切实推动行政争议实质化解。加强巡回审判力度，在万载、铜鼓设立巡回审判点，开展巡回审判29次。强化与行政机关的良性互动，针对政府拆迁等领域多发的问题及时发送司法建议函12份，促进行政机关依法行政。依法支持行政机关履行职责，执结非诉执行案件155件。

【执行工作】 执结案件8595件，执行到位金额5.22亿元。聚焦“切实解决执行难”，开展“猎狐-2021”打击规避执行专项行动和“惠民暖心”集中执行行动，共执结案件862件，执行到位金额2.06亿元，联合江西都市频道开展的强制腾房现场直播，累计143万人观看量。用足用好强制执行措施，共拘传拘留被执行人300余人，限制高消费2000余人，公开曝光失信被执行人信息150余条，发布悬赏执行公告50余人次。创新执行工作机制，首推“罚款预通知”“拒执预告知”制度，顺利执结莱茵电梯公司申请强制执行郑铁物流公司货款信访案，该案例先后入选省高级人民法院、最高人民法院涉执信访实质性化解十大典型案例。

【社会治理】 与市物业管理协会建立物业纠纷诉调对接机制，对纠纷频发的物业矛盾进行联合化解，共有152件案件调解成功并当场兑现。强化诉源治理工作，推进人民法院调解平台进乡村、进社区、进网格，对涉及各乡镇（街道）辖区内适宜诉前调解的案件，按照自愿、属地原则，通过人民法院调解平台将案件推送至相关乡镇（街道）进行诉前委派调解，以“人民调解+司法确认”的方式高效率、零成本化解矛盾纠纷，共委派调解成功案件200余件，相关工作得到了最高人民法院的肯定，其中通过调解平台“三进”机制化解的六星城商铺定购案入选全省法院一站式多元解纷机制典型案例。

【司法为民】 袁州区法院开展“我为群众办实事”活动，聚焦诉讼服务难点堵点，累计召开征求意见会10次，收集意见建议78条，出台举措10项，有效解决群众“急难愁盼”问题32个。相继出台申请执行免提供生效证明、增设老年人和弱势群体绿色服务窗口、开通赣法民意中心“12368”诉讼服务热线等措施，为当事人提供细致暖心司法服务，《双管齐下解决网上立案相关问题》入选全省法院赣法民意中心工作典型案例。依托网上立案、自助立案、跨域立案相结合的多元化立案格局，推进诉讼服务“云升级”。共网上立案3457件，跨域立案36件，通过收转发e中心电子送达法律文书1.3万余人次，实现“让数据多跑路、让群众少跑腿”。

【审判工作助力改善营商环境】 积极践行“法治是最好的营商环境”理念，充分发挥审判执行职能作用，依法慎用查封、冻结等强制措施，妥善化解涉企纠纷，共审执结涉企案件7084件。在坚持开展“百名法官对接百家企业”活动的同时，成立中心城区重大项目法官工作室，主动对接服务保障中心城区重大项目建设，精准服务经济发展，让国轩高科等一批重大项目快速平稳落地。服务“六稳”“六保”。指导成立宜春市银行业人民调解委员会，高效办理金融案件2133件，及时防范各类金融风险。妥善化解劳资纠纷，审结劳动争议案件120件，助力保障就业稳定。坚决打击扰乱市场秩序行为，审结破坏社会主义市场经济秩序罪23件，助力维护市场稳定。注重“僵尸企业”破产救治，建立破产处置府院联动机制，妥善化解“名爵服饰”长达4年破产积案。

（周 顺）

司法行政

【概况】 2021年，袁州区司法局深入学习贯彻习近平法治思想，统筹全面依法治区和司法行政工作高质量发展。

【法治政府建设】 持续推行行政执法“三项制度”，实现“双随机、一公开”监管事项全覆盖，组织全区各部门制定检查计划151个，发起检查任务137个，录入检查结果356个，执法案件466件，制定23项联合检查任务，占总任务数的16.08%。行政机关负责人出庭应诉率超过90%。

【法治文化建设】 依托法治公园、法治长廊、省级民主法治示范村的创建工作，构建起覆盖全区的法治文化阵地；依托省司法厅“乡乡通”工程,为偏远地区提供全覆盖式的远程公共法律服务。培养全区农村法律明白人,截至2021年年底,全区已培养16990名农村法律明白人骨干,87496名普通农村法律明白人,参与法治宣传6万余人次,参与社会事务管理、化解矛盾纠纷、引导法律服务等共计1万余次,有效提升了乡村治理水平。

【法治营商环境改善】 将优化营商环境纳入“八五”普法内容,积极推进法治机关创建,充分发挥政府法律顾问和公职律师的优势作用,健全领导干部学法用法机制,组织协调有关部门加大法治宣传教育力度,用良好的行政环境和法治环境吸引投资。

【行政复议】 2021年,袁州区行政复议机关收到行政复议申请35件,受理28件,不予受理7件,已办结28件,办结率为100%。

【公共法律服务】 2021年,袁州区公共法律服务中心及公共法律服务工作站共接待各类咨询22318件,受理法律援助案件1233件,通过乡乡通提供远程法律服务39人次,开展家属与服刑人员远程视频会见1215人次。

【律师公益法律服务】 推动江西律师公益活动集结号活动,落实“万所联万会”工作机制,已有4家律师事务所与11家商会完成对接,并签订《“万所联万会”合作备忘录》。组织全区律师进社区、村委会、企业共开展各类法律咨询活动11场,解答咨询200余人次。2021年,全区律师、基层法律服务工作者办理刑事辩护案件113件,担任民事(经济)代理案件377件,办理非诉讼案件25件,仲裁案件20件,代写各类法律文书320余份,接待当事人来访及咨询近2400人次。

【人民调解】 全区建立各级人民调解委员会372个,其中乡镇(街道)调委会28个,村(社区)调委会342个,行业性调委会2个;共有人民调解员1497人,其中专职人民调解员456人。2021年,各级人民调解委员会共排查各类较大矛盾纠纷2433件,调解成功2390件,调处率达98%以上;排查纠纷7363人次,预防纠纷843件。努力做到了将矛盾化解在基层、吸附在当地、消除在萌芽状态,实现矛盾纠纷不上交。

【社区矫正】 在建成“省级智慧矫正中心”的基础上,将传统的定期摸底排查等管控手段与信息化技术相结合,进一步加强对社区矫正对象和刑满释放人员的帮扶教育工作。目前,全区正在接受矫正的社区矫正人员有660人,通过定期摸排走访、心理疏导等方式,切实推进了社区矫正对象的稳控工作;2021年10月27日将袁某收监后,应收未收人员正式清零。

【公证服务】 2021年全年,办证数为467件,收费约35万余元,其中国内民事、经济公证419件、涉外公证48件。针对袁州区辖区范围广阔这一特点,结合“我为群众办实事”活动,打通服务群众“最后一公里”,举办“公证进社区”“公证进乡镇”等活动,利用省司法厅“乡乡通”建设,通过信息化手段与乡镇、街道公共法律服务工作站实现远程双向可视对话,提供远程公共法律服务。2021年,袁州区公共法律服务中心及公共法律服务工作站通过乡乡通提供远程法律服务39人次,开展家属与服刑人员远程视频会见1215人次。

【“智慧社矫”新拓展】 2021年,袁州区在建成“省级智慧矫正中心”的基础上,将传统的定期摸底排查等管控手段与信息化技术相结合,进一步加强对社区矫正对象和刑满释放人员的帮扶教育工作。2021年4月被江西省司法厅列为全国“智慧矫正中心”重点创建单位之一。

【点单式普法新模式】 2021年,袁州区司法行政工作聚焦市场主体法治化建设,引导各部门单位,围绕工业园区建设、招商引资、利企惠民政策,开展“你选题、我来讲”的点单式普法活动40余场,深化法治园区、法治企业创建活动,提高各类市场主体的法治化建设水平。

（康心馨）

民生 保障

民政公共服务

【概况】 2021年，袁州区全力做好8个社区嵌入式养老院、15个居家养老服务中心25个公办养老院消防改造项目、300户困难对象家庭适老化改造。殡葬改革扎实推进,全区公益性殡葬设施覆盖率达100%，公墓管理优良率达100%，遗体火化后节地生态安葬率保持在100%。新建区级智慧养老服务信息平台1个。通过购买服务、公建民营、民办公助等方式,鼓励社会力量管理运营居家和社区养老服务设施。农村“党建+乐龄中心(幸福食堂)”养老服务设施覆盖率达到70%以上。全力推进社会救助综合改革,继续提高保障标准,不断扩大保障覆盖面。审批增加低保对象1253人，全年共发放城乡低保、临时救助、精简退职救济金1.3亿元，发放孤儿基本生活保障资金202.55万元。

【婚姻登记服务】 开展婚姻登记服务标准化建设,坚持每月召开一次业务交流会,对典型疑难案例讲评,集体会诊,适应新形势下工作要求。2021年袁州区共办理婚姻登记9309对，共办理结婚登记5408对，离婚登记1709例，补领结婚证1961对，补领离婚证231例。无一例违法登记事件发生，登记合格率100%。针对具有特殊含义的重要日期出现的扎堆结婚现象,婚姻登记处提前做好应急预案,由区民政局抽调人员,分管领导坐镇指挥,全力为当事人办理结婚登记。据统计,5月20日当天共办理结婚登记267对,补领结婚证6对,补领离婚证1例,离婚登记4例。开展颁证服务,促移风易俗：积极宣传婚事新办、喜事简办,不盲目攀比、不铺张浪费,抵制变相买卖婚姻,反对相互攀比的不正之风,促进婚姻领域移风易俗。加强离婚调解,促社会和谐。积极落实离婚冷静期,成立志愿者活动组织,不定期参与离婚调解工作,与离婚对象谈心谈话,宣传、讲解民法典,促进理性对待,相互包容、相互理解。做好婚姻登记跨省通办前期准备工作。已逐步完成婚姻历史档案电子信息化;为下步婚姻登记全省通办、跨省通办做好充分准备。

【殡葬改革】 2021年4月7日中共袁州区委办公室、袁州区人民政府办公室印发了《关于深化惠民绿色文明殡葬改革工作的实施意见》(袁办发〔2021〕6号)文件。全区遗体火化率100%;建设城乡公益性公墓435个,良好管护率100%；遗体火化后入公墓或节地生态安葬率100%;依法推进殡葬领域突出问题、宗教领域违规提供殡葬服务、“住宅式”“家族式”墓地等违法现象治理；推进婚丧领域移风易俗,遏制高价彩礼、整治厚葬薄养、整顿大操大办风气、破除封建迷信，推进乡风文明,“婚事新办、丧事简办”新风逐步形成。

【行政区划调整与平安边界创建】 依法依规稳妥有序开展行政区划调整工作,深入开展实地调查、认真组织调整风险评估等工作,完成化成街道申请成立牛王庙社区居委会及调整新苑社区居委会、新建社区居委会的管辖区域的审批工作。优化全区范围内道路、住宅小区等地名命名申报审批工作，理顺管理体制,完善审批制度。根据《关于做好2021年度行政区域界线联合检查工作的通知》(宜民明电〔2021〕5号)文件精神,对全区行政区域界线联检及平安边界创建工作进行认真部署,拟定下发《关于做好2021年度乡级行政区域界线联合检查工作的通知》(袁区民字〔2021〕21号)、《关于印发〈袁州区创建平安边界实施方案〉的通知》(袁区民字

〔2021〕20号)。同时,积极与上栗县民政局沟通协商,先后拟定了《袁(州)上(栗)行政区域界线联合检查工作实施方案》《萍乡市上栗县人民政府宜春市袁州区人民政府关于上(栗)袁(州)行政区域界线联合检查工作情况的报告》(栗府文〔2021〕40号)。2021年度全面完成了上级赋予的16条县、乡级行政区域界线的联检工作。全力做好全国第二次地名普查成果转化工作,完成《袁州区行政区划图》《袁州区地名志》《袁州区地名故事集》《袁州区地名文化遗产保护名录》等地名成果转化的编纂出版工作;完成区本级地名普查数据档案整理归档工作,并已全部移交至区档案局管理保存。

社会救助

【概况】 2021年,按照民生工程的要求,城乡低保标准分别为765元/人·月、515元/人·月;月人均补差水平为490元/人·月、355元/人·月。截至2021年年底,袁州区共有低保对象26737人,其中城市4286人,农村22451人,全年发放城乡低保资金1.27亿元。

【低保管理】 全年共取消城乡低保对象920户1631人,新增城乡低保对象773户1253人。城乡特困人员供养标准分别提高到995元/人·月、670元/人·月,农村特困失能及半失能人员供养标准提高到每人每月995元,全年发放城乡特困供养资金3570.68万元。精简退职老弱病残职工救济月标准城市提高40元,达到535元/人·月,农村提高30元、达到485元/人·月,共发放救济金52.8万元。全年共实施救助2475户次6947人次,发放救助金318.9万元,下拨乡镇(街道)临时救助备用金279万元。发起居民家庭经济状况核对22585户、71545人次。

【城镇贫困群众脱贫解困】 为实现城镇贫困群众“两不愁三保障”,确保全面小康路上一个都不掉队,袁州区努力做好城镇贫困群众脱贫保障工作。袁州区坚持落实会议制度要求,每季度召开一次领导小组联络员会议调度推进脱贫解困工作,督促各单位强化政策措施落实。通过暗访督导,深入社区、困难群众家中了解政策落实情况,对发现的问题,督促有关单位举一反三、立行立改。截至2021年年底,已认定脱贫解困对象1166户1801人;发放城镇低保、特困供养、残疾人“两项补贴”、临时救助、孤儿保障等资金1400余万元。为进一步筑牢返贫致贫防线,巩固提升解困脱困成效,全区共支出14.76万元,为3280户城镇困难群众购买了防贫责任保险,截至2021年年底,为脱贫解困对象代缴医保1919人,财政补助59.49万元;为脱困人口办理慢性病证54人次;住院医疗费用“一站式”结算712人次,共发生住院费用592.9万元,累计报销535.4万元,报销比例达90%;家庭医生签约履约1385人,开展重大疾病免费救治和专项救治75例;实施城镇困难妇女“两癌”救助5人。有612户975人解困脱困对象享受廉租房,为541户1099人解困脱困对象发放租赁补贴,共计32.34万元;完成棚户区改造1000套任务。共资助解困脱困学生778人次,资助金额43.25万元。开发就业专岗40个,已落实岗位补贴资金13.83万元,为4名城镇解困脱困劳动力发放转移就业交通补贴0.18万元。代缴城乡居民基本养老保险556人,为城镇解困脱困对象发放城乡居民基本养老保险待遇160人;为95名困难群众办理了助保贷款,放贷金额465.36万元;开展城镇困难残疾人就业培训2人,托养服务35人,无障碍改造3人,精准康复39人,发放机动轮椅燃油补贴8人。

【农村兜底保障帮扶】 2021年,袁州区通过聚焦中央、省、市、区督查和第三方评估反馈的问题,举一反三,通过抓好问题整改,进一步推动保障帮扶工作。截至2021年年底,袁州区共有建档立卡低保对象6903户11642人,发放低保金5451.35万元;有建档立卡特困供养对象706人,发放供养金597.97万元,发放建档立卡特困人员照料护理补贴8454人次、110.65万元;有建档立卡孤儿39人,发放补助60.045万元;为建档立卡残疾人发放残疾人“两项补贴”5.73万人次、518.853万元,发放建档立卡贫困重度失能残疾人照护和托养补贴233.676万元;为建档立卡贫困户审批临时救助390户、1148人次,60.07万元。通过不断扩大保障覆盖范围,做到“应保尽保”,突出重点,通过开展摸排行动,进行调研督导,强化责任意识,抓严抓实了整改工作,高效彻底完成整改任务。

养老服务

【概况】 袁州区下辖20个乡镇、8个街道，户籍人口116万人，其中60岁以上户籍老人15.9万人。截至2021年年底，全区共有公办农村敬老院29所，综合性社会福利中心1所，民办养老机构8所，城市社区嵌入式养老院10个，城市社区居家养老服务中心22个，“党建＋乐龄中心(幸福食堂、居家养老服务中心、老年活动室”等农村养老服务设施236个。袁州区在养老机构领域开展非法集资风险专项排查，通过大力宣传，提醒老年人远离非法融资。开展养老院服务质量建设专项行动，加强养老机构的消防安全生产检查建立健全农村留守老人季度探访制度。对建立健全农村留守老年人定期探访制度作详细的安排和部署。

【城乡老年人关爱】 统筹推进城乡老年人关爱服务体系建设，落实农村留守老人探访制度，每月及时开展农村留守老年人基本情况摸底、建立留守老年人个人信息台账、村(居)干部与留守老年人“一帮一”互助关爱活动，实施经济困难高龄老人服务补贴和护理补贴政策、对分散供养特困人员提供照护服务和对独居、失能、高龄等特殊留守老年人实行季度探访。截至2021年12月底，袁州区共有留守老年人358人，发放经济困难老人“两补”资金68.35万元。及时发放高龄老人长寿津贴，袁州区共有80周岁及以上老年人20236人，累计发放高龄津贴1721.42万元。袁州区智慧养老服务平台已建成并投入试运营，出台《袁州区居家和社区养老服务政府购买服务实施方案》，通过政府购买服务的方式，为中心城区60周岁以上分散供养特困对象、重点优抚对象、失独家庭和计生特困家庭等六类特定老年人提供居家和社区养老基本服务。

【民生项目】 全面完成下浦街道东湖社区东湖花苑、湛郎街道日升等15个居家养老服务中心，新康府街道馨苑社区、珠泉街道长青社区等8个嵌入式居家养老院建设，满足老年人日间照料、寄养托养的个性化需求。为全区300户分散供养特困对象家庭进行适老化改造。

【养老服务体系和人才建设】 袁州区推行民主治院、制度管人的举措，按照星级敬老院评定指导标准，更新管理理念，建立健全院务管理、供养服务、院办经济等量化标准，制定安全管理、绩效考核等制度，深入推进院务管理制度化、规范化。加大资金投入，积极推动寨下镇、芦村镇、彬江镇、柏木乡敬老院改造提升；全力推进区福利中心二期“公建民营”项目建设，该项目已于9月中旬投入运营。开展养老机构护理人员培训423人次；出台《袁州区乡镇公办养老院工作人员工资待遇核定办法》，新招聘乡镇公办养老院院长12人、会计3人；切实抓好县乡两级养老服务中心编制和人员的落实，设立区乡两级养老服务中心，区养老服务中心在区社会福利中心挂牌，各乡镇养老服务中心在辖区敬老院挂牌。

【养老机构安全生产】 提高站位，统筹谋划，细化常态化管控措施，全力做实“一老一小”服务机构疫情防控工作；按照“谁主管、谁负责”的原则，建立安全管理目标责任制，建立健全安全制度、应急预案和各类台账，加强日常值班巡查、隐患排查和设备设施维护保养，及时掌握安全动态，消除安全隐患；召开全区公办养老机构消防改造提升专题会议，进一步明确消防设施改造提升的时间节点，推进各公办养老院消防设施改造工作，截至2021年年底，全区25所公办养老院消防改造提升的各项工作全部完成。

儿童福利

【概况】 自2021年1月1日起，袁州区将城乡散居孤儿和事实无人抚养儿童基本生活保障标准提高到1200元／月·人，机构供养孤儿基本生活保障标准提高到1600元／月·人，袁州区共有孤儿121人(其中社会散居孤儿68人，福利机构集中养育孤儿53人)，全年累计发放孤儿基本生活资金202.55万元；袁州区共有事实无人抚养儿童302人，累计发放生活费297.0651万元。

【公益助学行动】 落实“福彩圆梦 孤儿助学工程”，对年满18周岁仍在上学的孤儿给予每人每年10000元助学资金，经核实，全年符合条件的全部纳入助学孤儿15人，全年累计发放助学资金9.7504万元。

【医疗康复救助】 落实孤儿“医疗康复明天计划”，出台袁州区孤儿体检实施方案，定期为孤儿开展体检活动，充分利用儿童康复训练基地设施设备，通过与发达地区的基金会、区红十字会医院合作，有效提高基地康养教水平，为孤残儿童术后康复及日常康复提供保障，让有条件的孤残儿童早日回归家庭。

【农村留守儿童关爱保护】 按照“政府主导、民政牵头、部门协同”的工作领导协调机制要求，建立农村留守儿童、困境儿童关爱队伍，健全农村留守儿童基本信息动态管理机制和信息库，按季及时更新全国留守儿童信息管理系统数据，2021年年底，全区有农村留守儿童3242人，困境儿童4007人，无辍学、无脱离监护的儿童。提升农村留守儿童关爱保护和困境儿童保障工作，整合市、区两级慈善帮扶项目资金69万元，资助新建21个集“爱心图书室”“心灵屋”“亲情角”“学业辅导室”“儿童活动中心”等功能于一体的“儿童之家”，为开展留守儿童关爱保护活动提供平台。六一期间在儿童之家积极开展各类活动，丰富留守儿童及困境儿童生活。

【收养工作】 袁州区依法办理国内收养工作，将符合收养条件的儿童列入可收养儿童范围，让儿童回归家庭，通过政府购买服务采用第三方评估的方法，对拟收养家庭进行全面评估，切实保障被收养儿童权益，实行收养能力评估率达到100%，收养合格率达到100%。积极联合公安办理无户口人员落户工作，2021年累计为24名无户口儿童办理了落户。

【慈善工作】 2021年，袁州区慈善总会开展“幸福袁州 爱心圆梦”慈善助学活动，资助全区105名困难家庭高考优秀学子圆梦大学，给每名受助学子一次性发放5000元助学金，累计达到52.5万元。开展“幸福袁州 关爱留守儿童”项目资助活动，资助45万元建立“儿童之家”15个，为开展关爱保护未成年人活动创建关爱保护平台。开展慈善扶贫济困活动，与社会救助衔接。积极开展慈善助医、济困，救助因病致贫城乡困难群众12人，开展慈善情暖万家走访慰问困难城乡群众84人。联系企业、社会组织开展关爱困境儿童一对一帮扶活动。

基层政权和社区建设

【概况】 为进一步加强民主管理和监督，提升城乡自治水平，切实保障群众合法权益，促进社会和谐稳定，袁州区民政部门出台了《村(居)务公开工作规程》《村(居)务监督委员会工作规程》《村(居)民理事会制度》三个制度性文件，进一步规范制度要求、流程、职责，做到协商议事有制度、有场所、有记录，壮大基层群众自治力量，增强群众民主意识，维护社会和谐稳定。

【民政服务元素融合进社区】 2021年，袁州区下发《关于推进城乡社区民政服务元素融合提升社区治理水平的实施方案的通知》(袁区民字〔2021〕79号)，在城乡社区全面推行民政服务元素融合，把“为谁服务”“什么服务”“怎样服务”，统一印制《民政服务办事指南》，操作流程一目了然，村(社区)建立民政服务对象各类台账，大大提高社区工作效能和服务水平。把基本民生保障功能、基层社会治理功能、基本社会服务功能融合进社区，关爱“一老一小”，开展志愿者服务，帮助服务好社区群众，提升社区治理水平。为切实解决基层群众性自治组织(居民委员会、村民委员会)出具证明问题繁多，改善“社区万能章”现象，区民政局与区发展改革委、市公安局袁州分局、区司法局、区人力资源和社会保障局、区卫生健康委等五部门联合下发《关于改进和规范全区基层群众性自治组织出具证明工作的实施方案的通知》(袁区民〔2021〕59号)，明确了第一批不应由基层群众性自治组织出具证明事项清单，共20个负面清单名称，并在服务大厅公布，大大减轻了基层的工作压力，更好地方便、服务群众。

【“绿色社区 美丽家园”和农村社区试点创建申报活动】 2021年，袁州区新康府街道仙台社区、灵泉街道黄泥塘社区、珠泉街道长青社区、化成街道牛王庙社区、凤凰道滩下社区、下浦街道金桥社区、凤凰街道林桥社区、新康府街道馨苑社区、灵泉街道朝阳社区、秀江街道袁山社区，被省民政厅命名为全省“绿色社区 美丽家园”创建活动示范社区。

【第十一届村(居)民委员会选举工作圆满完成】 通过依法依规，选举产生村(居)委员会成员1782人。其中：村委1287人，居委495人；男1079人，女703人；高中以下（含高中）学历899人，大专以上学历883人；35岁及以下557人，55岁及以上148人。落实书记主任“一肩挑”335人。选举产生村（居）民小组长5175人，村（务）监督委员会成员1478人。

社会组织

【概况】 2021年，袁州区社会组织管理深化“放管服”改革，加强社会组织管理，健全社会工作机制，创新城乡社区治理，着力健全共建共治共享的基层社会治理体系。

【社会组织管理】 严格审批手续，优化政务环境，截至2021年年底，在民政部门登记的社会组织共计455家，其中民办非企业单位331家，社会团体124家。2021年新增民办非企业22家，变更6家，注销9家，撤销5家。新增社团16家、变更4家，注销登记1家，撤销2家。全面落实错时延时预约服务，建立“365天不打烊”服务窗口，确保群众在工作日、双休日和法定节假日也能办成事。共办理延时错时服务83件，解决群众“上班时间没空办事、休息时间没处办事”的烦恼。8月份出台《关于开展2021年度全区社会组织评估工作的通知》，经过评定，袁州区希望之家志愿者协会评为AAA。9月出台《关于乡镇（街道）成立社区社会组织联合会或社区社会组织服务中心的通知》，督促乡镇街道结合二期江西省数字民政开展社区社会组织的备案工作，系统共备案794家社区社会组织。积极和区教体局、区市场监管局等部门沟通协调开展“双减”工作，共同印发《袁州区校外培训机构专项治理行动方案》，12月份完成5家校外培训机构完成“营转非”工作。

【社会组织年检】 对已登记的社会组织开展年检工作。根据国务院《社会团体登记管理条例》《民办非企业单位管理暂行条例》，从2021年4月开始，对2020年6月30日前登记的社会团体和民办非企业单位进行年检。印发《关于开展袁州区社会团体、民办非企业单位2020年度检查工作的通知》（袁区民字〔2021〕13号），并同步在区政府网站里公示。年检工作在各业务主管单位对社会组织初审前提下，提交年度检查报告书和审计报告。截至本年年底通过年检的社会组织共214家，其中民办非企业159家，社会团体55家。在年检的同时，对于长期不配合年检的“僵尸组织”，加大力度排查，2021年分别对宜春市袁州区平安驾驶学校等7家社会组织下达行政处罚决定书及撤销函，同步在区政府网进行公示，并于60日公示期后再次公告公示。将行政处罚结果及时录入江西省“双随机、一公开”行政执法监督平台，完善社会组织信用体系建设。

【社会组织执法监督】 加强社会组织执法监督，认真落实省市区各项文件精神，积极做好“互联网+监管”改革、“双随机、一公开”监管两个系统职能、事项等数据对接，及时录入更新检查对象、检查人员、完善职权配置，积极开展执法工作，加强日常巡察录入和行政处罚案件补录。在江西省“双随机、一公开”行政执法监督平台共443条行政处罚数据。其中2021年共开展2项检查计划，并在规定时间及时录入检查结果，结束检查任务。2021年行政撤销共计7家，其中民办非企业5家，社会团体2家。

（朱　虹）

人事管理

【概况】 2021年，袁州区加强人才队伍建设。2021年聘用中小学高级教师68人，其中正高级1人；卫生系统高级12人，其中乡镇类正高1人；其他系列高级7人；聘用中小学一级教师235人，卫生系统中级52人，其他系统中级7人。组织好2021年中高级职称申报工作，推荐申报正高级专业技术职称9人，副高级182人，中级申报554人。全年初级共聘任77人，初级认定共596人。已完成8678名专业技术人员2020年度考核。

【事业单位人员配置】 受疫情影响，2021年完成2020年宜春市事业单位招聘工作人员补录工作，补录区乡镇事业单位工作人员2人。2020宜春市公开招聘卫生专业技术人员共招聘32人。2021年三支一扶招募计划35人，其中支教岗位15人，支医岗位20人，最终招募人数34人。2021年三支一扶期满人员21人，其中，安置支教人员12人、支医人员8人，放弃安置人员1人。2021年签约优秀师范毕业生入职20人。完成2021年教师省招、特岗教师招聘共申报计划140人,其中教师招聘计划20人,最终入职19人;特岗招聘计划120人,最终参与择校70人,于2024年办理上编手续。2021年音体美志愿者特招共申报计划6人,最终入职5人。遴选优秀教师共入职24人。农村学校教师选调共入职184人。2021年师范定向生安置共164人。2021年服务期满特岗教师转聘正式在编教师共最终转聘83人。2021年卫生系统专业技术人员招聘共申报计划70人,最终招聘58人。

劳动管理

【涉劳动信访交办】 全面推行开放、动态、透明、便民的“阳光信访”模式,2021年,袁州区劳动监察大队接到来电来信来访1000余件(其中来电700多件、“12345”政府服务热线400多件、处理国务院根治欠薪线索平台留言130多件);受理投诉案件62件,通过立案处理并且已经结案12件,协调处理已经结案46件,总共帮助1268农民工追讨3249.88万元被拖欠的工资。在走程序案件4件,已经移送法院案件2件,移送公安案件5件。督促3户用人单位依法缴纳社会保险费。

【重点领域监察】 重点加强对建设领域项目工程进行监督检查,根据《关于在全区开展建设工程领域农民工工资实名制监管工作的通知》(袁薪领办〔2016〕1号)的精神对农民工工资与工程款实行分账管理,工程建设领域施工总承包单位在银行办理工程账户,同步设立农民工工资专用账户,以确保农民工能及时足额拿到工资。坚决贯彻落实袁州区人民政府办公室关于印发《袁州区全面治理拖欠农民工工资问题的实施细则》的通知(袁府办〔2017〕45号),从源头抓好施工单位不拖欠农民工工资。努力推进劳动保障监察“两网化”管理,加大对各乡镇、街道、两园劳动保障监察机构业务指导和督察力度。

【工伤认定与预防】 2021年,袁州区共受理255起工伤认定案件,其中252起认定为工伤,3起认定不属于工伤。工伤预防项目取得明显效果。9月17日,宜春钽铌矿有限公司正式启动工伤预防项目,该项目将工伤预防模式从“要我预防”向“我要预防”“我会预防”转变。工伤预防专家对该公司工伤预防骨干上培训课,提高相关人员的工伤预防能力。与宜春市第二人民医院签订工伤保险定点医疗机构服务协议,并开通医疗定点服务机构网络结算。

【劳动维权】 袁州区劳动仲裁强化“调解为上、仲裁为辅”工作思路,大力推行“阳光仲裁”办案方法,健全劳动争议处理机制,完善劳动争议处理程序,拓宽处理渠道,有力地维护劳动者和用人单位合法权益,促进劳动关系和谐稳定。协助并指导辖区内乡镇、街道建立基层劳动人事争议调解组织28个,从事调解工作的工作人员99人。依托人社部“互联网+调解”平台、江西省劳动人事争议智慧仲裁“赣裁通”小程序实现100%网上办案。全年共收到劳动争议案件645件(其中,未立案调解结案230件,基层调解组织调解劳动争议案件284件,仲裁机构立案受理129件,不予受理2件),调解结案率达到91.5%,仲裁结案率100%,为劳动者挽回损失约1300万元。

就业管理

【概况】 2021年,袁州区城镇新增就业人数6638人,占目标任务6371人的104%;城镇登记失业率3.2%,城镇失业人员再就业2249人,占年目标任务2243人的100%。城镇就业率完成94.5%,占年目标任务94.5%的100%;“40”“50”人员就业419人,占年目标任务404人的104%;零就业家庭就业安置率100%。2021年,新增转移农村劳动力完成12101人,占目标任务12060人的100%,其中,省内转移8534人,占目标任务8300人的100%。共办理就业失业登记证1916本。参保人数25919人,占目标任务25919人的100%;基金征缴976万元。

【创业孵化基地打造】 2021年,袁州区加大创业扶持工作力度,拓展创新创业空间,积极打造创业孵化基地,完善配套服务,落实扶持政策。2021年3月30日批复成立袁州区退役军人创业孵化基地,该基地位于金桥物流园,总面积5845平方米,入驻创业实体15家,吸纳就业68人。基地正在按文件要求开展创业指导、政策咨询、技能培训、创业服务,落实相关政策。8月10日批复成立袁州区微创空间创业孵化基地。袁州区微创空间孵化基地位于宜春市宜湖路289号，建设场所面积4200平方米，可容纳35户170人常驻初创、创业项目的孵化。2021年底，基地入驻企业25户，吸纳就业73人。

【工业园区企业用工对接】 聚焦“稳就业保就业”首位工作，针对企业“招工难、用工难”问题，促进群众就业。一是开展调查摸底。一方面通过收集园区企业用工需求信息，将收集的企业岗位信息编印成《袁州招聘》等宣传资料；另一方面利用《袁州区就业意愿调查问卷》微信小程序，摸清求职者想工作的地点、工作岗位、期望的薪酬等就业意愿。同时，以疫情防控为契机，对返乡农民工务工地点、工作岗位、技能水平进行摸底登记，为企业精准对接，提供数据支撑。二是分解招工任务。在调查摸底基础上，精准掌握企业用工需求，将用工量大、重点行业企业的用工，根据各乡镇、街道人口基数、地理位置将用工数分解至各乡镇、街道，并下发《2021年袁州区工业园区企业招工服务工作考核办法》，年底将根据招工完成情况对各乡镇、街道进行考核，激励各乡镇、街道做好招工服务工作，压实各乡镇、街道招工责任。三是开展线上直聘。依托“袁州区就业网”“宜春同城”“宜春在线”合力打造线上招聘平台，大力开展“就业服务不打烊，网络招聘不停歇”线上招聘活动，灵活运用线上远程面试方式，让企业与务工人员通过视频洽谈等方式进行灵活招工，让劳动者足不出户实现求职应聘。

【技能培训提升】 2021年，袁州区开展各类技能培训计14516人。一是创业培训。组织有创业能力和创业愿望的人员参加创业培训，增强其创业技能，提高创业成功率。截至2021年年底，共组织创业培训（含电子商务）8303人；二是技能培训。根据企业用工需求，指导工业园区企业组织开展岗位技能培训3351人、就业技能培训2862人、家庭服务业培训947人；三是脱贫劳动力培训。根据159名建档立卡贫困劳动力的培训需求，袁州区人力资源和社会保障局与市实训中心等有关机构进行联系沟通，分工种、分批次组织开展培训。共有62人参加相关技术工种需求的培训。

【创业贷款】 截至2021年年底，袁州区共发放创业贷款34785万元，其中发放个人贷款27179万元，扶持1665人创业，带动9416人就业；小微企业贷款发放7588万元。

【高质量就业示范点创建】 2021年，袁州区为推动高质量就业，全面落实就业优先战略，袁州区积极开展高质量就业乡镇（街道）、村（社区）创建活动。通过建立健全帮扶机制、举办业务提升培训、优化就业帮扶等举措，选取5个乡镇（街道）、9个村（社区）开展试点工作，各创建单位均已设置标准化就业服务窗口，并配备了高拍仪和一体机，开展劳动资源调查登记，袁州区14个创建点共有劳动力人口10.02万人，已完成调查10.02万人，完成比例100%，同时建立劳动力地图、高质量就业作战图，开展相关就业创业服务，袁州区14个高质量就业示范点的就业率均达到95%以上，已实现高质量就业目标要求。

社会保障

【城镇企业职工基本养老保险】 截至2021年年底，全区参加城镇企业职工基本养老保险总人数165913人（含被征地农民），其中：在职109181人，实际缴费人数88243人，离退休人数56732人。全年累计征缴基本养老保险费7.7亿元（含失地农民补缴），累计发放养老金13.5亿元，基金结余-4.03亿元。

【机关事业养老保险】 截至2021年年底，全区机关事业养老保险参保总人数19521人，其中：在职12684人，退休人员6837人，月发放养老金2.02亿元。全年累计征缴基本养老保险费2.01亿元，累计拨付养老金4亿元。基金结余1.2亿元（含2014年10月至2016年8月机关事业清算结余），支付能力3个月。

【城乡居民基本养老保险】 截至2021年年底，城乡居民基本养老保险总参保人数371156人，其中参保缴费人员267712人，待遇领取人员103444人。本年度收缴保费4467.35万元，政府代缴保费人数23032人，代缴金额230.32万元，发放养老金20087.68万元（其中发放基础养老金17340.55万元）。

【“助保贷款”政策】 截至2021年年底，袁州区共为95名群众办理“助保贷款”业务并及时发放,帮助困难群体渡过暂时性的缴费难关,将众多因无力缴纳养老保险费而断保的困难人员重新纳入养老保险制度范围,解除他们的后顾之忧,同时提高养老保险费收入总量,增强养老保险基金支撑能力。

【社会保障卡各领域应用全面推广】 2021年,袁州区扩大社保卡覆盖面和使用率,实现社保卡的线上线下应用体系、服务体系和管理体系有机融合。社保卡与各业务系统的对接工作已经有序推进,社保卡在就业创业、社会保险、人事人才、劳动关系等人社领域实现全方面应用。另外在民生领域、文化旅游等领域也实现补贴申请、身份凭证等应用。

【人社一体化平台建设】 2021年,袁州区根据全面推进人社公共服务建设进度安排,落实“综合受理”窗口,已设置社保、就业等经办机构工作人员账号和授予相应的权限,并且就业相关业务权限已下放到社区一级,社保业务已转换在一体化平台进行前台办理,实现关联事项“打包办”、所有事项“简便办”“就近办”。

【费率调降政策推进】 2021年,袁州区全面落实阶段性企业社会保险费“减、免、缓”政策,截至2021年12月底,袁州区“降成本、优环境”企业减负共3768.5万元,其中:养老保险减负企业1003家,共减负3536.4万元;工伤保险减负企业1203家,共减负232.1万元,进一步优化了营商环境,增强了企业发展信心。

医疗保障

【概况】 2021年,袁州区全区居民医保参保人数934172人,基本医保参保率达95%以上;职工医保参保人数50947人。职工医保基金总收入19664.19万元,总支出17213.6万元;城乡居民医保基金总收入89089.41万元,总支出89024.34万元。

【医保扶贫】 做好巩固脱贫攻坚成果同乡村振兴有效衔接,全区脱贫人口34831人全部免费纳入基本医保,每月对一般农户、脱贫人口就医费用监测,区域内脱贫人口住院医疗费报销过渡到“三道保障线”,继续落实住院“一站式”结算服务,报销比例90%。全年住院“一站式”结算19260人次,总费用9809.99万元,累计报销8835.57万元;做实做细门诊慢性病证办理,新增办理528人次,累计办理13534人次,累计享受门诊待遇78045人次,发生门诊费用1466.43万元,门诊统筹报销4360.74万元。

【新冠病毒疫苗及接种费用保障】 2021年,根据《省医保局、财政厅、卫健委关于做好新冠病毒疫苗接种费用保障工作的通知》精神,主动作为,制定《袁州区疫情防控医疗保障工作方案》《袁州区医疗保障局疫情防控应急处置工作预案》,成立袁州区医疗保障局新型冠状病毒感染的肺炎疫情联防联控工作领导小组。2021年,医保负担疫苗费用10670.9万元;向辖区内37家开展新冠病毒疫苗接种的定点医疗机构拨付1459421人次疫苗接种费用1122.41万元。

【医保社会监督员制度】 2021年,袁州区建立医疗保障基金监管工作联席会议制度,聘请了15名以人大代表、政协代表,医药专家、参保人代表为主的社会监督员参与医保基金监管,统筹协调基金监管重大行动、重大案件查处等工作,积极协调卫生健康、市场监管、审计、公安等部门,推进部门间联合执法,协同构建基金安全防线,防范和化解基金风险,维护医疗保障基金安全,保障参保人员合法权益。

【欺诈骗保打击治理】 2021年,开展集中宣传月“春雷”行动,抓好《医疗保障基金使用监督管理条例》学习贯彻,推进“双随机、一公开”“互联网+”监管,依法对两家定点医疗机构行政处罚并暂停医保结算,行政罚款共计40余万元。依据群众举报线索,查处1家定点零售药店欺诈骗保案件,追回医保基金30万元,依据相关制度奖励举报人5910元。通过日常稽核、机构自查、专项稽核、交叉检查、飞行检查等多种形式结合,实现全区800余家定点医药机构监管检查全覆盖。累计处罚医药机构500余家次,共追回违规医保基金1300余万元。

【区域点数法总额预算和按病种分值付费(DIP)试点】 2021年,积极配合市医保有关DIP支付方式改革工作,9月22日组织全体干部职工对区域点数法总额预算和按病种分值付费(DIP)进行培训。参与《宜春市基本医疗保险区域点数法总额预算和按病种分值付费试行办法》和《宜春市基本医疗保险区域点数法总额预算和按病种分值付费监管考核办法》的制定工作，组织医疗机构对信息系统改造和接口对应已完成信息系统改造和接口对应工作的宜春市人民医院、宜春市第二人民医院等14家医疗机构，部分医疗机构已完成数据的测试工作。

（胡玲丽）

乡村振兴

【概况】 2021年，袁州区认真学习贯彻习近平总书记在全国脱贫攻坚总结表彰大会上和庆祝中国共产党成立100周年大会的重要讲话精神，在实现全区贫困人口全部脱贫、省定贫困村全部退出，脱贫攻坚战取得全面胜利的基础上，乘势而上、继续奋斗，着力在巩固、拓展、衔接上下功夫，见实效。

【返贫监测和帮扶】 2021年，全区共有脱贫户10313户32912人，“三类人员”178户639人，已消除风险109户400人。共有“十四五”省定乡村振兴重点帮扶村17个、市定重点帮扶村1个、区定重点帮扶村19个。

【衔接责任落实】 2021年，袁州区成立袁州区巩固拓展脱贫攻坚成果同乡村振兴有效衔接工作领导小组，分别由区委、区政府主要领导担任组长。建立袁州区巩固拓展脱贫攻坚成果同乡村振兴有效衔接工作联席会议制度，健全区巩固拓展脱贫攻坚成果同乡村振兴有效衔接工作机制。区、乡、村三级乡村振兴队伍力量基本稳定，选派驻村第一书记45人，驻村工作队队员120人，乡村振兴工作组546人。

【衔接政策落实】 2021年2月21日，《中共中央　国务院关于全面推进乡村振兴加快农业农村现代化的意见》发布，提出摆脱贫困的县设立5年过渡期，实现巩固拓展脱贫攻坚成果同乡村振兴有效衔接。5年过渡期内保持各行业部门政策总体稳定、落实到位，脱贫群众义务教育、基本医疗、住房和饮水安全保障、兜底保障全部达标。为脱贫和易致贫家庭学生发放义务教育补助4824人200.8万元，对173名因病因残不能到校学习学生按要求开展送教上门，杜绝失学辍学；全区建档立卡脱贫人口通过定点医疗机构“一站式”结算住院报销18029人次8067.5万元，报销比例达到90%；对全区154259户房屋安全、415处农村集中供水工程进行全面排查，安全隐患均已整改到位。发放脱贫人口低保金11664人4994.32万元、特困供养金706人547.97万元、临时救助937人47.67万元。

【衔接工作落实】 一是扎实做好防返贫监测帮扶，全年共纳入“三类人员”36户146人，投保“防贫保”185.78万元，办理保险理赔7例金额19.37万元。二是继续发展产业帮扶。共安排产业帮扶资金4126万元，占衔接资金总额的51.45%，安排产业帮扶项目112个。三是着力稳定脱贫人口就业。共有脱贫劳动力18865人，实现务工就业15410人，占2020年年底外出务工总数的105.5%。四是强化易地扶贫搬迁后续帮扶。完成111户易地搬迁户《不动产权证》登记办理，110户有劳动能力家庭的搬迁户均实现了至少1人就业的目标。持续推进消费帮扶，累计销售帮扶产品17079.556万元；“三专”消费（扶贫智能专柜、消费扶贫专馆、消费扶贫专区）销售帮扶产品719.05万元，区直机关食堂采购扶贫产品1109.92万元。强化资金项目管理，2021年度各级财政安排袁州区衔接资金8166.36万元，安排项目318个。所有省定重点帮扶村安排衔接资金均在100万元以上。完善扶贫资产管理台账，全区共有经营类资产506个，公益类资产1951个，到户类资产83个。

（贺　庆）

经济管理与监督

综合管理与调控

【概况】 2021年，袁州区经济运行和社会发展的主要成效是：实体经济稳中向好，速度成绩斐然；农业农村优先发展，乡村振兴步伐加快；项目拉动铆劲加力，发展基础更加坚实；改革开放纵深推进，发展活力不断增强；生态文明持续推进，环境保护成效明显；发展成果惠及群众，民生保障落实有力。

2021年全区实现地区生产总值520.36亿元，增长9.2%；财政总收入47.44亿元，增长14.4%，一般公共预算收入25.22亿元，增长6.8%；规模以上工业增加值增长12.1%；固定资产投资增长16.7%；社会消费品零售总额330.09亿元，增长17.9%；实际利用外资增长24.2%；城镇居民人均可支配收入44054元，农村居民人均可支配收入18647元，分别增长7.6%和7.8%;全区主要经济指标增速排名在全市前列，其中GDP增速位列全市第二，固定资产投资增速位列全市第一，一般公共预算收入增速位列全市第三，规模以上工业增加值增速位列全市第二；经济发展稳中求进、稳中加固。

【向上争资】 2021年，袁州区认真研究国家投资政策，紧紧把握国家政策导向和资金投向，积极争取上级政策资金支持，2021年争取到中央和省预算内项目32个，获批资金1.69亿元，占全市份额10%以上，其中保障性安居工程获中央预算内资金1.27亿元，占全市份额22.2%。已谋划储备2022年中央及省预算内项目113个，总投资30.24亿元，其中老旧小区改造项目77个，总投资23.67亿元；社会民生类项目21个，总投资1.4亿元；水污染综合治理项目3个，总投资1.29亿元；乡村振兴项目11个，总投资3.38亿元；冷链物流项目1个，总投资0.5亿元。通过省发改委和省财政厅审核，确定袁州区2021年第一批政府专项债券项目清单20个，总投金额100亿元，债券需求66亿元，获批资金4.36亿元。经省、市反馈，列入“十四五”期间革命老区基础设施建设重大项目4个，列入“十四五”支持革命老区巩固拓展脱贫攻坚成果重大项目和重大事项6个。

【能源安全保障】 2021年，袁州区成立能源安全专业委员会与能源保供工作专班，研究制定《2021年袁州区电网有序用电方案》《袁州区能源行业安全生产工作要点》以及《袁州区能源行业三年行动集中攻坚实施方案》等文件，高位推进袁州区能源行业持续安全发展和稳定运行。

【减税降费】 2021年，袁州区累计为企业减负111999.47万元。其中税收优惠89005万元；降低涉企费用120万元；降低融资成本1308.68万元；降低用工成本方面2540.27万元；降低用能用地成本12281.84万元；降低物流成本680万元；降低企业财务成本2575.95万元；新增政策扶持等方面减负3487.73万元，营造良好经济发展环境。

【项目审批备案】 严格落实《江西省企业投资项目核准和备案管理办法》和《严格规范企业投资项目备案办理工作的通知》要求，规范开展项目审批和备案工作。2021年区发改委窗口共办结审批项目266件，同比增长7.7%，其中：政府投资80件，企业备案186件，总投资约257亿元，办结率100%。办理“容缺审批＋承诺制”19件；发改委各业务股室批复项目可行性研究报告33个，批复项目初步设计40个。

【价格认定、收费管理】 2021年，袁州区共办理价格认定案件489件，金额3178.68万元，其中：刑事案件487件，金额3157.51万元；行政案件2件，金额21.17万元。做好价格收费管理服务，全面清理现有收费项目和标准，实行"价费公示"制度。对现有的中央、省、市政府定价经营服务性收费项目及标准进行了全面清理。清理后，袁州区的政府定价经营服务性收费项目11大项7小项，涉企收费5项。清理后的项目及标准以目录清单形式在袁州区政府网站挂网向社会公示。

【赣湘边区域合作】 2021年10月，经国务院同意，国家发改委正式印发《赣湘边区域合作示范区建设总体方案》，袁州区位列其中，跨区域开放合作取得突破。为积极对接国家发展战略，抢抓发展机遇，促进区域交流合作，全力推进赣湘边区域合作宜春产业园（锦源新区）建设，参加湘赣边乡村振兴协作座谈会、湘赣边区域合作示范区建设推进大会等会议，在合作框架下力促产业、文化、旅游交流合作。积极向上争取赣湘合作平台建设专项资金，2021年赣湘边区域合作宜春产业园第一期标准厂房项目边坡支护工程，获批省预算内资金90万元。

【项目大会战】 袁州区坚持"项目为先、项目为大、项目为王"理念，2021年研究出台《袁州区"项目大会战"（2021—2023年）工作方案》，聚焦重大优质产业、重大基础设施、重大公共服务等重点投资领域，通过实施为期三年的工业、农业、服务业、重大基础设施、新基建、公共服务六大领域"项目大会战"，以大项目引领大投资，以大投资带动大发展，最大限度发挥投资对经济增长的关键作用，为建设"宜春首府"提供坚强支撑。

【重点用能企业专项能耗核查】 2021年，袁州区将全区自2018年以来年综合能耗1000吨标准煤以上企业纳入"能耗双控"重点用能企业台账，并聘请第三方机构作为技术支撑配合做好专项核查工作，完成核查企业37家。通过核查，总结汇总出袁州区主要能耗情况，为下一步加强能耗"双控"管理做好基础工作。

【数字经济平台建设】 2021年，袁州区加快数字经济平台建设，大力推进数字经济产业发展。电子商务创业孵化基地、金桥数字经济广场等项目已初步建设完成，累计入驻电商、直播、数字服务等企业40多家。积极推动智联应用，打造养老智慧信息平台，推动智慧教育应用普及，建立智慧云平台助力数字农业高质量发展，借助微信、抖音、微视等平台开展智慧旅游营销宣传。加快建设5G网络，累计建设5G基站688个、充电桩253个，数量均列全市第一。

【光伏扶贫成果巩固】 2021年，袁州区全区148座扶贫电站，共计发电522.13万千瓦时，平均发电效率为92.42%，与2020年的全年发电量484.6万千瓦时、平均发电效率85.77%相比，发电量增加37.53万千瓦时，平均发电效率提高6.64%。聘请专业运维公司负责辖区内所有光伏扶贫电站的专业运维，坚持电站现场巡查与光伏管理系统线上监测相结合的监管模式。进一步强化日常管护维护，定期巡查并形成巡查记录，形成专业运维为主，日常运维为辅的运维管理体系。

重大项目建设

【重大项目规划】 根据《宜春市重大项目管理办法》的有关要求，2021年年初，确定2021年袁州区区挂点推进的重大建设项目113个，总投资559.6亿元，涉及产业、能源、农业、基础设施、现代服务业、社会事业等领域。

【重大项目申报】 2021年，袁州区全区列入市大中型调度项目86个，总投资504亿元，年度计划投资160.9亿元。其中，列入省大中型调度项目47个，项目总投资334.3亿元，年度计划投资104.9亿元；确定列入省重点工程建设项目3个（赣湘边、汉锐、润达），总投资74.2亿元，年计划投资24.7亿元。

为全面掌握全区重大建设项目实施情况，加快项目建设进度，对全区重点项目实行挂图作战，红黄绿分色管理、精准推进，确保重大项目按时间节点建设，每月完成袁州区省市大中型项目按表上报工作。

【重大项目建设推进】 2021年袁州区固定资产投资增速为12.2%，列全市第一；其中区属增长16.7%，列10个县市区第一，列13个县市区第二；全区列入市大中型调度项目86个，总投资504亿元，年度计划投资160.9亿元;全年完成投资237.3亿元,占年计划投资的147.5%,列全市第四;其中,列入省大中型调度项目47个，项目总投资334.3亿元,年度计划投资104.9亿元。全年完成投资159亿元,占年计划投资的151.6%,列全市第一。

（杨　睿）

市场监督管理

【概况】 2021年，袁州区市场监管工作以“重服务、严监管、保安全、护民生、促发展”为主线,统筹发展与安全,聚力监管与保障,坚持查处与引导、处罚与教育相结合的原则,主动发挥“店小二”服务精神,积极主动为市场主体提供优质的服务,及时解决市场经营主体面临的问题与困难,引导企业与商户依法依规经营,促进市场主体健康良性发展,为推动袁州区经济社会高质量发展打下了坚实基础。

【特种设备安全监察】 组织开展了特种设备薄弱环节专项整治、安全隐患排查治理、打非治违、监管执法、公共安全文化建设、安全生产应急救援能力提升等全方位攻坚行动。强化宣传引导，印发各类宣传资料3000余份,张贴安全标语横幅20余条,培训特种设备监察员30人次,共出动执法人员520人次,检查使用单位155家,检查设备420余台,处理举报投诉5个,下达现场安全监督检查记录90份,安全监察指令书25份，共排查隐患40条，整治到位34条,整改率85%,全年没有发现重大隐患问题。

【工业产品质量监管】 加大工业产品质量抽查力度,积极配合市级增加抽检批次,对校园周边消费品抽检,合格率100%;对成品油经营采购发票索证,油品抽查合格率100%；抽查企业24家，抽查产品24批次，合格率91.7%,位居全市第二,并对抽查不合格企业严格按照法规进行处理,切实加强整改。

【涉企市场监管服务】 2021年，袁州区市场监管工作依托“互联网+政务服务”平台,大力推行“网上办、邮寄办、预约办”,设计并印制了企业设立登记、变更登记、注销登记全程操作指南,公布咨询电话,介绍易出现差错环节和常见问题。2021年,袁州区全区新设立公司3912家，累计注册资本逾182亿元;新增个体工商户57557家;受理“一次不跑”业务1302项,完成“一次办好”业务4547项;注销各类型企业1388家。稳步构建信用体系,2021年全区企业年报公示16568户,年报率达99%,位居全市第一；全区个体工商户年报公示35195户，年报率达99%,位居全市第一;全区农民专业合作社年报公示1610户,年报率达97%,位居全市第三;开展双随机抽查3次，完成抽查企业498户、农民专业合作社48户、个体工商户101户。

【知识产权保护及运用】 一是开展企业专利质押贷款工作。多次上门向企业宣传专利质押贷款贴息有关政策,已协调金融机构与江西济民可信药业有限公司、江西环锂新能源科技有限公司达成较明确融资意向。二是积极开展企业申请专利的帮扶工作。知识产权授权专利549件,其中发明专利57件，较上年同期发明专利授权25件同比增长128%，每万人有效发明专利拥有量4.96件，较2020年增长8.53%,帮助“袁州茶油”地理标志证明商标，完善各项规章制度。三是积极开展打击侵犯知识产权违法专项行动。开展广告整治工作、违规商业营销宣传整治工作、广告监管领域“护苗助老”整治工作,强化对网络直播营销活动的监管,规范房地产广告发布行为,重点整治校外培训机构广告,查处广告违法2件、商标侵权5件。

【市场监管执法】 2021年全年，袁州区市场监管立案148件,办结106件,共计罚没金额141.7万元。案件审核全程化,法规股对一般程序案件审核率达100%;行政决策科学化,充分发挥案件集体讨论的作用，对重大、疑难案件进行集体讨论决定;行政处罚案卷严格化,定期开展法律知识培训会，以评促学,以查促改,提高执法办案人员办案能力。

【疫情防控市场监管】 为做好疫情防控工作,袁州区落实冷链环节人物同防,对全区冷链食品相关行业开展摸排、建档工作,共出动执法人员8403人次,排查冷库1186家次，排查商超1457户次，排查农贸市场785家次。强化餐饮行业防控,抽查城区和乡镇的103家餐饮服务单位和26家冷链食品单位,下发疫情防控整改通知书181份，发放疫情行政提醒宣传单2万余份。强化价格监管，在疫情期间出动巡视人员1857人次，巡视单位1080个，未发现价格违法行为。

【疫苗监督】 2021年，共检查疫苗接种点262家次，出动检查人员740人次，检查疾控机构42家次，出动检查人员115人次，下达责令整改通知书1份；督促辖区内从业人员积极接种新冠病毒疫苗，各基层分局均已建立药品从业人员新冠疫苗接种台账，辖区共有药品零售企业从业人员892人。

【"双减"落地见效】 袁州区全区共有校外培训机构174户。2021年，袁州区市场监管系统共出动执法人员251人次，派出执法车辆58辆次，开展检查102次，与相关部门开展联合检查34次，共检查校外培训机构166户，办理注销7户、简易注销公告4户、普通注销公告1户，办理企业变更预先核准7户，办理转型(企业名称及经营范围变更)1户；对被列入省委办公厅民声通道工作室第二批涉事公司名单的，全力配合教育部门对其进行关停取缔。

【粮购领域专项整治】 2021年，袁州区结合实际，制定了粮食市场秩序专项整治实施方案，迅速开展涉粮问题自查自纠专项工作，出动检查人次66人，检查单位22个次，发放并张贴提醒告诫函16份，经过对16个单位价格巡查，未发现压级压价、抬级抬价行为、不执行最低收购价政策行为、不按规定明码标价等价格违法行为。严格计量监管，通过企业信息查询和检查，15个粮站和6个加工厂都在正常经营，企业年报正常，未发现粮食系统存在计量方面的问题。

【市场监管助力文明城创建】 为深入做好文明城创建工作，袁州区重点检查小餐饮小食杂等经营户食品经营许可证等证照是否齐全，共出动执法人员2066人次，检查经营户2452户次，对其中395处不符合创建要求的已经整改到位，印制张贴公筷公勺宣传画、文明餐桌标识、禁烟标识等宣传资料5000余份。集中整治"六小行业"，联合其他单位整治流动摊点2410起、门前三包1640起、乱吊乱挂569起、乱堆物料531起，拆除破损店招106起、违章建筑801平方米。有力推进餐饮油烟整治、文旅企业监管工作，联合各乡镇对辖区内正在经营的无证歌舞厅进行摸排，其中依法对彬江镇2家涉嫌擅自从事娱乐场所经营活动的歌舞厅进行停业整顿。

(黄敏忠)

食品药品监督管理

【食品生产领域监管】 实施食品生产企业风险分级管理，制定2021年食品生产企业日常监督检查工作计划表，2021年实现生产企业监督检查全覆盖，共检查121家次。加强食品安全协管员、信息员队伍建设，对"两员"404人进行有序培训。紧盯食品加工小作坊，依照《宜春市食品加工小作坊三年提升计划实施方案》的部署，2021年共完成8家县级小作坊示范点考核验收，其中创建省级示范小作坊5家，市级4家。

【食品流通领域监管】 持续抓好进口冷链食品监管。以冷链食品经营企业、冷藏冷冻库(特别是第三方冷藏冷冻库)、食用农产品批发市场、商场超市、大型餐饮服务单位等市场主体为重点，督促其落实食品安全主体责任和疫情防控主体责任。着力抓好重大节日和重点风险区域食品安全监管，元旦、春节等重点时段及"两会"等重大活动期间做好食品安全保障，针对高发、易发、频发的食品安全风险隐患开展专项整治工作，2021年开展各类专项整治检查30余次。

【餐饮服务领域监管】 严查校园食品安全，组织开展2021年春、秋两季"护校行动"，督促学校食堂、学生集体用餐配送单位进行自查自纠，对学校食堂、学生集体用餐配送单位、校园周边食品经营者为重点进行监管。积极运用"赣溯源"，以不合格的"五毛食品"(包括麻辣条、辣片等调味面制品、果脯、饮料、膨化食品)为重点，督促校园及周边各类食品销售者落实主体责任，严厉查处无证经营、经营不合格食品等行为，确保广大师生身体健康。稳步推进"互联网+明厨亮灶"建设工作，全区共有学校食堂209家，其中已有178家完成明厨亮灶建设，覆盖率达到85%，且已接入"赣溯源"系统，达到社会共治智慧监管。

【特殊食品领域监管】 督促特殊食品生产经营企业认真执行

自查和报告规定,保健食品生产企业完成每年一次自查,自查完成率100%。开展保健食品生产经营企业监督检查,对辖区内3家特殊食品生产企业开展100%全覆盖检查,重点检查进货查验、生产过程控制、出厂检验、标签标识等方面存在的风险隐患;对辖区内母婴店、药店、商超等特殊食品经营单位开展安全隐患排查,重点排查特殊食品专区专柜销售、提示牌、保健食品标注警示用语、保健食品经营场所标注消费提示、产品标签和说明书、进货查验及记录制度执行情况,2021年共计检查128家次,发现问题隐患31个,全部完成整改。

【药品安全监管】 2021年,袁州区辖区共有药品零售企业278家,涉及药品使用的医疗机构636户(含疫苗接种单位31户)。袁州区落实疫情防控措施,开展药品零售企业防疫巡查、四类药品扫码登记销售上报工作,常态化监管四类药品、新冠疫苗等,共出动执法人员756人次,检查药品零售企业378家次,下达责令整改通知书55份,对9家连锁及3家药店法人进行了约谈。建立药品从业人员接种疫苗统计台账,认真落实新冠疫苗疾控、接种点"两周一查"工作,对市、区疾控累计出动检查人员115人次、累计开展监督检查42次,下达责令整改1份;对新冠疫苗接种单位累计出动检查人员740人次、监督检查接种单位242家次。开展了中药饮片、中药材专项整治工作,对城乡集贸市场中药材经营户、药品零售企业和医疗机构中药材的购进渠道进行重点检查,共检查企业70家次,出动执法人员42人次,查处无证经营1家。开展药品飞行检查2次,抽查了18家药品零售经营企业,下达责令整改18份。开展2021年"城乡携手共建药品安全防线"活动,采取线上线下相结合的培训方式,覆盖全区41个医疗机构、乡镇卫生院、街道卫生服务中心,共开展培训40场,683人次参与培训。做好药品经营许可证换证管理,全区274家药店新版换证工作已完成270家,剩余4家已办理注销。聚焦儿童及特殊化妆品等重点产品,"开展线上净网线下清源"专项行动、婴童化妆品专项治理等专项整治行动。

(胡健　彭俊杰)

消费者权益保护

【概况】 2021年,袁州区全面做好消费者权益保护工作,在消费领域为民保驾护航,助推经济发展,进一步增强消费者的获得感、幸福感、安全感。

【消费者投诉】 2021年,袁州区市场监管领域累计受理全国"12315"平台、"12345"政府服务热线、来人来信等投诉举报案件9145件,其中全国"12315"平台3657件、"12345"政府服务热线5388件、来人来信100件,办结率达100%。同时,畅通信函、来人接访、信访、网站、邮箱、上级转办等多种消费诉求反馈渠道,每个消费处理均按照"和解在先、调解在后、属地管辖、快速解决"的原则,促使投诉举报案件在有效时限内全部做到件件有着落,事事有回音。

【"3·15"消费者权益保护日】 2021年,袁州区做好"3·15"活动,提升消费者维权意识。2021年的"3·15"国际消费者权益保护日,宜春市、袁州区两级市场监管部门及有关单位在润达国际购物中心开展了主题为"守护安全　畅通消费"的宣传日活动,围绕宣传主题设置了50余块宣传展板、44个宣传服务咨询台、现场发放宣传资料5000余份,讲解有关知识,进一步改善消费环境,促进消费畅通,工作人员现场接受群众关于对消费维权相关事宜的咨询,受理群众消费纠纷投诉,引导消费者科学理性消费,提高其合理维权的能力。

【放心消费创建活动】 2021年,袁州区开展放心消费创建活动,着力扩大消费。将放心消费创建纳入全年工作规划,坚持高站位,深谋划,确立新创建目标,实现放心消费与经济发展的"双促进"。以"放心消费"创建活动为抓手,开展放心消费示范创建单位活动,共评选放心消费示范创建单位22户。同时,宜春银保监局和各银行设置了咨询台为群众讲解了防范电信诈骗、网络支付安全和保险消费常识等知识;辖区一家衡器制销企业现场为消费者讲解了"挂挡称""八两秤"的识别方法。此次活动共接受各类投诉、咨询1000余人次。

(龙　宇)

自然资源管理

【概况】 2021年,袁州区自然资源管理工作全面按照自然资源管理工作部署，紧紧围绕全局经济社会发展大局和年初确定的目标任务，加强领导，齐心协力，主动服务，不断强化管理举措，切实改进薄弱环节，努力提高自然资源管理能力和服务水平，全面推进袁州区自然资源各项工作贯彻落实，为全区高质量跨越式发展提供坚强的自然资源保障。

【国土空间规划编制】 袁州区人民政府成立袁州区乡镇国土空间规划编制工作领导小组，印发《袁州区乡镇国土空间规划2021—2035年编制工作方案》；袁州区乡镇国土空间规划编制完成招投标工作，确定设计单位；完成乡镇第一轮数据调查，“三区三线”统筹划定第三轮试划成果已上报省自然资源厅。

【土地开发及旱改水】 2021年底占补平衡补充耕地指标库存耕地2908.43亩、水田639.83亩；2021年已报备入库土地开发项目4个，共新增耕地2093.92亩，其中旱地1843.62亩、水田250.3亩。

【增减挂钩】 截至2021年底，之前增减挂钩建新指标库存2920亩，其中水田351亩、旱地2130亩、其他农用地439亩。

【批而未用土地消化】 2021年全年消化批而未用土地5690.09亩，消化周期由5.3年降至3.3年，完成率118%，超额完成2021年的任务；同时，全年消化批而未供土地605.12亩，消化承诺项目土地446亩；处置闲置土地6宗，面积254.21亩；收储三阳、南庙、西村、芦村等乡镇土地34宗，面积2013.51亩。

【建设用地报批】 已拟订《袁州区土地征收成片开发方案(2021—2022年)》，本次拟纳入成片开发项目共计49个，总面积3710.17亩，需新增建设用地指标3052.05亩，已向省申报并批复；全年共上报省市区各类建设用地14个批次，总面积1024.921亩；其中：上报省政府国有建设用地6个批次，面积950.04亩；上报市政府并批复村庄集体建设2个批次，面积23.17亩；报区政府并批复农民建房6个批次，面积51.711亩。

【土地交易】 2021年供应土地共61宗，总面积5803.53亩，总成交金额172408.53万元；其中：经营性用地24宗、面积747.91亩，成交金额162321.43万元；工业用地19宗、面积466.07亩，成交金额6363万元；划拨国有建设用地18宗、面积4589.55亩，有偿划拨金额3724.1万元；另外，委托市自然资源局出让棚改等国有存量建设用地7宗、面积431.4亩，成交金额165730万元。

【土地卫片】 2021年自然资源部下发袁州区各乡镇图斑4332个，面积22586.5亩，其中耕地6902.74亩、永久基本农田3092.25亩；经过上级部门审核判定袁州区新增违法图斑117个，面积290.34亩，其中耕地114.26亩、永久基本农田45.67亩。截至目前，已整改到位图斑52个，面积227.86亩，其中耕地99.27亩、永久基本农田43.97亩；剩余未整改到位图斑65个，面积62.48亩，其中耕地14.99亩、永久基本农田1.7亩；对未整改到位图斑正在督促推进整改中。

【不动产登记及农房一体确权登记发证】 截至2021年12月31日，全区已颁发不动产权证书22076本，不动产登记证明6129本，抵押金额493788.1万元，分割卡380余本，查询、查封、解封、解押等其他登记330多次；已完成农村房地一体确权登记数据139632条信息入库。已全部发放，内外业均通过省级验收。

【矿政管理】 2021年度注销采矿许可证41个，均为小型矿山，其中被注销的袁州区三阳镇杆塘长村煤矸石空心机砖厂等30余个矿山为矿山采矿证到期，因矿区资源枯竭原因，公告注销；袁州区寨下乡汪家岭溶剂石灰岩矿等因不符合生产条件，依申请进行注销。有序推进袁州区矿产资源总体规划(2021—2025年)编制工作。已完成规划文本编制和专家评审，将修正后的文本在政府网站公示，收集公众意见，进一步提高规划的科学性。

【矿山大排查大整治专项行动】 通过全面排查、审核上报、问题整改等，已进入核实销号阶段。排查共发现64家矿山企业存在237个问题，这237个问题都已全部完成整改。

【绿色矿山创建】 2021年，袁州区建成绿色矿山4家(宜春市雅山高岭土有限公司雅山高岭土矿、宜春钽铌矿、袁州区苍前矿区水泥用灰岩矿、江西省宜春袁州区高石饰面用辉绿岩矿)。

截至2021年年底,袁州区32个绿色矿山创建任务中有30家企业已编制绿色矿山建设方案,并按方案要求、时节点有序推进。其中,有2家企业因申请提前关闭不开展绿色矿山建设(江西俊宜矿业有限公司柏木分公司青山建筑灰岩矿、江西百森新型建材有限公司林田建材厂)。

【矿山生态修复】 2021年,袁州区通过开展大排查大整治专项行动,持证矿山复绿面积约966亩,投入资金近1100万元;正常生产矿山企业已落实"边生产、边治理"要求,矿区生态环境有较大改善;袁州区有36个废弃矿山需治理,面积1546亩,均已编制废弃矿山治理方案,其中已完成治理15个,治理面积835亩(8个已完成生态修复工程治理,7个废弃矿山已拟转型成建设用地)。

【地质灾害防治】 袁州区建议消除的隐患点683处,实际存在隐患的点43处,其余1661处较为稳定。其中43处隐患点,已经治理完成2处:湖田镇坪田村竹山下组滑坡和竹亭镇社江村小学不稳定斜坡;正在治理7处:天台镇太尉村霞西桥组滑坡、天台镇密石村湾里组滑坡、辽市镇院前村石山下组滑坡、三阳镇天井二组天井小学滑坡、三阳镇石塘村下屋组滑坡、寨下镇梅村省道不稳定斜坡,西村镇圳江村上江、东方组滑坡;其余34处,计划逐年逐步向上争资和区本级安排治理资金完成。

【自然资源领域专项整治】 2021年,袁州区自然资源领域组织开展打击非法采砂、违法占地用地、矿产资源越界开采、机制砂行业整治、农村乱占耕地建房等5次专项行动;关闭取缔竹亭社江及天台会塘等9家洗砂(采砂)企业,并对存在用地手续不全等问题的40家机制砂企业下发责令停止违法行为通知书;查处农村乱占耕地建房案件1件;共查处违法用地用矿案件17件,其中越界开采矿山企业9家(移送公安机关1家,为芦村金昊采石场);非法采矿8家(移送公安1家,楠木金诚牧业有限公司)。

生态环境

【概况】 2021年,袁州区PM2.5均值为31微克/立方米,PM10均值为56微克/立方米,空气优良率达96.7%,优于国家二级标准;各国控、省控和县界监测断面水质持续稳定在Ⅲ类及以上水体,水质优良率为100%,中心城区集中式饮用水水源地水质达标率均为100%,全区地表水断面未出现劣Ⅴ类、Ⅴ类水质;土壤环境质量持续可控,受污染耕地安全利用率保持在100%,污染地块安全利用率保持100%,未发生重大环境污染事件。

【蓝天保卫战】 开展砖瓦行业专项检查,对20家重点砖瓦行业大气污染防治设施建设与运行情况、污染物达标排放情况进行检查。推进挥发性有机物污染整治,对26家表面涂装(含家具制造)、包装印刷、化工、医药制造等涉挥发性有机物八大行业实行分级管理,对16家加油站、储油库污染防治设施运行使用情况进行专项检查。开展非道路移动机械专项执法检查,对未编码登记及国Ⅰ及以下排放标准的非道路移动机械,禁止在中心城区作业。严抓秸秆禁烧工作,加大宣传引导,抓好敏感时节禁烧巡查,严控秸秆焚烧和垃圾焚烧。夯实秋冬季大气污染防治攻坚,制定全区秋冬季大气污染防治攻坚方案,完成市大气专委会现场督查问题15批次,共72个督查问题,完成整改率100%。

【碧水保卫战】 开展乡镇集中式饮用水水源地问题整改"回头看",重点检查西村镇、南庙镇等13个乡镇水源地规范化建设情况,确保"硬件"设施保质保量。积极推进新坊、新田、洪塘、寨下4个乡镇级饮用水源地保护区的划定。开展医疗卫生机构环境大检查,紧盯污染防治设施运行及达标排放情况,医疗废物收集、储存、转运情况,不断夯实医疗卫生机构生态环保主体责任落实。开展入河排污口整治专项行动,组织三个检查组对全区入河排污口进行全范围体检,形成问题清单,要求各地限时整改到位。开展工业污水污染问题大排查,对工业企业、园区集中式污水处理设施进行了全面排查,有效推动了园区污水管网完善、污水处理设施应急能力提升和在线监控设施不断规范。

【净土保卫战】 开展农村环境综合整治,扎实推进袁州区2021年农村环境整治(农村生活污水治理)项目建设,完成16个农村环保项目的建设。开展危废处置专项整治行动,对全区80家已录入危废管理平台的产废、经营企业进行专项执法检查，出动执法人员180余人，共检查100余家，发现问题企业2家，已督促整改到位。开展废铅酸电池回收、危险废物集中收集转运暂存试点工作，对15家试点单位的3家收集转运点、10家收集点开展核查，强化环境日常监管，规范废铅酸电池回收利用行业企业建设运行。强化尾矿库污染防治和环境风险隐患排查，进一步压实企业主体责任，完善污染防治设施、应急物资和演练，消除尾矿库重大环境风险隐患，确保平安度汛。

【环保督察问题整改】 积极有序推进第一轮环保督察问题整改。全区第一轮环保督察共收到反馈问题75个，完成销号23个，剩余问题均已全部完成整改或达时序进度。全年共收到交办信访件280个，完成销号266个，销号率为95%。全面配合做好第二轮中央生态环保督察迎检工作，第二轮中央生态环保督察期间，全区共收到督察组交办的信访件75件，已整改到位60件，占比80%，剩余15件正在有序推进整改。

【环保执法】 全面推行“双随机、一公开”和执法正面清单制度，切实落实差异化监管措施。实行行政执法公示制度、执法全过程记录制度、重大执法决定法制审核制度等三项制度。积极探索推行非现场监管，添置无人机、管道机器人等执法设备52项，运用智慧环保大数据平台加大对环保数据分析与研判能力，实现对违法行为分类处罚。2021年，共完成企业应急预案备案55家，全年共处理行政处罚案件15起，处罚金额310.5万元，下发责令改正违法行为决定书43份，送达督办单5份，移送公安机关行政拘留2人，办理宜春袁州区宏泰采石场侵占林地、宜春市路通矿业有限责任公司侵占林地等5起生态损害赔偿案，磋商赔偿款达200余万元。

【环保监测网络体系初具规模】 2021年，袁州区建立以生态环境监测站为中心，覆盖72个重点监管企业监测点、30个空气自动监测站点、工业园挥发性有机物自动监测站点、9个铁塔高空瞭望系统、袁河流域干流和9条支流水质自动测站点的水陆空一体化监测体系，为实现机动式、点穴式专项督察和执法提供数据依据。

（邓　欢）

气　象

【概况】 气象部门实行上级气象主管机构与本级人民政府双重领导，以气象主管机构领导为主的管理体制。区气象局负责管理维护全区已建的32个区域山洪站，建成了现代业务平台的综合会商、应用系统。

【气象服务】 袁州区气象局始终按照“一年四季不放松，每次过程不放过”的要求。全力做好气象服务工作。在重大灾害发生前，区气象局均能做出及时、准确的预报，为区委、区政府决策提供科学依据，最大限度地减轻了人们生命财产损失。每年三月份成立气象服务领导小组和技术把关小组，健全各项规章制度，组织业务服务人员进行多次业务技术学习，完善有关预报方法，对各类仪器设备进行了检查和维护维修，落实岗位责任制，严格预报服务值班制度，制定了突发气象灾害以及汛期预报服务应急预案，做到思想、组织、技术、装备、制度五落实。灾害来临时袁州区气象局业务人员夜以继日，严阵以待，全力做好公共服务和决策服务，充分发挥气象现代化建设效益，开展省、市天气可视会商，认真做好每一次的预报服务。突出灾害性天气气象服务这一重点，充分利用卫星云图、多普勒天气雷达、闪电定位和自动站资料进行分析，滚动播出和发布短时、临近预报预警。2021年袁州区气象局共报送《气象呈阅件》12期，其他书面材料6期，口头和电话汇报10余次。在公众服务中，全区通过手机短信平台向各级领导、水库责任人、气象信息员、农民专业合作社负责人等发布各种气象灾害预警信息6次，接收短信用户达0.8万人次，其中预警短信发给决策人数达到0.3万人次。并通过电视、广播、报刊、新农网、宜春气象外网、电子显示屏、“12121”等发布重要天气报告和预警信号，准确及时的气象服务为全区防灾减灾提供了有力保障，为防汛抗洪决策提供了科学依据，确保了全区水库、圩堤安全度汛，使袁州区气象灾害损失减少到最低程度。

【气象管理】 2021年袁州区气象局加大法律、法规的宣传。到农村、社区送防雷宣传资料3000余份；在电视、报纸上进行了多次宣传。严格履行了防雷和施放气球监管职责，全年参与较大规模的安全生产检查2次。

(徐春华)

统 计

【概况】 2021年，袁州区统计工作以提高统计数据质量为核心,加强统计法治建设,推进统计制度改革，强化统计服务。2021年，区统计局荣获国务院第七次全国人口普查领导小组表彰的国家级先进集体、江西省统计局表彰的全省2021年度统计工作先进单位。

【经济运行分析】 建立经济运行"三项机制"和全区经济运行监测分析联席会议制度;协调区政府主要领导或分管领导每月亲自主持召开会议，督促补短板、强弱项,督促做好主管部门前端、统计部门后端;每月工业、贸易、服务业等分口召开会议,精准分析到每个指标、每个企业。成立经济主管部门到区统计局联合催报机制。2021年,袁州区地区生产总值排名全市第二、固定资产投资排名全市第一,工业增加值排名全市第二,社会消费品零售总额排名全市第四,主要经济指标排位总体靠前。

【统计数据质量提升】 严把企业入库退库关,在全区领导干部群中通报入库工作进展,将企业入库列入高质量考核重要内容,2021年，区本级新增法人单位入库149家,其中月度64家,年度85家,总量在全市排名第一。加强与市场监管、税务等部门协调，抓好空壳企业清理退库工作。严把数据质量检查关,通过比对税务、电力等部门数据,对于涉嫌漏报瞒报虚报的企业,专业人员对其报表进行电话或实地查询,并要求其提供财务等源头数据,要求企业报表人员上报实际数据。

【统计服务水平提升】 区统计系统对全年各季度经济运行情况进行精准全面分析,为党委政府决策参考提供了有效服务。利用第七次人口普查数据库,为卫健和创文等单位分区域、分年龄段人口资料收集提供数据帮助。及时在区政府网站上发布《袁州区国民经济和社会发展统计公报》,依托省市统计网站平台、区政府政务公开,及时报送发布统计信息。编印《袁州统计提要》《袁州统计月报》《统计年鉴》,扩大了发送范围,创新增印了《袁州统计分析》刊物。

调 查

【概况】 高质量完成住户收支与生活状况调查、农产量调查、畜牧业监测调查、农民工监测调查、农民工市民化进程动态监测调查、月度劳动力调查、工业品价格调查、采购经理调查、新设立小微企业和个体经营户跟踪调查等十多个常规调查专业,同时圆满完成城乡住户调查样本轮换第四年换户记账和劳动力调查扩点两项重要工作。

【居民收支调查全面推行电子调查】 2021年,为加快现代信息技术在统计调查中的应用,切实减轻记账户负担,提高调查户的配合度,进一步增强住户调查效率和源头数据质量,袁州调查队在新一轮记账户中继续推进电子记账工作。截至2021年年底，电子记账户93户，电子记账比例高达93%,户月均记账笔数稳定在120笔左右。针对新一轮记账户,袁州调查队全面推行e调查使用，季末调查员手持PDA面访记账户,问卷填完后经记账户再次确认当场上传数据。

【月度劳动力调查】 持续推进月度劳动力调查工作,为劳动力调查辅调员配备PDA和调查补贴，为调查户发放调查纪念品。持续性、常态化开展辅调员学习培训,3月和6月开展两次辅调员业务集中培训,利用陪访开展现场培训,针对发现的问题和疑点进行实地培训，利用电话、微信等平台加强专业人员与辅调员的沟通交流，开展即时培训。通过电话回访、回访平台审核系统反馈等方式,进行数据质量核查，提高调查数据质量真实性、准确性。

【春夏播面积遥感测量实地调查】 遥感面积调查做到当天录入当天审核,重点查看是否有遗漏地块,种植作物是否为本季作物、报表填写是否完整等内容。实割实测调查做到现场测产时加强对打点放样位置和测规测圈内割取早稻穗数的监督审核,确保放样准确、不多割一株也不漏拾一穗;对小样本割取早稻脱粒后的湿重、自然晒干后的干重数据以及水杂测量数据进行细致审核，对奇异值数据进行核实,严把数据质量关。对粮食全面报表主要从数据同比变化情况、平均亩产情况以及数据之间的逻辑关系进行审核,发现有异常数据及时与乡镇业务人员进行核实,并在评估报告中注明相关情况。

【夏秋粮实割实测产量调查】 专业人员首先通过实地查看早稻长势、品种、种植疏密和询问当地有经验农民相结合的方式确定预产数据的合理性和下一步选取实测样本地块的代表性。其次，利用无人机拼图和GPS现场定位相结合的方式，以道路、房屋、水域为参照物，抽丝剥茧，层层合围精准定位抽中地块，再根据每个田块的形状特点按照对角线或“品”字形等距放置3个小样方。最后，严把定点、割样、脱粒、称重四个环节，力争样本收割不少一穗、样本脱粒不漏一粒、过秤测量不少一分。

【农产品价格和中间消耗调查】 通过走访调查户，开展一对一培训，切实提高记账质量。严格要求调查户独立记账，账本封面要有调查户信息，包括所在乡、村和户主姓名，账页内容要有调查品类、单位、数量、金额和时间，各调查主题品种的记账质量都要准确和符合实际，进一步提高账本的规范性、完整性和准确性，夯实基层基础工作。抓报表审核、评估，加强数据审核、评估和解读力度，确保不出差错。对于数据变动幅度较大或个别与市场形势相悖的数据要进一步查明原因，充分说明理由。

（杨　慧）

审　计

【概况】 2021年，袁州区完成审计项目94个，查出主要问题金额59439万元，发现非金额计量问题78个，上缴财政资金31800万元，归还原渠道资金3760万元，调账处理17万元。共移送各类问题线索6条，推动建立健全制度2个。

【财政财务收支及财政决算审计】 完成2020年区本级预算执行和机电产业基地、区水利局、区编办、区融媒体中心、区统计局、区行政服务中心6个部门的年度预算执行情况审计，发现各类问题22个；完成水江镇、柏木乡、飞剑潭乡3个乡镇的2020年度财政决算审计，发现各类问题7个。

【经济责任审计】 完成审计51人和1名乡镇主要领导自然资源资产审计，发现各类问题172个。

【惠民政策资金审计】 配合市审计局完成社保基金审计、医保基金审计、税收和非税收入征管审计；完成2018—2020年财政性教育经费专项审计，共审计19所中小学校、幼儿园，发现各类问题29个。

【房地一体专项审计】 完成全区农村房地一体确权登记专项审计调查，共发现各类问题13个。

【矿产资源专项审计】 重点审计矿业权出让转让、矿产资源开发合规性、环境恢复治理及专项资金使用、矿产资源补偿费等内容，共发现8个方面29个问题。

【国有企业资产审计】 完成对国投集团及其下属公司2019、2020年度资产负债损益和国有资产出租、出售、对外投资等管理情况审计，共发现国有资产经营、管理等4个方面10个问题。

【政府投资重大工程项目审计】 根据年度计划，共实施工程建设项目投资审计6个、跟踪审计1个，送审金额2.38亿元，发现各类问题11个。

【整改情况“回头看”】 2021年10—12月，对全区十九大以来审计项目发现问题整改情况进行了一次全面清查，共实施各类审计项目191个反馈问题727个，未整改到位问题4个金额97.84万元；全省经济发展环境专项审计调查共反馈袁州区49个(含市人防2个)问题，已完成整改46个（含市人防1个)，整改中3个(含市人防1个)，整改率93.9%；指导28个乡镇、街道成立了党委(党工委)书记任主任的审计委员会并设立了内审站，确定内部审计人员73名，举办内审人员培训班1期。

（谢　敏）

农业 林业 水利

综 述

【概况】 2021年，袁州区农业农村工作以高质量发展为总要求，以实施乡村振兴战略为总抓手，深入推进农村各项改革，充分释放农业农村要素活力，夯实现代农业基础，调整优化农业结构，释放发展新动能，积极推进农业现代化。

【农业现代化】 ①农业基础设施不断提升。投资1.0248亿元，高质量完成2020年3.4万亩高标准农田建设任务，并通过区级自验自评、市级全面验收和省级抽查。2021年10万亩高标准农田正在快速建设中。建设蔬菜钢架连栋大棚、钢架简易大棚、喷滴灌等5750余亩，修缮大棚2000余亩。补贴农机具1140台，补贴机具总功率达15720.26千瓦，拉动农民投入资金1960万元，农业机械化水平明显提高。②重要农产品稳定增长。粮食播种面积达94.14万亩，超任务面积1.1万亩，粮食总产量35.5万吨，超任务数5.12万吨。全年生猪存栏52.15万头，能繁母猪存栏5.51万头。家禽出笼333.28万羽、存笼265.02万羽；牛出栏3.03万头，存栏6.43万头；羊出栏3.73万只、存栏2.94万只。肉类总产量7.89万吨，同比增长34.28%，禽蛋产量7650.8吨，同比增长41.29%。蔬菜播种面积达18万亩，产量34万吨。③富硒绿色有机农业快速发展。全区富硒农产品基地面积达25万亩，富硒产业综合产值达60亿元，备案在册富硒产业经营主体达135家，千亩以上基地26个，其中5000亩以上基地1个、万亩以上基地2个，获得富硒产品认证证书26个。创建中药材种植基地162个，新增中药材种植面积达1万亩，新增果业面积5000亩，水果总面积达5.6万亩。④品牌农业不断壮大。全区绿色有机农产品总数达77个，绿色有机认证总面积40万亩，绿色有机企业23家。超亿元农业龙头企业达8家，农民专业合作社1702家，家庭农场275家，社会化服务组织136家，农村专业种植大户452户。2021年稻米区域公用品牌（宜春大米）项目资金582万元，“宜春大米”优质稻生产基地13万亩，订单面积12.6万亩；发布品牌歌曲《珍硒宜春》，建立“宜春大米”团体标准；“宜春大米”荣获“2021江西农产品二十大区域公用品牌”“赣鄱正品认证品牌”“湘赣红”及中国农民丰收节江西活动“曲水流觞”主题赛金奖、“生态鄱阳湖·绿色农产品”（南昌）博览会参展产品金奖。

【美丽乡村建设】 ①全面完成农村问题户厕摸排工作，新改造农村户用卫生厕所5362户，超额完成年初目标任务。②不断加强农村生活污水治理，完成16个村庄生活污水处理设施建设。③大力推进新农村建设，完成274个新农村点建设，创建35个美丽村庄、5756个美丽庭院，拆除破旧房21.4万平方米，完成改水1439户，改厕3600户，新修村内主干道80千米，便道70千米，改沟135千米，安装路灯3800盏。

【生态文明】 ①治理受污染耕地安全利用128924亩，严格管控面积2216亩，占总任务数的100%。②畜禽粪污资源化利用率达95.68%，规模化养殖场禽粪污处理设施装备配套率为100%，加强畜禽无害化处理监管力度，处理病死畜禽34672头。③大力推进农药化肥“零增长”行动，测土配方施肥技术累计覆盖率达到90%以上，绿肥高产种植面积达4.3万亩，辐射带动全区绿肥种植面积9.2万亩，示范片土壤有机质含量提升5.19%。④水稻病虫害专业化防治服务面积105.5万亩次，专业化防治覆盖率为45.5%,同比提高2%;水稻绿色防控技术应用面积27.28万亩,绿色防控覆盖率为35.3%。

【脱贫攻坚】 ①落实产业奖补及直补政策。全年共安排巩固脱贫成果与乡村振兴有效衔接资金3892万元,惠及产业项目123个,受益群众户数31898户,其中脱贫户4386户。全年发放产业直补356万元,受益1334贫困户和4家扶贫经营主体。②村庄整治工作有序开展。全年建设“十三五”脱贫村村庄整治项目19个,投资356万元。

【安全监管】 ①开展农产品抽检工作。对全区种植业、畜牧、水产、禽蛋等开展抽查及检验检测,开展定量检测600批次,快速检测4000多批次。共发放食用农产品合格证90多张,附带合格证上市农产品达到65吨。②做好农产品质量安全宣传工作。开展农产品质量安全宣传下乡进村活动,以及“放心农资”下乡进村活动,印制禁限用农药名录和畜禽兽药禁限用名录260余张。③持续加大执法力度。全年共出动执法车辆138车次,出动执法人员547人次,检查农资生产、经营企业109家,办理涉农违法案件11起。共受理各类投诉44起,调解涉农纠纷4起。

种植业

【概况】 2021年全区粮食播种面积94.14万亩,比上年增加0.01万亩,增长0.01%,粮食总产35.55万吨,比上年增加了0.28万吨,增长0.8%。其中水稻种植面积80.26万亩(早稻33.08万亩、中稻和一季晚稻17.23万亩、双季晚稻29.95万亩),比上年增加3.07万亩,增长3.98%;水稻总产31.74万吨,比上年减少0.82万吨,减少2.5%。2021年油料作物播种面积20.01万亩,油料作物总产2.03万吨;其中油菜播种面积15.3万亩,油菜总产1.64万吨。为全面落实中央、省、市各级关于早稻生产工作的决策部署,举全区之力落实早稻生产任务。为鼓励早稻生产,区政府对早稻给予100元/亩的补贴,同时对连片20亩以上的早稻集中育秧给予400元/亩的补贴。2021年,袁州区被农业农村部授予农情基点县优秀单位称号。

【蔬菜产业】 全区蔬菜面积达18万亩,设施蔬菜基地38个,设施蔬菜面积达1.8万亩,其中,专业合作社30个,公司5个,主要以黄瓜、辣椒、茄子、苦瓜、小白菜、上海青、空心菜等常规蔬菜为主,同时引种了芦笋、莲子、台湾小南瓜、蛇瓜、淮生、竹荪、山东水果莲藕、无根菜等高端蔬菜和特色蔬菜品种,既解决了中心城区对新鲜蔬菜的需求,又丰富了蔬菜品种。实施蔬菜绿色高质高效项目,建设南庙、西村、洪塘、飞剑潭四个绿色高质高效基地,亩纯收入1万余元。

【水果产业】 水果种植面积达5.6万亩。主要品种有脐橙、葡萄、梨、桃、杨梅、柚子、蜜橘等,产量5500吨,总产值4000万元。西瓜种植面积1.8万亩,产量2.5万吨,总产值7500万元。实施现代农业水果产业项目,省级资金125万元用于产业奖补。

【中药材产业】 新发展中药材种植面积达1万亩,其中黄蜀葵5000余亩、艾草2000余亩、鹿茸草近1000 亩、其他2000余亩,全区有中药材种植基地162个,品种近30个。

科技兴农

【概况】 2021年,袁州区农业大力开展科技兴农。全年全区水稻防治面积854.58万亩,测土配方基数覆盖率累计达90%以上,遴选和认定县级农业科技试验示范基地4个。

【现代植保】 及时对水稻、蔬菜、柑橘等优势农作物开展农作物病虫害信息化监测,其中,水稻全年防治面积854.58万亩次,挽回粮食损失71201.5吨等。共发布病虫情报15期,4000余份,测报准确率96%以上。发展专业化统防统治组织,全区有专业防治组织48个,其中大型自走式喷杆喷雾机1台,无人机189台,机动喷雾器和背负式动力喷雾器350台;统防统治日作业能力可达2.5万亩次。做好绿色防控与统防统治技术的推广工作,新建水稻绿色防控示范基地1个,核心示范区2000亩。

【化肥减量增效】 测土配方技术覆盖率累计达到90%以上,通过几种技术模式达到化肥增效的目的。测土配方施肥技术,通过新媒体、进村入户张贴等方式宣传测土配方施肥技术,覆盖率达到90%以上。绿肥种植还田技术,绿肥高产种植面积达到4.3万亩,辐射全区种植面积9.2万亩。有机肥与化肥配施技术,有机肥施用面积达5万亩。水肥一体化技术,水肥一体化设施达到1万亩。秸秆还田技术,秸秆还田面积达到62万亩。通过这几个减肥增效技术模式,袁州区化肥用量实现负增长。

【农村人才支撑】 开展农业教育培训工作。2021年完成农民教育培训人数615人,其中技能服务型205人,专业生产型共206人,经营管理型204人,超额完成600人的培训任务。开展"一村一名大学生工程"工作,2021年共招收本科学生28名。开展农业科技入户工作,选聘农技指导员100名,遴选农业科技示范户580户,遴选和认定县级农业科技试验示范基地4个,开展新品种、新技术的试验示范,大大推动了农业新科技的使用和推广。

【受污染耕地安全利用及严格管控项目】 2021年受污染耕地安全利用和严格管控任务面积为131139.39亩,通过土壤调酸、土壤钝化、叶面阻控、水分管理和种植结构调整等措施,全面完成了目标任务。

【果菜茶(柑橘类)有机肥替代化肥试点项目】 2021年全区柑橘类果园种植面积突破3万亩,并取得一定成效。项目区单位面积化肥用量较项目实施前减少22.5%,有机肥用量较项目实施前提高了32.1%,带动全区化肥用量实现负增长,畜禽粪污综合利用率达到90%以上。通过绿肥高产种植、测土配方施肥、增施有机肥、侧深施肥等技术,减少了化肥用量,大大提高果园土壤有机质含量,土壤酸化问题得到了有效改善。

新农村建设

【概况】 2021年,袁州区高质量完成年度村庄整治建设,建立村庄长效管护机制,完成美丽宜居示范点建设,秀美乡村建设稳步推进。

【新农村建设】 2021年,全区共投入9020万元建设136个省级村点、138个自建点,全区各村点完成新改水1439户,自来水入户率达100%;新改厕3600户,改厕率98%;新修村内主干道80千米、便道70千米;改沟135千米;破旧房拆除工作基本到位,共拆除破旧房21.4万平方米;打造美丽庭院5765个;治理菜园650个;安装路灯3800盏。创建了1条秀美乡村示范带和西村镇、洪塘镇、金瑞镇3个全域美丽乡镇,建设了芦村镇集凤村梅花市组、西村镇西村村刘家组等36个美丽宜居示范村庄,完成了上级下达的目标任务。

【村庄长效管护】 全区270个行政村建立了"五有"(有队伍、有经费、有标准、有制度、有督查)村庄环境长效管护机制,制定印发一系列长效管护的工作方案,建立健全了以考核结果为导向的管护经费安排机制。区财政按每个行政村2万元的标准足额落实了村庄环境长效管护资金,2021年下拨了省、市、区三级长效管护资金1090万元。大力推行农村人居环境整治"万村码上通",发动干部、群众广泛关注参与,引导全社会监督,取得明显成效。2021年11月18日与中国电信股份有限公司宜春分公司签订"宜春市袁州区万村码上通5G+长效管护平台建设及运营服务项目政府采购合同",建设内容包括短信通信服务、云备份及电路租赁、指挥中心机房视频存储及管理系统、村容村貌视频监控管理平台、专线电路租赁、巡防无人机、项目运营管理服务,以实现全区农村人居环境治理标准化、规范化、智慧化,管护平台正在建设中。

养殖业

【概况】 截至2021年年底,袁州区生猪出栏81.01万头,同比增长41.18%,存栏52.15万头,能繁母猪存栏5.51万头;已备案生猪规模养殖场240家,年出栏5000头以上规模猪场14家,年出栏10000头以上规模猪场17家。家禽出笼333.28万羽、存笼265.02万羽;牛出栏3.03万头、存栏6.43万头;羊出栏3.73万头、存栏2.94万只。肉类总产量7.9万吨,同比增长34.28%,禽蛋产量7650.8吨,同比增长41.29%。2021年袁州区水产养殖面积52562亩,渔业经济总产值163791万元,同比增长1.64%。水产品养殖产量36357吨,同比增加0.53%,其中名特优水产品产量16154吨,同比增长1.29%。

【牧业生产】 提升猪场生物安全，利用生猪调出大县项目资金，经项目实施前的宣传发动、符合条件的养猪场自愿申报、专家评审、公示等环节，确定24家规模猪场实施生物安全提升改造；发展壮大牛羊产业，新增规模牛场13家，规模羊场9家，还获得非大县牛羊养殖场建设项目1家，项目资金75万元；摸清遗传资源家底，全面开展第三次全国畜禽遗传资源普查工作，基本摸清全区种畜资源分布，普查系统已录入10个畜种，56个品种，蜂资源1个品种。

【畜牧疫病防控】 推进强制免疫直补，有8家企业符合条件，享受“先免后补”政策，享受补助资金3.8284万元；做好免疫注射，2021年“春秋防”期间累计免疫生猪108.2万头、牛13.7万头、羊5.5万头、家禽273.3万羽，做到应免尽免；提升兽医防疫体系，获批2021年基层兽医防疫体系建设项目，项目资金200万元，已招标完毕，正在建设中。

【畜牧卫生】 严格把关行政许可，有效规范了行业乱象；扎实开展动物检疫，有力保障食品安全；大力监管饲料兽药，对全区10家饲料生产企业、16家兽药经营企业开展了现场监督检查，督促其依法依规经营。

【稻渔综合种养】 通过项目示范引领进一步加强“稻鱼、稻虾、稻蛙”养殖模式的推广，争取省级财政资金50万元、市级配套50万元，建设23个稻渔综合种养示范点，示范引领全区稻渔综合种养2万亩，主要分布在芦村、洪塘、彬江、水江等乡镇，以养殖虾、蛙、鲫、鲤为主。

【休闲渔业】 市民对户外休闲需求越来越大，钓鱼爱好者也越来越多，为满足市民这方面需求，2020年宜春市渔业油价补贴市级统筹资金发展项目中安排袁州区3个休闲渔业项目，项目建设市级统筹资金56万元，2021年4月完工，为市民垂钓、娱乐、就餐提供了新场所；2021年宜春市渔业油价补贴市级统筹资金发展项目中安排袁州区5个休闲渔业项目，项目建设市级统筹资金90万元。

检验检疫

【概况】 2021年，袁州区农业农村局动物检验检疫工作紧紧围绕动物建议监管、畜禽屠宰监管、畜牧水产综合执法监管等工作重点，严守动物卫生安全底线，从养殖、运输、屠宰、经营、病死动物无害化处理等环节进行全面监管和检查，有力保证畜牧水产市场的食品安全。

【动物检疫】 强化屠宰检疫。督促各屠宰场严格落实消毒制度，严格执行进场生猪产地日报告制度、官方兽医派驻制度以及屠宰环节非洲猪瘟自检制度。督促驻场官方兽医严把生猪入场关，确保无病猪入场屠宰，规范填写生猪入场、肉品出场等相关台账。强化产地检疫。规范电子出证，官方兽医出A证时要求审核人员审核票证打印，见猪见标见车，经核对审核，严把产地检疫出证关。

【监管饲料兽药】 对全区10家饲料生产企业开展现场监督检查工作，并与其签订承诺书，开展安全生产检查；完成部级饲料质量安全抽检5个批次，督促企业每月上报饲料工业报表。对全区16家兽药经营企业进行日常监管，督促其按照相关标准，建立好各项台账。完成农业农村部兽药质量风险监测抽样8批次，与兽药经营企业及养殖场签订坚决不销售和使用非法非洲猪瘟承诺书200余份，发放药物饲料添加剂退出告知书300余份，并进行专项核查。为两家兽药生物制品经营企业续证。

【收处病死畜禽】 袁州区厚勤无害化处理有限公司对病死畜禽做到应收尽收。袁州区病死畜禽无害化集中处理体系运行良好，按照“统一收集、定期转运、集中处理”的病死畜禽无害化集中处理模式，达到“应收尽收，应处尽处”的目标和要求。

【畜牧执法】 开展生猪屠宰领域专项整治，严厉打击私屠滥宰、屠宰及销售病害猪等违法行为；开展“双随机、一公开”执法检查，包括违反动物防疫行为的检查、对动物诊疗机构违法违规行为的检查、对生猪定点屠宰厂（场）监督检查；严厉查处非洲猪瘟防控期间违法违规调运生猪案件。

农业机械

【概况】 截至2021年年底，袁州区全区农机总动力44.17万千瓦，拥有拖拉机2376台，耕整机12424台,插秧机27台,联合收割机1042台,谷物烘干机72台,农副产品加工机械3819台,排灌动力机械6335台,机动脱粒机4190台,畜牧养殖机械2894台(套),渔业机械1596台,农田基本建设机械135台,农业机械原值23064.87万元。乡村农机从业人员达26738人,农机经营总收入达32960万元。水稻机耕面积达50.786千公顷,机耕率达96.37%,机插面积22.359千公顷,机插率达46.98%,机收面积50.682千公顷,机收率达98.49%,水稻耕种收综合机械化水平达82.26%。主要农作物综合机械化水平达80.78%。全区农业机械化水平向高级阶段持续发展。

【农机服务】 组织农机维修技术人员,在春耕备耕期和“三夏、三秋”期间下村上户,深入田间地头,帮助农机户检修各类农机3000余台(套),确保了各类农机具能够安全投入使用,做到不误农时。组织农机科技人员和农机经销企业开展了“农机科技下乡”活动,吸引了广大群众前来参观咨询。活动期间共发放各类农机新产品、新技术宣传资料3500余份,受到了广大群众的一致好评。为了大力推广先进实用、性能可靠,更加适用于本辖区范围的农用作业机械,2021年袁州区共举办3场有序抛秧机、收割机等农机具推广现场演示会和3期新型农机具操作技能知识培训。一批先进适用的农机化技术和产品得到最先应用,进一步提高了全区农机装备转型升级和农业机械化水平。

【农机强农惠民政策】 袁州区实施国家农机购置补贴资金550万元,报废更新11.47万元;推广各类农机具1168台,拉动农民投入1960万元,受益农民982户,为袁州区农机化的快速发展注入了强劲的动力。

【农机购置补贴和农机监理】 农机推广和农机监理工作是农机管理的两项基础性工作,两项工作在区行政中心设立了服务窗口,做到随到随办,中午不休息;落实农机合作社、农机作业服务组织、农机维修点等生产经营单位和农机手的安全生产主体责任。抓好牌证管理的农业作业机械(大中拖、收割机)技术检验(年检)和驾驶证年度审验工作,2021年8月完成变型拖拉机整治清零工作,全年农田作业机具登记注册129台,驾驶员审验4人,农田作业机械年检12台,报废更新农田作业机械14台。组织农机监理人员深入乡村,下村上户对农机作业场所进行隐患大排查,发现问题及时处理,预防和减少农机事故发生,实现农机安全生产零事故。

林　业

【概况】 2021年,袁州区牢牢把握“只能增绿、不能减绿”的总要求,大力开展营造林生产。完成人工造林任务1.634万亩,占省林业厅下达计划1.57万亩的105%;完成封山育林任务1.75万亩,退化林修复2万亩,森林抚育5.8万亩,重点区域森林“四化”任务0.53万亩,新造、提升改造油茶2.1万亩。

【森林生态系统保护】 继续实施199万亩的全封山的封山育林重大工程;继续实施12.66万亩天然林禁伐保护工程,新增天保林24.67万亩已落实到位,55.59万亩生态公益林保护工程,3.75万亩巩固退耕还林成果等森林重大生态系统民生补偿项目。发放生态公益林保护补偿资金1007.5万元,巩固退耕还林成果资金939.2万元,惠及全区集体、林农3.01万户,脱贫户1568户,脱贫户受益金额43.57万元。聘请专职护林员279名,其中脱贫户115名,脱贫人口占专职护林员岗位率达41.2%,人均年工资由2020年的1万元提升为2021年的1.56万元,护林员年均工资提高56%。

【森林成效监测体系建设】 全区林地一张图与国土三调数据融合、2021年度林地变更等数据已提交,完成13万余个卫星差异图斑的判读,调整优化公益林10.03万亩,天然保护林优化上图36.87万亩,完成经营档案更新3.82万亩。

【森林火灾基础设施和防控能力建设】 全区重点林区建设9个林火视频监控点,提升林火远程监控能力,在重要地段设立永久性防火宣传牌100多块,新造森林防火林带项目500亩。争取火灾风险普查工作经费80万元,成立三个调查组和质量评估组,与第三方公司联合开展全区森林火灾风险普查,11月底将完成外业调查工作。开展重点防火期森林防火“宣传月”活动,印发《致全区人民做好森林防火工作的公开信》和禁火令20多万份,每周向手机用户群发森林防火警示短信3条。

【松材线虫病防控】 完成清理松树枯死总株数2.36万株，完成率100%，顺利通过市交叉检查和省第三方检查。持续开展了打击野生动物违法行为专项行动。检查酒店、饭馆80余家，不定期对全区24个农贸市场进行巡察，收缴放生野生动物12只。

【重点区域生态修复】 巩固了国有林区生态系统稳定，因地制宜实施新造、补植、抚育、国家储备林项目等1.23万亩。完成一起57.73亩的侵占林地损害赔偿生态修复工作，企业承担采矿非法占用破坏林地修复费用76.52万元全部复绿。

【林地用途管制】 严格坚持林地用途管制原则，落实林地定额管理规定，区内各建设项目确需使用林地的，均做到了依法依规办理审批手续。报批林地长期用地32起，面积1285.7亩，临时用地32起，面积1660.5亩。严格林木采伐，完成林木采伐审批147起，审批采伐蓄积2.03万立方米。

【林长制助推袁州区植树造林健康发展】 袁州区强化林长制“一长两员”工作责任，建立了区、乡、村三级林长制体系，出台了《袁州区森林防火网格化管理试行办法》，结合林长制“一长两员”队伍，建立了“一长三督五员”的责任体系作为森林防火工作的补充与强化，有效实施野外火源网格化管理。2021年袁州区人工造林任务超额完成，省林业厅下达人工造林任务1.57万亩，全市人工造林任务排名第二，袁州区完成人工造林1.634万亩，占下达任务的104.1%。大力创建森林景观，共创建森林景观利用基地14处，其中省级乡村森林公园1处、森林乡村2处，市级森林乡村7处、森林体验(养生)基地4处，森林景观利用项目全市第一；2021年袁州区十一假期森林人家、森林体验(养生)基地、乡村森林公园等森林生态景观旅游人数突破5万人次。2021年3月12日，袁州区林长制助推植树造林健康发展上央视《新闻直播间》。

（易 嫔）

油 茶

【概况】 2021年，袁州区新造、提升改造油茶林2.1万亩。3月，召开袁州区油茶产业高质量发展研讨会，会议邀请了省人大和省林业厅领导及专家出席研讨会，为袁州油茶产业高质量发展出谋划策，袁州区印发《袁州区推进油茶产业高质量发展实施意见》(袁办发〔2021〕11号)，为袁州油茶产业高质量发展指明了方向，在政策、资金、新产品研发等方面加大扶持力度，推进袁州油茶产业高质量发展。

【袁州油茶科技小院】 与省高校合作成立“袁州油茶科技小院”，积极开展“百团千人”送林业科技下乡助力乡村振兴活动，组织2000人次的油茶技术培训班，印发了5万份油茶政策宣传单，2万份《关于切实维护油茶采摘秩序的通告》。

【江西省油茶特色保险试点】 2021年，袁州区油茶投保面积49847.61亩，保费金额482839.632元，发生理赔金额2163360元，大大提高油茶种植户的抗风险能力。

【油茶技术送科技下乡】 2021年，袁州区在西村星火油茶科技园、西村蚕塘村委会等地举办了多个油茶技术培训班，切实增强广大干部群众的信心和决心，全面营造加快油产茶业发展的浓厚氛围，以科技助力油茶产业高质量发展。

【油茶品牌战略】 加强“袁州茶油”中国地理标志区域公共品牌建设，聘请中国农业国际合作促进会制定发布《地理标志产品·袁州茶油》团体标准。加强袁州茶油品牌保护，提升“袁州茶油”品牌的知名度和美誉度。接待各地来访考察互动取经。累计接待各类考察团队11次共132人。

（易 嫔）

水 利

【水旱灾害防御】 立足于“防大汛、排大涝、抗大灾”，提前做好水旱灾害防御准备。落实了防汛责任人，全区250座大中小型水库都按要求落实了“五个责任人”，并在区政府网上进行了公示；全区117座重点山塘都按要求落实了防汛“三个责任人”；全区126个山洪灾害洪患村均按要求落实了乡、村、组监测预警责任人。开展防洪隐患排查和安全生产检查，针对检查中发现的安全隐患建立隐患台账，落实整改措施,下发检查通报,督促各地完成隐患整改。举办防汛培训班,开展防汛应急演练,4月9日,举办了全区山洪灾害防御培训班;6月2日,区防指联合区水利、自然资源、人武部、蓝天救援队等部门开展了应急救援实战演练。

【水利项目建设管理】 飞剑潭水库、上石水库除险加固工程的扫尾工作,省市水利主管部门已完成水库下闸蓄水验收。列入《袁州区小型水库除险加固攻坚行动实施方案》的133小型病险水库除险加固攻坚工程,已完成设计报告审查。小型水库除险加固攻坚行动"三五水库"完成除险加固工作。江西省五河治理防洪工程、宜春市城市防洪工程袁河右岸新坊河口至赣西大桥段防洪工程、南庙河口至新坊河口段防洪工程、袁州区慈化镇防洪工程已完成前期招投标工作,正在施工。57座水库已完成前期设计及招标预算编制工作。

【农田水利】 完成《袁州区"十四五"农村供水保障规划》及《袁州区城乡供水一体化规划》。对全区农村供水工程进行了安全隐患排查,建立了全区农村供水工程安全隐患排查整治台账,建立了农村供水工程"一厂一策"档案,公示了水行政主管部门、实施主体、供水单位、乡镇、村供水服务承诺。确定2021年度农业水价综合改革整体推进县技术支撑单位,并完成了农业水价综合改革整体推进县服务采购招标工作。签订袁南重点中型灌区、山坑中型灌区续建配套与节水改造总体方案编制合同,并已完成了外业测量工作。对2018、2019年度部分农村饮水安全巩固提升项目进行了验收。完成袁州区城乡供水一体化规划报告,制定了袁州区城乡供水一体化水行政主管部门服务承诺书;对全区农村人口饮水安全和农村供水工程运行管理问题进行了大排查。

【水土保持】 投资444万元小流域治理项目建设完成,治理水土流失面积10平方千米,共涉及5个小流域,受到水利部表扬。抓好矿山生态环境整治工作,完成57个矿山企业整改。完成56个机制砂企业整改工作。完成68个开发建设项目水土保持方案审批工作。抓好水利部下发疑似图斑和省级图斑问题整改工作,完成水利部下发24个图斑和5个省级图斑的整改。

【河长办工作】 抓好袁河流域生态环保审计发现问题整改工作,整改已基本完成。抓好雷河水污染问题整改工作,雷河小江阻断面水质已基本达标。抓好河长办日常工作,如清河行动、河湖清四乱专项整治行动、水葫芦清理、日常河湖保洁、河湖违建整治、河湖长履职工作。抓好第二轮中央环保督察信访问题整改工作,共完成20个信访件问题整改工作。

【水政执法】 主要围绕水利工程和设施保护、水资源、河道采砂、水土保持、河道清障和涉河建设项目及活动、水利建设市场等6个方面开展监督执法。重点开展了"春节及两会期间"打击非法采砂、矿山生态环境问题排查整治、生态环保巡视"回头看"问题整改等专项行动。组织巡查河道24次,联合公安、自然资源、林业、应急管理、生态环境等部门及相关乡镇街道开展联合执法7次,责令停止向水库倾倒余土行为1起,督促办理取水许可证6个,下发责令限期办理水土保持方案或自主验收文书9份,限期办理取水许可通知书3份,出动人员313人次。

【水库移民】 全年上级下达袁州区移民资金4167万元,其中大中型水库移民直补资金11863人711.78万元、后扶项目等资金3360.22万元、小水库移民解困资金95万元。袁州区已批复拨付移民直补资金697.11万元,实施后扶项目228个3336.42万元,实施小水库项目11个95万元。全年建设水渠、维修山塘等农田水利、生产开发项目85个986.5万元,惠及群众48693人,其中移民7040人。建设公路桥涵、饮水安全等基础设施项目146个2310.92万元,惠及群众224459人,其中移民39870人。建设防护栏、排污工程等生态及环境项目8个155万元,惠及群众8447人,其中移民485人。通过水库移民后期扶持政策落实,袁州区移民收入取得明显成效,库区和移民安置区移民群众的生产生活条件得到了明显改善。

袁北灌区

【概况】 袁北灌区是以灌溉为主,集防洪、发电、养殖、城镇工业和生活用水等于一体的大型灌溉工程。东至寨下镇,西至天台镇,北至柏木乡,南以西村镇为界，东西长约62千米，南北宽约37千米。灌区设计灌溉面积34.68万亩，涉及袁河以北16个乡(镇)街道。灌区干渠(含总干渠、干渠及分干)共11条，总长213.03千米；支渠50条，总长160.76千米；斗、农渠424条，总长944.6千米，各类渠系建筑物683座。

【防汛工作】 制定了详细的度汛方案及应急预案，并在汛期进行防洪应急演练。在汛前对灌区干渠及分干渠进行了详细的汛前检查，对灌区主要渠系建筑物进行维修养护，保障渠系工程的正常运行。确保灌区在大暴雨、洪水期间未出现安全事故，从而达到了平稳度汛的目标。

【抗旱工作】 灌区全年完成农业供水量总计2958万立方米，其中飞剑潭水库供水时长89天，供水量1701万立方米；酌江水库供水时长170天，供水量587万立方米；沙江水库供水时长130天，供水量670万立方米，灌区抗旱任务全面完成。

【灌区维修养护及标准化项目】 2021年，袁北灌区完成灌区年度维修养护及标准化建设项目，修复水毁工程17处，完成渠道重点地段除杂清淤整治13.5千米，维修闸门及渠系建筑物236座，安装了标识标牌及部分里程桩。

【灌区续建配套与现代化改造实施方案编制】 根据省水利厅及宜春市水利局有关文件要求，积极推进灌区发展，谋划布局袁北灌区"十四五"相关规划。目前灌区续建配套与现代化改造实施方案已编制完成。

【省级节水型灌区申报】 根据《宜春市水利局关于开展节水型灌区建设工作的通知》(宜水资源函〔2020〕13号)等文件要求，2021年8月开展了省级节水型灌区申报工作，10月已完成了申报材料并提交至宜春市水利局，该材料已在省水利厅评审。

(夏侯龙)

飞剑潭水库

【概况】 飞剑潭水利枢纽工程始建于1958年，是以灌溉、防洪为主，结合发电、养殖、旅游、城镇和工业用水等综合利用的大型水利枢纽工程。2021年在面对飞剑潭水库和上石水库除险加固工程工期压力和单位机构编制改革变化，在区委、区政府的坚强领导下，在上级水利部门的大力帮助下，坚持以习近平新时代中国特色社会主义思想为指导，团结带领全局干部职工，于压力下找动力，在变局中开新局，有力克服了重重困难，较好地完成了上级下达的各项工作和年初确定的目标任务，为全区高质量跨越式发展做出应有的贡献。

【水库安全生产零事故】 2021年，飞剑潭水库按照上级安全生产工作部署和要求，组织开展安全检查、安全培训等工作，不断提高全局干部职工的安全意识。完善各类安全工作方案，并抓好方案落实，细化分解安全工作目标任务。加强水库周边安全警示设施设置和更新，建立健全与水库周边村组、学校的长效联动机制，加大防溺水宣传力度。加强森林防火和办公场所防火宣传教育，组织开展水库"三无"船只整治。实现安全生产零事故。

【信访工作零报告】 信访工作实行"一把手"负总责，分管领导具体抓，其他成员协力抓，一级抓一级，一级对一级负责，层层落实责任，与各股室单位签订目标职责书，有效减少和纠正各种推诿扯皮和不负责任的现象，并对不负责的现象严格追责，实现了全年无上访事件。

【水库农业灌溉】 实行灌区分片负责、渠道分段管理模式，落实责任到人，做到熟悉责任区段薄弱点和危险地段，做好防范措施。建立灌区民情档案，加强基础水利设施管护，及时消除渠道安全隐患和清理渠内杂物，引导村民爱护渠道设施。农业供水从5月5日开始，至10月4日结束，期间有效供水日89天，为辽市、金瑞、洪塘、新田四个乡镇，总供水1701万立方米。

【水库环境保护】 按照习近平总书记"节水优先、空间均衡、系统治理、两手发力"十六字重要治水思路，结合区水利实际，加大坝区、库区环境卫生整治力度。区水利局紧密结合乡村振兴工作要求，联合水库周边乡镇村组进行水资源保护宣传工作，有效地从源头遏制了水库水质污染事件的发生。

【水库标准管理】 按照《江西省人民政府办公厅关于全面推行水利工程标准化管理的意见》和《江西省水利厅关于印发全面推

行水利工程准化管理实施方案的通知》的要求，高效有序推进水利工程管理标准化工作，并于2021年12月通过省水利厅验收，被省水利厅认定为水利工程标准化管理一类单位。

（廖 洁）

袁州区现代农业示范园区

【概况】 2021年，区农业园以建设“科技示范引领、三产深度融合、高效辐射带动”的现代农业示范园区为目标，攻坚克难，力促园区发展接二连三，为实现农业高质高效、乡村宜居宜业、农民富裕富足而努力奋斗。

袁州区现代农业示范园区(袁州园)位于袁州区西村镇，规划面积20平方千米，园区于2009年开始规划建设，是国家农业科技园区、省级现代农业示范园区、省级农业物联网示范基地和“袁州园”国家AAA级旅游景区，先后接受过多位党和国家领导人的视察。2021年，园区编制了园区发展规划(2021—2030年)，园区规划以“一心三轴四片区”为功能分区，规划范围35.6平方千米。

园区落户江西星火农林科技发展有限公司、江西天稻粮安种业有限公司、江西和顺景观园林建设工程有限公司、宜春市东升有机种植有限公司等40家经营主体，其中国家林业重点龙头企业1家、国家高新技术企业2家、省级农业龙头企业3家、省级林业龙头企业2家、市级农业龙头企业4家，各种新型经营主体齐全。

园区基本形成有机蔬果、优质种业、高产油茶、花卉苗木、休闲旅游五大特色产业，现有蔬果基地4500亩，设施大棚500余亩，高产油茶示范基地2500亩，花卉苗木基地5000亩。基本形成了主道路“三横八纵”相通，主渠道纵横相连，主线网依路而走的基础设施架构。

【园区产业】 通过强科技、提品质做大做强有机蔬果、优质种业、高产油茶、花卉苗木、生态旅游五大特色产业。天稻粮安已审定水稻新品种17个，有36个品种正参加国家和省级审定试验，野香优系列香稻品种成为江西省区域公共品牌主推种植品种；宜研种业在农业农村部登记31个辣椒品种；天稻粮安获评江西省优秀农业产业化龙头企业、江西省脱贫攻坚贡献企业，该公司与高安市江西汇丰源种业有限公司参与完成的“矮秆密穗优质水稻恢复系R225及衍生系的创制与应用”项目成果获省科学技术进步奖一等奖，正从种业到大米加工延链；宜研种业获批农业产业化市级龙头企业，意向投建辣椒加工项目；星火农林被认定为江西省企业技术中心，油茶产业循环链进一步完善和提升；和顺园林与上海悉乐文化有限公司合作打造松鼠部落乡村旅游综合体项目，正朝着农旅结合的方向转型升级。

【园区项目建设】 2021年，园区成功引进总投资约3.4亿元的松鼠部落乡村旅游综合体项目和总投资为1亿元的富硒脐橙产地加工项目，获批袁州区富硒省级现代农业产业园项目资金490万元。松鼠部落乡村旅游综合体项目2021年已完成投资4500万元，着手启动农产品加工园区测量、规划设计等前期工作。将东升蔬菜科普馆提升为宜春市富硒农业科普馆，园区高标准完成了7个秀美乡村示范点项目建设。

（李 瑶）

工业 信息

综 述

【概况】 2021年，袁州区坚持稳中求进的工作总基调，深入开展“六比六赛”活动，聚力主导产业，强力推进项目建设，拓展园区后劲，优化营商环境，在转型发展中提质效，在创新驱动中求突破，全区工业经济实现平稳较快发展。

【工业经济】 区本级规上工业企业完成工业增加值同比增长12.1%，列全市第2位。实现营业收入200.2亿元，同比增长33.0%；完成利润总额18.4亿元，同比增长76.0%。完成工业固定投资42.5亿元，同比增长18.7%，其中技改投资同比增长80.3%，技改占工业固投比重41.0%。新增规上工业企业38家。

【企业发展】 一是科学技术进步奖居全市首位。大海龟生命科学、天稻粮安分别获江西省科学技术进步奖一等奖，金地锂业、济民可信分别荣获江西省科学技术进步奖二等奖。二是两化融合成效凸显。2021年新增了宜联打印、大海龟生命科学2家省级两化融合示范企业，九鼎动力启动了两化融合贯标工作。截至2021年年底，全区已有9家企业获得了省级两化融合示范企业称号，占全市比重的18.8%；有10家企业启动了两化融合贯标工作。三是4个新产品验收成功。其中，百神药业的百神牌健脾八珍糕荣获省优秀新产品奖一等奖，济民可信的济民可信牌金水宝片、米格列奈钙片分别获省优秀新产品奖一、二等奖。四是扩容“专精特新”企业。飞龙钻头、金海新能源等6家企业被省工信厅认定为江西省“专精特新”中小企业，现有专精特新企业13家。五是设计大赛成绩斐然。港丝利服饰在第五届江西省“天工杯”工业设计大赛获评工业设计大赛先进企业的称号。六是企业上市持续发力。百神药业、大海龟生命科学、航宇新材、新龙生物四家企业入选江西省企业上市映山红计划。

【增资立项】 一是帮助莱茵电梯、大海龟生命科学、海尔思、宜联打印设备申报获得国家“两化融合”贯标奖励120万元。二是组织近20个项目申报各类扶持资金，其中3个项目获得省级专项扶持资金520万元。三是积极培育企业技术中心，大海龟生命科学等4家企业获评市级企业技术中心，银锂新能源获评省级企业技术中心。四是推荐硒养山泉水申报省级节水型企业，被列入省级节水型企业名单。五是积极组织34家企业申报全省“专精特新”中小企业；组织推进百神药业、大海龟生命科学、新龙生物等3家企业申报2021年第三批国家专精特新“小巨人”企业；组织推荐济民可信、大海龟生命科学申报第六批制造业单项冠军企业。

【精准帮扶】 一是出台惠企政策。出台了《2021年袁州区加快推进工业经济高质量发展的若干政策措施》，大力扶持企业发展壮大；积极兑现2020年《袁州区加快推进工业经济高质量发展的若干政策措施》奖励政策，共为115户企业兑现资金969.81万元；积极开展“我在袁州过大年”活动，为符合奖补条件的48家企业及625名员工兑现春节红包、稳岗补贴、电费补贴共计90.54万元。二是破解资金难题。稳步推进财园通，做好融资需求对接，全年共为102家企业发放财园信贷通贷款4.6459亿元。三是搭建政企桥梁。出台了《关于区领导及特派员挂点帮扶重点企业的通知》等文件，帮助企业解决人才、融资、用地等方面的困难与问题，截至2021年年底，共收集企业困难与问题182个,已落实或阶段性解决155个,正在对接推进27个。四是着力优化营商环境。出台了《袁州区工信局优化营商环境2021年工作方案》,明确了工作目标、主要任务,健全了机构,着力解决工业经济发展营商环境中的突出问题。五是切实抓好企业服务。一方面指导帮助江特电机、江西江特等企业申报省级产融合作主导产业,组织航宇新材料、九鼎动力、金辉再生等企业参加全市银企对接会,组织阳光就业、华韵实业等企业参加企业上市研讨会;另一方面是组织世宇金属等企业参加全省企业创新管理培训班,积极向市里推荐航宇新材料张运东同志、大海龟生命科学孙海辉同志的人才典型事迹,指导帮助科伦医疗、大海龟生命科学等企业进入省级领航企业培育库。

【安全环保】 一是开展安全生产隐患排查。共检查企业400余家(次),排查出安全隐患1100余条;退出烟花爆竹生产企业79家,提前完成省政府下达的退出任务。二是机制砂企业规范整治。袁州区有机制砂企业56家,按照分类整治原则,其中9家关闭取缔类已全部落实断电停产措施,24家停产整改类已全部落实断电停产措施,23家整改提升类督促完善有关手续。三是对混凝土(砂浆)搅拌站、水泥粉磨站等进行集中整治。不定时随机抽查,对不符合环保要求的企业责令整改,对整改完成的企业进行验收、销号。四是落实淘汰落后产能专项行动。对钢铁、水泥、平板玻璃、煤炭等行业的落后产能情况进行全面排查摸底,未发现存在落后产能现象。五是对预拌砂浆搅拌站进行"三封闭"验收工作。对方满新型建筑、通利建材、誉鑫工贸预拌砂浆搅拌站3家企业均通过了市工信局、市住建局、市生态环境局联合验收。六是继续严格落实打击"地条钢"非法生产工作。对袁州区7家中频炉铸造企业进行排查,未发现有制售"地条钢"行为,建立了工作台账,落实了监管责任部门和责任人。七是节能监察和节能审查。配合国家、省、市对红狮水泥、宜春钽铌矿开展了节能监察工作,红狮水泥、宜春钽铌矿能耗指标均符合国家要求,其中红狮水泥单位产品能耗指标均达到先进值以上;对济民可信等3家企业4个技改项目进行了节能审查和备案,另有心诚药业等2家企业2个技改项目正在节能审查中。

生物医药产业

【概况】 2021年,袁州区生物医药产业规模以上工业企业有江西济民可信药业有限公司、江西百神药业股份有限公司、宜春大海龟生命科学有限公司、江西科伦医疗器械制造有限公司、江西海尔思药业股份有限公司、江西新龙生物科技股份有限公司、宜春远大生物工程有限公司、江西荣兴药业有限公司、江西心诚药业有限公司、江西金思康药业有限公司、宜春颐建药业有限公司、江西密朗洁净技术有限公司、江西缔缘康生物科技有限公司、江西虹景天药业有限公司、宜春市康冠致新医疗科技有限公司等15家。

2021年,袁州区生物医药产业呈现良好发展势头,聚集效应逐步显现。生物医药产业实现主营业务收入425.1亿元,同比增长8%,其中,规上工业企业15家,实现主营业务收入25.35亿元,同比增长16.9%。利润总额6.48亿元,同比增长8.7%。

【重点项目】 济民可信年产4000吨中药提取数字化车间建设项目。为满足快速增长的中药市场需要、提高中药提取自动控制水平和符合新形势下安全、环保、消防法规,江西济民可信药业有限公司投资10亿元在预留地块建设"年产4000吨中药提取数字化车间项目",项目占地面积150亩,由国药工程武汉医药设计。2020年9月22日正式开工建设,2021年,项目建筑及各项安装工程已基本完工,正在进行设备调试及生产验证相关准备工作,项目投产后预计可实现年主营业务收入13亿元,实现税收2亿元,从业人员100人。

百神药业健脾八珍糕智能化生产车间技术改造项目。江西百神药业有限公司公司拥有10余个药品剂型和保健食品,生产批文600多个,涵盖8大系列600多个品种,形成了完备的中药系列产品群。活血止痛胶囊、健脾八珍糕两个产品上榜2019中国医药品牌榜。2021年,项目新建厂房已封顶,正在设备安装调试,项目竣工后预计生产8.3克的健脾八珍糕37440万块,销售收入达2.37亿元,实现利税8684万元。

心诚药业优化中成药生产线技术改造项目。江西心诚药业有限公司2003年投资3000万元,按照国家GMP要求新建。引进了国内先进的生产设备和检测仪器,有健全的质量保障体系和各项现代化企业管理制度,2004年11月一次性通过国家GMP认证,拥有片剂、颗粒剂、硬胶囊剂、中药材提取四条生产线。项目总投资10500万元,总占地20亩。2021年,项目正在做土建工程及新建消防、污水处理池。项目竣工后,预计可年产颗粒剂3.6亿袋,片剂6亿片,胶囊剂2亿粒,年产值可达1.5亿元,实现利税1200万元,解决劳动就业50人。

锂电新能源产业

【概况】 袁州被誉为“亚洲锂都”,矿产资源十分丰富,主要有钽、铌、锂、钴、锌、金、煤、花岗岩、高岭土、白云石、粉石英等20余种。其中,可开采氧化锂储量110万吨,占全国的31%、世界的12%,居矿石锂的世界第一。截至2021年年底,袁州区已投产锂电企业38家,包括了银锂新能源、九鼎动力、环锂新能源、金地锂业、金辉再生资源等重点企业。这些企业主要分布于机电产业基地、新坊镇和医药工业园,包括了从矿石原料提取加工—碳酸锂—锂电池材料—锂离子动力电池以及新能源汽车关键材料和零部件的生产。

2021年,随着碳酸锂市场价格的回升及锂云母价格的上涨,锂电产业整体发展态势良好。2021年全年,锂电新能源产业实现营业收入56.6亿元,同比增长70.8%,实现利润总额9.6亿元,同比增长750.6%。

【重点项目】 宜春天联年产30万套动力电池封装及配套产品项目。该项目由深圳市逸马电源有限公司投资建设,项目总投资3亿元,租赁机电锂电核心技术园2.2000万平方米标准厂房。公司主要致力于电池模组的研发、生产和销售。该项目于2021年3月28日签约,2021年4月9日开工。截至2021年年底共完成投资约8000万,已完成40%生产车间进度及办公区区域装饰装修,拟安装全国技术最为先进的自动生产线。预计全部建成达产达标后,销售收入将达5亿元、税收2000万元,解决近300人就业。

新豆科技年产200万台锂电新能源电机及100万台特种电机项目。江西新豆科技有限责任公司(前身是2016年成立的无锡新豆科技有限公司,国家高新技术企业)成立于2021年,5月6日签约入驻江西省宜春市袁州机电产业园。公司注册资本2000万元,总投资5亿元人民币。本项目占地50亩,规划建设厂房面积2.4万平方米,综合楼2600平方米,辅助车间及仓库6000平方米,宿舍楼1000平方米。项目建成将具备年产200万台锂电新能源电机及100万台特种电机、300万台控制器(含智能中控)的产能,同时配备现代化数控机加车间、压铸车间、现代化无尘电子车间、整机装配车间等生产管理体系。2021年项目一期租赁标准厂房小规模生产,新厂建设发改委已立项,二期已供地并办理土地使用权转让。该企业2021年11月30日已入规。

装备制造产业

【概况】 2021年,袁州区区属智能装备产业规模以上企业有江西特种电机股份有限公司、江西江特电气集团有限公司、江西特种汽车有限公司、江西江特电机有限公司、莱茵德尔菲电梯有限公司、宜春新丝路实业有限公司、江西尖丰精密科技有限公司,江西腾辉电气设备有限公司等25家,形成了具有一定影响力的品牌市场。截至2021年年底,袁州区进行了智能化改造的企业有济民可信、航宇新材、科伦医械、博鲨实业、港丝利服饰、海尔思药业、金海新能源、百神药业,京能热电等。2021年区属规模以上智能装备企业实现主营业务收入20.94亿元,同比增长2.6%,实现利润总额0.59亿元。

【重点项目】 江西跃鹰科技产业有限公司智能穿戴手表及配件生产线项目。该项目总投资20亿元,总建筑面积为21.89万平方米,共有12栋生产厂房、6栋员工宿舍楼、1栋办公楼和1栋污水处理站,项目建成后可达年产600万条智能手表金属表带、3000万套智能手表不锈钢表壳、3000万套智能手表铝合金表壳、3000万套智能手表塑胶表带及配件等,逐步形成产业链群。智能穿戴项目生产工艺流程:产品设计—原材料CNC加工—注塑成型—表面处理—装配—检测—包装。配件工艺流程:表面阳极氧化处理—检测—出货等。

电子信息产业

【概况】 2021年，袁州区电子信息产业有规模以上工业企业13家，分别是：航宇新材料、华讯电子、永盛常科技电子、何氏电子、祥丰电子、万兴刚电子、仁创能源科技、爱星毅通信技术、成上光电、春嘉电子、博理智能制造、超越精密、驰同达。2021年规上工业企业完成营业收入18.26亿元，同比增长81.9%。实现利润总额9785.8万元，同比增长2.1%。

【重点项目】 江西众联半导体科技有限公司半导体封装项目。该公司是一家致力于芯片封装、集成电路，电子元器件研发、生产、销售为一体的国家高新技术企业。公司投资10亿元的半导体封装项目于2020年10月24日正式签约落户袁州区机电产业园，一期投资4亿元，使用机电产业园标准厂房2栋，共2.2万平方米，项目采用国际先进工艺，采购进口全自动化设备500余台，单台设备均价达50万余元人民币，全自动化率达95%，车间环境为标准半导体生产千级净化车间。经过两个月紧张的车间装修和设备调试安装，项目已于2022年1月试投产。预计达产后年产值10亿元，年税收3000万元人民币，可解决当地就业岗位150个，并带动上、下游产业链的落户，将有力推动地方电子信息产业的发展。

新型建材产业

【概况】 袁州区位于江西省西部，东邻新余市，西接萍乡市，有丰富的石灰岩、粉石英、高岭土等非金属矿产资源，储量大、品质好、有害成分较少，是发展水泥工业和生产新型建材及非金属产品的优质原料，形成了硅酸钙板、高岭土和锂长石加工、新型墙材、建陶四大类企业的发展格局。规模以上建材企业有90家，分别是：红狮水泥、环虹金属新材料、楚恒建材、秀江混凝土等。2021年规模以上建材企业实现营业收入55.02亿元，同比增长21.33%；实现利润总额2.71亿元，同比增长29.88%。

【重点企业】 宜春环虹金属新材料有限公司，位于袁州医药工业园，致力于设计与生产高档建筑室内外装饰用铝单板、金属天花板、包柱及各种装饰铝板等产品。注册资本1000万元，资产总额4327万元。公司拥有最先进的全自动喷涂设备和最先进的控温炉、液化气燃烧系统及德国的前处理工艺技术，拥有数控激光板机、数控折弯机、数控开料机、塔式数控冲床，具备年产铝幕墙300多万平方米的生产加工能力，功能齐全，设备先进。公司2021年实现营业收入2.36亿元，同比增长47.50%；实现利润总额569.50万元，同比增长38.03%；上缴税金总额687.6万元，同比增长32%。

宜春市楚恒建材有限公司，成立于2016年10月，注册资本2600万元，公司坐落于江西省宜春市袁州区湖田镇王华村，占地面积约50亩，公司有生产线2条(一条180生产线，一条240生产线)，生产线均采用自动化控制，科技含量高；搅拌车20余辆，泵车4辆，砂浆运输车2辆；配有专业实验室，拥有先进的实验设备和检测仪器，完善的质量保证体系，能够完成生产所需要的全部实验项目及各种原材料检测工作，并对产品质量实行全程跟踪、控制，更有效地保障了混凝土强度。公司年产能力达40万立方米，现可生产C10–C50的通用混凝土以及C60的高强混凝土，还可生产抗冻、抗渗、道路等特殊混凝土，能充分满足不同工程的各种个性化需求。公司固定资产达6000多万元，2018年度被宜春市袁州区评为纳税先进企业和区上规企业。公司2021年实现营业收入1.99亿元，同比增长59.52%；实现利润总额662.40万元，同比增长16.89%；上缴税金总额745.70万元，同比上涨2.36%。

宜春市秀江混凝土有限公司，位于袁州区三阳镇宜万路，成立于2010年9月，占地面积20000平方米，总投资4000万元，注册资金1000万元。2011年建成投产，企业占地面积50余亩，2013年成为区规模以上工业企业。公司有固定资产4000余万元，在职职工110余人。有4条HZS180全自动混凝土搅拌生产线，备有36台混凝土搅拌运输车，混凝土天泵、车载泵10台。公司配备了先进精良的全套检验检测设备及仪器，年产混凝土生产能力达100万立方以上，是袁州区规模较大的商品混凝土生产企业之一。公司2021年实现营业收入1.65亿元，同比增长32.08%；实现利润总额201.80万元，同比下降30.32%；上缴税金总额451.80万元，同比下降11.17%。

绿色食品产业

【概况】 袁州区现有绿色食品产业规模以上工业企业11家，分别是宜春市新希望农牧科技有限公司、江西青龙高科油脂有限公司、宜春市袁州区慈化润凯屠宰有限公司、宜春格力特饲料有限公司、宜春九鼎牧业有限公司、宜春市袁州区中州米业有限公司、宜春市绿富春实业有限公司、江西春江科技有限公司、宜春市山泉粮油有限公司、江西天稻粮安种业有限公司和江西好实沃生物技术有限公司。2021年，实现营业收入9.38亿元，同比增长43.56%，占区本级规上工业营业收入比重为4.68%。

【重点企业】 宜春新希望农牧科技有限公司，是新希望集团于2019年4月收购正式成立，经集团研究决定任命李权先生为公司法人代表，公司总投资2500万元，打造年生产量达30万吨的工厂。公司坐落于江西省宜春市袁州区彬江工业园区，总面积45亩，其中厂房面积有14000平方米，办公楼1040平方米。有人员41人，其中大学本科有11人，占公司总人数26.8%，专业技术人员13人，占公司总人数的31.7%，公司成立了专门的技术服务队，为养殖户提供疾病防控、养殖管理等技术方面的服务。公司生产设备由中外合资知名企业布勒（常州）机械有限公司提供并安装，生产工艺流程采用目前国内先进的全自动电脑配料，拥有2条生产线，时产能力达20吨，年产能力达30万吨。公司在集团强大的科研实力下，推行其低成本、高效益的管理理念，为市场提供优质的猪、禽、水产系列配合饲料和浓缩饲料。公司2021年实现营业收入2.66亿元，同比增长262.83%，实现利润总额100.40万元，同比增长131.09%；上缴税金总额36.20万元。

江西青龙高科油脂有限公司，是宜春市首家集研发、生产、销售食用油为核心业务的民营高科技股份制企业。是“全国油茶产业重点企业”“江西省农业产业化省级龙头企业”“江西省省级林业龙头企业”“江西高新技术企业”“中国食品企业社会责任百强企业”。公司拥有200多亩油茶加工厂区；引进双螺旋杆榨油机技术进行茶籽冷榨，建成了日处理100吨茶籽的冷榨生产线；并从瑞典“阿法拉伐”公司引进成套先进的年生产能力为15000吨的油脂精炼工艺及设备，采用国际最先进的软塔技术， 是当前中国所有茶油生产厂商中第一个采用软塔技术的制造商。公司2021年实现营业收入1.54亿元，同比增长15.14%，利润亏损148.20万元，同比下降41.95%；上缴税金总额212.70万元。

宜春格力特饲料有限公司，位于宜春市彬江工业园区，交通便利，于2013年5月开始建设，已建成一座年产24万吨的现代化饲料生产基地，总占地面积为34466平方米，投资总额1亿元，是一家以加工生产经营畜禽浓缩饲料、配合饲料为主，集研发、推广饲料新产品于一体的民营企业。公司现有配合饲料、浓缩饲料、膨化玉米三条生产线。生产、仓库现场推行“6S”管理，做到环环相扣，有条有理，秩序井然，保证了产品质量的优良性和稳定性。公司2021年实现营业收入0.93亿元，同比增长20.93%，实现利润总额154.50万元，同比增长182.01%。

宜春市袁州区中州米业有限公司，成立于2009年11月，坐落于宜春市袁州区机电产业基地。公司注册资金2100万元，占地总面积80亩，总资产2亿多元。公司是一家集优质稻种植、湿谷烘干、精米加工、恒温存储、线上线下营销于一体的现代化农业企业。公司是江西农产品50强企业品牌，公司自主大米品牌“状元洲”，为江西省著名商标。公司产品定位中高端市场，主要销往长三角、珠三角等沿海经济发达区域。公司是江西省区域公共品牌“宜春大米”的承建企业，“宜春大米”是国家地理标志认证产品。公司2021年实现营业收入0.86亿元，同比下降7.82%，实现利润总额271.90万元，同比下降6.95%。

2021年度袁州区制造业综合十强企业

【江西济民可信药业有限公司】 江西济民可信药业有限公司是一家集科研、生产、销售于一体的大型民营医药企业，位于袁州医药工业园。公司成立于1999年1月，拥有专利53项，制定国家标准9项，获得省级以上技术类奖项 9 项，现有片剂、硬胶囊剂、颗粒剂、散剂、口服液、糖浆剂、煎膏剂、合剂、酊剂、口服溶液剂（含中药前处理及提取）等十大剂型，共有十余条国内一流生产流水线，具备先进的质量检测设备和强大的生产能力。公司生产经营的国家级新药和国家中药保护品种有 10 多个，其中中国名牌产品、中国驰名商标产品、国家保密产品金水宝胶囊远销国内外，省名牌产品小儿热咳口服液和重点品种复方鲜竹沥液、婴儿健脾颗粒、清热解毒口服液、蛇胆陈皮口服液、孕康口服液、益母草颗粒、抗宫炎片等具有相当广泛的市场基础。

公司一期项目具备年提取中药材能力 2400 吨、年生产口服液（含合剂、酊剂）2 亿支、糖浆剂 400 万瓶、煎膏剂 100 万瓶、片剂 10 亿片、颗粒剂 2.5 亿包、硬胶囊剂 8 亿粒的生产能力。二期金水宝异地改建项目按照 GMP 标准建设，关键设备全部采用国际知名品牌，建成的生产线自动化程度为国内一流水平，可年产金水宝胶囊 30 亿粒、金水宝片 10 亿片、金水宝丸 1000 万瓶。公司于 2020 年 5 月启动的“年产 6000 吨中药提取智能数字化建设项目”正在设备调试，项目建成达产后，预计实现税金 2 亿元。

2021 年，公司实现营业收入 10.84 亿元，同比增长 15.93%，上缴税金 2.45 亿元，同比增长 66.41%。

【江西江特电机有限公司】 江西江特电机有限公司是江西特种电机股份有限公司为了适应集团化发展，于 2016 年 4 月分离出来的全资子公司，注册资本 1 亿元，主要从事智能电机产品的研发、生产和销售。公司 2021 年实现营业收入 8.18 亿元，同比下降 5.18%，实现利润总额 0.87 亿元，同比下降 35.08%。

历经 60 多年行业沉淀，江西江特已经具备行业领先的技术水平和综合竞争力，拥有专利技术多达 130 项，并建立了省级企业技术中心、省级工程技术研究中心等研发平台，为我国的建筑、矿山、能源、国防等建设事业作出了重要贡献。公司的塔吊电机、起重冶金电机、风电电机、伺服电机、电梯扶梯电机、新能源汽车驱动电机等多个产品的市场占有率常年稳居行业前列，并先后荣获“国家重点新产品奖”“国家火炬计划项目”“国家科技型中小企业科技创新基金项目产品”等 100 多个奖项。公司高度重视产品质量管理，先后通过了 ISO9001 质量管理体系认证、TS16949 质量管理体系认证、ISO14001 环境管理体系认证，部分产品获得中国船级社船用产品型式认证、出口产品质量许可认证、欧共体安全认证（CE 认证）、GB12996 认证、ROHS 检测等。

【宜春银锂新能源有限责任公司】 宜春银锂新能源有限责任公司是上市企业江西特种电机股份有限公司的控股子公司，位于袁州区彬江机电产业基地。公司成立于 2011 年，拥有 8 项发明专利，8 项实用新型专利，是一家利用锂云母、锂辉石制备高纯度碳酸锂、氢氧化锂的锂电新能源高新技术企业，公司拥有自己的科研团队、分析检验中心并与中科院过程所、江西理工大学、宜春学院、长沙化工部设计研究院等建立了长期的战略合作。公司主要产品为电池级碳酸锂、工业级碳酸锂，副产品有硅砂、锂渣、石膏、硫酸钠。公司分二期建设，一期“利用锂云母年产 5000 吨碳酸锂项目”，占地面积 242 亩，投资 4.8 亿元，项目基本达产。二期“利用锂云母和锂辉石年产 2.5 万吨锂盐项目”，占地面积约 450 亩。目前利用锂云母及锂辉石生产碳酸锂生产线均已建成，利用锂辉石生产氢氧化锂生产线还在建设中。

2021 年投入 1.5 亿元，主要用于氢氧化锂产线完善及无水氢氧化锂的研发，现有碳酸锂产线产能扩增及高纯碳酸锂产品的制备。2021 年，公司实现营业收入 14.37 亿元，同比增长 567.96%，完成税收 389.4 万元。

【江西省航宇新材料股份有限公司】 江西省航宇新材料股份有限公司成立于 2010 年 6 月，位于袁州区彬江机电产业基地，占地面积 11.8 万平方米，是一家专业生产高性能覆铜箔层压板并提供相关材料使用解决方案的高新技术企业。公司已通过 ISO9001 质量管理体系、IATF16949:2016 质量管理体系、GJB9001C 武器装备质量管理体系、ISO14001 环境管理体系、OHSAS18001 职业健康管理体系；产品通过 UL、CQC 等多项国际认证。公司 2021 年实现营业收入 11.53 亿元，同比增长 126.54%，实现利润总额 0.65 亿元，同比增长 33.08%，实现税收 949.5 万元。

公司一期工厂总投资 2.9 亿元人民币，产能达 80 万张/月。主要产品有高性能聚四氟乙烯 PTFE 高频覆铜板、高导热铝基覆铜板以及阻燃型环氧玻纤布覆铜板 FR-4、环氧复合基覆铜板 CEM-3、多层板半固化黏结片和 High-CTI、无卤素各系列覆铜板。产品主要供应制作单、双面及多层线路板，广泛应用于射频、微波、5G 通信等领域；LED 照明电路、厚膜混合集成电路、电源电路、固态继电器等领域以及手机、汽车、通信设备、计算机以及各种电子产品中。

公司新建二期工厂总投资 4.65 亿元人民币，于 2019 年 11 月正式投产，新增产能覆铜板 CCL 产量 100 万张 / 月，PP 280 万平方米 / 月。主要产品为无卤素无铅制程兼容多层芯板，高速电路用低介质损耗、高耐热层压板材料。产品广泛应用于汽车电子类、HDI、PCB、智能互连电子、电源、仪器仪表、服务器、存储、交换机、路由器、电信、通信设备类、基站等各种电子产品中。

【江西丰日冶金科技有限公司】 江西丰日冶金科技有限公司循环经济产业项目于 2019 年年初正式开工建设。丰日冶金是一家以循环经济为主，兼蓄电池材料生产一体的高科技企业，位于袁州医药工业园。丰日冶金循环经济产业项目投资 10 亿元，设计具备年回收再生 10 万吨废旧铅酸蓄电池的能力，目前设备已全部安装到位并完成空压测试，2020 年 5 月正式投产。公司 2021 年实现营业收入 7.96 亿元，同比增长 64.46%，实现利润总额 5024.0 万元，同比增长 779.55%，实现税收 4518.4 万元。

公司坚持以社会效益为中心，按照高标准、严要求、重环保的建设理念，充分考虑资源综合利用、节能减排，和环境保护的要求，科学规划生产工艺布局，采用国内乃至全球最先进的生产工艺及切实可靠的环保治理措施，不仅解决了废铅蓄电池的回收难题，而且避免了传统工艺带来的严重污染。该项目可充分利用铅废料，减少原生铅矿石的开采，延长其开采期限，并减少铅废料对环境的污染和资源的浪费，使铅金属进入生产—消费—再生的良性循环，是我国实现铅工业可持续发展战略、发展循环经济的不可缺少的重要组成部分。

【宜春红狮水泥有限公司】 宜春红狮厂区位于柏木乡更石村，建成日产 4500 吨熟料水泥生产线，按照“第二代新型干法生产线”和智能制造要求设计，采用目前国际最先进新型干法水泥工艺，水泥制造各环节与互联网深度融合，达到“生产现场无人化、过程控制智能化、生产管理数据化、设备管理可视化”，主要经济技术指标处于水泥行业先进水平。同时配套建设 9 兆瓦纯低温余热发电项目、水泥窑协同处置年 10 万吨固废处置项目。项目总投资 18 亿元（含水泥窑协同及固废处置中心项目），达产后年产值达 15 亿元，纳税达 1 亿元，解决当地用工 400 余人，同时带动周边运输、制造及服务等行业的兴起。2021 年实现营业收入 8.17 亿元，同比增长 44.68%；实现利润总额 8211.30 万元，同比增长 939.54%；实现工业税收 1323.10 万元，同比增长 460.40%。

【江西百神药业股份有限公司】 江西百神药业股份有限公司创建于 2001 年，位于袁州医药工业园，是一家集中成药、中药饮片、中药配方颗粒研发、生产、销售于一体的高科技企业，列江西百强民营企业榜 61 位。公司先后被评为“中成药制造龙头企业”“国家高新技术企业”“省创新型企业”“省级民营科技企业”“先进非公有制企业”。“百神”为中国驰名商标、江西省著名商标。公司 2021 年实现营业收入 3.59 亿元，同比增长 30.97%，实现利润总额 1.26 亿元，同比增长 114.98%，实现税收 5335.0 万元。

公司占地面积 300 亩，拥有胶囊剂、糖浆剂、颗粒剂等 10 余个药品剂型和保健食品，涵盖骨伤等 8 大系列 600 多个品种。年生产能力为胶囊剂 10 亿粒、颗粒剂 8 亿袋、片剂 10 亿片、糖浆剂 450 万瓶、丸剂 1000 万袋。公司拥有 1 个国家地方联合工程研究中心和 2 个省级企业技术中心，中药研发实力列 2018 年全国第 16 名。拥有 13 个国家基本药物品种、2 个全国独家产品、25 个国家医保品种、3 个国家中药保护品种。其中，灵芝浸膏片是一个具有世界领先三大专利技术的高科技生物药品，荣获江西省科学技术一等奖；自主研发的 5 类新药大黄总蒽醌胶囊为国内首创的独家现代中药品种，是“十二五”期间江西省唯一一个获批的 5 类以上的创新药物，大黄总蒽醌胶囊的研究课题被科技部批准列为“重大新药创制”科技重大专项“十二五”第三批和第四批科研专项。

【宜春大海龟生命科学有限公

司】 宜春大海龟生命科学有限公司成立于2010年，位于袁州医药工业园，占地126亩，现有员工150余人，是一家专业从事食品添加剂、生物医药、高端饲料添加剂、化妆品原料集研发、生产及销售于一体的国家高新技术企业。本公司先后通过ISO9001质量管理体系、两化融合管理体系、FSSC22000食品安全体系、Halal、Kosher、欧盟IP等认证。同时，公司拥有自主出口经营权，产品远销欧美与日本等国家和地区。自成立以来，一直以自主创新技术引领行业发展。牵头起草了国内《天然维生素E用植物油馏出物》行业标准，主导推动“植物角鲨烷”行业标准的制定工作。

基于公司厚实的技术创新能力，公司已取得发明专利4项，实用新型专利8项，主编行业标准2项，公司科技成果“万吨级食用油较高附加值利用关键技术及产业化”，在中国石化联合会组织下，经中科院孙金声院士为首的专家组鉴定，技术达到国际领先，填补国内空白。公司花重金打造的第二条角鲨烯、烷生产线，已于2020年9月份建成，是全球产能最大、技术最先进的生产线。2021年全面投产后，预计可实现7.5亿以上销售，年利润突破1.2亿元。同时，公司已聘请了专业的上市辅导机构，拟定了上市时间表。力争2022年底前申报IPO，实现公司上市的战略目标。公司2021年实现营业收入3.45亿元，同比上涨67.88%，实现利润总额0.72亿元，同比上涨129.23%，实现税收1301.8万元。

【宜春市华讯电子制品有限公司】 宜春市华讯电子制品有限公司于2017年成立并投产，位于袁州医药工业园，占地面积2万平方米，总投资3500万元港币。宜春市华讯电子制品有限公司隶属于华讯电子股份有限公司，华讯股份有限公司主要从事优化家居电子产品的研发、生产及销售，产品包括洒水控制器、一氧化碳探测器、音响设备、聪明卡及阅读设备、无线电调控钟(可自动调节时间)及时钟活动组件、电池充电器及其他电子产品零件，如电磁阀及常规性转接器及变压器。集团拥有专业及经验丰富团队生产精密模具及塑胶组件。宜春市华讯电子制品有限公司主要生产电磁阀、变压器、线圈、报警器、洒水控制器等，工厂有员工1000余人，公司2021年实现营业收入2.81亿元，同比增长47.53%，实现利润总额134.20万元。

【江西汉尧富锂科技有限公司】 江西汉尧富锂科技有限公司位于袁州医药工业园，注册资本为人民币8244.4558万元。主营：锂离子电池用富锂锰正极材料、三元材料、正极材料前驱体及其他锂电产品的开发、制造、销售。公司采用独特的制备工艺，自行设计和装备了先进的生产线，具有强大的自主研发和创新能力，具有独立的知识产权，拥有10余项国家专利。2014年认定为国家高新技术企业。公司现有员工100余人，占地160亩；具有年产正极材料2400吨，年产前驱体3000吨的生产能力。公司拥有高水平检测及研发平台。2012年经江西省科技厅批准，公司成立了省级工程中心——“江西省锂离子电池材料工程技术研究中心”。

公司始终致力于锂离子电池用正极材料的研究与开发，产品品质处于国内一流水平。公司依托于江西理工大学，合作开发了系列的富锂锰基正极材料，并于2010年4月率先实现产业化，属国际首创。并于同年将产品用于电动自行车电池、电动商务车电池、高尔夫球场场地车电池、打猎车电池等领域。现有RM-1C、RM-5两种型号，富锂锰基正极材料具有优异的循环性能和高温性能，安全性能良好，在高电压下能发挥出很高的放电比容量，并且循环稳定，特别适用于电动汽车、电动自行车用动力电池和储能电池。公司三元材料有L532、L622、L442、L111等型号，能满足不同客户的需要。公司2021年实现营业收入3.29亿元，同比增长341.54%，实现利润总额0.80亿元，同比上涨3009.9%。

袁州医药工业园

【概况】 2021年，袁州医药工业园严格按照“8+N”发展目标，入选江西省首批化工园区名单，在全省开发区争先创优考评中评为A类，医药产业集群营业收入和利税总量在全省100个产业集群中均列12位。袁州医药产业集群认定为三星级产业集群。2021年全年，园区实现主营业务收入(大口径)651.6亿元，上缴税金16.59亿元，同比增长9.4%。规模以上工业企业实现营业收入81.58亿元，同比增长20.4%，规模以上工业总产值76.72亿元，同比增长19.2%，规模以上企业上缴税金 5.37 亿元，同比增加 32.3%，工业用电量 1.9 亿千瓦时，工业固定投资 17.1 亿元。

【医药产业】 2021 年新引进医药产业项目有：麦迪康医疗科技等 5 个，签约资金 29 亿元。医药产业实现营业收入 403.11 亿元，同比增长 21.4%；上缴税金 14.16 亿元，同比增长 9.7%，占比园区税收 85.4%。集群规模以上工业企业实现营业务收入 53.1 亿元，同比增长 34.9%，首位医药产业集聚度达到 73.5%。

【项目引进】 2021 年园区新签约项目有双云新能源、铭创机械、瀚青建材等 20 个，签约资金 53.87 亿元，租赁备案项目 13 个。其中 20 亿元以上项目有丹康制药，亿元以上项目有立德工程机械、守信新材料、玛克汽车零部件等 17 个。

【项目落地】 2021 年新增金高丽、丰益生物、新虹铝建材等竣工、投产项目 29 个。新增瀚青建材、绿方舟木业二期等开工项目 26 个。在建项目有济民可信中药提取智能数字化项目、丹康制药、优宝新材料等 17 个。2021 年培育京能热电、典亿实业、超越电子、好实沃生物、星辉鞋业等 7 家企业成功入规。大海龟生命科学、百神药业股份、新龙生物列为省 2021—2022 年度“映山红”企业。

【科技创新】 2021 年，园区企业科技创新成果在全省位于前列，宜春大海龟生命科学有限公司“万吨级食用油较高附加值利用关键技术及产业化”项目获得 2021 年度江西省科学技术进步一等奖，江西济民可信制药有限公司“中药口服制剂精益生产技术集成与应用”项目获得 2021 年度江西省科学技术进步二等奖。

【清理盘活“僵尸企业”】 加快推进“腾笼换鸟”和“僵尸企业”清理盘活工作，共清理盘活企业 15 家，盘活土地面积 829.98 亩，盘活民营企业空闲厂房 1.72 万平方米。2021 年新增 14 宗工业用地 100%按照“标准地”供地，努力提高土地利用率。

【园区配套提质升级】 2021 年完成了瀚青建材、守信新材料等项目土地平整，面积约 150 亩。协助 6 家未批先建企业办理有关规划建设手续。投入 1100 余万元对湾里路、石岭布路、湖西路等多条道路进行了改造提升，投入 400 余万元对孵化园二期实行专项供电。南区道路品质提升项目中康怡路、康苑路等已开始动工，其他道路即将挂网招标，建筑面积 5.8 万平方米的科创园项目正在加速推进，研发车间、创意车间已封顶。

【担保贷款解决企业融资难】 2021 年，医药工业园区为 30 家企业担保贷款 1.55 亿元，为 34 家企业及时拨付企业发展基金约 2.8 亿元。积极落实省政府《减税减费减租减息减支 32 条政策措施》，对租赁园区国有房屋的服务业小微企业和个体工商户免除了 1 个月租金，有效降低企业生产经营成本。强化用工保障，为企业招揽人才，组织有用工需求的 12 家企业参加专场招聘会，春节前后共主办线上线下招聘会 13 场，线下送岗位下乡参会企业 80 余家，线上直播招聘活动参与企业 50 余家，提供 2000 个就业岗位，协助开展 3 期培训班，培训员工 370 人。另外强化劳动纠纷调处，已解决 200 余件，防止了员工群体性上访，有效维护了社会稳定。

【安全生产标准化创建】 2021 年稳步推进安全生产标准化创建工作，打造省“双千示范”工程，对 2021 年 6 家新创建标准化企业奖励资金 7.8 万元，园内规上企业安全生产标准化完成率达 86.6%。开展安全生产专项整治三年行动，下发整改通知书 350 余份，查处事故隐患 1000 余项，停业整顿 3 家，约谈了 3 家存在较大安全隐患企业负责人，同时开展企业消防应急演练 50 余场，组织企业安全培训从业人员 200 余人次。经开区消防中队派驻消防力量到园区，充实园区应急消防能力。深入开展水污染防治，总投资 1907 万元的园区黑臭水体整治项目已完工，投入 1272 万元对康怡路、石岭布路、恒润生路及雨污管网进行了新建及改造。

（杨 艺）

园区重点企业简介

【概况】 2021 年，袁州医药工业园重点企业，除了江西济民可信药业有限公司、江西丰日冶金科技有限公司、江西百神药业股份有限公司、宜春大海龟生命科学有限公司、宜春市华讯电子制品有限公司和江西汉尧富锂科技有限公司等全区制造业综合十强企业外,还有江西壹金新能源科技有限公司等企业。

【江西壹金新能源科技有限公司】 江西壹金新能源科技有限公司成立于2018年6月29日,注册资本5000万元人民币,是北京壹金新能源科技有限公司的全资子公司,年产5000吨硅基负极材料,项目投资1.5亿元,占地140亩,首期供地约70亩,2019年年初开工建设,2020年5月试产,当年实现产值约300万元,税金38.6万元。公司专注于锂电池硅基负极材料的研发与生产,应用于新能源汽车、电动车领域。拥有以中科院化学所郭玉国教授为首席科学家的核心技术开发团队,与国内外多家电芯企业合作研发高能量密度电池体系应用技术。研发出具有自主知识产权的高性能硅基负极材料并深入研究硅基全电池关键技术。在锂电池关键材料和技术领域走在国际前列,在二次电池领域拥有16项国际领先的核心国家发明专利技术,其中12项已获授权。

【江西英大生物技术有限公司】 公司于2015年进驻园区,主要生产经营POCT化学发光仪及试剂、POCT免疫层析诊断仪器及试剂、生化诊断试剂及特定蛋白仪等50多个产品。引进了以“百千万人才”易剑峰教授为核心的科技创新团队;团队中高级职称以上有7人,博士4人、硕士5人;具有医学检验和相关专业技术人员占60%,其中检验师5人、临床医学专业8人。已开发出30个快速医疗诊断设备及项目,填补了省内快速诊疗项目多个空白。成立了快速医疗免疫技术研究中心,研发申报专利32个,获得授权20个;自主研发项目16个,3个省市重点研发项目。屡获国家高新技术企业、专精特新企业、科技型中小企业、宜春市“十佳科技创新团队”等荣誉,获批成立智能医疗快诊工程技术研究中心。正在新增技改两个万级净化车间、一个国家研发实验室、一个质量检测中心,新增基因诊断、术前八项、胃功能系列项目。依托快速医疗免疫诊断技术研究中心创新团队,全力组织开展防疫新产品研发,成功开发出新冠病毒抗体检测试剂及核酸试剂,目前已成功获得欧盟CE等多国认证,已进入商务部出口生产企业名单;具备了出口资质,确定多个出口意向订单,当前最大日产能可达20万人份。

【宜春市金特建材实业有限公司】 宜春市金特建材实业有限公司成立于2002年4月19日,由上海宜新实业集团投资,注册资本2000万元。项目总投资约1.5亿元,占地约110亩,并于2021年3月起新投资3000万元扩建“年产300万平方米新型墙体材料生产线项目”。“金特”品牌系列产品在国内同行业大品牌中名列前茅,其中金特建材企业研究生产的纤维增强硅酸钙系列板材属新型轻质防火板材,为国家节能墙改办推荐使用的二十一世纪绿色建材,可广泛用于隔墙、吊顶、防火通道等建筑领域。金特建材是亚洲专注于投资、开发、生产纤维增强水泥制品领域的企业,在硅酸钙板行业中处于领先地位,是中国混凝土与水泥制品工业协会硅酸钙板分会理事单位;是硅酸钙板/水泥纤维平板行业生产、测试、应用标准的主导参编者;特别是在建筑防火领域、建筑防排烟系统、建筑隔声方面等多项产品标准、应用规范、设计图集的参编者,参编标准超20项,专利技术超过30项,在硅酸钙板行业中处于领先地位。2019—2020年先后荣获江西省名牌产品、江西省新型墙体材料、国家高新技术企业等称号。

【江西丹康制药有限公司】 江西丹康制药有限公司制药基地项目总投资10亿元,占地面积约100亩,为年产乳果糖原料药1万吨和口服液糖浆2亿支,项目由江西海尔思药业股份有限公司投资新建。新三板挂牌后,海尔思充分利用资本市场的力量,为公司下一阶段的跨越增长获取更多优质资源。2017年11月公司完成了对丹东康复制药有限公司的并购,持有其77%的股权,该公司目前核心产品“乳果糖口服溶液”拥有原料和制剂两个生产资质,其中原料药为国内独家生产商;拥有8个优秀中成药产品,其中“雄蛾参茸合剂”“复方益母养肾口服液”为全国独家OTC滋补产品。考虑到并购后的整合发展,江西海尔思药业股份有限公司在江西宜春市袁州医药园新建“江西丹康制药有限公司”,将康复制药的乳果糖浓溶液原料药、8个中成药产品统一搬迁至新厂房生产。项目建设完成并运作成熟后,预计实现年销售收入约5.8亿元/年,净利润2.5亿元/年,实现税收约8500万元/年。

(杨　艺)

袁州区机电产业基地

【概况】 袁州区机电产业基地于2005年年底开始筹建,2013年正式设立袁州区机电产业基地管委会,工业园区位于袁州区东郊彬江镇,距袁州新城约7公里,距浙赣铁路复线彬江站(货场)约1千米,距杭长高铁站约7千米,距明月山机场约23千米,沪瑞高速公路彬江挂线穿境而过,交通便捷,区位优势明显,是“中国锂电新能源产业园”“中国(宜春)锂电新能源产业园”“国家火炬宜春袁州锂电新能源特色产业基地”,是江西省省级产业园、智能装备制造省级重点产业集群。

园区已建成区域面积5平方千米,近期规划11.23平方千米及远期规划22.5平方千米的设计已形成规划方案。园区建成标准厂房20.33万平方米,已有九鼎动力、海量动力、众联半导体、天联科技、兴锂新能源等重大项目入驻;投资3.56亿元建设中国(宜春)锂电产业新能源产业园标准厂房,总建筑面积22.44万平方米,一期9.03万平方米即将投入使用,投资788万元完成了河下支路、银锂新能源供水管网、污水管网等配套基础设施建设,园区承载力不断加强、形象不断提升。

【平台建设】 大力实施环境品质提升工程,聘请环境管护“第三方”服务,园区基础设施日益完善。全面启动宜万同城快速通道(园区段)项目建设,已完成挖方65万立方米、占总工作量的82%,完成填方55万立方米、占总工作量的75%,该项目控制价已送财政审核,并已向区政府报告增设雨污水管网工程;全面推进路网、管网、电网建设,创业路已完成中央隔离带拆除及破损路面修复工程,正在进行污水管网改造,已完成工程量的70%,投资22.5万元迎宾路路面修复工程已完成;完成土方平整100万立方米;中国(宜春)锂电新能源产业园标准厂房建设项目(二期)已完成地勘、施工图设计及图审,已办理建筑工程规划许可证,工程预算区财政局评审中心已审核完成,待区政府下达抄告单后启动招投标程序。

【项目建设】 2021年,园区共引进签约引进项目17个,签约资金52.3亿元,其中主导产业项目15个,占比88%,新引进的江西新豆科技有限责任公司,填补宜春市锂电新能源汽车“三电”领域中的电机、电控产业空白,江西兴锂新能源有限公司填补宜春市锂离子电池电解液产业的空白。2021年,列入区重点调度的重大项目17个,省大中型重大调度项目12个,其中5020调度项目2个,省重点调度项目1个,当年新开工项目16个、新增投产项目16个,盘活“僵尸企业”181.96亩。

【经济运行】 2021年园区规上工业企业营业收入71.39亿元,同比增长65.52%,其中航宇新材料营业收入11.53亿元,同比增长126.5%,银锂新能源营业收入14.37亿元,同比增长568%。税收完成3.54亿元,同比增长2.9%;完成固定资产投资13.20亿元,同比增长45.3%,其中工业固定资产投资12.44亿元,同比增长38.8%,工业技改固定资产投资5.33亿元,同比增长130.8%;新培育规上企业8家;袁州产业园在全省开发区2021年上半年争先创优综合评价中获“A”。

【安商服务】 落实驻企特派员制度,充分发挥商会作用,服务园区企业,不定期开展法律、税务、消防等业务培训会,把实用知识带进企业;“入企听诉”了解企业实际困难,先后解决企业问题80余个。

基地重点企业简介

【概况】 2021年,袁州区机电产业基地重点企业,除了宜春银锂新能源有限责任公司、江西省航宇新材料股份有限公司等全区制造业综合十强企业外,还有新豆公司等企业。

【江西新豆科技有限责任公司】 江西新豆科技有限责任公司年产200万台锂电新能源电机及100万台特种电机项目,于2021年5月签约落户袁州区机电产业基地,总投资5亿元,该项目填补了江西省锂电新能源汽车“三电”领域中的电机空白。项目分两期建设,项目一期投资1亿元,租赁核心技术园标准厂房,总建筑5600平方米,实现了当年签约、当年投产、当年入规。项目二期投资4亿元,占地面积50亩。

主要特点:一是技术力量雄厚。公司专家团队及研发中心设在无锡,项目二期竣工后,将建设博士工作站1个、国防科技实验室1个、江西省首家电机电控检测中心1个,现有国家发明专利1项、实用新型专利15项。公司研发生产的直流无刷永磁变频电机,与传统电机相比,具有体积小、效率高、噪声低、使用寿命长等优点,已被小刀、宗申、北京福田、欧派等知名车企认定为指定供应商。二是产品应用广泛。公司生产的无刷变频电机、无刷变频电机PMSM控制系统,产品能耗低、重量轻、过载能力强、低电流、扭矩大,广泛用于新能源汽车、纯电动汽车、混合动力汽车、工程车、高速电动摩托车、电动叉车、大型船舶及军工领域。三是经济效益好。项目达产达标后,可实现年营业收入约3.5亿元人民币,年上缴税收约800万元,解决200余人就业。

【宜春市天联科技有限公司】 宜春市天联科技有限公司于2021年3月签约落户袁州区机电产业园,项目总投资3亿元人民币。项目分两期建设,一期宜春市天联科技有限公司项目总投资3亿元人民币,租赁机电锂电核心技术园2.2万平方米标准厂房,主要经营电池模组的研发、生产与销售。

该项目主要有以下特点。一是科技含量高、技术水平领先。公司以广东作为科研、市场战略前沿,依托爱高、OPPO、小天才、坚果、索尼等国内国际品牌,在广东建立研发及销售团队,打造公司科技和前端市场平台,专业研发、设计、销售数码类和多轮类、机器人类、储能类、电动工具类电池组及相关设备配件等,掌握着各项产品的核心技术。将天联打造成后方生产服务基地,形成前沿与后方互相呼应战略。二是技术工艺精、具有行业领先优势。项目总投资3亿元,项目分两期建设。一期于2021年4月动工建设,预计2021年12月底前完成设备安装调试并进行试投产。同时,公司在电池模组领域拥有10余年的一体化管理经验,管理团队中高层曾在广东某科技有限公司从2015年至2018年完成营收5000万元→1.5亿元→5亿元的业绩,通过3年时间,将公司打造成电池模组领域的头部企业,2017年与某上市公司进行资产重组,实现了间接上市。三是发展前景好、经济效益明显。该项目属于技术密集型产业,项目落地后将带动一批上下游关联企业,有力推动地方电子信息产业的发展。项目建成达产达标后,预计实现年营业务收入2亿元,年均上缴税金2000万元,将创造约300人的就业岗位。

【江西正好锂电材料有限公司】 江西正好锂电材料有限公司月产锂离子电池极耳3亿对项目,于2021年5月落户袁州区机电产业基地,总投资3亿元,租赁寺库厂房,厂房面积8000平方米,是一家专业从事聚合物软包锂离子电池极耳研发、生产、销售与服务的创新型技术企业。

主要特点:一是研发团队实力雄厚。公司配备了行业优秀的研发团队,自主研发了凸胶极耳、弧形极耳、连胶极耳、包胶极耳、搭胶极耳、隐形极耳、倍率极耳、动力极耳等产品,产品主要客户为比亚迪、亿纬锂能、赣锋锂业等上市公司。团队自主研发的高效全自动化生产设备,效率提升30%,使用全自动在线CCD成像机检测,大大提升了产品的品质,成为该行业唯一一家自主研发生产设备的企业。二是产品应用领域广泛。公司主要产品具有高导电性、弯折性、耐腐蚀性等特点,广泛应用于软包数码电池、储能电池、动力电池等新能源领域。三是经济社会效益明显。项目达产达标后可实现年产值1.5亿元,上缴税收400万元,解决100人就业。

电力工业

【概况】 国网宜春市袁州区供电公司担负着袁州区、明月山风景旅游区及部分宜阳新区的供电任务,供电面积为2532平方千米,涉及23个乡(镇)、9个街道、2个工业园(袁州医药园、彬江工业园),共计36.72万客户的用电服务工作。

【电力安全生产】 围绕"管人、管现场、筑基础",以"保人身"为重中之重,实现年度安全目标。深入开展安全生产专项整治三年行动、"五查五严"等活动,累计查处各类违章41起,消除隐患244处。科学编排电网运行方式,实现最高负荷31.14万千瓦。全年35千伏电网主变实现零跳闸,35千伏输电线路跳闸同比下降22.2%,配网主线停运同比下降28.28%。实现"设备零故障、客户零闪动、工作零差错"保电目标。2021年累计出动600余人次及50余台设备圆满完成了防汛抢修、建中国共产党成立100周年、中高考、花博园方特奠基仪式等10余项重要保电任务。

【电网建设】 围绕“精准立项、精准投资、精准实施”,科学完善和优化电网架构,供电可靠性显著提升。全年对“十四五”规划进行滚动修编，完成1.09亿元配网储备项目的可研初设一体化评审工作。确保7座新建变电站纳入“十四五”规划,其中110千伏金瑞变、洪江变纳入“优选库”。持续加大乡村振兴电网投入，完成投资6284.55万元,项目172项,重点解决低电压和频繁停电问题线路10条、低电压用户1700户、老旧重载台区97台，农村用电可靠性稳步提升。超前服务重点民生项目,积极配合市、区政府重点项目迁改电力线路，完成宜春大道10千伏线路、张家山规划二路10千伏线路、明月大道10千伏线路、教体新区、四方井水利、宜井遂高速建设等项目的电力迁改工程。

【经营质效】 围绕“降线损、增电量、提效益”，多举措挖潜增效。全年完成售电量18.08亿千瓦时,同比增长24.14%,增速全省排名第12名。大力开展带电作业406次，减少停电37232时,多供电量36.5万千瓦时,供电可靠率提升至99.76%。

【社会责任】 围绕“优化营商环境”“创文明城市”等区委、区政府决策部署,动员全体干部员工科学施策、积极落实。高位推进疫情防控,始终把疫情防控作为重大政治任务来抓,严格按照上级“人防 + 物防 + 技防”要求,足量配备防疫用品,实现疫情防控“三零”目标。持续优化营商环境。公司制定《2021年营商环境优化提升工作方案》及《2021年服务和促进袁州区经济社会发展十项举措》,打造政策最优、成本最低、服务最好、办事最快的电力营商环境。积极落实电价改革政策及有序用电方案。准确把握客户用电需求变化和迎峰度冬形势,做好用户公告、业务调整、政策宣传等工作,确保改革前后政策平稳接续。

【企业党建】 围绕“建阵地、树典型、激活力”,深化“党建 +”,企业凝聚力向心力明显增强。开展党史学习教育，依托党委会、中心组学习等深入学习党的百年奋斗史和习近平总书记系列讲话精神。以微引擎驱动计划为主要载体，融合公司中心工作，不断深化“党建 +”工作,结合“我为群众办实事”实践活动,组织共产党员服务队开展各类主题党日专项活动。强化党风廉政建设,认真落实党风廉政“三项谈话制度”。开展“酒驾、醉驾”“靠企吃企”等问题专项整治,狠抓作风建设，提升队伍素质,成功举办岗位技能提升竞赛。大力创先争优、选树先进典型,公司获评第十六届江西省文明单位、第九届宜春市文明单位、2021年度袁州公安分局内保组织先进单位,一个基层单位获评省公司级区域综合业绩标杆。

（胡　玮　郭荣强）

电　信

【概况】 2021年，电信袁州分局以“云改数转”战略为引领,积极担当建设网络强国、推动数字经济、维护网信安全的使命,各项工作“作示范、勇争先”,坚持“以人民为中心”的发展理念,努力打造党建发展服务“三优”公司,争创一流企业。全年实现营收移动用户净增11324户、宽带净增4407户、IPTV高清电视净增3201户。分局服务水平不断提升,建立并夯实“用户说了算”的服务体系,2021年度中小企业平均资费再次下降10%,进一步规范并畅通了携号转网服务,实现“十四五”良好开局,为推动袁州区经济民生发展做出了应有的贡献。

【接入网络概况】 电信袁州分局全力推进移动和光网的“双5G”建设,主动融入地方大局。全区行政村实现100%全光覆盖，自然村覆盖率达到99.3%,切实解决了全区贫困村网络基础设施建设不足的问题。2021年完成投资项目44个,272.08万元。全年累计新增ODB端口能力5396个，完成5G三期建站54个，完成乡镇点亮23个5G基站，基本实现城市、农村NB-IoT网络全域连续覆盖。实现市主城区和工业园、机场、高铁站、明月山风景区等区域5G网络连续覆盖,全市各乡镇点亮覆盖。市本部城区覆盖率为96.5%,县城覆盖率为92.6%,乡镇覆盖率为30%。

【产业数字化注智赋能】 中国电信江西公司拥有行业领先、自主创新的“江西工业互联网研究院”,构建以工业云、产融云、政策云为核心的工业互联网平台,快速响应政府“万企上云”,推动社会数字化转型。在实施新型数字乡村建设方面,宜春电信建设了“5G+人居环境长效管护”的自研平台，打造乡村信息化底座。打造智慧城市管理平台，其中天翼视联网平台聚焦社会安全管理，面向党政、家庭、企业等，实现泛终端一点接入，广泛应用于雪亮工程、家庭安防、看家护院及爱老护幼等二、三类视频监控场景；综合网格管理平台聚焦市域社会综合治理，提供物业管理、疫情防控、小区智能安防、智慧消防、智慧养老、社区治理等服务功能。

（戴卫东）

移　动

【概况】 2021年度，袁州移动强化党建引领，围绕集团公司“党建工作融合发展年”工作任务，坚持目标导向与问题导向相结合，全力实现公司高质量发展。

【移动助力地方经济发展】 全年5G站点建设开通236处，累计完成达到788个，占全市的26.2%，宜春明月山经济发展局赠予袁州区公司“信号覆盖彰显企业担当，政企携手共建文明城市”锦旗。积极融入服务，提升地方数字化经济发展，参与完善和深化袁州区“雪亮工程”“天网”工程网络建设，依托移动网络覆盖与平台优势，充分发挥视频监控系统的作用，助力提升社会治理体系现代化。推动科技创新项目，打造5G联合创新产业生态，完成建设工业园标杆工业项目。

【客户服务】 运营好信息“高铁”，推进全民5G升级，5G终端规模达到22万户，5G资费规模达到30万户。紧贴客户需求，丰富产品生态，做好产品融合。着力提升优化营商环境，落实规范营销行为攻坚举措，做好渠道融通。全面实施“1235”战术体系，主动对标转型，强化体验，落实服务标准，为客户提供便捷的一站式服务。通过场景拓新，做好客户的套餐适配及“1+N”业务融合，落实网络一键报障，一张纸文化，报表减负等举措，做好手段融智。

【网络质量提升】 开展隐患整治，油机转换屏整治28处，录入铁塔隐患库整治358处，重要站点的双路由隐患整治1749处，汇聚层光衰整治32处，各类专线改造及整治699条。组建党员突击队，开展弱覆盖网络攻坚，完成弱覆盖站点7处，特一级整治327处，黑点攻坚25处。优化网络结构，推进数字化发展。完成16处OLT、OTN等重要设备新汇聚机房搬迁，8个汇聚层双路由，6个接入层环网同路由改造，10个接入层跨汇聚环网调整；完成SPN乡镇汇聚5个环网组网，接入环38个环网组网。

（张秋梅）

商　务

内　贸

【概况】 2021年是“十四五”规划的开局之年，是奋力冲刺全国县区经济百强的起步之年。2021年，袁州区社会消费品零售总额333.09亿元，增长17.9%。

【农贸市场】 制定出台《袁州区2021年创建全国文明城市市场整治工作部工作方案》《2021年袁州区中心城区农贸市场和大型商场文明创建联合整治方案》《2021年袁州区中心城区农贸市场和大型商场文明创建联合督导工作方案》等文件，明确整治工作重点、难点，分解整治任务，做到量化、细化、制度化。2021年，袁州区共有11个农贸市场列入2021年农贸市场建设改造项目，其中改造项目8个，新建项目3个；8个改造项目中，完工项目7个，待开工项目1个；3个新建项目有序推进办理前期手续，农贸市场实现提档升级。搞好环境卫生整治管理，区商务局根据整治重点，坚持分工合作、全面整治、重点突出的原则，成立五个整治工作组，按照“一个迎检点位配备一支队伍”的要求，成立10个农贸市场综合整治队伍，综合整治队伍由所属街道分管领导总负责，由区商务、市场监管、综合行政执法、卫健委、公安、消防、社区、物业管理人员等部门单位人员组成联合整治队伍，进一步强化整治力度，完成整治目标。

【农贸市场常态化疫情防控】 各农(批)贸市场做好出入人员戴口罩、出入口一进一出设置、入场检测体温扫码通行、消杀、客流量控制等疫情防控工作。各农贸市场做好规范制作台账、加大进出口管控、规范门口提示牌、加大卫生保洁、停止各类活禽交易、规范熟食区经营等。各农贸市场、批发市场规范每日卫生清扫、市场消杀、禁止活禽销售等市场日常防控。

【汽车消费升级补贴】 2021年1月，袁州区商务局、财政局联合下发《袁州区引导汽车消费升级补贴办法》(区商发〔2021〕06号)，3月通过政府信息公开网对符合条件的新购汽车补贴名单(206名)进行公示，4月完成1000元/人的补贴，补助金额共计20.6万元。

【诚信宣传月活动】 10月20日，市、区商务局在天虹商场召开2021年诚信宣传月启动仪式，组织袁州区青龙、润达、步步高、国光等企业签订了自动型和行业自律型诚信承诺书，形成诚信兴商、诚信立商的良好氛围。

【网络直播】 根据《国务院办公厅关于以新业态新模式引领新型消费加快发展的意见》(国办发〔2020〕32号)要求，按照省商务厅《关于开展“双品网购节”的通知》(赣商务服务业函〔2021〕34号)精神，2021年5月，袁州区政府主办、区商务局与宜春同城科技有限公司共同承办宜春市袁州区第三届“双品网购节”活动，此次活动提前在各大微信媒体和抖音媒体做了宣传，在全区各大电子商务平台、微博、朋友圈推广，提升了本次活动的影响力，让全国消费者购买到宜春的农副产品，从而更进一步了解宜春的特色文化。坚持线上线下相结合，努力形成长效发展机制，形成品牌效应，形成长效经济链。开展电商培训，提升电商人员的专业技能，宜春市农特电子商务培训学校开展电子商务、直播等形式培训共18期，492人参与培训。

【城乡高效配送试点】 为推动全市城乡高效配送试点城市建设工作，积极响应市商务局号召，推荐并纳入了全市城乡高效配送试点的单位有：银浩供应链管理有限公司、如意商贸有限公司、农特新科技有限公司、赣西农副产品批发市场集团有限公司。银浩供应链管理有限公司已顺利通过市级部门及第三方审核。

【电商物流】 根据《宜春市2021年度省级商务发展专项资金（电商发展和商贸物流事项）使用实施方案》的通知》（宜商字〔2021〕66号）、《关于开展2020年度电子商务产业发展专项资金项目申报工作的通知》（宜商字〔2021〕65号）"8·18"精神，袁州区初审遴选出申报省级商务发展专项资金项目的企业：宜春市同城电商科技有限公司（符合品牌和表彰奖励的国家级、省级的电子商务示范企业、省级电商示范试点和主体培育申报要求）、宜春市银浩实业有限公司（符合省级第八批省级重点商贸物流园中心申报要求）、宜春市众旺供应链管理有限公司（符合重点支持电商主体培育中重点电商、智慧物流平台申报要求）。

【商贸服务】 6月25日在润达及海纳西门农贸市场开展2021年生态文明月及安全生产宣传月活动，号召广大市民禁塑减塑，发放宣传资料1000多份，发放环保购物袋400个。在全区米粉餐饮企业中，推广使用江西米粉统一标识，有一家已挂牌到位；老宜春味道、最爱妈妈菜、印象豆花村、萍水相逢等12家餐饮企业参选全省"百城千店"。

【市场运行安全平稳】 3月，2021年袁州区"春暖花开、宜人宜购"春天消费季活动开展，各重点商贸流通企业积极行动起来，采取各种方式，灵活多样地开展让利促销活动，推动消费热潮。全区五大商场推出品牌促销、满额减、消费券抵现金等各式各样的惠民促销活动，刺激消费市场，润达国际推出了"月满润达城、乐享狂欢购""润达3周年，国民神车免费抽"，万达广场"万味榜"，青龙"品牌折扣直播间"等一系列活动，国光超市推出了年中庆、"6·18"全民嗨购、"8·18"购物趴等活动吸引顾客，青龙的年中"6·21"员工福利内购会更是人满为患，客流量大大提高，推动了商贸市场消费稳步增长。

【成品油经营】 开展全区成品油经营企业年检工作。袁州区内共有61座加油站，其中中石化32座，中石油12座，江西高速石化2座，民营15座；全年销售汽油119495.23吨，比上年同期增加0.5%，柴油31647.18吨，比上年同期增加了49%，全年销售收入109866.52万元，比上年同期减少了7%。

【采石业税收】 采石业代征税完成5540万元，同比增长11%，慈化镇贡献最大，达2526万元。

【商贸安全】 袁州区制定《袁州区商贸领域安全生产专项整治三年行动实施方案》和《袁州区商贸领域安全生产"打非治违"百日行动工作方案》，对加油站（库）、民爆器材、大型超市商场进行了消防安全检查，治理非法流动加油车，取缔关闭非法加油窝点。全区共有加油站61个，其中国有加油站有46个，个体加油站15个。共下发整改通知书4份，全部整改到位。对非法销售成品油市场，开展了成品油市场专项整治行动，联合公安、交通、市监等多部门对非法经营成品油企业和个人进行严厉打击，取缔非法加油窝点4个，查处非法流动加油车6辆。

（许智超　赵绍军）

供销合作

【供销合作社综合改革】 2021年，袁州区供销社机构未健全，"三会"体制机制尚未建立。2021年，区供销社完成2个惠农服务中心规范化建设；深入推进城乡冷链物流骨干网，成立宜春恒毓冷链物流有限公司，完成4200平方米的低温冷库的扩建及原有的1.6万平方米冷库的升级改造；2021年年初，市、区两级供销社合作完成"互联网＋第四方物流"供销集配体系建设，同时继续加强对"互联网＋第四方物流"供销集配体系建设试点企业跟踪服务。

【基层社建设】 2021年，袁州区供销社推动基层社建设，依托属地村委会完善供销社基础设施建设，更好地服务"三农"。改造薄弱基层社1个，即寨下大宇村供销合作社。新建两个农村综合服务社，即芦村荆桥村综合服务社和天台鱼龙村综合服务社。新增连锁网点25个，富硒农产品种植养殖、加工、销售的专业合作社2个，即袁州区丰收蔬菜农民专业合作社、宜春市九江红种养殖专业合作社。新增"3+2+N"示范综合服务社7个，为飞剑潭下塅村综合服务社、彬江东源村综合服务社、南庙镇南庙村综合服务社、彬江镇三星村综合服务社、芦村荆桥村综合服务社、芦村浒坑村综合服务社、南庙白马村综合服务社。新增惠农服务中心2个，为寨下大宇惠农服务中心和天台密石惠农服务中心。截至2021年年底，全区基层社共有社员0.51万人，农民专业合作社总数60家。

【土地托管】 2021年年末，袁州区供销合作社土地托管面积达7.22万亩，其中土地全托管面积1.7万亩，农业社会化服务面积25.1万亩次。

【袁州区寨下大宇村供销合作社】 2021年，袁州区供销社新改造薄弱基层社数量1个，为袁州区寨下大宇村供销合作社。该社以宜春市袁州区湘赣蔬菜有限公司为依托，总面积1056亩，有社员(代表)大会、理事会、监事会“三会”制度，有固定经营服务场所，有农资供应、农业生产服务、农副产品收购、便民公益服务等多项经营服务项目，有农民社员106人，有与农民社员的利益分配机制，有可持续发展能力并且规范使用供销合作社官方标识。此外，依托大宇村供销合作社，建立袁州区供销社寨下大宇惠农服务中心，该中心隶属袁州区丰收蔬菜农民专业合作社，秉持“自愿加入、自主经营、共同出资、共同管理、利益共享、风险共担”的原则经营，主要成员为农户，农户以土地和资金入股的形式参与合作社的经营活动。

【袁州区供销社致力中药材发展】 袁州区供销社致力于中药材持续发展。2021年，该社积极与当地较好的中药材农民专业合作社合作的有3家：宜春市花仔生态农业专业合作社、袁州区春草中药材种养专业合作社、袁州区碓边药材专业合作社，种植面积达2250亩。

（许智超　赵绍军）

开放型经济与招商引资

【概况】 2021年，袁州区利用省外资金全年目标63.45亿元，实际完成64.19亿元，完成率101.17%，同比增长8.76%，全市排名第三，一类县市区排名第三。入统总额，全年目标76亿元，实际完成100.34亿元，完成率132.03%。全年入统2000万元以上项目43个，其中入统亿元以上项目全年目标20个，实际完成23个，完成率115%；入统20亿~50亿元项目全年目标3个，实际完成3个，完成率100%，为华电风力发电、医疗器械城、银锂新能源。

2021年，袁州区利用外资全年目标1.2亿美元，实际完成12109万美元，同比增长24.8%；其中现汇全年目标2400万美元，实际完成917万美元，完成率38.21%，一类县市区排名第五，现汇比重10.29%，一类县市区排名第五；新引进外资企业6个，完成率200%，一类县市区排第二。

2021年全年，袁州区外贸出口累计完成5.12亿美元，总额全市第三，同比增长30.52%，全市列第十；进出口完成5.29亿美元，同比增长31.44%，全市列第十。

【项目签约】 2021年，袁州区新签约项目52个，总投资额163.77亿元，注册率100%，开工率79%，投产率50%，其中亿元以上项目46个，总投资额160.37亿元。引进主导产业项目21个，其中生物医药4个、锂电新能源9个、智能装备6个、电子信息2个，占新引进项目的40.38%。引进飞地经济项目1个，为芦村镇引进投资1亿元的年产1.5亿元手机配件项目。引进10亿元以上项目5个，其中20亿~50亿元项目4个，分别为江西省锦朗新能源有限公司投资21亿元的乐士源日产120万只动力锂电池及电池正极材料生产项目、江西丹康制药有限公司投资20亿元的丹康医药产业园项目、宜春市鼎真农业发展有限公司投资20亿元的标准化生态循环农业产业园项目、江西润联硒养旅游开发有限公司投资20亿元的润联硒养文旅开发项目。建议修改为省商务厅认定“5020”项目1个，为投资20亿元的新虹铝建材项目。

【招商活动】 以“一条招商赛道”为动力，“比开放型经济意识，赛招商引资成效”，营造“大招商，招大商”的浓厚氛围，2021年全区上下外出招商共179次，接待客商来访292次。以“一个招商指挥服务中心”为核心，推动项目质量显著提高，招商指挥服务中心由区委书记挂帅，区委常委任日常工作组长，负责推进招商项目信息初审、洽谈、签约、督查通报等工作，为项目落地提供“一站式”招商服务。以“一套招商机制”为抓手，促进签约进度大幅加快，完善优化项目信息收集、科学研判、实地考察、评审、签约、督查通报等一整套项目招商流程,打通项目从信息收集到落地的整套服务机制,进一步压缩项目从谈判到签约的时间,提高了招商引资效率,2021年全年通过部门初审有效信息172条,召开项目研判会3次,通过项目29个。以"一个拟申报项目库"为突破,入统比率显著提升,对2016年以来已落地项目的建设、投产、进资、拟上报时间等情况进行了分类汇总,并对项目库内重点项目进行"点对点"挂点帮扶,着力解决项目入统难题,确保每月至少有5个项目申报,2021年全年入统总额和个数增幅均超两位数。以"一支外资外贸工作组"为重点,深挖短板弱项潜力,成立以区分管领导为组长,商务局、园区、项目服务单位为成员的外资外贸专项工作小组,深挖现有企业外资外贸背景,强化业务指导,帮助企业打通外资外贸通道。以"一系列招商活动"为导向,促使业务能力明显增强,2021年袁州区先后开展利用省外资金工作培训、招商夜谈、到宜春驻深圳办事处跟班学习等活动,着力打造招商引资"四专人才",成立3支专职、专注、专业、专人招商引资谈判小组,切实提高袁州区招商工作质量和水平,确保招商安商高效高质运转。

（许智超　赵绍军）

粮食流通

【概况】 2021年,袁州区粮食局现有粮食收储库点26个、仓库132座、总仓容量15285万千克、有效仓容量14120万千克。在袁州区委、区政府的正确领导下,袁州区粮食局扎实承担国家粮食安全的重任,做好粮食购销工作,圆满完成区级储备粮任务,积极推进"优质粮食工程",加强粮食库存及出库监管,为保障国家粮食安全提供了有力支撑。

【粮食购销】 通过采取内外采购、干湿同收等措施落实储备任务。2021年完成区级储备粮1000万千克、储备油10万千克。启动中晚稻最低价收购预案,守住农民"种粮卖得出"底线,应收尽收辖区新产稻谷,区粮食购销公司收购临时储备粮366.00万千克;销售早稻3787万千克、中晚稻1266万千克。

【优质粮食工程】 2021年积极发挥辖区内粮食产后服务中心作用,全区累计烘干粮食数量1.41万吨,为农民增收198万元,大大提高农民种粮效益,保护农民种粮积极性。

【政策性粮油库存检查】 按照2021年省、市下发的关于政策性粮油库存检查工作的相关通知,袁州区粮食局开展了政策性粮油库存自查工作。全区纳入检查范围的粮食总库存45493.67吨,油脂总库存499.20吨;通过核查,库存粮油数量真实、质量良好,建立了经营台账、库存管理制度以及粮油质量管理制度,消除了粮食库存风险隐患,夯实了国家粮食安全。

（彭家贵）

烟草专卖

【概况】 2021年,袁州区烟草专卖工作坚定新发展理念,坚持党的政治引领,坚持稳中求进、稳中提质、稳中提效,保持企业持续健康稳定的发展状态,各项工作取得了积极进展和明显成效。

【打假破网】 袁州区深化烟草专卖"六位一体"大专卖体系建设,当地政府与烟草专卖局沟通协作,形成司法部门齐抓共管、相关部门通力支持格局,提高卷烟打假打私的影响力和关注度。分别与袁州区公安局、区法院共同印发《关于建立警烟深度合作机制的意见》《袁州区人民法院袁州区烟草专卖局违法失信行为联合惩戒机制》,进一步明确职责分工,加强卷烟市场诚信体系建设,对违法失信行为进行联合惩戒。2021年,共查处各类涉烟违法案件242起,查获各类违法卷烟34059.2条,同比增长47.86%,其中真烟14518.6条,假私烟19540.6条,同比增长125.54%;1万元以上案件85起,同比增长37.1%;5万元以上大要案件29起,同比增长11.54%;拘留7人,逮捕1人,判刑12人,"9·26"国际网络案件1起。

【烟草政务服务】 开展"互联网+政务服务",发挥"一体化政务服务"平台、"赣服通"平台作用,精简材料,优化流程,建立好差评制度,不断提升零售户满意度。强化专卖内部监督管理,坚持内外惩治,持续开展行业干部职工及近亲属从事或参与私人营利性卷烟零售情况调查及优亲厚友侵害零售客户利益规范经营专项整治。在专卖队伍中扎实开展“思想作风整治”活动，组织开展“每周一练”体能训练活动，建立“每周一训、每月一考”常态学习机制，不定期举行真假烟鉴别、案卷制作、案件查办、法律法规应用等技能培训，不断提高专卖执法人员各项业务能力。

【烟草营销服务】 2021 年，烟草专卖工作以稳步提升客户盈利为重点，稳步推进诚信互助小组建设工作，持续开展诚信小组价格交叉巡访，小组运行质量稳步提高，客户覆盖面达到 100%，零售客户毛利率明显提高，客户满意度 99.1%。依托“我与客户共成长”平台，组织客户经理参与市烟草专卖公司组织的“我的业务我学习”辩论大赛并获得全市二等奖，围绕“基于热力图绘制实现可视化数据分析”课题进行攻关，获全市系统优秀 QC 成果二等奖，大力提高客户经理专业素养。以“现代终端建设”为营销转型新思路的中心，2021 年，加入终端客户数由 2020 年的 314 户增加到 512 户，其中建设核心终端客户 160 户，新增终端设备 259 台。全局终端整体形象明显提升。

【烟草品牌培育】 2021 年，袁州区烟草专卖工作科学应对、精细落实，全市系统卷烟销售实现稳步增长，全年卷烟销售 34361.07 箱，同比增长 0.76%；金圣系列销售 11889.16 箱，同比增长 8.96%；低焦品牌销量 3099.77 箱，同比增长 77.49%，占销量比重 9.02%；雪茄烟销售 457.182 万支，上缴税收 3498.58 万元。

（黄　荣）

城乡建设　交通运输

城乡建设

【概况】 2021年，袁州区住房与城乡建设工作紧紧围绕集镇污水处理设施建设、扬尘治理、农村危房改造、安全生产、老旧小区改造、城市功能与品质提升项目库调度、创建文明城市等中心工作，统筹兼顾建筑业管理等日常业务工作，把准方向，转变观念，主动作为，攻坚克难，履职尽责，较好地完成了上级交办的各项工作任务，助推了全区经济社会高质量发展。

【"互联网+"工程招标】 加大"互联网+"平台推广使用力度，实行不见面招投标，维护招投标市场公平公正，在源头上把好建筑市场准入关，确保建设工程安全高质高效实施。2021年监管公开招标项目40个，直接发包项目28个，均未收到标后投诉，项目进展比较顺利。

【建筑行业监管】 优化施工许可证核发程序优化，2021年共办理了润达美墅等64个工程项目的质监、安监手续，核发施工许可证70个，并受理了相关的常规检测和板厚、钢筋扫描、层高三项主体检测业务，均是线上申报网上办理。实行安监、质监与施工许可手续合并办理，条件齐备的办理时限缩短在三个工作日内。对园区项目、政府重点工程项目、民生项目开辟绿色通道，采用容缺受理+承诺制的方式办理施工许可手续，实行质安监提前介入，保障项目进度、质量与安全生产三者同步推进。同时，参与秀江河畔等230个建设项目地基基础验收和金投正荣府等119个建设项目主体结构验收，参与43个项目的竣工验收，办理凯怡半山商住小区一期工程等51个项目的竣工验收备案。

【绿色建筑管理】 2021年，袁州区2021年度绿色建筑发展工作目标是确保新开工项目均按绿色建筑标准进行设计和施工。为确保达到既定目标，袁州区在施工许可证核发的时候严格审查绿色建筑执行情况，对于不符合要求的项目不予办理施工许可证；同时积极开展绿色建筑宣传，在建筑行业普及绿色建筑的设计理念。2021年新开工项目共计232.79万平方米，均按绿色建筑标准进行设计和施工。

【工程质量与安全生产监督】 2021年，共受理监管工程项目42个，按照工程质量安全生产规范，分别制定了监督台账，落实了监督人员，明确了工作目标，实行每日一巡查，每月一小结，每季一通报，及时发现问题，限时整改隐患。42个受监项目工程质量、安全生产、扬尘整治三项监督同步推进，总体形势稳定，未出现大的质量问题，重大以上安全生产事故发生率为零，扬尘整治在中心城区排名保持前列。

【工程审批新举措】 袁州区成立区工程建设项目审批制度改革领导小组，制定全区工程建设项目审批制度改革方案，明确发改、港航、交警、交通、林业、民宗、农业农村、气象、水利、生态环境、文广、自然资源、住建13个部门的工作职责，56个工程建设项目审批事项上线。统一使用"宜春市工程建设项目审批管理系统"，全面推行全流程在线审批，将工程建设项目从立项到竣工验收涉及行政许可等审批事项和评估评审以及备案全部纳入系统管理。与省级工程建设项目审批管理系统对接，实现审批数据实时共享。按工程建设项目审批类别分为8大类，按审批阶段，明确审批时限：审批时限最长为74个工作日（含中介服务37个工作日）；企业投资工业类建设项目审批时限为60个工作日（含中介服务28个工作日），简易低风险项目审批时限最短为13个工作日，极大提升窗口单位审批效率，节省企业时间成本。

【城市功能三年品质提升】 按照市、区两级确定的城市功能三年品质提升计划，区住建局负责区里项目总调度，并对接市住建局收集上报项目进度，遇到问题及工作建议。2020—2021年项目实施总体情况良好，有效提升了城市承载功能，改善了市民生活环境。全区2021年入库项目46个(其中32个为续建项目)，截至年底已开工项目43个（其中完工项目16个），开工率93.5%，完工率34.8%。未开工的3个项目也正在准备开工条件，确保12月底全部开工。

【老旧小区改造】 2019—2020年度的40个旧改项目，2021年按时按质完成，顺利通过上级达标验收，得到居民的一致好评。2021年计划改造的42个老旧小区已全面完工。

【农村危房改造】 截至2021年年底，共完成近9000户农村贫困户危房改造，让贫困户住房安全得到保障，为全区取得脱贫攻坚最后胜利作出了贡献。2021年全区各乡镇计划实施农村危房改造的71户，截至10月底已全部完工并达到入住条件。同时，与乡镇村一起加大对已改造户住房安全性能的常态化监测，及时发现处理安全隐患，进一步巩固住房保障方面的脱贫攻坚成果。

【人防工程】 区城建局2020年6月承接全区人防工程职能以来，协助市人防办追缴人防异地建设费，落实人防审计专项整改项目补建面积。按市人防办要求，完成的人防工程维护管理交接、摸底、人防标识牌的设置工作。完成人防演练4次、宣传教育五进工作，并组建了8支人防专业队伍。

【消防工程监管】 2021全年，共受理全区消防设计审查项目43个，办结43个，受理消防验收项目33个，办结33个(其中合格31个，不合格2个)，受理消防验收备案项目40个，办结40个。

【集镇污水设施完善】 2021年，袁州区协调将省财政厅安排16个建制镇生活污水处理设施的建设运行维护补助拨付到位，督促19个乡镇污水处理厂加强运行动态监测，落实专业维护人员，指导部分乡镇增加了污水管道铺设，为建设更为宜居的乡镇集镇环境提供有力保障。

【建材检测服务】 袁州区对125个建筑项目进行建筑材料及建筑主体质量检测，并客观公正及时出具检测报告，市场声誉和竞争力日益攀升。全年实现检测服务经营收入869余万元，同比增长49%。

【城建档案管理】 原有竣工验收备案纸质档案(2005—2017年）电子档转录工作已启动，并完成了两个年度的信息录入。2018年开始，实行了纸质档与电子档同步入库，管理日趋规范。2021年接收40个项目(建筑面积141.52万平方米）的城建档案，严格按照城建档案管理规范，做到了纸质档案与电子档案同步入库，实现了及时备案，规范入库，方便查询的工作目标。

中心城区管理

【概况】 2021年，宜春市中心城区管理委员会切实履行城市建管牵头统筹协调职能，生活垃圾分类减量工作稳居全市前列，城南片区生活污水管控逐见成效，化解信访积案9件，回复化解12345热线诉求1177条，办结率100%，群众满意率98%，有效确保了过渡期的稳定。2021年度获评全市污水处理提质增效先进单位和全市垃圾分类和减量工作先进单位。

【高标准参与文明城市创建】 根据宜春市关于创建全国文明城市的工作部署，按照《宜春市创建全国文明城市三年行动规划(2018—2020年)》，结合袁州区环境卫生工作实际，组织各相关单位、街道对背街小巷、居民小区、宾馆饭店、农贸市场乱停乱放、拆迁工地等重点领域进行了问题排查、集中整治，并取得明显成效。优化市容环境卫生不断加强，城市功能品质不断提升，城市污染治理不断深化，市场经营秩序显著优化，公共卫生状况显著改善。2021年，在创建全国文明城市中，市区两级督查反馈、认领问题689个，整改689个，整改率达100%；自查创文问题1165个，整改1165个，整改率达100%。为全国文明城市测评点位和整体形象打下了扎实基础。

【背街小巷提升改造】 根据《江西省城市功能与品质提升三年行动方案》(赣办字〔2018〕55号)和《宜春市中心城区背街小巷改造实施方案》(宜府办字〔2020〕50号)要求,明确任务目标、落实时限、资金来源、实施主体等。2021年对44条背街小巷进行修复改造,将居民生活配套设施建设作为重点内容,尽可能地拆违让路、清障扩路,补齐道路标志线等交通设施,适当增设停车位,既解决背街小巷通行难题,又满足市民停车需求,已全面完工,网上测评群众满意度98.5%。

【市政管护】 2021年累计修复沥青面积51923平方米,修复砼路面15793平方米,修复人行道41978平方米,修复路缘石5684米,修复路平石14046米,清掏井66766个,疏通管网494106米,更换破损井盖1235个,更换雨水箅子2308个,巡查桥梁117次,养护桥梁1437次,清理明渠箱涵18266米,清理边沟暗沟253280米。针对汛期特点,3—6月对已确定的易涝点周边300米范围的市政管网及排水井进行彻底疏通、清掏。2021年清掏地下管网148332米、清掏雨水井18283个、清理明渠箱涵5086米、清理边沟暗沟75903米,确保袁州区市政管护区域未出现大面积的内涝,安全平稳度过了汛期。

【环卫保洁】 对背街小巷、无物业庭院的清扫保洁、园林绿化的整治力度,集中街道、社区及外包公司的力量对城区各主次干道、辅道、人行道、沟沿、路边、墙角等进行清理整治,清理垃圾死角(含垃圾临时堆放点)11020余处,清理垃圾、杂草、枯枝树叶、闲置物件等1550车2370余吨,清除“牛皮癣”小广告102530余处。根据创文要求和标准,对中心城区77座公厕无障碍通道、第三卫生间、公厕导向指示牌缺失及中心城区14座中转站屋面渗漏、墙面霉变破损严重、除臭设备老旧等情况进行升级改造,将需更换、修复的添置安装到位;新添置安装新型果壳箱715只,增添和修复公园、广场、游园公益广告牌213块,及时修复公园游园广场景观灯设施,确保亮灯率。圆满承办江西省第26个“环卫工人节”系列活动暨环卫技能大赛,参赛项目飞行保洁获得一等奖1个、洒水车洒水精度获得二等奖2个、压缩收集车挂桶获得二等奖2个,为全市获得奖项最多的县市区;同时,评选优秀城市美容师6名,优秀垃圾分类督导员9名、区委、区政府主要领导及分管领导走访慰问一线困难环卫职工16名,并全程跟踪宣传、报道,让全民知晓爱护环境卫生,全社会都尊崇环卫行业工作。

【生活垃圾分类和减量】 生活垃圾分类和减量工作得到省、市领导的高度肯定,在2021年度全市考评中获二等奖,并多次接待省内外县市考察团的参观学习。开展生活垃圾分类示范小区、示范单位创建,增强示范引领作用。2021年,在对2020年1个示范单位、15个示范小区进行复核基础上,新申请创建1个示范单位、8个示范小区。实行商铺推广试点,在2020年创建3条试点示范街的基础上,于2021年4月开始启动中心城区临街商铺生活垃圾分类推广工作,目前已在中心城区开展生活垃圾分类示范街覆盖率达到60%。严格生活垃圾分类执法,认真贯彻落实《宜春市生活垃圾分类管理条例》,制定《袁州区2021年生活垃圾分类专项执法行动实施方案》,结合“九进”宣传活动,组织形式多样的《宜春市生活垃圾分类管理条例》宣传,入户宣传条例知识,提高条例知晓率。针对各类执法对象开展专项宣传、专场知识讲解。全年共开展执法检查428次,口头警告教育引导789次,向住户或商家下达责令整改通知书67余份,行政处罚案199件,处罚金额10100元。

【中心城区棚户区改造】 2021年全区棚改任务1000套,已全部完成签约,签约面积约13万平方米。2021年,袁州区棚改扫尾攻坚任务577户(前期攻坚543户、新增34户),截至年底,已完成签约466户,优化48户,调解3户,剩60户暂未签约(其中52户已拆除)。

【中心城区土地工作】 2021年已公开出让18宗、面积857.8亩,成交额28.94亿元;公开出让乡镇土地15宗、面积312亩,成交额2.08亿元;已征收土地6宗、面积263亩,土地收储29宗、面积966亩。向政府争取棚改化债土地下放袁州区组织挂牌出让和土地出让金不参与市级分成的重大利好政策。

【进城货车(工程车)行驶路线的审批备案】 因市政、民生等工程需求需在中心城区行驶的货车(工程车),合理规划通行路线，并签订承诺书。到2021年9月累计审批重型货车、拖挂车、洒水车等道路通行备案表380批次。此项工作于2021年10月份移交至市环保部门。

【中心城区雷河流域黑臭水体治理】 雷河流域黑臭水治理工程涉及袁州区项目验收、资料完善等扫尾及其日常监管工作。三阳渥江、医药工业园两个项目于2020年10月份开工至2021年7月完全竣工正常运行以来，就中央环保部门对中心城区黑臭水体治理示范城市绩效考评所需项目设计、施工、监理、验收、竣工、资金支付等各种相关资料进行收集、整理完善。同时，督促属地三阳镇、渥江镇、医药工业园加强对所建管网、一体化污水处理设备运行进行监管，确保正常运行。组织各街道及湖田镇，对中心城区建成区袁州区辖区内共73处疑似黑臭的水体进行"地毯式"排查，没有发现新的黑臭水体；同时，加大建成区范围内水体的巡查力度，督促相关单位继续巩固加强对樟树湖、松江园湖水体的管护，建立健全常态化、长效化机制，切实巩固黑臭水体整治效果，坚决杜绝出现反弹情况，确保黑臭水体"长治久清"。

【袁河水质应急改善一体化污水处理厂日常监管】 袁河水质应急改善项目的南庙河、清沥江、铁路桥洞三个污水处理点总处理能力37500吨/日，出水水质达到《城镇污水处理厂污染物排放标准》(GB18918-2002) 一级A标准。从2019年7月1日起，按照实际处理的达标水量支付费用。2021年累计处理污水1288.35万吨，有效改善了袁河流域的水质。

【南庙河、清沥江污水干管建设工程项目启动】 为解决南庙河、清沥江两个站点因污水陡增，处理能力不足致污水直排河流问题，袁州区政府决定启动南庙河、清沥江截污干管建设，预计敷设管网5767米，投资约2196万元。前期已完成调研论证、可研报告、初步设计，并送发改委评审批复。下一步按程序完成财审、专家评审、招投标等工作。

（宜春市中心城管供稿）

城镇发展服务

【概况】 2021年，袁州区新增政府性建设项目投资5.21亿元，其中竣工验收项目8个，续建项目3个，涉及房建项目建筑面积约88.22万平方米，环境提升项目面积约18.7万平方米，运动场项目1906平方米。

【东方红小区】 项目用地面积约92.7亩，工程建安费用约53795.6万元，总建筑面积22.7万平方米，住宅面积约15.1万平方米，棚户区改造1368套，共建设12栋高层住宅，含幼儿园、净菜市场及相关基础配套设施，采用EPC模式进行建设。项目于2019年6月开工，2021年已完成竣工初验并于年底交付使用。

【嘉豪花苑】 项目用地面积约157.4亩，中标价为63298万元，建筑面积约29万平方米，住宅面积约18.9万平方米，棚户区改造1540套，共建设18栋高层住宅楼，含幼儿园、净菜市场、公厕等相关配套基础设施。2018年9月正式启动建设，2021年已完成竣工初验并交付使用。

【勘上小区】 项目用地面积约64.5亩，中标价为41768万元，总建筑面积15.6万平方米，住宅面积约10.7万平方米，棚户区改造898套，共建设10栋高层住宅，1栋商业楼及相关配套基础设施，采用EPC模式进行建设。2021年底竣工并交付使用。

【南庙河综合环境治理工程】 该项目位于南庙河杭长高铁东湖东桥段(宜春高铁站旁)，建筑总面积约18.7万平方米，总投资约4000万元，该项目将生态保护、休闲运动相结合，实现水静林密、自然人文相得益彰、老少咸宜的诗意生活。项目于2019年6月开工，2021年已完工并交付使用。

【区廉政教育中心扩建工程】 项目用地位于袁州区廉政教育中心基地东南侧，扩建基地用地面积为15245.5平方米（约22.87亩)，总建筑面积16815.86平方米，项目总投资约8019.85万元，项目于2020年4月开工，已基本完工。

【幸福花苑二期】 该项目位于袁州大道南侧、民生路西侧、多胜楼南路东侧，项目用地面积约17.81亩，中标价约1.26亿元，总建筑面积约5.2万平方米，住宅面积约3.1万平方米，棚户区改造292套，含3栋高层住宅楼及相关配套基础设施，地下室施工已完成，正在进行主体工程施工。

【东园小区】 该项目位于云谷路以北，项目用地面积约86.8亩，总投资约6.49亿元，总建筑面积约15万平方米，住宅面积约10万平方米，棚户区改造962套，共建设13栋高层住宅，含幼儿园、净菜市场、居家养老中心、社区用房、物业用房、垃圾分类中转站、公厕等相关基础配套设施。项目总共13栋主楼已完成主体封顶，正在装饰装修工程及室外工程施工。

【崇文小学新建工程】 崇文小学项目位于袁河东路以南、葛浦路以东地段，东浦路以西。项目投资约6500万元，其中一期建安费投资约5200万元，二期约308万元，建设规模为规划用地面积47亩，建筑面积21577平方米，其中地下室面积4386平方米。项目于2020年5月开工，2021年8月底竣工验收并交付使用。

【袁州小学新建工程】 宜春市袁州小学新建项目选址为塘浦路以东，文浦路以南，袁山大道以北，原下浦中学、下浦乡镇府地块，用地44.6亩，规划建筑面积25207平方米，其中地下车位5732平方米，容纳42个班1890名学生。项目于2021年2月开工，2021年9月1日教学楼如期开学使用，2021年年底整体项目竣工验收并交付使用。

(罗　情)

综合行政执法

【概况】 2021年，袁州区综合行政执法工作紧紧围绕创建全国文明城市这项中心工作，以“绣花功夫”推动城市治理体系和治理能力现代化，加强城市精细化管理，工作取得了一定成效。

【城乡综合环境优化整治】 抓好城乡环境综合治理，2021年袁州区共清理垃圾杂物135519.8吨，清理“牛皮癣”94042处，整治大型户外广告4099处，整治违规摊点50452个，维修路灯467盏，裸露土地覆绿53262平方米，整治“两车乱停放”70784起，整治乱搭乱建13738.6平方米，清理建筑屋顶积存垃圾2536.55平方米。重点推进铁路沿线整治，2021年共接到铁路部门问题清单106个，第三方督查、暗访和沿线单位自查共发现问题1480个。已全部整改到位。抓好违法建设治理，2021年袁州区建成区13个网格单位存量违法建设已全部拆除，拆除新增违法建设72起，面积约3304平方米。抓好农村生活垃圾治理，深入开展农村垃圾治理，补齐农村人居环境短板，外包公司抓好垃圾转运，2021年共转运垃圾92601.2吨，确保乡镇农村生活垃圾做到日产日清；落实区政府1000万元财政预算资金，用于城乡环卫一体化工作，按照10元/人·年的标准对乡镇补助到位。

【城市基础设施巡察管护维护】 2021年共清理垃圾13184.24吨、累计整治255条背街小巷、198个老旧小区、33个城中村、44个垃圾场、195个公厕卫生；整治户外广告与店铺招牌共20个；加强照明设施共79处，平均照明率为97%。对主次干道、公园广场黄土裸露部分进行补植乔木465株、色块苗729554株、地被植物5633平方米。2021年成功申报省级文明公园2个，分别是樟树广场、上高广场；园林式居住区3个，分别是碧桂园、恒大绿洲一期、乐居名郡，并获得授牌殊荣。

【市容市貌执法整治】 2021年共整治流动摊点28860处，整治乱停乱放21427处，整治门前三包出店经营14005处，整治乱吊乱挂3169处，整治乱堆物料2578处，收缴物品429件。开展共享单车专项整治，采取了相关举措：一是建立以街道社区、物业、城管队员、共享单车企业人员工作联系群，各部门在日常过程中如发现共享单车乱停放的现象，做到15分钟内整齐摆放；二是共享单车公司人员实行错时上班，特别是在每天早上七点半及下午两点半之前，路面上所有乱停放车辆全部整齐摆放到位，如未有序摆放将由综合行政执法局进行扣车处置；三是共享单车公司进行相应的找摆人员配比，进行无缝找摆，通过落实相关举措由原来的35000余辆下降至现在的9000余辆，规范共享单车27497辆，同时扣缴共享单车17784辆，共罚款14370元，减轻了城市压力，确保城市的安全稳定运行。

【综合执法网格创建】 中心城区8个街道64个社区，城管队员全部入驻并使用“智信通”城市管理办公平台，形成社区吹哨，城管队员到岗的良好联动机制，城管队员参与社区相关会议，共同打造整洁、安静、祥和的社区服务；结合“城管进社区”活动，加强与街道、社区的沟通与联系，配合街道、社区开展日常工作，共组织机关干部、执法队员百余人次，进入下浦街道东湖社区开展活动3次，清理小区楼梯间30余条，整治两车停放50余起，整治出店经营30余处。

【城市基础设施完善】 一是在汛期来临之前，提前安排人员对中心城区易涝点进行排查，对中心城区的28个易涝点和32座桥梁进行了巡查，对易涝点的地下管网进行了疏通，提升中心城区防洪排涝能力，保障城市运行安全。二是对区域内所有的燃气企业开展风险隐患排查整治工作，检查发现的问题，要求各企业立即整改到位，不能立即整改的问题，限制期限整改到位。三是开展瓶装液化石油气治理工作，制定《袁州区城市运行风险隐患大排查大整治行动实施方案》《瓶装液化石油整治实施方案》，全面开展瓶装液化石油气排查整治工作，对过期、未年审的煤气罐依法予以暂扣。四是开展可燃气体报警装置安装。要求所有单位、企业食堂和餐饮行业必须安装，此项工作正在全面推进中。

交通运输

【概况】 2021年是“十四五”规划的开局之年，袁州区完成全区农村公路建设总投资3亿元。计划内共完成投资2亿元，其中：完成县道升级改造30千米，完成旅游路、产业路20千米，完成县乡道路面改造36千米，完成乡道双车道改造40千米，完成建制村优先通达路线窄路面拓宽80千米，完成危桥改造6座，完成美丽生态文明农村路35千米，完成农村公路生命安全防护工程50千米。计划外共完成投资1亿元，其中：下浦至彬江（宜万同城挂线）完成投资0.4亿元，竹亭至山塘完成投资0.4亿元，通村组公路完成0.1亿元，危桥改造、路面维修等完成投资0.1亿元。

【重点项目推进】 2021年，袁州区协助上级单位协调推进重点项目11个，其中高速公路新建项目2个，合计建设里程44千米，项目总投资约41.29亿元；国道改扩建项目2个，合计建设里程30.70千米，项目总投资约8.3亿万元；省道改扩建项目4个，合计建设里程43.50千米，项目总投资约5.7亿元；旅游公路新建项目3个，合计建设里程43.2千米，项目总投资约62亿元。在重点工作推进过程中，袁州区主要负责征地拆迁工作，都能够按时按量完成，确保重点项目顺利施工。

【养护管理】 2021年3月，袁州区政府制定《袁州区“路长制”工作实施方案》（袁府办字〔2018〕97号），建立辖区与道路相结合的县、乡、村三级“路长制”组织体系。道路养护经费按照县道每年每千米8000元，乡道每年每千米4000元，村道每年每千米2400元承担，每年配套资金约1300万元。道路路政管理经费，按每千米800元进行配套，每年配套资金约350万元。全区县道362千米，通过政府购买服务的新方式，聘请了3家养护公司对县道进行日常养护。通过一系列改革，保障了养护资金和人员。但乡村两级对待养护工作的认识不足，要求偏低，大多想结余资金，将资金用在建设上，养护工作有待加强。

【运输服务】 截至2021年年底，袁州区全区在区交通运输局许可或备案的经营企业2622家。其中客运企业4家；普货业户2457家（其中企业414家，个体2043家）；水运企业3家（袁州1家，南昌，丰城各1家）；维修企业136家；驾校22家。管理车辆7072辆，其中普货车辆6354辆，教练车718辆，服务运输相关从业人员8000余人。

【农村客运】 2021年，袁州区全面完成22个乡镇291个行政村通客车任务。区财政2020年下拨332.5万元，2021年下拨635万元用于建制村通客车运营补贴。为进一步提升建制村通客车服务质量，确保真通、稳通。建制村通公交车有政策保障，实现财政兜底，群众出行更便捷。

【超载治理】 2021年，超载治理工作由宜春市公路局直属分局转为交通运输局。自承接职能以来，区交通运输综合行政执法大队出动执法人员10670余人次，检查车辆12850余辆，查扣处罚违法车辆385辆，处罚433.21万元，确保了全区道路交通安全形势的总体平稳。

【道路隐患整改】 2021年，袁州区共投入道路隐患整治资金690余万元，整治桥梁4座，隐患点178处。其中跨铁路桥梁隐患整治4座（雷达丘、打石岭1号、打石岭2号、洞前桥），维修费约400万元；跨铁路桥并行桩安全隐患治理11处，维修费用约140万元；国省道安全隐患治理62处，维修费用约80万元；县道安全隐患治理105处，维修费用约70万元。

【道路执法改革】 2021年，袁州区交通运输局成立执法大队，开展道路执法工作。在执法过程中，做到路面执法和源头企业治理相结合，2021年9月以来，在新坊镇、慈化镇、寨下镇开展源头治理，将源头管理目标完成情况与道路运输企业、从业人员的信誉考核、经营许可、安全目标管理相结合，促进货物运输装载主体单位、从业人员提高规范装运的自觉性。2021年，交通运输局执法大队会同公安、交警等部门加强货车超限超载治理，狠抓公路运输“百吨王”整治，共检查车辆6560余辆，处罚货车改型177辆，非法营运面包车16辆、危货车辆8辆、教练车辆2辆、非法网约车10辆、客运汽车4辆、源头企业含（客货运源头企业）23家，处罚金额184万元；处罚超限超载车辆217辆，处罚金额440万元，合计处罚624万元。袁州区原有不停车检测点3个，2021年新增加4个（18条车道），截至2021年年底检测点建设已完成3个，剩余寨下1个由于省道改造，暂未进行施工。

公路建设

【概况】 宜春市公路事业发展中心袁州分中心，原名宜春市公路管理局直属分局，2021年12月28日正式挂牌成立，隶属宜春市公路事业发展中心。袁州分中心拥有公路养护二类（甲级）、二类（乙级）、三类（甲级）、三类（乙级）从业资质证书，从事公路管理、建设、养护工作，管养袁州区国省干线341.649千米，拥有公路桥梁施工养护设备五十余台套。

【项目建设】 下浦至彬江一级公路新建工程，主线全长4.589千米，2018年9月开工，截至2021年年底路基清表、盖板涵完成，路基挖方完成总量78.17%，填方完成总量的76.3%。中村至葛布头旅游公路项目，全长5.967千米，2018年7月开工建设，2021年10月完成沥青面层4.767千米，标线、交通安全设施完成4.767千米。教体新区规划路项目，全长约4.186千米，规划一路、二路路基土石方全线完成，排水工程基本完成，2021年年底基本完成主体工程。中心城区民生道路工程，2019年6月份开工，清沥江西侧路工程1千米已完成道路移交工作；高士南路正与项目办对接高士南路古城墙考古问题；官山路A2段，征迁工作尚未完成。G320沪瑞线天井至万载路面预防性养护工程，于10月24日开始实施，12月完成项目施工。S224桐严线飞剑潭一级公路路段安装中央分隔钢护栏共计1.22千米。

【公路养护】 公路管理局直属分局组建小修队，负责分中心辖区内道路路面修补及附属设施修复等工作，做好预防性养护，提升精细化养护水平，年内累计修补路面病害约4.5万平方米。11月1日起正式接养宜慈公路，重新调整安装全线千米桩，逐步完善宜慈公路交通安全设施，修复宜慈公路缺陷。成立雨季防汛领导小组，加强雨季防汛，严格执行公路养护巡查制度，积极做好雨季隐患排查，及时上报水毁情况。针对S222棋河线水毁上下边坡塌方、S531洪竹线山体塌方、S309抚长线水毁边沟等做好人员值守，积极抢修，及时消除安全隐患，全力保障公路安全畅通。开展病害调查，配合设计院对S222棋河线大修工程、S309抚长线中修工程、S530高楠线大修工程、万东线和G220国道万载至天井段预防性养护工程、16座桥梁进行病害调查，配合做好9座大桥桥梁检测，为下一步公路养护和桥梁加固奠定基础。

【公路安全】 每周对养护道班、在建工程进行安全隐患排查整治，加大安全管理力度，在重大节日和汛期期间组织开展安全排查，确保及时整改道路安全隐患。开展迎接建党百年安全生产专项整治行动、公路工程施工领域预防高处坠落专项整治行动等活动，认真组织安全生产月活动、消防安全宣传培训，提高干部职工安全意识和应急救援能力。信访工作稳定向好，年内办结电话信访、信访局交办件共13件、“12345”政府热线工单184件，办结率达100%，切实为群众解决了一些实际问题，有效地化解了社会矛盾。

（晏　群）

财政 税收 金融

财政预决算

【概况】 2021年，全区财政总收入完成474397万元，增长14.4%。分部门情况：税务部门完成398120万元，增长12.8%；财政部门完成76277万元，增长23.4%。分级次情况：中央收入172821万元，增长9.2%；省级收入49329万元，增长140.6%；一般公共预算收入252247万元，增长6.8%。

【一般公共预算主要项目执行情况】 2021年，袁州区税收收入175970万元，增长0.9%。其中增值税79383万元，下降19.2%；企业所得税20914万元，增长20.3%；个人所得税3933万元，增长42.7%；其他税收收入71740万元，增长28.1%。非税收入76277万元，增长23.4%。其中：专项收入7916万元，增长6.2%；行政事业性收费收入9594万元，下降36.5%；罚没收入13222万元，增长195.7%；国有资源（资产）有偿使用等其他收入45545万元，增长32.8%。

2021年，全区一般公共预算支出执行数完成733811万元，比上年决算数下降13.8%，主要是医保补助上划、中央特殊转移支付、一体化改革等政策性因素导致支出同比下降。重点支出执行情况是：一般公共服务支出54823万元，下降2%；教育支出104345万元，增长3.5%；科学技术支出20807万元，下降17.3%；社会保障和就业支出105919万元，增长5.7%；卫生健康支出57171万元，下降34.5%；节能环保支出16769万元，增长3.6%；城乡社区支出151914万元，增长9.3%；农林水支出81567万元，增长0.9%；住房保障支出27728万元，下降32.2%。

2021年，全区一般公共预算收支执行总体情况是：全区一般公共预算收入252247万元，返还性收入41004万元、一般性转移支付收入294972万元、专项转移支付收入58853万元，上年结转1845万元，调入资金220829万元，地方政府一般债务转贷收入202279万元，收入总计1072029万元；一般公共预算支出733811万元，上解上级支出38725万元，地方政府一般债务还本支出184417万元，补充安排预算稳定调节基金73829万元，结转下年41247万元（主要是上级专项资金结转），支出总计1072029万元。全年收支平衡。

【政府性基金预算执行情况】 2021年，区级政府性基金收入90815万元，完成调整预算数的100%。具体项目为：国有土地使用权出让收入87531万元，国有土地收益基金收入2746万元，农业土地开发资金收入517万元，彩票公益金收入21万元。

2021年，政府性基金支出数完成245090万元，完成调整预算数的83.8%。主要项目是：国家电影事业发展专项资金安排的支出10万元，大中型水库移民后期扶持基金支出2478万元，国有土地使用权出让收入安排的支出182541万元，国有土地收益基金安排的支出2746万元，农业土地开发资金安排的支出517万元，城市基础设施配套费安排的支出543万元，棚户区改造专项债券收入安排的支出21614万元，彩票公益金安排的支出669万元（含上级专项），其他政府性基金及对应专项债务收入安排的支出8259万元，债务付息支出16108万元，债务发行费用支出200万元，抗疫特别国债安排的支出9405万元。

2021年，全区政府性基金预算收支执行总体情况是：当年政府性基金收入90815万元，上级基金补助收入167205万元，上年结转11906万元，地方政府专项债务转贷收入196943万元,调入资金589万元,收入总计467458万元;当年政府性基金支出245090万元,上解上级支出5429万元,专项债券还本支出156579万元,调出资金42000万元,结转下年18360万元,支出总计467458万元。全年收支平衡。

【国有资本经营预算执行情况】 2021年,国有资本经营预算收入执行数139772万元,完成调整预算数的100%。加上转移支付补助17万元、上年结转619万元,收入总计140408万元;国有资本经营预算支出执行数完成4万元,国有资本经营预算当年调出资金安排140000万元,收支相抵后结转下年404万元。全年收支平衡。

【社会保险基金预算执行情况】 2021年,社会保险基金总收入执行数67019万元,下降54.8%(同口径较上年增长12.34%),主要原因是医保基金收入自2021年起由市级统收统支。社会保险基金支出执行数60260万元,下降61.6%(同口径较上年增长12.75%)。收支相抵,当年收支结余6759万元,年末滚存结余数66777万元。社保基金收入主要项目执行情况:城乡居民基本养老保险基金收入27068万元,机关事业单位基本养老保险基金收入39951万元。社保基金支出主要项目执行情况:城乡居民基本养老保险基金支出20091万元,机关事业单位基本养老保险基金支出40169万元。

【区级一般公共预算执行情况】 2021年,区本级(含园区,下同)财政总收入执行数完成231036万元,增长16.5%。其中:中央收入完成71080万元,增长9.7%;省级收入完成21867万元,增长94.6%;一般公共预算收入完成138089万元,增长12.8%。

2021年,区本级一般公共预算收入决算数138089万元,增长12.8%,完成调整预算数的92.3%。其中:税收入完成66149万元,增长2.84%;非税收入完成71940万元,增长23.9%。

2021年,区本级一般公共预算支出决算数503631万元,完成预算调整数96.1%,较上年下降24.9%,主要是由于医保补助上划、特殊转移支付取消、一体化改革等政策性因素导致支出下降。重点支出项目执行情况:一般公共服务支出25442万元,下降11.9%;公共安全支出10347万元,下降29.1%;教育支出54988万元,增长10.3%;科学技术支出1756万元,下降93%;社会保障和就业支出95988万元,增长4.9%;卫生健康支出52987万元,下降36.2%;节能环保支出10259万元,下降36.4%;城乡社区支出125552万元,增长13.3%;农林水支出47747万元,下降30.7%;住房保障支出21818万元,下降38.5%。

2021年,区本级财政预算收支执行总体情况是:一般公共预算收入138089万元,加上上级补助收入394829万元、上年结转结余1845万元、调入资金220829万元、地方政府一般债务转贷收入202279万元,收入总计957871万元;一般公共预算支出决算数503631万元,一般公共预算支出加上上解上级支出38725万元、补助下级支出116022万元、地方政府一般债务还本支出184417万元、安排预算稳定调节基金73829万元,支出总计916624万元。收支相抵,结转下年41247万元。全年收支平衡。

(陈　健)

财政管理

【概况】 2021年以来,在区委、区政府的坚强领导下,在市财政局的指导帮助下,全区财政部门进行年初目标,牢牢把握稳中求进的总基调。

【预算管理一体化改革】 预算管理一体化,是贯彻落实党的十九大关于加快建立现代财政制度,建立全面规范透明、标准科学、约束有力预算制度的重大举措;是充分运用现代信息技术条件下"制度+技术"方式,将预算编制、预算执行、调整调剂、财政决算、资产管理、债务管理、绩效管理等各个业务环节进行整合规范的重大改革。

根据省财政厅统一安排部署,自2021年8月起全省正式启动预算一体化系统上线工作。工作启动以来,按照省市安排,如期完成了预算单位信息确认、岗位权限采集、财政Ukey办理、单位信息维护、人员信息填报及2021年预算执行数据"复盘"工作,预算单位上线率达到100%。9月24日,提前完成了预算一体化新系统首笔银行支付清算业务;2021年10月,正式运用预算一体化系统安排部署了2022年政府预算和部门预算编制工作并成功于年底前完成了预算编制任务,标志着袁州区预算一体化改革取得阶段性重大成果。

推进预算管理一体化,不仅是业务流程和信息平台的重整,更是预算管理理念的重塑。改革后，通过取消分月用款计划,统一国库集中支付方式,取消直接支付，简化了预算资金拨付流程,更加压实了部门单位预算管理和资金使用主体责任;通过引入预算项目库理念,树立并强化了“先有项目,后有预算,再有支出”“资金跟着项目走”的预算理念,全部支出按人员类、运转类、特定目标类进行项目分类,并实行全生命周期管理;通过明确收付实现制核算原则,更加直接地反映了当年财政真实支出进度情况。全区预算管理信息化、规范化、标准化水平明显提升。

（陈 健）

政府采购

【概况】 2021 年，政府采购规模 282674.05 万元,采购预算总额 284418.27 万元,共节约资金 1744.22 万元，综合节约率 0.61%。开展政府采购活动 156 次,其中公开招标 55 次,采购额 275559.17 万元，占全年采购总额的 97.48%;单一来源 7 次,采购额 557.73 万元，占全年采购总额的 0.2%;询价 44 次,采购额 1907.06 万元,占全年采购总额的 0.67%;竞争性磋商 46 次,采购额 4509.31 万元,占全年采购总额的 1.6%；竞争性谈判 4 次,采购额 140.78 万元,占全年采购总额的 0.05%。袁州区供应商入驻江西省政府采购电子卖场 195 家，上架商品 1201 件，2021 年累计成交订单 1016 笔，采购金额 1388.65 万元。

分别在江西省政府采购网、江西省公共资源交易网上同时发布招标、中标等采购信息 315 条；政府采购共抽取评审专家 356 人次。

【政府采购改革】 2021 年,政府采购依法招标项目已全面实现电子化,实行在线发布采购公告、提供采购文件、提交投标(响应)文件,电子开标、电子评审。政府采购领域启用“不见面”开标系统,投标人足不出户即可参与开标全过程,真正实现“交易零距离、投标无障碍”,打通政府采购招投标全流程电子化交易的“最后一公里”。

【采购监督管理】 2021 年 2 月，开展全区政府采购备选库、名录库、资格库专项清理,依法保障各类市场主体平等参与政府采购活动的权利,维护政府采购市场秩序。5 月,全面清查近两年全区政府采购代理机构违规收费行为,坚决纠正政府采购代理机构违规收费行为。维护政府采购公平竞争市场秩序,优化政府采购营商环境。

【采购预算管理】 根据《宜春市袁州区财政局关于编制 2021 年度政府采购预算的通知》等文件,加强对各预算单位编制政府采购预算的管理,对无预算和超预算的采购单位严格按制度办事,推动了各预算单位在政府采购预算编制、预算追加、项目执行等方面的规范化进程,促进全区政府采购工作的顺利开展。

【政府采购助力中小微企业】 鼓励当地企业的产品、服务向工信委申请纳入中小型企业范围,价格享受 6%～10%参与评审的优惠政策;鼓励当地企业优先安置残疾人就业,对于满足要求的残疾人福利性单位产品及服务在政府采购活动中享受相应的优惠政策；鼓励本地企业产品、服务争取进入省、市协议采购定点企业，同等条件下享受优先采购。

【采购方式变更和采购进口产品审批程序】 根据《江西省政府集中采购目录及标准（2020 年版)》，严格按照政府采购目录、限额标准确定采购方式,对确需变更采购方式和购买进口产品的采购项目,严格按照有关程序报市里审批。

【预算单位采购贫困地区农副产品活动】 袁州区 2021 年采购贫困地区农副产品份额 48.69 万元，共注册采购人账户 197 个,累计完成交易总额 61.93 万元,成功助力贫困地区和贫困群众脱贫增收。

（刘小玲）

农村综合改革

【概况】 袁州区 2021 年农村综合改革转移支付资金 571 万元,其中农村公益事业中央财政奖补资金 330 万元,农垦国有农场办社会职能改革中央补助 61 万元,美丽乡村建设项目省级补助 180 万元。

【一事一议】 2021 年一事一议

安排项目102个，包括公路硬化、水圳水塘维修、人畜饮水、道路亮化、桥梁建设、文化广场等。项目覆盖21个乡镇街道、95个行政村、102个村民小组（自然村），直接受益人口2.2万人，间接受益人口10万余人。

根据《袁州区2021年创建全国文明城市乡镇创建工作方案》（袁创文办〔2021〕9号）要求及区委区政府领导安排，2021年一事一议财政奖补项目资金用于创建全国文明城市乡镇创建。由区财政局、区农业农村局、各乡镇人员对乡镇上报的项目进行了实地察看，确定2021年一事一议项目101个，并批复到各乡镇。由财政局、农业农村局、乡镇人员组成验收小组，对于一事一议项目逐一验收。在宜春市民生资金“码”上监督平台录入和公开2021年一事一议项目信息102条，通过录入与公开，通过上级部门的监督，通过公众的监督以及纪检部门的监督，确保项目资金的有效使用。

【美丽乡村建设项目】 2021年上级下达美丽乡村建设项目1个，项目地点为新田镇新田村，项目金额180万元。项目主要建设为河塘整治、道路改造、房相改造、休闲广场建设、排水管改造、亮化工程等。

（彭成平）

国有资产管理

【概况】 2021年以来，区国资办坚决贯彻落实区委、区政府的决策部署，不断完善体制机制，强化国有资产监管，确保国有资产保值增值。荣获第九届市级文明单位称号。

【国资监管】 出台《袁州区关于推进全区行政事业单位经营性国有资产集中统一监管的实施意见》，完善《袁州区国投集团有限公司年度经营业绩目标考核管理暂行办法》，加强对企业管理、经济目标、融资及债务管理、工程建设、国有资产管理等指标的考核。2020年度国投集团一体化管理公司及医药园公司考核为优秀，机电基地开发公司及园企农业公司考核为良好。围绕履行出资人职责，加强对企业规划投资、考核薪酬分配、企业人事管理等不断强化日常的核准备案管理。

【国有资产（资源）管理】 资产清查，自2021年10月份起在全区全面开展资产清查，摸清国有资产“家底”。资产办证，完成高铁枢纽共计11.61万平方米的产权证登记，争取市政府及相关职能部门支持下放办证的相关职责和权限，补办袁州大厦等4处办公楼及13个安置小区等资产产权证明，涉及公产面积17.31万平方米，已办理土地证的有12个。规范资产（资源）处置，严格按照《袁州区关于推进全区行政事业单位经营性国有资产集中统一监管的实施意见》文件要求对辽市镇、彬江镇、慈化镇、柏木乡境内因项目建设产生矿产资源进行了评估公开拍卖，防止了国有矿产资源流失，增加了财政收益。

【国有房屋租金减免】 积极落实减免租金政策，与财政局联合发文《关于做好国有房屋租金减免工作的通知》，对承租国有房屋的从事生产经营活动的服务业小微企业和个体工商户免除2021年上半年1个月租金，并要求所有国有房屋出租的部门单位及国有企业高度重视、主动联系，确保优惠政策切实落地执行，共减免357户175.83万元。

（郭　欣）

国有资本投资

【概况】 2021年，袁州区国投集团有限公司服务袁州经济社会发展大局，面对国家严控政府债务的高压态势，开拓思路，沉着应对，有效防范化解风险，保障了区级重点项目资金需求。

【项目建设】 2021年，区国投集团以每周调度、季度巡查、突击检查为抓手，加快在建项目建设速度。2021年承建项目30个，其中棚改安置房项目17个，代建教育项目6个，其他代建项目7个。当年新开工项目9个，其中棚改项目4个，代建教育项目5个；完工项目10个，其中棚改项目4个，代建教育项目1个，其他代建项目5个。

【项目管理】 手续办理取得了重大进展。协调市直各部门，创新工作思路，采用“容缺+承诺制”的方式，完成了已开工棚改项目“四证一书”的办理工作，破解了政府性项目未批先建的难题，使项目建设合法合规。建立健全了各项制度。建立了招投标、造价控制、工程技术、工程现场管理四位一体的监督互动体系；建立了月度安全、质量、进度检查评比和通报制。统一了建设标准。制定了《袁州区棚改安置房设计标准》，规范了项目建设标准，有效控制了工程造价。

【资产管理】 资产管理工作更加科学规范。成功接收了江特文创园资产，重新与72户租户签订租赁合同。出租空余店面及办公楼，依法依规组织了五场公开拍租，将秀水花苑12栋5号等三处资产通过公开拍租租赁出去，新增年租金32.34万元。加强对资产的维护维修，对广润小区、民主小区、徐田小区、鸿运小区、百盛体检大楼及江特文创园等资产进行维修维护，实现资产保值增值。

【集团资产】 多举措做大做实做强集团资产，通过增加注册资本金，注入秀江宾馆土地，安置区部分商业资产，提高代建管理费费率等方式全力实现年初资产总额300亿元目标，实现了秀江宾馆48.81亩土地以2.2亿元协议出让，实现资产增值；协同国资办制定清查方案并全面开展资产清查工作。

【服务实体经济】 通过助贷、委贷等多元金融服务体系，切实发挥金控公司的功能，帮助中小微企业解决融资难、融资贵问题。帮助中小企业解决融资难题。累计为企业办理助贷业务39笔，发放助贷资金39710万元，有力地支持了企业续贷融资。开拓思路，积极作为，为东园小区施工单位江西建工第三建筑有限责任公司提供供应链金融服务，授信4000万元，助推棚改安置房项目建设。

【"消红降级"】 2021年全年化债任务29.11亿元，已偿还56.99亿元，完成率195.78%，其中市级下放化债任务10亿元，已偿还10.05亿元，完成率100.53%。区级自身化债任务19.11亿元，已偿还46.94亿元，完成率245.63%。全年化债125.02亿元,其中本金102.87亿元，利息22.15亿元。

【财政部隐性债务化解试点县】 2021年年初，袁州区成功纳入财政部隐性债务化解试点县，为宜春市唯一一个试点县，江西共有6个区县纳入。2021年3月上级拨付债券资金30亿元，用于偿还政府隐性债务，置换后节约利息6.22亿元。区国投集团精心运作防范化解债务风险，积极创新融资渠道和模式，2021年通过直接融资、间接融资、盘活存量资金等方式扩大融资筹集资金，到位资金47.87亿元。

【直接融资】 2021年，袁州区国投集团取得公司债、定向债务融资工具(PPN)、美元债批文合计金额43亿元（含20年15亿元），2021年成功发行9亿元。其中集团境外发行2亿美元外债成功在国家发展和改革委员会备案登记，是江西省县级第一笔在国家发展和改革委员会备案登记的外债(除国家级开发区外)，集团2021年度第一期定向债务融资工具(革命老区)成功发行2亿元，是全国首批、全国第一笔区县级革命老区振兴发展债务融资工具。《江西日报》、人民网、中国银行间市场交易商协会、江西省发改委等对上述项目进行了宣传，进一步扩大了袁州区及集团资本市场的影响力。

【间接融资】 2021年，袁州区国投集团积极对接国开行、工商银行、农业银行、邮政储蓄银行等金融机构落实授信金额72.4亿元，到位资金58.99亿元。其中袁州区城市更新、教育补短板建设PPP项目获得国家开发银行贷款支持。城市更新项目贷款金额12亿元，期限20年，利率4.85%；教育补短板项目贷款金额8亿元；期限19年，利率4.85%；从项目对接到落地，再次取得突破，仅历时5个月。转贷市城投发行的定向债务融资工具（PPN）一期10亿元，期限2+2+1，利率4.5%，以低成本缓解市城投棚改转贷债务的还本付息压力。北京银行并购贷款29.7亿元，成功盘活区级棚改征收资产。

【盘活存量资金】 积极对接政策性银行农业发展银行，2021年兑付房票资金10.37亿元。

【江特股权减持】 2021年，袁州区国投集团通过集中竞价、大宗交易合计减持江特电机股票1975.26万股，收入近5亿元。其中，24.32元集中竞价1700万股，30.30元大宗交易275.26万股，减持价格为近六年阶段性历史新高，远高于省、市国有企业。

税　收

【概况】 2021年，袁州区税收工作结合基层建设工作的开展，制定"勇担当、重实干、作示范、争先进"三年行动计划，意在通过三年持续建设(第一年夯基固本、第二年巩固提升、第三年赶超发展)，重点工作争上游，常规工作创特色,全力打造全市五个工作示范基地(党建文化、法治建设、以数治税、营商环境、青年干部培养),并按季调度工作推进情况。组织收入取得预期成效,各项工作实现质的提升。

【税收征收】 2021年,面对阶段性减税降费政策持续出台、企业申请延期缴纳税款、疫情给经济运行造成严重冲击等一系列不利因素,充分利用大数据平台加强各税种各行业税收分析,积极推进综合治税,形成组织收入合力,确保了税收收入的平稳增长。全年共组织入库税收收入39.81亿元,同比增收4.5亿元,增长12.7%。组织社保非税收入16.86亿元,其中社保资金收入14.82亿元,非税收入2.04亿元,有力地支持了经济社会发展。

【税收优惠】 按照党中央、国务院及国家税务总局的决策部署,认真贯彻落实各项税费优惠政策,统筹推进疫情防控和经济社会发展。制定《关于推动疫情防控税收政策措施落地的通知》,开展网格化管理,做到横向到边、纵向到户、责任到人,加强对分片包干范围内支持疫情防控和经济社会发展税费优惠政策落实情况的跟踪问效。全年共减税降费12.12亿元,其中减税11.78亿元,减费0.34亿元,同比增加减税降费3.69亿元,增长43.8%。

【以数治税】 紧盯短板弱项,强化大数据思维,打好"以数治税、优化服务、防控风险"三项主攻战。持续加强对风险行业日常税收的分析评估工作,坚决优化存量,严控增重,守住底线,禁踩红线,力争将风险降低到最低点。2021年,袁州区税务局共应对总局及省、市税务局推送中低风险任务129条,相比2020年同期下降60%以上。通过案头分析及评估应对共补缴税款1745万元。加强与政府的沟通汇报,利用大数据、综合治税等手段,积极应对新经济、新业态可能的爆发式增长,确保不出现区域、行业间集中性税收风险,风险防控形势总体向好发展。2021年纳入监控的九大风险行业入库税收14亿元,负增长1.64%,风险防控形势总体向好发展。

【税收营商环境建设】 将"好差评"制度作为优化营商环境、强化服务意识、提升服务质量的重要抓手,全面提升纳税人满意度和获得感。认真落实"互联网+政务服务"要求,大力推广"赣税通"微电子交互平台,已为13499户纳税人办理了注册,推行比例达97.47%,位居全省前列。2021年全年共服务纳税人138209次,获得评价数131689条,平均评价率95.28%,好评率100%。落实首违不罚制度,4月1日正式实施以来,对117人次纳税人进行了首次违规警告提醒,免去罚金15万元。积极开展"我为纳税人缴费人办实事暨便民办税春风行动",举办"税宣进园区"暨"银税互动"金融服务推介活动,成功为24户企业带来2300余万元的融资贷款,为企业发展助力。严格落实"最多跑一次"和"一次不跑"清单,整合办税服务资源,最大可能让纳税人办事方便、轻松简单,少跑或不跑路,切实提高工作效率,以最大的诚意和满意的服务赢得了社会各界的肯定和认可。做好举报投诉快速响应处理,2021年接"12366"转办工单共计109条,接"12345"转办工单共计324条,限时办结率达100%。

(邓　香)

中国农业银行袁州支行

【概况】 中国农业银行宜春袁州支行以服务袁州区经济发展为己任,履行国有大行担当,凭借全面的业务组合、安全的业务系统,向广大企事业、个人客户提供丰富的金融产品和金融服务。2021年,全行上下奋勇拼搏,加快有效发展,业务经营呈现稳中求进,经营质效不断提升,内生动力持续释放,发展后劲显著增强。

2021年,农行袁州支行存贷规模突破百亿大关,达104.69亿元,较上年净增6.11亿元,贷存比93.9%。各项存款日均余额51.14亿元,日均增量2.63亿元,各项贷款余额50.69亿元,较上年净增5.94亿元。其中,全口径普惠贷款余额4.85亿元,较年初净增1.7亿元,绿色贷款投放1.23亿元,较年初净增1.17亿元。

【服务实体经济】 大力支持地方经济发展,支持地方经济社会发展,实现企业价值与社会价值"双赢",是农行袁州支行的责任和使命。2021年,农行袁州支行将支持地方重大项目建设作为全行重点业务着力推进,从差异化信贷管理、减免收费、创新特色产品等方面出真招、求实效。同时,不断加强民营和小微企业服务,截至2021年年末,支行普惠型小微企业贷款余额1.78亿元，较年初增长8205万元。

【服务乡村振兴】 农行袁州支行立足新时期“三农”工作新形势新要求,全面推进乡村振兴战略,以“惠农e贷”产品为抓手,有效支持农家乐、有机蔬菜、特色养殖、生态农业等农村产业发展，不断加强普惠金融服务,完善农村金融服务渠道,为促进当地农村发展、农业增效、农民增收提供了有力的金融支撑。2021年，农户贷款业务已涉及全区28个乡镇、街办,185个村委,实现了农户贷款的多层次、广覆盖。截至12月末,农行袁州支行农户贷款余额3.17亿元，惠及农户3205户，比上年新增482户,增长4712万元,“惠农e贷”余额2.67亿元，惠及农户2394户，比上年新增933户，增长7931万元。

中国农业发展银行袁州区支行

【概况】 2021年，中国农业发展银行袁州区支行按照省分行党委“党建引领、创新发展、底线思维、夯实基础、量质双先”的工作思路，积极发挥政策性金融“当先导、补短板、逆周期”的职能作用,以项目为抓手、发展为第一要务,坚持支农助农,因地制宜进行信贷投放,全力服务地方经济发展,全行各项工作稳健推进。截至2021年年末,人民币存款余额19.47亿元, 各项贷款余额118.14亿元，比年初增长5.09亿元。全年实现无案件、无事故,业务经营总体呈现结构优化、均衡、有效发展态势,各项工作成效显著。

【粮食收购】 全力服务国家粮食安全是全行上下的首要职责和业务工作的重中之重。一是及时发放粮食收购贷款,确保了收购资金足额供应,做到“钱等粮”,确保把农民余粮全部收上来。二是搭建政策性粮食收购监管平台，实时掌握粮食收购情况。三是严格落实“互联网+封闭运行”,严守库存监管,推行微信平台查库和库存远程监控系统监管模式,切实履行好库存监管职责。发放粮食收购贷款0.99亿元,支持国有粮食企业收购粮食0.305亿公斤。

【贷款营销】 积极加大贷款项目营销力度,主动与客户对接,加快办贷流程，业务发展增速较快。一是支持农村路网建设项目金额大、期限长。贯彻江西省“四好农村路”建设工作在全国“做示范、勇争先”的实施方案,以高质量发展为中心,紧紧围绕建设“路网覆盖广泛、服务水平优良、产业支撑有力、安全生态文明、养护管理有效”的农村交通运输体系发展目标,力争全面提升农村路网水平,为加快宜春市交通运输高质量跨越式发展提供有力保障。截至12月底已发放农村路网贷款20亿元支持宜春市G320、G220公路改造,支持项目建设2个。二是支持农业产业化龙头企业发展,重点对优质农业产业化龙头企业进行信贷资金扶持,帮助企业做大做强。扶持农业产业化龙头企业7家,发放流动贷款1.46亿元。

（漆　煜）

教　育

综　述

【概况】 2021年，袁州区教育系统紧紧围绕办人民满意教育目标，全面贯彻党的教育方针，倾心回应群众期盼，全力推动办学理念现代化、学校管理规范化、教育发展均衡化，全区办学条件得到质的改善，教育教学质量稳步提升，师资队伍素质和办学水平明显提高，袁州教育高质量发展的基础更为牢固。一年来，先后获得全国首批“一校一案”落实《中小学德育工作指南》典型案例、全省脱贫攻坚先进集体、2020年度全市教育体育工作综合先进县市区等荣誉。

袁州区有各级各类学校584所，在校（园）学生（幼儿）161235人，公办教师6667人（幼儿教师96人、小学教师4065人、中学教师2506人），民办学校（园）教职工2547人（民办幼儿园教职工1746人、民办中小学教职工262人、中职学校教职工539人）。

【学前教育】 2021年全区有幼儿园441所，在园幼儿31972名。其中公办幼儿园313所，在园幼儿17348名；民办幼儿园128所（城区80所、农村48所），在园幼儿14624名。

【义务教育和高中教育】 全区有各级各类中小学校323所，中小学生118817人（城区62604人，农村56213人）。其中小学285所，学生81832人（城区小学22所，村小1所，教学点1个，学生45707人；农村中心小学22所、村小106所、教学点133个，学生36125人）。初级中学28所，学生24908人（城区3所，学生4820人；农村25所，学生20088人）。九年一贯制学校7所，学生14341人（小学生4550人、初中生9791人），其中含民办百树外国语学校袁山、学路校区两所（学生2857人，小学生2008人、初中生849人）。普通高中3所，在校学生3991人，其中民办百树学校472人。

【特殊教育和中职教育】 特殊教育学校1所，在校学生1083人（小学695人，中学388人）。区代管中职学校2所，学生2703人；省管中职学校1所，学生7328人。

【党建引领教体发展】 袁州区教体局坚持党建和教体工作同谋划、同部署、同考核，将党建工作纳入学校管理综合考评；连续四年开展中小学校支部书记抓党建工作述职评议；扎实开展党史学习教育，推动党史学习教育进校园，组织10万名师生学党史，让红色基因入脑入心，涌现出一批党史学习教育特色亮点；实验小学“六动”学党史做法、百树学校“五感”党史学习教育成为教体系统党史学习教育品牌。主动融入全国文明城市创建，唱响文明歌、跃动文明舞，中小学校自编自导自演创文宣传视频90余个；以“小手拉大手，文明一起走”和“万师访万家”活动为依托，组织11万余名学生走进公共场所开展创文宣讲等志愿活动，6000余名教师上户家访98809户宣讲创文，提高市民对创文工作的知晓率和参与度；热烈庆祝中国共产党成立100周年。召开七一表彰大会，为“光荣在党50年”的老党员颁发纪念章。加大宣传力度；一年来，在中央媒体上稿33篇、省级163篇、市区级180篇，唱响袁州教育体育好声音；大力推进清廉教体建设，推动清廉文化进机关、进校园；在规范学校现金、项目、财务管理的基础上，联合区财政等部门，出台中小学校服务性收费和代收费收缴和支出管理办法，将非税收入统一纳入财政专户管理；动真碰硬查处“吃公函”“三违”“酒驾”等问题，全年查处违纪案件8起，处分51人次。

【教育经费保障到位】 加大教育经费投入,完善"以县为主"的教育经费管理体制,将义务教育经费全额纳入财政预算并单独列项。2021年,一般公共预算教育经费为10.43亿元,比上年相同口径的10.08亿元增加0.35亿元,增长3.47%,占一般公共预算支出的14.22%,较上年增长2.37%;生均一般公共预算教育经费小学6545.87元,初中9770.95元;生均公用经费按小学每年650元/人、初中每年850元/人拨付;生均公用经费继续向农村薄弱学校倾斜,对不足100人村小教学点按100人核拨公用经费;按生均200元核拨寄宿生公用经费、按生均6000元核拨随班就读和送教上门学生公用经费。

【教育扶贫精准落实】 贯彻落实国家资助政策,全力做好教育民生。2021年发放学前教育资助金160.2万元。发放义务教育阶段困难家庭寄宿生生活补助3786人次,补助金额234.81万元,发放建档立卡非寄宿生生活补助14272人次,资助金额381.08万元。普通高中免学杂费392人次,共免除10.59万元;普通高中国家助学金534人,资助金额53.9万元;发放65名考生的高考入学政府资助金32.5万元;中职教育免学费16741人次,共免除2092.24万元。发放中职国家助学金补助1912人次,资助金额191.14万元;受理2435笔生源地信用助学有效贷款,贷款金额2022.59万元;向75名贫困大学生发放3.8万元"滋蕙计划"助学金。

【补短板项目加速推进】 根据市委、市政府统一部署,2020年10月袁州区启动袁山学校、袁河小学、宜春三小、宜春十中、赣西中职学校等5个教育补短板项目建设,同时袁州小学、崇文小学、宜春一小、宜春二小、明珠学校等5个项目也被纳入补短板项目建设一体推动;10个补短板项目总投资8.51亿元,新增教育用地713亩,可提供学位约2.5万个(含中职学位0.45万个);其中,袁州小学、崇文小学、宜春一小、明珠学校、袁山学校等5所学校于2021年秋季开学投入使用;宜春二小、袁河小学等2所学校主体及装修装饰工程已完工,正在进行室外工程施工;宜春十中、赣西中职学校等2所学校,暂借宜春职业技术学院南校区办学,已投入350万元完成维修改造,2021年秋季学期如期开学,填补袁州区无公办中职学校和市重点高中的空白。学前教育普惠发展。先后投入资金1.1亿元,改造新设凤凰、新康府等2所街道中心幼儿园,大力推进下浦中心幼儿园与区中心幼儿园嘉豪分园装修工程建设,全面启动区第二幼儿园建设和碧桂园明月江南幼儿园回购,新增托位2185个;建立以点带面、片区互动、城乡联动的学前教育新型教研机制,多次邀请省级示范园专家团队现场指导工作,组织开展改革发展试验区幼儿教师专业能力展示活动,发挥优质园示范引领作用,全面提高学前教育保教质量及办园水平。师资队伍量质并举。2021年全区引进教师345人,其中签约高校优秀毕业生20人(含公费师范生4人),招录特岗教师65人,安排"三支一扶"支教人员15人;特招音体美专业支教大学生5人,安排师范定向生163人,通过省考招聘高中教师19人,从外县市调回袁州籍教师58名;大力保障教师待遇,2021年继续为教师发放2020年政府奖励性补贴2.79亿元,在职教师人均发放6个月;同时为3877名农村教师发放乡镇工作补贴1439.84万元,发放边远山区津贴714.3万元;完善教师专业能力提升常态化、长效化机制;坚持城乡一体化教研,以城区优质师资带动农村教师专业能力提升;坚持城乡交流轮岗,每年安排100余名新教师到城区学校跟岗学习、城乡交流轮岗校长、教师300余人;坚持青蓝工程,每学期安排师徒结对,促进新老教师共同成长;坚持全员教师培训,发挥名校长、名师、骨干教师、学科带头人带动作用。

【教学质量稳中有升】 2021年,小学六年级质量监测优秀率、合格率同比分别提升7.61%、16.72%,学科基础逐步稳固;中考再创佳绩,中考总分超宜春中学、宜春一中统招线以上者达359人,在中心城区占比36.71%。

义务教育

【概况】 2021年,全区有各级各类中小学校323所,中小学生118817人(城区62604人,农村56213人)。其中,小学285所,学生81832人(城区小学22所,村小1所,教学点1个,学生45707人;农村中心小学22所、村小106所、教学点133个,学生36125人)。初级中学28所,学生24908人(城区3所,学生4820人;农村25所,学生20088人)。九年一贯制学校7所,学生14341人(小学生4550人、初中生9791人),其中含民办百树外国语学校袁山、学府校区2所(学生2857人,小学生2008人、初中生849人)。

【深度联合办学】 充分发挥优质学校的帮扶带动作用,打造4对深度联合办学共同体,进行同宣传、同活动、同教研"三同"模式联合办学,促进联合办学共同体师生交流、资源交换、深度融合,进一步均衡资源,整体提升办学水平;创新"一校两区"模式;新开办文笔峰小学崇文校区,将学校管理模式转变为"一校两区"的新模式,统一师资调配,统一管理培训,统一课程设置,统一活动安排,均衡校区资源,促进新校区快速成长。2021年年底,全区义务教育班级总数3079个,大班额班级51个,大班额比例从年初的10.11%下降到1.7%。

【公平入学】 创新招生方式,联合印发《宜春市中心城区2021年小学招生入学工作实施方案》的通知(袁教体通字〔2021〕54号),打造城区"幼升小"招生入学E网通线上平台,协调公安、住建及不动产中心等部门将户籍、房产数据与平台互通共享,利用平台对报名的学生和家长户籍关系、房产权属关系进行自动核验,对通过核验的报名信息进行2次再审核,确保招生工作平稳有序;2021年秋季,中心城区小学一年级新生网上录取7271人,实现全员网上报名、网上审核、网上录取的目标。

【"双减"工作】 建立健全体制机制,印发《袁州区2021年中小学校"五项管理"工作实施方案》(袁教体通字〔2021〕39号)、《袁州区中小学暑期校内托管服务工作实施方案》(袁教体通字〔2021〕50号)、《关于进一步做好义务教育阶段学校"双减"工作的通知》(袁教体通字〔2021〕73号)等文件,组建"双减"工作专班,细化工作举措,压实工作责任。全覆盖开展课后服务,2021年暑假34所学校开展校内托管服务,设立日常看护、校内游泳、作业辅导等服务项目,服务学生7080名;2021年秋季76所义务教育阶段学校全覆盖开展"5×2"模式的课后服务,多样化设立服务项目,服务103218名有需求的学生。全过程提升教学质量,优化作业布置,建立健全作业设计、审核、公示管理制度,规范校内作业布置,减轻学生作业负担。改革考试评价制度,取消小学一二年级纸笔考试,探索建立学生综合素质考察评价机制,减轻学生考试负担。全方位开展宣传报道,利用家校群、公众号平台发布"双减"政策,解读政策要点,凝聚家校社"双减"共识。主动对接各级各类媒体,宣传报道学校"双减"工作的典型做法和特色亮点,2021年袁州区在《人民日报》、央视等媒体上发布稿件150余篇,其中中央级19篇,省级40篇,市级18篇。

【控辍保学】 坚持控辍保学,保障受教育权利。印发《关于进一步做好全区控辍保学工作的通知》(袁教体通字〔2021〕15号),建立工作台账,联合乡镇(街道)、村(社区)、村小组开展入学劝返工作,对劝返学生进行关心关爱和心理辅导,对无法入学的残疾儿童进行送教上门,每学期不少于30课时,保障所有学生受教育权利。

【五育并举】 围绕中国共产党成立100周年,组织"四史"答题、共讲红色故事、童声讲党史和唱支红歌给党听快闪等系列活动,开展"红色经典进校园"电影公益放映、"请党放心强国有我"主题征文等活动,厚植学生爱国情感。结合"三项文化"主题活动,分类开展传承红色基因、保护生态环境、中华优秀传统文化进校园等主题活动,传承红色基因,提高生态环保意识,坚定学生文化自信。依托创文工作,开展"幸盔有你安全同行"和"小手拉大手"主题活动,录制"创文"宣传视频,促进学生和家长规范言行、提高素养。加大实践育人,广泛开展学雷锋志愿服务活动,举办爱心义卖,开展爱心植树,关爱留守儿童和孤寡老人,动员在学校、社区、公共文化设施和新时代文明实践站等地开展系列志愿活动,推动雷锋精神在袁州区代代相传。认真组织"清明祭英烈"实践活动,6万余名师生前往"文明江西"公众号祭扫板块进行网上祭拜,2000余名师生代表进行实地祭扫,慎终追远、缅怀先烈。加强管理育人,深化文明校园创建,组织学校按照"六个好"(领导班子建设好、思想道德教育好、活动阵地好、教师队伍好、校园文化好、校园环境好)的标准创建文明校园,申报文明校园,并对各校创建情况进行复查,6所学校被评为第二届江西省文明校园。深化乡村少年宫建设,完善少年宫管理制度,丰富少年宫活动项目,多样化开展少年宫活动,进一步丰富农村儿童的课余生活。

职业教育

【概况】 2021 年区属职业学校有 3 所,分别是赣西中等职业技术学校、宜春市职业技术教育中心、江西长江科技中等职业学校。截至 2021 年年底,中职学校在校生 9436 人,教职员工 539 人。

【职业教育招生】 印发《关于做好 2021 年秋季赣西中等职业技术学校招生工作的通知》(袁教体通字〔2021〕35 号),赣西中等职业技术学校秋季招生 821 人,长江中职招生 2736 人,职教中心招生 423 人,超额完成招生计划,进一步扩大了职业教育资源容量。

规范职业学校招生。召开区属中职学校招生工作会,强调规范招生宣传,杜绝有偿招生,严禁推荐学生到中心城区以外学校就读等工作纪律;严格按照 45∶55 的职普比例进行招生,2021 年秋季,宜春中心城区职业学校招生 6468 人,占普通高中、中职学校一年级新生总数的 40%。

【职业技能培训】 创新人才培养模式,实行订单培养、工学结合的教育形式,加大实习实训在教学中的比重。发挥职业学校"造血式"扶贫主体作用,面向贫困学生推进职业教育精准扶贫,指导学校深入开展技能扶贫工作,长江科技中专学校专门为贫困生开设 3 个专业,累计培训人次达到 1300 余次,推荐 16 名贫困学生到江南造船集团职业学校就读。

招生考试

【高考】 2021 年全市中心城区高考报考人数 13058 人,比 2020 年增加 1932 人。高职单招录取 2023 人,实际参加普通高考考生 11035 人,设 2 个考区,设考场数 381 个:宜春中学考点 3379 人,114 个考场;宜春九中考点 2669 人,92 个考场;宜春一中考点 2018 人,70 个考场;宜春三中考点 2227 人,76 个考场;宜春八中考点(日语考生)742 人,29 个考场。袁州区高考工作人员 900 人,其中外县到袁州交叉监考老师 334 人。普通高考录取总人数 10139 人,录取率 77.65%,其中提前本科及一本录取 2106 人;二本以上录取 3446 人,占比 54.76%;专科录取 4587 人,占比 45.24%;3 人录取南京空军招飞,1 人录取海军招飞。2021 年继续实行面向社会人员高职扩招,中心城区报名审核 1359 人;2021 年实现高考体检电子化体检方式,全部检查项目继续实行到校直通车服务。中心城区 2021 年成人高校招生考试,现场确认及数据采集人数 7746 人。

【高中学(会)考】 全年报考四次;5 月高二考查科目为通用技术、信息技术,8967 人机考;7 月高二考试科目为思想政治、生物,8755 人考试;10 月高三考查科目为艺术、体育和健康、综合实践,8979 人参加;11 月高二考试科目为物理、化学、历史、地理,9345 人参加,高三考试科目为英语、数学、语文、物理,8754 人参加;自考:全年 2 次报名,2 次毕业生审核,337 名自考新生报名,140 名毕业生申报。

【中考】 2021 年开始全省全面实行初中学业水平考试。2021 年中心城区初中学考初三报考人数 18355 人,增长 1294 人。设 10 个考点,618 个考场;农村考生在宜春九中、昌黎学校、长江科技中等学校、江西省轻工业技工学校等学校膳宿;城区考生在宜春实验中学、宜春三中、宜春八中、宜春七中、袁州学校、宜阳学校(初中部);今年初二年级参加地理和生物科目初中学考,考试人数 19183 人,设 10 个考点,645 个考场;两科分值计入次年初中学考总分。

中心城区高一招生 10210 人,其中宜春中学和一中招生 3446 人;袁州区录取 8 人为江西省海军航空实验班学生;袁州区定向师范录取 50 人,其中体育方向 4 人,小学教育(女)25 人,小学教育(男)21 人;全市初中学考语文、化学、地理等科目由袁州区组织教师评卷。

学前教育

【概况】 2021 年全区有幼儿园 441 所,其中公办幼儿园 313 所,民办幼儿园 128 所(城区 80 所、农村 48 所),公办园占比 70.98%;在园幼儿 31972 人,其中公办在园幼儿 17348 人,民办在园幼儿14624人(其中普惠性民办幼儿园在园9490人),公办在园幼儿占比54.26%。全区普惠率83.94%。

【公办园建设】 2021年全区20个乡镇、8个街道做到公办园全覆盖,升级改造下浦中心幼儿园鸿运分园等14所回收幼儿园,无偿接收东方红小区和嘉豪花苑小区配套幼儿园,还有3所正在进行移交协商,新增幼儿学位2185个,进一步扩充了学前教育资源。

【普惠园认定重新开展】 根据区政府办《关于印发〈袁州区普惠性民办幼儿园认定及扶持办法(试行)〉的通知》(袁府办字〔2018〕41号)精神,联合区财政、发改等部门对2018年认定且仍在开办的69所普惠性民办幼儿园进行重新认定,60所幼儿园被继续确认为普惠性民办幼儿园。

【学前教育内涵深化】 将区属幼儿园划分为七大片区,聘请五大领域20名兼职学前教育教研员,定期开展片区教研活动。安排农村园所老师到城区优质园所跟岗学习,提升保教水平;展示学前教育成果;依托江西省学前教育改革发展试验区,全方位推进学前教育改革发展和内涵提升工作,通过举办2021年幼儿教师专业能力展示活动和改革成果展示月系列活动,综合展示袁州区学前教育改革发展试验区成果,促进全区学前教育持续健康发展。

民办教育

【概况】 2021年区属民办学校有3所,分别是宜春百树外国语学校、宜春百树外国语学校学府路校区和百树高中。截至2021年年底,宜春百树外国语学校袁山校区、宜春百树外国语学校学府路校区在校生总人数2857人,在校生人数占全区义务教育学生比重2.5%;百树高中在校生数472人。

【民办学校发展规范】 印发《袁州区规范民办义务教育发展专项工作实施方案的通知》(袁府办发〔2021〕3号),成立区政府分管副区长为组长的规范民办义务教育发展专项工作领导小组,教体、发改、市监等14个职能部门组成工作专班,明确18项工作举措,进一步压实工作责任。定期摸排区属民办义务教育学校学校数、学生数、公办教师任教数和辖区民办义务教育占比数等基础数据,按时报送民办义务教育基础数据统计报表,做到情况实、底数清。规范招生办学行为,建立民办义务教育学校招生计划审核备案制度,要求民办义务教育学校未经区教体局审核通过,不得擅自招生。根据2021年中心城区小学招生入学方案,同步实施民办学校和公办学校招生工作,杜绝民办学校提前招生、掐尖招生、超计划招生等违规行为。围绕"严格控制增量、逐步消化存量"的目标,制定民办义务教育学校招生数核减计划,2021年,区属民办义务教育学校核减14名学生。清理民办学校教师队伍,杜绝公办在编教师前往民办义务教育学校任教,截至年底,袁州区民办义务教育学校无公办在编教师。

教师队伍建设

【概况】 开展中小学教师、幼儿园教师资格认定,完成4003人的网上报名认定工作,新制证发证3971份。对在编在岗教师有序开展教师资格证定期注册工作,在袁州区政府网及公众号发布《关于2021年教师资格证认定公告》,教师资格证网上信息更正2人,教师资格证补发换发38人,教师资格定期注册331人。

【师德师风】 出台《关于进一步加强教师师德师风信用体系建设的实施意见(试行)》,将社会信用良好、群众认可度高、师德师风正面表现突出的优秀教师纳入"红名单",全区列入"红名单"教师1938人,列入"黑名单"教师10人。评选表彰区级优秀教师250人、优秀教育工作者76人、师德标兵123人、优秀班主任286人、优秀德育工作者166人。开展全区第一批中小学学科带头人和骨干教师选拔培养,评选区级首届学科带头人51人、学科骨干教师112人,获评市级第五批学科带头人8人、学科骨干教师28人。在全区学校评选办学质量先进单位24个,表彰中小学教学质量先进单位19个,表彰教学质量均衡发展先进单位10个。五中教师袁晓安荣获宜春市"最美教师"荣誉称号,在教师节期间对优秀教师进行表彰,袁州学校易宇欢老师和实验小学漆红艳老师获宜春市“卓越教师”称号,引导广大教师立足教坛，开展教体系统争做“四有”好老师主题教育活动,比作风争一流、比管理争进位,比教学争质量,比担当争奉献，得到领导及广大教师的一致好评。

【补师资扩资源】 下发《关于做好袁州区2021年教师招聘工作的通知》,规范教师招聘流程,按“空编补齐、退一补一、兼顾选调、适度超前、紧缺学科优先”的原则,通过招聘、安置、签约等途径补充教师共计346人,其中安排定向培养师范生163人,“三支一扶”新招录15人,“三支一扶”转编12人,签约师范类优秀毕业生及安置公费生20人,遴选优秀教师新增1人,“归巢”人员58人，音体美优秀支教大学生5人,特岗新招录65人,特岗教师转编83人,省统一招聘19人,及时补充了合格师资。继续深入开展高校音、体、美专业大学生支教试点工作,执行音体美支教特招优惠政策。举行“农村学校选调考试”择优184人补充到城区新建学校和薄弱学校,其中小学124人,初中54人,高中6人。开展教师轮岗交流工作,采取片区交流、全区调配的方法，确保各校学科教师配套,2021年有249人参与交流轮岗工作。

【教师待遇】 推进职称评定,严格按照《江西省中小学教师职称评审办法》,完成职称评聘;其中初级职称认定人员487人,中级职称评审申报人员233人,高级职称评审申报人员99人（含乡村中小学高级职称评审申报人员2人,艰苦边远地区不占岗的乡村中小学高级职称评审申报人员67人）。落实岗位晋级,按照申报要求和指标,向有关部门申报工勤岗位1人晋升技师岗位。2021年全区发放艰苦边远地区农村中小学教师特殊津贴714.3万元,人平均422元/月;乡镇工作补贴发放1439.842万元,享受教师3877人,按月发放到位。2021年,教师年人均工资为76999元，发放2020年政府奖励性补贴人均36564元,年均工资收入合计113563元，确保义务教育教师平均工资收入水平不低于当地公务员工资收入水平。

【师生档案管理】 对14200多份在职人员、退休人员、大中专毕业生、死亡人员档案进行整理和维护。受理借档、查档817人次；受理干部档案材料转递70多人次。受理新招聘教师、特岗教师、定向师范生档案接收365人次。进一步规范档案管理,完成1200多份副高教师档案的专审工作。

【强化教师培训】 教师培训工作在上级行政、业务主管部门的正确领导下,结合疫情指挥部防控实际,在全区中小学校的大力支持下,高度重视、统筹谋划,全体教师通力合作、认真管理,顺利完成2021年度教师培训工作,得到上级管理部门以及广大中小学教师的广泛好评。全面完成培训工作根据《2021年袁州区中小学教师培训工作计划》,认真组织落实每期培训,全年组织区级集中培训14期，参训教师3080人次。培训项目包括干部培训、班主任培训、学科培训、新入职教师培训、中小学书法培训等。

教学研究

【概况】 2021年，袁州区教学研究工作继续秉承“继承、发展、创新”的工作理念,切实发挥“研究、指导、管理、服务”的工作职能。努力建设一支素质高、理念新、专兼职结合的教研队伍,充分发挥基层优秀教师在教育教学、科研、课改等方面的引领作用,定期与不定期相结合,采取“查”“看”“听”“进”“馈”等形式,组织教研员到基层学校进行教学调研，督查教学常规落实情况。认真落实《关于开展全区中小学教育教学常规管理专项督查的通知》精神。通过实地查看、检查资料和询问学生的形式,对学校在落实“双减”政策方面的做法有了第一手资料。

【研究服务教学】 组织省“数学文化融入初中数学课堂”的综合教研活动、省小学英语课堂教学研讨及成果展示、省小学音体美连片研讨活动。同时,四小承办省“语文主题学习”实验观摩研讨会暨成果展示活动。省内外专家徐承芸、孟春焕、司国栋莅临指导。城乡一体化中心教研和集中连片教研如火如荼，邀请省内专家陈伟、王泽芳、苏琪参与其中,全年送课65节、讲座9场、专题研讨12场、学生活动展示课1节,近3000名教师参与活动并从中受益。各片区开展教研活动19次,参与教师达800人次。

【语言文字宣传】 教研室开展第24届全国推广普通话宣传周活动,2021年的主题是“普通话诵百年伟业，规范字写时代新篇”。袁州区开展中小学教师经典诵读比赛活动和中小学教师软笔书法比赛,经典诵读活动参赛者56名,其中23名获区一等奖,33名获区二等奖。软笔书法参赛者踊跃，有130幅作品获奖，其中一等奖73幅，二等奖57幅。2021年首次在全区举行幼儿园师生“童语同音”普通话比赛活动,22人参赛,其中9人获得区一等奖,13人获得区二等奖。

【教育课题】 2021年，袁州区教育课题中,省级基础教育课题成功立项11个,“十四五”规划课题2个;省级基础教育课题成功结项9个,“十三五”规划课题成功结项4个；全区2021年省级基础教育课题申报立项13个,基础教育课题结项11个;全区市级“双减”课题立项41个，其中7个为重点课题。

【教师教研比赛】 袁州区教师参加各级各类教研和比赛活动，在江西省课例展示活动中,袁州区参加的小学美术、小学英语、初中生物和初中物理四科均获省级一等奖。在湘赣边八县市（区）中小学教师课堂教学大比武活动中,获得高中数学、思政,初中语文、物理4个学科特等奖的好成绩。在全市举办的优质课比赛活动中,初中英语和初中美术获市级一等奖，小学数学、初中数学和初中语文获市级二等奖。在宜春市教研中心举行的作业管理优秀案例和作业一周设计评选活动中,有9个案例获一等奖,19个案例获二等奖,12个案例获得三等奖。6个小学作业设计获得市级奖,2个中学作业设计获得市级奖。举办全区党史微课课例评比活动,收到139件作品，其中89件作品获得区级一等奖。组织全区中小学教师“同上党史课”课例评比活动,收到79个教学课例,27个教学案例获区级一等奖。

电教装备

【概况】 2021年度采购资金共计3428.09万元。其中：投入1563.98万元，采购1051套65寸一体机,168套75寸一体机及相关升级配件,全区所有学校(含村小、教学点)的教学班都配足配齐班班通多媒体终端;投入3.588万元为南庙中学采购一套足球训练器材,充实“全国青少年足球特色学校”训练设备需求;利用电教统筹资金5万元采购视频会议系统;投入165.9万元采购13400套课桌椅,分配给三阳、金瑞、洪塘等34个中、小学校,完善各学校的基本办学条件;指导一小、四中、七中、袁州小学等学校利用各级各类资金1689.22万元采购一体机、心理咨询室、音体美器材、课桌椅等教学设备设施。

【电教装备管理】 落实网络安全工作。形成《袁州区教体系统网络安全报告》，执行重要时期网络每日报平安制度,做好教育App备案工作,积极开展网络安全周进校园活动,推动等保测评工作,区智慧教育云平台网络安全等级保护定级为二级。落实设备设施安全工作，严抓实验室危化药品、教育装备安全隐患,6—9月分别开展3次全区范围的安全自查及抽查,发现安全隐患及时整改落实。9月16日,市装备站对袁州区进行2021年全市中小学危化药品及教育装备安全大排查;督查组实地查看西村中学等4所学校，顺利通过检查。落实日常管理工作,严格规范电教装备工作流程,落实好工作岗位职责,切实加强教育装备管理工作。

【教师培训】 2021年度组织开展电教装备培训8次,培训人数达8000余人次，组织参加市级以上培训5次,培训人次达100余人次。1月12日,组织线上一体机集控软件使用与管理培训会。3月25日,组织袁州区人工智能与编程课程培训。5月24日至6月1日,组织3个讲师团队开展全区中小学高质量班班通应用培训。10月15日,组织举办袁州区校园网络安全线上培训,由市委网信办负责人袁敏主讲。10月21日,组织举办袁州区网络学习空间培训和赣教云应用培训。12月13日，邀请省教育技术与装备发展中心主任、智慧作业创始人唐旭作专题报告《“智慧作业”生态圈内的高质量作业设计为“双减”加注“智动力”》。2021年12月25日,组织举办全区义务教育阶段“智慧作业”应用骨干教师培训。

【信息化科研成果】 各类电教活动中,获得八项市级最佳组织奖,参赛选手和作品共计获得部级奖项7个，其中一等奖5个，二等奖1个,个人荣誉1项。省级奖项97个，其中一等奖13个、二等奖27个、三等奖57个。市级奖431个,其中市级一等奖162个、二等奖128个、三等奖

141个。省教育信息技术研究课题和“智慧作业”项目专项研究课题中，24个课题申报、3个课题中期评估以及3个课题结题，市级信息化课题13个课题立项。袁州区电教站等5个单位被评为2021年度市级电教信息工作先进单位；袁州区电教站熊伟等5人被评为2021年度市级电教信息工作先进个人。首届书香校园阅读教育教学成果交流活动优秀案例中，宜春三小、实验小学、文笔峰小学、康诚小学获国家级一等奖，金桥小学获国家级三等奖；实验小学等八所学校被评为省级智慧校园学校；区电教站褚龙、实验小学刘辉被聘为宜春市中小学校智慧（数字）校园评估专家；林玮等5人被评为江西省第二届智慧作业评审专家。2021年江西省中小学微视频征集展播活动，市级一等奖8个、二等奖5个、三等奖16个；省级二等奖2个，三等奖8个，袁州区获市级最佳组织奖。中小学教师“班班通”教学资源应用成果展示活动中，新坊小学于婷丽获省级二等奖、黄颇小学罗珊等4人获市级一等奖，八小葛含嫣等3人获市级二等奖，化成小学苏小朋等13名教师获市级三等奖，袁州区获市级最佳组织奖。市优质课及评议活动中，画眉小学耿准英、三小王晓媛获市级一等奖，画眉小学高鲲、化成小学黎佳钰获二等奖。中小学教师实验说课比赛活动，文笔峰小学易波等6人获市级一等奖；袁州学校张瑜等5人获市级二等奖，袁州区获市级最佳组织奖。中小学优秀自制教具展评活动中，袁州学校易宇欢获部级一等奖、特教学校黄蓓获二等奖；省级一等奖4个、二等奖1个、三等奖2个，易宇欢被评为“部级自制教具能手”；市级一等奖7个、二等奖6个、三等奖6个，袁州区获市级最佳组织奖。第二十届江西省学生信息素养提升实践活动，共计上传203件作品，获省级一等奖4个，二等奖7个，三等奖10个袁州区获市级最佳组织奖。省中小学智能机器人技能提升活动，省级一等奖1个、二等奖2个、三等奖1个；市级一等奖4个、二等奖5个、市级三等奖4个，袁州区电教站获市级最佳组织奖。2021年中小学教师、幼儿园教师优秀教学资源展示活动，上传至省平台1152件作品，其中市级一等奖69个、二等奖46个、三等奖60个；省级一等奖4个、二等奖14个、三等奖34个，袁州区获市级最佳组织奖。2021年教师网络学习空间创建展示活动，名师工作室获省级三等奖2个，市级一等奖2个、三等奖1个，教师个人空间获省级二等奖6个，三等奖8个、市级一等奖9个、二等奖4个、三等奖25个，袁州区获市级最佳组织奖。

教育督导

【教育督导体制机制】 在前期出台《袁州区关于深化新时代教育督导体制机制改革的实施办法》及《袁州区人民政府教育督导委员会工作规则》的基础上，进一步落实教育督导体制机制改革。一是强化教育督导队伍，2021年增聘10名督学，并新聘任134名第二届教育督导评估专家，充实教育督导力量，首次实现督导评估专家成员各学段全覆盖。二是保障教育督导人员工作经费，督学按工作津贴150元/月、交通费100元/月发放工作补助，保障教育督导人员工作经费，2021年为责任督学发放8个月工作津贴，计11.072万元，为督学和督导评估专家发放工作经费及交通费计1.68万元。三是落实中央政策，将“双减”及“五项管理”督导作为今年责任督学挂牌督导的“一号工程”，从5月起，安排责任督学采用校园巡查、推门听课、查阅资料、问卷调查、走访座谈等多种方式，对村小及以上212所学校贯彻落实情况进行督查，累计安排督学、督导评估专家450人次，下发通报2份，督促学校依法依规办学。四是强化结果运用，将督导结果与学校年度考核评价挂钩，针对督导过程中发现疫情防控懈怠、未履行食品安全主体责任、“五项管理”落实不到位的学校，均采取下发督办函或通报的形式，督促做好整改，并将督导结果与学校年度考核挂钩，提高教育督导的权威性和实效性。

【教育评价体系改革】 改革学校办学质量评价，以教育部等六部门印发的《义务教育质量评价指南》为指导，以历年学校综合考核评估蓝本，在与相关股室反复研讨、广泛征求学校意见、召开部分学校校长座谈会的基础上，形成学校办学质量考核评估体系。于6月21—25日，组织开展学校办学质量考核，对于办学质量综合先进、单项先进学校，分别由区委办、区政府办及区教体局发文表彰，并发放奖金。改革乡镇履职评价。根据年度工作重点，对乡镇党委、政府履行教育工作评价细则进行修改,将“双减”工作、大校额化解、调整学校网点布局列入考核内容,压实乡镇政府、党政领导干部履行教育职责责任,引导乡镇政府树立正确教育政绩观。

【“两项评估”工作】 为确保袁州区如期通过学前教育普及普惠督导评估认定及义务教育优质均衡督导评估认定,制定《袁州区推进学前教育普及普惠实施方案(2021—2024年)》及《袁州区推进义务教育优质均衡发展实施方案(2021—2027年)》,成立推进学前教育普及普惠工作领导小组及推进义务教育优质均衡工作领导小组,为今后推进“两项评估”工作做好铺垫。

区属部分中小学校简介

【宜春市第四中学】 宜春四中为袁州区唯一一所公办示范性完全中学。学校创办于1971年,2008年被市政府认定为市级重点中学,2014年与宜春二中进行整合资源联合办学,开启一校两区的办学模式。2015年为传承昌黎文化,增挂“昌黎中学”校牌。2018年区委区政府决定新建宜春四中初中部,2019年9月动工建设,2020年秋季正式搬入新校区办学。

2021年秋季有初中在籍学生3620人,高中在籍学生2724人,共有6344人。在编教职工312人,其中正高级教师1人,高级教师108名,省级学科带头人2名,骨干教师3人,市、区级骨干教师41人,市级名师8人。学校与宜春一中开展联合办学,与南昌江右艺术高中、南昌金迪艺术学校、南昌丹青艺术学校、江西空乘之家等专业学校联合办学,促进专业生教育。学校向明珠初中、慈化中学等城乡学校派遣大批优秀支教教师,发挥教学示范、引领作用,增强学校的办学辐射力和影响力。

2021年,宜春四中中考7A人数达41人,再创新高;在面对高中招生中考成绩7000名以外的生源现状下,在2020年文化生考取本科突破零的基础上,2021年高考再创新高,有3人文化成绩远超二本线。

近年来,学校获国家级荣誉4项,省级荣誉10余项。连续8年学校被评为全区综合考评先进单位、教学质量先进学校。

【宜春市第五中学】 宜春五中坐落在中心城区的东方,1959年建校,前身为东方子弟学校,1982年更名为宜春市第五中学,校园占地面积21亩,有三栋教学楼,现代化教学设备齐全。2021年,在校学生1567人,在编教师96人,32个教学班,是一所规模中等历史悠久发展中初级中学。

宜春五中秉承“文化润心,立德树人”办学理念,朝着“奋力崛起,立志腾飞”办学目标。学校先后获得宜春市中小学生“请党放心　强国有我”主题征文活动先进单位、“宜春市电教工作先进单位”“袁州区公安分局内保组织先进单位”“袁州区中小学教学质量优秀奖”“宜春市学生资助工作先进学校”“袁州区教学质量均衡发展奖”“袁州区教育质量先进单位”“袁州区学校工作综合考核先进单位”“袁州区中考突出贡献奖”等荣誉。

【宜春市袁州学校】 宜春市袁州学校是2014年9月开办的一所高标准的九年一贯制公办学校,位于宜春市袁州新城东部,毗邻区行政中心。近年来,学校规模逐步扩大,袁州区投入巨资新建袁州小学,并于2021年秋开学,实现“一校两区”的办学格局。

学校中学部占地面积达77.2亩、小学部占地44.6亩。现有学生4762人,其中中学2701人,教学班54个;小学2061人,教学班42个。学校共有教师278名,研究生11人,区级以上骨干教师及学科带头人29人,学历合格率达100%。学校致力于打造一支“会学习、会教书、会创新、会合作”的师资队伍,提出青年教师“三年合格,六年骨干,九年名师”的培养目标。一批青年教师脱颖而出,先后有2人在国家级比赛中获得佳绩,7人在省级比赛中获得一等奖。

学校2021年学业考试成绩再创新高,636人参考,其中7A(含创新班)录取40人,占比6.28%。海航录取1人,音体美特长生录取省重点中学人数达18人,充分体现学校五育并举教育实效。7A录取率、统招录取率、上省重点高中比率、总评分、各科平均分、优秀率、后百分之三十学生总分平均分等各项指标均居全区榜首、中心城区前列,刷新了袁州学校初中学考纪录,为袁州教育写下浓墨重彩的新篇章。

学校先后获得全国足球实验学校、全省首届文明校园、全省教育系统先进集体、全省平安校园、全市教育教学质量贡献奖、袁州区学校管理先进单位等多项殊荣。

【宜春市实验小学】 江西省宜春市实验小学坐落于宜春台东南麓，毗邻昌黎书院。其前身系江西省第五师范学校附属小学，创建于1918年，是一所具有百年历史的传统名校，也是江西省首批素质教育示范校。

学校以"宜如春、实日新"为办学理念，以"办人民满意的教育，创家长信任的学校，做学生喜欢的老师"为奋斗目标，着力构建"宜然管理、宜美校园；宜心德育、宜和家校；宜学课堂、宜生课程；宜雅教师、宜真科研"的品牌实践体系，形成鲜明的办学特色。

学校占地面积31300平方米。校舍建筑面积16418平方米，教学楼5栋。学校拥有先进的教育教学设施，装配2个计算机室和2个名师课堂直录播教室，建有校园电视台，图书室藏书近7万册，配备创客室，数字科学实验室，音乐室、美术室、书法室、科学实验室、体育器材室、心理咨询室等多个功能教室。

学校2021年有71个教学班，学生3442人，教职工170人。多位专任教师中，有省特级教师3人，省学科带头人1人，省骨干教师4人，市区级骨干教师近50人。

学校先后获全国少先队工作先进单位、全国经典诵读试点学校、全国优秀家教学校、江西省首批素质教育示范校、江西省文明单位、江西人民满意十大品牌小学、江西省现代教育技术示范校、江西省首届教学科研先进学校、江西省首批"红领巾"示范学校、宜春市"优秀示范性小学"等称号。

【宜春市文笔峰小学】 古城文脉文笔峰，袁州新城新亮点。宜春市文笔峰小学是区委、区政府重点打造建设的民生工程项目，2017年6月开工建设，2018年秋季开学投入使用。学校占地53.9亩，总建筑面积18761平方米，总投资1亿余元。2021年秋季，文笔峰小学新校区——崇文校区正式投入使用，学校占地47亩，总建筑面积18000平方米，总投资6500万元。两个校区有教学班76个，学生3721人，教师208人。

学校围绕"崇尚科学　弘扬人文　发展个性　创造卓越"体验式教育的理念，以校训"磊志成峰拓行有范"为引领，积极构建"峰范"社团课程体系。开设30多个社团课程。学校原创舞蹈《悠悠采茶调》获省二等奖、市一等奖；学校管乐团参加全区体育艺术节和江西省电视台的节目录制；学校合唱团获全区体育艺术节合唱比赛一等奖；鼓号队参加市、区比赛分别获市一等奖、区特等奖；学校机器人社团、航模社团，在省市区各级各类比赛中均获得佳绩。

学校创建"爱、雅、新、善、美"的"五维"德育体系，将"五维"核心素养具体为十一个课程育人目标：一种好思维、一个好兴趣、一品好审美、一流好品格、一身好体魄、一生好习惯、一篇好文章、一项好才艺、一副好口才、一手好汉字、一门好外语。以班队会课、道德法制课、思政课、升旗仪式等常态化的德育课程为载体，将社会主义核心价值观教育、心理健康教育、法治国防安全教育等融入学生学习生活各方面；开展传承红色基因教育、学雷锋志愿服务、"劳动美"社会实践、心理健康辅导等德育活动，帮助孩子"扣好人生第一粒扣子"；通过新春民俗实践作业、经典诵读比赛、"书法进课堂"等系列活动，传承中华优秀传统文化，培育担当民族复兴大任的"峰·范"少年。

学校先后获全国首届书香校园阅读教育教学案例一等奖、获评江西省语言文字示范校、江西省智慧校园示范校、江西省平安校园；被授予"江西省家庭教育课程项目实验校"称号；被评为2020年度袁州创建文明城市工作先进单位、宜春市电教信息工作先进单位、学校工作综合考核先进单位、教学质量优秀奖、设施设备使用与管理先进单位、德育工作先进单位等。

【袁州中心幼儿园】 袁州区中心幼儿园始建于1981年，原名宜春市幼儿园，2000年宜春撤地设市后改为袁州区幼儿园，2014年异地选址建设新园，更名为袁州区中心幼儿园。现为一园两区办园格局，总园坐落于袁州新城东湖花苑西侧，毗邻风光旖旎的东湖公园，占地面积6175.94平方米；分园位于下浦街道广润小区内，占地面积约3000平方米。两所园区均配备幼儿教寝室和各种功能室，教学和生活设施齐全，园区环境幽雅，是孩子们学习和生活的乐园。两所园区共有教职工113人，其中在编教师32人，非在编教职工81人。

秉承"汲明月山水之菁华，育健康快乐之儿童"的办园宗旨，以"规范办园、科学保教、特色发展、提升内涵"为工作目标，坚持"保教并重"原则，树立"一日生活皆课程"理念，以游戏为基本教育模式,对幼儿实施德智体美劳全面发展的教育。

实施教师全员培训工程,抓实师德师风建设,打造充满爱心、耐心、责任心的师资队伍;常态落实专任教师岗前培训、专业学习,全面提升教师的保教能力。发挥联片教研作用,以骨干教师为主体,开展送教下乡活动,结对指导全区公办、民办幼儿园师资;利用入园跟岗学习,开展教学示范、实操培训,有针对性地培养农村幼儿园教师,全方位提升乡村幼儿教师能力。搭建骨干教师成长平台,鼓励教师参与各级各类赛事,6名教师在省市各级比赛中崭露头角;易俊老师在全省幼儿教师专业能力展示活动中获二等奖、获全市综合全能第一名。

深入挖掘优秀传统文化和袁州特色文化,创设一系列有质量、有效果、有特点的园本课程。根据传统节气,开展“袁幼年、最中国”“浓情节气忆传统”“粽叶飘香、情系端午”“月圆中秋、情满袁幼”等国情乡情主题活动;根据自然规律,开展“春意浓浓”“夏之韵味”“金色秋天”“冬日畅想”等自然生命主题教育;根据地方特色,以“袁州风景美如画、袁州美食美名扬、袁州文化润童心”为主题,创设“月儿润童心、乡情照童梦”童心体验课程。

【宜春市黄颇小学】 宜春市黄颇小学创建于2018年,是一所全日制公办学校,学校占地36043平方米,规划42个教学班,可容纳1890名学生。学校拥有先进的教育教学设备,配备计算机室、图书室、音乐室、美术室、科学实验室、体育器材室、心理咨询室、VR教室,运动馆,录播教室等功能室,为师生提供良好的生活、学习环境。学校拥有一支业务精湛、敬业爱岗的师资队伍。2021年有38个教学班,学生1731人,教职工65人。其中市级学科带头人1人,市级骨干教师2人,区级骨干教师2人。

学校先后获得全国足球特色学校、全国校园冰雪特色学校、第二届江西省文明校园、全省围棋进校园试点学校、宜春市文明校园、办学质量先进单位、先进党支部、宜春市城区教体系统“创文护卫”工作先进单位、学校德育工作先进单位、优秀少先队大队部、安全稳定工作先进单位荣誉称号。全校教师获得国家、省、市、区级数十项科研成果,全体师生积极参加各项比赛,成绩喜人。学校设置花样滑冰课程,普及冰雪运动知识,推动素质教育蓬勃发展,并被登央视《朝闻天下》及《新闻直播间》《江西新闻》、《宜春日报》及宜春市广播电视台等报道;学校德育特色“礼尚邮局”点亮校园文明之风,在“学习强国”等媒体报道。在全区小学综合排名中,第一年第八名;第二年第五名;第三年第三名。

学校以“诗礼为学,上善成品”为校训,以培养“有家国情怀,有创造智慧,有健康体魄,能体验生命成长的未来公民”为育人目标,以“培人文教师,育君子学生,品全人教育,立特色学校”为办学目标,形成独具特色,浸润师生的“学·品”文化。

2021年袁州区被985大学录取学生一览表

表8

姓 名	录取院校	专 业
彭益凡	北京大学	历史学类
曹远桢	北京大学医学部	药学
邓世康	北京大学医学部	预防医学
徐嘉晨	北京航空航天大学	工科试验班类
范家怡	北京理工大学	社会科学试验班
梁书诚	北京理工大学	工科试验班
李锟武	北京理工大学	工科试验班
李子园	北京理工大学	设计学类
陈泽奇	北京理工大学	工科试验班
尹江鹏	北京师范大学	英语
文泓力	北京师范大学	化学
刘晨钰	北京师范大学	数学与应用数学
吴怡欣	北京师范大学	公共管理类
袁旭阳	北京师范大学	环境科学与工程类
王玉磊	大连理工大学	生物工程
乐庆昊	大连理工大学	船舶与海洋工程
冷嘉宇	大连理工大学	能源与动力工程
许博翔	大连理工大学	能源与动力工程
黄崧壹	电子科技大学(沙河校区)	软件工程
应道宏	电子科技大学(沙河校区)	软件工程
罗懿阳	电子科技大学(沙河校区)	电子信息类
余子涵	电子科技大学(沙河校区)	电子信息类
黄　琪	电子科技大学	数学类
易晓军	电子科技大学	工科试验班
辛柳成	电子科技大学	工科试验班
刘志发	电子科技大学	电子信息类
曹馨梦	东北大学	外国语言文学类
欧阳智刚	东南大学	工科试验班
刘誉睿	复旦大学	技术科学试验班
黎苇杭	复旦大学	技术科学试验班
温舒涵	复旦大学医学院	临床医学
邹蕴驰	国防科技大学(其他专业合格)	微电子科学与工程

续表 8

姓 名	录取院校	专 业
朱煜琛	国防科技大学(其他专业合格)	目标工程
杨文赛	国防科技大学(其他专业合格)	网电指挥与工程
邓景龙	国防科技大学(其他专业合格)	物联网工程
邓华俊	国防科技大学(其他专业合格)	光电信息科学与工程
周琦瑞	国防科技大学(其他专业合格)	运筹与任务规划
吴彦萱	国防科技大学	数学与应用数学
万贺睿	哈尔滨工业大学(深圳)	数学类
毛荟榆	哈尔滨工业大学(深圳)	计算机类
徐榕晨	哈尔滨工业大学(深圳)	经济学类
余洪群	哈尔滨工业大学(威海)	机械设计制造及其自动化
刘锦鹏	哈尔滨工业大学(威海)	软件工程
巫锦昊	哈尔滨工业大学(威海)	船舶与海洋工程
文　昧	哈尔滨工业大学	工科试验班
廖建壹	哈尔滨工业大学	光电信息科学与工程
蒋朝俊	湖南大学	法学
姚　勇	湖南大学	计算机科学与技术
胡扬扬	湖南大学	工业设计
殷先华	湖南大学	自动化
黄　检	湖南大学	土木类
袁嘉玮	湖南大学	汉语言文学
郑　宇	湖南大学	自动化
黄　果	湖南大学	土木类
黄嘉钰	湖南大学	理科试验班
龚欣悦	湖南大学	生物技术
黄自强	湖南大学	机械类
罗雯婕	湖南大学	会计学
敖淑芳	湖南大学	经济学类
段嘉毅	湖南大学	建筑学
陈　瑶	湖南大学	日语
葛　凯	华东师范大学	社会学类
刘子晶	华东师范大学	软件工程
黄文芳	华东师范大学	新闻传播学类

续表 8

姓名	录取院校	专业
席　睿	华东师范大学	软件工程
易志鹏	华东师范大学	数据科学与大数据技术
梁艳红	华南理工大学	物理学类
王文龙	华南理工大学	环境工程
王子琦	华南理工大学	服装与服饰设计
张展睿	华南理工大学	生物科学类
张震玉	华中科技大学	哲学
袁佳龙	华中科技大学	交通工程
易志鸿	华中科技大学	机械设计制造及其自动化
熊　洲	华中科技大学	机械类
刘姝媛	华中科技大学	公共管理类
陈钟祎阳	华中科技大学	电子信息类
刘一童	华中科技大学	电子信息类
单　涛	华中科技大学	机械类
黄祖年	吉林大学	地质类
蒋　帅	吉林大学	交通运输类
李善美	吉林大学	通信工程
严学敏	兰州大学	核化工与核燃料工程
彭承轩	兰州大学	哲学
梁锦文	南京大学	计算机科学与技术
唐颖豪	南京大学	电子信息类
江永胜	南京大学	理科试验班类
曾　畅	南京大学	理科试验班
陈雨涵	南京大学	人工智能
张永乐	南京大学	理科试验班类
袁世伟	南京大学	理科试验班类
易安玲	南开大学	金融学类
赵胤棋	南开大学	工科试验班
谢昊宇	南开大学	工科试验班
甘谊红	清华大学	社会科学试验班
杨翼潇	清华大学	计算机类
吴　悠	清华大学	中国语言文学类
杜　钰	清华大学	社会科学试验班

续表 8

姓 名	录取院校	专 业
廖星富	清华大学	理科试验班类
甘冀韬	清华大学	电子信息类
李可彤	厦门大学	新闻传播学类
李嘉宏	厦门大学	外国语言文学类
陈思源	厦门大学	数学与应用数学
张梓锦	厦门大学	社会学类
易姑姑	山东大学威海分校	外国语言文学类
刘　力	山东大学威海分校	外国语言文学类
李子强	上海交通大学	电子信息类
张晓艺	上海交通大学	理科试验班类
王志宇	上海交通大学	药学类
张祥东	上海交通大学	电子信息类
刘思宇	上海交通大学	核工程与核技术
张昊然	上海交通大学	工科试验班类
陈羽萱	上海交通大学	电子信息类
易文俊	上海交通大学医学院	护理学
欧阳晗熙	四川大学	经济学类
朱熠杭	四川大学	网络空间安全
袁展鹏	四川大学	材料类
叶润东	天津大学	工科试验班
唐林盛	天津大学	工科试验班
京天宇	天津大学	工科试验班
叶永青	天津大学	工科试验班
徐乐怡	同济大学	经济管理试验班
袁泓博	同济大学	工科试验班
徐梓轩	同济大学	工科试验班
黎子航	武汉大学	临床医学
邓亦涵	武汉大学	新闻传播学类
施钰雯	武汉大学	外国语言文学类
陈颖静	武汉大学	遥感科学与技术
龙洲宇	武汉大学	数学类
欧阳超越	武汉大学	理科试验班
何怡平	武汉大学	政治学类

续表 8

姓名	录取院校	专业
严宇晨	武汉大学	工科试验班
罗祎琛	武汉大学	电子信息类
张怡婷	武汉大学	数学类
翟 远	武汉大学	电子信息类
钟林森	武汉大学	法学
钟翰林	西安交通大学	工科试验班
李佳骏	西安交通大学	医学试验班
黄璐瑶	西安交通大学	文科试验班类
夏海洋	西安交通大学	工科试验班
龙万夫	西北工业大学	高分子材料与工程
郑文杰	西北工业大学	计算机类
李梓鹏	浙江大学	应用生物科学
林 杰	浙江大学	工科试验班
苏天雨	中国海洋大学	海洋渔业科学与技术
周 云	中国海洋大学	机械设计制造及其自动化
李姿游	中国海洋大学	经济学
陈郁琴	中国农业大学	经济学类
袁嘉骏	中国农业大学	化学类
夏芊逸	中国人民大学(苏州校区)	金融学
卢睿菁	中国人民大学	人力资源管理
蔡婉晴	中国人民大学	国际政治
袁艺萌	中国人民大学	国际政治
唐学真	中国人民大学	国际政治
李家祥	中南大学	土木类
熊宇轩	中南大学	能源动力类
何洋臻	中南大学	临床医学类
彭可夫	中南大学	计算机类
殷思琪	中南大学	英语
刘璐瑶	中南大学	自动化类
杨钦皓	中南大学	自动化类
项宇星	中南大学	计算机类
谢昌晴	中南大学	机械类
张棚根	中南大学	金融学类

续表 8

姓 名	录取院校	专 业
张娇娇	中南大学	外国语言文学类
朱海碧涛	中南大学	化工与制药类
周煜磊	中南大学	电子信息类
刘丹阳	中南大学	自动化类
张耀昌	中南大学	测绘类
汤佳燕	中南大学	汉语言文学
袁志传	中南大学	材料类
李泱葛	中南大学	材料类
欧阳辉燕	中南大学	软件工程
邱宇涵	中南大学	生物科学
彭志鹏	中南大学	计算机类
丁林枫	中南大学	数学与应用数学
张　军	中山大学	经济学类
李佳奇	中山大学	经济学类
黄阳熙	中山大学	经济学类
刘悦航	中山大学	外国语言文学类
钟炫月	中山大学	计算机类
陈家安	中山大学	历史学类
彭蕾熹	中山大学	临床医学类
易建波	中山大学	海洋科学类
易嘉文	重庆大学	工科试验班
杨龙宇	重庆大学	工科试验班
欧阳奇峰	重庆大学	工科试验班
周发根	重庆大学	工科试验班
张昕扬	重庆大学	工科试验班
施怡翠	重庆大学	工科试验班
钟玉红	重庆大学	工科试验班

科技 文化 体育

科 技

【概况】 2021年，袁州区科技工作坚持以提高自主创新能力为核心，以科技创新为动力，狠抓科技主体培育、科技项目申报等工作，着力提升企业科技水平，充分发挥科技的引领作用，主动担当作为、积极推进科技创新。袁州区科技创新能力明显增强。截至2021年年底，袁州区全区共有国家级创新载体2个，国家火炬宜春袁州锂电新能源特色产业基地1个，国家宜春（西村）农业科技园区1个；国家地方联合工程研究中心2家；省级创新平台共9家（其中省级工程技术研究中心7家，省级重点实验室2家）；省级生物医药高新技术产业化基地1个（医药工业园）；市级创新平台30家；国家高新技术企业57家；科技型中小企业入库数76家。

【高新技术企业申报】 2021年分两批次组织44家企业申报高新技术企业，经评审后，14家进入公示阶段，其中6家为首次申报。

【创新平台及创新人才】 2021年，组织企业申报江西省科技创新平台基地。建成省技术创新中心1个，完成江西省主要学科学术和技术带头人培养计划、领军人才项目2个，引进江西省科技创业领军人才2人、江西省科技创新领军人才1人、。2021年新增市级创新平台1家，争取到省级科技特派员3名，助力乡村振兴；争取到企业科技特派员25名，为企业创新增添新活力。全年认定科技型中小企业76家，申报市社会发展指导性项目65项，申报宜春市自主研发项目76项，申报宜春市5511科技计划项目共44项，申报省科技计划项目8项，其中省重点研发计划项目2项，获批市揭榜挂帅项目4项，获批省揭榜挂帅项目1项。

【科技项目经费争资】 2021年组织申报市级科技计划项目44项，组织申报省级科技计划项目8项。截至2021年年底，下达宜春市创新驱动“5511”项目经费175万元，下达宜春市科技创新券补助项目经费共443.5万元；向上争取省级科技计划项目经费299万元，其中含省级现代农业专项（一村一品）资金10万元、“三区”人才支持计划科技人员专项资金4万元。合计向上争资917.5万元。

【科技金融】 2021年，袁州区科技局与江西省科技型中小企业创新基金管理中心、宜春农村商业银行股份有限公司签订了合作协议，解决了因银行单一带来的科贷通工作不便。截至年底，科贷通在贷金额为4590万元，累计发放贷款8290万元，惠及15家高新技术企业。其中2021年续贷2890万元，新增贷款1700万元，远远超出市里下达的2000万元科贷通的目标。

【油茶、花卉苗木产业技术培训】 为解决农村振兴产业发展中存在的技术问题，进一步推进先进适用农业科技成果转化应用，5月26日，组织北京林业大学和江西农业大学的教授在江西星火农林科技有限公司举办油茶技术培训班，有50多个油茶从业人员参加。28日，又与赣州市花卉苗木研究所和区林业局联合在秀江宾馆举办花卉苗木技术培训班，有80多家花卉苗木的从业人员参加了培训会，讲课的老师有江西农业大学林学系教授和高安巴甫洛夫农业企业实践经验丰富的专家学者，介绍了当前花卉苗木领域的新品种、新栽培方式以及各种苗木的栽培方式和市场销售情况，得到了与会企业的一致赞赏。

【袁州区科技奖励排名全市第一】 袁州区高度重视科技创新工作,大力推进创新创业,积极鼓励各企业着力提升自主创新能力,2021 年有一大批科技成果得到转化应用。根据江西省科技奖励评审结果,袁州区新增 4 项科技成果荣获省级科技进步奖,其中江西省科学技术进步奖一等奖 2 个,分别是宜春大海龟生命科学有限公司承担的"万吨级食用油脚高附加值利用关键技术及产业化"项目和江西天稻粮安种业有限公司(参与完成)的"矮秆密穗优质水稻恢复系 R225 及衍生系的创制与应用"项目;科学技术进步奖二等奖 2 个,分别是江西济民可信药业有限公司承担的"中药口服制剂精益生产技术集成与应用"项目和宜春市金地锂业有限公司(参与完成)的"锂云母资源制备电池级碳酸锂与综合利用的关键技术及产业化"项目。获奖数量和质量居全市第一。

【"揭榜挂帅"全市独占鳌头】 2021 年宜春市"揭榜挂帅"企业重大技术需求榜单,20 个项目入围。其中,袁州区江西济民可信药业有限公司、江西天稻粮安种业有限公司、江西英大生物技术有限公司、宜春市炳晨农业科技发展有限公司 4 家企业的 4 个项目上榜,占全市总数的五分之一。

【"海外人才"重大突破】 2021 年,袁州区推荐 3 名海外高层次人才申报国家高层次人才特殊支持计划(济民可信 2 个、百神药业 1 个),占比 19%,位列全市第一,实现了多年"零"的突破。

【"政产学研"深度合作】 国内知名高等院所 25 名高端人才,宜春学院 11 名,共计 36 名,与袁州区 36 家企业实现"政产学研"深度合作,占全市"政产学研"项目 19.89%,位列全市第一。

(欧阳德斌)

社会文化活动

【概况】 2021 年,袁州区文化广电新闻出版旅游局稳步推进基层文化建设,群众文化活动持续升温,社会文化活动日趋繁荣。

【基层文化建设】 一是持续打造精品示范点。选定寨下镇横塘村、芦村镇韩塘村、辽市镇院前村、天台镇流田村、金瑞镇庙前村、洪塘乡宣塘村等 7 个区级综合性文化服务中心示范点,已基本完成验收,实现每个乡镇、街道至少建设完成一个示范点。二是添置文化设备。为解决袁州区综合性文化服务中心十余年文化设施老旧状况,从公共文化服务专项资金中分配 140 万元采购一批电脑、投影、音响等文化器材,统一配送至各文化服务中心(室),拟每年逐步进行更新。三是组建区国有院团。为填补袁州区无国有剧团的空白,助力濒危剧种的传承与推广,已初步组建袁州区袁河采茶戏剧团,并逐步向上争取组建袁州区国有院团。四是稳步建设图书馆、文化馆总分馆。两馆分馆建设已完成 50%任务要求;另外,袁州区文化馆在第五次全国文化馆评估定级工作中获"国家一级馆"称号。

【群众文化活动】 实施文化惠民工程,丰富群众文化生活。一是精心组织 100 周年系列活动。2021 年 4 月 10—12 日举办袁州区戏曲擂台赛暨塘下村禾雀花文化旅游节;5 月 6 日举办"百年追梦路　逐梦青春行"青少年演讲比赛;5 月 8 日、10 日举办庆祝中国共产党成立 100 周年暨江西省"永远跟党走"广场舞展演(袁州赛区初、决赛);7 月 20—31 日,举办了"庆祝中国共产党建党 100 周年"袁州版画展。二是认真开展惠民活动,组织送戏下乡活动 140 场,惠及群众 14 万人次;举办"不忘初心、牢记使命"庆祝中国共产党成立 100 周年书画作品展;选送袁河锣鼓戏作品《乌金记》于 10 月 14 日参加江西省文旅厅主办的 2021 年"茶香中国"第二届全国采茶戏会演;同时,引导各乡镇、街道综合性文化服务中心 2021 年文化活动建立活动台账,与新时代文明实践队伍、文艺零距离等活动相融合,争取做到周周有活动,让文化活动走进千家万户,举办自办文体活动 5800 余场。三是持续创新基层文化发展新方式。结合新时代文明实践活动、阵地资源整合和文艺零距离等活动的开展,逐步转变由送文化下基层到基层主动开展文化活动的新模式,在去年彬江镇和渥江镇文艺小分队试点基础上,探索在每个乡镇、街道建立一支本土文艺小分队,已开展活动 160 多场,惠及群众达 50000 余人次,推出了一批当地青年文艺人才、民间文化能人、非物质文化遗产项目传承人和热心文化工作的老党员、老干部、老教师等文化中心户,根据各自优势特长,开展了系列文化志愿服务 60 余场。

【文化助力文明城创建】 2021年10月25日组织"袁州人民爱人民 携手共创文明城"原创广场舞展演；编排拍摄原创作品快板《文明花香满袁州》和宜春评话《争做文明宜春人》。

【袁州区两部作品入围赣鄱群星奖】 "赣鄱群星奖"是江西省群众文化艺术的最高奖项，每三年举办一次，分音乐、舞蹈、戏剧、曲艺4个艺术门类。2021年，袁州区推荐的原创曲艺类作品《夸夸宜春大变化》和舞蹈类作品《甜》经过层层选拔，获江西省第四届"赣鄱群星奖"入围奖。

（晏辉群 李 香）

文化遗产保护

【概况】 2021年袁州区文广新旅局积极推进文化遗产保护传承，文物保护和规划成效显著，袁州区文化遗产保护工作成效卓然。

【非遗申报】 组织开展了第七批市级非遗代表性项目名录推荐申报工作，数量上有新的突破，申报市级非遗项目：袁州南庙水酒制作技艺、袁州烙画、袁州区府飨宴、袁州女儿红、袁州棕绳制作技艺；7月，袁州区被命名2021—2023年度"江西省民间文化艺术之乡—袁州区版画之乡"。

【非遗宣传】 2021年6月8—10日开展了2021年"文化遗产日"袁河锣鼓戏展演活动；为建立完整的非遗档案体系，5月前已完成第一批非遗项目拍摄，其中南庙武术、袁河锣鼓戏、捎栽禾等拍摄作品已陆续在"学习强国"平台宣传推广，已开启第二批拍摄工作。

【精品力作】 7月中旬推荐现代采茶戏《这点差不得》荣获华东六省一市小戏大赛三等奖；宜春评话作品《夸夸宜春大变化》荣获"古曲唱新词 讴歌新时代"——全省传统表演艺术类非物质文化遗产代表性项目新词创作大赛"创新奖"，该作品同时获江西省第四届"赣鄱群星奖"入围奖。

（晏辉群 李 香）

袁州区文化馆

【概况】 2021年，袁州区文化馆围绕区委、区政府中心工作，全年共开展线上线下活动百余场次，其中，线下阅读推广活动8场、免费培训16场、文艺演出活动35场、非物质文化遗产相关活动9场、扶贫活动1场、展览3场。袁州区文化馆在第五次全国文化馆评估定级中被文化和旅游部命名为"国家一级文化馆"，袁州区被江西省文化和旅游厅授予2021—2023年度江西省民间艺术之乡（版画之乡）称号，袁州区文化馆被江西省文化馆评为2021年度"百姓大舞台·大家一起来"优秀组织单位。

【文艺创作百花齐放】 2021年，在首届江西省文化馆联盟单位专业人员个人才艺大展示活动中，袁州版画《绝处逢生》获美术类三等奖；《长鼓敲起来》获声乐民族类"优秀奖"。论文《敦煌石窟乐舞研究综述(1984—2016)》获首届全省非物质文化遗产优秀学术成果奖三等奖。现代小戏《这点差不得》获第三届华东六省一市现代地方小戏大赛三等奖。围绕全区创文工作，还创作了群众舞蹈《袁州创文一起来》、方言快板剧《文明花香满袁州》等，深受群众喜爱。曲艺类作品《夸夸宜春大变化》和舞蹈类作品《甜》获评江西省第四届"赣鄱群星奖"入围奖；《夸夸宜春大变化》同时获得省文旅厅举办全省传统表演艺术类非物质文化遗产项目新词创作大赛"创新奖"。

【文艺活动丰富多彩】 2021年，举办庆祝建党百年袁州版画展，制作袁州版画VR展，编印《袁州版画作品集》；举办庆百年青少年书法美术比赛。开展群众舞蹈、普庵咒古琴曲、生活美学等艺术普及系列课程广受群众好评。

【非遗工作】 2021年，袁州府乡宴和南庙老酒酿造技艺两项列入宜春市第七批市级非物质文化遗产代表性项目名录。国家文化和自然遗产日活动之袁河锣鼓戏展演，传承非物质文化遗产，弘扬优秀传统文化，被江西省电视台《新闻联播》和宜春市电视台《新闻联播》报道。收集整理各类非遗项目文献资料二十余万字，制作视频资料百余小时，出版《宜春春锣唱词选集》，实现非遗建档重大突破。

【宜春市袁河采茶戏剧团成立】 2021年6月18日，袁州区首个袁河采茶戏剧团——宜春市袁河采茶戏剧团成立，并设立袁河锣鼓戏传习研究所。制订了濒危剧种保护扶持五年规划，与宜春学院达成校地合作协议。积极开展对外交流，先后参加2020年戏曲百戏昆山盛典和2021年“茶香中国”第二届全国采茶戏会演。

【文化馆一米拾光分馆成立】 2021年，全市首个社会化分馆总分馆——一米拾光分馆成立。分馆积极探索公共文化服务社会化合作模式，全年共开展8场免费阅读服务和阅读推广系列活动，活动辐射周边万余名在读学生和群众。

（解　坤　林　芝）

新闻出版管理

【概况】 2021年袁州区文广新旅局着力开展以“学党史、读经典”为主题专题读好书活动，推动全民阅读工作、新闻出版工作有序推进。

【阅读宣传】 开展“赤子百年·书卷留香”世界读书日主题宣传教育活动，以党史学习教育指定书目为桥梁，聘请江西省党建研究专家，以专题讲座为载体，将阅读推广与学习党史、新中国史、改革开放史、社会主义发展史结合起来，让广大读者全面了解建党百年的光辉历程、伟大成就和宝贵经验，传承奋斗精神，凝聚时代力量。开展“阅读袁州红色历史、讲好红色袁州故事”阅读推广活动，充分挖掘和发挥袁州特色红色文献资源作用，在全区开展贯彻全年的阅读推广活动，全力推荐中国共产党红色专题书籍，整理“四史”书单，让广大读者通过阅读来重温中国共产党为人民谋幸福、为民族谋复兴、为世界谋大同的实践史。开展“重温革命之路、点亮阅读星火”党史读物荐读活动，通过若干场线上诵读和读书分享活动，组织广大袁州读者诵读红色经典，重温党史故事，厚植爱党情怀，提升思想境界。开展“学党史、念党恩”系列线上阅读活动，以微信公众号为载体，增设“学党史、念党恩”专栏，充分利用江西省图书馆学会党建云小程序，大力发动袁州群众打卡党建知识竞答、红色经典朗诵、党史微讲座阅听等活动。开展“忆峥嵘岁月、看今朝辉煌”庆祝建党100周年线上音视频、书画作品征集活动，为庆祝中国共产党成立100周年，生动讲述党的伟大奋斗历程和取得的辉煌成就，充分展现百年来在党的领导下取得的突出成绩，开展线上音视频、书画作品为载体的评比活动，内容为红色经典诗歌、散文、红色家书、红色故事等，抒发爱党、爱国的深切情怀以及对红色革命的追忆。

【全民阅读“七进”活动】 2021年袁州区文广新旅局通过多种形式推进全民阅读进农村、进社区、进校园、进军营、进企业、进机关、进家庭。依托各分馆开展好群众性阅读活动，打通全民阅读的“最后一公里”。开展“读好书”少儿系列活动，以主题图片展、亲子故事会、诗词小课堂、小小图书管理员等活动为载体，营造文明健康、积极向上的阅读氛围，引导少年儿童亲近经典，促进少年儿童积淀文化底蕴，培养良好阅读习惯，更好地推动少年儿童承载红色记忆，弘扬中华优秀传统文化，引领成长、塑造未来。开展节假日主题阅读活动，充分利用世界读书日、五四青年节、图书馆服务宣传周、文化遗产日、全国科普日、科技活动周、社科普及周、六一儿童节、国庆节等节假日，集中开展多种形式的主题阅读活动。

（彭满生　黄文静）

广播电影电视

【农村公益电影放映】 2021年，袁州区扎实有序推进农村公益电影放映工作。为庆祝中国共产党成立100周年，结合党史学习教育，传承弘扬红色文化，宜春市袁州区电影公司对全区283个行政村，322所中小学校，5个农林垦殖场开展送电影下乡放映活动。在农村公益电影放映中认真开展“学党史，感党恩，跟党走”主题放映活动，使农村公益电影放映成为弘扬主旋律、传播正能量的强大力量。袁州区电影公司在主题放映活动中，精挑细选放映了《厉害了，我的国》《百团大战》《八佰》《武汉日夜》《建军大业》《战狼2》等一系列优秀电影，让人民群众重温烽火历史，深受广大群众的欢迎和好评。

【应急广播建设】 随着经济社会的快速发展，各类突发性公共事件明显增多，各种极端性自然灾害不断出现，给社会管理和应急处置工作提出了更高要求。应急广播系统作为一种迅速快捷的消息提供平台和信息传输渠道，可在发生重大自然灾害、突发事件、公共卫生与社会安全等突发公共危机时，在第一时间把灾害消息或灾害可能造成的危害信息传递给民众，让人民群众在第一时间知道发生了什么事情，应该怎么应急、避险，将社会公共资源和人民群众生命财产损失降到最低。截至2021年11月底，袁州区应急广播已进入收尾工程阶段，370个应急广播点已实现了99%的视播一体化。

【非法卫星接收设施整治】 为有效封堵境外卫星电视节目非法落地，维护国家政治安全、文化安全、信息安全及社会稳定，根据省新闻出版广电局《关于开展宜春市2021年度境外电视传播秩序专项整治工作考核评价的通知》文件要求，在辖区各乡镇开展打击境外电视接收集中整治行动。区文化市场综合大队牵头，组织职能股室和广电站，对辖区各乡镇宾馆安装境外卫星电视广播地面接收设施进行全面清查。全年行动共出动检查人员24人次，检查宾馆26家、销售市场30个、住宅小区24个、行政村36个。

（彭满生　黄文静）

群众体育

【概况】 近年来，袁州区委、区政府高度重视体育工作，大力发展体育事业，将全民健身、“武术之乡”建设等工作列入政府工作报告和地方发展规划，将体育专项经费列入本级政府财政预算，各兄弟单位积极配合、通力合作，大力贯彻《全民健身实施计划（2016–2020年）》，群众体育工作取得显著的成效。2021年，袁州区有1人被评为全国群众体育先进个人，有袁州区教育体育局、袁州区总工会、袁州区财政局等6个单位、11人被评为宜春市群众体育先进单位和先进个人。袁州区教体局被评为2017—2020年度宜春市群众体育先进单位。

【全民健身】 2021年4—5月，为庆祝中国共产党成立100周年，由中共宜春市袁州区委宣传部主办、袁州区文化广电新闻出版旅游局和袁州区教育体育局承办、宜春市广场舞协会协办的2021年江西省“舞动赣鄱颂党恩”广场舞展演活动选拔赛暨2021年袁州区广场舞健身大赛在宜春市十运会启动。5月30日，在袁山公园举办袁州区江西光大银行杯“六城联动健步走”宜春分行活动，200多名群众体育爱好者共同参与其中。6月17日，为庆祝建党100周年，推广健康运动生活理念，袁州区体育舞蹈运动协会在宜春市老年大学举行一场盛大体育舞蹈联欢会，共有100余名体育舞蹈爱好者欢聚一堂、展示才艺。7月14日在宜春市文笔峰小学举办2021年袁州区三级社会体育指导员培训班，对来自袁州区广场舞协会、柔力球协会的200余名学员进行广场舞、柔力球社会体育指导员技能培训。

【球类赛事】 2021年7月20—27日，由宜春市篮球协会主办、宜春市宜阳新区浅蓝摄影有限公司赞助、袁州区体育总会协办的2021年江西省“体育·惠民100”宜春市中心城区“浅蓝摄影杯”精英篮球赛在宜春市丽景滨江运动游园篮球场举办。9—12月，由区教体局主办、区足球协会承办的袁州区社区足球联赛成功举办，在全区已有的社会足球场地，开展以街道、乡镇、社区、小区业委会为单位的全区五人制社区足球联赛，利用晚间、周末、节假日时间进行分区分组比赛，最终决出社区足球赛冠军。9月25日至12月14日，2021年宜春市第八届足球联赛袁州赛区暨袁州区首届足球联赛在沙背桥11人制足球场举行，来自宜春市各企事业单位、学校及足球俱乐部的360名足球爱好者参与其中。

【全民健身场地设施完善】 2021年9月，位于飞剑潭乡下坪村、寨下镇寨下村、彬江镇横山村、慈化镇冲下村、三阳镇秆塘村等地的5个农村全民健身场地示范工程项目已经全部验收合格，投资50万元。申请上级资金60万元，在湛郎街道东园社区、金瑞镇上桂村规划新建2个全民健身场地示范工程。2021年4月，袁州区老年人体育活动中心正式启用，该场地总建设用地面积7亩，投入560余万元，集门球场、气排球场、地掷球场、陆地冰壶场、棋牌室和附属办公楼于一体，全年可接待量达45000人次。

竞技体育

【袁州区运动员在宜春市第六届运动会创造佳绩】 2021年，宜春市第六届运动会举办，袁州区代表团派出517名运动员参加15个项目的角逐，获得金牌总数第一、团体总分第一的好成绩。其中,获得游泳 61 块金牌、乒乓球 17 块金牌、武术套路 15 块金牌、跆拳道 12 块金牌、国际式摔跤 9 块金牌、足球 6 块金牌、拳击 4 块金牌、羽毛球 4 块金牌、皮划艇 3 块金牌、赛艇 3 块金牌、武术散打 2 块金牌、举重 1 块金牌、篮球 1 块金牌,总金牌数 138 块,奖牌数合计 351.5 块,圆满完成既定任务。同时,在《宜春市第六届运动会(青少年部)获奖情况通报》中,袁州区还获得宜春市竞训工作 2017—2020 年度“竞技体育贡献奖”一等奖和“输送优秀运动员贡献奖”第一名的殊荣。

【重要赛事】 2021 年受疫情影响,江西省百县青少年运动会等各项赛事均被推迟或者取消,但是区体校依然坚持认真备战,毫不松懈,在 2021 年江西省青少年锦标赛上,乒乓球队取得 U12 男子组团体总分第一名、U11 组女子单打第一名、U11 组女子团体第二名、U11 组男子单打第二名的成绩;游泳队取得女子 12 岁 50 米自由泳第二名、女子 11 岁 50 米仰泳第二名、男子 10 岁 50 米仰泳第二名、男子 10 岁 100 米仰泳第二名、女子 9 岁 50 米自由泳第二名、女子 9 岁 100 米自由泳第二名的成绩;武术队取得软器械第二名、传统南刀第二名、剑术第三名、八级第三名的成绩。2021 年江西省第七届百县运动会,袁州区仅参加足球项目比赛,获得男子组一等奖。在 2021 年中国乒协国青、国少集训队江西省选拔赛中,袁州区运动员郑婉宜夺得 U11 组女子单打第一名的好成绩。

2021 年获得重要赛事主要名次运动员一览表

表 9

赛事名称	项目名称	姓　名	名　次	就读学校	教练员
2021 年“中国体育彩票杯”江西省青少年乒乓球锦标赛少年乒乓球锦标赛	U12 组男子团体	易正航	第一名	宜春八小	胥芬平
		梅舜琦		宜春市百树学校	胥芬平
		丁子涵		宜春三小	胥芬平
	U11 组女子团体	郑婉宜	第二名	宜春二小	胥芬平
	U11 组女子单打	郑婉宜	第一名	宜春二小	胥芬平
	U11 组男子单打	邹凯璐	第二名	宜春三小	胥芬平
2021 年中国乒协国青、国少集训队江西省选拔赛	U11 组女子单打	郑婉宜	第一名	宜春二小	胥芬平
2021 江西省第三届百县青少年乒乓球运动会总决赛	团体总分	周耘麒	三等奖	文笔峰小学	胡鹏桢
		廖晨茜	三等奖	文笔峰小学	胡鹏桢
		易书妍	三等奖	宜春三小	胡鹏桢
		雷瑞婕	三等奖	实验小学	胡鹏桢
		杨瑗萌	三等奖	宜阳小学	胡鹏桢
		龚柏涵	三等奖	宜春六小	胡鹏桢
		易正航	三等奖	宜春八小	胡鹏桢
		陈嘉暄	三等奖	实验中学	胡鹏桢

续表 9

赛事名称	项目名称	姓 名	名 次	就读学校	教练员
2021 年江西省青少年游泳锦标赛	女子 12 岁 50 米自由泳	朱子珊	第二名	实验中学	熊枫
	女子 11 岁 50 米仰泳	杜雨宸	第二名	学院附小	熊枫
	男子 10 岁 50 米仰泳	彭博瀚	第二名	第三小学	熊枫
	女子 9 岁 50 米自由泳	陈心雨	第二名	宜阳学校	易萍
	女子 9 岁 100 米自由泳	陈心雨	第二名	宜阳学校	易萍
2021 年江西省青少年武术套路锦标赛	剑术	易栩烨	第三名	实验小学	邱建乐
	八级	彭梓泽	第三名	宜春市一中	邱建乐
	软器械	傅钰淇	第二名	宜春市四中	邱建乐
	传统南刀	吴棋钰	第二名	宜春市一中	邱建乐
2021—2022 年江西省跆拳道冠军赛	男子丙组 46 公斤	曾子龙	第二名	宜春八中	谢黎武
		宋章豪	第三名	宜春七中	谢黎武
	男子乙组 59 公斤	吴皓宇	第三名	宜春七中	谢黎武
2021 江西省青少年跆拳道锦标赛	女子甲组 46 公斤	张嘉欣	第三名	宜春四中	谢黎武
	男子乙组 54 公斤	李爱华	第三名	楠木中学	谢黎武

卫生健康

综　述

【概况】 2021年，袁州区卫生健康工作牢牢把握卫生健康工作新形势新要求，以人民健康为中心，紧紧围绕各项重点工作任务，立足工作实际，突出重点，强化措施，狠抓落实，各项工作稳步推进，取得了积极成效。

【疫情防控】 袁州区疫情形势稳定，但全国防控形势依然复杂，常态化疫情防控工作不可松懈。区卫健委充分发挥组织牵头作用，准确分析研判疫情，为区委和政府当好参谋。及时调整完善疫情防控领导体系，全面落实常态化疫情防控举措，不断强化应急能力建设。严格落实集中隔离管理，与中心城区37家宾馆签订征用协议，加上医药工业园隔离点，共有隔离房间2730间。强化核酸检测能力建设，做好大规模核酸检测准备，袁州区共有3家具有核酸检测资质的机构，每日单样检测量14880份，且与江西金域检验有限公司签订合作协议，每日单样检测量30000份。备足备齐疫情防控物资，区财政投入疫情防控资金2078.65万元，应急指挥部储备防护服9112套、医用外科口罩46.28万个、防护面罩9200个等充足防控物资。各医疗机构储备物资250万元，确保满负荷运输30天需求。全力推进新冠疫苗接种工作，稳步建立全人群免疫屏障。

【健康扶贫】 全面贯彻落实国家乡村振兴战略部署，有效防止因病致贫、返贫现象发生。认真做好贫困人口家庭医生签约服务，为26983名脱贫人口与易返贫致贫监测对象提供签约履约服务，履约率达100%。所有脱贫人口都由政府财政兜底免费参合，参合率达到100%。区域内实施建档立卡贫困人口住院“先诊疗后付费”和“一站式”服务，实现即时结算。2021年袁州区脱贫人口住院补偿共计18029人次，脱贫户、突发严重困难户、边缘易致贫户住院报销比例达90%。

【民生项目】 继续深入推进重大疾病免费救治和城乡贫困人口重大疾病专项救治工作，袁州区共完成白内障复明免费手术9例，唇腭裂9例，尿毒症免费救治374例，儿童先天心脏病免费救治45例，儿童白血病免费救治14例，贫困家庭重性精神病免费救治1707例，城乡贫困人口重大疾病专项救治20例，全面完成民生工程年度工作任务。

【公共卫生】 做实国家基本公共卫生服务项目，为城乡居民累计建立居民个人电子健康档案107.77万余份，电子档案建档率达99.67%。高血压、糖尿病等慢性病管理人数9.3万余人；控制满意率达79%以上。继续扎实推进家庭医生签约服务工作，利用5·19“世界家庭医生日”，开展以“家庭医生守护您健康的朋友”为主题的宣传咨询活动，2021年签约35.67万人。扎实推进“优质服务基层行”活动，针对薄弱环节进行专项整改提升。扎实开展心血管病高危人群早期筛查和干预，完成初筛1000人，高危检出人数250人，高危检出率25%，长期随访干预完成人数62人。

【人才引进】 全系统在编在岗干部1685人，其中专业技术人员1552人。引进医学专业技术人才，通过2021年卫生专业技术人员考试招聘到60名专业技术人才，公开引进4名急需紧缺高层次医学专业技术人才，招聘到位19名“三支一扶”医学生。做好2021年度全国卫生专业技术人员资格考试（中初级）工作，其中初级报考317人，中级报考167人，高级报考93人，执业护士资格报考76人，中高级聘任报名63人，高级专业技术人员资格申报34人。抓好全科医师转岗培训、乡村医生在岗培训、医学继续教育等工作，共对848人进行岗位培训，2584人完成医学继续教育。做好村卫生室订单定向医学生安置、管理工作，19名毕业生全部安排到户籍所在地的乡镇卫生院进修。

【计划生育】 2021年袁州区出生人口9100人，人口自然增长率为1.29‰。落实计划生育利导工作，国家奖扶享受对象3157人，特别扶助享受对象393人，阳光助学对象93人，手术并发症5人，失独家庭一次性抚慰金享受对象14人；城镇低保和农村14周岁独生子女保健费享受对象179人；城镇独生子女父母奖励享受对象14351人。积极落实三孩政策，袁州区共办理一孩服务卡2668例、二孩服务卡3359例、三孩服务卡799例。

【医疗卫生队伍党建】 全面开展党史学习教育，结合“我为群众办实事”活动，抓实班子自身建设，切实转变领导班子工作作风。组织区卫健委机关党员干部35人前往萍乡安源路矿工人运动纪念馆，重温革命历史，学习安源精神。大力推进“奉人民为上、视群众为友、与健康同行”系列活动，组织开展医疗乱象专项整治行动。结合“护士节”“医师节”等重要节日，组织开展“最美医生”“最美护士” 评选活动，增强医务人员职业荣誉感和归属感。选送原创合唱歌曲《十万挑夫上赣南》参与“奋斗百年路、启航新征程、永远跟党走”袁州区庆祝中国共产党成立100周年歌咏比赛，获一等奖。

【“一老一小”工作】 2021年，袁州区卫健委多维度推进医养结合，共有康民医院和秀江护理院两家医养结合机构，总床位588张，其中养老床位357张，在住老人179人，多为失能半失能老人，全年共为8名老人提供临终关怀服务。开通一、二级医疗机构老年人就医绿色通道，94家医疗机构与养老机构签订医养结合服务协议，开展以“关注口腔健康，品味老年幸福”为主题的老年健康宣传周活动。与区人口普查办联合开展百岁老人回访调研活动，入户了解辖区内所有百岁老人的生活习惯和长寿秘诀。开展敬老月活动，区级安排走访3名百岁老人。做好普惠托育工作，开展托育机构摸底调查、备案登记和国家项目申报、试点工作，取得阶段性成效。袁州区共有14个机构经营托育，共有托位845个，在托人数335人。上报市“十四五”“一老一小”储备项目46个，合计托位4785个。

（熊　优）

卫生健康综合监督执法

【概况】 2021年，袁州区依法开展公共场所卫生、生活饮用水卫生、学校卫生、职业卫生、放射卫生、医疗卫生、传染病防治、计划生育和中医服务等综合监督行政执法工作，查处违法违规行为。

【卫生行政许可】 袁州区卫监局新办、延续公共场所卫生可许证592份、放射诊疗许可证8份、生活饮用水卫生许可证3份。为深化“放管服”改革和“证照分离”改革，落实“减证便民”“最多跑一次”等工作要求，全面推行公共场所卫生许可告知承诺制，实行先发证、后监督。

【公共场所卫生】 办理公共场所卫生许可证592份，开展公共场所卫生监督2320户次，处罚违法经营单位287家，其中警告66家，罚款共31.08万元。配合宜春市创建全国文明城市工作，对辖区内“四小行业”等开展拉网式监督检查。对8个街道总共200余人开展相关培训，发放“创文”宣传材料2000余份。开展公共场所常态化疫情防控工作监督检查。发放疫情防控宣传资料、消毒登记本、张贴“两码”各1000余份；储备隔离点37家，房间2471间。

【学校卫生和生活饮用水卫生】 开展学校卫生和疫情防控专项监督检查，共检查53所学校，中心城区13所，乡镇50所。对检查中发现的问题，均当场下达监督意见书，责令并指导学校进行整改。办理农村集中式供水单位卫生许可证3份，对1家自来水厂无证供水进行了处罚，罚款8000元；监督检查现制现售饮用水、学校管道直饮水经营单位9家；开展了涉水产品专项检查，共检查销售涉水产品单位7家。举办袁州区2021年卫生健康监督协管人员培训班，各乡（镇）卫生院防保站副站长和中心城区各社区卫生服务站负责人共40余人参加，发放培训学习资料40余套。指导各协管员使用国家卫生健康协管系统开展协管工作，并对24个乡镇协管站每季度进行一次稽查。

【放射卫生】 发放放射诊疗许可证8个,校验放射诊疗许可证31个;对全区各类医疗机构放射诊疗防护工作开展了监督检查,共巡查37次,下达文书33份,查处案件28起。

【职业卫生】 全区重点产生职业病危害因素用人单位70家,非重点产生职业病危害因素用人单位500余家,2021年共巡查102次,下达文书83份,查处案件38起。对辖区内各用人单位的主要负责人和职业卫生管理人员组织了3次职业卫生培训,总共覆盖人员1000余人,发放培训合格证书500余件。

【卫生行政执法案卷管理】 袁州区采取多种措施不断提高提升卫生行政执法案卷制作能力和整理归档水平。2021年袁州区卫监局办理行政处罚案件376件,其中一般程序74件,简易程序302件,共处罚款99.4万元。结案后,各执法案卷均使用统一规范的卷宗封面、一卷一号,装订整齐,留存归档。

【消毒产品及集中式消毒餐具卫生】 袁州区开展消毒产品专项整治,对辖区内的3家消毒产品生产企业、30多家经营单位进行了监督检查,立案查处存在违法违规行为的单位21家,罚款5万元。

【医疗卫生和传染病防治】 2021年,袁州区开展3轮医疗机构疫情防控风险隐患大排查专项行动。检查各类医疗机构400余家,对疫情防控不力的机构予以通报24家、停业整顿6家,立案查处6家。开展5个专项整治行动:母婴保健专项监督抽查13家,立案查处3家;医疗美容专项监督抽查9家,警告2起;打击重复使用一次性医疗器械专项行动抽查30家,立案查处1家;打击非法应用人类辅助生殖技术专项行动,未发现违法行为;卫生健康执法百日行动检查各类机构230余家,取缔无证行医2起,立案查处4起;警告15家。

(谭奕恺)

疾病预防与控制

【概况】 2021年,袁州区疾病预防与控制工作坚持以预防控制重大传染病、做好全区新冠病毒疫苗接种等工作为核心,全面贯彻落实"预防为主"的工作方针,各项工作稳中求进。

【新冠肺炎疫情防控】 全面落实"外防输入、内防反弹"的防控策略,成立新冠肺炎疫情防控应急工作领导小组,下设流调组、信息报告组、消毒组、采样检测组等9个防控工作组;成立5支应急处置队伍,实行双休日、节假日24小时值班制及领导带班制。对收到的密切接触者协查人员进行流行病学调查、采样,对密切接触者调查核实,对疫点进行消杀。对各乡镇、城区学校、医疗机构等单位进行新冠肺炎防控工作督导;开展2次全区流调队员业务能力提升培训班。在公安、工信、公卫之间建立联动机制,加强协同配合。

【地方病、慢性病防治】 开展袁州区疟疾监测,完成各项目标任务。开展袁州区儿童口腔疾病综合干预,对项目承担医院宜春振兴口腔医院、各项目实施学校开展督导。开展心血管病高危人群、脑卒中高危人群的筛查与干预。开展心血管病及其危险因素监测,掌握心血管病患病及危险因素状况和变化趋势。随时监控和审核分析全区各医疗卫生机构及区外疫情网络报告情况,报告卡及时审核率100%。全年无甲类传染病、脊灰、白喉等病例发生。对手足口病、出血热、水痘等传染病按要求进行流行病学调查、现场消杀、采样检测、防控知识宣教工作。开展"全国疟疾日""全民营养周"等宣传活动。

【艾滋病、结核病防治】 开展HIV自愿检测、哨点监测与特定人群筛查。对新发现的艾滋病感染者进行防治知识教育、高危行为干预和江西省贫困家庭机会性感染救助政策告知等。通过新媒体微信和宜春"87.9"交通广播宣传艾滋病防治知识;联合街道社区开展艾滋病宣传教育活动,并发放防艾宣传资料。2021年共发现结核病学生24例、教师4例,均在第一时间处置,对患者所在班级密接师生开展结核病检查,避免了公共卫生事件发生。开展对在定点医院确诊登记的结核病患者的随访和耐药性筛查,对所有涂阳结核病患者的密接接触者进行筛查,阻断结核病传播。

【从业人员健康体检】 全年累计为从业人员办理健康体检、发放健康证明5万多人次,未受到投诉。针对"乡镇居民来体检不便"与"部分企业人员较多,难以集体来体检”的难题，提供上门健康体检，帮助乡镇居民与企业职工体检超5000人次。开展袁州区重点职业病、工作场所职业病、学生常见病等监测工作，并对监测数据进行统计。落实职业性尘肺病随访和回顾性调查工作，掌握了全区尘肺病患者的基本情况。对袁州区各乡镇和中心城区49个饮用水监测点进行监测，掌握了袁州区区城乡饮用水卫生基本状况。

【免疫规划】 区疾病预防控制中心开展全区免疫规划培训7次、督导17次，对象包括各预防接种门诊、新冠疫苗接种门诊等。对城区哨点医院进行麻疹和AFP病例监测，全年未发生免疫规划相关疾病的疫情。布置新冠预防接种门诊36个，组织新冠疫苗接种培训22次，培训人员超过3000人；成立新冠疫苗冷链运转专班，共冷链运转60余次，190多万剂次。开展“4·25全国儿童预防接种日”等宣传活动。

（江天放）

袁州区人民医院

【概况】 宜春市第二人民医院又名袁州区人民医院，位于袁州区中山东路55号。始建于1934年，是一所集医疗、科研、教学、预防保健于一体的“二级甲等”综合性公立医院，袁州区唯一一所综合性公立医院。截至2021年年底，在职职工797人（在编在岗480人），专业技术人员703人，其中高级职称76人，中级职称241人，硕士研究生19人（全日制16人，非全日制3人）。

【疫情防控】 袁州区人民医院坚持把新冠肺炎疫情防控工作作为重要政治任务和头等大事来抓。提升核酸检测能力：24小时开展核酸采样工作，对重点人群落实“应检尽检”要求，及时报告检测结果。为贯彻落实省、市、区新冠肺炎疫情防控工作的决策部署，全面筑牢校园疫情防控防线，于2021年11月29日开始对宜春城区及各乡镇中小学及幼儿园约17万师生进行了核酸检测筛查。支援上饶抗疫一线：上饶铅山县突发疫情，院领导高度重视，紧急传达学习上级应对疫情防控会议精神，并对医院疫情防控工作进行再部署，及时排查风险，堵塞漏洞，落实落细各项防控措施，把好“防护关”。同时，第一时间抽调10人组建核酸采样队支援上饶，顺利完成支援任务。出色完成接种任务：新冠疫苗接种，秉承应接尽接、应早尽早的原则，出色完成接种任务，并对口支援了渥江、三阳、水江、珠泉、芦村的疫苗接种工作。

【疾病救治】 着重三大中心建设：以强化胸痛中心、卒中中心、创伤急救中心建设为重点，提升了危重疾病的救治能力。为患者提供医疗救治绿色通道和一体化综合救治服务，有效衔接院前急救和院内诊疗，缩短急危重症患者的临床救治时间，提供更加便捷、优质、安全、高效的医疗救治体系。卒中中心于2021年1月通过省级核验，胸痛中心于7月通过国家胸痛中心核验，创伤急救中心正在积极创建中。推进医共体建设：通过医共体合作、继续医学教育、新技术宣讲、进修培训、对口支援、双向转诊等方式，推动全区医疗服务水平提升。与各乡镇卫生院签订影像合作协议书，实现医共体内的远程诊断，补齐基层医疗短板，让群众在家门口就能看好病。每月不定期派各科专家到辖区内各乡镇卫生院查房或指导工作，全年共达400余人次；组织医务人员到各乡镇卫生院、街道社区及敬老院义诊40余次，义诊病人达1000余人次。

【送医下乡】 开展“科技促民生、科普惠健康”进社区活动及“延伸服务”等活动，针对较高入院率或医疗护理有需求的出院患者进行上门回访，大大提高了患者满意度；为方便患者就医，完成了超声科搬迁、医保收费一站式服务的改造、门诊三楼3间诊室与急诊创伤外科的建设。对发热门诊隔离留观病房、肠道门诊、核酸采样室等疫情防控场地进行改造。为进一步达到疫情防控规范化要求，已开始重建发热门诊；加强信息化建设，利用微信公众号、电子屏幕等平台，开展网络安全宣传周活动；推进信息系统三级等保建设；配合医保改革，实施DIP付费、智能审核、全省信息平台切换等软件改造互通；完成血液净化智能管理系统，提升血液透析管理水平；为进一步推进袁州区医共体建设，提高全区各卫生院放射科阅片及书写诊断报告质量，方便农村患者就近诊疗，安装了远程数字医学影像与通信系统。

【医疗科研教学】 全院建立学术沙龙，各科室每周组织业务学习，督促提高业务水平。承担基层卫生人才能力培训76人，其中乡村医师63人、骨干临床医师11人、全科医师2人。共接收实习生160名。全年市科技计划指导性项目共58项获得批复，已验收的课题项目48项。发表论文294篇，其中国家级论文23篇、省级论文241篇、交流论文3篇，专著27部。2021年申报市级继续教育项目1项，县级21项，举办县级继续教育项目10项，举办单位级项目15项，科室举办项目670项。

【医保服务】 严格遵守医保管理制度，认真执行医保部门的有关政策规定，坚持药品和一次性医用耗材零差率销售，“4+7”药品带量采购，高值医用耗材挂网采购，精准扶贫人员五重保障体系和双向转诊、分级诊疗制度。积极完成医保部门交办的各项工作任务。切实做好“健康扶贫”工作，严格落实“三保障一兜底”政策措施，力求让贫困患者得到真正的实惠。严格执行物价部门统一的收费标准，为便于管理，成立了医保物价收费科，真正落实住院患者出院结算一站式服务。

【医疗便民服务】 重建母婴室，设置无障碍厕所、无障碍停车位等，为残疾人提供无障碍服务（如盲文、弱视镜、助听器等），满足特殊人群需求；对院内多处墙面、屋顶修缮及花草树苗进行补植补栽工作，进一步改善设施，美化环境，提升患者就医体验。

（谢丽鹏）

袁州区妇幼保健院

【概况】 宜春市袁州区妇幼保健院是一所集医疗、保健、教学、科研、计划生育技术指导、婚前医学检查、预防接种于一体的二级甲等妇幼保健院。2021年门诊挂号41828人次，全年业务收入836万元。

【孕产妇保健】 规范妇女保健管理、产科建设和提高产科质量是保障医疗安全，降低孕产妇、新生儿死亡率的重要途径。全区产科活产数9226名，其中男4946名、女4280名。产妇总数9081人。产妇早孕建卡8771人，建卡率96.59%，住院分娩率为100%，剖宫产率35.27%；孕产妇系统管理率94.75%；无孕产妇死亡；新生儿破伤风发生率为0；孕产妇产前筛查7085人，筛查率78.02%；产后访视率为100%；高危孕产妇管理率100%，高危孕产妇住院分娩率100%；新生儿疾病筛查率100%；听力筛查率100%；社区服务建立个人健康档案80867人，重点人群接受社区卫生服务31176人。

【儿童保健】 7岁以下儿童健康管理101532人，管理率93.98%；3岁以下儿童系统管理36957人，管理率92.3%；新生儿访视9206人，访视率99.78%；0~6岁儿童眼保健和视力检查95424人，检查覆盖率93.98%；6岁儿童视力检查13368人，视力不良检出2019人，检出率15.1%；5岁以下儿童检查人数65426人，其中低体重1647人、生长迟缓1318人，贫血患病1903人，贫血患病率2.91%；5岁以下儿童死亡58人，死亡率6.29‰；婴儿死亡28人，死亡率3.03‰；新生儿死亡20人，死亡率2.17‰；新生儿苯丙酮尿症筛查9105人，筛查率98.67%；新生儿听力筛查8872人，筛查率96.16%；全年对城区的132所幼儿园的儿童进行了两次全面系统的体检，共体检26910人次，体检率98.6%。

【宫颈癌筛查】 2021年对农村35~64岁的妇女进行宫颈癌和乳腺癌免费检查，宫颈癌体检人数15000人，完成率100%，查出宫颈癌6例，癌前病变171人。乳腺癌免费筛查2000例，未检出乳腺疾病。

【医疗惠民】 全年免费婚前医学检查5230对，婚检率99.98%，检出患病2599人，疾病检出率24.84%。完成免费孕前优生健康检查8796对，为孕前3个月至孕早期3个月免费补发叶酸11529人，发放34355瓶叶酸。全区助产单位免费为“三病”接受检测夫妇数8394人。检出梅毒感染产妇35人，检出乙肝表面抗原阳性产妇1022人，阳性产妇所生活产数1033人，免费乙肝免疫球蛋白注射率为100%。

（彭爱发）

宜春市皮肤病防治医院

【概况】 宜春市皮肤病防治医院成立于1959年，是一所集医疗与麻风病防治的皮肤病专科医疗机构。2021年门诊治疗人次1万余人次，住院人次为300余人次。

【麻风病防治】 在宜春市疾控中心和袁州区卫健委的正确领导下，袁州区的“麻风病可疑者筛查”项目有序进行。该院共接到10个乡镇卫生院报来可疑者线索调查表20余条，并逐一进行排查，调查未发现新麻风病人，2021年有需监测病人8人，全部实施了监测；有需随访已愈者95人，全部进行随访。截至2021年年底，全区存活麻风病和已愈者共96人，没有现症病人。

【医保服务】 强化基金的管理使用，严格把关，认真审核。在患者入院时，核实患者身份，切实做到零冒名顶替等套取医保基金行为。严格按照区医保局与该院签订的协议规范管理。严格执行江西省基本医疗保险药品目录诊疗项目目录、医疗设施范围和支付标准，并做到及时、准确地将药品、诊疗项目和医用耗材与医保系统中名称一一对应。加强药品价格管理，严把药品质量关。按照区医保局要求，及时报送为出院病人报销的医疗费并按月及时报送医疗费用记账报表。

【疫情防控】 全院深入贯彻落实上级领导部门对新型冠状病毒感染的肺炎疫情的重要指示批示精神，全心全意、全员发动、全面行动，做好疫情防控工作。一是加强组织领导。成立院疫情防控工作领导小组。动员有能力的医院职工到防疫一线工作。2021年，尽管全院自身人手不足，但还是前后共派出9名专业技术人员到各个隔离点支持抗击疫情工作。二是加大宣传力度。做到疫情防护知识全覆盖。用医院微信群、LED显示屏、横幅等方式向全院职工及病人传达疫情防护知识，劝导职工及病人戴口罩，不参加聚集活动，不走亲访友。三是加强排查摸底。在医院门诊大厅门口设立体温测量岗，对每一位来医院病人进行体温测量、扫描赣通码和行程码。劝导病人不聚集，在“一米线”上排队等候。如发现异常人员，及时向上级领导汇报。截至2021年年底，全院未发现异常人员。

（傅丽群）

旅　　游

旅游管理

【概况】 2021年，袁州区旅游发展主要以市场需求为导向,以节庆活动为抓手，充分调动政府、企业、农民三方力量,有效整合农业、林业等多种资源,并配合完善旅游基础设施建设,逐步形成乡村农家乐、乡村旅游示范点、旅游特色村等核心景区连线互动的乡村旅游发展格局,最终实现乡村旅游的规模化、差异化、品牌化发展。

【旅游招商】 为推动文化和旅游产业链更完整、产业结构更优化、产业规模更壮大、产业聚集更高效、龙头带动更强劲,袁州区持续在把文旅产业打造成重点产业上发力。2021年,外出招商10余次，接待客商12次,共签约亿元以上文旅项目2个(和顺庄园—松鼠部落乡村旅游综合体项目、田小狗田园生活综合体)，共签订框架协议项目3个(震山旅游度假区项目、袁州体旅文化休闲养生园项目、宜春希尔顿国际酒店项目)。

【文旅专项规划】 科学编制文旅专项规划。2021年,袁州区邀请省内知名规划团队,编制完善《袁州区“十四五”文化旅游产业发展规划(草案)》,已进行4次修改完善,草案即将面向社会征求意见;邀请南昌赣鄱旅游规划设计院对袁州区红色旅游、乡村旅游进行专项策划指导。

【旅游商品】 2021年，在义乌中国旅游商品大赛上,袁州区选送的“隐逸轩”智热登山鞋系列产品摘得江西省唯一金奖,这是宜春市参加此项大赛以来的历史最好成绩，并在金奖项目上取得了零的突破。在2021中国特色旅游商品大赛中，袁州区隐逸轩报送的“自驾游智能眼镜”“漆艺保健梳”分别取得银奖与铜奖。

【旅游品牌创建】 2021年,袁州区新创评2家AAA级乡村旅游点彬江英山村和寨下塘下村。截至2021年年底,袁州区A级乡村旅游点达12家。

【旅游基础设施】 2021年,袁州区新建旅游厕所13座，均已完工；新修通景道路4千米,新改建旅游停车场2座,新增停车位120个;在乡镇及景区点要道设置旅游标识牌14块，已完成定位,正在竖桩。

【旅游宣传资料】 2021年,袁州区逐渐丰富旅游宣传资料。编制完成了袁州旅游招商推介宣传片《大美袁州》和袁州旅游手绘地图。

【旅游要素】 2021年，袁州区着力推进旅游各项要素的提升和完善。住:经过两年的建设,袁州区文广新旅局联合市监、财政、卫健、农业农村、住建等部门对政府支持的民宿创建点进行了验收，袁州区于2019年确立的民宿创建点彬江镇英山村黄华洲民宿、飞剑潭乡北海人家民宿、飞剑潭乡周源民宿、洪塘镇西湖民宿、洪塘下坑民宿等5家民宿基础设施(七改三网、住宿、餐饮、基础旅游接待设施等)已基本完工,办理了四证并对外营业,均通过验收,各点已获政府奖补资金120万元(根据建设进度分批拨付)，民宿旅游发展有了新的突破。食:经过不断酝酿、探索、实地考察,袁州区文广新旅局精细把控袁州府乡宴落地标准,已授权宜和园、李记石锅鱼“袁州府乡宴”制作权限,增加了“袁州府乡宴”的推广渠道,对丰富袁州特色美食文化增加了又一抓手和落脚点。购:举办了第二届旅游商品展示评比大赛,共计34家企业204种商品参展参赛,大大提升了袁州旅游商品的知名度和美誉度;推进农特产品转化为旅游商品,设计包装完成包含新田岸茶油、红豆杉滋养皂、夏布画等在内的“袁州好礼”随手礼，正在与各乡村旅游点对接，推向市场。

【文旅消费】 为落实江西省促文旅消费的精神和要求，袁州区严密部署。一是区文广新旅局与区总工会联合，推出“袁州人游袁州活动”，鼓励工会组织开展袁州特色游，增加旅游消费。二是指导旅游点通过丰富旅游项目，增加旅游特色，研究制定餐饮、门票、住宿优惠措施等，吸引市民本地游。三是部署百县百日文旅消费季直播带货比赛。四是设计和推进了红色研学旅游线路产品，已基本完成业态布局和线路设计，正在完善基础设施，已建成旅游厕所3座，停车场及餐饮接待中心已布置完成。

（张丹辉）

主要旅游景观介绍

【酌江溶洞风景区】 国家AAA级旅游景区，人称“酌江山水画、溶洞自然诗”。主要景点白龙洞全长1718米，洞内平均气温18℃，冬暖夏凉，洞府大气磅礴，奇石异景，“大熊猫”景点更是栩栩如生，可体验旱路和乘船观景两种不同的景致。
地址：三阳镇酌江水库旁

【水江红色文化教育基地】 水江镇是革命老区，为新中国的诞生奉献出了480多名永垂不朽的革命烈士，在水江大地上留下了不少红色遗迹：水江红色文化广场，革命烈士陵园，飞夺泸定桥二十二勇士之一刘梓华故居，毛泽东故居，列宁小学，高枧大捷旧址，是红色研学教育、党员学习之旅的首选之地。
地址：水江镇

【明月花溪谷】 占地面积3000亩，景区内有：萤乡农场亲子乐园、萌宠园、亲水欢乐区、手工体验区、游乐设施区、水上游船、四季花海、农耕体验区、山地车俱乐部、蜂蜜园、富硒果园、盆景花卉加工培植园、红碧桃园、自助烧烤柴灶区、明月湖、锦鲤池等特色景点，是赣西地区乡村休闲旅游的首选去处。
地址：南庙镇梅花村

【白马农庄】 国家级金牌农家乐、中国乡村旅游模范户、省AAAA级乡村旅游点，占地300余亩。设有水果蔬菜采摘、农家宴、篝火晚会、钓龙虾、钓甲鱼、打年糕、磨豆浆、走高跷、抽陀螺、碰碰车、蹦床、烧烤等活动旅游项目。
地址：南庙镇白马村

【丰顶山户外探险地】 丰顶山旅游资源非常丰富，有百亩梯田、千亩石林，风电景观，古村落群和天坑，荷花溶洞群。春赏禾雀花、秋观枫叶林、夏避暑、冬赏雪，是户外探险、摄影采风的打卡地和好去处。
地址：洪塘镇丰顶山

【英山稻田公园】 省AAA级乡村旅游点，这里有着千亩连片的油菜花海，广利禅寺坐落在花海之中，还有原始山林的南华山古村落，以及松竹园中的英山民宿、农耕文化展示区、乡村大舞台和文化广场、耕读书院等，是亲子旅游、乡村旅居生活体验的好去处。
地址：彬江镇英山村

【云上高富】 云上高富，将军故里。冬观冰雪，夏避炎暑。该村有几百余年历史，民风淳朴，崇文重德，耕读传家，红色历史文化渊源深厚，村里有中央苏区——原宜二区苏维埃政府筹备处旧址，有开国中将周赤萍将军故居和将军陵园。
地址：新坊镇高富村

袁州园

【概况】 袁州园是国家AAA级旅游景区，位于袁州区国家农业科技园区、国家农业综合开发现代农业园区和省级现代农业示范园区（西村镇）内，规划面积20平方千米，东距宜春中心城区10千米，南邻国家AAAAA级旅游景区明月山风景旅游区，西离萍乡城区50千米，320国道傍园而过，北靠沪昆高速西村出口仅6千米，距明月山机场12千米、高铁站18千米，交通便利，区位优势明显。

袁州园基本形成有机蔬果、优质种业、高产油茶、花卉苗木、生态旅游五大特色产业，现有蔬果基地4500亩，设施大棚500余亩，高产油茶示范基地2500亩，花卉苗木基地5000亩。水、电、路等基础设施基本形成，主道路“三横八纵”相通，主渠道纵横相连，主线网依路而走的基础设施构架。

景区落户了宜春市东升有机种植有限公司、江西星火农林科技发展有限公司、江西天稻粮安种业有限公司、江西和顺景观园林建设工程有限公司、宜春市秀江园林景观工程有限公司、宜春市宜研种业有限公司等40家经营主体,各种新型经营主体齐全。2021年,景区接待游客5万人次,培训农民4000多人次,解决农村剩余劳动力5000余人就业,人均年收入达3.6万余元,辐射带动周边群众2万余人致富。

【精品景点】 园区精品景点,以三季有花、四季常绿为主的景观隧道景点;以波光粼粼、自然风光为主的石溪水库省级水利风景区景点;以花海丛林、如诗如画为主的和顺庄园景点;以油茶文化、民俗风情为主的星火农林景点;以蔬菜生产展示、产品展销为主的东升农场景点;以精品水果采摘、游园观赏为主的秀江园林景点。

其他景点:油茶文化与生态景观园、富硒农业科普馆、中小学生研学实践教育基地、果品采摘园、花卉超市、农家乐等。

【景区建设】 2021年,园区完成了陈坊、曹家、百花洲、松山等7个袁州区重点秀美乡村示范点建设,为村民提供环境优美、设施齐全的人居环境,村民幸福感大幅提升。2021年,园区启动了富硒农产品加工园区的规划编制工作,致力于实现种植、生产、加工一体化的完善产业链体系。2021年1月,园区内江西和顺景观园林建设工程有限公司联合上海悉乐文化发展有限公司开始启动建设宜春松鼠部落乡村旅游综合体项目,项目建成达产后,可实现年均旅游人数约50万人次。2021年12月,建设完善了一个占地面积4320平方米集种植、展示、科普、直播、品种展销等多种功能于一体的富硒农业科普和现代农业展示馆。

(洪建权)

彬江镇英山村

【概况】 英山村位于彬江镇东南部1.5千米。2021年,全村围绕"一条主线、两个提升、六项重点工作"的目标,团结奋斗,开拓进取,各项旅游经济指标全面增长。全年旅游接待总人数5万多人次。这里有着千亩连片的油菜花海,广利禅寺坐落在花海之中,还有原始山林的南华山古村落,以及松竹园中的英山民宿、农耕文化展示区、乡村大舞台和文化广场、耕读书院等,是亲子旅游、乡村旅居生活体验的好去处。松竹园基本形成有机蔬果、乡村民宿客栈、水果采摘、儿童游乐园,生态旅游五大特色产业和有机蔬果采摘、农产品加工区、乡土特色菜肴、休闲观光农业区四个功能区旅游业务对接、洽谈、签约及民俗风情表演等。年接待游客五万多人,培训农民3000多人次,解决农村剩余劳动力500余人就业,人均年收入达3.2万余元,带动周边群众2000余人致富。英山村将旅游兴村作为乡村振兴、带领村民的致富策略,松竹园优先打造宜春近城郊区民宿景区的样板。

【园区建设】 2021年,英山村顺利通过省AAA级乡村旅游点评定;英山村民宿正式营业并通过验收,光民宿接待旅客住宿就达到2000多人。2021年,完善旅游线路,对具有旅游价值的老建筑进行维修,有古门楼、古祠堂。2021年,松竹园新建大棚基地已基本完成,正在建设稻田公园。

(邹雯靓)

水江红色文化教育基地

【概况】 水江镇位于宜春市袁州区西北部,与袁州区天台镇、慈化镇,上栗县鸡冠山乡、东源乡、桐木镇相邻。三水线贯穿全境,辖域总面积64平方千米。全镇山林面积5.85万亩,耕地面积1.28万亩。全镇辖10个行政村,144个村民小组,总人口26406人。水江地处湘赣边界,湘鄂赣苏区是土地革命战争时期建立起来的全国六大苏区之一,水江苏区是湘鄂赣苏区的重点苏区之一,为苏区革命斗争,夺取胜利做出了无私的奉献,从此奠定了水江在湘鄂赣历史上的重要地位。水江镇是革命老区,有无数的革命先烈,仍留存有大量具有极高价值的红色遗址遗迹:水江红色文化广场,革命烈士陵园,飞夺泸定桥二十二勇士之一刘梓华故居,毛泽东故居,列宁小学,高枧大捷旧址,是红色研学教育、党员学习之旅的首选之地。

【红色品牌创建】 2021年,在红色品牌创建方面,水江镇实现了新突破、大丰收,小洞村获评袁州区唯一的省级红色名村,上洞村则是袁州区仅有的两个市级红色名村之一。加强红色革命遗址保护和维修,对接中央、省、市、区"十四五"规划中央苏区政策,借力上级政策优势,高标准规划红色旅游和红色名村建设,累计投入300余万元扩建了水江革命烈士陵园，布展了水江红色教育馆，修复了湘鄂赣省级交通站、湘鄂赣边境指挥部等一批省级文保遗址遗迹。重点整合梓华广场、上洞村、小洞、快荣等红色资源，继续加大文化项目建设力度，倾力建设集爱国主义教育基地、党员干部传统教育基地、中小学优秀思政研学实践基地、国防军事研学实践营地、红色党建培训示范基地、红色影视基地于一体的现代培训基地，打造宜春市大规模、标杆性的红色研学旅行示范区。

【旅游服务】 2021年，水江镇成立水江镇红色旅游公司，成功申报成为全市三条红色研学精品线路之一，着力从吃、住、行、游、购、娱全面赋能，全力打造水江红色之旅精品旅游线路。大力推进“党建+红色教育”主题活动，全年共100多家单位、近万人次到水江镇接受革命传统教育。更难能可贵的是，水江中学邀请革命后代当义务宣讲员的做法，在中央党史学习教育简报上刊载，实现了全市、全区零的突破。

（吕健勇）

街道 乡镇

灵泉街道

【概况】 灵泉街道办事处位于江西省宜春市袁州区朝阳路二符巷222号，街道东临湛郎街道，南与珠泉街道接壤，西与凤凰街道毗邻，北与秀江街道隔河相望。地处中心地区。辖11个社区居委会，设73个居民小组、25个党（总）支部，党员1480名。面积4.5平方千米，水面面积1.4公顷，林地面积3.9公顷，森林覆盖率为41.5%。总人口45824人。

【党建工作】 深化基层党建“三化”建设，2021年投入资金300万元完成11个社区党支部的党群服务中心建设，重点打造了鼓楼社区、黄泥塘社区、东城社区3个阵地资源整合示范点；探索建立党组织引领、党员带头、多方参与、居民自治的无物业小区治理模式，6月，在老旧改造小区崇儒小区成立了党支部，率先开展试点工作；赋予党建服务特色品牌新使命，依托原有特色品牌“一心四室”，创建“党建+宜春邻距离+网格”服务微平台，通过线上线下互动方式，为群众办实事、做好事、解忧难，累计上户走访、服务13000余次，解决群众诉求700余个，督促商户安装空气净化器128家，解决环保、占道经营、乱停乱放等问题1.8万余起。

【经济发展】 2021年完成税收9158万元，全力以赴抓好招商工作，规上企业共36家，其中工业企业2家，批发零售12家，服务业6家，房地产3家，建筑业11家，其他投资2家。正在投产或建设的项目有：宜春良膳餐饮有限公司一期，投资1亿元，租赁厂房面积5000平方米，3月已投产；江西麓枫酒店，投资1.2亿元，已运营，预计年上缴税收50万元，解决60人就业。

【文明创建】 以补短板为抓手，对照“创文”140项标准，查漏补缺，2021年争取并完成3个老旧小区改造、2个背街小巷改造项目；完成海纳西门菜市场提档升级并对周边的道路进行了维修升级；落实包户责任，共上户发放宣传册3万余份，制作社会主义核心价值观、居民公约、家规家训及其他各类宣传板973处。

【棚改扫尾】 截至12月底征收约1.8万户、面积近200万平方米，累计拆除1.75万户，面积195万平方米；涉及宜春大道、春台公园、城南商业安置点、灵泉池、四中等重大项目14个，均已开工。自“棚改扫尾攻坚”以来，该街总任务为971户（全区1186户，占全区任务的81.2%），截至12月底，共完成签约912户，占总任务的94%。

【脱贫攻坚】 截至2021年年底，有城镇脱贫解困贫困户377户，596人，其中低保对象374户，593人（重点对象39户55人，一般对象335户538人），特困对象3户3人。开展城乡低保专项治理，完成入户核查、民主评议、家庭经济状况核对和街道审核工作，截至2021年年底全街道有城市低保对象676户，1061人，月保障金额534001元。

【环境整治】 重点整治环保突出问题，全面完成油烟净化器安装，共计220余家餐饮店，达到100%；各社区组建餐饮店油烟微信群，日常管理通过微信上报信息；组织综合执法大队对在建项目进行10余次综合执法检查，对扬尘污染、余土清运等进行治理；环保办组织40余次对辖区内餐饮油烟、夜宵摊、露天烧烤、油炸摊进行整治，全面取缔露天烧烤、油炸摊等未能安装净化器的经营户；督促外包公司每两个小时进行1次洒水降尘，同时加强夜间对各路段洒水降尘。

（刘　茜）

凤凰街道

【概况】 凤凰街道位于宜春城区西南部，东至宜春南路，南至浙赣铁路线，西至岐山村的西南边界线，北至袁河主流中心线。辖区总面积10.8平方千米，总人口37868人。下辖滩下、凤凰、黄颇、岐山、林桥、柒家岭6个社区居委会，48个居民小组，68个小区，有物业管理的34个，无物业管理的34个，辖区内有15个驻片单位，总户数23208户，第七次全国人口普查12.6万人，共有党员1187人，其中在职党员335人。

【党建工作】 2021年，以"党建为先"和"抓好主业"为工作思路，巩固党建"三化"，推动党的阵地在基层落地生根，进一步增强党组织的创造力、凝聚力、战斗力。投入资金约60万元对5个社区的办公场所及新时代文明实践站进行完善提升。投入资金18万元，完成街道和3个社区的基层民兵正规化建设，得到军分区通报表扬。成立润达商圈党支部，通过"党建+消费中心"的方式，发挥党建工作在润达商圈消费升级、稳就业、防疫情、创文明城等方面的引领作用。投入资金约26万元，推进凤凰社区的专建小区和岐山社区的水寨小区2个无物业小区的"党建+和谐小区"建设示范点，积极引领党员为居民办实事，让小区居民的归属感、幸福感不断得到提高。

【经济发展】 2021年完成财政收入6000万元，培育非工业企业入规4个，签约亿元项目1个。建立了重点企业特派员制度，帮助企业招工232人，申请"财园通"贷款1900万元，及时帮助解决企业发展面临的困难和问题。依托润达商业圈，培育了润达夜市、腾顺电商、潮玩新天地等一批城市经济新业态，解决就业岗位约5600个。狠抓安全生产责任制的落实，督促企业及时整改隐患，确保全年安全生产零事故。紧盯生态环保不放松，打好污染防治攻坚战。

【城乡建设】 2021年，完成16个老旧小区改造项目、10个背街小巷改造项目、6个创文提升项目，总投入1514.6万元；投入了48万元对2个社区养老中心进行完善。投入资金约250万元完成了凤林、凤凰两个菜市场的升级改造。发挥数字城管精细化管理的机制，协调整合市政、园林、环卫等多方力量，有序提升城市管理水平，辖区面貌焕然一新，获得全市数字城管工作第3名的好成绩。

【文明创建】 2021年，新增注册志愿者200余人，累计挂横幅200余条，LED屏滚动播放标语200000余次，制作和完善宣传栏200余个，上户分发宣传资料50000多份，小区楼道张贴公益广告2000余块。组织开展党员志愿活动500余场，通过新时代文明实践站平台，开展"文艺零距离+志愿服务活动"等实践活动60余次，按照创建测评体系的要求，完善道路沟渠设施建设，铲除楼道"牛皮癣"，清除小区、楼道陈年垃圾及乱堆乱放，小修小补投入共计400万元。重点推进凤凰农贸市场、凤林菜市场提升改造。开展文明楼院、文明楼栋、文明家庭的评比，打造15分钟便民服务圈，提升居民的获得感、幸福感。加强精细化城市管理，对占用公共用地种菜进行整治，共清理50余处、20余亩；整治违规摊点乱挂等3000余处，清理垃圾、小广告10000余处(条)，为群众提供干净整洁有序的环境。

【抓服务惠民生】 2021年，抓重点破难点，项目建设稳步推进。黄颇路片区棚户区改造项目已交付1232套，完成率达30%，分房认领率达100%。棚改扫尾总任务3452户，已完成签约3450户。围绕"一个中心，全面落实"各项帮扶政策，为16人安排了扶贫专岗，1人安排了公益性岗位；累计69人次享受了住院费用自付10%的医疗政策；新增3处公益性公墓，为103名老人申请高龄津贴，为513名老人完成年审工作，为25名残疾人申请残疾人"两项补贴"。

【小微网格建设】 2021年，凤凰街道积极探索基层治理模式，将辖区划分成25个小网格，254个微网格。班子成员和社区书记、副书记担任小网格长，街道、社区党员干部、党小组长担任微网格员，在网格上建立党小组，构成"党建+"网格化管理模式。由党小组发动网格内党员志愿者、热心居民进楼院入住户，宣传政策，收集民意，摸排纠纷，处置信访问题和安全隐患。对现场不能解决的问题，建立台账，销号管理。网格化管理发动957人参与志愿活动，宣传发放《防范电信诈骗全民反诈倡议书》《当心身边的传销陷阱——打击传销人人有责》等宣传品，耐心细致地为群众讲解打击传销、网络诈骗和电信诈骗的必要性。协助办理民生实事150余件，调解矛盾纠纷化解信访积案21件。增强人民群众对平安社会的安全感和对当地基层工作的理解和满意度。

【支部建在网格上，老旧小区焕新机】 汇聚党建合力，发挥党员先锋模范作用，昔日“问题小区”变身为“网红打卡地”。凤凰街道经多方筹集改造资金，将辖区专建小区居民楼外立面重新刷漆，杂乱无章的线缆重新规整，统一规划停车位，全面提升小区水、电、气、网、路等基础设施，逐一解决排水不畅、停车困难等难题，把以前治安差、卫生差的面貌治理得井井有条，变身为年轻人的“网红打卡地”，“学习强国”、《江西日报》、江西组工微讯等争相报道，成为全区“党建+基层治理”老旧小区的典范。

（刘　玉）

湛郎街道

【概况】 湛郎街道位于袁州城东部，因境内有湛郎桥得名。东临下浦街道，南与珠泉街道毗邻，西与灵泉街道相连，北与官园街道隔河相望。辖区范围6.26平方千米，总人口21771人。下辖湛郎桥、五六川、状元洲、东园、日升、红星、文笔峰7个社区。共设7个社区党委，33个党支部，有党员1023名。

【项目建设】 全力以赴招商引资。组建招商小分队，由党政主要领导带队赴外招商，2021年先后赴广东、浙江、上海等多地开展招商。共收集上报区招商局招商信息9条，有效信息4条，签订亿元工业项目1个，在谈项目2个，一是投资20亿元的铝塑膜（锂电池封装）项目，二是投资5亿元的LED灯具生产项目。签订租赁项目3个。共有工业企业14家，新增企业3家。2021年完成税收4063.8万元。

【基础设施建设】 多渠道加强城市管理。着力开展环境全域综合整治专项行动，对辖区内七个社区开展不定时督查，抓好老旧小区及背街小巷改造工作。湛赉巷及乡企巷已竣工验收，化肥厂宿舍、磷肥厂宿舍、造纸厂小区、石油公司宿舍、酒厂小区、物资局小区共六个项目已完成初验。创文工作大力推进，利用“智慧湛郎”平台专设“创文明城市建设美好家园”专栏，及时上传街道社区文明城市创建工作动态，利用新时代文明实践站（所），向群众宣讲创文工作。

【社会治理】 采取法治、德治、自治、智治相结合的社会治理方式，完善社会治理体系和社会治理格局，开展形式多样的新时代文明实践活动，大力宣传社会主义核心价值观，加强法制宣传教育，讲好好人故事，弘扬好人文化，在湛郎桥新时代文明实践所打造扫黑除恶宣传教育示范点，扎实开展法治与德治建设。严防疫情输入，巩固疫情防控工作成果，按照“防控不松懈，排查全覆盖”的总体要求，快速反应、精心组织、落实责任、统筹开展常态化疫情防控工作。

【脱贫攻坚】 认真贯彻落实学习习近平总书记关于巩固开展脱贫攻坚成果同乡村振兴有效衔接重要论述，认真检视问题并就问题进行了全面整改，围绕“一达标、两不愁、三保障”巩固了脱贫攻坚成果，全街建档立卡户27户70人，均达到“两不愁、三保障”和饮水安全要求，人均收入为25120.83元，比2020年增长14.65%，工资性收入占总收入的51.18%，财产性收入占总收入的2.72%，转移性收入占总收入的32.10%，经营性收入占总收入的14%，且收入保持持续稳定。

【拉动就业】 一是社区利用“智慧湛郎”平台，第一时间发布关于就业政策、招聘及技能培训等信息，居民可以随时点单，向工作人员了解招聘详情，一定程度上解决了社区居民就业创业难题；二是将平台链接宜春就业网和袁州就业网，居民可享受到“15分钟公共就业创业服务圈”的方便与快捷，在线上就可实现找工作、培训报名、创贷申请等，收获大量居民好评。湛郎桥社区高质量就业工作已达到申报国家级充分就业社区考核指标数，省厅到湛郎桥社区进行了考核。

【基层党建“三化”建设】 顺利完成社区“两委”换届工作，社区实现书记、主任“一肩挑”，优化了社区干部队伍年龄、学历结构。多形式加强党员教育管理。扎实推进党史学习教育，组织党员干部学习“四史”。开展了“两优一先”评选表彰、“光荣在党50年”纪念章颁发、党史学习教育、讲党课、七一走访慰问等活动。

（袁 波）

珠泉街道

【概况】 珠泉街道位于袁州中心城区沪瑞铁路以南，辖一机、明珠、珠泉、窑前等11个社区，198个居民小组，总面积15.15平方千米。耕地面积74公顷，水面面积6.2公顷，有林面积267公顷，森林覆盖率为17.5%，总人口51296人。

【党建引领】 加强理论武装，凝聚思想共识，以学习型党组织建设为平台，扎实开展党史学习教育。组织集中学习64次，举行党史学习教育50余场，着力提升学习实效；基层党组织建设提质增效，辖内社区党委、支部标准化建设全部达标，选优配强社区干部，强化社区干部队伍的战斗力，2021年发展党员14人，积极分子50余人；深化“党建+”模式，创新“五级联建”治理体系，巩固“党建+和谐小区”成果，结合“我为群众办实事”，以老旧小区改造为契机，着力打造的一机社区特色党建品牌，被纳入全市巡回看变化党建工作示范点，多次迎接省内外领导和单位的参观调研；大力弘扬好人文化，中央文明办发布2021年1—2月中国好人榜名单，珠泉街道钟其荣、胡会秀夫妇光荣上榜；加强党风廉政建设，打造清廉珠泉。强化街道纪工委督查专责，全年立案5件，结案4件，已给党内警告3人，开除党籍1人，给予诫勉谈话2人，受理信访举报3件，促进干部作风持续转变。

【经济发展】 招商引资如火如荼，由党政领导带头组建招商分队，集中精力招大引强。2021年引进亿元入园企业1家，园外亿元企业1家，新增规上企业5家。通过帮助企业纾难解困，深挖财源信息，做到应收尽收，完成财税4252万元，超额完成全年任务的114.9%，相比上年同期增长14.7%，在街道税收完成比例中排名第一，实现了珠泉地区经济稳步增长。

【民生改善】 大力推进民生项目建设。投入2700万元耗时3个月完成一机社区老旧小区改造，投资600余万元对明珠巷、翔宇巷等背街小巷进行全面改造提升，投资95.21万元建成珠泉临时农贸市场，大力推进明珠学校及“宜井隧”公路建设，辖区3个限价房房屋认购工作已全部完成；圆满完成文明城测评任务。按照袁州区“精准创文”的有关要求，创新运用“五级联建”治理举措，精准上户采集信息，开展宣传劝导，建立问题和信息台账。制定考核方案和奖惩办法，成立十个创城工作小组，每月开展交叉检查。在“创城”国检中，长青农贸市场成功迎检，3个社区上户调查也圆满完成；扎实做好各项民生保障工作。全力打好“散乱污”企业整治歼灭战，2021年取缔关停不符合环保要求的散乱污企业3家，摸排12家餐饮店无油烟净化装置，全部整改到位；开展新冠肺炎大规模核酸检测应急演练活动，多种形式进行疫苗接种宣传，有序组织辖区群众接种新冠疫苗，对重点场所和重点人员实行二维码联查和疫情防控措施，投入30万余元做好口罩、防护服、生活用品等的供应。

【社会安全】 信访稳定不放松。认真抓好积案化解工作，上级交办信访积案9件，已化解8件，化解率达到88%。重点人员稳控方面，严格落实“五包一”管控措施，加强每周矛盾隐患排查，发现问题及时化解，做到小事不出社区，大事不出街道。2021年排查调处各类矛盾纠纷46起，签订息访息诉协议6件；安全生产不懈怠。严格落实安全生产“一岗双责”制，组织开展安全生产“百日行”、风险隐患大排查、打非治违百日行动、道路交通秩序专项整治等各种活动，共检查各类场所共330家，消除隐患240处。

【“五级联建”创新治理模式】 2021年，珠泉街道受脱贫攻坚启发，创新探索了以“街道五级联建领导小组—街道挂点班子—社区党委—党员志愿者—基层群众”为主体的五级联建机制，建成党组织引领、党员带头、多方参与、居民自治的小区治理模式。成立98个小网格，摸排近800名志愿者，形成“五级”全域网格化体系，开展“创文”、防疫、反电诈、安全稳定等各项工作。汇总收集居民问题149个，解决居民问题134个，成立微信群54个。同时积极开展五级联心活动，成立志愿者服务队伍，开展文明劝导活动60余次，疫情防控大型宣传约25次，大型反电诈宣传活动约17次，走访慰问300余人次，联建工作取得了较大成效。

化成街道

【概况】 化成街道位于袁州区中心城区西北部，宜春北路以西，武功山大道以西与湖田交界，秀江河以北，迎宾广场以南，属城乡接合部。街道下辖化成、新建、新苑、化成岩、袁河、江轴、牛王庙7个社区居委会，59个居民小组，总面积8.15平方千米，其中水面面积7.2公顷，有林面积41.97公顷，森林覆盖率为23.9%。境内环境优美，依山傍水。秀江河穿境而过、千年古刹化成岩寺屹立化成岩峰，松江园、湿地公园、森林公园等8大公园镶嵌其中。辖区自古就是书香胜地，化成岩寺旁边至今留有摩崖石刻“李卫公读书处”，现有实验中学、宜春八中2所中学，宜春六小、化成小学、画眉小学、宜春九小共4所小学，宜春学院北校区和宜春开放大学2所高等院校，宜春广大党员干部学习的最高教育殿堂市委党校，坐落于秀水之畔。

【党建工作】 通过每周例会抓好街居党员干部思想教育，扎实开展好党史学习教育，领导干部带头进社区宣讲习近平总书记在庆祝中国共产党成立100周年大会上的重要讲话精神，组织中心组专题学习12次，邀请专家学者授课8次。狠抓“三化”建设，常态化推进“三会一课”，选优配强社区“两委”班子53人，新发展党员22名，获评全市“共产党员示范街道”。做好新时期意识形态和统战工作，规范化成岩寺等宗教场所秩序；外宣工作成效明显，实现央视《新闻联播》零的突破；党管武装和群团工作齐头并进，获评全省关工委先进单位。

【经济发展】 组织党员干部成立招商小分队，建立企业台账，每月定期调度，切实优化营商环境。2020年完成财税8595万元，超额完成目标；丰日冶金公司纳税3700万元，占总额的43%。引进新项目4个，其中：仁德医院扩建投资2.5亿元，即将开工建设；“金属软管项目”投资1亿元，投产后可年产3亿支；白玉兰酒店投资6000万元，已完成建设；山东省水发集团投资3.1亿元，收购丰日冶金公司用于产业升级。

【文明创建】 划分创文网格，组织街居干部、在职党员和志愿者1200余人分布在215个创文微网格，成立创文宣传队49支，制作微视频12个，转发点赞2万余人次，将“袁州是我家、文明靠大家”唱入人心。组建15支群众志愿服务队，开展文艺演出、志愿服务活动100余次，通过一系列脍炙人口的节目，让创文生动融入群众生活。新建社区美景天辰顺利迎接国检测评。

【民生事业】 践行“一线工作法”，有序推进疫情防控、疫苗接种和居家养老工作；棚改扫尾攻坚任务全面清零，安置房建设稳步推进，建立和善袁山、袁河、九小等3所学校。完成2021年新申报的老旧小区改造2个(累计17个)、背街小巷改造6条(累计22条)，总量在全区排前列。治小区。推进“党建+和谐小区”建设，成立党支部14个、业委会16个，引导党员、居民兼任小区党支部委员或业委会成员，发动居民共商共建共享。江轴东区治理模式顺利迎接省长叶建春同志视察调研。稳脱贫。脱贫成效稳步提升，农村贫困户12户35人已全部实现脱贫，2021年以来街道继续采取“多包一”方式，落实扶贫政策，确保有就业能力的贫困户全部就业。同时，对城镇脱贫解困对象33户59人开展结对帮扶和动态监测，确保脱贫不返贫。

【综合治理】 推进市域社会治理。进一步整合街道平安建设，“12345”热线，城管、交通等办公室职能，新增雪亮工程、数字城管视频监控探头30余个，可覆盖辖区大部分主次干道和居民小区，实行“一网统管”和统一调度，推进市、区两级职能部门与街道实现互联互动、齐抓共管，推进社会治理体系和治理能力智慧化、现代化。

秀江街道

【概况】 秀江街道位于宜春市中心城区北部，东接明月北路，西与宜春北路交界，北依宜阳大道，南邻秀江河，面积5.7平方千米，总人口44350人。下辖袁山、官山、秀江、下水关、崔家园、高士、昌黎、宜阳、潭前9个社区居委会。有驻片单位44个，单位楼院71个，辖区内中学2所(宜春三中、宜春七中)，小学2所(宜春三小、宜春八小)，农贸市场2家(商城农贸市场、老地委临时菜场)。党工委下设9个社区党委（社区党委下设党支部40个)，直管党支部13个，党员

1203名。2021年秀江街道实现财政收入7382.1万元。

【**党建工作**】 坚持把党的政治建设摆在首位，增强“四个意识”、坚定“四个自信”、做到“两个维护”，心系国之大者，深入贯彻学习党的十九届六中全会精神，学懂弄通习近平新时代中国特色社会主义思想，主动担当建设“区域性中心城市”的主力军和排头兵。坚持正确选人用人导向，圆满完成社区两委班子换届。完善“党建+”网格精细化管理，通过“三划三定三联”及“五抓四评三问”，打造完善“熟人宜阳”“幸福袁山”“乐居崔家园”“诚信昌黎”等党建特色品牌，探索支部建在网格上，搭建“党支部书记+党员+网格员+业主委员会+物业”的党建网格化综合管理平台，真正做到人在网格行、事在网格办、情在网格结，为居民提供网兜式服务。

【**综合治理**】 平安建设深入开展。每月排查不稳定因素，对摸排出的问题进行全面研究分析，落实各级责任，限时分级处理，共排查调解矛盾纠纷33件，化解33件，化解率100%，化解信访积案13件。结合提升公众安全感活动，因地制宜，围绕防范电信网络诈骗、扫黑除恶、反邪教、非法集资等内容，采取集中学习、制作展板、悬挂横幅、发放资料、电子显示屏等丰富多彩的宣传形式，集中开展宣传活动，共制作反电诈宣传工作服900件、反电诈扇子2万把，印制宣传单、承诺书等5万份。

【**退役军人工作**】 全力打造秀江街道退役军人服务站，成立“厚礼工作室”和退役军人党支部，其中官山社区退役军人服务站代表袁州区迎接省检。为退役军人及其家属悬挂了“光荣之家”荣誉牌，为退役军人解决公益性岗位，发放重点优抚对象抚恤金、慰问金，帮扶家庭困难的优抚对象。

【**城市管理**】 配备专人专岗专用设备负责业务工作，联合秀江大队及时处理整改市民反映的热点难点问题，要求对采集的问题及时督促整改，做到“日产日清”。集中对主次干道、背街小巷、居民小区、集贸市场等进行整治行动，清理垃圾1510吨、“牛皮癣”3万余处，纠正出店经营、流动摊点占道行为800多起，整治乱堆物料、乱挂乱吊1800余起。开展洗尘行动20余次，全力抓好大气污染防治工作。文明城市创建工作如火如荼。共开展了350余次各类宣传活动，发放各类手册共计15000余份；对突出问题对标对表、精准施策，保持重拳创文的态势，多措并举将创文工作落到实处。

【**脱贫攻坚**】 做好街道背街小巷、老旧小区改造民生项目，提升居民居住环境。2021年共有老旧小区改造施工项目23个、创文项目19个、背街小巷17条，改造建筑面积近87万平方米，惠及居民7600户，投资金额达8000万元。持续巩固脱贫成果。街道建档立卡贫困户54户92人，2015年全部脱贫。有92人享受健康扶贫，15户24人享受低保，52人享受失地农民社保，15人享受残疾人两项补贴，4人享受交通补贴，10人享受教育扶贫。社会救助及时到位。有低保户339户、511人，全年发放低保金304.7万元、残疾人补贴3.96万余元、特困供养金7.1万元、慈善助学金5.5万元、高龄津贴65.7万元、辅助器具104件。

【**清廉秀江建设**】 深入推进清廉秀江建设，将党风廉政建设列入街道年度总体计划中，与党工委、办事处中心工作同部署、同落实、同检查，严格落实“两个主体责任”。党工委书记认真履行“第一责任人”职责，坚持不定期研究部署党风廉政建设工作，对全体党政班子成员及社区书记、副书记进行了政治谈话，对全体街居干部进行了廉政谈话。班子成员履行“一岗双责”，将街道党风廉政建设工作进行细化分解，压实廉政责任，将具体分工与党风廉政建设工作统筹推进，定期开展分管范围内党风廉政建设监督检查。

（刘行义）

下浦街道

【**概况**】 下浦街道位于宜春市中心城区东郊，为袁州区行政中心所在地，属城区规划的街道之一，是城乡接合部。东接袁州区彬江镇大布村和前白源村；东北部与袁州区渥江镇信南村毗邻，南临袁州区新坊镇东墉村和南庙乡白马村、邮桥村；西靠袁州区湛郎街，北向紧依袁河。辖下浦、厚田、徐田、东升、塝上、金桥、园艺场、东浦、东湖共9个居委会、100个居民小组。有17个党支部，825名党员。街道区域总面积30.6平方千米，耕地面积610公顷，水面面积130公顷，有林面积1400公顷，森林覆盖率67%。总人口30752人。2021年财政税收总额为2.4亿元。主要农产品产量：稻谷2500吨(早稻900吨、中稻及一季晚稻1500吨)，家猪存栏2800头，家禽存栏3.7万只。

【抗击疫情】 街道成立了1个疫情防控指挥部和12个工作组，将全街划分成35个网格和39个关卡，300多名街、居、组干部和志愿者参与疫情防控一线。为做好全街疫情防控核酸检测工作，共设4个核酸检测点、26个检测台，各类物资准备到位，组织参加核酸检测2次，全面防控疫情，对外来人口全面排查。

【文明创建】 成立街道创城工作领导小组，投入经费统一制作、发放创城宣传挪车卡2000张、环保购物袋1万个，发放小礼品如香皂、洗衣粉等1.5万份，调查问卷5万余份、致市民朋友的一封信1.5万余份、宜春市文明行为促进条例1万余份，更新电子显示屏2000余次，社区各类活动场所门牌64块、上墙制度牌66块。督促辖区单位、社区均悬挂了各类宣传横幅、制作创城板报、粘贴各种创城宣传挂图，共制作宣传喷绘4000平方米，悬挂宣传标语300幅，确保各类创城宣传材料、宣传手册入户率达100%。2021年媒体平台报道下浦街道文明城市创建正面工作动态如下：《人民日报》25次，“秀江微语”14次，中国网27次，《宜春日报》21次，《信息日报》22次，全球赣商网24次，《江南都市报》11次，江西手机报3次，大江网17次，宜春数字报4次，袁州党建2次。深入落实党员包户15000余户，上户率达到96%，发动党员志愿者共1053人，共划细网格61个，每个小网格约为250户，目前已建立10个划细网格长群；46个小网格群，683个户主群，发放党员入户小礼品15000余份。

【民生福祉】 街道共有农村低保对象347户、539人，累计发放农村低保金2013440元。1—11月共发放分散五保金和照料护理费278610元；1—11月共发放高龄津贴资金319080元；1—11月共发放残疾人“两项补贴”378190元。

【绿色殡改】 建设公益性公墓配套设施和功能房，11月，街道完成下浦街道虎形山公墓功能房的建设，硬化了入公墓山的路面。专门聘用1名人员负责管理公墓山，不定期地清理公墓山杂草及祭祀用品。

【垃圾分类】 进一步深化生活垃圾分类和减量工作推广治理行动，全面提高辖区内居民居住、办公、学习、生活环境质量。进一步完善垃圾收集亭（桶）等生活垃圾设施，截至2021年年底，共建成垃圾收集亭158个，参与生活垃圾分类和减量工作的小区覆盖率达到辖区面积95%以上，辖区内机关(企事业)单位、学校基本全覆盖。惠及人口近10万人。2021年度相关物资配发情况，发放二分类桶1100余个、垃圾分类袋640万余个、大厨余垃圾袋3.2万余个。

【环境整治】 加大对乱贴乱画和破坏市政设施等严重影响城市文明行为的集中整治，整治车辆乱停乱放3600余次，保证街道畅通有序；加强对广告、标语的管理，严禁乱拉乱贴广告标语、清理牛“皮癣约”4800处，拆除破损广告牌380余处；加强对商品、商招、店招的管理，严禁出摊占道，整治占道经营1810余次；签订“门前三包”责任书300余份，督促其清理门口乱摆乱放上千次；加强对基础设施的维护管理，维修道路两旁人行道破损30余起、清理道路积水10余次。拆除高铁沿线简易棚45处，拆除违章建筑536平方米，清理垃圾2980余吨，清理卫生死角325处；清理违规菜地2000余平方米，覆盖裸露地约2573平方米；投入经费约200余万元。全面发起“大干30天”市容秩序“攻坚战”。

【重点项目】 2021年共征收房屋面积26189.38平方米，共47户（其中棚改扫尾难迁户23户)，涉及厚田、徐田、下浦、勘上、金桥五个社区。配合国土部门开展土地征收，全年征收两宗地，分别为勘上社区锦兴小区和葛家安置点红线范围内，共15.72亩。完成勘上社区锦川小区分房工作，建筑面积11万余平方米，427户共分房896套，面积达71920平方米；已建设完成下浦小区，建设面积为266500平方米，共1358户，现已进入分房准备阶段。全年共交付净地下浦集镇、徐田葛家里、九中以东等共计约258000平方米。

【政务服务提升】 街道承接91项区级审批服务执法权限，社区承接49项行政审批及公共服务事项，打通了服务企业和群众"最后一公里"，持续推进"一次办好""一次不跑"。政务效能显著提高。优化延时错时预约服务，街道便民服务中心全年办理服务事项68581件，其中社区代办件29491件。"12345"政府服务热线全年受理894件，回访满意度100%。

（胡　珀）

新康府街道

【概况】 袁州区新康府街道位于袁州西南部，辖新康府、新坪、馨苑、仙台、丁家台5个社区17个居民小组，辖区总面积10.67平方千米，耕地面积187公顷，林地面积300公顷，总人口1.7万人。

【党建工作】 深化理论武装。扎实开展党史学习教育，办理民生实事175件，群众评议满意率达100%。召开意识形态工作专题研讨会6次、理论学习中心组学习19次，引导广大党员干部坚定理想信念。强化阵地建设。进一步推动基层党建"三化"建设工作走深走实，高标准建成馨苑、仙台两个社区党群服务中心，建立"一网一线一单"工作模式，打造"文明馨苑""平安仙台""和谐新坪"等党建特色品牌。严肃党风执纪。扎实开展清廉袁州建设，认真贯彻"1+6"文件精神，着力破解执纪"宽松软"问题。坚持"见人见事见思想"原则，认真开展谈心谈话、廉政谈话、履职履责谈话，推动街道政治生态持续向上向好。

【经济建设】 加大招商引资力度。赴广东、福建、浙江等地洽谈企业7家，引进2家工业企业，投资规模4亿元。培育非公规上企业5家，入统企业3家，入库企业2家。确保税收应缴尽收。组织财税干部对街道辖区企业逐一上门核查，在落实国家税收减档降负优惠政策基础上，做到应缴尽收，严控税收跑冒滴漏，全年完成税收2620万元。优化投资营商环境。对已投产和新建项目都坚持服务为先，制定班子成员挂点企业名单，选派优秀干部担任"驻企特派员"，解决企业发展难题20余个。

【服务民生】 不断提高政务水平。坚持服务窗口延时和预约服务，承接上级部门91项赋权，开展业务培训10次，发布政务信息50余条，获2020年度全省"五型"政府建设先进集体称号。扎实筑牢疫情防线。制定疫情防控工作应急预案，备齐疫情防控物资，完成大规模核酸检测演练，完成疫苗接种5.5万人。认真做好社会保障。介绍100余人上岗就业，上门为老人社保年审900余人，核查低保户46户77人，发放利导资金158268元，完成36户脱贫群众家庭医生签约和免费体检工作。积极配合重点项目。全力服务好四方井水利枢纽及相关工程、教体新区、凤凰山小区、凤凰小学、武功山大道、宜遂高速等重点项目，化解土地征迁矛盾，促进重点项目快速推进。

【文明创建】 文明创建力度不减。组建一支233人的志愿服务队伍，开展创文主题活动450余场。每半个月进行创文工作交叉检查，将3015户细划为25个小网格，全面开展上户宣传工作。宣传氛围持续浓厚。完善公益广告400余处，评选出一批"身边好人""文明家庭""垃圾分类达人"，通过先进典型带动辖区群众共同参与。大力推进文化惠民。投资200万元全面升级新时代文明实践站，向上争取到电脑、音响、跑步机等文体物资。举办专场文化展演，丰富群众精神文化生活。

【生态保护】 保护好生态环境。认真做好林长制、河长制相关工作，每日开展秸秆禁烧巡查和宣传，大气质量在中心城区排名第一，空气优良日率达99%。落实好垃圾分类。设置垃圾投放亭41个，实现5个社区全覆盖。居民知晓率96.5%，参与率94.5%，分类和投放准确率92.5%、减量率4.8%，工作连续四年全市排名第一。治理好城乡环境。通过社区流动红黄旗排名评比等方式，做好人居环境"美化、绿化、亮化、序化"工作，打造"让城里人羡慕，让农村人向往"的魅力城郊。

【综合治理】 持续开展扫黑除恶。全年开展各类宣传活动20余场，发放宣传手册1000余份，不断提高群众的知晓率和参与度。积极推进平安建设。开展"风险隐患大排查"行动，对重大事项采取"四包一"措施，积极化解基层各类矛盾。健全社会治理体系。

（彭幸赐）

彬江镇

【概况】 彬江镇位于袁州区东部，素有“袁州区东大门”之称。辖彬霞、江霞、霞塘、兴阳、大浦、前白、白源、横山、三星、小布、南源、东源、社树、英山、船坊15个行政村，彬江社区居委会、三姑桥社区居委会2个居委会，共257个村小组。镇属企业、事业单位4个，驻镇国有企、事业单位27个。总人口55199人。辖区总面积139平方千米，耕地面积0.38万公顷、旱地0.017万公顷。水面面积0.02万公顷，小型水库17座。有林面积0.8万公顷，森林覆盖率70%。主要农作物有水稻、油料、花卉苗木。2021年彬江镇实现财政收入超预期目标，达1.43亿元，同比增长9.48%。500万元以上固定资产投资2.3亿元，增长124.6%。

【党建工作】 研究制定《彬江镇党建任务清单》，细化17项124个党建具体任务，做到党建工作共同参与、压茬推进，并顺利完成；邀请无职党员、普通群众参与“庆祝中国共产党成立100周年演讲比赛”“追忆三星口之战”等活动，共同唱响奋进新时代主旋律。全年，彬江镇发展党员48人，其中35岁以下党员19人，本科以上学历3人，换届推荐的17个村书记人选中，大专以上学历达到16人，35岁以下5人。全年组织学习各级违纪通报30余次，开展警示教育2场次，开展各项监督检查40余次，下发督查通报4期，镇纪委自办案件18件11人，其他各类处分8件8人；给予诫勉谈话2人，提醒谈话3人；通过严肃执纪问责加强作风，推动全面从严治党要求延伸到每个支部、每名党员；在疫情防控、文明城市创建等攻坚工作中，1万余名群众主动参与。

【“党建+”商会】 以“党建+商会”为抓手，激活商会桥梁纽带作用，彬江镇全年搜集有效招商信息10条，签约引进工业企业1家，新增规上工业企业2家，非公企业4家。高标准完成社树村党群服务中心改造搬迁；大力开展“支部+产业”，推动村级集体经济发展壮大，形成莲藕种养、脐橙、肉牛等产业多点开花局面。2021年，彬江镇17个村（社区）集体经济收入基本达到10万元以上，较上年增加8个；收入20万元以上村3个，较上年增加1个。

【项目建设】 突出产业引领和项目带动，着力构建“工业聚集区”“农业示范区”大发展格局。新增规上工业企业2家，总数14家；规上工业企业主营业务收入5.8亿元，完成利润1700万，增长12.2%；税收100万以上工业企业8家。全年有力推进1万平方米工业园区征地拆迁、933公顷高标准农田建设等任务；全面实施“六类人才培养工程”，引聚实用人才100余人，其中规上企业管理人才14人，有效推动地方经济社会发展。

【民生实事】 做好低保和特困人员基本生活保障工作。2021年，新增低保48户51人，退出73户78人，发放农村低保金600余万元；救助各类困难家庭210户556人，发放救助资金19.7元；发放高龄老人补贴金90万余元；发放残疾人补贴金50余万元。加强与机电产业园合作，建成幸福食堂1个，累计14个，有效解决近350名老年人吃饭问题。完成20余千米乡村道路日常养护工作，新建组级公路10余千米，完成约8千米县道升级改造规划设计工作，启动5千米乡道升级改造工作，其中彬江至双林县道、彬江至垱堤山段约4千米被省交通部门评为美丽农村公路。

【环境保护】 以创建全国文明城市为契机，集中时间集中力量在各网格开展专项整治行动。其中在集镇主要街道更换、增设创文公益广告670余块、护栏广告120余块、悬挂标语100余条，发放公开信3万余份；清除小广告、“牛皮癣”830余块，清理乱搭建的杂物棚等81处，清理垃圾5298吨，投放分类垃圾桶1300余个；清理取缔沿街摆摊、占道设点等120处。增加划线机动车位650个，增加非机动车停车区域83处；改造人行道4800平方米，新增人行道围墙150米，维修人行道火烧板935平方米，增建人行道护栏1300米，修补路面坑洼28处，主要干道硬化940米，集镇面貌明显改善，文明新风深入人心。开展水污染治理工作，投资300余万元改造升级集镇污水管网及河道治理；全镇断面水质维持在Ⅲ类水标准以上。开展大气污染治理工作，2021年全镇PM2.5平均浓度32微克/立方米，顺利完成年度目标考核任务，进一步筑牢生态文明、绿色发展根基；2021年被评为江西省省级生态乡镇。

【综合治理】　积极探索“六治融合”治理模式，在辖区内划分17个网格，构建起网格党员、居民共同参与的共治格局，打通基层治理“最后一公里”；进一步加强群防群治力量。率先成立彬江镇平安建设义务宣传车队，在全镇范围内积极营造浓厚的知法、守法、用法的社会氛围，典型经验在全市得到推广。成功化解16件信访积案，化解率100%；同时，在全区风险隐患大排查大整改专项行动期间，排查风险隐患29件，整改率100%。

【彬江镇红色名村铸党建新品牌】　开展党史学习教育红色主题实践活动，挖掘红色文化资源，邀请专家和专业团队助力，撰写出版《三星口之战》系列红色书籍，建设三星口战役文化墙和纪念馆，打造红色名村示范点；万余名区内外党员干部慕名前来参观学习，接受红色教育。

（刘家立）

新坊镇

【概况】　新坊镇位于袁州区东南部，下辖12个行政村，162个村民小组，总面积162平方千米。耕地面积0.127万公顷，水面面积0.035万公顷，林地面积0.871万公顷，森林覆盖率为73.9%。2021年度，全镇总人口25400人。工业总产值22.93亿元，主要工业产品有高岭土精矿14.80万吨、钽铌1.01万吨、锂云母19.78万吨。农业总产值2.2亿元，增长15.2%，主要农产品有水稻总产达12625吨、生猪10000头。全年实现财政税收收入1.0874亿元，其中实有税收4200万元。

【党建工作】　全面完成12个村党建“三化”建设，高标准打造合浦村、泽布村、东塘村、新坊村4个区级党建“三化”建设示范点。试点推行信息化建设，新坊镇作为全区唯一一个信息化建设示范乡镇，多次接受省、市、区及其他兄弟单位调研。发挥“周一讲堂”作用，多形式开展“流动党校进基层”活动，2021年共开课17次，邀请专家学者授课5次。全年在中央、省主流媒体刊播稿件30余条，在市、区主流媒体刊播稿件100余条，数量在全区领先。2021年，共立案查处违纪案件3件，给予4名党员干部党纪处分，下发镇级督查通报10期，对5名履职不力责任人进行提醒谈话处理。

【经济建设】　工业经济，全年实现财政收入1.0874亿元，同比增长9%；成功落地1个投资超3亿元的工业企业项目和1个投资超1亿元的农业项目；新增规上工业企业2家，总数达18家，位列全区乡镇前列。农业经济，种植早稻16900亩、中稻3250亩，秋粮扩种1500亩、油菜种植6460亩，打造高标准农田2000亩，粮食总产达1.95万吨以上。推进“一村一品”工程，基本形成了蔬菜种植、花卉苗木、乡村旅游、竹木加工、生猪养殖五大产业，全镇12个村集体经济经营性收入均超10万元，其中泽布村达61.5万元，路口村、花桥村突破30万元，在“强村带弱村”帮扶下，礼洪村由2020年的7.3万元增长至21.51万元。文旅经济，充分挖掘红色资源，投资350余万元，开展民宿村落建设，全力打造“将军故里　云上高富”红色名村，胡仙洞、里睦水库、状元湖等成为新的乡村旅游网红打卡地，大幅提升旅游知名度和影响力。

【村镇建设】　深化农村人居环境整治，在2021年上、下半年城乡环境综合整治督查中，得分排名均为第一。持续开展秀美乡村建设，新建新农村点4个，共建成134个，全镇新农村建设村组覆盖率超过82.5%。稳步推进“林长制”工作，森林资源管理水平显著提升。2021年9月，被省政府评为“2018—2020年度全省森林防灭火先进单位”。

【创文建设】　2021年4月，新坊镇获“宜春市文明村镇”称号。10月，迎来全区创建全国文明城市工作流动现场会在本镇召开。投资200余万元对13个新时代文明实践站（所）进行升级改造，坚持每月开展实践活动至少52次，实现“资源围绕阵地转，阵地围绕群众转”。

【生态建设】　加大环保投入力度，新增矿山复绿面积300亩，全镇矿山复绿总面积达到3800余亩，宜春钽铌矿、雅山、华鑫3家公司已率先通过省级“绿色矿山”验收。加大超载超限打击力度，积极开展公路扬尘治理，取缔裸露矿产品货场23家，关停“散乱污”“十小”企业5家。新坊镇空气质量监测排名持续位列中心城区及周边19个乡镇（街道）首位。

【脱贫攻坚】　对全镇234户672名脱贫户强化动态监测管

理,下派12个乡村振兴工作组,推进脱贫攻坚成果巩固同乡村振兴有效衔接。

【民生保障】 完成敬老院楼顶改造、消防设施改造等项目建设,养老服务设施不断完善。推进"南庙—萱溪—里睦"旅游公路建设,黑化集镇路段、新坊—东塘乡道4.8千米,改造烟棚—观前村道1.5千米,基础设施水平不断增强。打通农村公共服务"最后一公里",城乡居民医疗保险参保率达95%。"12345"市长服务热线工单办结率达100%。

(熊 敏 陈 慧)

南庙镇

【概况】 南庙镇位于宜春市中心城南郊12千米处,毗邻国家AAAA级旅游景区武功山和国家AAAAA级旅游景区明月山,东连新坊镇,南界洪江镇,西接温汤镇,北邻珠泉街道。清乾隆年间建有古大庙,故得名"南庙",是袁州区主要休闲、旅游服务点,江西省的生态乡镇,享有中国武术之乡的美誉。距离明月山机场及杭南长高速铁路宜春站仅15分钟的车程,距南昌昌北机场200千米,长沙黄花机场150千米。辖南庙、明教坊、绿源、双田、袁梅、梅花、邮桥、白马、坝源、中村、下市11个行政村,160个村民小组,区域总面积79平方千米,其中耕地面积0.143万公顷,水面面积0.135万公顷,有林面积0.48万公顷,森林覆盖率为59.9%。总人口24538人。南庙地势东北低、西南高,主峰为双田紫云观,海拔939.6米,是典型的丘陵山区地貌。境内山清水秀,气候温和,四季分明,年平均气温17.2℃,年平均降雨量1630毫米。因雨量充沛,水资源丰富;水源发祥于明月山,水质优良且富硒。空气负氧离子含量高,水体热效应明显,有已探明的地热资源富硒温泉面积达20平方千米。镇域内共勘查文物点3处,传统工艺制作的"南庙三宝"豆腐、水酒、菜刀为地方特色佳品,白马农庄、禅农庄园、湖冈台山庄被评为江西省AAAA级乡村旅游景点;花溪谷乡村森林公园被省林业局正式命名为第三批江西乡村森林公园,成为袁州区首个江西乡村森林公园。

【党建工作】 围绕学习贯彻党的十九大、十九届历次全会以及省、市、区党代会精神,共召开镇党委理论学习中心组学习研讨14次。围绕习近平总书记在庆祝中国共产党成立100周年大会上的重要讲话精神和党史学习教育,开展16次专题学习,讲授专题党课35次。依托"学党史·践初心,我讲故事给您听""红色故事大家讲"等活动载体,开展宣讲活动30余场。严格落实意识形态工作责任制,加强"城南有座庙"公众号等思想宣传阵地建设,完善舆情管理工作机制。

【经济发展】 2021年,引进投资亿元以上企业2家,已签约落地过亿元项目2个,开工项目2个,列入袁州区重大建设项目有2个。全年新增规上工业企业2家、非工企业3家,新增入统固定资产投资项目4个,总投资32.5亿元,其中工业固定资产投资项目2个,总投资8.7亿元,房地产固定资产投资项目2个,总投资23.8亿元。明月田园综合体、健康中国、南泉水厂等项目如期推进。二次招商成效明显,盘活"绿城桃花源""润达星光5里"两个烂尾八年的文旅项目。投资2亿元建设的田小狗田园生活综合体项目已完成签约,极具田园风格,现已成为网红打卡地。

【民生工程】 城乡居民医保申报率达到98.7%,位列全区第一。坚持教育优先发展,对中小学进行提档升级,南庙中学连续两年中考成绩排名全区乡镇学校第一名。争资260万元与宜春水务集团合作完成集镇饮水工程的改造提升,接通城区与南庙集镇自来水主管,推动城乡供水一体化进程。投入150多万元,实施城乡环卫一体化建设,实现全域的常态保洁、垃圾清运服务外包全覆盖;新建农村公厕13座已投入使用,无害化户厕普及率达到92.4%。积极推进"四好农村路"三年集中攻坚专项行动,争资6000余万元新建及扩宽道路24.5千米,完成宜遂高速项目近千亩土地、30户约1.2万平方米的房屋征拆工作。

【基层治理】 全年收取信访件41件,已全部成功处理。共排查出矛盾纠纷58起,已全部成功调解。排查风险隐患问题34个,已化解33个。坚持走绿色发展道路,突出抓好生态修复,推进秸秆禁烧和绿色殡改,辖区水、空气环境质量稳居全区前列。严格落实开展企业生产排查整治工作,开展安全生产隐患大排查活动,检查企业15家,专项检查南庙武术馆5家，查出隐患30处，立即整改25处，限期整改10处。

【环境保护】 强化秸秆禁烧网格化管理，共发放焚烧承诺书6526份，巡查235次，教育和处理12人次；大力推进重点行业企业废水废气排放污染治理，指导企业制定完善重污染天气应急“一厂一策”；淘汰改造4台10蒸吨以下燃煤锅炉，整改完成中央、省环境保护督察组交办的7件群众举报信访件；投资8万元新建空气检测站，辖区空气质量在全区排名第二。

（高子欣）

西村镇

【概况】 西村镇位于袁州西部，辖国桥村、分界村、淇田村等17个行16个行政村和1个社区，335个村民小组，总面积149.9平方千米，总人口65447人。省级现代农业示范园区和国家级现代农业科技园融合辖区5个村庄。耕地面积0.29万公顷，水面面积0.08万公顷，有林面积0.84万公顷，森林覆盖率为53%。

【经济建设】 2021年西村镇经济运行稳中求好，全年完成税收1.7亿元，新增规模以上企业3家，累计达到17家，规模以上企业营收实现近30%的增长，工业税收增长10%，工业税收突破4000万元，完成13个固定投资任务，累计达到1.5亿元。积极推动招商引资项目，1个签约亿元项目江西梦来农业开发有限公司落户农业园，20亿元的润联硒养投资项目也取得阶段性进展。西村的39公顷土地开发项目建设通过市级验收，同时圆满完成十五中0.707公顷征地任务。顺利完成1986公顷早稻生产任务，正有序推进1133公顷高标准农田。重大建设项目卓有成效，国桥田园一品居一期竣工，市应急中心完成主体建设，正加紧完成附属工程，市民兵训练基地已顺利完工并投入运行，320国道拓宽基本完工，宜井遂高速完成土方工程，强化资源整合，农业园“松鼠部落”森林假日公园规划正在稳步推进，已开放部分休闲旅游。盘活特色小镇项目，引进中健金控集团参与运作，正在打造宜春禅硒村国际康养文化旅游度假区。

【生态优化】 坚持以“生态高地建设”，构筑西村后花园新格局为理念，全力以赴推动文明创建工作。以主要领导抓总、班子成员包片、条线督查的责任体系，划分15个重点网格，配备15名网格长，113名网格员全部责任细化到户。全年布设创文公益宣传、公益广告212块、发放宣传册1.6万份，营造浓厚氛围。全年共清理背街小巷50余处，清除小广告、“牛皮癣”3000余块，清理水沟4000余米，分界村代表宜春市顺利通过创文国检。严格督促企业环保整改，环境保护重拳出击，12件中央省市区环保信访件，完成整改11件；持续优化生态环境，加强排污企业、养殖场污染源管理，退养2家牛蛙养殖场，畜禽养殖场基本做到零排放和达标排放；开展机制砂企业专项整治工作，关停取缔3家，停产整改12家，保持打非治违工作高压态势。

【新农村建设】 向上争取资金810余万元，全年完成27个新农村点建设工作，推动新农村示范点的建设全覆盖的进程。开展移风易俗等民风建设，引导革除陈规陋习，持续加大殡改宣传力度，火化率、入墓率双双实现100%。创新工作方法，采取“季度督察通报、季度集中整治”相结合的方式，逐步补齐环境整治弱项短板，全年拆除违建11处，整治清理占道摊点42个，整治乱搭乱建1020平方米，整治线乱拉920米，整治“两车”乱停放330辆，清理垃圾杂物7200余吨，基本实现全镇范围内干净、整洁、有序。

【民生事业】 推进脱贫攻坚同乡村振兴有效衔接。开展百日行动，认领上级督导发现的6个问题并全部整改到位。加强防返贫检测排查，全面摸排村户的情况，并形成问题清单，限期整改。批复并完工验收合计144万元。大中型水库移民项目15个，涉及12个村。积极推进贫困劳动力就业工作，助力30余人在重点企业稳定就业，申报设立扶贫专岗89人，遍布17个村居，贫困户收入人均增加200元以上。疫情防控工作常态化，加大各类防疫物资的采购和储备工作，常备口罩4万余个，84消毒水20桶，体温枪50余把，全力保障疫情防控各类物资配发及时到位。

【文教事业】 拆除近4000平方米的中学C级危房，消除了安全隐患，正积极争资筹建学校新办公楼及教职工周转房。拟新建卫生院已完成规划设计；江东桥已开工建设，投资600余万元的

320 国道至鑫昌源硒养基地路段即将完工，这将进一步完善路网建设。

【创文工作】 2021 年，西村镇坚持以“生态高地建设”，构筑西村后花园新格局为理念，全力以赴推动文明创建工作。创文工作受到上级认可，分界村代表宜春市顺利通过创文国检。

【社会治理】 打造平安西村金招牌，全面推进反电诈工作；制定专项反电诈行动方案，全力摸排辖区境外务工人员底数，并做好信息登记台账；印发宣传展板 20 块、宣传资料 1.5 万份，浓厚反电诈的舆论氛围；积极开展缅北滞留人员劝返工作，滞缅人员 53 人，已成功劝返 51 人；以国家反诈中心 App 为抓手，通过“敲门行动”完成 1.3 万人下载 App 指标，切实加强治理电信网络诈骗犯罪的后续宣传、防范和教育工作；抓好初信初访，坚持书记接访日、书记调解日制度，信访化解率 89%，信访总量同比下降 5%；19 个重点信访积案，已化解 17 件；开展风险隐患大排查，35 个问题已经全部完成整改；扎实推进“法律明白人”工程，目前已突破万人；深入开展平安乡村建设，完善农村治安防控体系，布设摄像头监控点 203 个，确保全方位、全天候、无死角监控；严格落实“党政同责、一岗双责”安全生产责任制，广泛开展“安全生产十五大专项整治行动”以及“安全生产月和安全生产万里行”活动，煤矿已全部退出；加大企业安全隐患排查力度，排查安全隐患 62 条，并全部销号；及时解决病危水库的加固和维修管理，清理打捞河道水葫芦和垃圾漂浮物等约 7.5 吨，投入人力 110 余人次；增加水库、河道警示牌 40 余块。

（易　毅）

竹亭镇

【概况】 竹亭镇位于袁州区西南部，东连西村镇，西邻天台镇，北接辽市镇，南与萍乡市赤山镇接壤，为四镇中心，交通便利。距离宜春中心城区 37 千米，距沪瑞高速出口 8 千米，距宜慈公路 14 千米，三水线公路纵贯銮坑、罗布二村。下辖 9 个行政村，149 个村民小组，总面积 52 平方千米。耕地面积 0.1032 万公顷，其中水田 0.0862 万公顷，旱地 0.017 万公顷，林地面积 0.28 万公顷，其中油茶林 0.2213 万公顷，森林覆盖率为 65%。总人口 23979 人。有党员 790 人，下设 13 个党支部。

【党建工作】 在党史学习教育中，以党委理论学习中心组、“三会一课”等形式，着力抓好党员干部教育，班子成员分别为镇机关和各村党支部党员上党课 1 次，组织党员干部进行交流学习 12 次，开展各类党建活动 22 次，召开党委会议研究党史学习教育工作 4 次，组织党史学习教育专题学习会和读书分享会 6 次。村“两委”换届选举中，新增村“两委”35 岁以下干部 10 人，高中、中专文化占 75%，女性干部占 29%，9 个村的党支部书记、主任全面实现“一肩挑”。新增党建宣传员 4 名，吸纳 28 名积极分子为预备党员，培养 42 人为入党积极分子。镇纪委查办案件共完成立案 11 件，11 人，3 个村党支部因工作不力被约谈，并进行通报。以每月集中学习为载体，共组织党员干部观看《警钟长鸣》等廉政警示教育宣传片 3 次，在竹亭镇形成了强党性、严党纪、正党风的浓厚氛围。

【经济建设】 2021 年全镇成功洽谈项目 3 个，签订合同 2 个，合同资金 4.6 亿元，到位资金 2.2 亿元；江西同立德文化创意发展有限公司，总投资 1.2 亿元、宜春市袁州区壮真中药材种植专业合作社，投资金额为 1 亿元；江西裕航新材料有限公司为 2020 年的招商引资项目，2021 年已完成投资 5500 万元；宜春市牧原农牧有限公司已完成投资 6000 万元，已建成 4000 头母猪圈养基地。2021 年全镇完成全年财政总收入 4020.9 万元。

【民生保障】 危房排查和改造，共计摸排 5462 栋，建立起房屋信息库，其中 39 户为 D 级，已经拆除 34 户，2 户危房进行改造达到入住条件。贫困学生均已享受国家资助政策，实现了全镇义务教育阶段“零辍学”的工作目标。该镇种植黄蜀葵提速乡村振兴，被《江西日报》报道。疫情防控，在全区乡镇率先 100%完成疫苗接种任务，在区级疫苗接种大会上进行典型发言。社会保障，全年新增低保 20 户 25 人，全国持证残疾人普查工作在全区以第一名速度完成，临时救助 2021 年完成 63 户，发放 63000 元，全镇共发放耕地地力保护补贴 202 余万元。户厕改革，对全镇范围内所有农村户厕逐村逐户逐组进行了拉网式排查，完善建立一户一厕档案，共摸排出问题厕所 104 户，整改合格率已达 64.73%，该做法被《人民日报》单篇报道。

【文明创建】 将全镇 9 个行政村 149 个村民小组划分为 24 个网格，明确网格长、网格员、小组长、党员、志愿者对应工作任务，定期梳理问题，压实责任、限期整改。共投入创文资金 100 余万元，改善集镇设施。新时代文明实践所对照上级要求，各项硬件和软件设施全部到位。投入 120 余万元对全镇的环境卫生聘请第三方公司进行外包，每日清扫，垃圾日产日销，定期督查。

【基础设施】 投资 1.5 亿元建设竹亭至坑东专项公路，已完成工程量 80%，正在进行路面铺装。投资 215 万元改造 3 座危桥，投资 50 万元对銮坑村—扯荣公路段进行拓宽。实施“亮化”工程，在集镇、上车村、銮坑村等地共计安装新能源路灯 250 余盏。全年投资 380.5 万元，安排乡村振兴项目 21 个，全部完工见效，全镇累计已完成 126 个秀美乡村建设点。完成高标准农田建设任务 1181.67 亩。投资 1100 万的集镇防洪堤工程主体已完工。集镇集中供水工程、竹亭村芳塘组、下冲组、朋厂组、新更村坑上组农村饮水工程均已建成验收。

（欧阳江帆）

湖田镇

【概况】 湖田镇位于宜春市中心城区西郊，地处秀江河上游，辖坪田村、湖田村、林田村、樟树村、阳坑村、汗塘村、王华村、双塘村、店前村、一寺村、石湖村、康诚社区等 12 个行政村（社区），179 个村民（居民）小组，辖区面积 85 平方千米，其中，耕地面积 826 公顷，林地面积 4600 公顷，森林覆盖率 73.5%，水产养殖面积 402.31 公顷，主要种植水稻、蔬菜。总人口 38172 人，共有党支部 20 个，党小组 77 个，党员 857 人。2021 年共引进项目 5 个，落地 5 个，累计培育规上工业和服务业企业 4 家，实现产值 1.2 亿元，完成工业固定资投 10 亿元，财政收入 1.8 亿元，比上年同期增长 7.5%。

【党建工作】 高质量完成村（社区）“两委”换届选举工作，选出村（社区）“两委”班子成员 78 人，稳妥推行 12 个村（社区）书记、主任“一肩挑”工作。在急难险重工作一线发展 30 名党员。组织开展党员培训 4 次，为基层建设提供优质的人才基础。整合有村级资源阵地，高标准完成 12 个村（社区）办公场所资源整合，实现服务功能室全部整合前移，村干部一楼集中办公，并按照上级要求做好相关照片、基础信息采集等资料准备工作。开展庆祝建党 100 周年系列活动 10 余次，增强党组织凝聚力。大力开展廉政教育，督促各基层党组织认真召开组织生活会，查摆具体问题，做到见人见事见思想，制定整改措施和整改期限，推动党建工作有序开展。打造康诚社区和樟树村两个清廉村居示范点，建设清廉小院、弘扬清廉文化，提升基层党组织服务和治理能力。常态化开展监督检查，严格贯彻落实中央八项规定精神，营造风清气正的良好政治生态。

【经济发展】 湖田镇围绕“解放思想，引项目，促工作”的思路认真开展引资工作。细化招商引资职责目标，设立奖励机制，鼓励全镇干部积极参与招商，全年引进宜春市驰同达科技、兴业证券、星辉鞋业、思众科技及圆之方科技等有限公司。

【项目建设】 按照“一个项目一个临时支部”和“一个项目一套人马”模式，对全镇 12 个重点项目都安排班子成员全程对接服务。完成教体新区、四方井水库、医药工业园、宜井遂高速公路等土地和房屋征迁工作，协调解决项目建设方面问题 100 余件。做好阳坑村、王华村坟墓迁移，完成教体新区规划二路上卫生院宿舍楼西 24 户签约、拆迁以及附属设施的评估补偿工作，确保重点项目的顺利开工建设。

【城乡环境】 全年共开展 2 次万人爱国卫生活动，清除小广告、“牛皮癣”210 余块，清理乱搭建的杂物棚等 120 处，清理水沟 120 多千米，清理卫生死角垃圾和建筑垃圾 900 余起，4300 多吨。推进林长制、河长制，高标准完成 3756 棵松材线虫病疫木清理及验收工作，被林业防疫赣西片区评为先进单位。对河道垃圾和水葫芦清理常态化，重拳打击非法电鱼、毒鱼行为，加大对禁燃工作的宣传监管力度，减少空气污染。2021 年湖田镇生活垃圾分类和减量工作在宜春市排名第二，临街商铺垃圾分类覆盖率达 80%以上；投放分类垃圾桶 1500 余个，安装宣传栏 138 块、地插牌 630 块，开展 36 场宣传活动，发放宣传手册 14300 余份。

【社会治理】 在社会稳定、安全生产、生态环境、经济等多领域进行全面排查，全年排查风险隐患25件，全部实行闭环管理，落实责任人，逐步整改销号，维护社会和谐稳定；健全信访接访日制度，将每周二设为“书记接访日”，接待上访群众26次124人，全年信访总量为116批次，对重点信访事项均已落实“五包一”，为社会稳定发展奠定基础。成立防范非法集资和打击电信诈骗领导小组，组织全体党员干部入户宣传反诈并下载国家反诈中心App，全年共发放宣传单3万余份，张贴横幅百余条，营造浓厚反诈氛围，提高全民识骗、防骗的能力。常态化开展安全生产执法检查工作，全年共检查生产经营单位80余家，查出安全隐患50处，其中立即整改的40处、限期整改的10处；每月开展安全生产教育培训和“安全生产月”活动，张贴安全生产宣传标语200条，使安全理念深入人心。

【民生保障】 组织党员干部下到各村组实地走访30余次，开展调研20余次。打造“屋场会”，让群众在家门口就能和干部共同商讨问题，全年共收集群众意见建议138项。建立“五进四问三服务”办实事汇总清单，逐步销号，其中农村人居环境、饮水安全、中小学改扩建等51项民生实事同步推进。积极按照袁州区疫情防控指挥部要求开展常态化管理，对境外返袁人员做好接送集中隔离工作；疫苗接种工作有序推进，有效地巩固疫情防控成果，维护人民群众生命健康。

【社会民生工程】 在集镇街道、居民小区、机关事业单位等处规划机动车和非机动车停车位441个，硬化、修缮道路等5000余米，方便群众出行。投入69万元完成中心幼儿园道路建设，投入160余万元用于湖田中学设施改造，改善教学环境。投资47万余元完善敬老院消防设施，完善社会养老服务体系。

新田镇

【概况】 新田镇位于袁州中部，辖新田、杨芽、龙源、射鹏、下桥、下山、施家、安祖塅、镜源、灿塘霞、里光、白竹、台洲、邬家14个行政村，241个村民小组，总面积97平方千米。耕地面积0.22万公顷，水面面积0.037万公顷，森林面积0.51万公顷，森林覆盖率为52.58%。总人口42148人。2021年全镇财税完成5716.3万元。

【党建工作】 全年组织党委理论学习中心组集体学习12次，开展专题研讨15次。认真执行定期研究基层党建工作制度，党委会围绕村级组织建设、村集体经济发展、党员队伍教育管理、人才队伍建设等先后4次开展专题研究。深化基层党建“三化”建设，明确16名信息员抓实信息化数据采集等前期准备工作。推进软弱涣散白竹村整顿提升，每月召开1次整顿提升推进会。严把党员入口关，择优发展党员37人。选派2名科级干部兼任“两新”组织党建指导员，助推“两新”组织党建规范提升。2021年，给予14名党员干部纪律处分，其中党纪立案11起，诫勉谈话2起，谈话提醒2起。

【经济发展】 成功对接在外经商新田籍人才200余人。新签约投资亿元以上项目2个，正在建设的投资亿元项目2个（宜春福升电机有限公司、江西立德工程机械有限公司），新增规上企业1个（江西固美嘉新型建筑材料有限公司）。2022年1月新签约投资3亿元项目1个（江西核建高端智能装备有限公司）。

【文明创建】 发动全镇投身全国文明城市创建工作，将集镇划分为12个重点网格，并细化网格路段，层层压实责任；集结由党员、预备党员、入党积极分子组成的百人队伍，建立14支村级创文志愿服务队，让党员干部积极投身创文工作。

【新田镇依托合作社开展产业扶贫】 2021年，新田镇依托合作社大力开展产业扶贫。开展果蔬、中药材种植和水产养殖1500亩，带动数百名劳动力就业增收，扶持84户脱贫户自主发展产业。唱响富硒品牌，整合萝来、三鼎、代代果等农业企业，开展富硒水稻、脐橙、沃柑、春香柚等富硒绿色有机农产品种植，整合面积6000余亩，逐步形成集有机肥料加工、果品深加工、鲜果物流配送于一体的产业链。坚持“党支部引领、合作社带动、党员群众互动、农户参与”的发展思路，稳步增加群众收入，推动村级集体经济多元发展。2021年90%的行政村集体经济收入达10万元，其中杨芽村达40.1万元。

三阳镇

【概况】 三阳镇位于袁州北部，辖三阳、银岭、潘坊3个居委会，彭坊、庄里、陈坊等11个行政村，184个村民小组，总面积78.54平方千米。耕地面积0.17万公顷，水面面积0.03万公顷，有林面积0.37万公顷，总人口43340人。工业总产值11.77亿元，增长7.6%。农业总产值4.37亿元，增长7.8%。地方财政收入1.6亿元，增长9.9%。

【党建工作】 高质量地完成了15个村(社区)支部换届选举工作，选出48名政治素质好、年富力强、能带领群众致富的优秀党员进村(社区)支部班子，14个村(社区)党支部书记党务、政务一肩挑，为各项工作的开展提供了强有力的组织保证。落实意识形态工作责任制，将意识形态工作纳入重要议事日程，召开6次会议专题研究意识形态工作。狠抓党风廉政建设，坚持把查处党员干部违纪违法案件作为从严治党、惩治腐败的重要环节来抓，不断加大对违纪违法案件查处力度。抓牢抓实党史学习教育，主要领导定期到各村召开“屋场会”，与群众面对面交流沟通，倾听百姓声音；组织60多名党员干部到三阳镇天井村开展“学党史办实事，三阳干群助插秧”活动，将“我为群众办实事”活动推向田间地头。

【文明创建】 累计投入100余万元完善基础设施建设，结合创文工作不断推动城乡面貌、人居环境向好向快发展。将三阳集镇划分为15个网格，以班子成员为网格长，以镇村干部代表、党员代表、志愿者代表、商户代表、城管、保洁员为网格员，形成常态化创文管理体系。针对农贸市场设施陈旧、顽疾，投入30余万元改造农贸市场，针对占道经营、乱堆乱放的问题，开展集中整治行动，在15个网格长带领下，充分发挥社会力量开展志愿服务，镇、村干部、学校、商户、城管、城北分会志愿者等联合起来，轮流进行志愿服务，做好“宣传员、服务员、检查员、督导员”，引导居民进行楼道自治管理。

【经济发展】 2021年，三阳镇实现财政税收1.6亿元，完成年初既定目标。坚持项目为王，及时排除企业发展阻力，为企业解决100多名用工问题，为创意装饰、郑铁物流、三阳电子、山泉粮油申请“财园通”贷款1180万元。有五家规上企业申报技改项目(诚顺机械、山泉粮油、缔缘康、丽思顿、世宇金属)，固投总计约4192万元。

【招商引资】 2021年，三阳镇引进3个亿元工业项目，1个亿元农业项目。利快复医疗科技(江西)有限公司投资5亿元、年产700万件二类医疗器械产品落地袁州区医药园，占地143亩；江西省华璨锂业有限公司，投资1亿元，年产10000吨硫酸锂生产线建设项目；宜春乐湾运动用品有限公司投资1亿元，年生产15000条冲浪板项目，外贸全出口公司；农业项目为袁州区文龙种养殖专业合作社，投资1.1亿元。

【综合治理】 创新推出“金融夜校”活动。联合派出所、农商银行、志愿者协会等开展“党建+乡村振兴”整村授信活动，以“守护百姓钱袋子”“惠农贷款”为主题，开展“金融夜校”活动，累计收集信息900多条，授信260多户，发放200户，其中支持种养户20户，小微企业10家，累计发放金额3200万元。农村“屋场会”，出台相关政策，鼓励村(社区)积极开展“屋场会”活动，成立“屋场会”宣讲队5个，收集问题、建议120条，化解纠纷25起。落实安全生产“一岗双责”，共检查企业13家次，排查整改安全隐患15项；全年疫苗接种人数达到87100人次。

(易雪东)

洪塘镇

【概况】 洪塘镇位于袁州区西北部，辖1个社区(洪塘社区)25个村委会(洒下、大岭、台洲、荷塘、西塘、七里店、莲塘、宣塘、宝山、伊塘、布上、北坛、安全、井江、楼下、田湾、西湖、土坵、荷花、土岭、石塘、下坑、石笏、庄溪、石门)，387个村民小组，总人口62909人。全镇总面积164平方千米；耕地面积0.43万公顷，水面面积0.017万公顷，林地面积1.04万公顷，森林覆盖率60%；洪塘镇农业经济以种植水稻为主，以生产山茶油、蓝莓、生姜、干椒、手工面而闻名；全年完成财政总收入9097万元，增长9.97%。2021年，在区委、区政府的坚强领导下，在上级各部门的大力支持下，洪塘镇密切团结依靠广大干部群众，紧紧围绕年初制定的工作思路和奋斗目标，勠力同心，苦干实干，积极为人民谋幸福，开启了洪塘经济社会发展新征程。

【党建工作】 顺利完成村“两委”换届，依法选举产生党支部委员79名和村委会成员102名，村“两委”成员交叉任职比例56.35%；严把党员入口关，择优发展党员55人；组织“流动党校进基层”，邀请专家教授做专题讲座，累计培训党员干部900余人次。村级集体经济进一步壮大，洪塘镇全镇26个行政村有25个村集体经济收入超过10万元。

【文明建设】 充分发挥网络新兴媒体宣传的优势，以宜春广播电视台、《宜春日报》等载体，搭建信息互通的平台，较好地起到传播正能量、唱响主旋律的作用；抓好舆论导向，规范舆论宣传，始终坚持做好网络舆论管理，及时掌握网络意识形态问题处理；整合资源，抓好阵地建设，下拨40余万元，用于全镇新时代文明实践站的建设和升级；规范管理宗教场所，引导群众远离封建迷信。

【廉政建设】 开展“清廉袁州”建设，严格落实“一岗双责”各项要求，对于重大决策、重要人事任免、重要项目安排、大额资金使用均经党委会集体讨论通过后执行；充分运用监督执纪“四种形态”整治作风顽疾，全年共立案16件，函询谈话1件，诫勉谈话2人次，谈话提醒4人次，责令检讨、口头提醒、全镇通报等20余件次。

【农业发展】 2021年，洪塘镇完成早稻种植任务1660公顷，中稻种植68.27公顷，晚稻种植785.07公顷；建设脐橙、中药材、水产养殖等种植养殖基地6个，扩建7个，共投入资金1000余万元，申报产业衔接资金388万元；发展特色农业生产，引进了总投资2亿元的深圳市欣善实业发展有限公司，计划打造1个34.13公顷以上的优质有机水稻(富硒有机墨米)种植基地。

【招商引资】 投资100余万元对镇综治暨便民服务中心进行升级改造，投入使用后将提升硬件实力，为企业和群众提供纵向到底的审批服务和横向到边的帮办服务；完善班子成员一对一结对帮扶企业制度，主动为企业搞好服务，千方百计为投资创业者排忧解难；召开专场招聘会解决企业用工难问题，上门服务帮扶企业完成技改，帮助企业解决实际问题10余件；加大招商引资力度，紧盯主导产业，签约亿元以上项目3个，入统20亿元以上项目2个，提供招商有效信息达11条；培育规模以上企业1个、入统入库企业5家。

【脱贫攻坚】 每月对边缘易致贫户、突发严重困难户12户45人进行监测并建立台账，实行常态化帮扶管理；申报产业项目14个，涉及衔接资金428万元；加大对5个帮扶车间的运营管理，设立就业专岗76个，发放交通补贴388人18万余元，多次组织就业创业培训；村级光伏电站14个，建设规模823千瓦，发电收益33万元，公益性岗位分配收益20万元。

【人居环境】 2021年，洪塘镇全镇共清除小广告、“牛皮癣”500余块，清运各类垃圾3500余吨，清洗垃圾桶1000余个。在集镇街道、农贸市场等处增设机动车、非机动车停车位220个。规范商铺经营范围，拆除破旧店铺招牌、雨棚32个，劝导取缔沿街占道摊点29个。2021年，洪塘全镇28个新农村建设点全部完工，合计建设资金840万元，涉及村庄改水、改厕、改沟、改房、改路、改环境；推进宅基地改革，2021年拆除破旧房30499平方米。

【疫情防控】 健全常态化疫情防控机制，投资60余万元购置防疫物资；督促指导辖区内各场所落实疫情防控责任，为“二十类场所”申领赣通码和场所码126个；进村入户宣传下载全员核酸检测扫码录入信息11252条；成功举办全区全员核酸检测模拟演练，得到了区级领导的肯定；举全镇之力推进疫苗接种工作。

【民生建设】 累计发放低保补贴、残补、高龄补贴、临时救助、分散特困供养户补贴等民政资金1030.42万元。深化绿色殡改，规划建设公益性墓地44个，井江村公墓山获评省级先进示范点。落实拥军优抚，为290人累计发放优抚补助151万余元。优化政务服务，累计办理各类服务事项1.1万余件，受理“12345”热线工单526件，按期办结率100%。深入开展洪塘镇镇村人民调解和“法律明白人”工程建设，依法及时解决群众合理诉求，2021年全年共排查化解各类矛盾纠纷30余起，化解率100%。镇村干部、平安志愿者、网格员走家入户宣传防范电信诈骗。抓实平安创建活动，全年开展平安志愿者活动326次，事件上报3298件。构建网格管理体系，全镇26个村61个网格均配备了网格员，配备率达100%。

（彭爱平）

金瑞镇

【概况】 金瑞镇位于袁州西北部，辖金西社区1个社区和金瑞、由木、吼里、庙前、西溪、下苑、小江西、水冲、利田、上桂、凤山、贯塘、前进、淏村、院前、余家坪16个村委会，289个村民小组，总面积108平方千米。耕地面积3.2万亩，其中水田面积2.8万亩；山林面积9.3万亩，其中油茶面积5.3万亩（高产油茶面积1.2万亩）；水面面积3400亩。总人口44276人。完成财政收入7770.1万元，较2020年增长448.4万元。农村人均可支配收入1.625万元，增长5.3%。

【党建工作】 全年召开党建工作专题党委会议15次，解决村组党建问题13个，交流授课6堂。举办镇、村干部业务培训班10期，领导班子集体研学24次，党员干部集中学习50余场次。开展专项督查4次，约谈支部书记30次。全年发展党员44名，培养入党积极分子99名。全年开展党史学习教育现场学习12场，开展周一干部大讲堂等集体学习研讨15次、微党课42次、各类宣讲活动上百次。镇宣传小组成员先后在中央电视台、人民网、《江西日报》、大江网、《宜春日报》、秀江微语等中央、省、市、区主流媒体上稿160余篇。充分发挥18个农家书屋的作用，搭建阅读平台。制作公益广告、横幅标语、电子屏、喷绘、灯箱350余条，并利用大型展板、集镇电子显示屏、流动小喇叭、宣传车、广播等途径宣传创建全国文明城市和社会主义核心价值观等内容。

【经济发展】 2021年，完成财政收入7770.1万元，较2020年增长448.4万元。农村人均可支配收入1.625万元，增长53.3%。农业，建成高标准农田18770亩，完成粮食播种面积5.3万亩，实现粮食产量2140.195万公斤；建有特色产业富硒水稻基地建设2000亩，富硒蔬菜基地2000亩，富硒中药材种植1500亩，富硒水果种植2000亩，富硒葡萄880亩、富硒脐橙500亩、富硒竹荪60亩；同时，探索新型合作模式，与宜春市袁州区壮真中药材种植专业合作社种植黄蜀葵500亩。工业，2021年，金瑞镇新签约宜春市宝威电子科技有限公司1.2亿元项目，新培育规上工业企业3家、非工企业4家，规上工业企业全年实现营业收入55615.1万元；引入投资1.2亿元的袁州区苗苑苗木发展有限公司、投资500万元的中唐环境发展有限公司等在内的一批发展势头良好的企业。农旅产业，集农业旅游、生活体验、绿色饮食等多样化功能服务的“芦塘寨”休闲旅游综合体项目正在积极建设；8月份投资30余万元举办金瑞葡萄休闲旅游文化节，通过抖音网红带货、葡萄采摘、乡村农家乐等活动，深入实施农旅融合，以文旅促“富”。2021年金瑞镇产业衔接资金50%以上用于发展产业，投入特色产业发展资金118万元，带动脱贫户137户432人。

【集镇改善】 开展基础设施提升工程，投入资金18万元完成平安街化粪池排污渠疏通及改造，投入资金4万元对集镇60余盏路灯进行维修，投入资金3万余元完成农贸市场外围排水渠改造，投入资金60余万元完成金瑞镇金星路及其延伸段道路路面油化及下水道改造，投入资金5万元对河东街、沿河路及其延伸段的32处落水井进行维修更换。拓宽油化“金株公路”金瑞段10千米，拓宽水泥硬化由木至余家坪村公路7千米，新修庙前村旅游公路1.5千米，全镇16个村已全部通客车，285个行政小组全部完成通水泥路建设，通路里程达252千米，共完成窄路面道路拓宽和乡道双车道改造13个项目共27千米。

【秀美乡村】 2021年新增省级新农村建设点10个、新农村自建点11个，累计完成新农村建设点166个，并将庙前西边组打造成“秀美示范村庄”。全面完成宅改村小组285个，拆除危旧房3275宗253900余平方米。持续推进农村“厕所革命”，2021年实现改厕338户，累计改厕3362户，发放地票2000余张。2021年新建7个公墓山，累计完成21个公墓山建设，入公墓安葬130例，共发放亡故人员入公墓安葬奖补资金17.4万元。

【环境整治】 大力整治违规占道、乱搭乱建、高空广告、店面破损招牌、“牛皮癣”、“蜘蛛网”、各类垃圾、“僵尸车”等严重影响镇容村貌的违规行为,因地制宜新划设机动车、非机动车停车位2800个,统一进行街道商铺门前划线2000余米,累计投入300余万元用于城乡环境提质增效,农村人居环境大变样。

【社会治理】 全年开展隐患排查整治10余次,突击检查集镇6家违规非法经营及农贸市场23家违规使用液化气瓶20余次。辖区内安装高清摄像头164个,发放法制教育宣传资料9000余份,开展矛盾纠纷排查20余次并成功调解36件。

(高 瑶)

慈化镇

【概况】 慈化镇位于宜春市袁州区西北边陲,地处赣湘边陲要冲,俗称吴楚咽喉,辖18个行政村、1个林场、1个社区居委会,设458个村民小组,总面积203.6平方千米,耕地面积1256.53公顷,有林面积12.13.33公顷,森林覆盖率为61%。总人口87027人,是宜春市人口最多、面积最大的乡镇。2021年实现国内生产总值41.02亿元,增长8%;工业总产值9.41亿元,增长23.1%;地方财政收入2.067亿元,增长18%;支出2.061亿元,同比增长13.6%;农村居民人均可支配收入23387元。

【党建工作】 2021年,慈化镇持续加强政治建设,扎实开展党史学习教育,切实传承好红色文化;通过举办“文明大讲堂”,先后邀请刘密等优秀讲师来慈化围绕红色文化、优良家风等主题召开5次千人党员宣讲大会;聘请宜春历史研究会和宜春学院的专家对慈化革命史实重新进行挖掘整理,撰写《曙光前的鏖战——慈化红色故事》《慈化十年革命史》,两本书都已出版。建立“三会”(工作部署会、问题研讨会、学习提升会)学习长效机制,把工作融入学习,以研讨解决问题,以学习推动工作。以清廉袁州建设为抓手,全面落实从严治党主体责任,严格执行中央八项规定,严格控制“三公”经费,坚决杜绝铺张浪费。深入开展“三禁”专项整治活动,即禁赌博、禁吃请、禁工作日饮酒;通过常态化开展暗访和突击检查,设立举报信箱、举报热线等,拓宽群众举报渠道,广泛接受群众监督,有力推动了全镇中心工作开展。

【经济发展】 2021年实现税收2.063亿元,是在连续两年经济指标倒退的基础上,再次实现税收迈上2亿元台阶,完成了全年目标。慈化镇各村集体经济大幅度增长,2021年18个行政村村集体经济均超10万元,其中柳亭、慈化村突破20万元,全镇各村集体经济总收入达246万元,同比增长7%。招商引资持续发力,聚焦生物医药、锂电新能源等新兴产业,前往广东、浏阳、萍乡等地接洽投资企业15次,考察企业18家,接待来袁考察企业41家,2021年签约项目3个,引进投资额22.5亿元,其中亿元以上投资规模项目1个(江西锦郎新能源由江苏乐士源新能源科技有限公司投资21亿元的乐士源日产120万个动力锂电池及电池正极材料生产项目),0.5亿元以上投资规模项目1个(由晋江进文服装有限公司投资0.5亿元的服装生产加工、出口销售项目),新增规上企业4家。

【项目建设】 2021年,慈化镇加大资金投入,有序实施重大项目建设,投资7350万元,完成704公顷的高标准农田建设,投资近600万元完成冲下至石岭道路建设,投入近200万元的“雪亮工程”二期项目基本完成,投资1070万元的中心敬老院建设项目完工并投入使用,投资600余万元完成19个新农村点建设,伯塘中学综合楼项目、伯塘中学师生宿舍项目、冷水小学教学楼项目、锦源小学项目、文丰小学整体搬迁项目、湘赣边综合救治中心项目、慈化红色公园项目、饮用水源“引水回流”工程(从柘塘、继承山、新塘等地通过改水改渠,解决饮水不足问题)等项目陆续启动,总投资5200万元。

【疫情防控】 2021年,慈化镇持续推进全员接种;接种人数覆盖面达91%。加强对重点人群、重点地区全面排查,严防疫情输入,严格按照网格化管理要求,落实常态化管控。落实五级责任人进行管控,确保全年“零”病例。

【脱贫攻坚】 2021年,全镇19个村(场)有34个新型经营主体(合作社、农业龙头企业),全部实现“一村一品”。陆续投入资金2148万元(其中中央资金1000万元,企业自筹1148万元),打造西山村昊群农业有限公司、余坊村润春农业开发有限公司和石下村开永种养殖专业合作社3个中药材基地，中药材种植面积达102.4公顷，共帮扶脱贫户164户、558人。同时，争取上级产业奖补资金410万元，新增或扩大产业扶贫项目9个，受益建档立卡脱贫户334户、1245人；落实脱贫户家庭学生教育补助852人，累计发放助学资金156万元；落实代缴农医保2917人，住院费用报销金额约631.48万；落实危房改造5户，均完工入住；落实保障帮扶、残疾人两项补贴1131人，低保享受2102人；落实就业帮扶稳收益，提供就业扶贫专岗共148个；并依托10个扶贫车间，吸纳脱贫劳动力65人；累计组织381名劳动力参加就业技能培训，发放交通补贴499人，累计23.27万元。脱贫成果得到有效巩固，并获“全省脱贫攻坚先进集体”表彰。

【慈化公路改造促美丽乡村建设】 2021年慈化镇积极谋划，主动作为，不断加大基础设施投入，改善镇村面貌；完成万上线至冲下1.8千米老路改造、石岭村南头至中罗3.3千米公路老路改造、黄花岭至花木公路5.5千米老路面硬化改造、余坊至山田3千米沥青道路铺设，提高农村路网通畅深度；投入455万元完成柳亭村、柘塘村、居委会三个村级活动场所建设，一改过去“老、破、小”的办事环境；投资608万元完成21个美丽乡村点建设、其中石下村半岭组和慈化村钟岭组已成为慈化网红打卡胜地。

辽市镇

【概况】 辽市镇位于袁州区西部，辖辽市、院前、西坑、肯塘、上陈、上西、寒岭、丰林、泽溪、上石共10个行政村，168个村民小组，总面积96平方千米，耕地面积1792公顷，水面面积122公顷，有林面积4956公顷，森林覆盖率为51.63%。总人口32922人。2021年实现国内生产总值7.61亿元，增长6%。农业主要农产品有水稻12010吨、鲈鱼78吨、瓜果类687吨、红薯3760吨、生猪32018头。地方财政收入0.3亿元，增长8%，支出0.38亿元，同比增长17%。农村居民人均纯收入8216元，同比增加116元。城乡居民年末储蓄余额6亿元，增长0.14亿元，增长6.1%。

【农业发展】 用好“油茶之乡”品牌，在农产品种植、畜牧养殖、水产养殖等方面转型升级，推动特色农业发展。已建成5000亩优质水稻、350亩杨梅、700亩中药材等农业种植基地。2021年引进投资20亿元、年出栏30万头生猪的鼎真农业发展有限公司。全镇的水产养殖也初具规模，以鲈鱼为主的水产养殖基地达700亩。完成1160亩低产油茶林改造工作，新增高产油茶500余亩，全年油茶产量350余万斤。

【工业发展】 树立“项目为王、谋划为先、招商为重、落地为要”理念，及时协调项目引进、推进过程中的困难问题，促进在谈项目早签约、签约项目早开工、开工项目早投产。紧跟袁州区生物医药、锂电新能源等主导产业抓紧抓实招商引资“生命线”，成功签约投资10亿的赣宇锂业和投资1亿元的中晶高科有限公司，以及投资7千万元的恒发矿业有限公司。

【文明创建】 以文明城创建为抓手，投入150多万元进行集镇改造，集镇基础设施进一步完善；投入120余万元，实行市场化运作，由外包公司统一承包集中处理生活垃圾，从而进一步降低运营和管理成本。对镇主次干道、马路市场等易堵路段和区域的交通疏导，规划车位300多个。推进农村人居环境整治提升五年行动，做好垃圾、污水治理、“厕所革命”、农房整治、新农村建设等工作，全力打造秀美新辽市，大力整治污染环境的企业，获得“江西省省级生态乡（镇）”称号。

【脱贫攻坚】 实现脱贫攻坚和乡村振兴的有效衔接。全镇387户1259名脱贫人口稳步脱贫。全镇共申请资金305万元投入产业项目。投入资金330万元建设11个新农村点，改水、改厕等主要工作都已全面完工。

【民生改善】 惠民设施不断完善。投资110多万元改建新时代文明实践站所11个，投资128万元新改造中心小学操场、跑道及新建厕所，全面改善学校基本办学条件。投入320余万元对模沙至老集镇6公里的路面进行油化。投入340余万元对老街人行道和污水管道进行改造。投资100多万元改造中心敬老院的消防设施，从根本上改善敬老院消防安全状况，提升防御火灾能力。投入60余万元新建了辽市村幸福食堂，肯塘村、上西村、院前村居家养老服务中心。2021年，系统参保缴费人员9578人；全镇城乡居民医保参保人数26810人，缴费总额达780余万元；新增就业 68人，新增登记高校毕业35人，办理失业登记13人。

【综合治理】 2021年全镇共排查安全隐患30多处，深入细致地排查违规、违章作业行为和全镇范围内存在的非法生产行为70余次，责令限期整改指令书等执法文书9份。严厉打击电信诈骗等违法犯罪行为、排查调处矛盾纠纷。一年来积极调处各类大小矛盾纠纷，积案化解率100%。致力打造辽市镇社会治理品牌，举办“月光夜谈”活动，为群众解难题办实事。将全镇辖区划分为168个网格，及时收集综治维稳、消防安全等方面的信息，协助做好纠纷调解、疫情防控、民生保障、反电信诈骗等方面的服务工作。

（易春庚）

天台镇

【概况】 天台镇位于袁州西北部，下辖26个行政村、409个村民小组，总面积160.77平方千米。耕地面积3.92万亩，有林地面积16.86万亩，森林覆盖率达70%以上。总人口63327人。主要农产品有高产油茶、黄蜀葵、有机大米、番薯酒等。

【经济发展】 2021年天台镇财政收入完成6550万元。完成园区落户上规企业5家，工业企业营业收入24968.7万元，同比增长8.7%。税收631.3万元，同比增长25.6%。工业固定资产投资9539万元，同比增长40.4%。全年固定投资500万元以上项目完成6个，完成率120%。“一套表调查单位”入库工业企业完成4个，完成率200%；非工业企业完成3个，完成率100%。

【基础设施建设】 2021年，财政衔接推进乡村振兴补助资金项目17个，批复资金312.5万元；17个项目完工后经区级联合验收。组织完成了2019年度下达的8412.23亩农田高标建设项目，通过终验工作。同时，完成2020年度下达的716亩农田高标建设项目，并通过核查验收工作。大力开展土地开发整改工作，土地开发整改1030亩，其中旱改水710亩，林改旱224亩，增减挂96亩，申报2022年度增减挂项目197亩。实施了久集桥工程并已全面竣工；天台至汉坑1.6千米已黑化并通车；环溪至犒石岭2千米产业路路基已全部完工；若演至宫江14.133公里路基已完成50%左右；竹亭至山塘专项公路天台段共15千米（新龙村段7千米、坑西至江东段8千米路基征地工作全面完成）；投资116万元完成集镇坑东片区革命老区项目投资，投资20余万元完成农贸市场、粤客隆超市周边水泥路面改造硬化完成。同时，稳步推进中小学校改造项目，完成了天台山学校、天台中心小学和天台中学的危房鉴定工作，对中心小学、中学综合楼向上争资立项，校舍环境得到进一步改善；协调了中泉小学、会塘小学、久集小学的教师周转房；投资200余万元新建了天台中学食堂；投资200余万元的塘溪小学校建项目全面施建；完成卫生院综合楼的立项工作和项目用地协调。

【民生事业】 2021年，天台镇严格审批低保、五保，加强动态管理，天台镇农村低保新增56户66人，调整在保对象55户67人，取消53户53人；共有农村低保1346户1987人；城市低保11户14人，五保户340户382人。同时，共受理临时救助申请约81起，新增残疾人补贴83人，调整78人。城乡居民社会养老保险总参保人数20654人，其中完成参保缴费人数7680人，缴费金额2710400元，特殊人员1896人，计9576人。全镇城镇居民医保参合人数577人，新增人数1304人，新生儿录入125人，新农合参保续费人数46788人。稳步推进绿色殡葬改革工作，全镇范围内共亡故人员287人，火化数287例，火化率100%，入公墓安葬88例，入墓率30.66%，其中10月亡故27人，入公墓安葬27人，入公墓安葬率达到100%。

【乡村振兴】 做亮做美集镇。综合整治集镇环境，统一规划农贸市场摆摊设点，拆除集镇违章建筑51起、铁棚20余个，总计面积约960平方米；综合治理违章停车430余起；对集镇线路进行整改3500余米。对集镇街道死角处垃圾进行常态排查，清除墙体及“牛皮癣”小广告320余处；完成了集镇道路黑化、管网和路灯架设，完成集镇基础设施建设，投资100余万元对集镇主街进行沥青铺设，投入200多万元安装路灯和完善管网设施。打造宜居乡村。完成新农村建设点26个，涉及受益村26个、农户916户，受益人口3977人，投入财政资金780万元。下拨资金282万元用于“七改”建设，其中已新修路14261米，新改水758户，新改厕740户，拆除破旧房11691平方米，改沟12392米，改塘12口，安装路灯199盏，建设美丽庭院和整理菜园211个，建设休闲广场6个。实现村内主干道和入户便道硬化率、自来水入户率及改厕达到100%，无危旧房和人畜混居现象。大力推广宅基地改革，严格按照天台镇关于《进一步加强农村村民建房管理的实施意见》执行。房地一体确权工作，确权数13074户，发证数7159户。

【文明创建】 2021年投入211万元全面提升整改26个新时代文明实践站建设，完成26个点位的村村通应急广播设施。投入160余万元新建天台镇新时代文明实践所，10月投入使用。宜五区旧址修缮后成为红色旅游点及全区党史学习教育教学点。在中共宜五区旧址、天台山烈士陵园和新时代文明实践所组织了50余场次宣讲活动，共有500余人次参加。2021年成功举办了庆祝建党100周年暨密石文化旅游节活动，营造了良好的乡风文明。在天台镇新时代文明实践所展示当地文化特色，《九龙樟》《坑西战斗》《江东战斗》《坑西毁碉堡战斗》《童谣里的红色天台》《中共宜五区旧址》《天台的番薯酒》等文化展板先后上墙展示，实践所成为宣传天台镇文化的一个窗口。

（张　毅）

水江镇

【概况】 水江镇位于袁州区西北部，东与天台镇相接，西与上栗县、鸡冠山乡相连，南邻上栗县东源乡，北靠慈化镇及上栗县桐木镇，属丘陵地带，地势自西北向南倾斜。辖区东西最大距离10.78千米，南北最大距离12.08千米，辖上洞、小洞、沧溪等10个行政村，142个村民小组，总面积64平方千米。耕地面积1266.7公顷，有林地面积4739.8公顷，总人口26870人，2021年财政收入突破4700万元。

【农业发展】 2021年早稻种植5962.05亩，中稻1698.5亩，晚稻5490.41亩，共计1.32万亩；完成了冬种油菜播种面积5030亩，超额完成上级下达任务。高标准农田2021年水江镇全镇推进项目已落实3350.19亩设计，第三次图审已通过。坚持发展以养牛为主的村级集体经济，2021村集体经济养牛场3个，养殖肉牛350头，全镇10个村集体经济收入全部突破10万元，其中畔龙村达30万元，中源村达25万元。

【工业发展】 依托袁州区医药工业园和机电产业园共引4家企业，且均为主导产业，总投资17亿元，为历史之最。目前，已有3家企业正式投产，其中落户在机电园的江西新豆科技有限公司实现当年签约、当年投产、当年入规。有规模以上企业6家，全年新增规模以上企业1家，完成税收4710万元，增长9.5%，新培育年税收500万元以上的税源6个。

【基础设施建设】 2021年水江镇共有新农村建设点6个，涉及4个行政村6个村民小组。截至年底，已完成改水230户、改厕222户，新修主路5350米、便道2180米，改沟9900米，拆三房面积5800平方米，已整理菜园16个，安装路灯181盏，农村公共服务设施得到进一步提升。

【文明创建】 水江镇将镇辖区划分31个创文网格，覆盖集镇所有街道、农贸市场、背街小巷、所有村组，相应成立31个创文工作小分队。通过宜春正当红微信公众号、户外电子显示屏、悬挂横幅标语、创文公益广告、发放创文倡议书等多种形式，在集镇、村居、学校大力宣传创建全国文明城市工作，在全镇营造创建工作人人有责、人人参与的浓厚氛围。集镇共投放公益广告牌376块，各村结合创建全国文明城市、党史学习教育，共投放宣传广告牌180块。全镇11个实践所(站)均有多功能会议室、多功能活动室、图书阅览室、专项工作室等。各实践所(站)正常向居民开放，每月开展学习实践科学理论、宣传宣讲党的政策，培育践行主流价值、“亲情连线”、“十送乡亲”等活动，2021共开展实践活动500余场。全年共清理了生活垃圾2640余吨，镇政府投入3万余元采购大垃圾桶180余个，对集镇及各村损坏的垃圾桶进行了更换和补充。投入12万元对集镇及背街小巷进行集中整治。发动镇村干部、志愿者群众400余人次，清理卫生死角100余起，对集镇河道集中清理12次。

【民生事业】 2021年，全镇城乡农村低保6903户，总人口10010人，全年总发放金额为：3779230元整；分散特困977人，全年总发放金额为:722980元整。拨付残疾人补贴386070万元。推进殡葬改革,公益性公墓建设、火化率均达100%。拆除危旧房面积近1万平方米。启动2390余亩高标准农田改造,改造提升人饮工程2处。下决心改善群众出行难问题,启动集镇至桐木县道升级项目,2021年共争取交通资金1800余万元,新修公路20.3千米。推进全面免疫,按照符合条件者"应接尽接"的原则,有序组织辖区群众完成新冠肺炎疫苗免费接种,筑牢群体免疫屏障。

【社会治理】 定期开展了矿山专项整治。督促企业按照整改方案进行技改,检查存在隐患问题并派专人负责跟踪落实。做好了烟花爆竹企业的退出工作,辖区内5家花炮企业已全面退出。定期安全排查,对辖区内易燃易爆物品的经营、贮存进行了全面排查5次,开展了4次九小场所消防安全检查。全力保障校园安全,开展校园周边食品安全专项检查,加强隐患水域巡查,开展防溺水宣传教育。坚持矛盾纠纷排查机制,共调解纠纷92起,成功率达到100%,4个积案全部化解到位，实现边际无纠纷、社会大稳定、全年无进京赴省访的目标。扎实推进扫黑除恶专项斗争,严厉打击网络电信诈骗。

【水江镇红色旅游实现新突破】 2021年,在红色品牌创建方面,水口镇实现了新突破、大丰收,小洞村获评袁州区唯一的省级红色名村,上洞村则是袁州区仅有的两个市级红色名村之一。加强红色革命遗址保护和维修,对接上级政策,高标准规划红色旅游和红色名村建设，累计投入300余万元扩建了水江革命烈士陵园、布展了水江红色教育馆、修复了湘鄂赣省级交通站、湘鄂赣边境指挥部等一批省级文保遗址遗迹。重点整合梓华广场、上洞村、小洞、快荣等红色资源，继续加大文化项目建设力度,倾力建设集爱国主义教育基地、党员干部传统教育基地、中小学优秀思政研学实践基地、国防军事研学实践营地、红色党建培训示范基地、红色影视基地于一体的现代培训基地,打造宜春市大规模、标杆性的红色研学旅行示范区。成立了水江镇红色旅游公司,成功申报成为全市三条红色研学精品线路之一,着力从吃、住、行、游、购、娱全面赋能,全力打造水江红色之旅精品旅游线路。大力推进"党建+"红色教育主题活动,全年共100多家单位、近万人次到水江镇接受革命传统教育。

（黄　鹏）

芦村镇

【概况】 芦村镇位于宜春中心城区东北面(为黄颇故里),距城区18千米，东与分宜杨桥镇交界,西与三阳镇接壤,南与渥江镇相连,北与寨下镇毗邻,是市经开区的"后花园",宜春中心城"辐射区"；辖有五星、老立、芦布、集凤、湖塘、双江、韩塘、荆桥、浒坑等9个行政村和1个农口单位，官塘梅水库管注所;有147个村民小组。总面积48.8平方千米,耕地面积0.127万公顷,水面面积0.0218万公顷,山林面积0.21万公顷，森林覆盖率65%;总人口26088人。芦村镇区位优势明显,313省道穿境而过,220国道绕城与宜万快速通道均在芦村镇通过,离沪瑞高速公路仅15千米，离320国道7千米,离浙赣铁路22千米。

2021年,在区委、区政府的坚强领导下,芦村镇坚定不移立足新发展阶段、贯彻新发展理念、融入新发展格局,秉持区委区政府"1246"工作思路,以"四个赋能"为动力,紧紧围绕区委区政府"工业强区、科技兴区、文旅活区、依法治区、特色靓区"发展战略目标,坚持稳中求进总基调,抢抓机遇、攻坚克难,全力推进镇域经济社会稳定发展。

【党建工作】 芦村镇始终把党的基层政治建设摆在首位,狠抓"三会一课"、组织民主生活会、民主评议党员等各项制度的落实。推进党建"三化"建设,持续巩固提升五星、浒坑、集凤等8个村基层党建标准化、规范化,做好荆桥村部提质改造工作,年底完成验收。顺利完成村"两委"换届工作,2021年村"两委"换届以来,选出村"两委"班子53人,新进班子12人,其中大学生专职村干3人,村"两委"班子呈现出年轻化、稳均衡、素质高的特点。

【经济发展】 芦村镇先后组团27人次前往上海、浙江永康、南昌、天津、江苏多地招商外资。接待来访客商12次，收集有价值性招商信息30条，对接对袁州区有投资意愿的公司8个,全年引进亿元以上项目2个,全年完成财税收入11012.9万元,同比增长11.8%。实现工业企业营业收入15973.8万元,增长55.82%,实现工业企业税收260万元,完成工业固定投资1618万元。因地制宜、坚持“一村一策”,立足优势,选准路子,引导各村立足资源发展特色产业等一系列举措,逐步壮大村级集体经济,2021年全镇9个行政村通过经营性收入、资产租赁、土地流转等方式实现村级集体经济收入141.55万元,村集体经济收入全部突破10万元。其中五星村大力发展油茶育苗、蔬菜和养殖业,年收入超36万元。

【民生建设】 芦村镇建立防返贫动态监测和帮扶机制,申报就业、产业直补5.595万元,产业奖补30万元。3个乡村振兴产业项目全部动工,批复资金共计56万元。推进民生工程建设,启动中小学校的扩建改造,前期投入460多万元,已完成初步规划设计,拆迁62户5829平方米。将全国文明城市创建和城乡环境整治相结合,投入100余万元对农贸市场、集镇提升改造,完成集凤游家组、双江潘坊组等2个自然村的饮水和灌溉工程,解决近300人的饮水问题和243户64公顷耕地灌溉。新型农村合作医疗参保率逐年上升,参保20022人,参保率94.53%,新农保参保8710人,参保率60.4%。开发就业脱贫岗位贫岗位13个,发放工资4.68万元,享受一次性交通补贴107人5.17万元,发放低保896人32.5万元,发放分散五保51人3.92万元,发放临时救助123人12.2万元。

【环境治理】 推进生态文明建设,完成中央、省环保督察及“回头看”反馈问题整改,借助环保整改机遇,重手整治镇域内机制砂及石料加工企业,关停机制砂及石料加工企业5家,无限期停产整改1家。持续改善人居环境,将全国文明城建设和农村人居环境整治结合推进,投资130万元/年将环卫和环境整治全域一体化外包给第三方专业保洁公司,通过专业的人员、专业的管理提高整治标准,市场秩序、环境卫生条件大大提升,全力推进新农村示范点项目建设,现已完成“四改三网”工作,改水128户,改沟3280米,改路2328米,改厕54户,安装路灯123盏,另外修建了步行道、健身场所、公园、美丽庭院、文化墙、休闲长廊等设施。

【综合治理】 严格落实各主体安全生产责任制度,梳理排查风险隐患45个,督促整改45个,整改率100%。化解信访积案5个,化解率83.3%,解决重点信访件40个,化解率87%。疫情防控,排查553人,落实集中隔离措施10人,居家健康滥测40人。按照“一周一排查一调处”工作机制,排查调处矛盾纠纷86件。开展扫黑除恶专项行动,收集线索5条。开展打击治理电信网络新型违法犯罪工作,组建45个反诈微信群共8000人,引导3000余人安装了国家反诈中心App。

(严 霞)

寨下镇

【概况】 寨下镇位于袁州区东北部,辖塘下村、园岭村、社溪村等16个行政村,有249个村民小组,总面积118平方千米。耕地面积0.03191万公顷,水面面积0.044373万公顷,其中国家中型水库1座,水面有2400多亩,小(一)型水库2座,小(二)型水库22座,林地面积0.7278万公顷,森林覆盖率为61.89%。总人口48238人。农业总产值4.8亿元,增长6.5%。主要农产品有粮食25855吨、水果23000吨,蔬菜8000吨,猪牛存栏22000头。地方财政收入0.28亿元,增长12%,支出0.63亿元,同比增长8.6%。城镇居民人均可支配收入19188元,比上年增加1247元。

【党建工作】 寨下镇党委立足实际结合“党建+乡村振兴”功能定位,将塘下村作为重点,打造“新时代文明实践站+村史馆+禾雀花”的党建引领示范点。塘下村瞄准机遇,依托田间荷花、山上禾雀花和袁石丛林,成立袁石生态农业专业合作社,深入挖掘“两花一石”文化,通过举办旅游节庆活动,聚集旅游人气,做大做强“两花一石”生态旅游文章,逐步建成集观光旅游、休闲娱乐、农业生产、党建活动于一体的生态乡村。

【经济发展】 2021年,全镇实现生产总值15.04亿元,增长10.2%;完成税收收入5530万元,增长15.2%;居民人均可支配收入达19188元,增长1.4%;

完成社会固定资产投资6.93亿元。全年共搜集招商项目线索52条,对接洽谈22条,签约亿元以上农业项目1个,林业项目1个。新增规上工业企业3家,5个非公企业成功入统。成立专班服务宜万同城快速通道、省天然气管网工程万载支线、硕阳新能源光伏等省市重点项目,投资6.75亿元的硕阳新能源光伏已开工建设。紧盯农业产业发展,持续打响“山江脐橙”“横塘阳光玫瑰”“塘下禾雀花茶”等农产品品牌,2021年脐橙、马家柚、葡萄等特色水果种植面积达15000亩,种植中药材4700亩。全镇所有村级集体经济收入实现10万元以上,其中5个村已突破15万元。

【综合治理】 把边际稳定作为重中之重,与分宜杨桥、操场重新商订了边际“六联”维稳机制。树立“隐患就是事故”的意识,压实工作责任,班子成员牵头,深入村组、企业、学校、项目工地等重点领域,逐一对存在的隐患进行摸排,实施台账销号制度,一周一调度。全镇累计梳理风险隐患51件,化解51件,化解率达100%,并开展动态监测。加强矛盾纠纷调处、加快积案旧案化解,成功调处矛盾纠纷122件,调处率达97.6%,化解信访积案6件,化解率85.7%。完成花炮企业第五轮整改,退出花炮生产企业9家,引进生产线1条。

【民生事业】 全年办理办结民生实事50件。民生项目稳步实施,启动了省道八角亭至集镇道路维修改造,完成县道上高田心镇至寨下镇路面黑化;完成了中心小学运动场改造,中心小学宿舍食堂升级改造正在实施;完成敬老院消防设施改造。农业农村展现活力,高质量完成3500余亩高标准农田建设项目,2021年全镇1.3万亩高标土方建设已完成90%,750亩旱改水已进入验收阶段;拆除危旧房4万余平方米,完成19个新村点建设。生态环境得到改善,完成梅岭采石场复绿工程,林业图斑整改清零,12座水质不达标水库全部完成清库晒库。村集体经济取得突破,通过“合作社+基地+农户”等多种方式,持续深入推进“一村一品”特色农业产业,全镇16个村的村级集体经济收入实现10万元以上,其中寨下村、社溪村、沙江村新桃村,台上村已突破15万元。

渥江镇

【概况】 渥江镇位于宜春市袁州区东北方向,距中心城区3公里,辖6个行政村,75个村民小组,总人口16871人,辖区面积43平方千米,主要盛产花卉苗木、高产油茶、中药材、蔬菜。全镇耕地面积800公顷,林地面积3133公顷,森林绿化覆盖率达70%。袁河流域途径渥江镇渥江村、信南村、石背村、湾田村,渔业丰富。集镇道路与G220、宜万快速通道形成渥江镇快捷便利的交通网络,将渥江镇融入宜春中心城区10分钟生活圈。

【党建工作】 在2021年党史学习教育中,渥江镇举办红色课堂,组建“红色宣讲队”,讲述“红色故事”、播放红色电影,举办“学党史、听党话、感党恩、跟党走”网络直播晚会,观看网友420万人次。以村级换届为契机,把好村“两委”成员人选关,紧扣“两升一降”要求,干部年龄、学历、性别结构进一步优化。镇纪委全年立案6件,办结5件,党纪处分5人,通报批评1人,提醒谈话2人,诫勉谈话1人,批评教育1人。

【经济发展】 2021年完成财政收入1.19亿元,同比增长16.1%;固定资产投资2.01亿元,增长224.6%。现代农业提质增效,严守耕地红线,坚决遏制耕地“非农化”、防止“非粮化”,2021年发放耕地地力补贴130余万元、种粮补贴85余万元;发展传统高产油茶产业,新造高产油茶13.34公顷。“支部带强合作社,党员带富脱贫户”,2021年,村级土地和资产被盘活,苗木等优势产业不断发展,全面消除了经济薄弱村,全镇6个村村级集体经济收入均达到10万元以上,其中渥江村超30万元,脱贫户人均收入达8000元以上。2021年引进双云新材料和炳晨农业落户,项目总投资超5亿元。协调推进湖南锦峰装配式钢结构项目建设和誉鑫工贸年产50万吨砂浆生产线技术改造。全年新增规模以上非工企业3家,规模以上工业企业1家,新增固定资产投资项目4家。在服务重点项目建设中展现担当,仅用7天时间完成市疾控中心划拨土地净地交付,1个月内拆除国轩高科用地范围内房屋138栋7.4万平方米,提前交付净地560亩,为保障项目顺利建设提供了坚强支撑。积极协助推进宜万同城快速通道、公交场站、西气东输、天然气管网万载支线、

G220 安置房等市、区重点项目。

【镇村建设】 改善人居环境，投资 2000 余万元完善集镇背街小巷道路硬化、雨污管网、信湾公路升级改造等基础设施项目建设；投入 220 万元打造新农村示范点 4 个。推进户厕改造，全年完成改厕 84 户。严控辖区内新增违建，共拆除违章建筑 9 起，面积约 500 平方米；投入 100 万元深入开展村庄清洁行动，村容村貌整体提升。将 405 名党员志愿者全部落实到 6 个村 75 个村民小组，与群众实行结对服务。坚持以点串线、连线成面，清除存量垃圾 800 余吨，拆除违章搭建的铁皮棚 7 处，拆除影响镇容镇貌的菜园铁皮、广告布围挡约 400 米。

【生态保护】 投入 1.3 万元对上源水库、狭颈水库坝容坝貌的整治，实现水利工程标准化建设；投入 5.98 万元开展河道专项整治，清理河道垃圾 180 吨，清理河道 2000 米。积极开展造林护林行动，植树造林 26.67 公顷；出台秸秆禁烧管理办法，采用"无人机＋党员志愿者"巡查模式，有效遏制了野外秸秆焚烧现象。

【社会保障】 基本医保、大病保险、医疗救助三重保障制度实现全覆盖，城乡居民养老保险、就业保障、退役军人、残疾人等政策落实到位，全年共发放低保、五保、临时救助、残疾人补贴等各项资金 330 余万元，群众满意度不断提高。出台公墓山管理文件，加大殡葬改革宣传力度，引导村民扭转陋习，树立新风，2021 年 8 月份以来入公墓山率达到 100%。

【脱贫攻坚】 乡村振兴扎实开展。严格落实"四个不摘"要求，建立镇村防返贫动态监测和帮扶机制，落实就业、教育、产业、保障等帮扶途径。全镇共有 156 户 382 人脱贫户，人均收入全部达 8000 元以上，全部消除风险。落实产业扶贫政策，86 户脱贫户产业分红 2.435 万元，15 户脱贫户产业直补 3.96 万元。安置脱贫劳动力就业扶贫专岗 29 人，发放工资 9.12 万元。

【文教事业】 完善 7 个新时代文明实践所(站)设施，制作公益广告 300 余块，对近 3000 平方米文化墙进行更新，打造好群众精神家园。全年举办活动近 20 次，惠及人群 1000 余人，打通了文化公共服务的"最后一公里"。

【综合治理】 加大矛盾排查化解力度，共排查矛盾纠纷 65 件，成功调处 65 件，调处成功率 100%。全面深入开展安全隐患大排查，共排查风险隐患 36 件，化解率 97%，其中解决民工工资纠纷 15 件，追回农民工工资 16 万元。

（韩　健）

楠木乡

【概况】 楠木乡位于宜春西北部，距市区 51 千米，东与袁州区洪塘镇丰顶山交界，西与飞剑潭乡周源村接壤，北与万载县株潭镇、岭东乡毗邻，南与金瑞镇贯塘村相连；全乡区域面积 79 平方千米，东西长约 30 千米，南北长约 5 千米，辖石陂上、槐溪、荷溪、山田、楠木、官溪、小水、盘田、金山 9 个行政村，162 个村民小组，总人口 21946 人，566 名党员；耕地面积 664.93 公顷、森林面积 2075.4 公顷、油茶林 1280 公顷，主要农产品有水稻、油茶，辅以毛竹、杉木等经济林木。

【经济发展】 2021 年财政总收入 4291.2 万元，同比增长 15.4%，现有规上企业 10 家，2021 年新增入规工业企业 2 家，规上企业工业产值 2.17 亿元，同比增长 17.8%；规上工业企业主营业务收入 2.19 亿元，同比增长 19.3%；规上工业企业税收总量达 1395 万元，同比增长 36.6%。2021 年，完成工业项目固定资产投资 10365 万元，同比增长 83.1%。

【招商引资】 抓"招商提效"，增强造血能力，2021 年先后对接投资 3 亿元的年产 3.5 亿安时 21700 型锂离子电池、投资 1 亿元的年产 150 吨高纯盐酸溴乙新原料药等项目 10 余个，其中竹木产业综合利用项目及脐橙产业项目已签约并开工建设，另有石材综合利用项目正在协调前期有关事项待签约。抓"项目提速"，厚植发展潜力，全力推动江西荣兴药业有限公司技改项目建设，开工并完成固定投资 1800 余万元；投资 9000 万元的皇翼矿业建成并正式投产；投资 8000 万元的鑫达矿业已试生产；投资 780 万元的宜春市东洲花炮厂年产 6 万箱爆竹技改项目已竣工投产；投资 550 万元的楠木乡东兴出口花炮厂年产 6 万箱鞭炮技改项目已竣工投产；投资 1 亿元的锦红矿业已基本完成前期征地工作；新增工业项目入库 4 家，并均已开工投产。

【基础设施】 完善交通网络,群众期盼多年的省道金株线楠木段升级改造工程和楠木至山塘专项公路完工并通车,乡域公路建设总长达60千米。完善基础设施,投资20余万元对集镇污水管网进行改造,投资30余万元拆除影响乡容乡貌建筑300余平方米,投资约100万元新安装路灯100盏,新规划停车位300余个,配备分类垃圾桶400余个,油化集镇路面、场地1万余平方米。全乡共完成新农村建设点127个,其中2021年完成10个;投入100万多元配置垃圾清运车11台、专职保洁员58名,全乡无害化处理垃圾1000余吨;在全市农村户厕问题摸排整改暨新农村(秀美乡村)建设工作中代表袁州区迎检的两个村分别获得全市第三名和第四名。

【脱贫攻坚】 该镇巩固拓展脱贫攻坚成果同乡村振兴有效衔接,确保脱贫户稳定脱贫,申报村级基础设施项目9个133.5万元,申报产业项目8个186万元,申请产业直补98户20.43万元。关爱弱势群体,夯实群众基础线,2021年全年发放低保金437.21万元,惠及群众534户813人,发放临时救助49户142人6.53万元,44名留守儿童和11名困境儿童得到关爱。

【疫情防控】 该镇严格贯彻"外防输入、内防反弹"工作原则,持续做好人员摸排,高效推进新冠疫苗接种工作,摸排返乡人员1048人,移送集中隔离39人,开辟疫苗接种绿色通道,开展"送疫苗下村入校活动",方便群众有序快速接种疫苗。

【文明创建】 文明创建持续发力,采取"20+9+1"网格化管理模式,将楠木集镇划分为20个网格9个片区,实现精细化、全覆盖、无死角式管理,集镇面貌焕然一新。充分发挥新时代文明实践站的阵地作用,组织开展各项活动,其中,中秋节开展的"做月饼迎中秋 面对面云团圆"活动和设立民生跑腿员在央视《新闻联播》等媒体播出,9个村设立的"跑腿员"便民服务站,通过村民"点单"、乡里"接单派单"的形式,开展上门服务1800多人次,打通服务群众"最后一公里"。

【红色名村建设】 以第一届县苏维埃政府旧址为核心,充分挖掘官溪村红色事迹及红色文化,全力构建"走前列、作示范"的红色名村,彰显楠木担当;现已完成前期抢救性保护修缮和前期规划、立项、设计等手续,并获得专项经费400万元,市区两级补助100万元,成功申报区级文物保护单位,组建了由4名大学生专职村干和老党员组成的专兼职讲解员队伍,项目建设正在有条不紊地进行。

【综合治理】 构建综治调解体系,投资30余万元建成综治和社会调解中心,实现接访、办访、反馈一条龙服务;投资100余万元安装雪亮工程监控设备95套,实现平安建设安防技防行政村全覆盖。2021年全乡排查各类矛盾纠纷50余起,并实现矛盾排查调处成功率100%。

【安全生产】 该镇2021年持续强化安全生产工作,拥有乡域企业10家,其中非煤矿山企业5家、烟花爆竹企业5家,安全生产压力大,切实压实安全生产监管责任,按要求配齐配强安全管理员,实现生产监控24小时全天候运行,全力强化监管执法力量,构建安全生产专业执法队伍,组建综合行政执法大队,对企业不定期开展安全生产检查,确保安全生产全年"零事故"。开展校园周边等治安环境大整治和食品安全大整治,开展巡逻900余人次,刑事拘留6人,行政处罚25人,整治食品安全问题7起。

(欧阳庭)

飞剑潭乡

【概况】 飞剑潭乡位于袁州区西北边陲,东连楠木乡、金瑞镇,西邻天台镇,南接辽市镇,北接慈化镇,属丘陵地貌,境内有国家大型水库——飞剑潭水库。辖10个行政村,166个村民小组,总人口25436人,有党员566人,15个党支部。总面积86.7平方千米,耕地面积0.07万公顷,水面面积0.04万公顷;林地面积0.5万公顷,森林覆盖率为67%。2021年,飞剑潭乡粮食作物总面积约1200公顷,其中水稻种植面积约580公顷,稻谷总产量7142吨、油茶240吨;生猪养殖情况:出售和自宰生猪28096头,当前生猪存栏11699头。完成财税收入4335.2万元,全年工业产值132602万元。

【基层党建】 大力推进基层党建"三化"建设,激发基层党建新活力;圆满完成"乡村两级换届",2021年软弱涣散党组织璜源村顺利摘帽;建立61个人的人才档案，不断健全村级后备人才库；严把党员“入口”关，全年发展党员28名；举办“七一表彰”活动，为58名优秀共产党员、6名优秀党务工作者、3个先进基层党组织颁发荣誉。开展干部集中学习、党史学习教育宣讲100余次，推动理论学习走深走实。切实做好党员干部、群众思想工作，全面落实意识形态工作责任制。广泛动员优秀青年参军入伍，圆满完成大学毕业生征兵任务。强力打击非法宗教渗透，统战工作平稳向好发展。坚持敢抓敢管、真抓真管、善抓善管的政治担当，带头落实党风廉政建设，组织开展党风廉政专题学习和讲座10余次，树立飞剑潭乡清廉形象。2021年，乡纪委共立案10起，已结案10起，其中涉及中央八项规定1起，给予党内警告8人，党内严重警告1人，开除党籍1人。

【经济发展】 牢固树立“项目为王”发展理念，坚定不移抓好招商引资工作。2021年，乡领导班子外出招商10余次，洽谈对接项目20多批次，引进亿元以上项目2个；新入统项目1个；正在洽谈的计划投资15亿元的银浩智慧商贸物流产业园项目、江西希尔曼材料有限公司拟新投资3亿元产业项目、航宇新材拟投资2亿元的年产800万平方米高性能覆铜板生产线技改项目等一批重大项目。

【民生保障】 2021年，飞剑潭乡积极向上争取项目资金不断加快农村基础设施建设步伐。完成2243亩的高标准农田建设，新增耕地面积20余亩；完成15公里公路新建、黑化、亮化、工程；集镇改造3000余米饮水管网和排污管道、铺设2000余米人行通道；完成6个公墓山新建点建设，绿色殡改工作火化率、入园率均达到100%；投资80余万元，完成敬老院消防设施改造；依法新增低保35户42人，取消28人低保资格，全年共发放低保金300余万元、五保金90余万元、残疾人两项补贴40余万元、重度残疾人补贴8万余元。

【脱贫攻坚】 2021年，飞剑潭乡坚持脱贫不脱政策、脱贫不脱责任、脱贫不脱帮扶、脱贫不脱监管，重整归零再出发，健全完善后扶长效机制。所有脱贫户收入稳定增加，三类户（边缘户）均安排帮扶落实有关政策，全力巩固拓展脱贫攻坚成果同乡村振兴有效衔接。推广“党支部＋合作社＋脱贫户”发展模式，加快土地流转，大力发展优质高效生态农业，以陈源村绿色蔬菜为依托，重点打造绿色生态品牌。全乡共发展了15个产业项目，光伏发电实现10个村全覆盖，光伏发电全年收益60余万元。全乡10个村集体经济收入均超过10万元，2个村已突破20万元。

【文明创建】 第七届全国文明城市创建工作开展以来，飞剑潭乡大力开展城乡环境综合整治工作和移风易俗活动。集中开展了10余次城乡环境综合整治行动，购置投放分类垃圾桶400个、新建垃圾分类收集亭130余座。全年共清理垃圾2000余吨、水沟5000余米、水塘20余口；整治集镇“两车”乱停乱放500余辆，占道经营和出店经营摊点50余次；拆除乱搭乱建30余处、清除小广告、“牛皮癣”500余处，乡村面貌改善明显。投资50余万元完善全乡11座新时代文明实践所（站）基础设施建设，全年共开展新时代文明实践活动400余次、志愿服务100余次，不断深化乡村精神文明建设。2021年，获江西省生态环保厅授予的“江西省省级生态乡（镇）”称号。

【综合治理】 飞剑潭乡牢固树立安全发展观念，坚持统筹发展和安全。重点打击非法生产烟花爆竹、非法加油加气、非法营运等违法犯罪行为，重点开展信访积案化解、扫黑除恶、禁毒、反电信诈骗等工作。2021年，乡村干部参与9次重大事件、重大节日、重大会议等工作、乡领导带队赴云南进行缅北劝返2次、新收集扫黑除恶线索2条、成功化解积案5件；开展反电信诈骗、扫黑除恶宣传50余次，发放反电信诈骗宣传手册5000余份；开展法治宣传活动2次，发放各类宣传资料2000余份，为80余人提供了法律咨询及面对面普法教育，全力维护辖区安全稳定。2021年，飞剑潭乡被评为全市“五无”乡镇。

（李　辉）

柏木乡

【概况】 柏木乡位处宜春市袁州区北部，距城区24千米，是宜春市区三线一体工业经济走廊发展重点区域，素有“北大门”之称。东接寨下镇，南靠三阳镇、芦村镇，西连洪塘镇，北邻万载县马步乡，面积72平方千米。2021

年,辖柏木、石下、双院、布里、棠梅、苍前、更石、酌江、石湖、老塘、严岭、石井、西岭13个行政村,共142个村民小组。2021年年末,辖区农业总人口26772人。集镇绿化率35%,有耕地面积1565.73公顷,其中水田622.57公顷;旱地943.16公顷;林地面积共4550公顷,其中油茶林2110公顷,用材林2270公顷。

【农业发展】 柏木乡粮食作物以水稻为主,2021年,生产粮食9569.04吨;主要经济作物有花生、生姜、辣椒、红薯等,其中,花生种植面积164.3公顷,产量624.34吨;生姜种植面积38.1公顷,产量430.2吨;辣椒种植面积62.2公顷,产量765.3吨;红薯种植面积285.65公顷,产量9950吨。畜牧业以猪、牛、羊为主,2021年,生猪出栏量39169头,母猪2716头,年末存栏29334头;牛年末存栏1158头;羊年末存栏1202只;畜牧业总产值1.08亿元。

【工业发展】 财政收支平稳运行,全年累计完成税收6625.4万元,同比增长7%,其中,工业税收完成3937.45万元,增长56%,占比达60%,全区乡镇排名前列。规上工业企业新增1家,达到10家。全年工业用电量1.6亿度,同比增长30%。完成固定资产投资1.7亿元,规模以上工业主营业务收入13.2亿元,同比增长50%,全区乡镇排名前列。全年签约裕丰绿色产业园、红狮环保2个亿元以上项目,云岭山庄1个亿元以下项目。宜万同城快速通道(柏木段)项目加速推进,2021年年底交付使用,柏木至石下产业路2021年年底通车。

【脱贫攻坚】 巩固拓展脱贫攻坚成果同乡村振兴有效衔接,重新选派乡村振兴帮扶工作组,教育、健康、产业、就业等各项帮扶政策落地落实。全年完成危房改造7户,设立帮扶车间2个,吸纳脱贫劳动力就业18人。设立公益性岗位48个,发放工资30万元;申请批复产业帮扶项目2个,发放产业直补资金17.2万元;申报雨露计划76人次,补助资金11.4万元;申请交通补贴172人,补贴资金8.04万元。推进社会保障体系建设,新增低保22户29人,五保5户5人,为98位分散五保老人发放御寒棉衣;扩大城乡居民养老保险覆盖面,全年发放养老金39.08万元;走访优抚对象295人次,发放走访慰问金9.36万元。13个村级公益性墓地建设完成并投入使用,四季度入墓率实现100%;积极对接各用工企业,及时掌握用工需求,为重点企业送工120人。

【创文建设】 城乡面貌显著改善,积极开展全国文明城市创建,投入8万多元维修集镇老旧路灯、整治水沟、整修路面等;投入20余万元搬迁改造新时代文明实践所,硬化院内草坪。积极开展农村人居环境集中整治,拆除违规搭建16处,清运生活垃圾2000吨、杂物和各类建筑垃圾435吨,清理公路沿线和集镇水沟5000米,规划机动车和非机动车停车位100多个,整治占道经营或出店经营58次,集镇面貌大有改观。完成4个省级和4个自建新农村点建设,乡村面貌焕然一新。

【社会事业】 教育公平稳步推进,高考成绩再创佳绩,2021年高考考取本科985院校2人、本科211院校1人、一本32人、二本68人,办学质量不断攀升,师资配备日趋均衡;完成小学学生宿舍楼提升改造,解决246名农村学生住宿难题;中学、小学荣获全区2020—2021学年办学质量先进单位,6人被评为全区优秀教师,4人被评为全区优秀班主任,3人被评为全区师德标兵。

(吴梓辉)

官园街道

【概况】 官园街道是江西省宜春市宜阳新区下辖街道,总人口21754人。2021年,官园街道坚持以习近平新时代中国特色社会主义思想为指导,认真落实上级各项决策部署和工作要求,在新区党工委、管委会的坚强领导下,在新区各部门的支持帮助下,精准发力、多措并举,全力推进街道工作再上新台阶。

【党建工作】 2021年,官园街道党工委党史学习教育培训活动以专题讲座、学习论坛、党课等形式组织党员集体学习政治理论、党章党规党纪、党的宗旨、革命传统、形势政策、知识技能等70余次。街道党工委、片区党委及各基层党组织组织专题学习教育100余次。街道下辖5个“两新”党组织,4个非公有制经济组织党员和1个社会组织,针对不同领域党员因业施教。把基层党组织书记和党务干部作为培训重点，通过“三会一课”观摩、专家讲座、主题座谈等形式，组织学习中央和省、市有关政策和文件精神，提高他们的理论水平、开展党务工作能力，更好地适应岗位。官园街道现有流入党员14人，流出党员141人，流入党员共同参与了街道社区活动，积极发挥了自身特长作用，为辖区居民办实事50余件，为辖区居民解决实际问题15个。2021年，党工委集中组织大型党课2次，教育培训党员干部和入党积极分子200余人次。2021年结合中国共产党成立100周年等开展重温入党誓词，参观铜鼓、仙源等红色教育基地，品读红色经典等活动，鼓励党员干部争创一流业绩、争当一流先进，进一步增强党组织的凝聚力和战斗力，充分发挥党员的先锋模范作用。12个社区换届选举，共选出新一届党(总)支部书记12名、新一届党(总)支部委员60人，选出新一届社区居民委员会委员77名，社区两委成员交叉任职46人，除坤山社区外，其他11个社区书记、主任均已实现一肩挑。街道撤并1个支部，成立了38个小区党支部、网格党支部和5个“两新”组织党支部，使基层党组织建设全面理顺，全街道43个党支部全部完成标准化建设。街道根据主次干道划分，小区座落及其他相关要素分布，辖区划分为98个网格，其中已建党支部网格98个，已有党小组网格57个。

【经济发展】 2021年，官园街道完成财税总收入4747万元，其中税收收入4712万元、非税收入35万元；实现地方收入1725万元。街道全年财政支出执行数4576万元。官园资产运营管理有限公司实现收益101.27万元，较2020年同期增长14.08%。

【民生事业】 官园街道实施开展“亲情连线”行动，为辖区内45名留守儿童和31名留守(孤寡)老人建立亲情连线50余次。依托新时代文明实践中心，开展未成年人教育系列活动免费义诊、爱心理发等便民活动。开展基层宣讲，举办百姓大舞会广场文化展演、红色电影展播，各类公益性读书活动近400场。2021年，街道财政发放民生资金共计880.54万元。向宜春市财政局申报“一事一议”财政奖补项目4个，涉及资金20万元。疫情防控，全年累计排查相关人员3784人，累计集中隔离598人。

【城市管理】 2021年，街道在城市管理方面抓民生、抓基础、抓实效，逐步完善，稳步推进。一是全力支持政府重点工程方面。街道今年完成张家山社区新屋下组宅基地征地59.06亩。二是全力做好老旧小区及背街小巷改造方面。以便民惠民为理念，启动元头冲、龙家小区、袁州区检察院等21个老旧小区改造项目，惠及2571户居民；完成全长680米的二字科巷背街小巷改造。三是全力提升“12345”热线平台服务工作。街道牢固树立群众利益无小事的观念，以切实帮助群众排忧解难为出发点，通过“12345热线加网格化”的管理模式，全年共处理平台派发工单1800件左右，按时办结率100%，群众满意度99.5%。

【文明创建】 在国家卫生城市复审迎检、创建全国文明城市上持续发力。严格按照迎检标准，持续抓好日常管理与集中整治的有机结合，有效保证了各项工作措施落实到位。一是加大对居民小区和主次干道乱堆乱放、违规种菜、乱搭乱建等严重影响城市文明的行为进行集中整治。全年共开展环境综合整治活动340余场，清除卫生死角22000余处、清理建筑垃圾近800吨、清理菜地2000余亩。二是加强马路市场的管理，加大“迁移、取缔、整治、规范”力度，强化市场秩序及周边环境和卫生管理。同时，对流动摊点进行合理疏导整治，坚持因势利导，疏堵结合，积极协调城管部门，引导流动摊贩文明经营。三是充分发挥驻片单位、相关职能部门及党员志愿者队伍作用，对主次干道、商铺店面、“牛皮癣”广告及乱停乱放等突出问题进行持续整治。四是加大宣传力度，浓厚创建氛围。全年组织开展常态化大扫除、各类文明志愿活动、家庭教育未成年人活动600余场，入户发放宣传手册7万余份，组织填写模拟调查问卷11万余份，极大提升了群众的对创建全国文明城市的知晓率、参与率、满意率。

金园街道

【概况】 金园街道位于中心城区北部，紧临市中心区，东连渥江乡，西接湖田乡，南至沪昆高速公路，北临三阳镇，处在320国道与沪昆高速公路交汇处。辖马王塘、厚村、枫林、江丰、宝利、金园6个居委会，辖区面积42平方千米，65个居民小组。耕地面积3600亩,水面面积308亩,有林面积1094亩,森林覆盖率2%。总人口16474人。2021年农业总产值3540.02万元,同比增长10.5%。

【脱贫攻坚】 巩固拓展脱贫攻坚成果同乡村振兴有效衔接。2021年,街道共有脱贫户105户278人,边缘易致贫户3户12人,所有脱贫户已全面脱贫,所有边缘易致贫户已全部消除风险。教育保障方面,全面落实学校校长和乡镇属地管理"双负责制",按照教育资助标准,2021年共发放教育资助金1844人832675元(含学籍在该街的)。医疗保障方面,全面落实基本医保、大病保险、医疗救助政策,定点医疗机构实现"先诊疗后付费"和"一站式"结算,卫生服务中心开通了门诊统筹。住房保障方面,已全面完成脱贫户房屋安全逐户评定分类,无C或D级房屋,定期开展住房安全排查工作及时给予帮扶,2021年共补漏9户,安装扶手22户。饮水安全保障方面,除待安置3个居民小组外,均已实现自来水入户。兜底保障方面,实行特困群体基本生活"应保尽保"。就业帮扶方面,及时向脱贫户推送企业招聘公告,组织脱贫户深入企业定点就业,街道贫困劳动力就业率高达96%。问题排查整改方面,5月份开展的对脱贫攻坚政策落实情况进行全面排查整改工作,共排查出3个问题,已全部整改到位。8月份开展的巩固拓展脱贫攻坚成果全面排查整改"回头看"暨"百日行动"工作,共排查出3个问题,也全部整改到位。

【综合治理】 常态化开展扫黑除恶及重点行业领域整治工作,研究制定《宜春经济技术开发区金园街道扫黑除恶常态化重点领域整治工作方案》,依照街道实际对涉及的三大重点行业领域方面成立了专项整治领导小组,设置了行业领域整治宣传板,设立了线索举报邮箱和电话,悬挂条幅30条以上,确保全民知晓、全民参与,与此同时坚持深入社区、居民小组走访摸排,每月上报排查线索情况。

【民生工程】 完成枫林社区江东三组基础设施改造、宝利社区灯笼桥组老屋场路面黑化、十五号安置地建设等一系列群众急难愁盼的民生工程。安置地方面,罗家安置地桩基工程及水电建设已完成,十四号安置地房屋建设已完成95%,十五号安置地桩基工程已完成75%,十六号安置地已完成桩基工程招投标。

【社会事务】 惠民政策方面,街道共有享受农村低保184户307人,城镇低保206户310人,城乡特困37户38人,孤儿4人,农村建档立卡105户287人、城镇脱贫解困户22户44人,已实现基本医保、大病保险、医疗救助三项保障制度全覆盖,报销医疗费用93.35万元,为212名残疾人发放两项补贴19.987万元。民生保障方面,全面落实人社工作各项政策,积极做好招工就业创业服务、城乡居民医保、城乡居民社会养老保险、社会保障卡办理等社会保障工作,为455人办理了农保代扣代缴工作,为156名贫困人口及重度残疾人办理了免费参保工作;城乡居民医保续保人数为14275人,达到袁州区医保局下达目标95%以上,录入系统免缴人员900余人;收集异地报销材料30人次,审核通过贫困人员医疗救助5人,为12名贫困人员申请了交通补贴和16名贫困人员申请了公益性岗位;为109人办理失业证,完成高质量就业街道劳动力1.7万余人基本情况摸排工作;城乡居民基本养老保险资格认证459人,认证率100%。窗口业务方面,便民服务中心各窗口共办理365件业务事项,基本得到群众满意。安全生产工作方面,按要求开展辖区内九小场所整治以及农林水安全生产巡查工作,全年未出现安全生产事故。环境保护工作方面,按照河长制方案,落实每月定期对辖区内的三阳河、雷河巡查工作,对巡察发现的问题及时反馈、落实整改;对辖区河流水库进行清理保护,完成辖区受污染耕地治理工作。

【人居环境】 全年共拆除违法建设12起,拆除面积约1385平方米,力保违法建设行为零增长,以创建全国文明城市为契机,针对老旧居民小区和背街小巷基础设施薄弱,对马王塘、金园社区空地约5500平方米进行整体提升改造;完善规划各类非机动车与机动车停车位;新安装了100余盏路灯,极大方便了群众夜晚出行;针对各安置地脏乱差等情况,共清除违规种植菜地48处,计4000余平方米,清除小广告、"牛皮癣"等5000余处,拆除了乱搭乱建50余处。

温汤镇

【概况】 温汤镇位于宜春市城南15千米处，是明月山温泉风景名胜区管委会驻地。东连袁州区南庙镇、明月山风景区洪江镇，南接吉安市安福县章庄乡，西临袁州区西村镇和萍乡市芦溪县万龙山垦殖场，北邻袁州区湖田镇，总人口27046人。

【疫情防控】 坚持疫情常态化管理，重点排查境外返回人员和重点地区人员，一年来共对国内中高风险地区来访人员采取集中隔离措施70人。一年来未出现一例确诊病例和无症状感染者。大力推动新冠疫苗接种工作，温汤镇18岁以上人群新冠疫苗两针接种率达到99%，3~17岁人群疫苗接种工作正稳步推进。

【基层党建】 全镇13个村（社区）党组织书记经民主程序，依法当选为村(居)民委员会主任，“一肩挑”比例100%。严格党员发展程序，全年发展党员24名。发展壮大村级集体经济。成立宜春市明景农业产业有限公司，依托村集体经济发展公司，全面盘活各村(社区)村级经济，全镇13个村(社区)2021年收入均达10万元以上。抓牢抓实党史学习教育。研究制定《温汤镇开展党史学习教育实施方案》，镇党委组织宣讲团，进农村、进学校、进企业、进机关，累计开展宣讲活动74场次，累计听众4000余人次。积极开展“我为群众办实事”实践活动，累计投入资金1919.46万元。推进民生资金“码”上监督。公开公示村级财务信息共计3399条，公开民生项目284个，总投资金额6081.82万元，公开到户资金677.3万元;推进清廉温汤建设。全年共收到线索15件,立案5件,处分3人。

【项目建设】 继续推进四方井水利枢纽工程项目。完成了环库东线、支线建设;协调仙巩片区安置房建设，启动了大布长丰、甘家里安置房建设;推进老旧小区改造,完成了明月园、老干部宿舍、司法楼及农贸市场老旧小区改造验收工作,2021年6个老旧小区改造项目已完成;水口雨污管网建设项目已经完成;水口水库除险加固工程已完成;做好了中科院院士康养基地协调服务,确保项目顺利推进。

【城乡面貌】 2021年共有新农村建设点8个，其中省建点4个,自建点4个,完成温古公路示范线建设,创建温汤镇宜居乡镇建设,完成美丽庭院建设200个,整合移民资金、投资800多万元,对田心村台上、台下自然村进行秀美乡村建设,完成包括污水处理、房相改造等“七改三网”和“8+4”项目建设任务。扎实开展人居环境整治,共清理陈年垃圾120处、800多吨,清理“牛皮癣”、乱张贴小广告2000余处。积极推进厕所革命,共完成旱厕、无厕户改造160户,“一格式”“二格式”化粪池改造95户，全镇改厕率达到95%以上。

【农林业】 完成栽插早稻面积1700余亩,为3571户发放地力补贴260万元，春季防疫率达98%;抓好冬种工作,共栽种油菜3800余亩;做好防汛工作,加强值班值守，筹备防汛抗旱物资。抓好松材线虫病调查,清除枯死松木1000余棵。发放公益林、退耕还林等资金166.337万元。加强森林防火宣传力度,发放13000余份防火宣传单,制作横幅35条、广告牌36块。

【社会保障】 2021年有分散五保户117户120人,共发放五保金105.3万元，护理费29.04万元；新增农村低保24户27人，取消58户69人,温汤镇城市低保16户19人,农村低保401户595人，共发放低保金254.2万元。共有21311人参保，缴费677.767万元。开展农村富余劳动力转移就业培训，举办了10期就业技能培训,参训人员400余人;2021年享受农村籍60岁退役军人补贴共123人,发放金额18.4555万元;发放伤残军人4人、老复员军人3人、参战参试人员11人、带病回乡人员5人补助金额31.4841万元。发放烈士子女补助金额3.6万元。

【安全生产和信访工作】 对辖区内所有行业领域、生产经营企事业单位和人员密集场所进行每周一排查,一季度和重大节日等一大排查，下发执法文书33份,共排查隐患53条,已整改完成51条,整改率达96.2%。信访维稳共排查矛盾纠纷88件,调解成功87件,调解成功率98%;新接收社区矫正人员23人,已全部落实社区矫正监管责任,解除社区矫正人员34人；刑满释放人员15人，已落实安置帮教措施。开展了以“防灾减灾”为主题的宣传教育活动,现场发放宣传资料80多份，参加人数达150余人次，全镇安全生产态势良好,无一例安全生产事故发生;抓好中央、省、市环保问题整改,投入40多万元完成了田心砂场平整复绿工作，水口水库饮用水源地保护建设工程正在建设。

【乡村振兴】 建档立卡贫困户296户658人，2020年已全部实现脱贫，边缘户7户24人已全部消除风险。安排8名建档立卡贫困户务工，增强带贫成效。发展20户特色种养业，发放产业奖补资金5.368万元。举办了10期就业技能培训班，组织脱贫劳动力86人参加，发放补贴1.5万元。安排扶贫专岗137个，发放工资42万元。超额完成小额信贷，现贷款53户265万。2021年温汤镇贫困户住院总费用为138万元，报销125万元，报销比例达到90%。实施12个基础设施项目，申请资金26.68125万元，对所有脱贫户、边缘户的“两不愁三保障”及饮水、收入情况开展排查，坚持边排查边整改，对排查出来的问题及时整改到位。

洪江镇

【概况】 洪江镇是江西省宜春市明月山温泉风景名胜区管委会下辖镇，位于袁州区南部边陲，东临新坊镇，南靠安福县章庄乡，西接温汤镇，北接南庙镇。辖区总面积171平方千米，全镇辖11个行政村，120个村民小组，总人口14256人；南北最长18.7千米，东西最宽9.35千米，总面积91.058平方千米，合9105.8公顷，其中耕地435.73公顷，占总面积的10.7%，山地2267.13公顷。2021年，实现财政收入4053.97万元，农民人均可支配收入2.5万元，接游人次达117万人次，旅游综合收入1.2亿元。

【旅游资源】 洪江镇于2018年6月获得“森林文化小镇”称号，境内资源丰富，生态环境优美，茂林深篁；千年古村南惹古村静谧安详，禅宗文化底蕴深厚；中国佛教禅宗五宗之一“沩仰宗”的发祥地——仰山栖隐禅寺，省级风景保护区“玉京山自然风景保护区”，明月山景区主峰“太平峰”，宜春八景之一的“仰山积雪”均坐落在洪江境内；中国特有的古老珍稀濒危植物中华落叶木莲（现存的全国仅有）、国家一级保护动物古生物的“活化石”之称的娃娃鱼；银杏、罗汉松、红豆杉、楠木等国家二级保护树种随处可见；森林覆盖率达90%以上；富氡温泉日流量达4000吨，水温常年保持在52℃~57℃，日流量达4000吨，含有丰富的氡元素，饮则甘甜可口，浴则润肤养身。

【民生项目】 2021年，洪江游客集散中心及周转房项目投入使用。派出所及辖区外单位项目工程基本完工，正在进行室内外装修等收尾工作。幼儿园项目已完成竣工验收，正在室内外装修，拟于2022年春季正式投入使用。明月山三观磨下片区棚户区改造（明月嘉苑小区）项目有序进行，该项目已取得选址意见书及用地预审意见，正在进行拆迁工作，协议签订已全部完成。洪江集镇市政道路及管网项目有序推进，已图审完毕并开标确定了施工单位。宜井遂高速公路项目顺利推进，对项目红线范围内土地完成征收，共计39.2公顷，正在有序建设中。明月山温泉生态康养产业项目已动工建设。

（谭宜斌）

人物　荣誉

省脱贫攻坚先进个人

周林海　周林海，男，汉族，中共党员，原宜春市袁州区芦村镇综治办专职副主任，现任宜春市袁州区芦村镇党委委员、人武部长。他迎难而上，大胆探索，不断创新，以“大数据+”的工作思路，为全区脱贫攻坚大数据管理工作打下坚实的基础。他不忘初心，牢记使命，始终把群众的利益放在首位，舍小家、顾大家，为基层减负、暖民心、赢民心。2021年被江西省委、省政府评为江西省脱贫攻坚先进个人。

打铁还需自身硬。“有多大的责，就要负多重的任；有多大能，就要使多大的劲”。2018年初，他任宜春市袁州区渥江镇扶贫办主任。为了将原来的200多户的手写贫困户档案改成电子版，他开始自学表格函数、vba编程。硬是用几万个函数公式，构建了全区第一个贫困户档案录入平台。春节期间，为了让所有的帮扶干部在新年的元宵节后拿到电子版的纸质稿，他主动放弃了休生育假，尽管那时第二个孩子出生还未满月。他独自一个人一份又一份地打印了所有的电子档案。因工作业绩突出，2018年8月，他借调到宜春市袁州区扶贫办，负责脱贫攻坚数据业务。来到扶贫办的他，在乡镇贫困户档案录入平台的基础上，以国扶信息系统、省大数据平台两大系统数据为基础，导入区本级教育、健康、移民、医保、就业等行业扶贫部门数据，进行EXCEL数据功能模块化，构建县级脱贫攻坚数据平台。通过数据平台的运用，大大减轻了全区基层帮扶干部贫困户信息档案填写工作量，极大地缩短了填表的时间，提高了工作效率，提高了贫困户档案填报的数据质量。刚到扶贫办的那时，全区的数据质量一直不稳定，面对组织殷殷重托和期望，他暗下决心，一定要啃下这块硬骨头。那是一段艰苦但幸福的日子。“渴了，一口水，不管冷热；饿了，一包泡面，不顾咸淡。”这是周林海在创建袁州区数据质量监测平台并使用时，带领大家不分昼夜、加班加点的工作场景。数据质量是建档立卡的生命线；数据评估、数据清洗，是提升数据质量的重要抓手。数据监测是数据评估的前提，更是重中之重。他通过对数据质量监管规则的分析，摸清监管规则指标含义，又自学起sqlserver、Python等编程语言，自编自建县级数据清洗监测平台。在日常的工作中，他每天总是7:00前到办公室，22:00以后才离开，“5+2”“白+黑”是工作常态，带病工作、一两个月没有休息，是常有的现象。领导和同事们称他是现代版的“拼命三郎”。宜春市袁州区通过利用平台对国扶信息系统数据动态监测后，国扶信息数据质量列全市第一，全省第一方阵，数据质量进一步得到巩固，为宜春市乃至全省县级数据质量监测开创了新的监管模式。他曾多次受邀参加全市脱贫攻坚数据质量清洗业务骨干培训班授课，代表全市参加全省数据质量清洗专项行动，多次受到省、市扶贫办领导的表扬。

心怀大爱让困难群众重燃生活希望。2020年是全面打赢脱贫攻坚战的收官之年，如何化解返贫风险、巩固脱贫成果显得尤为重要。2020年宜春市袁州区在全区全面推行防贫保险，有效解决困难群众因病因灾致贫返贫问题，为全面建成小康社会提供了坚强保障。由于工作成绩突出，周林海于2019年6月提拔为袁州区芦村镇综治办专职副主任，虽然职务变了，但他的工作职责没有变。他说：“尽职尽责地为广大脱贫户服务，一直是我不懈的追求，对防贫保工作更是一刻也不能放下。”

“之前感觉天就像塌了一样，不知道日子咋过下去，幸好有党的扶贫政策，才算让我们这个家有了继续生活下去的勇气。”宜春市袁州区湖田镇一寺村边缘易致贫户邹春根感激得几度哽咽。张春根妻子张春兰2020年患有胸腹主动脉瘤,导致双下肢截瘫,住院治疗费用16万多元,自行负担7.38万元。全家就张春根一个劳动力,还有四个孩子一个读大学、两个读初中、一个读小学,家庭总收入3.6万元,存在致贫风险。周林海主动介入协调,一是一站式帮他办理防贫保理赔款3.76万元;二是及时将张春根纳入边缘易致贫户,享受有关健康帮扶政策;三是衔接民政部门办理了2个低保;四是安排了一个公益岗位。像张春根这样办理了防贫保理赔的家庭还有辽市镇上石村易坤民、西村镇蚕塘村刘成等等达11户。涉及的每一户周林海总是亲力亲为,亲自上门上户,了解实际情况,能当场协调解决的当场协调解决,能一站式办理的就一站式办理。“群众利益无小事。凡是涉及群众切身利益和实际困难的事情,再小也要竭尽全力去办。”周林海践行着自己诺言。

几年来,周林海先后获得省脱贫攻坚先进个人,2018、2019年宜春市脱贫攻坚工作先进个人,宜春市袁州区第七届“十佳”公职人员,2017、2018、2019年袁州区脱贫攻坚先进个人等荣誉称号。2021年6月乡镇党委换届,周林海任宜春市袁州区芦村镇党委委员、人武部长。“大数据应用得越多,心里就越有底;越深入,越感到肩上担子更重。”周林海说:“我将继续牢记组织重托和期望,用实际行动践行使命与担当,坚定信心决心,以永不懈怠的精神状态、一往无前的奋斗姿态,真抓实干、埋头苦干,继续发扬脱贫攻坚精神,为全面推进乡村振兴奉献青春,做到不负青春、不负韶华、不负时代。”

2021年江西省五一劳动奖状获得者

江西百神药业股份有限公司 江西百神药业股份有限公司创建于2002年,坐落在宜春市袁州医药工业园,是一家集中成药、中药配方颗粒、中药饮片研发、生产和销售于一体的现代化制药企业,旗下有江西百神昌诺药业有限公司、江西百神医药有限公司两个全资子公司。“百神”为中国驰名商标。2021年被江西省总工会颁发“江西省五一劳动奖状”。

公司先后被评为中国中成药制造龙头企业,国家高新技术企业,江西百强民营企业,先进非公有制企业。2019年,公司列中国中药企业百强榜第98位,活血止痛胶囊、健脾八珍糕两个核心产品荣获中国医药品牌奖。2020年7月,公司蝉联中国中药企业百强榜,排名第92位。百神药业荣登“2020年中国中药企业100强”榜单,百神健脾八珍糕荣获2021“中国连锁药店最具合作价值单品”荣誉称号,百神活血止痛胶囊荣登2021“中国医药·品牌榜”榜单。

企业在发展,社会责任愈发重任在肩。公司不断发展的同时,通过向灾区捐赠现金和药品、捐资助学、支持新农村建设、助力精准扶贫、抗击新冠肺炎疫情等方式,参与公益事业,回报社会,累计达3200多万元,其中2020年新冠肺炎疫情捐赠现金100万元,捐赠抗疫药品和物资价值1025万元。2020年7月,公司被江西省工信厅、省发改委等13个部门联合评为“江西抗疫贡献企业”,并被省工商联、省总商会通报表扬,荣获江西抗击疫情重大贡献民营企业荣誉。新冠疫情对各行各业都造成巨大的冲击,但百神药业不裁员、不撤资,逆势而上,实现税收过亿元,同比增长8.16%。百神药业正在积极组织企业上市工作,以2021年12月31日为上市审计基准日,向江西证监局递交辅导验收申报,并向中国证监会/交易所提交申报受理。

2021年11月,鉴于百神药业在“十四五”规划发展时期,在高质量发展进程中主动作为积极肩负社会责任,对中国经济发展、社会和谐作出了卓越贡献,被《求是》《小康》杂志社联合评为“2021年度中国高质量发展特别贡献企业”。

2021年袁州区取得高级专业技术资格人员览表(124人)

表10

姓　名	工作单位	申报职称	申报专业	批文号	取得日期
邹树仁	宜春市袁州区三阳镇中心卫生院	主任中医师(乡镇类)	中医内科	赣人社字〔2022〕145号	2021年12月31日
李　旭	宜春市袁州区西村镇中心卫生院	主任医师(乡镇类)	学校卫生与儿少卫生	赣人社字〔2022〕145号	2021年12月31日
彭海洪	袁州明月医院	主任医师(县区类)	普通内科	赣人社字〔2022〕145号	2021年12月31日
钱志松	江西省宜春市第二人民医院	主任医师(县区类)	骨外科	赣人社字〔2022〕145号	2021年12月31日
徐文渊	江西省宜春市第二人民医院	主任医师(县区类)	泌尿外科	赣人社字〔2022〕145号	2021年12月31日
刘济纯	袁州明月医院	主任技师(县区类)	临床医学检验临床基础检验技术	赣人社字〔2022〕145号	2021年12月31日
孙海辉	宜春大海龟生命科学有限公司	正高级工程师	食品	赣人社字〔2022〕93号	2021年12月31日
魏国华	宜春大海龟生命科学有限公司	正高级工程师	精细化工	赣人社字〔2022〕93号	2021年12月31日
彭常春	江西济民可信药业有限公司	正高级工程师	制药工程	赣人社字〔2022〕93号	2021年12月31日
钟玉梅	宜春市第六小学	中小学正高级教师	语文(小学)	赣人社字〔2022〕181号	2021年12月28日
巫琳琳	宜春市第一小学	中小学正高级教师	思想政治	赣人社字〔2022〕181号	2021年12月28日
易礼根	宜春市第十中学	中小学高级教师	化学	赣人社字〔2022〕155号	2021年12月26日
肖珍萍	宜春市袁州区下浦中心幼儿园	中小学高级教师	语文(小学)	赣人社字〔2022〕155号	2021年12月26日
吴　晟	宜春市袁州学校	中小学高级教师	英语(初中)	赣人社字〔2022〕155号	2021年12月26日
孙　紝	宜春市特殊教育学校	中小学高级教师	英语(初中)	赣人社字〔2022〕155号	2021年12月26日
樊海艳	宜春市特殊教育学校	中小学高级教师	语文(小学)	赣人社字〔2022〕155号	2021年12月26日
姜清华	宜春市第二中学	中小学高级教师	物理	赣人社字〔2022〕155号	2021年12月26日
袁　琦	宜春市第三小学	中小学高级教师	语文(小学)	赣人社字〔2022〕155号	2021年12月26日

续表 10

姓　名	工作单位	申报职称	申报专业	批文号	取得日期
龙丽丽	宜春市第三小学	中小学高级教师	语文(小学)	赣人社字〔2022〕155 号	2021 年 12 月 26 日
钟国平	宜春市第四中学	中小学高级教师	数学(初中)	赣人社字〔2022〕155 号	2021 年 12 月 26 日
聂国琴	宜春市第四中学	中小学高级教师	数学(初中)	赣人社字〔2022〕155 号	2021 年 12 月 26 日
简　坚	宜春市第四中学	中小学高级教师	语文(高中)	赣人社字〔2022〕155 号	2021 年 12 月 26 日
王冬莲	宜春市袁州区彬江中学	中小学高级教师	音乐	赣人社字〔2022〕155 号	2021 年 12 月 26 日
丁树根	宜春市袁州区天台镇中心小学	中小学高级教师	数学(小学)	赣人社字〔2022〕155 号	2021 年 12 月 26 日
易　伟	宜春市第四小学	中小学高级教师	语文(小学)	赣人社字〔2022〕155 号	2021 年 12 月 26 日
李　敏	宜春市第六小学	中小学高级教师	语文(小学)	赣人社字〔2022〕155 号	2021 年 12 月 26 日
姜　婷	宜春市袁州区彬江镇中心小学	中小学高级教师	语文(小学)	赣人社字〔2022〕155 号	2021 年 12 月 26 日
林招兰	宜春市袁州区慈化中学	中小学高级教师	数学(初中)	赣人社字〔2022〕155 号	2021 年 12 月 26 日
皮卫华	宜春市袁州区慈化中学	中小学高级教师	语文(初中)	赣人社字〔2022〕155 号	2021 年 12 月 26 日
刘金生	宜春市袁州区西村镇中心小学	中小学高级教师	数学(小学)	赣人社字〔2022〕155 号	2021 年 12 月 26 日
陈平根	宜春市袁州区湖田镇中心小学	中小学高级教师	数学(小学)	赣人社字〔2022〕155 号	2021 年 12 月 26 日
易小蓉	宜春市实验小学	中小学高级教师	数学(小学)	赣人社字〔2022〕155 号	2021 年 12 月 26 日
刘宜兰	宜春市实验小学	中小学高级教师	语文(小学)	赣人社字〔2022〕155 号	2021 年 12 月 26 日
沈　莉	宜春市袁州区三阳镇中心小学	中小学高级教师	语文(小学)	赣人社字〔2022〕155 号	2021 年 12 月 26 日
赖晓芝	宜春市第一小学	中小学高级教师	语文(小学)	赣人社字〔2022〕155 号	2021 年 12 月 26 日
彭焕梅	宜春市袁州区天台山中学	中小学高级教师	物理	赣人社字〔2022〕155 号	2021 年 12 月 26 日
晏　芹	宜春市第五中学	中小学高级教师	英语(初中)	赣人社字〔2022〕155 号	2021 年 12 月 26 日
袁会明	宜春市新康府学校	中小学高级教师	政治	赣人社字〔2022〕155 号	2021 年 12 月 26 日
易秋古	宜春市袁州区下浦小学	乡村中小学高级教师	数学(小学)	赣人社字〔2022〕155 号	2021 年 12 月 26 日

续表 10

姓　名	工作单位	申报职称	申报专业	批文号	取得日期
黄　琪	宜春市袁州区新田镇中心小学	乡村中小学高级教师	数学(小学)	赣人社字〔2022〕155 号	2021 年 12 月 26 日
钟宜成	宜春市袁州区新田镇中心小学	乡村中小学高级教师	语文(小学)	赣人社字〔2022〕155 号	2021 年 12 月 26 日
杨来平	宜春市袁州区新田镇中心小学	乡村中小学高级教师	语文(小学)	赣人社字〔2022〕155 号	2021 年 12 月 26 日
袁冬林	宜春市袁州区寨下中心小学	乡村中小学高级教师	数学(小学)	赣人社字〔2022〕155 号	2021 年 12 月 26 日
袁会生	宜春市袁州区寨下中心小学	乡村中小学高级教师	数学(小学)	赣人社字〔2022〕155 号	2021 年 12 月 26 日
袁　英	宜春市袁州区寨下中心小学	乡村中小学高级教师	数学(小学)	赣人社字〔2022〕155 号	2021 年 12 月 26 日
李志良	宜春市袁州区寨下中心小学	乡村中小学高级教师	语文(小学)	赣人社字〔2022〕155 号	2021 年 12 月 26 日
黄小刚	宜春市袁州区寨下中心小学	乡村中小学高级教师	语文(小学)	赣人社字〔2022〕155 号	2021 年 12 月 26 日
唐华禄	宜春市袁州区天台镇中心小学	乡村中小学高级教师	数学(小学)	赣人社字〔2022〕155 号	2021 年 12 月 26 日
欧阳启发	宜春市袁州区慈化镇中心小学	乡村中小学高级教师	语文(小学)	赣人社字〔2022〕155 号	2021 年 12 月 26 日
周友琴	宜春市袁州区慈化中学	乡村中小学高级教师	英语(初中)	赣人社字〔2022〕155 号	2021 年 12 月 26 日
罗炳辉	宜春市袁州区金瑞镇中心小学	乡村中小学高级教师	数学(小学)	赣人社字〔2022〕155 号	2021 年 12 月 26 日
欧阳义芳	宜春市袁州区金瑞镇中心小学	乡村中小学高级教师	数学(小学)	赣人社字〔2022〕155 号	2021 年 12 月 26 日
李国华	宜春市袁州区楠木中学	乡村中小学高级教师	体育	赣人社字〔2022〕155 号	2021 年 12 月 26 日
彭茂成	宜春市袁州区水江镇中心小学	乡村中小学高级教师	数学(小学)	赣人社字〔2022〕155 号	2021 年 12 月 26 日
黄耀升	宜春市袁州区水江镇中心小学	乡村中小学高级教师	语文(小学)	赣人社字〔2022〕155 号	2021 年 12 月 26 日
彭　松	袁州区洪塘镇中心小学	乡村中小学高级教师	语文(小学)	赣人社字〔2022〕155 号	2021 年 12 月 26 日
张耀炳	宜春市袁州区水江中学	乡村中小学高级教师	英语(初中)	赣人社字〔2022〕155 号	2021 年 12 月 26 日
张方东	宜春市袁州区楠木乡中心小学	乡村中小学高级教师	语文(小学)	赣人社字〔2022〕155 号	2021 年 12 月 26 日
何六升	宜春市袁州区飞剑潭乡中心小学	乡村中小学高级教师	数学(小学)	赣人社字〔2022〕155 号	2021 年 12 月 26 日
晏汉凡	宜春市袁州区飞剑潭乡中心小学	乡村中小学高级教师	语文(小学)	赣人社字〔2022〕155 号	2021 年 12 月 26 日

续表 10

姓　名	工作单位	申报职称	申报专业	批文号	取得日期
刘海生	宜春市袁州区飞剑潭乡中心小学	乡村中小学高级教师	语文(小学)	赣人社字〔2022〕155 号	2021 年 12 月 26 日
邹春明	袁州区洪塘镇丰顶山中心小学	乡村中小学高级教师	语文(小学)	赣人社字〔2022〕155 号	2021 年 12 月 26 日
叶常青	宜春市袁州区天台山中心小学	乡村中小学高级教师	数学(小学)	赣人社字〔2022〕155 号	2021 年 12 月 26 日
张家伟	宜春市袁州区天台山中心小学	乡村中小学高级教师	语文(小学)	赣人社字〔2022〕155 号	2021 年 12 月 26 日
鄢友君	宜春市袁州区种子管理局	基层高级农艺师	园艺	赣人社字〔2022〕29 号	2021 年 12 月 09 日
卢洪波	宜春市袁州区农业技术推广服务中心	基层高级农艺师	农村合作组织管理	赣人社字〔2022〕29 号	2021 年 12 月 09 日
刘竹生	宜春市袁州区农业技术推广服务中心	基层高级农艺师	农学	赣人社字〔2022〕29 号	2021 年 12 月 09 日
黄金林	宜春市袁州区农业技术推广服务中心	基层高级农艺师	农学	赣人社字〔2022〕29 号	2021 年 12 月 09 日
宗焕青	宜春市袁州区农业技术推广服务中心	基层高级农艺师	农学	赣人社字〔2022〕29 号	2021 年 12 月 09 日
苏建生	宜春市袁州区医疗保险事业服务中心	高级会计师	会计	赣人社字〔2022〕72 号	2021 年 12 月 26 日
方　悦	江西省桂能综合设计研究院有限公司	高级工程师	暖通	赣人社字〔2022〕140 号	2021 年 12 月 18 日
涂其付	江西省桂能综合设计研究院有限公司	高级工程师	土木工程	赣人社字〔2022〕140 号	2021 年 12 月 18 日
易培萍	江西省桂能综合设计研究院有限公司	高级工程师	给排水工程	赣人社字〔2022〕140 号	2021 年 12 月 18 日
胥　军	江西荣城建设有限公司	高级工程师	建筑工程	赣人社字〔2022〕140 号	2021 年 12 月 18 日
黄江杰	江西荣城建设有限公司	高级工程师	建筑工程	赣人社字〔2022〕140 号	2021 年 12 月 18 日
付承明	江西荣城建设有限公司	高级工程师	建筑工程	赣人社字〔2022〕140 号	2021 年 12 月 18 日
杨玉华	江西锦宏建设工程有限公司	高级工程师	土木工程	赣人社字〔2022〕140 号	2021 年 12 月 18 日
张山柏	天工建设工程有限公司	高级工程师	建筑工程	赣人社字〔2022〕140 号	2021 年 12 月 18 日
陈昌义	江西华宝建设有限公司	高级工程师	建筑工程	赣人社字〔2022〕140 号	2021 年 12 月 18 日
邹武斌	江西济民可信药业有限公司	高级工程师	制药工程	赣人社字〔2022〕93 号	2021 年 12 月 31 日
惠　刚	江西济民可信药业有限公司	高级工程师	制药工程	赣人社字〔2022〕93 号	2021 年 12 月 31 日

续表 10

姓　名	工作单位	申报职称	申报专业	批文号	取得日期
易　航	江西济民可信药业有限公司	高级工程师	制药工程	赣人社字〔2022〕93 号	2021 年 12 月 31 日
张冬华	宜春市袁州区交通运输综合行政执法大队	高级工程师	公路与桥梁工程	赣人社字〔2022〕68 号	2021 年 12 月 17 日
陈慧恩	江西万宏路桥建设工程有限公司	高级工程师	公路与桥梁工程	赣人社字〔2022〕68 号	2021 年 12 月 17 日
刘　辉	宜春市交通公路工程建设有限公司	高级工程师	公路与桥梁工程	赣人社字〔2022〕68 号	2021 年 12 月 17 日
钟天赐	江西省宜春金桥道路工程检测有限公司	高级工程师	公路与桥梁工程	赣人社字〔2022〕68 号	2021 年 12 月 17 日
宋　炜	宜春通达路桥建设有限公司	高级工程师	公路与桥梁工程	赣人社字〔2022〕68 号	2021 年 12 月 17 日
贾小平	江西宜春京能热电有限责任公司	高级工程师	热能与动力工程	赣人社字〔2022〕55 号	2021 年 12 月 21 日
刘迎静	江西特种电机股份有限公司	高级工程师	质量	赣人社字〔2022〕55 号	2021 年 12 月 21 日
孟　游	江西特种电机股份有限公司	高级工程师	机电一体化	赣人社字〔2022〕55 号	2021 年 12 月 21 日
余丽燕	江西斐然向风环保咨询有限公司	高级工程师	环境工程	赣人社字〔2022〕14 号	2021 年 12 月 09 日
孙丽伟	宜春市益鑫环保科技有限公司	高级工程师	环境工程	赣人社字〔2022〕14 号	2021 年 12 月 09 日
李　伟	宜春市规划建筑设计研究院	高级工程师	城乡规划	赣人社字〔2022〕3 号	2021 年 11 月 28 日
施　炜	宜春市袁州区林业油茶发展中心	高级工程师	林业资源利用	赣人社字〔2022〕23 号	2021 年 11 月 14 日
肖　莉	宜春市袁州区妇幼保健院	副主任中医师（县区类）	中医妇科	赣人社字〔2022〕70 号	2021 年 11 月 28 日
李海栋	宜春市袁州区寨下镇卫生院	副主任医师（乡镇类）	消化内科	赣人社字〔2022〕70 号	2021 年 11 月 28 日
易小娟	宜春市袁州区柏木乡卫生院	副主任医师（乡镇类）	妇产科	赣人社字〔2022〕70 号	2021 年 11 月 28 日
陈在斌	宜春市袁州区湖田镇卫生院	副主任医师（乡镇类）	口腔内科	赣人社字〔2022〕70 号	2021 年 11 月 28 日
刘冬云	宜春市袁州区南庙镇卫生院	副主任医师（乡镇类）	消化内科	赣人社字〔2022〕70 号	2021 年 11 月 28 日
周军华	宜春市袁州区温汤镇中心卫生院	副主任医师（乡镇类）	学校卫生与儿少卫生	赣人社字〔2022〕70 号	2021 年 11 月 28 日
易　伟	江西省宜春市第二人民医院	副主任医师（县区类）	普通外科	赣人社字〔2022〕92 号	2021 年 12 月 31 日
郭晚元	袁州明月医院	副主任医师（县区类）	普通外科	赣人社字〔2022〕70 号	2021 年 11 月 28 日

续表10

姓　名	工作单位	申报职称	申报专业	批文号	取得日期
邓　勇	宜春袁州现代医院	副主任医师(县区类)	超声医学	赣人社字〔2022〕70号	2021年11月28日
张水根	宜春袁州现代医院	副主任医师(县区类)	普通外科	赣人社字〔2022〕70号	2021年11月28日
柳玉芳	袁州康民医院	副主任医师(县区类)	超声医学	赣人社字〔2022〕70号	2021年11月28日
吴蓉蓉	宜春市袁州区疾病预防控制中心	副主任医师(县区类)	传染病	赣人社字〔2022〕70号	2021年11月28日
谭贤清	宜春市袁州区妇幼保健院	副主任医师(县区类)	麻醉学	赣人社字〔2022〕70号	2021年11月28日
李　伊	宜春市袁州区疾病预防控制中心	副主任技师(县区类)	微生物检验技术	赣人社字〔2022〕70号	2021年11月28日
王方艳	袁州康民医院	副主任护师(县区类)	内科护理	赣人社字〔2022〕70号	2021年11月28日
吴卫群	宜春市袁州区疾病预防控制中心	副主任护师(县区类)	护理学	赣人社字〔2022〕70号	2021年11月28日
黄晓红	宜春市袁州区妇幼保健院	副主任护师(县区类)	妇产科护理	赣人社字〔2022〕70号	2021年11月28日
彭　涛	宜春市袁州区妇幼保健院	副主任护师(县区类)	妇产科护理	赣人社字〔2022〕70号	2021年11月28日
黄会招	江西省宜春市第二人民医院	副主任护师(县区类)	内科护理	赣人社字〔2022〕70号	2021年11月28日
袁珍兰	江西省宜春市第二人民医院	副主任护师(县区类)	内科护理	赣人社字〔2022〕70号	2021年11月28日
罗　倩	江西省宜春市第二人民医院	副主任护师(县区类)	内科护理	赣人社字〔2022〕70号	2021年11月28日
蒋俊杰	江西吉兆建设工程有限公司	非国有企业高级工程师	给排水工程	赣人社字〔2022〕142号	2021年12月20日
杨　辉	江西宜春市水电消防设备安装有限公司	非国有企业高级工程师	机电工程	赣人社字〔2022〕142号	2021年12月20日
廖劲松	江西宜春市水电消防设备安装有限公司	非国有企业高级工程师	机电工程	赣人社字〔2022〕142号	2021年12月20日
朱　虹	宜春市通畅工程检测有限公司	非国有企业高级工程师	给排水工程	赣人社字〔2022〕142号	2021年12月20日
易国建	江西金长城建设发展有限公司	非国有企业高级工程师	给排水工程	赣人社字〔2022〕142号	2021年12月20日
肖跃华	江西省赣宜工程监理咨询有限公司	非国有企业高级工程师	给排水工程	赣人社字〔2022〕142号	2021年12月20日
曾令峰	江西锦宏建设工程有限公司	非国有企业高级工程师	电气工程及其自动化	赣人社字〔2022〕142号	2021年12月20日
彭锦庚	江西开复实业有限公司	非国有企业高级工程师	机电工程	赣人社字〔2022〕142号	2021年12月20日
杨应剑	宜春通达路桥建设有限公司	非国有企业高级工程师	给排水工程	赣人社字〔2022〕142号	2021年12月20日

组织机构领导人员名录

区级领导机构成员名录

中国共产党宜春市袁州区委员会

书　记:李国兴(任至7月)
　　　　江伟斌(8月任)
副书记:胡　勇
副书记:刘克波(任至7月)
　　　　李云平(8月任)
区委常委:丁黎清(任至7月)
　　　　易回香(任至7月)
　　　　熊厚胜(任至7月)
　　　　李云平(任至7月)
　　　　欧阳琨(任至7月)
　　　　罗　毅(任至7月)
　　　　赵　云
　　　　刘逸飞
　　　　黄文锋(任至7月)
　　　　沈　郅
　　　　谢春松(8月任)
　　　　李　翔(8月任)
　　　　江海滨(8月任)
　　　　杨卫勇(8月任)
　　　　傅　鹏(8月任)
　　　　谌卫锋(8月任)
区委二级调研员:胡梅金
　　　　何　彬
　　　　熊能生
　　　　刘湖南
区委四级调研员:
　　　　鲁旭东(4月任)

宜春市袁州区人民代表大会常务委员会

主　任:陈　彬
副主任:冷北兴(任至9月)
　　　　舒建设
　　　　丁青林(任至9月)
　　　　李学才(任至9月)
　　　　李日耀(9月任)
　　　　刘卫国(9月任)
　　　　谌　勇(9月任)
　　　　邓　琪
　　　　梁福军(2月任)

宜春市袁州区人民政府

区　长:胡　勇
常务副区长:李云平(任至9月)
　　　　谢春松(9月任)
党组成员:黄文锋(任至9月)
副区长、党组成员:江海滨
副区长:杨　宜
副区长、党组成员:
　　　　杜志刚(任至9月)
　　　　蒋晓青(9月任)
　　　　李日耀(任至9月)
　　　　刘卫国(任至9月)
　　　　杨卫勇(任至9月)
　　　　晏　军(9月任)
　　　　罗嗣佳妮
　　　　谢翠洪(9月任)
　　　　甘辉华(9月任)
党组成员:熊能生
　　　　晏　军(任至9月)
　　　　熊华生(11月任)
二级调研员:王春玲
党组成员:王永江(任至9月)
　　　　袁德明(9月任)

中国人民政治协商会议宜春市袁州区委员会

主　席:孙智红(任至9月)
　　　　熊爱国(9月任)
副主席:袁春平
　　　　李小华(任至9月)
　　　　罗　坤(任至9月)
　　　　敖志海
　　　　谌　勇(任至9月)
　　　　黄　蓉(任至9月)
　　　　易清松
　　　　钟文锋(9月任)
　　　　袁宝贵(9月任)
　　　　张艳玲(9月任)
　　　　曹少鹏(9月任)

中国共产党宜春市袁州区纪律检查委员会

区委常委、纪委书记:赵云
区纪委副书记:袁发亚(任至8月)
　　　　王　平
　　　　陈世恩
　　　　袁会明(8月任)
区纪委常委:袁会明(任至8月)
　　　　周绍辉(任至12月)
　　　　周　琪(任至8月)
　　　　袁　安
　　　　梁海波(任至8月)
　　　　柳水根(8月任)
　　　　李勇平(8月任)

黄德华(8月任)
易临军(12月任)

宜春市袁州区监察委员会
区委常委、区监委主任:赵云
区监委副主任:
袁发亚(任至8月)
王　平
陈世恩
袁会明(8月任)
区监委委员:袁会明(任至8月)
周　琪(任至8月)
袁　安
易临军
钟林福
周绍辉(8月任,任至12月)
李勇平(8月任)
易引辉(12月任)

宜春市中心城区管理委员会
区政府党组成员、党工委副书记、管委会主任:
晏　军(任至8月)
党工委副书记:
刘未生(8月始主持工作)
党工委委员、管委会副主任:
刘　琪
胡鸿俊
党工委委员、区综合行政执法局局长:彭家伟(挂任)
党工委委员:邱丽丹
党工委委员、党政办主任:陈剑荣

区委各部门 区直各单位及有关单位领导干部名录

·区委各部门及有关单位·

区委办公室
主　任:谢军华(任至7月)
钟文锋(8月任)
副主任、信访局局长:蔡玉芳
副主任:晏自平
谢文锋(任至6月)
正科级督查专员:袁　莉
改革办专职副主任:周琼霞

区纪委监委机关内设机构
办公室负责人:
李勇平(兼任至10月)
李宇飞(10月任)
组织部部长:李　莉
宣传部部长:
唐仁洪(任至12月)
江　帆(12月任)
党风政风监督室主任:
谢细红(任至6月)
黄　晶(12月任)
信访室主任:廖红霞
案件监督管理室主任:
廖　媛(任至12月)
第一纪检监察室主任:
黄　浪(任至12月)
第二纪检监察室主任:
潘　赢(12月任)
第三纪检监察室主任:
张梦萍(任至12月)
第四纪检监察室主任:
彭浩宇(任至12月)
第五纪检监察室主任:
韩　燕(任至12月)
第六纪检监察室主任:黄　玮
第七纪检监察室主任:熊　巍
第八纪检监察室主任:袁树华
第九纪检监察室主任:
易引辉(任至12月)
第十纪检监察室负责人:
范　丰
第十一纪检监察室主任:
袁　安
第十二纪检监察室主任:
陈博仁(任至12月)
案件审理室主任:王　萌
纪检监察干部监督室主任:
袁玉玲
第一派驻纪检监察组组长:
胡常东(任至12月)
叶　海(12月任)
第二派驻纪检监察组组长:
邹清洲(任至12月)
桂武丽图(12月任)
第三派驻纪检监察组组长:
李　祥(任至12月)
张　斌(12月任)
第四派驻纪检监察组组长:
张　斌(任至12月)
胡常东(12月任)
第五派驻纪检监察组组长:
郑洪才(任至12月)
文　英(12月任)
第六派驻纪检监察组组长:
叶　海(任至12月)
李　祥(12月任)
第七派驻纪检监察组负责人:
徐淑琴
第八派驻纪检监察组组长:
邓国林(任至12月)
许　娟(12月任)
第九派驻纪检监察组组长:
桂武丽图(任至12月)
邹清洲(12月任)
第十派驻纪检监察组组长:
许　娟(任至12月)
邓国林(12月任)

区委组织部
区委常委、组织部部长:沈　郅
常务副部长:
钟文锋(任至12月)
袁宇东(12月任)
四级调研员:武志强
副部长、区非公经济与社会组织党工委书记:王　琴
副部长、区委编办主任:陈美谷
部务委员:程元红
黄晨希
唐仁洪
派驻纪检监察组组长:文　英

区委宣传部
区委常委、宣传部部长：
易回香(任至8月)
傅　鹏(8月任)
常务副部长：周德根(任至8月)
京方勇(8月任)
副部长：钟宪斌
副部长、文明办主任，文联党组书记：赵木根
副科级干部：黄　磊
胡　霞

区委统一战线工作部
区委常委、统战部部长、区民宗局局长：熊厚胜(任至8月)
李　翔(8月任)
常务副部长：凌诚明(任至9月)
李安玲(1月任)
副部长：彭　亮(任至9月)
姚素华
欧阳礼文(1月任)
区党外知识分子联谊会会长：
杨　宜(任至1月)
张艳玲(1月任)
区党外知识分子联谊会常务副会长：姚素华(任至1月)
区新的社会阶层人士联谊会会长：廖文丙

区委政法委
区委常委、政法委书记：
欧阳琨(任至7月)
杨卫勇(8月始任)
常务副书记：潘世宏
副书记：黄金德
易淑元
政治处主任：何艳敏

区委机构编制委员会办公室
区委编办主任：　陈美谷
区委编办副主任：李　蓉
汤　勇
区机构编制实名制中心主任：
王惠云

区委巡察机构
区委巡察办主任：柳水根
副主任：钟兰英
二级主任科员：肖维生
三级主任科员：李冬辉(9月任)
第一巡察组组长：李水明
正科级巡察专员：刘文光
副组长：余光胜
第二巡察组组长：谢　娇
副组长：李荣贵
第三巡察组组长：钟　舷
正科级巡察专员：潘象国
副组长：彭仁勇
第四巡察组组长：
李冬辉(任至9月)
正科级巡察专员：
李勇平(任至8月)
副组长：胡志平

区委信访局
局　长：蔡玉芳
正科级信访督查专员：龚益群
易安平
副局长：李炳富
欧阳磊
区人民来访接待中心主任：杨丽琼

区史志工作办公室
主　任：李艳平
副主任：张金波
袁春花(任至12月)

区委党校(行政学院)
党校校长：刘克波(兼，任至8月)
李云平(兼，8月任)
行政学校校长：
李云平(兼，任至8月)
谢春松(兼，8月任)
党校常务副校长：黄　琼
党校副校长：陈晓阳
行政学校副校长：易永春
党校校务委员：易维波

区融媒体中心
主　任：李　刚(任至8月)
总编辑：熊高军
副主任：晏小丽
副总编辑：刘劼洋

·区人大常委会工作机构·

办公室主任：张绍勇(任至9月)
龙　鸣(9月任)
办公室副主任：黄盼(任至9月)
李　丹(9月任)
监察和司法委员会主任委员：
刘文蔚
副主任委员：黄圣良
财政经济委员会主任委员(预算审查工委主任)：
廖文丙(任至9月)
彭园华(9月任)
副主任委员：卢建兵(任至9月)
刘绍华(9月任)
教育科学文化卫生外事侨务民族宗教工作委员会主任委员：
彭海明(任至9月)
副主任委员：李吉江(任至9月)
农业农村和城乡建设环境资源保护工作委员会主任委员：张耀平
副主任委员：邓　懿
选举任免联络工作委员会主任委员：吴建平(任至9月)
张绍勇(9月任)
副主任委员：江春莉
社会建设委员会主任委员：杜丹波
副主任委员：易南宇
预算审查工作委员会副主任：邹王萍
备案审查工作委员会副主任：赵海斌

·区政协工作机构·

秘书长：陈艳宇(任至9月)
黄德平(9月任)
副秘书长：黄　芳(9月任)
提案委员会主任：黄德平(任至9月)

副主任:陈　侃
经济委员会主任:易　战
农业和农村委员会主任:黄雪徽
副主任:高　勇
教科卫体和文化文史学习委员会主任:唐元海
副主任:江　红
社会法制和港澳台侨外事委员会主任:吴建玉
副主任:汪　皎
办公室主任:刘科元
副主任:谢运文

·群众团体·民主党派·

区总工会

党组书记、主席:陈治平
　　　　　　邓琪(8月任)
党组副书记、常务副主席:钟甫华
　　　何发庚(8月任)
党组成员、副主席:陈爱萍
党组成员、经费审查委员会主任:晏　魷
二级主任科员、机关党支部书记:唐　瑜
原区职工学校校长:陈冬平
原区工人文化宫主任:廖海静

共青团袁州区委

书　记:龙　玥(任至6月)
　　　陈石玉(10月任)
副书记:龙　鑫
　　　陈静怡(2月任)
挂职副书记:彭爱平

袁州区妇女联合会

主　席:尹　珊
副主席:孙园园
　　　龙海琴

区科学技术协会

主　席:邓　伟(任至8月)
　　　周庆江(8月任)
副主席:郭　敏

区台胞台属联谊会

名誉会长:江小莹
　　　　李晓客
会　长:刘梦麟
副会长:卢志云
　　　刘政赣
　　　黄艳平
　　　柳中咸
秘书长:高慧云

区归国华侨联谊会

主　　席:彭　亮
专职副主席:张全英

区工商联(总商会)

主席(会长):易清松(任至1月)
　　　　　廖文丙(1月任)
党组书记、常务副主席:李安玲
党组成员、副主席、副会长:钟文清
　　　　　　　　　　邓志斌

区文学艺术联合会

党组书记:赵木根(任至12月)
主　席:张艳玲
副主席:喻　虹
挂职副主席:李知己
兼职副主席:蔡玉芳
　　　　　刘小平
　　　　　刘青春
　　　　　黎绍华
　　　　　练继圣
兼职副秘书长:冷跃进

区哲学社会科学界联合会

主　席:李　红
副主席:刘建平

区残疾人联合会

党支部书记、理事长:张智
党支部副书记、副理事长:易文安

区红十字会

党组书记:傅鹏(兼,11月任)
副区长、会长:杨　宜(兼,11月任)
常务副会长:吴　妮
党支部书记、专职副监事长:龙海波
挂职副会长:朱雅旻

中国国民党革命委员会袁州区总支

主　委:敖志海(任至1月)
　　　易南宇(1月任)
副主委、秘书长:
　　　欧阳新华(任至1月)
　　　辛红海(1月任)
副主委:许东明(任至1月)
　　　邹一飞(任至1月)
　　　孙　蓉(1月任)
　　　刘　伟(1月任)

中国民主同盟袁州区总支

主　委:周文军(任至1月)
　　　张世冬(1月任)
副主委、秘书长:张世冬(任至1月)
　　　　　　梁正芬(1月任)
副主委:黎顺明(任至1月)
　　　付九洲(1月任)
　　　张文俊

中国民主建国会袁州区总支

主　委:徐福华(任至1月)
　　　李　晨(1月任)
副主委、秘书长:
　　　邹招明(任至1月)
　　　李铁明(任至1月)
　　　邹　民(任至1月)
　　　　黄海燕(1月任)
　　　　杨志勇(1月任)

中国民主促进会袁州区总支

主　委:曹少鹏(1月任)
副主委、秘书长:苏　艺(任至1月)
　　　　　　袁　昆(1月任)
副主委:喻　虹
　　　袁　昆
　　　彭　琅(1月任)

中国农工民主党袁州区总支

主　委:谌　勇
副主委、秘书长:晏　萍
副主委:吴兆鸣(任至1月)
　　　易　妮(任至1月)
　　　翟长云(1月任)
　　　彭　宇(1月任)

九三学社袁州区支社

主　委:杨发云(1月任)
副主委、秘书长:杨发云(任至1月)
　　　　　　黄　芳(1月任)
副主委:陈　蕴(任至1月)
　　　柳海林
　　　易铁凤

·政法系统各部门·

区人民法院

党组书记、院长:范桂云(任至9月)
　　　　　　吴子牛(9月任)
副院长:敖志海(兼)
党组成员、副院长:李锡建
　　　　　　易艳华
党组成员、纪检组长:钟利民
党组成员、副院长:漆建忠
党组成员、政治部主任:王　芸
党组成员、执行局长:揭春龙
党组成员、副院长:刘　挺
审判委员会专职委员:曹　昆
审判委员会专职委员:周小燕

区人民检察院

检察长:吴子牛(任至9月)
　　　陈文强(9月任)
副检察长:鄢华荣
　　　　陈　健
　　　　陈蔚国
　　　　易志刚
党组成员:杨山九
党组成员、检委会专职委员:
　　　　江　蓝
党组成员、政治部主任:徐　玭
金瑞检察室主任:易临辉
温汤检察室主任:彭彦辉

市公安局袁州分局

市公安局党委委员、副区长、公安分局党委书记、局长:
　　　杜志刚(任至8月)
　　　蒋晓青(8月任)
党委副书记、政治委员:谭雪松
党委委员、森林分局局长:岳耘
党委委员、副政委:袁林华
党委委员、副局长:刘　斌
　　　　　　　彭冬阳
党委委员、副政委:黄彦孟
党委委员、指挥中心主任:王南江
党委委员、副局长:李　欣
党委委员、政工监督室主任:
　　　　　　　黄　俊
党委委员、纪委书记:鲍　剑

区司法局

党组书记、局长:刘美美(任至8月)
　　　　　　邹清云(8月任)
党组成员、副局长:易永斌
党组副书记:曾晓辉
党组成员、副局长:李　旸
　　　　　　　朱小辉

·区政府各部门及有关单位·

区人民政府办公室

党组书记、主任:王永江(任至8月)
　　　　　　袁德明(8月任)
党组成员、副主任:邹　炜
　　　　　　　刘　勇
　　　　　叶爱军(任至8月)
正科级督查专员:易　红
区信息中心主任:李　进(任至4月)

区发展和改革委员会

党组书记、主任:陈永梅(任至8月)
　　　　　　彭　东(8月任)
党组副书记、副主任:
　　　　　　易鑫(任至12月)
党组副书记:柳绍军(任至12月)
党组成员、副主任:
　　　　曾志光(任至12月)
　　　　陈灿军
　　　　刘卫东(任至12月)
　　　　邓金平(12月任)
农业区划办主任:唐岚玫
信息中心主任:李　进
二级主任科员:袁新安
　　　　　　袁斌胜

区原中央苏区振兴办公室

主　任:杨军生(任至6月)
副主任:杨晶晶(任至6月)
　　　梁成敏(任至6月)

原中央苏区振兴发展服务中心

主　任:杨军生(6月任)
副主任:杨晶晶(6月任)
　　　梁成敏(6月任)

区教育体育局

党委书记、局长:易绍连
党委副书记、副局长:谢　明
党委委员、派驻纪检监察组组长:张　斌
党委委员、副局长:刘　勇
　　　　　　　彭　舜
　　　　　　　徐　剑
　　　　　　　熊国庆
党委委员:易冬云
　　　　钟平军
党委委员、总督学:万志荣
主任科员:易红玲
宜春市第四中学校长:万启云
宜春市第五中学副校长(主持工作):吴文发
宜春市袁州学校校长:晏国平
宜春实验小学校长:京　洪
宜春市文笔峰小学校长:谢安俊
袁州区中心幼儿园园长:黄海蓉
宜春市黄颇小学校长:汤　敏

区科学技术局

党组书记、局长:张　荣
党组成员、副局长:苏焕林
党组成员、科创中心主任:乔南红
党组成员、副局长:徐启生

区工业和信息化局

党委书记、局长:袁立军
党委副书记、副局长:邓志群
党委委员、副局长:李富生
党委委员:刘冬根(任至12月)
林雪春
潘　卫(12月任)

区民政局

党组书记、局长:施学明
党组副书记:陈福井
党组成员、副局长:游　峻
王　亮
党组成员、救助局局长:兰秋平
党组成员、副局长:戴松华

区财政局

党组书记、局长:谢翠洪(任至8月)
王永江(8月任)
党组副书记:彭绍文
党组成员、副局长:裴金华
刘文云
陈平华
党组成员、总会计师:邹汝明
乡镇财政管理局局长:陈文军
财投有限责任公司总经理:钟秋洪
二级主任科员:黎　萍
张宜兵

区人力资源和社会保障局

党组书记、局长:邓琪(兼,任至7月)
党组成员、副局长、社会保险事业管理局局长:彭银江
党组成员、副局长:陈宜斌(8月起主持工作)
党组成员、公共就业人才服务局局长:李　超
二级主任科员:卢绍伟
城乡居民基本养老保险管理局局长:易小云
劳动人事争议仲裁院院长:易枭龙

市自然资源局袁州分局

党组书记、局长:黄自华(任至3月)
林小明(3月任)
党组成员、副局长:
赖水牯(任至9月)
党组成员、纪检组长:彭庆平
党组成员、副局长:易金明
唐仁勇
易小斌
(任至12月)
谢　尼
党组成员:任花根
土地收储中心主任:周　军
不动产登记中心主任:易梅芳
自然资源执法大队大队长:胡波
副队长:仇婉娜(11月任)
国土空间调查中心负责人:
刘春江(11月任)

宜春市袁州生态环境局

党组书记、局长:汤冬根
党组成员、副局长:苏光生
曾志成
彭焕清
一级主任科员:刘彬生
二级主任科员:邱治宁
综合执法大队大队长:叶芃铖
生态环境监测站副站长:江　利

区住房与城乡建设局

党委书记、局长:袁　庆(任至12月)
彭家伟(12月任)
党委委员、副局长:陈　琳
党委委员:陈　波
曾石发
袁冬生
党委委员、纪检组长:桂武丽图
副科级干部:殷世信

区交通运输局

党委书记、局长:袁新宇
党委委员、副局长:朱东升
袁玉华
党委委员:王晓华
敖　勇
党委委员、副局长:彭　鹏

区农业农村局

党委书记、局长:欧阳琨
党委副书记、副局长:卓松礼
党委委员、副局长:周　海
万坤国
党委委员:易华生
党委委员、副局长:袁尚兵
练继军
潘洪来
党委委员、主任科员:林健
党委委员、副局长:肖晗
党委委员:邹顺国
党委委员、副局长:何文福
副局长:赵云来
党委委员:钟增文
徐　明
易自生
党委委员、副局长:易小林
副局长:杨发云
党委委员、副局长:欧阳凌
党委委员:冯云玲
二级主任科员:周咏怀
种子管理局局长:彭素龙
农技推广中心主任:梁正芬

区水利局

党委书记、局长:刘泉忠
党委委员、副局长:汤绍春
党委委员、人武部长:杨美江
党委委员、副局长:况智斌
郭　健
党委委员:彭鸿信
副科级干部:袁小春

区商务局(区供销社)
商务局党委书记、局长、供销社理事会主任:翟旭平
商务局党委副书记、供销社监事会主任:黄英平
商务局党委委员、副局长:谢明启
冷琛琼
徐　良
供销社理事会副主任:刘少华
珠三角招商联络处主任:汪明生
长三角招商联络处主任:谢　林
服务业发展中心主任:袁　晶
副科级干部:李卫林
晏招平

区文化广电新闻出版旅游局
党组书记、局长:丁晓薇
党组成员:李　刚
党组成员、副局长:晏辉群
党组成员:林　旭
党组成员、副局长:彭满生
李　悦

区卫生健康委员会
党委书记:梁福军
主任:梁福军(任至9月)
党委委员、副主任:张　嵩
党委委员:彭世华(任至12月)
易兴富(任至12月)
唐剑华
党委委员、副主任:孙文燕
党委委员:彭江成(任至12月)
副主任:翟长云
副科级干部:冯军平(抽调至赣湘边区经贸合作产业园)
计生协会办主任:陈　蓓
二级主任科员:谢会生
市二医院党委书记:
熊晶辉(1月任)
市二医院院长:
熊晶辉(任至6月)
涂德幸(6月任)
妇幼保健院院长:余位兵
疾控中心主任:钟福军
皮肤病医院院长:何广平
卫职校校长:唐春秀

区卫生健康综合监督执法局
局长:黄小云(任至10月)
副局长:晏智勇
王　彦
专职副书记:梁晓春(11月任)
副局长:谢大春(任至3月)

区退役军人事务局
党组书记、局长:袁　露
党组成员、副局长:陈　波
彭平华
正科级干部:黄新凤

区应急管理局
党委书记、局长:黄伟忠
党委副书记、副局长:罗国军
党委委员:刘　波
党委委员、副局长:盛锐文
张增明
党委委员:杨细古
李传忠
梁　契
党委委员、副局长:黄　琰
副科级干部:周涛根
梁雪峰

区审计局
党组书记、局长:袁德明(任至8月)
钟少平(8月任)
党组成员、副局长:刘东河
副局长:汪　雯
党组成员、副局长:刘江红
党组成员、总审计师:高云华
经济责任审计领导小组办公室专职副主任:严景昱

区国有资产监督管理办公室
主　任:卢　伟
副主任:练继圣
张绳庚

区林业局
党委书记、局长:黄德平
党委副书记、副局长:张广丁
党委委员、副局长:温大洪
李德兵
黄晓鹏
副局长:李铁明
党委委员:陈丽文
彭建青
二级主任科员:尹友生
四级主任科员:黄新国
四级调研员:胡爱良
有害生物防治检疫站站长:马章贵
国有林场场长:袁　春
国有林场总支书记:彭　松

区市场监督管理局
党组书记、局长:张家清
党组成员:邱干洪
党组成员、副局长:易卫东
涂　寅
副科级领导:郭竣豪
三级主任科员:肖　翔
一级主任科员:贺平华

区统计局
党组书记、局长:曹日红
党组成员、副局长:林新华
副科级干部:晏　喆

区乡村振兴局
党组书记、局长:钟少平(任至9月)
刘汉青(9月任)
党组成员、副局长:黄海峰
党组成员、副局长:易　玉
二级主任科员:李钊开
副科级干部:袁小春(任至9月)
谭　刚(任至4月)
周林海

区医疗保障局
党组书记、局长:袁宇东(任至12月)
江戈军(12月任)
党组成员、副局长:陈红星(任至12月)
杨　东(12月任)

副局长:童晓燕
一级主任科员:陈红星
四级主任科员:易　昀

区粮食局

党委书记、局长:黄德圣
党委委员、副局长:杨坤勇
　　　　　　　　易运平
党委委员、主任科员:付永良

区综合行政执法局

党组书记、局长:
　　彭家伟(任至 12 月)
　　吴德绍(12 月任)
教导员:郭绍亮
党组成员、副局长:陈兰香
副局长:易红平
党组成员、副局长:刘　辉
党组成员、总工程师:潘　辉
四级主任科员:苏　林
　　　　　　刘　海
　　　　　　胡　堃

袁州医药工业园

区政府党组成员兼医药园党工委第一书记:熊华生(11 月任)
党工委书记:周德忠(任至 12 月)
党工委副书记,管委会主任:
　　黄伟忠(任至 6 月)
党工委副书记医药园开发建设公司总经理:钟绍建(任至 6 月)
党工委委员:刘　胜
党工委委员、管委会副主任:
　　易　勇
　　彭莎琦
　　熊　涛
区综合行政执法局医药园综合执法大队长:万　超
医药园开发建设公司董事、副总经理:彭圣全
医药园开发建设公司副总经理:
　　袁建文
医药园开发建设公司财务总监:
　　刘劲涛

区机电产业基地

党工委书记:徐　海
主　任:肖志文(任至 9 月)
党工委副书记:梁小毛(任至 6 月)
党委委员:杨　霞
党委委员、副主任:胡　赟(任至 8 月)
　　　　　　　　余文林
副主任:李　文
袁州区自来水管理所所长:何柳
机电产业基地开发建设公司董事长:肖志文(任至 9 月)
机电产业基地开发建设公司总经理:梁小毛(任至 6 月)
机电产业基地开发建设公司董事、副总经理:王　琪
机电产业基地开发建设公司副总经理:林海浪
机电产业基地开发建设公司财务总监:徐小旺

区机关事务管理局

党组书记、局长:黄　霞
党组成员、副局长:甘道婉
　　　　　　　　甘韶东
副主任:李　晨

区档案馆

党组书记、馆长:何贵阳
党组成员、副馆长:蓝素芳(任至 1 月)
　　　　　　　　漆慧萍

区国投集团有限公司

党委书记、董事长:刘文云
总经理、金融控股有限公司董事长:曹少鹏
副总经理、新城建设有限公司总经理:兰　鹏
党委委员、财务总监:刘欢欢
党委委员、国资公司副总经理:
　　易平生
党委委员、纪委书记:陈　建
副总经理:姚艳梅
　　　　周翔宇
新城建设有限公司副总经理:
　　晏文彬
　　彭荣贵
　　陈慧海
董事、普惠房地产开发有限公司总经理:陈　晋
金融控股有限公司副总经理:
　　李文君
　　谢　欢
　　陈军华

区税务局

党委书记、局长:黄力鹏
党委副书记、副局长:袁建军
党委委员、副局长:聂爱民
　　　　　　　　黄勇辉
　　　　　　　　朱晓如
　　　　　　　　万孝红
　　　　　　　　王浩祥
党委委员、纪检组长:张东林

宜春市中心城区管理委员会内设机构

正科级干部:袁　峰
社区建设与管理科科长:尹　军
法制科(行政服务科、督查科)科长:冯竹生
公用事业科科长:刘　洋
垃圾分类管理科科长:曾　斌
房屋征收管理科科长:赖柳如
公用事业科副科长:曾　峰
垃圾分类管理科副科长:何　璐
社区建设与管理科副科长:钟小林
党政办副主任、财务科负责人:苏　莉
法制科(行政服务科、督查科)副科长:黄　浪
副科级干部:李国荣
副科级干部、环保科负责人:
　　江春梅

区行政服务中心管理委员会

党组书记:易小斌
党组成员、副主任:陈　军
副主任:黄玉明

袁州区政府服务热线办公室主任:晏旻娜

区现代农业示范园区管理办公室

党工委书记、主任:易汉和
副主任:刘 刚
苏长红
园企农业投资有限公司董事长:
易汉和
园企农业投资有限公司总经理:
钟晋军
园企农业投资有限公司董事、副总经理:李 卿
园企农业投资有限公司副总经理:王 晶
园企农业投资有限公司财务总监:邹 勋

飞剑潭水库管理局

党总支书记、局长:黄祖兵
副局长:陆 海
易松德

袁北灌区管理局

党组书记、局长:张发学
党组成员、副局长:邝景海
徐小燕
党组成员:彭振军
酌江水库管理分局局长:颜安耀

区城镇发展服务中心

党组书记、主任:兰 鹏
党组成员、副主任:晏文彬
陈慧海
彭荣贵

区接待处

主 任:周 芬
副主任:刘 朵

区供电公司

经 理:胡 春
党委书记:徐 娟
四级职员:漆乔松
副经理:孙乐善
纪委书记、工会主席:王 瑜
副经理:孙海波
陈 涛
五级职员:王 虹
五级职员:曾碧标
安全总监:刘小峰
财务总监:易 玢

宜春市公路事业发展中心袁州分中心

组织委员、主任:陈玉麟
党总支书记:付新成
纪检委员、副主任:张相仁
生活委员、副主任:罗 浩
副主任:周宏胜
正科级干部:潜德众
宣传委员、副科级干部:彭福桂

国家统计局袁州调查队

队 长:刘锋平
纪检员:胡小蓉
副队长:陈 维

区烟草专卖局

党组书记、局长(经理):聂卫民
副局长:何 加(任至4月)
李 栋(4月任)
刘 列
副经理:李书铭

中国电信宜春分公司袁州区分局

副经理:徐 进
副总经理:柳建华
彭辉平
总经理助理:黎奇航

中国移动袁州区分公司

党委书记、总经理:程 林
组织委员、副总经理:黄明海
副总经理、工会主席:王焱根
纪检委员、总经理助理:李资钰

农行宜春袁州支行

党委书记、行长:徐禄梅
党委委员、纪委书记:熊 群
党委委员、副行长:帅黎明
任 丰
杨文娟
钟 铜

街道、乡镇党政负责人名录

灵泉街道

党工委书记:吴德义
党工委副书记、办事处主任:
李辉宇

凤凰街道

党工委书记:叶军平(任至5月)
张耀亮(6月任)
党工委副书记、办事处主任:
邹小海(任至5月)
陈 健(6月任)

湛郎街道

党工委书记:王宇斌(任至5月)
徐勇良(6月任)
党工委副书记、办事处主任:
徐勇良(任至5月)
叶爱军(6月任)

珠泉街道

党工委书记:易加会(6月任)
党工委副书记、办事处主任:
何 磊

化成街道

党工委书记:彭　东(任至6月)
高如龙(6月任)
党工委副书记、办事处主任:
龙　玥(6月任)

秀江街道

党工委书记:邹清云(任至6月)
谢剑飞(6月任)
党工委副书记、办事处主任:
张　荣(任至6月)
谢文锋(6月任)

下浦街道

党工委书记:王宇斌
党工委副书记、办事处主任:
赵志平

新康府街道

党委书记:曾　宪(任至6月)
钟　芳(6月任)
党委副书记、办事处主任:
钟　芳(任至6月)
刘付彦(6月任)

彬江镇

党委书记:严子文
党委副书记、镇长:黄宜斌

新坊镇

党委书记:周　欣
党委副书记、镇长:辛忱峘

南庙镇

党委书记:彭　娜
党委副书记、镇长:陈　军

西村镇

党委书记:刘　勇
党委副书记、镇长:晏志刚

竹亭镇

党委书记:黄德平(任至6月)
刘　荣(6月任)
镇　长:陈　军(任至6月)
陈雪芳(6月任)

湖田镇

党委书记:彭绍平(任至6月)
钟学锋(6月任)
党委副书记、镇长:
高如龙(任至6月)
丁　磊(6月任)

新田镇

党委书记:潘少锋(任至6月)
黄　皓(6月任)
党委副书记、镇长:
唐　科(任至6月)
沈　洁(6月任)

三阳镇

党委书记:彭　斌(任至6月)
潘少锋(6月任)
党委副书记、镇长:
易加会(任至6月)
罗庆师(6月任)

洪塘镇

党委书记:王　枭(任至6月)
曾　宪(6月任)
党委副书记、镇长:
姚绍军(任至6月)
应道斌(6月任)

金瑞镇

党委书记:鲁　毅(任至6月)
姚绍军(6月任)
党委副书记、镇长:宋绍波(任至6月)
郑　翀(6月任)

楠木乡

党委书记:周庆江(任至6月)
刘志彬(6月任)
党委副书记、乡长:
刘　荣(任至6月)
袁　宇(6月任)

慈化镇

党委书记:宋小海
党委副书记、镇长:廖金平

辽市镇

党委书记:欧阳晓红
党委副书记、镇长:王　鑫

飞剑潭乡

党委书记:　彭园华(任至6月)
黄剑雄(6月任)
党委副书记、政府乡长:
黄剑锋(任至6月)
江　尧(6月任)

天台镇

党委书记:钟学锋(任至5月)
习　彪(5月任)
党委副书记、镇长:
习　彪(任至5月)
钟宜兵(5月任)

水江镇

党委书记:张　宇(任至6月)
唐　科(6月任)
党委副书记、镇长:苏城杰

芦村镇

党委书记:刘汉青(任至6月)
黄章涛(6月任)
党委副书记、镇长:
黄章涛(任至6月)
梁小毛(6月任)

柏木乡

党委书记:邹　瑜(任至6月)
辛忱峘(6月任)
党委副书记、乡长:
欧阳晓红(任至6月)
肖洪波(6月任)

寨下镇

党委书记:刘　勇(任至6月)
　　　　辛　建(6月任)
党委副书记、镇长:
　　　　辛　建(任至6月)
　　　　刘振华(6月任)

渥江镇

党委书记:付艳芬
党委副书记、镇长:
　　　　刘志彬(任至6月)
　　　　刘泰江(6月任)

官园街道

党工委书记:易春宇
党工委副书记、办事处主任:
　　　　黄绍华

金园街道

党工委副书记:张雪丰
党工委副书记、办事处主任:
　　　　叶和平

温汤镇

党委书记:易玉明(任至6月)
　　　　胡小明(6月任)
党委副书记、镇长:肖育彬

洪江镇

党委书记:欧阳韵
党委副书记、镇长:温敬睿

附　　录

关于实现巩固拓展脱贫攻坚成果同乡村振兴有效衔接的实施意见

党的十八大以来，在以习近平同志为核心的党中央坚强领导下，在省、市的统一部署下，全区上下坚持以习近平总书记关于扶贫工作重要论述为根本遵循，按照省委“核心是精准、关键在落实、实现高质量、确保可持续”的工作要求，把脱贫攻坚工作作为首要政治任务和第一民生工程，坚持精准施策、尽锐出战，久久为功，脱贫攻坚取得全面胜利。

在全面建设社会主义现代化国家的新征程中，在“三农”工作重心历史性转移中，全区上下务必要充分认识实现巩固拓展脱贫攻坚成果同乡村振兴有效衔接的重要性和紧迫性，着眼于第二个百年奋斗目标，举全区之力，进一步巩固拓展脱贫攻坚成果，有计划、有步骤地推进群众生活改善、乡村全面振兴，逐步实现全体人民共同富裕。

为深入贯彻落实党中央、国务院和省、市关于实现巩固拓展脱贫攻坚成果同乡村振兴有效衔接的决策部署，结合我区实际，现就做好我区有效衔接工作，提出如下实施意见。

一、总体要求

（一）指导思想。以习近平新时代中国特色社会主义思想为指导，深入贯彻落实党的十九大和十九届二中、三中、四中、五中全会以及中央农村工作会议、全国巩固拓展脱贫攻坚成果同乡村振兴有效衔接工作会议精神，坚决贯彻落实习近平总书记视察江西重要讲话精神，坚定不移贯彻新发展理念，坚持稳中求进工作总基调，坚持以人民为中心的发展思想，坚持共同富裕方向，按照党中央设立5年过渡期的要求，聚焦脱贫村和脱贫人口，着力健全巩固拓展脱贫攻坚成果长效机制、推动脱贫攻坚体系全面转向乡村振兴、健全农村低收入人口常态化帮扶机制等工作任务，理清工作思路，做好有效衔接，从解决建档立卡贫困人口“两不愁三保障”为重点转向实现乡村产业兴旺、生态宜居、乡风文明、治理有效、生活富裕；从集中资源支持脱贫攻坚转向巩固拓展脱贫攻坚成果和全面推进乡村振兴，为全面建设社会主义现代化国家开好局、起好步奠定坚实基础。

（二）目标任务。在全区脱贫攻坚取得全面胜利的基础上，持续巩固拓展脱贫攻坚成果，不断缩小发展差距，逐步实现共同富裕。到2025年，脱贫攻坚成果巩固拓展，乡村振兴全面推进，脱贫村经济社会发展动力明显增强，乡村产业提档升级，农村人居环境持续改善，乡村建设行动扎实推进，公共服务水平逐步提升，乡风文明取得明显改善，农村基层组织不断建强，农村低收入人口分类监测帮扶机制逐步完善，农村低收入人口人均收入增速高于全区平均水平。到2035年，脱贫村经济实力显著增强，乡村振兴取得重大进展，农村低收入人口生活水平显著提高，城乡差距进一步缩小，在促进全体人民共同富裕上取得更为明显的实质进展。

（三）主要原则

1.坚持党的全面领导。坚持区抓落实、乡镇推进和实施的工作机制，充分发挥各级党组织总揽全局、协调各方的领导作用，坚持“区乡村书记”抓巩固拓展脱贫成果和乡村振兴。

2.保持平稳有序过渡。过渡

期内严格落实“四个不摘”要求。在巩固拓展脱贫攻坚成果上给予更多后续帮扶支持，对脱贫村、脱贫人口扶上马送一程，确保脱贫群众不返贫。在主要帮扶政策保持总体稳定的基础上，分类优化调整，合理把握调整节奏、力度、时限，在新政策出台前，原有帮扶政策不退出，增强脱贫稳定性。

3.持续激发内生动力。持续筑牢基层党组织战斗堡垒，充分发挥基层组织在巩固拓展脱贫攻坚成果和乡村振兴中“主心骨”和领路人作用。持续宣传好脱贫攻坚精神，深化感恩教育，选树身边先进典型，激励脱贫群众不等不靠，通过自身努力自我创造更加幸福美好生活。要防止政策养懒汉和泛福利化倾向。

4.强化合力推进格局。强化社会帮扶作用，坚持政府推动引导、市场协同发力，发挥集中力量办大事优势，广泛动员引导社会组织、企业单位和爱心人士等各类社会力量参与，形成巩固拓展脱贫攻坚成果、全面推进乡村振兴的强大合力。

二、建立健全巩固拓展长效机制

（四）健全防返贫监测帮扶机制。健全上下联动的防止返贫动态监测和帮扶机制，盯牢脱贫不稳定户、边缘易致贫户的“两不愁三保障”和饮水安全巩固、收入支出等状况变化，合理确定监测标准，建立早发现和快速响应机制，分层分类及时进行帮扶，做到动态清零，筑牢防止致贫返贫防线，确保不发生规模性返贫。

建立快速发现机制。建立农户主动申请、干部定期排查和部门信息综合比对核查的联动机制。压实乡村两级主体责任，成立由乡村干部、驻村干部等人员组成的专门队伍，对农户特别是低收入人群定期开展排查，重点排查其收入支出变化、“两不愁三保障”和饮水安全状况，做到早预防早发现、准确分析原因，对有致贫风险的，及时纳入边缘易致贫户进行管理，果断采取措施消除风险。

建立精准监测机制。针对教育、医疗、住房、饮水、收入变化等主要脱贫指标，合理制定监测标准，对脱贫人口做到精准监测。对因教育阶段扣除各种政策性补贴或救助后支出费用过大和自付医疗费用过大等造成基本生活困难、收入支出较上年同期出现骤减或骤加、饮水和住房出现安全隐患等存在返贫风险的脱贫户，及时纳入脱贫不稳定户进行管理，通过加大帮扶力度实现动态清零。

建立分类帮扶机制。坚持预防性措施和事后精准施策相结合，做到事前积极预防，尽量防止发生返贫致贫风险，对确实产生返贫致贫风险的，按照“缺什么补什么”原则，针对不同致贫、返贫风险做到分类分层施策、精准帮扶。对有劳动能力的，坚持开发式帮扶方针，引导他们勤劳致富。对没有劳动能力的，做好兜底保障，并逐步提高保障水平。持续完善推行防贫保险，重点围绕因病因学因灾等优化理赔程序、调整理赔起付线，切实发挥防贫保险兜底保障作用。

（责任单位：区乡村振兴局、区教体局、区卫健委、区医保局、区住建局、区水利局、区人社局、区农业农村局、区民政局、区金融办）

（五）健全“两不愁三保障”巩固机制。全面压实行业主管部门工作责任，加强部门联动，实行单位数据实时共享和对接，分类建立巩固台账，确保“两不愁三保障”成果稳步提升。健全控辍保学工作机制和学校乡镇属地双负责机制，确保除身体原因不具备学习条件外脱贫家庭义务教育阶段适龄儿童少年零失学辍学。分类落实医疗救助政策，有效防范因病返贫致贫风险。建立健全农村低收入人口住房安全动态监测机制，加强房屋安全隐患排查整治和质量监管，通过农村危房改造等多种方式保障低收入人口基本住房安全。持续加强农村供水基础设施建设，建立健全农村饮水工程长效管护机制，重点关注季节性和因灾造成的缺水，不断提高农村供水保障水平。

（责任单位：区教体局、区卫健委、区医保局、区住建局、区水利局、区乡村振兴局）

（六）健全农村低收入人口常态化帮扶机制。重点针对农村低保对象、农村特困人员、农村易致贫人口，以及因病因灾因意外事故等刚性支出较大或收入大幅缩减导致基本生活出现严重困难人口等农村低收入人群，通过医疗保障、社会救助、临时救助等帮扶措施，有效化解致贫风险。

合理确定农村医保待遇。坚持基本标准，统筹发挥基本医疗保险、大病保险、医疗救助三重保障制度综合梯次减负功能。完善城乡基本医疗保险参保个人缴费资助政策，对农村特困人员全额资助参保，除特困人员外其他资助对象实行定额资助参保，过渡期内逐步调整资助参保政策。推进基本医疗保险统筹区内政策统一、待遇普惠。大病保险继续对低保对象、特困人员和返贫致贫人员进行倾斜支付,逐步提高大病保障水平。充分发挥医疗救助托底保障作用,根据困难程度分类设定救助标准和年度救助限额;合理控制救治对象政策范围内自付费用比例,合理控制救助对象政策范围外医疗费用占比;严格执行分级诊疗和转诊转院制度,对跨统筹区医疗救助待遇实行差异化管理。逐步调整脱贫攻坚期超常规保障措施,过渡期内不属于低保对象、特困人员和返贫人员的脱贫人口,逐步转为按规定享受基本医疗保险待遇;将脱贫攻坚期内开展的重大疾病医疗补充保险及地方财政兜底等保障措施资金统一并入医疗救助基金。

分层分类实施社会救助。继续保持兜底救助类政策稳定执行,完善最低生活保障制度,科学认定农村低保对象,提高政策精准性。调整优化针对原建档立卡贫困户的低保"单人保"政策。完善低保家庭收入财产认定办法,过渡期内中央确定的城乡居民基本养老保险基础养老金不计入低保家庭收入,对参与就业的农村低保对象在计算家庭收入时扣减必要的就业成本。完善农村特困人员救助供养制度,合理提高救助供养水平和服务质量。完善残疾儿童康复救助制度,提高救助服务质量。加强社会救助资源统筹,根据对象类型、困难程度等,及时给予相应的医疗、住房、教育、就业等专项社会救助,做到精准识别,应救尽救。对基本生活暂时陷入困难的群众加强临时救助,做到有难必救。探索通过政府购买服务对社会救助家庭中生活不能自理的老年人、未成年人、残疾人等提供必要的访视、照料服务。对脱贫人口中完全丧失劳动能力或部分丧失劳动能力且无法通过产业就业获得稳定收入并符合救助条件的人口,要按政策规定纳入农村低保或特困人员救助供养范围,并按困难类型及时给予专项救助、临时救助等,做到应保尽保、应兜尽兜。

完善特困群体保障服务。完善城乡居民基本养老保险费代缴政策,地方政府结合当地实际情况,按照最低缴费档次为参加城乡居民养老保险的低保对象、特困人员、返贫致贫人口、重度残疾人等缴费困难群体代缴部分或全部保费。在提高城乡居民养老保险缴费档次时,对上述困难群体和其他已脱贫人口可保留现行最低缴费档次。强化区乡两级养老机构对失能、部分失能特困老年人口的兜底保障。加大对孤儿、事实无人抚养儿童等保障力度。加强残疾人托养照护、康复服务。

(责任单位:区医保局、区卫健委、区人社局、区民政局、区乡村振兴局、区财政局、区住建局、区教体局、区残联)

(七)健全完善资产监管机制。分类厘清扶贫项目形成的扶贫资产底数,加强扶贫项目资产监管,确保扶贫资产持续稳定发挥作用。持续完善资产管理信息台账,依托脱贫攻坚大数据平台,按资产归属权限分别建立真实完整的区、乡、村、户四级动态管理台账,实行区级统筹、行业主管、乡级辖管、村级直管、农户协管"五级定责"的管理制度,推进持续保值增值。明晰管护责任,按照"所有权与监管权相统一、受益权与管护权相结合"的原则,明确管护主体和责任人,到户类资产由农户自行管理,村集体要加强监督指导,公益类资产要落实具体管护责任人,经营性资产要明晰产权关系,防止资产流失和被侵占,专业性较强的扶贫资产可通过购买社会服务的形式进行管护。规范资产收益分配,严格资产收益的分配使用,重点用于项目运行管护、巩固拓展脱贫成果、村级公益事业等。健全监管督查机制,要落实运营单位、审计监察部门、受益群体的监管监督责任,实行经营运行、收益分配、后期管护等全过程动态化监管。加强村级光伏电站运维和收益管理。

(责任单位:区乡村振兴局、区农业农村局、区财政局、区发改委、区供电公司)

(八)健全内生动力激发机制。聚焦基层党组织带领发展和脱贫人口自我发展"两个内力",加强基层党组织建设,持续推行产业合作"一领办三参与"工作机制,持续发展壮大村级集体经济。深入开展"感党恩、听党话、跟党走"和"三讲一评颂党恩"感恩教育,全面增强巩固脱贫成果和自我发展致富的内生动力;持续强化正向激励,着力通过弘扬先进典型、创作优秀作品等正面励志行动,激励全区干群奋发向上、自强自立;加强文明乡风、良好家风、淳朴民风的培育,深入推进乡村社会公德、家庭美德、村民品德建设,完善村规民约,推进移风易俗,革除高价彩礼、人情攀比、厚葬薄养、铺张浪费等陈规陋习。持续完善"爱心超市"积分激励和反向约束工作机制,提升农民精神风貌和农村社会文明程度。

（责任单位：区委组织部、区委宣传部、区农业农村局、区乡村振兴局）

三、全力做好有效衔接重点工作

（九）促进产业提档升级。优化产业发展政策，逐步完善资金、技术、市场、仓储、物流等配套政策，加强一二三产业融合，延伸产业链，提升价值链。加强产业发展规划，找准定位，充分利用本地资源优势推进产业发展，防止盲目跟风、同质化发展等现象，为产业兴旺奠定坚实基础。

规划引领做优特色产业。按照主导产业突出、地域特色鲜明、业态类型丰富、利益联结紧密的要求，做强做优产业规划，发挥规划引领作用，做优乡村特色产业。着力发展油茶产业，提升“袁州油茶”品牌知名度和美誉度，擦亮袁州油茶名片，做大油茶产业的规模和效益。充分发挥硒资源优势，大力发展富硒绿色有机农业，打造富硒产业链。力争建成国内知名的国家绿色有机农产品生产基地。加快推进一二三产业融合发展，着力构建以绿色食品（富硒）产业为引领，大米、油茶、肉牛、水果（脐橙、柚子、中药材）为支撑，多种经营模式多种业态融合发展的产业体系，通过全产业链拓展产业增值增效空间。

健全机制提升发展动能。完善经营主体培育机制，积极培育龙头企业、农民专业合作社、家庭农场、致富带头人等，提升产业发展组织化经营程度。完善全产业链扶持机制，强化生产、加工、资金、技术、销售、仓储保鲜、冷链物流全产业链支持，做好延链补链强链工作，着力补齐缺技术、缺资金、缺市场等短板。完善风险防范机制，拓展农业保险覆盖领域、服务范围，探索健全覆盖农业产前、产中、产后全链条各环节风险点的保险方案，在农业生产、加工、储运、销售等环节提供全方位的保险保障。实行产业项目运营动态监测，及时监测风险、有效管控风险、积极化解风险。完善利益联结机制，通过“资源变资产、资金变股金、农户变股东”，提升农户参与度和受益率，形成企业和农户产业链上优势互补、分工合作的格局，让农户更多分享产业发展红利。同时，要注重“长短结合”，既有短平快项目有效带动低收入人口稳定增收，又有长期项目与乡村振兴相衔接。

消费帮扶提升产业效能。深入推进消费帮扶，加大农产品“五进”力度，加强“三专”市场流通体系建设，持续推进预算单位预留份额和工会经费采购脱贫地区农产品，健全农产品滞销卖难应对机制，提高产业发展抗风险能力。加大农产品品牌培育力度，着力打造一批绿色食品、有机农产品、地理标志农产品，塑造一批区域公用品牌，全面提升产品市场竞争力。

（责任单位：区农业农村局、区林业局、区市场监管局、区科技局、区财政局、区供销社、区乡村振兴局）

（十）促进多渠道稳岗就业。持续优化就业扶持政策，多措并举健全就业稳岗长效机制，促进低收入人口稳定就业增收。

强化就业信息监测。加强区、乡、村三级低收入劳动力就业务工信息动态监测，完善就业信息摸底、数据统计、信息监测和整合优化工作，做到低收入劳动力底数清、劳动能力清、就业状态清、就业收入清、外出意愿清，实现低收入劳动力就业务工信息监测常态化管理。

拓宽就业务工渠道。建立健全就业信息推送、劳务招聘、转移就业等就业服务体系，实现就业务工信息和外出务工渠道畅通。通过农村人居环境整治、道路绿化管护、基础设施改善、乡村旅游服务等广泛采取以工代赈方式吸纳就业，优先安置“无法离乡、无业可扶、无力脱贫”且有能力胜任岗位工作的低收入劳动力。

做实就业扶贫车间。延续支持扶贫车间的优惠政策，加强规范管理，依法合规营运，确保扶贫车间持续发挥吸纳低收入劳动力就业的作用。

规范公益性岗位管理。根据本地实际，因地制宜，针对保洁保绿、道路维修、农家书屋管理、社会治安协管、护林防火、防疫消杀等公共服务需要，安置低收入劳动力就业，并以“按需设岗、以岗聘任、在岗领补、有序退岗”的原则加强管理。

提升就业创业技能。认真落实就业创业培训和资金补贴相关政策，根据有劳动能力低收入劳动力的培训意愿，依托各类培训主体，有针对性地开展实用技术、就业技能、企业职工岗位技能、创业等培训，切实提高低收入劳动力的就业创业技能，继续实施职业技能提升行动，不断提升低收入劳动力的素质。

（责任单位：区人社局、区乡村振兴局、区农业农村局、区交通运输局、区水利局、区林业局、区残联）

（十一）促进易地搬迁群众社会融入。加大就业、产业和后续配套设施建设提升完善等方面扶持力度，完善后续扶持政策体系，持续巩固易地搬迁脱贫成果，确保搬迁群众稳得住、有就业、逐步能致富。提升安置区社区管理服务水平，建立关爱机制，促进社会融入。

持续完善监测制度。继续对搬迁群众开展定期监测，及时帮助解决生产生活困难。重点围绕搬迁群众产业发展、务工就业、教育医疗、民生保障，以及安置点基础设施等情况每月进行监测，并建立监测台账，确保搬迁群众实现安居乐业。

强化后续帮扶措施。强化“两业”帮扶，深入开展技能培训，提高搬迁群众的创业就业能力。对从事生产经营的，因地制宜选择市场好、附加值高、见效快的种养业、加工业、乡村旅游业等项目覆盖安置点搬迁群众；对务工就业的，加强就业信息对接，为搬迁群众搭建用工对接平台，通过扶贫车间和产业基地等就业载体吸纳、开发扶贫专岗（公益性岗位）安置等渠道，多渠道吸收具备从业能力的脱贫群众就近就地就业。做到有劳动力的搬迁家庭“两业”全覆盖；对无劳动力的搬迁群众，加强资产收益分红和综合社会保障兜底。进一步完善好基础设施和安置住房产权办理工作，积极稳妥启动稳定脱贫户安置住房扩建工作。

加强安置社区管理。按照属地管理的原则，加快建立健全以党组织为核心、基层群众性组织主动配合的管理服务体系，完善对搬迁脱贫群众台账管理、定期回访、帮扶联系、矛盾化解、关心关爱等工作机制，及时帮助解决生产生活困难，提升社区治理水平，确保不留空当、不留死角，促进易地搬迁脱贫群众更好融入当地社会。

（责任单位：区乡村振兴局、区发改委、区农业农村局、区人社局、区民政局、市自然资源局袁州分局）

（十二）促进脱贫村基础设施改善。按照实施乡村建设行动统一部署，进一步支持脱贫村因地制宜推进农村厕所革命、生活垃圾和污水治理、村容村貌提升。推动交通项目更多向进村入户倾斜，加大农村产业路、旅游路建设力度。继续支持脱贫村电网建设、乡村电气化工程建设、物流体系建设等。

推行农村公路“路长制”，推动农村公路建设向进村入户倾斜，加快推进人口多的、抵边的自然村（组）通硬化路、通客车，加强农村资源路、产业路、旅游路和村内主干道建设。深化农村公路管理养护体制改革，继续开展“四好农村路”示范创建。

持续改善乡村水利、电力、通讯、物流等条件，加强中小型水库等稳定水源工程建设和水源保护，实施农村电网巩固提升工程，提高农村地区供电能力及供电可靠性。推动农村千兆光网、5G网络、物联网与城区同步规划建设，支持农村电子商务、远程医疗、远程教育等应用普及，开展农村5G广电建设，推动移动接收终端具备应急广播功能，开展乡村“智慧应急”建设。

持续加强农村生态文明建设，推进农村人居环境整治提升行动，推进农村“厕所革命”，提高农村户厕无害化改造质量，合理规划建设农村公共厕所，完善“户分类、村收集、乡转运、区域处理”生活垃圾收运处置体系，按照“五化”“五优”“五美”标准，推进“美丽宜居村庄”“美丽庭院”等示范创建活动，巩固健全村庄环境常态化、长效化管护治理机制，持续改善村容村貌。

（责任单位：区交通运输局、区发改委、区农业农村局、区水利局、袁州生态环境局、区卫健委、区文广新旅局、区供销社、区乡村振兴局、区供电公司、邮政袁州分公司）

（十三）促进脱贫村公共服务水平提升。继续加大对脱贫村教育、健康等公共服务投入，持续改善乡村义务教育办学条件和医疗卫生基础条件，加强村级综合服务设施建设，提高公共服务水平。建立城乡公共资源均衡配置机制，促进公共教育、就业服务、医疗卫生、文化体育、养老育幼等资源向重点村倾斜，加快推进区乡村公共服务一体化，促进教育、医疗、文化等资源在全区内优化配置，不断提升城乡公共服务均等化水平。

推进义务教育均衡发展。优化农村义务教育学校网点布局，继续改善乡镇寄宿制学校办学条件，保留并办好必要的农村小规模学校和教学点。实施学前教育质量提升计划。发展面向乡村的现代远程教育，支持建设城乡学校共同体，持续推进农村义务教育学校办学能力提升。继续实施家庭经济困难学生资助政策。继续实施脱贫人口家庭学生接受职业教育，并按规定给予相应补助。不断完善普通高校资助政策，助力家庭困难学生完成学业。

提升基层医疗服务水平。过渡期内保持现有健康帮扶政策基本稳定，完善大病专项救治政策，优化慢性病签约服务，完善区域内先诊疗后付费政策。持续加强乡村医疗卫生服务体系建设，完善重大疫情等突发公共卫生事件防控体系和应急救治管理办法，提升农村常见病、多发病、传染病防控和诊疗救治能力。持续加强乡镇卫生院和村卫生室标准化、信息化建设，规范村级卫生室建设管理。

提升农村综合服务能力。继续完善村级便民服务设施和综合信息平台，推进服务资源整合，提升为民服务能力和水平。持续加强脱贫村气象灾害防御组织体系建设，加强应急管理和防灾减灾救灾能力建设。持续加强乡村公共文化服务体系建设，推动基层文化体育、广播电视等设施的统一管理、综合利用，提升服务效能，丰富乡村文化生活。

（责任单位：区教体局、区卫健委、区医保局、区委组织部、区文广新旅局、区应急管理局、区气象局）

四、稳妥推进政策体系有效衔接

（十四）推进财政投入政策衔接。过渡期内在保持财政支持政策总体稳定的前提下，根据巩固拓展脱贫攻坚成果同乡村振兴有效衔接的需要和财力状况，合理安排财政投入规模，优化支出结构，调整支持重点。保留并调整优化原财政专项扶贫资金，聚焦支持脱贫地区巩固拓展脱贫攻坚成果和乡村振兴，确保用于产业发展资金占比不低于50%并逐步提高用于产业发展的比例，适当向重点村倾斜。对农村低收入人口的救助帮扶，通过现有资金支出渠道支持。过渡期前3年继续执行涉农资金统筹整合试点政策，并探索建立涉农资金整合长效机制。对支持产业发展效果明显的贷款贴息、政府采购等政策，在调整优化的基础上继续实施。过渡期内延续脱贫攻坚相关税收优惠政策。

（责任单位：区财政局、区乡村振兴局、区农业农村局、区民政局、区税务局、区金融办）

（十五）推进金融服务政策衔接。继续发挥再贷款作用，保持现有再贷款帮扶政策在展期期间不变。严格执行国家调整实施范围、贷款额度等相关政策，进一步完善扶贫小额信贷政策，对有较大贷款资金需求，符合贷款条件的对象，鼓励其申请创业担保贷款政策支持。加大对优势特色产业信贷和保险支持力度。支持开发性金融和政策性金融在业务范围内为乡村振兴提供中长期信贷服务。支持各保险公司因地制宜开发优势特色农产品保险。

（责任单位：区金融办、区乡村振兴局、区人社局）

（十六）推进土地支持政策衔接。坚持最严格耕地保护制度，强化耕地保护主体责任，严格控制非农建设占用耕地，坚决守住耕地红线。以国土空间规划为依据，按照应保尽保的原则，新增建设用地计划指标优先保障巩固拓展脱贫攻坚成果同乡村振兴有效衔接用地需求。过渡期内，对脱贫地区符合条件的增减挂钩节余指标优先参与跨省域调剂，仍有节余的，倾斜支持在省域内调剂。调整完善土地出让收入使用范围，提高巩固拓展脱贫攻坚成果、全面推进乡村振兴投入比例，优先统筹用于脱贫地区发展乡村产业、改善农村人居环境、建设高标准农田和乡镇、村庄公共设施等。

（责任单位：市自然资源局袁州分局、区农业农村局、区财政局）

（十七）推进人才支持政策衔接。延续脱贫攻坚期间各项人才智力支持政策，建立健全引导各类人才服务乡村振兴长效机制。加强乡村振兴工作干部队伍的培养、配备、使用和管理，拓宽乡村振兴工作干部队伍来源渠道，落实关爱激励政策和容错纠错机制，鼓励干部改革创新、担当实干。加强乡村教师队伍建设，定向培养乡村教师，对乡村学校教师的编制核定、职称评聘予以倾斜，保障教师培训经费，继续实施乡村教师各项培训计划和乡村教师生活补助政策，优先满足脱贫村对高素质教师的补充需求。加强农村医疗卫生队伍建设，实施农村全科医生特岗和农村订单定向医学生免费培养等基层卫生人才计划，并向脱贫村倾斜。继续支持脱贫户“两后生”接受职业教育，并按规定给予相应资助。鼓励和支持社会各方面提供教育培训、技术支持、创业指导等服务，加强农村人力资源开发和引进，推动智力、技术、管理等各类要素下乡，促进重点村农业农村人才队伍建设。积极引进各类人才，鼓励人才向农村涌动，鼓励企业家、务工人员以及高校毕业生回乡创业或任职。大力培养农村创业致富带头人，积极推广“田教授”“农秀才”等经验做法，建立一支扎根基层、根植群众的“不走的工作队”。

（责任单位：区委组织部、区人社局、区教体局、区卫健委、区乡村振兴局、区农业农村局、区科技局）

五、全面强化有效衔接工作举措

（十八）强化组织领导。继续

坚持“区抓落实、乡镇推进和实施”的工作机制，构建责任清晰、各负其责、执行有力的乡村振兴领导体制，稳定构筑党政主导、部门齐抓、社会参与的工作格局，实行“党政一把手负总责、区乡村书记一起抓”责任制，层层压实责任。充分发挥各级农村工作领导小组作用，建立统一高效的实现巩固拓展脱贫攻坚成果同乡村振兴有效衔接的决策议事协调工作机制。各级切实扛起政治责任，以更大力度推动巩固拓展脱贫攻坚成果同乡村振兴有效衔接。乡镇党委书记要把主要精力放在“三农”工作上，当好乡村振兴的“一线总指挥”。选优配强村“两委”成员特别是村党支部书记，对在艰苦地区、关键岗位工作表现突出的干部要优先重用。

（责任单位：区委组织部、区乡村振兴局）

（十九）做好领导体制衔接。各级要切实扛起本级主体责任，加强机构队伍建设，保持机构队伍稳定，调整优化机构职能，确保有专门机构和队伍，确保乡村工作站（室）和专职信息员队伍保持稳定。对巩固拓展脱贫攻坚成果和乡村振兴任务重的村，继续选派驻村第一书记和工作队，健全常态化驻村工作机制。分级分类加强干部培训，建设一支政治过硬、本领过硬、作风过硬的干部队伍，为实现巩固拓展脱贫攻坚成果同乡村振兴有效衔接提供强有力的组织保障和队伍保障。继续坚持定点帮扶机制，适当予以调整优化，安排有能力的部门、单位和企业承担更多责任。启动“百企兴百村”行动，坚持和完善社会力量参与帮扶机制。

（责任单位：区委组织部、区委编办、区乡村振兴局、区工商联）

（二十）做好发展规划衔接。将实现巩固拓展脱贫攻坚成果同乡村振兴有效衔接的重大举措纳入全区国民经济和社会发展“十四五”规划。将巩固拓展脱贫攻坚成果和乡村振兴需要实施的教育、医疗、住房、饮水、交通，以及产业、就业、易地搬迁后续扶持等重大工程项目纳入“十四五”相关专项规划。科学编制“十四五”时期巩固拓展脱贫攻坚成果同乡村振兴有效衔接规划，推动巩固拓展脱贫攻坚成果同乡村振兴有效衔接规划与国民经济和社会发展规划、乡村振兴战略规划等协同联动。

（责任单位：区乡村振兴局、区发改委、区农业农村局、区财政局、区交通运输局、区人社局、区教体局、区卫健委、区医保局、区水利局、区住建局）

（二十一）做好考核机制衔接。开展乡村振兴考核要把巩固拓展脱贫攻坚成果情况纳入乡镇党政领导班子和领导干部推进乡村振兴战略实绩的重要内容，与高质量发展综合绩效评价做好衔接，科学设置考核指标，切实减轻基层负担。强化考核结果运用，将考核结果作为干部选拔任用、评先奖优、问责追责的重要参考。

（责任单位：区委组织部、区纪委区监委、区乡村振兴局）

关于防止耕地"非粮化"稳定粮食生产工作方案

为坚决防止耕地"非粮化"，切实稳定粮食生产，牢牢守住粮食安全生命线，持续巩固我区粮食生产主产区地位，根据《国务院办公厅关于防止耕地"非粮化"稳定粮食生产的意见》(国办发〔2020〕44号)、《江西省人民政府关于防止耕地"非粮化"稳定粮食生产的实施意见》(赣府发〔2021〕3号)和《宜春市人民政府印发关于防止耕地"非粮化"稳定粮食生产工作方案》(宜府发〔2021〕5号)文件精神，结合我区实际，制定本工作方案。

一、总体要求

坚持以习近平新时代中国特色社会主义思想为指导，深入贯彻习近平总书记关于耕地保护和粮食安全的系列重要指示精神，增强"四个意识"、坚定"四个自信"、做到"两个维护"。坚决落实党中央、国务院和省委、省政府决策部署，根据市委、市政府工作要求，切实扛起粮食安全政治责任，实行粮食安全党政同责，推动"藏粮于地、藏粮于技"落实落地，巩固提升粮食综合生产能力，坚持科学合理利用耕地资源，实施最严格的耕地保护制度，建立起防止耕地"非粮化"稳定粮食生产的常态管理机制，落实好耕地保护目标任务，确保国家粮食安全。

二、主要任务

（一）遏制"非粮化"，严格保护耕地资源

1.严格耕地用途，严厉打击损毁基本农田行为。现在粮食生产经济效益不高，有些农户在基本农田上种植多年生经济作物，甚至挖鱼塘搞养殖，破坏农田耕作层。为坚决遏制耕地"非粮化"增量趋势，从实际出发，彻底摸清耕地"非粮化"存量，分类稳妥处置，不搞"一刀切"。根据《基本农田保护条例》规定，对弃耕抛荒超过两年(含两年)的永久基本农田，村级集体可以终止农户承包合同、暂停该承包户抛荒耕地地力保护补贴发放，待复耕后重新恢复农户承包经营权和纳入补贴范围。严格控制耕地转为林地、园地等其他类型农用地；严格规范永久基本农田上农业生产经营活动，禁止占用永久基本农田从事林果业以及挖塘养鱼，并明确处罚措施。利用永久基本农田发展稻鱼、稻虾、稻蟹等综合立体种养，应当以不破坏永久基本农田为前提，沟坑占比要符合稻渔综合种养技术规范通则标准。依法打击非法挖沙、取土、开矿导致损毁基本农田的行为。(区农业农村局、市自然资源局袁州分局按职责分工负责)

2.加强耕地监管，确保粮食生产功能区产粮食。根据中央和省统一部署，组织开展粮食生产功能区划定情况"回头看"，对粮食种植面积大但划定面积少的进行补划，对耕地性质发生改变、不符合划定标准的予以剔除并及时补划。严格执行监管工作"四个不得"要求，不得擅自调整粮食生产功能区，不得违规在粮食生产功能区内建设种植和养殖设施，不得违规将粮食生产功能区纳入退耕还林还草范围，不得在粮食生产功能区内超标准建设农田林网，坚决确保粮食生产功能区种粮食。(区农业农村局、区发改委、市自然资源局袁州分局按职责分工负责)

3.合理利用耕地，明确耕地利用优先序。认真贯彻落实重要农产品保障战略，进一步优化区域布局和生产结构，毫不放松抓好粮食生产。永久基本农田是依法划定的优质耕地，要重点用于发展粮食生产，特别是保障稻谷种植面积。一般耕地应主要用于粮食和蔬菜、油、棉、糖等农产品及饲草饲料生产。耕地在优先满足粮食和食用农产品生产基础上，适度用于非食用农产品生产，对市场明显过剩的非食用农产品，要加以引导，防止无序发展。(区农业农村局、市自然资源局袁州分局按职责分工负责)

4.健全交易市场，规范农村土地经营权流转。一是进一步健全区、乡两级农村土地经营权流转的交易市场，完善交易管理制度和交易规则，依法开展土地流转工作。二是鼓励和引导工商资本从事良种繁育、粮食加工流通和粮食生产专业化社会化服务等。抓好工商资本租赁农地监管和风险防范，建立健全上限控制、分级备案、审查审核、风险保障金和事中事后监管等制度。三是对工商资本违反相关产业发展规划大规模流转耕地不种粮食的“非粮化”行为,一经发现坚决予以纠正,并立即停止其享受相关扶持政策。(区农业农村局、区发改委按职责分工负责)

(二)提升粮食综合生产能力

1.狠抓粮食生产不放松。认真抓好早稻生产,促进水稻生产“单改双”,确保完成今年粮食生产任务,确保2021年全区粮食播种面积94.13万亩以上,粮食总产达7.05亿斤以上。要想方设法扩大粮食复种面积,提高复种指数。在保证水稻播种面积稳定前提下,在缺水的地块积极引导农民种植玉米、薯类等旱作粮食作物,作为粮食面积和产量的有效补充。在光温资源两季不足、一季有余的一季稻区和油菜生产区,适度发展“优质稻+再生稻+油”示范,推广一批品质较好的籼粳杂交或产量表现突出的高产品种,提升单产水平。(区农业农村局、区发改委按职责分工负责)

2.促进优质稻全面应用。深入推进水稻供给侧结构性改革,大力发展优质稻生产,力争2021年全区优质稻面积达70万亩。建设一个优质稻新品种综合展示区,搭建加工企业选种、农民用种、科研育种的综合交流平台,支撑优质稻产业发展。充分挖掘部分地区生态环境好、土壤富硒等优势,重点建设一批富硒大米、有机大米生产基地。(区农业农村局负责)

3.全面提升农田基础设施。确保完成2020年度3.416万亩高标准农田建设任务,全面推进2021年度10万亩高标准农田建设工作,重点在慈化、辽市、新田、西村、彬江、寨下6个乡镇实施整乡镇推进,再由其他乡镇补齐面积的方式落实任务。在粮食生产功能区建成集中连片、田块平整、排灌方便、道路通畅、高产稳产、生态良好、抗灾能力强的高标准农田。高标准农田建设资金向粮食生产功能区倾斜,加快把粮食生产功能区建成“一季千斤、两季一吨”的高标准粮田。(区农业农村局、区财政局按职责分工负责)

4. 开展农药化肥减量增效行动。加快转变病虫防控方式,强化测土配方施肥技术推广,深入推进主要农作物病虫害统防统治与绿色防控深度融合示范和化肥减量增效技术示范。不断加大科学安全用药用肥培训,力争2021年主要农作物农药利用率45.2%以上,化肥利用率保持在42.0%以上。(区农业农村局负责)

5.发展农业社会化服务。一是主攻薄弱环节。以实施农业生产托管项目为依托,突出服务水稻及重要农产品生产关键薄弱环节,大力推进代耕代种、统防统治等农业生产社会化服务。二是完善托管服务,积极探索全程托管、关键环节托管、集中连片托管的发展路径,搭建农户分散耕地与规模化生产的桥梁,提高粮食生产经营规模效益。充实完善社会化服务组织名录库,强化服务组织动态监测,推广运用《农业生产托管服务合同示范文本》。三是提高农机化水平。依托农机购置补贴、积极开展粮食生产薄弱环节机械化技术试验示范,着力解决水稻机插等瓶颈问题,加快丘陵山区农田宜机化改造。支持建设粮食产后烘干、加工设施,延长产业链条,提高粮食经营效益。(区农业农村局、区财政局按职责分工负责)

6.加快新型经营主体培育。一是加大政策激励,对从事粮食生产的家庭农场、专业合作社,优先申报市级示范农场、市级示范社,优先推荐参评省级示范农场、省级示范社。将农业生产全程社会化服务资金、家庭农场及专业合作社建设资金,重点用于新型经营主体开展粮食生产规模经营。二是延长产业链条。大力发展现代粮食加工业,健全生产、加工、仓储、物流等全产业链,促进全区粮食综合效益提升。三是做强品牌支撑。依托“宜春大米”品牌,做大做强一批粮食加工龙头企业,推行“龙头企业+合作社+农户+基地”等生产经营模式。四是发展订单农业。引导各类粮食加工、经营企业和产销服务组织与农户建立稳固的粮食产销关系,发展订单生产,推进订单种植和产销衔接。(区农业农村局、发改委、区财政局按职责分工负责)

(三)确保政策全面落实到位

1.加大财政投入力度。用好产粮大县奖励政策,调动各地重农抓粮、务农种粮积极性。落实稻谷最低收购价政策,继续实施稻谷补贴。落实水稻大灾保险政策,力争到2022年全区水稻主粮作物农业保险覆盖率100%以上,鼓励探索开展水稻完全成本保险,研究推进水稻收入保险试点。(责任单位:区财政局、区发改委、区农业农村局)

2.用好新增耕地指标政策。严格落实高标准农田建设等新增耕地指标政策,将高标准农田建设产生的新增耕地指标调剂收益优先用于农田建设再投入

和债券偿还、贴息等。(责任单位:区财政局、市自然资源局袁州分局、区农业农村局)

三、工作要求

(一)强化组织领导

各乡镇、各部门要充分认识防止耕地"非粮化"稳定粮食生产的重要性，提高政治站位，始终把确保粮食安全作为重要政治任务来抓，一级抓一级，层层抓落实。切实担负起防止耕地"非粮化"稳定粮食生产的主体责任，对本行政区域内耕地保有量、永久基本农田保护面积、粮食播种面积以及粮食产量负总责。各部门根据职责分工，密切协调配合，形成工作合力。要严格落实属地责任，压实工作职责，健全工作机制，完善政策措施，确保各项任务落实落地。

(二)健全奖惩机制

区委、区政府将防止耕地"非粮化"稳定粮食生产列入考核各乡镇的重要内容，提高粮食种植面积、产量和高标准农田建设等考核指标权重，并将把粮食生产纳入袁州区乡村振兴战略实绩考核。对本行政区域耕地种粮情况进行动态监测，发现问题及时整改，重大情况及时报告。对重视不够、贯彻落实不力的，要进行通报约谈。定期对粮食生产功能区内目标作物种植情况进行监测评价，实行信息化、精细化管理，及时更新电子地图和数据库。

(三)加强宣传引导

各地要搞好防止耕地"非粮化"稳定粮食生产宣传，进一步营造保护耕地、发展粮食生产的良好氛围。加强典型宣传推介，推广先进经验做法，引导种粮主体和农户积极发展粮食生产。

中共宜春市袁州区委常委会 2021 年工作报告

2021 年，是党和国家历史上具有里程碑意义的一年。袁州发展拉开了新帷幕、开启了新篇章、踏上了新征程。一年来，区委常委会高举习近平新时代中国特色社会主义思想伟大旗帜，深入学习贯彻党的十九大和十九届历次全会精神，以及省第十五次党代会和市第五次党代会精神，立足新发展阶段，贯彻新发展理念，全力融入新发展格局，按照区第六次党代会决定的发展目标、思路和举措，团结带领全区广大干部群众感恩奋进、担当实干，聚焦"作示范、勇争先"目标定位，围绕"冲刺全国县区经济百强"目标，统筹疫情防控和经济社会发展，统筹发展和安全，扎实做好"六稳"工作，全面落实"六保"任务，坚定不移推动高质量跨越式发展，顺利实现了"十四五"开局良好、起步稳健。

一、坚定不移强思想、明方向，高标准成为狠抓落实新要求

区委常委会始终把政治建设摆在首位，坚持以习近平新时代中国特色社会主义思想为指引，引导全区广大党员干部进一步增强"四个意识"、坚定"四个自信"、做到"两个维护"，坚决拥护和捍卫"两个确立"，始终在思想上政治上行动上同以习近平同志为核心的党中央保持高度一致，确保党中央决策部署在袁州高标准落地落实。

一是学习研讨入脑入心。把牢思想认识"总开关"，坚持区委常委会"第一议题"制度，召开 35 次常委会会议，及时跟进学习习近平总书记重要讲话、重要指示批示精神，领会精神实质，把握精髓要义，自觉做到真学真懂真信真用。围绕习近平总书记七一重要讲话精神、党的十九届六中全会精神等内容，组织开展区委理论中心组集体学习研讨 11 次、互动式学习研讨 5 次。党的十九届六中全会召开后，及时召开区委常委会扩大会议、区委理论学习中心组集中学习会传达学习，专门下发学习宣传的通知，推动学习宣传贯彻工作落地落实。举办全区科级干部学习习近平总书记七一重要讲话精神暨建设清廉袁州轮训班，开办各类主体班 4 期，"袁州大讲堂"3 期，引导全区上下在学懂弄通做实上下功夫，切实提高政治判断力、政治领悟力、政治执行力，确保学出绝对忠诚、学出使命担当。

二是党史学习教育走深走实。准确把握党的历史发展主题主线、主流本质,引导广大党员、干部群众从党的百年奋斗历程中汲取智慧和力量,做到学史明理、学史增信、学史崇德、学史力行。创新学习方式,探索"老少配""屋场会"等特色做法,推动党史学习教育有活力、有实效。在中央、省级主流新闻媒体用稿量、简报信息采用量均居全市第一,"水江中学邀请飞夺泸定桥勇士刘梓华侄孙刘家荣当好义务宣讲员"素材,在中央简报刊发。扎实开展"我为群众办实事"实践活动,27 件重点民生实事全部按时按质完成,群众测评满意率超过 96%。

三是贯彻落实坚定坚决。牢记习近平总书记视察江西重要讲话精神,聚焦"作示范,勇争先"目标定位,紧扣市委建设区域中心城市和江西综合实力强市目标,把袁州放在全市、全省乃至全国的大格局当中去审视,提出奋力冲刺全国县区经济百强思路,这一思路符合上级精神、契合袁州实际。围绕省第十五次党代会和市第五次党代会精神,细化制定了贯彻落实方案和举措,明确责任单位和责任人,确保省、市党代会精神不折不扣落实到位。强化大局意识,全力融入市委工作全局,积极主动服务保障宜春时代、国轩高科等重大项目建设,在最短的时间内,完成 3300 余亩项目用地征收工作,拆除用地内建筑 4.2 万平方米,为项目顺利开工建设打下坚实基础。

二、集中精力抓产业、促转型,高质量成为经济发展新主题

区委始终坚持高质量跨越式发展首要战略不动摇,积极适应经济发展新常态,推动经济社会不断朝着更高质量、更高效率、更可持续的方向发展。预计地区生产总值同比增长 9.2%;完成财政总收入 47.44 亿元,同比增长 14.4%;一般公共预算收入 25.22 亿元,同比增长 6.8%;区属固定资产投资同比增长 16.7%;社会消费品零售总额同比增长 17%,主要经济指标增速继续走在全市前列。

一是三次产业协调发展。坚持"开放创新、强攻工业"战略,大抓项目、大抓产业,工业经济破浪前行、跑出高质量发展加速度。区属规上工业增加值同比增长 12.1%;实现营业收入同比增长 33%;实现利润总额同比增长 76%;完成工业用电量同比增长 36.9%,居全市前列。加快延链补链强链,推动生物医药、锂电新能源等主导产业集群提档升级,锂电新能源产业规上营收实现翻番;生物医药产业规上营收同比增长 16.9%;战略性新兴产业增加值占规上工业比重达 38.82%。新增规上工业企业 38 家。4 家企业入选省企业上市"映山红行动";济民可信位列 2021 年中国医药企业百强第 9 位;百神药业连续两年入选"中国中药企业百强榜"。以农业供给侧结构性改革为主线,大力推进农业现代化,全区油茶林种植面积超过 80 万亩,油茶产量超 8000 吨,年产值突破 20 亿元;新增中药材种植面积 3 万亩;富硒基地面积超过 25 万亩,综合产值达 60 亿元,富硒基地面积和综合产值、市级富硒龙头企业、示范基地、认证产品均居全市前列,富硒品牌效应初步显现。积极培育壮大金融、电子商务、商贸物流、乡村旅游等现代服务业,规上服务业营收同比增长 21.6%;网络零售额同比增长 36%。宜春市同城电商科技有限公司获评江西省电子商务示范企业;旅游商品隐逸轩智热登山鞋系列产品摘得 2021 年中国旅游商品大赛江西省唯一金奖。

二是开放水平不断提升。深入开展"产业招商项目攻坚大会战",积极参与 2021 年中国锂电大会、进博会、第三届赣商大会、粤港澳经贸合作等重大经贸活动,新成立招商指挥服务中心,完善优化项目信息收集、研判、评审、签约等招商流程,招商引资机制更加成熟,"天天来客商,周周签合同"的招商局面初步形成。全区新签约项目 43 个,总投资 287.35 亿元,其中亿元以上项目 37 个,50 亿元以上项目 1 个,20 亿元以上项目 6 个。加快推进重大项目建设,86 个列入省市大中型调度重大建设项目完成投资 238.3 亿元,占年计划投资和时序进度任务的 148%,居全市前列。

三是创新活力持续释放。坚持把创新作为引领发展的第一动力,持续加大创新投入,科技创新"战略支撑"作用不断强化。新增省级科技进步奖一等奖 2 个、二等奖 2 个,获奖数量和质量均居全市第一;济民可信等 4 个项目入围市"揭榜挂帅"榜单,居全市第一;入选省"双千计划"项目 10 个,获得资金 1410 万元,入选数量和奖补资金均居全市第一;成功入选国家级人才工程,实现了"零"的突破;36 名高端人才与 36 家企业实现"政产学研"深度合作,占全市"政产学研"项目 20%,居全市第一。全区现有国家级创新载体 3 个、省级

技术创新中心9家、市级技术创新中心30家；国家高新技术企业57家、认定科技型中小企业76家，创新活力持续迸发。

三、全力以赴抓改革、防风险，高效能成为基层治理新标准

区委坚持用好改革“关键一招”，保持战略定力，坚持底线思维，不断深化重点领域关键环节改革，切实破除体制机制障碍，着力防范化解前进道路上的各类风险隐患，以高水平改革推动高效能治理。

一是扎实推进改革攻坚。积极谋划实施经济体制、生态文明、农业农村、民主法治等8大领域181项改革任务。从小切口入手探索推出一批“微改革”项目，在全省率先成立新业态经济工会联合会、创新构建兵役服务联合协作机制等9项改革经验做法在省、市改革专栏上刊登推广。区法院创新打造重大项目法官工作室得到了市委主要领导批示肯定；“互联网＋监督”平台、宅基地改革“两票制”经验做法在宜春市庆祝建党百年系列新闻发布会上进行了专门推广。

二是全力守住生态底线。深入打好污染防治攻坚战，空气、水质、土壤等阶段性防治目标顺利实现。全年空气优良率达96.7%，空气质量优于国家二级标准；7个国考、省考、县界责任断面水质稳定在Ⅲ类水体以上，水质优良率达100%；受污染耕地和污染地块安全利用率保持100%，以生态环境监测站为中心，自动监测站乡镇园区全覆盖的“水陆空”一体化监测体系基本建立。中央和省级环保督察反馈的75个问题、280个信访件已全部完成整改或达时序进度。深入开展机制砂行业整治，依法关闭取缔企业9家、停产整改企业24家、整改提升企业23家；全面打响森林资源保护战，加大森林违法图斑处理力度，行政案件处罚率达100%；完成矿山生态环境整治及修复治理2000多亩，建成绿色矿山4家，生态文明建设成效明显，绿色发展理念更加深入人心。

三是积极防范风险隐患。紧盯信访积案化解关键重点，化解各类信访积案265件，化解率超80%，群众满意度大幅提升，全区进京赴省上访及网上信访量均呈明显下降趋势，庆祝建党100周年、十九届六中全会等重要敏感时期，均实现“一个零登记、三个不发生”工作目标。深入开展风险隐患大排查、大整治行动，从源头上消除一批风险隐患。着力防范化解政府债务风险，顺利实现“消红降级”。扎实开展政法队伍教育整顿，筑牢了政治忠诚、净化了政治生态、提升了执法司法公信力。依法打击突出违法犯罪，强力整治电信网络诈骗，累计劝返“滞留缅北涉诈高危人员”260人，社会大局整体保持安全和谐稳定。

四、倾心倾力抓民生、增福祉，高品质成为人民生活新期待

区委始终牢记“全心全意为人民服务”的根本宗旨，把人民对美好生活的向往作为奋斗目标，坚持在发展中保障和改善民生。

一是城乡建管稳步推进。深入开展城市功能和品质提升行动，累计高标准改造153个老旧小区、158条背街小巷和8个农贸市场；扎实推进棚改扫尾攻坚，未签未拆户降至个位数；开工建设12个棚改安置项目，竣工4个，交房3963套，城市功能短板弱项逐步补齐。全年消化批而未用土地5647亩，总量在全市领先，消化周期由5.7年缩短至3.3年。扎实推进秀美乡村建设，完成274个新农村建设点和16个农村生活污水处理设施建设，行政村农村生活垃圾收集处理覆盖率达100%，95%以上的村庄生活垃圾得到有效治理。扎实推进“四好农村路”建设，完成农村公路建设241公里，农村出行条件有效改善。树牢主人翁意识，大力推进国家级文明城市创建，“万师访万家”“万名党员上户”“万名志愿者服务”“万名文明卫士在行动”等“四万”活动取得明显成效，制作各类创文短视频106个，累计播放量达4800万，点赞量超710万，分享量达900万次，被新华社、《江西日报》等中央、省级主流媒体争相报道，营造了手机霸屏、广播贯耳、满城创文浓厚氛围。国检期间，31个测评点位代表宜春接受测评，占全市测评点位的一半，效果良好。

二是民生福祉持续增进。坚持尽力而为、量力而行，全面推进10大民生实事。聚焦粮食安全，完成3万吨绿色储粮仓库的改造提升。聚焦“看病难”，扎实开展健康袁州行动，深入推进公立医院改革，362个医疗机构全部实施基本药物制度。常态化抓实抓细疫情防控，累计接种新冠疫苗160.8万剂次。聚焦“上学难”，全面落实“双减”政策，投入资金12.6亿元，新改扩建学校10所，提供学位2.5万个，有效缓解中心城区大校额、大班额问题。聚焦“养老难”，建成运营区级智慧养老服务平台和192个“党建＋乐龄中心（幸福食堂）”站点，养老服务体系不断完善。

严格落实“四个不摘”要求，继续实施产业、就业、医疗等专项帮扶，脱贫攻坚成果持续巩固。探索建设“书香袁州”，致力于把袁州打造成一座没有围墙的图书城，区文化馆被国家文旅部命名为国家一级馆。

*三是营商环境更加优化。*聚焦建设“全省营商环境一等区”和“全省政务服务一等区”目标，坚持把优化营商环境作为“一号改革工程”来抓，创新开展“亲清”早餐会，常态化开展政企圆桌会议，着力解决企业生产经营难题，构建“亲清”政商关系。深化企业挂点帮扶，构建区领导、引资单位、服务部门、驻企特派员“四合一”帮扶机制，切实为企业的发展出实招、办实事、解难题，全年收集企业反映问题229个，已落实或阶段性解决187个。持续深化“放管服”改革，整合“一次不跑”“一次办好”事项370项，网上可办率达到87%，在全省营商环境便利度测评中，我区政务服务排名全市第一、全省第四。

五、从严从实抓党建、转作风，守纪律讲规矩成为管党治党新常态

区委牢固树立“抓好党建是最大政绩”理念，深入贯彻新时代党的建设总要求，全面加强领导班子和干部队伍建设，切实凝聚各方力量，强化正风肃纪反腐，党的建设质量水平不断提升。

*一是以基层组织建设固本培元。*牢固树立大抓基层的鲜明导向，以提升政治功能和组织力为重点，着力建强基层党组织战斗堡垒。顺利完成村(社区)“两委”换届选举，全面实现“两升一降”目标。持续深化基层党建“三化”建设，全区546个基层党组织全面完成标准化和规范化建设。积极探索城市党建引领社会综合治理，开展“党建+和谐小区”建设试点，将党组织建设由社区延伸到小区，配套实行在职党员进社区服务“积分制”管理，不断提高基层网格管理规范化精细化水平，相关做法在学习强国刊登。严格落实“441”规范要求，扎实推进4个省级、市级红色名村建设。大力推行“1+N+1”强村带弱村发展模式，不断发展壮大村级集体经济，全区265个村实现村级集体经济10万元以上，占比达97.8%。

*二是以干部队伍建设聚才引智。*围绕“绘出好蓝图、选出好干部、配出好班子、树立好导向、形成好气象”总体目标，贯彻新时代党的组织路线，全面做好新时代干部教育、选拔、管理、使用工作。圆满完成区乡两级领导班子换届，乡镇全日制大学以上学历班子成员较2016年换届增加107%，班子整体功能明显提升。牢固树立鲜明选人用人导向，在改革创新、重大项目建设等“六个一线”提拔重用干部142名，真正让吃苦者吃香、优秀者优先、有为者有位。坚持引育并举、开拓创新，主动“走出去”“引进来”，与宜春学院首次开展校地合作，确定首批合作项目21个，人才聚集效应初步显现。

*三是以意识形态建设举旗定向。*坚持将意识形态工作摆在极端重要的位置，牢牢把握新时代意识形态工作的领导权、管理权、话语权，制定出台《袁州区委关于贯彻落实党委(党组)意识形态工作责任制实施办法的若干意见》，着力推动责任落实。建立意识形态工作负面清单，并纳入意识形态建档管理考核，作为评先评优，以及提拔、重用干部的重要依据。压实网络意识形态安全责任，持续加大对新兴媒体管控力度，全年未发生重大网络负面舆情。整合自媒体资源，在全市率先组建成立袁州区新媒体协会，致力发出袁州好声音。整合资金2400万元，推动全区新时代文明实践所(站)提档升级，意识形态阵地更加牢固。获评2021—2023年度“江西省民间文化艺术之乡—袁州区版画之乡”。

*四是以民主政治建设凝心聚力。*坚持总揽全局、协调各方，大力推进民主法治建设，切实形成共谋发展、共促和谐的良好局面。全面支持和保障人大依法行使职权，健全完善人大代表工作机制，拓宽社情民意表达渠道，推动“一府一委两院”自觉接受人大监督。全力支持政协围绕改革发展稳定大局，积极发挥“政治协商、民主监督、参政议政”三大职能，形成了一批有情况、有分析、有对策的调研成果。坚持党对统战工作的集中统一领导，创新打造“侨跑工作法”和“袁创V空间”新的社会阶层人士实践创新基地，在宗教界举办“爱祖国?感党恩”主题活动，最大限度凝聚人心、智慧和力量。加强和改进党对工会、共青团、妇联等群团组织领导，保持和增强群团组织先进性。坚持党管武装，深化双拥共建，持续巩固军政军民团结良好局面，全区征兵“五率”居全省一类单位前列。

*五是以党风廉政建设正风肃纪。*区委带头落实全面从严治党主体责任，以清廉袁州建设为抓手，制定出台《关于进一步净化政治生态激励干部担当实干

的十条举措》《关于开展严守政治纪律严明政治规矩专项整治的工作方案》等“1+6”文件,完善关键岗位、重点领域监督机制,压紧压实管党治党政治责任。做实做优“互联网 + 监督”平台,加强对民生领域监督,经验做法得到市纪委市监委肯定,并升级改版为民生资金“码”上监督平台在全市推广。加强纪检监察干部队伍建设,全力支持区纪委区监委履行职责，一体推进不敢腐、不能腐、不想腐，全区共立案517 件、党纪政务处分 490 人，同比分别增长 27%、16.9%,其中科级干部立案 76 人，同比增长 171.4%；毫不松懈纠治“四风”，坚决查处违反中央八项规定精神和形式主义官僚主义问题；精准落实政治巡察要求,实现五届区委巡察全覆盖;受理群众检举控告信访件 423 件,同比下降 21.08%，严的氛围越来越浓、政治生态向上向好。

以上报告是区委常委会一年来的主要工作。在统筹疫情防控和经济社会发展的大战大考中，我们更加深刻地体会到,这些成绩的取得,根本在于以习近平同志为核心的党中央举旗定向、领航掌舵,得益于省委、市委的坚强领导和深切关怀,是区委把握区情,与时俱进,坚持正确发展思路的结果;是区四套班子和各民主党派精诚团结、共同奋斗的结果;是全区各级党组织和广大干部群众凝心聚力、合力攻坚的结果。

同时,我们也清醒地认识到袁州发展仍面临不少困难和问题,主要表现在:经济总量不大,人均水平偏低；工业短板突出,产业层次不高，缺乏大项目;农业产业聚焦不够精准，特色农业、品牌农业较少;财税来源比较单一,收入结构不够合理,“三保”压力仍然很大;信访稳定工作压力较大;干部作风建设任重道远,等等。对此,区委常委会将保持清醒认识，坚持问题导向，采取有效措施,认真加以解决。2022 年是党的二十大召开之年,是实施“十四五”规划的关键之年。区委常委会将坚持以习近平新时代中国特色社会主义思想为指导,全面贯彻党的十九大和十九届历次全会精神,深入贯彻习近平总书记视察江西重要讲话精神,全面落实党中央决策部署和省、市工作要求,坚持放大“坐标系”、找准“参照地”,树立顶格标准、保持满格状态,以“严、细、实、快”的工作态度抓落实、抓推进,以“作示范、勇争先”的昂扬姿态,奋力冲刺全国县区经济百强,在建设江西综合实力强市展现首府担当,以优异成绩迎接党的二十大胜利召开。

统计资料

2021年袁州区行政区划和人口情况表

表11

指　标　名　称	单位	2021年	2020年	增长
一、土地面积	平方千米	2538	2538	持平
其中:建成区面积	平方千米	89.4	88.4	1.1%
二、行政区划				
街道个数	个	10	10	持平
镇个数	个	19	19	持平
乡个数	个	3	3	持平
居委会个数	个	91	91	0.0%
村委会个数	个	289	289	0.0%
其他	个	7	7	—
三、人口变动情况抽样调查				
年末常住人口	人	1128600	1121707	0.6%
其中:男	人	577507	573436	0.7%
女	人	551093	548271	0.5%
其中:城镇人口	人	753905	737782	2.2%
乡村人口	人	374695	383925	-2.4%
城镇化率		66.80%	65.77%	1.03%

注:1.统计数据以宜春市袁州区统计局发布的数字为准。

2.2020年人口数据为第七次全国人口普查数据

2021年袁州区各街道、乡镇人口情况表

表12 单位:人

单位名称	年末总户数(户)	年末总人口								
		合计	城镇人口	乡村人口	性别		年龄			
					男	女	0~17岁	18~34岁	35~59岁	60岁及以上
合计	349562	1173544	498574	674970	612344	561200	300524	259263	420823	192934
灵泉	17575	45824	45824	0	22599	23225	7379	8151	18840	11454
湛郎	8725	21771	21771	0	10734	11037	4157	3847	9107	4660
秀江	15096	44350	44350	0	21756	22594	10335	8685	18066	7264
珠泉	12960	30092	30059	33	15037	15055	5435	5379	12489	6789
芦洲	4684	11925	11925	0	5816	6109	2286	2250	5027	2362
西村	18513	65447	20628	44819	34286	31161	16565	15561	22611	10710
官园	7074	21754	21754	0	10493	11261	5812	4799	8160	2983
三阳	11366	43340	23682	19658	22636	20704	12091	10651	14483	6115
温汤	8680	27046	17350	9696	14086	12960	7320	5816	9526	4384
慈化	20554	87027	18750	68277	46163	40864	26148	21517	27670	11692
楠木	5786	21946	0	21946	12004	9942	6339	4996	7364	3247
南庙	7534	24538	4674	19864	12922	11616	6355	5331	8783	4069
彬江	16684	55199	7919	47280	28976	26223	14579	12055	19287	9278
渥江	5320	16871	5588	11283	8844	8027	4564	3850	5749	2708
洪塘	16757	62909	8548	54361	33820	29089	16336	14860	21956	9757
金瑞	11362	44276	6575	37701	23697	20579	11763	9813	15154	7546
新坊	7868	25400	3561	21839	13646	11754	6602	4891	9451	4456
洪江	3956	14256	3663	10593	7641	6615	3689	3055	5301	2211
竹亭	6135	23979	6142	17837	12821	11158	6010	5773	8364	3832
湖田	11741	38172	16755	21417	19501	18671	10481	8367	13366	5958
新田	11282	42148	8040	34108	22536	19612	11061	9500	14588	6999
寨下	14149	48238	4874	43364	26107	22131	12768	11043	16753	7674
柏木	6951	26772	0	26772	14539	12233	7047	6014	9432	4279
飞剑潭	6402	25730	0	25730	13811	11919	6937	6125	8660	4008
水江	7142	26870	3065	23805	14748	12122	6452	6408	9633	4377
天台	17482	63327	7095	56232	34200	29127	15472	15295	22143	10417
芦村	7153	26088	5926	20162	13912	12176	7131	5900	9051	4006
下浦	8988	30752	30752	0	15408	15344	8509	7046	10516	4681
辽市	8364	32922	6477	26445	17650	15272	8559	7362	11418	5583
宜阳	8122	22707	22707	0	11383	11324	6875	4566	8710	2556
金园	5191	16474	4726	11748	8324	8150	4788	4014	5539	2133
凤凰	13786	37868	37868	0	18676	19192	8204	6944	14912	7808
化成	10292	29907	29907	0	14730	15177	7381	5648	12008	4870
北湖	5888	17619	17619	0	8842	8777	5094	3751	6706	2068

注:此表数据来源于区公安部门统计年报

2021年袁州区人口变动情况表

表13　　单位:人

单位名称	2021年度人口变动									
	出生			死亡			迁入		迁出	
	合计	男	女	合计	男	女	省内迁入	省外迁入	迁往省内	迁往省外
合计	10966	5943	5023	3880	2331	1549	1878	1466	1395	3909
灵泉	201	112	89	124	80	44	43	53	115	342
湛郎	135	84	51	44	29	15	74	36	31	115
秀江	342	194	148	82	42	40	136	84	108	306
珠泉	199	125	74	68	44	24	78	27	56	172
芦洲	67	31	36	21	12	9	13	33	27	137
西村	572	294	278	290	177	113	40	65	52	171
官园	295	165	130	31	18	13	193	74	79	160
三阳	457	249	208	156	99	57	30	41	32	85
温汤	287	155	132	91	43	48	11	23	15	39
慈化	983	505	478	585	311	274	59	65	88	220
楠木	271	151	120	71	41	30	20	28	35	45
南庙	215	126	89	88	52	36	11	33	17	40
彬江	549	298	251	154	95	59	33	64	34	131
渥江	147	82	65	50	30	20	8	10	9	32
洪塘	623	316	307	255	161	94	30	58	48	129
金瑞	422	225	197	193	119	74	10	29	19	91
新坊	183	101	82	72	45	27	6	19	9	50
洪江	122	66	56	65	36	29	7	10	10	35
竹亭	239	129	110	96	54	42	15	29	16	65
湖田	309	171	138	61	34	27	31	33	18	86
新田	371	218	153	172	109	63	14	34	30	77
寨下	433	250	183	157	99	58	39	49	52	96
柏木	235	133	102	96	74	22	14	30	15	45
飞剑潭	247	137	110	73	45	28	21	31	23	57
水江	289	147	142	64	40	24	18	24	41	85
天台	608	293	315	271	162	109	35	53	52	156
芦村	259	149	110	77	52	25	17	23	20	51
下浦	381	211	170	65	41	24	100	46	19	67
辽市	331	185	146	82	51	31	10	30	21	88
宜阳	382	206	176	35	18	17	307	101	72	112
金园	177	101	76	62	38	24	37	20	4	28
凤凰	288	145	143	77	48	29	155	84	102	262
化成	247	127	120	40	24	16	165	100	78	269
北湖	100	62	38	12	8	4	98	27	48	65

注:此表数据来源于区公安部门统计年报

2021年袁州区国民经济主要指标情况表

表14

指　标　名　称	单位	2021年	2020年	增长
生产总值(绝对值)	万元	5203619	4568093	9.2%
第一产业	万元	431250	419739	7.4%
第二产业	万元	1839890	1538805	9.1%
# 工 业	万元	1485442	1232981	9.6%
第三产业	万元	2932479	2609549	9.6%
生产总值(结构)				
第一产业	%	8.29	9.19	-0.90%
第二产业	%	35.36	33.69	1.67%
# 工 业	%	28.55	26.99	1.56%
第三产业	%	56.35	57.13	-0.77%
一般公共预算收入	万元	581070	572816	1.4%
# 袁州区	万元	252247	236168	6.8%
全区固定资产投资增长	%	12.20	8.70	3.5%
社会消费品零售总额	万元	3330906	2826394	17.9%
城镇居民人均可支配收入	元	44054	40935	7.6%
农村居民人均可支配收入	元	18647	17296	7.8%

2021 年袁州区城镇居民总收入、总支出与可支配收入情况表

表 15

指　标　名　称	单位	2021 年	2020 年	增长
一、家庭总收入	元 / 人	51341	44512	15.3%
(一)工资性收入	元 / 人	21923	28957	-24.3%
(二)经营性收入	元 / 人	14292	6889	107.5%
(三)财产性收入	元 / 人	3720	1686	120.7%
(四)转移性收入	元 / 人	11404	6981	63.4%
二、非收入所得	元 / 人	6403	1169	447.7%
三、借贷性所得	元 / 人	130	3028	-95.7%
四、家庭总支出	元 / 人	42543	30767	38.3%
(一)消费性支出	元 / 人	26626	23788	11.9%
1.食品烟酒	元 / 人	7141	6170	15.7%
2.衣着	元 / 人	1469	1794	-18.1%
3.居住	元 / 人	5428	7815	-30.6%
4.生活用品及服务	元 / 人	1516	1413	7.3%
5.交通通信	元 / 人	2724	2264	20.3%
6.教育文化娱乐	元 / 人	3045	2082	46.3%
7.医疗保健	元 / 人	4298	1807	137.8%
8.其他用品和服务	元 / 人	1005	442	127.4%
(二)生产经营费用支出	元 / 人	4719	864	446.4%
(三)财产性支出	元 / 人	160	45	257.0%
(四)转移性支出	元 / 人	2039	2427	-16.0%
(五)部分商业保险支出	元 / 人	219	150	46.0%
(六)购置资产及非经常性转移支出	元 / 人	5037	1645	206.3%
(七)借贷性支出	元 / 人	3742	1849	102.4%
五、可支配收入	元 / 人	44054	40935	7.6%
(一)工资性收入	元 / 人	21923	28957	-24.9%
(二)经营净收入	元 / 人	9239	5851	57.9%
(三)财产净收入	元 / 人	3557	1640	117.0%
(四)转移净收入	元 / 人	9334	4487	108.0%

2021 年袁州区农村居民总收入、总支出与可支配收入情况表

表 16

指　标　名　称	单位	2021 年	2020 年	增长
一、家庭总收入	元 / 人	21349	18759	13.8%
（一）工资性收入	元 / 人	12164	10897	11.6%
（二）经营性收入	元 / 人	5533	3993	38.6%
（三）财产性收入	元 / 人	164	365	–55.1%
（四）转移性收入	元 / 人	3488	3504	–0.5%
二、非收入所得	元 / 人	2689	380	607.9%
三、借贷性所得	元 / 人	643	966	–33.5%
四、家庭总支出	元 / 人	25902	22589	14.7%
（一）消费性支出	元 / 人	18085	16099	12.3%
1.食品烟酒	元 / 人	6309	5351	17.9%
2.衣着	元 / 人	959	732	31.1%
3.居住	元 / 人	3814	3518	8.4%
4.生活用品及服务	元 / 人	911	588	55.1%
5.交通通信	元 / 人	2304	2478	–7.0%
6.教育文化娱乐	元 / 人	2104	1684	24.9%
7.医疗保健	元 / 人	1289	1582	–18.5%
8.其他用品和服务	元 / 人	393	167	134.9%
（二）生产经营费用支出	元 / 人	1543	1028	50.0%
（三）财产性支出	元 / 人	53		
（四）转移性支出	元 / 人	989	560	76.6%
（五）部分商业保险支出	元 / 人	84	1	6309.4%
（六）购置资产及非经常性转移支出	元 / 人	3671	4189	–12.4%
（七）借贷性支出	元 / 人	1477	711	107.7%
五、可支配收入	元 / 人	18647	17296	7.8%
（一）工资性收入	元 / 人	12164	10897	11.6%
（二）经营净收入	元 / 人	3822	3014	26.8%
（三）财产净收入	元 / 人	114	365	–68.8%
（四）转移净收入	元 / 人	2547	3020	–15.7%

2021年袁州区固定资产投资完成情况表

表17

指 标 名 称	单位	2021年	2020年	增长
一、固定资产投资完成额				12.2%
其中:基础设施投资	万元	350964	438158	-19.9%
其中:国有投资	万元	593529	500516	18.6%
非国有投资	万元	1891575	1714539	10.3%
# 民间投资	万元	1317576	1228550	7.2%
其中:新建	万元	593529	500516	18.6%
扩建	万元	1891575	1714539	10.3%
改建和技术改造	万元	1317576	1228550	7.2%
其中:建筑安装工程	万元	1983306	1682301	17.8%
设备工器具购置	万元	244022	190922	27.8%
购置旧设备	万元	5885	9331	-36.9%
其他费用	万元	257776	341832	-24.6%
其中:第一产业投资	万元	34292	48414	-29.2%
第二产业投资	万元	767394	611472	25.5%
# 工业投资	万元	767394	611472	25.5%
第三产业投资	万元	1683418	1555169	8.2%
# 批发和零售业	万元	18245	6177	195.4%
交通运输、仓储和邮政业	万元	186570	202424	-7.8%
住宿和餐饮业	万元	8257	12813	-35.6%
房地产开发	万元	938811	772398	21.5%
二、施工项目个数	个	413	365	13.2%
2021年投产项目个数	个	173	150	15.3%
三、2021年施工房屋面积	平方米	8660326	6783386	27.7%
其中:住宅	平方米	6802709	5482188	24.1%
2021年竣工房屋面积	平方米	266983	1231799	-78.3%
其中:住宅	平方米	209264	1107714	-81.1%

2021年袁州区从业人员、耕地面积、农林牧渔业总产值和增加值情况表

表18

指 标 名 称	单位	2021年	2020年	增长
乡村常住人口	人	374695	383925	-2.4%
乡村劳动力资源数	人	522786	517569	1.0%
其中:男	人	287523	284252	1.2%
女	人	235263	233317	0.8%
乡村从业人员	人	438955	435523	0.8%
其中:男	人	245060	242950	0.9%
女	人	193895	192573	0.7%
其中:农业从业人员	人	261350	259549	0.7%
外出(离乡)的从业人员	人	163369	162165	0.7%
其中:出省从业的	人	101629	101547	0.1%
年末耕地面积	公顷	40004	41827	-4.4%
农林牧渔业总产值	万元	687176	668237	2.8%
1.农业产值	万元	270913	254873	6.3%
2.林业产值	万元	97718	91335	7.0%
3.牧业产值	万元	230199	237942	-3.3%
4.渔业产值	万元	75513	74279	1.7%
5.农林牧渔服务业产值	万元	12833	9808	30.8%

注:年末耕地面积来源于宜春市国土资源局袁州分局

2021年袁州区农作物播种面积情况表

表19

指 标 名 称	单位	2021年	2020年	增长
农作物总播种面积	公顷	104209	103697	0.5%
一、粮食作物	公顷	62757	62753	0.0%
1、稻谷	公顷	53507	51457	4.0%
# 早稻	公顷	22055	22305	-1.1%
中稻及一季晚稻	公顷	11485	8526	34.7%
双季晚稻	公顷	19967	20626	-3.2%
2、其他粮食作物	公顷	9250	11296	-18.1%
二、经济作物	公顷	41452	40944	1.2%
1.油料作物	公顷	13340	12463	7.0%
# 花生	公顷	3018	2941	2.6%
油菜籽	公顷	10203	9402	8.5%
芝麻	公顷	116	117	-0.9%
2.棉花	公顷	40	141	-71.6%
3.生苎麻	公顷	28	700	-96.0%
4.甘蔗	公顷	31	102	-69.6%
5.烟叶	公顷	20	266	-92.5%
6.中草药材	公顷	5907	5734	3.0%
7.蔬菜类及食用菌	公顷	13362	12959	3.1%
8.瓜果类	公顷	1409	1368	3.0%
9.其他农作物	公顷	7315	7211	1.4%

2021 年袁州区农作物产量情况表

表 20

指　标　名　称	单位	2021 年	2020 年	增长
一、粮食作物	吨	355500	352679	0.8%
1.稻谷	吨	317379	325626	-2.5%
# 早稻	吨	124012	125538	-1.2%
中稻及一季晚稻	吨	73334	65497	12.0%
双季晚稻	吨	120033	134591	-10.8%
2.其他粮食作物	吨	38121	27053	40.9%
二、经济作物	吨	349292	342889	1.9%
1.油料作物	吨	20319	20138	0.9%
# 花生	吨	3745	3623	3.4%
油菜籽	吨	16419	16359	0.4%
芝麻	吨	146	147	-0.7%
2.棉花	吨	38	129	-70.5%
3.生苎麻	吨	45	1066	-95.8%
4.甘蔗	吨	834	2654	-68.6%
5.烟叶	吨	30	351	-91.5%
6.蔬菜类及食用菌	吨	227994	221069	3.1%
7.瓜果类	吨	31912	30367	5.1%
8.其他农作物	吨	68120	67115	1.5%

2021 年袁州区茶叶、水果、水产品生产情况表

表 21

指　标　名　称	单位	2021 年	2020 年	增长
油脂总产	吨	8924	8291	7.6%
油茶籽产量	吨	13326	10406	28.1%
年末实有茶园面积	公顷	1120	1129	-0.8%
茶叶产量	吨	21	48	-56.3%
年末果园面积	公顷	2766	3067	-9.8%
其中:柑橘园	公顷	1036	1067	-2.9%
园林水果	吨	5680	5460	4.0%
其中:柑橘类	吨	3412	3345	2.0%
水产品养殖面积	公顷	3504	3504	0.0%
水产品产量	吨	38511	38396	0.3%

2021 年袁州区规模以上工业企业主要产品产量表

表 22

指　标　名　称	单位	2021 年	增　长
石灰石	吨	3995038	840.0%
建筑用天然石料	立方米	3486605	5.1%
高岭土(瓷土)	吨	3138212	-2.7%
大米	吨	36150	7.9%
饲料	吨	182398	105.9%
精制食用植物油	吨	5547	21.1%
鲜、冷藏肉	吨	15838	103.8%
熟肉制品	吨	1412	-71.1%
饲料添加剂	吨	416	0.0%
饮料	吨	78568	-30.9%
纱	吨	7245	78.6%
布	万米	816	3.6%
口罩	万个	932	90.2%
服装	万件	568	-2.6%
鞋	万双	209	-14.0%
家具	件	139571	14.5%
纸制品	吨	19605	1.6%
单色印刷品	令	1390	-3.3%
多色印刷品	对开色	43191	-3.7%
农用氮、磷、钾化学肥料(折纯)	吨	4236	24.1%
涂料	吨	2110	-12.1%
初级形态塑料	吨	17899	153.9%
化学试剂	吨	28207	14.2%
初级形态塑料	吨	6895	33.2%
化学药品原药	吨	2122	-55.2%
中成药	吨	10357	-6.0%
塑料制品	吨	28191	8.1%
硅酸盐水泥熟料	吨	1819998	4.9%
水泥	吨	2444795	108.8%
商品混凝土	立方米	4629089	21.5%
水泥混凝土排水管	千米	43	6.2%
水泥混凝土电杆	根	141216	-12.3%

续表 22

指　标　名　称	单位	2021 年	增　长
预应力混凝土桩	米	14123	42.1%
砖	万块	10755	91.7%
天然花岗石建筑板材	平方米	32608	72.4%
沥青和改性沥青防水卷材	平方米	357156	1394.5%
隔热、隔音人造矿物材料及其制品	吨	7168	339.8%
夹层玻璃	平方米	300000	40.8%
中空玻璃	平方米	528000	35.9%
日用玻璃制品	吨	34393	12.7%
石墨及碳素制品	吨	7863	31.2%
钢材	吨	1897	43.6%
铝材	吨	159727	7.4%
金属门窗及类似制品	吨	39015	1.7%
金属切削工具	万件	1072	–8.6%
金属包装容器	吨	9276	49.0%
铸铁件	吨	20962	–1.3%
铸钢件	吨	4161	28.1%
铸造机械	台	44	–18.5%
起重机	台	21387	–36.4%
电梯、自动扶梯及升降机	台	1644	13.8%
液压元件	件	39687758	3.6%
金属紧固件	吨	10882	2.3%
炼油、化工生产专用设备	吨	1289	25.7%
电动机	千瓦	2905439	–13.4%
变压器	千伏安	8453725	4741.0%
锂离子电池	个	300516603	10.2%
铅酸蓄电池	千伏安时	330173	15.4%
家用洗衣机	台	116269	–43.2%
3D 打印设备	台	134	32.7%
电子元件	万只	127395	17.6%
印制电路板	平方米	9633850	204.7%
自来水生产量	万立方米	9951	11.9%

2021年袁州区规模以上工业增加值情况表

表23

指标名称	增长
全区总计	12.1%
#轻工业	4.1%
重工业	15.4%
#国有企业	9.3%
集体企业	—
股份制企业	11.1%
外商及港澳台商投资企业	23.1%
#国有控股企业	12.8%
私营企业	15.1%
#非公有制工业	12.1%
#大型企业	-2.1%
中型企业	24.4%
小型企业	12.3%
煤炭开采和洗选业	—
有色金属矿采选业	-5.4%
非金属矿采选业	19.6%
农副食品加工业	18.9%
食品制造业	32.8%
酒、饮料和精制茶制造业	-13.7%
纺织业	14.6%
纺织服装、服饰业	-2.0%
皮革、毛皮、羽毛及其制品和制鞋业	19.7%
木材加工和木、竹、藤、棕、草制品业	1.1%
家具制造业	6.1%
造纸和纸制品业	-3.7%
印刷和记录媒介复制业	7.3%
文教、工美、体育和娱乐用品制造业	5.2%

续表 23

指　　标　　名　　称	增长
石油、煤炭及其他燃料加工业	19.5%
化学原料和化学制品制造业	–2.6%
医药制造业	3.6%
橡胶和塑料制品业	–1.5%
非金属矿物制品业	10.3%
黑色金属冶炼和压延加工业	0.0%
有色金属冶炼和压延加工业	27.6%
金属制品业	0.0%
通用设备制造业	–1.4%
专用设备制造业	–2.4%
汽车制造业	–6.4%
铁路、船舶、航空航天和其他运输设备制造业	8.9%
电气机械和器材制造业	7.9%
计算机、通信和其他电子设备制造业	55.8%
仪器仪表制造业	4.0%
其他制造业	–2.7%
废弃资源综合利用业	16.9%
金属制品、机械和设备修理业	51.7%
电力、热力生产和供应业	67.3%
燃气生产和供应业	3.1%
水的生产和供应业	6.0%
区本级总计	12.1%
# 轻工业	1.7%
重工业	17.6%
# 集体企业	—
股份制企业	12.1%
外商及港澳台商投资企业	17.2%
# 国有控股企业	17.6%
私营企业	11.4%
# 非公有制工业	11.9%
# 大型企业	–5.5%
中型企业	54.9%

续表 23

指　　标　　名　　称	增长
小型企业	8.6%
煤炭开采和洗选业	—
有色金属矿采选业	-9.0%
非金属矿采选业	24.1%
农副食品加工业	11.5%
食品制造业	39.4%
纺织业	-18.3%
纺织服装、服饰业	1.1%
皮革、毛皮、羽毛及其制品和制鞋业	-3.5%
木材加工和木、竹、藤、棕、草制品业	2.2%
家具制造业	2.5%
造纸和纸制品业	-3.2%
印刷和记录媒介复制业	7.0%
文教、工美、体育和娱乐用品制造业	24.3%
石油、煤炭及其他燃料加工业	23.4%
化学原料和化学制品制造业	6.9%
医药制造业	4.3%
橡胶和塑料制品业	-6.3%
非金属矿物制品业	8.1%
有色金属冶炼和压延加工业	91.6%
金属制品业	6.7%
通用设备制造业	1.5%
专用设备制造业	2.8%
汽车制造业	9.0%
电气机械和器材制造业	-2.7%
计算机、通信和其他电子设备制造业	57.2%
其他制造业	-3.3%
废弃资源综合利用业	20.3%
电力、热力生产和供应业	96.3%
燃气生产和供应业	3.7%
水的生产和供应业	6.6%

2021年袁州区规模以上工业企业主要经济指标情况表

表24

指标名称	单位	2021年	增长
一、全区规模以上工业企业			
企业单位数	个	374	—
其中:亏损企业	个	52	-24.6%
工业总产值	万元	4132347	36.5%
工业增加值	万元	—	12.1%
营业收入	万元	4289115	39.8%
税金及附加	万元	30390.0	24.9%
销售费用	万元	141079	5.7%
管理费用	万元	164910	-1.3%
研发费用	万元	639341	12.2%
财务费用	万元	43153	8.5%
其中:利息支出	万元	36268	24.4%
利润总额	万元	362416	117.9%
应缴增值税	万元	80482	21.9%
从事工业活动的从业人员平均人数	人	44744	4.0%
资产合计	万元	5642846	21.3%
负债合计	万元	2940334	20.4%
工业经济效益综合指数		212.48%	40.75%
①总资产贡献率		0.72%	0.04%
②资本保值增值率		122.32%	3.96%
③资产负债率		52.10%	-0.39%
④流动资产周转率	次	1.47	-0.21%
⑤成本费用利润率		9.51%	3.65%
⑥全员劳动生产率	元/人	195924	30.80%
⑦工业产品销售率		100.80%	2.50%
二、区本级规模以上工业			
企业单位个数	个	251	—
其中:亏损企业	个	28	-17.6%

续表 24

指标名称	单位	2021 年	增长
工业总产值	万元	1927498	31.7%
工业增加值	万元	—	12.1%
其中:医药行业	万元	—	4.3%
建材行业	万元	—	11.6%
化工行业	万元	—	6.8%
装备制造行业	万元	—	12.3%
营业收入	万元	2026269	8.8%
其中:医药行业	万元	206248	19.9%
建材行业	万元	559318	25.8%
化工行业	万元	87525	12.1%
装备制造行业	万元	398834	12.0%
税金及附加	万元	16333	16.6%
销售费用	万元	84906	5.7%
管理费用	万元	86024	25.7%
研发费用	万元	46040	101.8%
财务费用	万元	26569	37.9%
其中:利息支出	万元	20136	63.7%
利润总额	万元	184033	76.0%
应交增值税	万元	43753	12.1%
从事工业活动的从业人员平均人数	人	20823	1.6%
资产合计	万元	3078293	15.0%
负债合计	万元	1565281	14.6%
工业产品销售率		99.60%	1.1%

2021年袁州区居民消费价格指数情况表

表 25

指 标 名 称	12月	1—12月
居民消费价格总指数	101.6	101.1
其中:服务价格指数	102.4	101.3
食品烟酒	98.7	100.2
粮食	99.6	101.1
鲜菜	108.7	107.9
畜肉	75.2	82.6
水产品	117.2	119.8
蛋	112.6	101.7
鲜果	103.1	102.0
衣着	101.3	97.5
居住	103.5	101.6
生活用品及服务	100.1	100.1
交通和通信	105.9	104.7
教育文化和娱乐	102.4	101.3
医疗保健	100.8	100.7
其他用品和服务	100.9	99.1

索　引

说　明

一、本索引供读者按栏目、分目、条目名称的首字查检。

二、栏目、分目、条目名称按首字汉语拼音字母排列，同音字按声调，同音同调按笔画顺序。首字相同者，按第二字排列，以此类推。

三、条目后的数字，表示该条目在本书中的页码。

数字

A

B

C

D

N

P

Q

R

S

T

W

X

Z